# Gör-det-själv handbok
## för BMW 5-serien

### Martynn Randall

**Modeller som behandlas** *(SV4360-272/4151)*
BMW 5-serien (E39) modeller med 6-cylindriga bensinmotorer
520i, 523i, 525i, 528i & 530i sedan och kombi (Touring)
2,0 liter (1991cc), 2,2 liter (2171cc), 2,5 liter (2494cc), 2,8 liter (2793cc) & 3,0 liter (2979cc) 6-cylindriga bensinmotorer

*Behandlar INTE 535i, 540i eller M5 med V8 bensinmotorer, eller Dieselmodeller*
*Behandlar INTE modellerna i den nya 5-serien som introducerades i september 2003*

T0385049

© Haynes Publishing 2005

ABCDE
FGHIJ
KL

En bok i **Haynes serie Gör-det-själv handböcker**

Tryckt i Malaysia

ISBN **978 1 78521 326 7**

**Haynes Publishing**
Sparkford, Yeovil, Somerset BA22 7JJ, England

**Haynes North America, Inc**
859 Lawrence Drive, Newbury Park, California 91320, USA

*Printed using NORBRITE BOOK 48.8gsm (CODE: 40N6533) from NORPAC; procurement system certified under Sustainable Forestry Initiative standard. Paper produced is certified to the SFI Certified Fiber Sourcing Standard (CERT - 0094271)*

# Innehåll

## ATT LEVA MED DIN BMW

## Reparationer vid vägkanten

## Veckokontroller

## UNDERHÅLL

### Rutinunderhåll och service

# Innehåll

Att arbeta på din bil kan vara farligt. Den här sidan visar potentiella risker och faror och har som mål att göra dig uppmärksam på och medveten om vikten av säkerhet i ditt arbete.

# Allmänna faror

### Skållning

• Ta aldrig av kylarens eller expansionskärlets lock när motorn är het.
• Motorolja, automatväxellådsolja och styrservovätska kan också vara farligt varma om motorn just varit igång.

### Brännskador

• Var försiktig så att du inte bränner dig på avgassystem och motor. Bromsskivor och -trummor kan också vara heta efter körning.

### Lyftning av fordon

• Vid arbete nära eller under ett lyft fordon, använd alltid extra stöd i form av pallbockar eller använd ramper. *Arbeta aldrig under en bil som endast stöds av en domkraft.*
• När muttrar eller skruvar med högt åtdragningsmoment skall lossas eller dras, bör man lossa dem något innan bilen lyfts och göra den slutliga åtdragningen när bilens hjul åter står på marken.

### Brand och brännskador

• Bränsle är mycket brandfarligt och bränsleångor är explosiva.
• Spill inte bränsle på en het motor.
• Rök inte och använd inte öppen låga i närheten av en bil under arbete. Undvik också gnistbildning (elektrisk eller från verktyg).
• Bensinångor är tyngre än luft och man bör därför inte arbeta med bränslesystemet med fordonet över en smörjgrop.
• En vanlig brandorsak är kortslutning i eller överbelastning av det elektriska systemet. Var försiktig vid reparationer eller ändringar.
• Ha alltid en brandsläckare till hands, av den typ som är lämplig för bränder i bränsle- och elsystem.

### Elektriska stötar

• Högspänningen i tändsystemet kan vara farlig, i synnerhet för personer med hjärtbesvär eller pacemaker. Arbeta inte med eller i närheten av tändsystemet när motorn går, eller när tändningen är på.

• Nätspänning är också farlig. Se till att all nätansluten utrustning är jordad. Man bör skydda sig genom att använda jordfelsbrytare.

### Giftiga gaser och ångor

• Avgaser är giftiga. De innehåller koloxid vilket kan vara ytterst farligt vid inandning. Låt aldrig motorn vara igång i ett trångt utrymme, t ex i ett garage, med stängda dörrar.
• Även bensin och vissa lösnings- och rengöringsmedel avger giftiga ångor.

### Giftiga och irriterande ämnen

• Undvik hudkontakt med batterisyra, bränsle, smörjmedel och vätskor, speciellt frostskyddsvätska och bromsvätska. Sug aldrig upp dem med munnen. Om någon av dessa ämnen sväljs eller kommer in i ögonen, kontakta läkare.
• Långvarig kontakt med använd motorolja kan orsaka hudcancer. Bär alltid handskar eller använd en skyddande kräm. Byt oljeindränkta kläder och förvara inte oljiga trasor i fickorna.
• Luftkonditioneringens kylmedel omvandlas till giftig gas om den exponeras för öppen låga (inklusive cigaretter). Det kan också orsaka brännskador vid hudkontakt.

### Asbest

• Asbestdamm kan ge upphov till cancer vid inandning, eller om man sväljer det. Asbest kan finnas i packningar och i kopplings- och bromsbelägg. Vid hantering av sådana detaljer är det säkrast att alltid behandla dem som om de innehöll asbest.

# Speciella faror

### Flourvätesyra

• Denna extremt frätande syra bildas när vissa typer av syntetiskt gummi i t ex O-ringar, tätningar och bränsleslangar utsätts för temperaturer över 400 °C. Gummit omvandlas till en sotig eller kladdig substans som innehåller syran. *När syran väl bildats är den farlig i flera år. Om den kommer i kontakt med huden kan det vara tvunget att amputera den utsatta kroppsdelen.*
• Vid arbete med ett fordon, eller delar från ett fordon, som varit utsatt för brand, bär alltid skyddshandskar och kassera dem på ett säkert sätt efteråt.

### Batteriet

• Batterier innehåller svavelsyra som angriper kläder, ögon och hud. Var försiktig vid påfyllning eller transport av batteriet.
• Den vätgas som batteriet avger är mycket explosiv. Se till att inte orsaka gnistor eller använda öppen låga i närheten av batteriet. Var försiktig vid anslutning av batteriladdare eller startkablar.

### Airbag/krockkudde

• Airbags kan orsaka skada om de utlöses av misstag. Var försiktig vid demontering av ratt och/eller instrumentbräda. Det kan finnas särskilda föreskrifter för förvaring av airbags.

### Dieselinsprutning

• Insprutningspumpar för dieselmotorer arbetar med mycket högt tryck. Var försiktig vid arbeten på insprutningsmunstycken och bränsleledningar.

 *Varning: Exponera aldrig händer eller annan del av kroppen för insprutarstråle; bränslet kan tränga igenom huden med ödesdigra följder*

# Kom ihåg...

**ATT**

• Använda skyddsglasögon vid arbete med borrmaskiner, slipmaskiner etc, samt vid arbete under bilen.
• Använda handskar eller skyddskräm för att skydda händerna.
• Om du arbetar ensam med bilen, se till att någon regelbundet kontrollerar att allt står väl till.
• Se till att inte löst sittande kläder eller långt hår kommer i vägen för rörliga delar.
• Ta av ringar, armbandsur etc innan du börjar arbeta på ett fordon - speciellt med elsystemet.
• Försäkra dig om att lyftanordningar och domkraft klarar av den tyngd de utsätts för.

**ATT INTE**

• Ensam försöka lyfta för tunga delar - ta hjälp av någon.
• Ha för bråttom eller ta osäkra genvägar.
• Använda dåliga verktyg eller verktyg som inte passar. De kan slinta och orsaka skador.
• Låta verktyg och delar ligga så att någon riskerar att snava över dem. Torka upp olje- och bränslespill omgående.
• Låta barn eller husdjur leka nära en bil under arbetets gång.

Den nya BMW 5-serien introducerades i april 1996 och den fanns ursprungligen med 2,0 liters (1991cc), 2,5 liters (2494cc) och 2,8 liters (2793cc) DOHC 24V motorer. I september 2000 fick serien en "ansiktslyftning", med mindre kosmetiska förändringar, och man lade också till en 2,2 liters (2171cc) och en 3,0 liters (2979cc) motor. Till att börja med fanns modellerna endast som 4-dörrars sedan, men en kombimodell, Touring, blev snart också tillgänglig.

Alla motorer härstammar från de väl beprövade motorerna som har använts i många BMW-modeller. De motorer som behandlas i den här boken har sex cylindrar och dubbla överliggande kamaxlar, monterade på längden med växellådan längst bak. Bilarna finns med manuell växellåda eller automatväxellåda.

Alla modeller har helt individuell fjädring både fram och bak, tillverkad nästan uteslutande av aluminium.

För BMW 5-serien finns ett stort utbud av standardutrustning och tillval, för att passa de flesta smaker, inklusive centrallås, elfönsterhissar, luftkonditionering, elektriskt soltak, ABS, antispinnsystem, dynamisk stabilitetskontroll (DBC) och ett flertal krockkuddar.

Förutsatt att regelbunden service utförs enligt tillverkarens rekommendationer, bör din BMW förbli pålitlig och mycket ekonomisk. Motorrummet är väl designat och de flesta delar som behöver ses över ofta är lätt åtkomliga.

## Din handbok till 5-serien

Målsättningen med den här boken är att den ska hjälpa dig att få ut mesta möjliga av din bil. Den kan göra det på flera sätt. Boken kan

hjälpa dig att avgöra vilka arbeten som måste utföras (även om du väljer att låta en verkstad utföra dem). Den ger också information om rutinunderhåll och service, och visar hur man logiskt ställer diagnos och åtgärdar problem när slumpartade fel uppstår. Vi hoppas dock att du kommer att använda boken till att utföra arbetet själv. När det gäller enklare jobb kan det gå fortare än att boka in bilen på en verkstad och sedan åka dit två gånger för att lämna och hämta den. Och kanske det viktigaste av allt – en hel del pengar kan sparas eftersom man

undviker att betala för verkstadens kostnader för arbetskraft och drift.

I boken finns illustrationer och beskrivningar som visar olika komponenters funktion och utformning. Åtgärderna beskrivs steg för steg och de åtföljs av fotografier.

Hänvisningar till "vänster" och "höger" på bilen utgår från en person som sitter i förarsätet och tittar framåt.

## Tack till

Vi vill tacka Draper Tools Limited som försett oss med en hel del verktyg, samt alla i Sparkford som bidragit till produktionen av den här handboken.

**Vi gör allt för att informationen i den här boken ska vara så noggrann och exakt som möjligt. Biltillverkare gör dock ibland ändringar på olika modeller om vilka vi inte informeras. Varken författaren eller förlaget tar på sig något ansvar för förluster, materiella skador eller personskador som uppstår till följd av felaktigheter eller brister i den givna informationen.**

## Olaglig kopiering

Haynes Publishing har som policy att aktivt skydda copyrights och varumärken. Rättsliga åtgärder kommer att vidtas mot den som olagligt kopierar omslaget till eller innehållet i denna bok. Detta omfattar alla former av otillåten kopiering, inklusive digital, mekanisk och elektronisk. Tillåtelse från Haynes Publishing ges endast uttryckligen och i skriftlig form. Olaglig kopiering kommer också att rapporteras till berörda rättsliga myndigheter.

Följande sidor är avsedda som hjälp till att lösa vanligen förekommande problem. Mer detaljerad felsöknings-information finns i slutet av handboken och beskrivningar för reparationer finns i de olika huvudkapitlen.

# Om bilen inte startar och startmotorn inte går runt

☐ Om bilen har automatväxellåda, se till att växelväljaren står i läge P eller N.

☐ Öppna den högra förvaringsluckan i bagageutrymmet och se till att batteripolerna är rena och sitter fast ordentligt.

☐ Slå på strålkastarna och försök att starta motorn. Om strålkastarna försvagas mycket vid startförsöket, är batteriet förmodligen urladdat. Starta med startkablar och en väns bil (se nästa sida).

# Om bilen inte startar trots att startmotorn går runt som vanligt

☐ Finns det bränsle i tanken?

☐ Finns det fukt på elektriska komponenter under motorhuven? Slå av tändningen och torka sedan bort all synlig fukt med en torr trasa. Spraya vattenavvisande medel (WD-40 eller liknande) på tänd- och bränslesystemens elektriska kontakter, som de som visas i bilderna nedan.

**A** Kontrollera att tändspolens kontakt sitter fast ordentligt.

**B** Med tändningen avslagen, kontrollera att luftflödesmätarens kontaktdon sitter fast ordentligt.

**C** Undersök batteripolernas skick och kontrollera att de sitter fast ordentligt (batteriet sitter i bagageutrymmet).

Kontrollera att alla elektriska anslutningar sitter fast (med tändningen avslagen) och spraya på vattenavvisande medel om du misstänker att du har ett problem orsakat av fukt.

**HAYNES TiPS**

*Start med startkablar löser ditt problem för stunden, men det är viktigt att ta reda på vad som orsakar batteriets urladdning. Det finns tre möjligheter:*

**1** *Batteriet har laddats ur efter ett flertal startförsök, eller för att lysen har lämnats på.*

**2** *Laddningssystemet fungerar inte tillfredsställande (generatorns drivrem slak eller av, generatorns länkage eller generatorn själv defekt).*

**3** *Batteriet defekt (utslitet eller låg elektrolytnivå).*

När en bil startas med hjälp av ett laddningsbatteri, observera följande:

✔ Innan det fulladdade batteriet ansluts, kontrollera att tändningen är avslagen.

✔ Se till att all elektrisk utrustning (lysen, värme, vindrutetorkare etc.) är avslagen.

✔ Observera eventuella speciella föreskrifter som är tryckta på batteriet.

# Starthjälp

✔ Kontrollera att laddningsbatteriet har samma spänning som det urladdade batteriet i bilen.

✔ Om batteriet startas med startkablar från batteriet i en annan bil, får bilarna INTE VIDRÖRA varandra.

✔ Växellådan ska vara i neutralt läge (PARK för automatväxellåda).

**1** Ta loss plastkåpan från startkabelpolen (+) uppe på insugsgrenröret och anslut den röda startkabeln till polen.

**2** Anslut den andra änden av den röda kabeln till den positiva (+) polen på det fulladdade batteriet.

**3** Anslut den ena änden av den svarta startkabeln till den negativa (-) polen på det fulladdade batteriet.

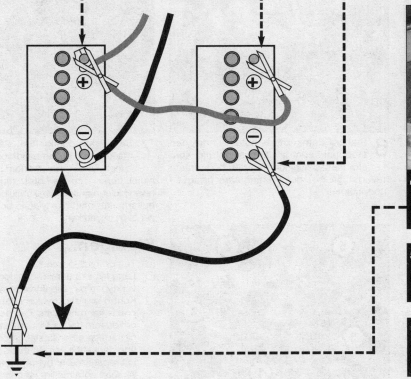

**4** Anslut den andra änden av den svarta startkabeln till den negativa (-) start-kabelpolen på det högra fjäderbens-tornet i motorrummet.

**5** Se till att startkablarna inte kan komma i kontakt med kylfläktens drivremmar eller andra rörliga delar på motorn.

**6** Starta motorn, låt den gå på tomgång, koppla loss startkablarna i omvänd ordning mot anslutningen – negativ (svart) kabel först. Sätt tillbaka plastkåpan över den positiva startkabel-polen och fäst den ordentligt.

## Hjulbyte

⚠️ **Varning: Byt inte hjul i ett läge där du riskerar att bli påkörd av annan trafik. På högtrafikerade vägar är det klokt att uppsöka en parkeringsficka eller mindre avtagsväg. Det är lätt att glömma bort resterande trafik när man koncentrerar sig på det jobb som ska utföras.**

### Förberedelser

☐ När en punktering inträffar, stanna så snart säkerheten medger detta.
☐ Parkera om möjligt på plan, fast mark på avstånd från annan trafik.
☐ Använd varningsblinkers vid behov.
☐ Använd en varningstriangel (obligatorisk) till att varna andra trafikanter.
☐ Dra åt handbromsen och lägg i 1:an eller backen (eller Park på modeller med automatväxellåda).
☐ Klossa det hjul som sitter diagonalt mitt emot det hjul som ska demonteras – en kloss finns under domkraften i bagageutrymmet.
☐ Om marken är mjuk, lägg en plankbit eller liknande under domkraften för att sprida belastningen.

Reservhjulet förvaras i bagageutrymmets golv. Verktygen förvaras också i golvet på Touringmodeller, medan de sitter på undersidan av bagageluckan på sedanmodeller.

## Byte av hjul

**1** På alla modeller, lyft upp bagageutrymmets matta och skyddet som ligger över reservhjulet. Skruva loss vingmuttrarna (vid pilarna) och ta ut domkraften och hjulklossen.

**3** Skruva loss vingmuttern och lyft ut reservhjulet från bagageutrymmet.

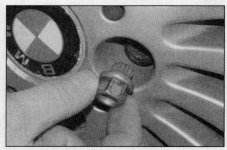

**5** För hand eller med hjälp av en skruvmejsel, ta bort hjulsidan/navkapseln, lossa sedan varje hjulbult ett halvt varv. Om stöldsäkra hjulbultar används, ta bort plastskyddet från bulten och lossa den sedan med adaptern som medföljer verktygsuppsättningen.

**2** Placera klossen bakom eller framför (efter tillämplighet) det hjul som sitter diagonalt mitt emot det hjul som ska lossas.

**4** Ta loss hjulnyckeln från bagageluckan (sedan) eller golvet (Touring).

**7** Se till att domkraften står stadigt på marken, vrid sedan handtaget medurs tills hjulet lyfter från marken. Skruva loss hjulbultarna och ta bort hjulet. Sätt på reservhjulet och sätt tillbaka hjulbultarna. Dra åt bultarna lätt med hjulnyckeln och sänk sedan ner bilen på marken.

**6** Placera domkraftens huvud under den stödpunkt som är närmast det hjul som ska lossas. När domkraften höjs måste huvudet gå in i det rektangulära urtaget i stödpunkten.

**8** Dra åt hjulbultarna ordentligt i den ordning som visas och sätt tillbaka hjulsidan/navkapseln. Lägg in det punkterade däcket och verktygen i bagageutrymmet och fäst dem på plats. Hjulbultarna bör lossas och dras åt till korrekt åtdragningsmoment vid första möjliga tillfälle.

### Slutligen...

☐ Ta bort hjulklossen.
☐ Lägg tillbaka domkraften, klossen och verktygen på respektive platser i bilen.
☐ Kontrollera däcktrycket i det hjul som precis har monterats. Om det är lågt, eller om du inte har en tryckmätare, kör sakta till närmaste bensinstation och pumpa upp däcket till korrekt tryck.
☐ Låt reparera eller byt ut det trasiga däcket så snart som möjligt, annars kan du bli stående nästa gång du får en punktering.

## Att hitta läckor

Pölar på garagegolvet (eller där bilen parkeras) eller våta fläckar i motorrummet tyder på läckor som man måste försöka hitta. Det är inte alltid så lätt att se var läckan är, särskilt inte om motorrummet är mycket smutsigt. Olja eller andra vätskor kan spridas av fartvinden under bilen och göra det svårt att avgöra var läckan egentligen finns.

 **Varning: De flesta oljor och andra vätskor i en bil är giftiga. Vid spill bör man tvätta huden och byta indränkta kläder så snart som möjligt**

 **HAYNES TiPS** *Lukten kan vara till hjälp när det gäller att avgöra varifrån ett läckage kommer och vissa vätskor har en färg som är lätt att känna igen. Det är en bra idé att tvätta bilen ordentligt och ställa den över rent papper över natten för att lättare se var läckan finns. Tänk på att motorn ibland bara läcker när den är igång.*

### Olja från sumpen

Motorolja kan läcka från avtappnings-pluggen . . .

### Olja från oljefiltret

. . . eller från oljefiltrets packning.

### Växellådsolja

Växellådsolja kan läcka från tätningarna i ändarna på drivaxlarna.

### Frostskydd

Läckande frostskyddsvätska lämnar ofta kristallina avlagringar liknande dessa.

### Bromsvätska

Läckage vid ett hjul är nästan alltid bromsvätska.

### Servostyrningsvätska

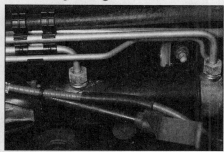

Servostyrningsvätska kan läcka från styrväxeln eller dess anslutningar.

# Bogsering

När allt annat misslyckas kan du komma att behöva en bogsering hem – eller det kan förstås hända att du bogserar någon annan. Bogsering längre sträckor bör överlämnas till en bärgningsfirma. Bogsering kortare sträckor är dock relativt enkelt, men tänk på följande:

☐ Använd en ordentlig bogserlina – de är inte dyra. Bind gärna fast en flagga på bogser-linan.

☐ Vrid alltid startnyckeln till läge "on" när bilen bogseras, så att rattlåset lossas och så att blinkers och bromsljus fungerar.

☐ Bind fast bogserlinan endast i de därför avsedda öglorna. Bogseröglan finns i verktygsuppsättningen under golvet i bagage-utrymmet. För att sätta fast öglan, tryck på pilsymbolen och sväng ut luckan i den främre/bakre stötfångaren. Skruva in bogseröglan och dra åt den ordentligt.

☐ Innan bogseringen påbörjas, lossa hand-bromsen och ställ växellådan i neutralläge. På modeller med automatväxellåda, ställ växel-väljaren i läge N. Max hastighet vid bogsering är 30 km/tim.

☐ Notera att det krävs högre bromspedal-tryck än vanligt eftersom vakuumservon bara är aktiv när motorn är igång.

☐ Det kommer också att krävas större kraft till att vrida ratten.

☐ Föraren i den bogserade bilen måste hålla bogserlinan sträckt hela tiden för att undvika ryck.

☐ Kontrollera att båda förarna känner till den planerade färdvägen.

☐ Kör inte för fort och håll sträckan till ett minimum. Kör mjukt och sakta långsamt ned vid korsningar.

## Inledning

Det finns några mycket enkla kontroller som bara behöver ta några minuter att utföra, men som kan bespara dig mycket besvär och pengar.

Dessa *Veckokontroller* kräver inga större kunskaper eller speciella verktyg, och den lilla tid de tar i anspråk kan visa sig mycket väl använd, till exempel:

☐ Håll ett öga på däckens skick och lufttryck. Det inte bara hjälper till att förhindra att de slits ut i förtid, det kan även rädda ditt liv.

☐ Många haverier orsakas av elektriska problem. Batterirelaterade fel är speciellt vanliga och en snabb kontroll med regelbundna mellanrum förebygger oftast de flesta av dessa problem.

☐ Om bilen har en läcka i bromssystemet kan det hända att du märker det först när bromsarna inte fungerar ordentligt. Regelbunden kontroll av vätskenivån varnar i god tid för sådana problem.

☐ Om olje- eller kylvätskenivån blir för låg är det exempelvis mycket billigare att åtgärda läckaget än att reparera det motorhaveri som annars kan inträffa.

## Kontrollpunkter i motorrummet

### ◄ 2,0 liters M52 motor

**A** *Motorns oljemätsticka*
**B** *Motorns oljepåfyllningslock*
**C** *Kylvätskans expansionskärl*
**D** *Broms- och kopplingsvätskebehållare (under pollenfilterhuset)*
**E** *Spolarvätskans behållare*

### ◄ 2,5 liters M54 motor

**A** *Motorns oljemätsticka*
**B** *Motorns oljepåfyllningslock*
**C** *Kylvätskans expansionskärl*
**D** *Broms- och kopplingsvätskebehållare*
**E** *Spolarvätskans behållare*

# Motoroljenivå

## Innan du börjar
✔ Se till att bilen står på plan mark.
✔ Kontrollera oljenivån innan bilen körs, eller minst fem minuter efter det att motorn har slagits av.

**HAYNES TiPS** *Om oljenivån kontrolleras omedelbart efter körning är en del av oljan fortfarande kvar i de övre motordelarna, vilket leder till en felaktig avläsning av nivån på mätstickan.*

## Rätt olja
Moderna motorer ställer höga krav på smörjoljan. Det är mycket viktigt att rätt olja för din bil används (se *Smörjmedel och vätskor*).

## Bilvård
● Om du behöver fylla på olja ofta, kontrollera om oljeläckage förekommer. Lägg rent papper under bilen över natten och se efter om det är fläckar på det på morgonen. Om inget läckage förekommer kan det vara så att motorn bränner olja, eller så kanske läckaget bara förekommer när motorn går.

● Håll alltid oljenivån mellan det övre och det nedre märket på mätstickan (se bild 3). Om nivån är för låg kan allvarliga motorskador uppstå. Oljetätningar kan sprängas om motorn överfylls med olja

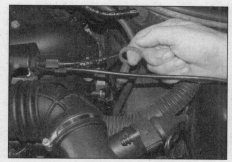

**1** Mätstickans övre del har ofta ljus eller klar färg för att den lätt ska hittas (se *Kontrollpunkter i motorrummet* för exakt placering). Dra ut mätstickan.

**2** Använd en ren trasa eller en pappershandduk och torka bort all olja från mätstickan. Sätt in den rena stickan i röret så långt det går, dra sedan ut den igen.

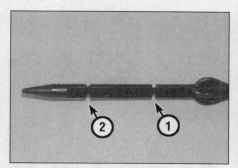

**3** Kontrollera oljenivån i änden på mätstickan, som ska ligga mellan det övre maxmärket (1) och det nedre minmärket (2). Ungefär en liter olja tar nivån från det nedre till det övre märket.

**4** Skruva loss oljepåfyllningslocket och fyll på olja; en tratt minskar spillet. Häll i olja sakta och kontrollera nivån på mätstickan. Fyll inte på för mycket (se *Bilvård*).

---

# Servostyrningsvätskans nivå

## Innan du börjar
✔ Parkera bilen på plan mark.
✔ Ställ ratten i position rakt framåt. För att kontrollen av vätskenivån ska bli korrekt,
får inte ratten vridas medan nivåkontrollen görs.
✔ Motorn ska vara av.

## Säkerheten främst!
● Om påfyllning behövs ofta tyder det på en läcka, vilket bör undersökas utan dröjsmål.

**1** Behållaren sitter framtill i motorrummet. Torka av området runt behållarens påfyllningshals och skruva loss locket/mätstickan från behållaren.

**2** Sätt in mätstickan i behållare (utan att skruva fast locket), och ta ut den igen. Vätskenivån ska vara mellan MIN och MAX.

**3** Vid påfyllning, använd specificerad typ av vätska och fyll inte på för mycket i behållaren. När nivån är korrekt, sätt tillbaka och skruva fast locket.

# Kylvätskenivå

*Varning: FÖRSÖK INTE skruva loss expansionskärlets lock medan motorn är varm – du riskerar att skålla dig. Låt inte behållare med kylvätska stå öppna, eftersom vätskan är giftig.*

## Bilvård

● Med ett slutet kylsystem ska man inte behöva fylla på kylvätska regelbundet. Om du behöver fylla på ofta tyder det på en läcka. Kontrollera kylaren, alla slangar och fogytor och leta efter våta fläckar och fukt. Åtgärda efter behov.

● Det är viktigt att använda frostskydd i kylsystemet året runt, inte bara på vintern. Fyll inte på med bara vatten, eftersom det späder ut frostskyddet för mycket.

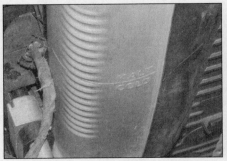

**1** På vissa modeller är det genomskinliga expansionskärlet på vänster sida av kylaren märkt med korrekt kylvätskenivå för kall vätska (20°C).

**2** På andra modeller har expansionskärlet en flottör som indikerar kylvätskenivån. När den övre änden av flottören sticker ut mer än 20 mm över påfyllningshalsen är nivån korrekt. Se den information som finns intill påfyllningshalsen.

**3** Om påfyllning behövs, **vänta tills motorn är kall**. Skruva sakta loss expansionskärlets lock för att släppa ut eventuellt tryck i systemet, ta sedan bort locket.

**4** Häll en blandning av vatten och frostskydd i expansionskärlet tills kylvätskenivån är precis under markeringen "Kalt/Cold" på kärlet, eller tills den övre änden av flottören sticker ut max 20 mm över påfyllningshalsen. Sätt tillbaka locket och skruva åt det ordentligt.

# Spolarvätskenivå*

*På modeller med strålkastarspolare används vindrutans spolarvätska även till strålkastarna.

Spolarvätsketillsatser inte bara rengör rutan vid dåligt väder, de förhindrar även att spolarsystemet fryser ihop vid kall väderlek – och det är ofta kring nollstrecket som du behöver vindrutespolarna som mest. Fyll inte på med enbart vatten – spolarvätskan blir då för utspädd och kan frysa om det blir kallt.

*Försiktighet: Använd inte under några omständigheter motorfrostskydd i spolarsystemet – detta kan missfärga och skada lacken.*

**1** Spolarvätskans behållare sitter i det främre högra hörnet i motorrummet. Nivån indikeras med hjälp av ett "kontrollrör" som sitter framför det högra fjäderbenstornet.

**2** Vid påfyllning, häll i spolarvätsketillsats i den proportion som rekommenderas av tillverkaren.

# Broms- och kopplingsvätskenivå

⚠️ **Varning:**
● **Bromsvätska kan skada dina ögon och också lackerade ytor, så var ytterst försiktig vid hantering av vätskan.**
● **Använd inte vätska som har stått i ett öppet kärl under en längre tid. Vätskan absorberar fukt från luften, vilket kan orsaka farlig förlust av bromsverkan.**

## Innan du börjar
● Se till att bilen står på plan mark.

**HAYNES TiPS** *Nivån i behållaren sjunker något allteftersom broms-klossarns slits, men nivån får aldrig tillåtas sjunka under märket "MIN".*

## Säkerheten främst!
● Om det krävs regelbunden påfyllning av bromsvätska tyder detta på en läcka någonstans i systemet, vilket i så fall omedelbart måste undersökas.
● Om läckage misstänks ska bilen inte köras förrän bromssystemet har undersökts och åtgärdats. Ta aldrig några risker när det gäller bromsarna.

**1** Lossa klämman och ta bort locket från förarsidans pollenfilterhus.

**2** Lossa klämman och dra luftkanalen från filterhuset, vrid den sedan uppåt och ta bort den från torpedväggen.

**3** Lossa klämman och lyft ut pollen-filterhuset.

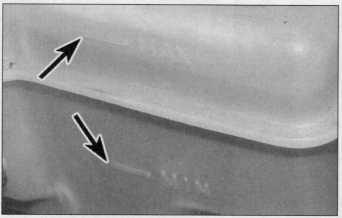

**4** MAX- och MIN-märkena finns på sidan av behållaren. Vätskenivån måste alltid hållas mellan dessa märken.

**5** Om påfyllning behövs, torka först av behållaren runt locket för att undvika att få in smuts i systemet.

**6** Skruva loss locket och var försiktig när du lyfter ut det, så att inte nivåkontaktens flottör skadas. Undersök behållaren och vätskan – om vätskan är smutsig bör systemet tömmas och fyllas på med ny vätska (se kapitel 1).

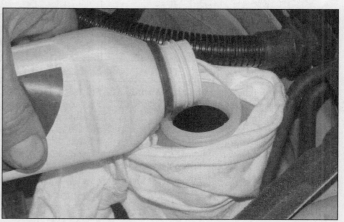

**7** Häll försiktigt i ny vätska och undvik att spilla på omgivande komponenter. Använd endast specificerad vätska; om olika typer blandas kan det skada systemet. När vätska har fyllts på till rätt nivå, skruva fast locket ordentligt och torka bort eventuellt spill.

# Däckens skick och lufttryck

Det är mycket viktigt att däcken är i bra skick och har korrekt lufttryck – däckhaverier är farliga i alla hastigheter.

Däckslitage påverkas av av körstil – hårda inbromsningar och accelerationer eller snabb kurvtagning leder onekligen till högt slitage. Generellt sett slits framdäcken ut snabbare än bakdäcken. Axelvis byte mellan fram och bak kan jämna ut slitaget, men om detta är för effektivt kan du komma att behöva byta alla fyra däcken samtidigt.

Ta bort spikar och stenar som bäddats in i däckmönstret innan dessa går igenom och orsakar punktering. Om borttagandet av en spik avslöjar en punktering, sätt tillbaka spiken i hålet som en markering, byt hjul och låt reparera däcket (eller köp ett nytt).

Kontrollera regelbundet att däcken är fria från sprickor och blåsor, speciellt i sidoväggarna. Ta av hjulen med regelbundna mellanrum och rensa bort all smuts och lera från inre och yttre ytor. Kontrollera att inte fälgarna visar spår av rost, korrosion eller andra skador. Lättmetallfälgar skadas lätt av kontakt med trottoarkanter vid parkering och även stålfälgar kan bucklas. En ny fälg är ofta det enda sättet att korrigera allvarliga skador.

Nya däck måste alltid balanseras vid monteringen, men man kan också behöva balansera om dem i takt med slitage eller om balansvikterna på fälgkanten lossnar. Obalanserade däck slits snabbare och de ökar också slitaget på fjädring och styrning. Obalans i hjulen märks normalt av vibrationer, speciellt vid vissa hastigheter, i regel kring 80 km/tim. Om dessa vibrationer bara känns i styrningen är det troligt att enbart framhjulen behöver balanseras. Om vibrationerna känns i hela bilen kan bakhjulen vara obalanserade. Hjulbalansering ska utföras av en däckverkstad eller annan verkstad med lämplig utrustning.

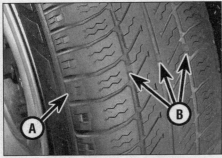

**1 Mönsterdjup - visuell kontroll**
Originaldäcken har slitagevarningsband (B) som uppträder när mönsterdjupet har slitits ner till ca 1,6 mm. Bandens lägen anges av trianglar på däcksidorna (A).

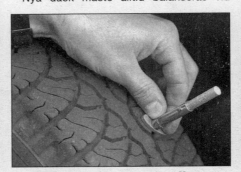

**2 Mönsterdjup - manuell kontroll**
Mönsterdjupet kan även avläsas med ett billigt verktyg kallat mönsterdjupsmätare.

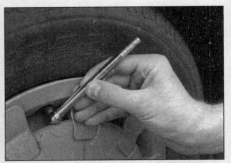

**3 Lufttryckskontroll**
Kontrollera regelbundet lufttrycket i däcken när dessa är kalla. Justera inte lufttrycket omedelbart efter det att bilen har körts eftersom detta leder till felaktiga värden.

# Däckslitage

### Slitage på sidorna

**Lågt däcktryck (slitage på båda sidorna)**
Lågt däcktryck orsakar överhettning i däcket eftersom det ger efter för mycket, och slitbanan ligger inte rätt mot underlaget. Detta orsakar förlust av väggrepp och ökat slitage.
*Kontrollera och justera däcktrycket.*
**Felaktig cambervinkel (slitage på en sida)**
*Reparera eller byt ut fjädringsdetaljer.*
**Hård kurvtagning**
*Sänk hastigheten!*

### Slitage i mitten

**För högt däcktryck**
För högt däcktryck orsakar snabbt slitage i mitten av däckmönstret, samt minskat väggrepp, stötigare gång och fara för skador i korden.
*Kontrollera och justera däcktrycket.*

*Om du ibland måste ändra däcktrycket till högre tryck specificerade för max lastvikt eller ihållande hög hastighet, glöm inte att minska trycket efteråt.*

### Ojämnt slitage

Framdäcken kan slitas ojämnt som följd av felaktig hjulinställning. De flesta bilåterförsäljare och verkstäder kan kontrollera och justera hjulinställningen för en rimlig summa.
**Felaktig camber- eller castervinkel**
*Reparera eller byt ut fjädringsdetaljer.*
**Defekt fjädring**
*Reparera eller byt ut fjädringsdetaljer.*
**Obalanserade hjul**
*Balansera hjulen.*
**Felaktig toe-inställning**
*Justera framhjulsinställningen.*
**Notera:** *Den fransiga ytan i mönstret, ett typiskt tecken på toe-förslitning, kontrolleras bäst genom att man känner med handen över däcket.*

# Batteri

*Varning: Innan något arbete med batteriet påbörjas, läs de föreskrifter som finns i "Säkerheten främst!" i början av boken.*

✔ Kontrollera att batterihyllan är i gott skick och att klämman sitter åt hårt. Korrosion på hyllan, klämman och själva batteriet kan tas bort med en lösning av vatten och natrium-bikarbonat. Skölj sedan alla delar noggrant med vatten. Metalldelar som har skadats av korrosion bör täckas med en zinkbaserad primer och sedan målas.

✔ Kontrollera regelbundet (ungefär var tredje månad) batteriets laddning enligt beskrivning i kapitel 5A.

✔ Om batteriet är urladdat och du måste starta bilen med hjälpbatteri, se *Reparationer vid vägkanten*.

**1** Batteriet sitter i det bakre högra hörnet i bagageutrymmet. På sedanmodeller, lossa klämman och öppna det högra förvaringsutrymmet. På Touringmodeller, vrid fästet 90° och ta bort förvaringsluckan på höger sida.

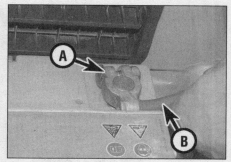

**2** Kontrollera att batteriets polskor sitter hårt (A) för att försäkra god elektrisk ledning. Du ska inte kunna rubba dem. Undersök också batterikablarna (B) för att se om de är spruckna eller har slitna ledare.

HAYNES TiPS

*Batterikorrosion kan hållas till ett minimum genom att ett lager vaselin läggs på poler och polskor när de har skruvats ihop.*

**3** Om korrosion (vita, fluffiga avlagringar) förekommer, lossa kablarna från batteriet och rengör dem med en stålborste innan de sätts tillbaka. Tillbehörsbutiker säljer ett verktyg för rengöring av batteripoler . . .

**4** . . . och polskor.

# Torkarblad

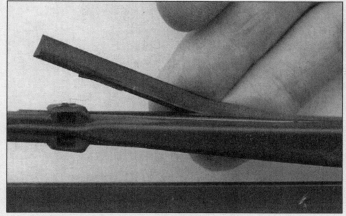

**1** Undersök torkarbladens skick; om de är spruckna eller visar tecken på förslitning, eller om rutan inte blir ren, byt ut bladen. Torkarblad bör bytas varje år som en rutinåtgärd.

**2** För att ta loss ett torkarblad, dra ut armen från rutan tills den låser. Använd sedan en skruvmejsel till att skjuta klämman till det olåsta läget. Haka loss bladet från armen.

# Elsystem

✔ Kontrollera alla yttre lampor och signalhornet. Se relevanta sektioner av kapitel 12 för information om någon krets inte fungerar.

✔ Undersök alla kontakter, kabelhärvor och klämmor. De ska ha goda anslutningar och får inte visa tecken på skador eller skavning.

**HAYNES TiPS** *Om du ensam ska kontrollera bromsljus och bakre blinkers, backa upp mot en vägg eller garagedörr och slå på lamporna. Återskenet visar om de fungerar korrekt.*

**1** Om en enstaka blinkers, bromsljus eller strålkastare inte fungerar är det troligt att glödlampan är trasig och måste bytas. Se kapitel 12 för detaljer. Om båda bromsljusen är ur funktion kan det vara problem med bromsljuskontakten (se kapitel 9).

**2** Om mer än en blinkers eller baklykta inte fungerar är det troligen en fråga om en bränd säkring eller ett fel i kretsen (se kapitel 12). Säkringarna sitter i säkringsdosan i handskfacket på passagerarsidan. En förteckning över vilka kretsar som skyddas av vilka säkringar finns på ett kort i säkringsdosan. Öppna handskfacket, vrid fästena 90° moturs och sänk ner säkringsdosans lucka från handskfackets tak.

**3** För att byta ut en trasig säkring, dra helt enkelt ut den och sätt i en ny av rätt klassning (se kapitel 12). Om säkringen går igen är det viktigt att ta reda på varför – i kapitel 12 beskrivs hur man gör en ordentlig kontroll.

# Smörjmedel och vätskor

**Motor**

| | |
|---|---|
| Alla motorer (utom M54 motorer fr.o.m. 09/01) . . . . . . . . . . . . | BMW Long-life 98<br>SAE 0W-40 eller SAE 5W-30 (helt syntetisk) till ACEA A3 kan användas **endast** till påfyllning (t.ex. Castrol Syntec) |
| M54 motorer fr.o.m. 09/01 . . . . . . . . . . . . . . . . . . . . . . . . | BMW Long-life 01<br>SAE 0W-40 eller SAE 5W-30 (helt syntetisk) till ACEA A3 kan användas **endast** till påfyllning (t.ex. Castrol Syntec) |
| **Kylsystem** . . . . . . . . . . . . . . . . . . . . . . . . . . . . . . . . . . . . . . . | Long-life etylenglykolbaserat frostskydd* |
| **Manuell växellåda**<br>Växellådor med en orange 'ATF' etikett intill<br>  påfyllningspluggen (fram till 09/1997) . . . . . . . . . . . . . . . . . | ATF D (t.ex. Duckhams Unimatic) |
| Växellådor fr.o.m. 09/1997 . . . . . . . . . . . . . . . . . . . . . . . . . | BMW Lifetime växellådsolja MTF-LT-1 |
| **Automatväxellåda** . . . . . . . . . . . . . . . . . . . . . . . . . . . . . . . | BMW Lifetime växellådsolja* |
| **Slutväxel** . . . . . . . . . . . . . . . . . . . . . . . . . . . . . . . . . . . . . . | SAE 75W/90 EP* |
| **Bromssystem** . . . . . . . . . . . . . . . . . . . . . . . . . . . . . . . . . . . | Bromsvätska till DOT 4 |
| **Servostyrning** . . . . . . . . . . . . . . . . . . . . . . . . . . . . . . . . . . | Dexron II* eller Pentosin CHF (märkt som ATF eller CHF på behållarns påfyllningslock) |

*Kontakta din BMW-återförsäljare för information om märken och rekommendationer*

# Däcktryck

Däcktrycken finns angivna på en etikett som sitter vid förardörrens öppning.

# Kapitel 1
# Rutinunderhåll och service

## Innehåll

## Svårighetsgrader

| | | | | |
|---|---|---|---|---|
| **Enkelt,** passar novisen med lite erfarenhet  | **Ganska enkelt,** passar nybörjaren med viss erfarenhet  | **Ganska svårt,** passar kompetent hemmamekaniker  | **Svårt,** passar hemmamekaniker med erfarenhet  | **Mycket svårt,** för professionell mekaniker  |

## Smörjmedel och vätskor
Se *Veckokontroller* på sidan 0•18

### Volymer

**Motorolja (inklusive filter)**
Alla motorer . . . . . . . . . . . . . . . . . . . . . . . . . . . . . . . . . . . . . . . . . 6,5 liter

**Kylsystem**
Alla motorer . . . . . . . . . . . . . . . . . . . . . . . . . . . . . . . . . . . . . . . . . 10,5 liter

**Växellåda**
Manuell växellåda (ca) . . . . . . . . . . . . . . . . . . . . . . . . . . . . . . . . . 1,1 liter
Automatväxellåda (ca) . . . . . . . . . . . . . . . . . . . . . . . . . . . . . . . . . 3,3 liter

**Slutväxel**
Alla modeller . . . . . . . . . . . . . . . . . . . . . . . . . . . . . . . . . . . . . . . . 1,1 liter

**Servostyrning**
Alla modeller (ca) . . . . . . . . . . . . . . . . . . . . . . . . . . . . . . . . . . . . 1,2 liter

**Bränsletank**
Alla modeller (ca) . . . . . . . . . . . . . . . . . . . . . . . . . . . . . . . . . . . . 78 liter

### Kylsystem
Frostskyddsblandning:
  50% frostskyddsvätska . . . . . . . . . . . . . . . . . . . . . . . . . . . . . . . Skydd ned till -30°C
**Observera:** *Se information från frostskyddets tillverkare för aktuella rekommendationer.*

### Tändsystem

| Tändstift: | Typ | Elektrodavstånd |
|---|---|---|
| M52 motorer | Bosch F7 LDCR | 0,9 mm |
| M52TU motorer | NGK BKR 6E QYP | 0,9 mm |
| M54 motorer | Bosch FGR 7 DQP | 1,6 mm |

### Bromsar
Bromsklossarnas friktionsmaterial, minsta tjocklek . . . . . . . . . . . . . . . 3,0 mm
Handbromsbackarnas friktionsmaterial, minsta tjocklek . . . . . . . . . . . 1,5 mm

### Åtdragningsmoment                                    Nm
Avtappningsplugg i motorns oljesump:
  M12 plugg . . . . . . . . . . . . . . . . . . . . . . . . . . . . . . . . . . . . . . . . . 25
  M18 plugg . . . . . . . . . . . . . . . . . . . . . . . . . . . . . . . . . . . . . . . . . 35
  M22 plugg . . . . . . . . . . . . . . . . . . . . . . . . . . . . . . . . . . . . . . . . . 60
Hjulbultar . . . . . . . . . . . . . . . . . . . . . . . . . . . . . . . . . . . . . . . . . . . 110
Kylvätskans avtappningsplugg i motorblocket . . . . . . . . . . . . . . . . . 25
Tändstift:
  M12 gänga . . . . . . . . . . . . . . . . . . . . . . . . . . . . . . . . . . . . . . . . 23
  M14 gänga . . . . . . . . . . . . . . . . . . . . . . . . . . . . . . . . . . . . . . . . 30

Alla E39 5-Serie modeller har en servicedislay i mitten av instrumentpanelen, som visar vilken typ av service som ska utföras nästa gång, och den sträcka som återstår tills den ska utföras. När sträckan går ned till noll, visar displayen den sträcka som förlöpt sedan servicen skulle ha utförts. Två typer av service specificeras, en "Oljeservice" och en "Inspektionsservice". För ytterligare information, se handboken som följer med bilen.

Det finns två olika inspektionsservice, Inspektion I och Inspektion II. Dessa utförs växelvis, med några extra åtgärder vid varannan Inspektion II. Om du är osäker på vilken Inspektionsservice som utfördes senast, börja med Inspektion II (inklusive de extra åtgärderna).

För att återställa servicedisplayen på modeller fram till 09/2000, krävs ett serviceverktyg från BMW, som kopplas in i diagnostikuttaget i motorrummet. Eftermarknads alternativ till BMW-verktyget tillverkas av många välkända verktygsproducenter och de bör finnas i större tillbehörsbutiker. På modeller tillverkade efter 09/2000 kan displayen återställas med hjälp av återställningsknappen för trippmätaren i instrumentpanelen.

## Var 400:e km eller varje vecka

- [ ] Se *Veckokontroller*

## Oljeservice

- [ ] Byt motorolja och filter (avsnitt 3)*
- [ ] Återställ serviceintervalldisplay (avsnitt 4)
- [ ] Kontrollera de främre bromsklossarna (avsnitt 5)
- [ ] Kontrollera de bakre bromsklossarna (avsnitt 6)
- [ ] Kontrollera handbromsens funktion (avsnitt 7)
- [ ] Byt ut pollenfiltren (avsnitt 8)

* **Observera**: *Täta olje- och filterbyten är bra för motorn. Vi rekommenderar att detta görs minst en gång per år.*

## Inspektion I

*Utför alla åtgärder som anges under "Oljeservice" samt följande:*

- [ ] Undersök alla komponenter och slangar under motorhuven och leta efter läckor (avsnitt 9)
- [ ] Undersök drivremmens (-remmarnas) skick och byt ut dem om så behövs (avsnitt 10)
- [ ] Undersök styrnings- och fjädringskomponenterna och kontrollera att de sitter ordentligt (avsnitt 11)

## Inspektion I (forts)

- [ ] Undersök avgassystemet och dess fästen (avsnitt 12)
- [ ] Undersök skicket på säkerhetsbältena och se till att de fungerar som de ska (avsnitt 13)
- [ ] Smörj alla gångjärn och lås (avsnitt 14)
- [ ] Kontrollera strålkastarinställningen (avsnitt 15)
- [ ] Kontrollera vindrute-/strålkastarspolarsystemens funktion (avsnitt 16)
- [ ] Kontrollera motorstyrningssystemet (avsnitt 17)
- [ ] Utför ett landsvägsprov (avsnitt 18)
- [ ] Kontrollera vattendräneringen under bromsservon (avsnitt 19)

## Inspektion II

*Utför alla åtgärder som anges under Inspektion 1 samt följande:*

- [ ] Byt tändstift (avsnitt 20)
- [ ] Byt luftfilter (avsnitt 21)
- [ ] Undersök drivaxeldamaskerna (avsnitt 22)
- [ ] Undersök handbromsbackarna (avsnitt 23)

## Varannan Inspektion II

- [ ] Byt bränslefilter (avsnitt 24)

## Vartannat år

**Observera:** *BMW anger att följande ska utföras oavsett uppnådd körsträcka:*

- [ ] Byt bromsvätska (avsnitt 25)

## Vart tredje år

**Observera:** *BMW anger att följande ska utföras oavsett uppnådd körsträcka:*

- [ ] Byt kylvätska (avsnitt 26)

## Motorrummet på en 2,0 liters modell (M50 motor)

1 Motorns oljepåfyllningslock
2 Motorns oljemätsticka
3 Oljefilterkåpa
4 Broms- och kopplingsvätskans behållare (under pollenfilterhuset)
5 Luftrenarhus
6 Kylvätskans expansionskärl
7 Spolarvätskebehållare
8 Pollenfilterkåpor
9 Motorns elbox (under pollenfilterhuset)
10 Fjäderbenets övre fäste
11 ABS-enhet
12 Servostyrningens vätskebehållare
13 Diagnostikuttag

## Motorrummet på en 2,5 liters modell (M54 motor)

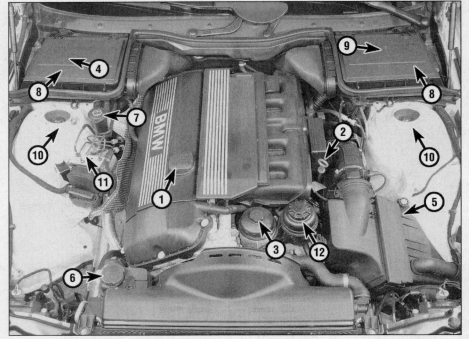

1 Motorns oljepåfyllningslock
2 Motorns oljemätsticka
3 Oljefilterkåpa
4 Broms- och kopplingsvätskans behållare (under pollenfilterhuset)
5 Luftrenarhus
6 Kylvätskans expansionskärl
7 Spolarvätskebehållare
8 Pollenfilterkåpor
9 Motorns elbox (under pollenfilterhuset)
10 Fjäderbenets övre fäste
11 ABS-enhet
12 Servostyrningens vätskebehållare

## Framvagnen sedd underifrån (2,0 liters modell – övriga liknande)

1 Motorns oljeavtappningsplugg
2 Framvagnsram
3 Kylare
4 Främre avgasrör
5 Bakre länkarm
6 Främre bromsok
7 Styrväxel
8 Krängningshämmare
9 Kylvätskans avtappningsplugg
10 Främre länkarm

## Bakvagnen sedd underifrån (2,0 liters modell – övriga liknande)

1 Bränsletank
2 Avgassystemets slutrör/ljuddämpare
3 Slutväxel
4 Undre länkarm
5 Bakvagnsram
6 Handbromsvajer
7 Drivaxel
8 Krängningshämmare
9 Kardanaxel

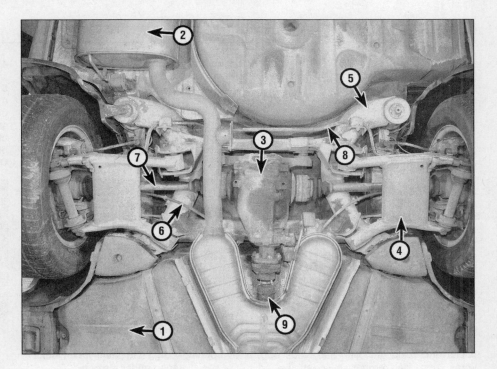

## 1 Inledning

**1** Detta kapitel är utformat för att hjälpa hemmamekanikern att underhålla sin bil på bästa sätt. Målet är att få ut hög säkerhet, driftsekonomi, topprestanda och lång tjänstgöring.
**2** Kapitlet innehåller ett underhållsschema följt av sektioner som behandlar de olika åtgärderna i schemat. Inspektioner, justeringar, komponentbyten och andra nyttiga moment finns med. Se också de tillhörande bilderna av motorrummet och undersidan av bilen för de olika delarnas placering.
**3** Underhåll av bilen enligt servicedisplayen och följande avsnitt ger ett planerat underhållsprogram, som bör resultera i en pålitlig bil med lång tjänstgöring. Detta är en heltäckande plan, så om bara vissa delar underhålls vid angivna intervall, erhåller man inte samma goda resultat.
**4** När du underhåller din bil kommer du att upptäcka att många av åtgärderna kan – och bör – utföras samtidigt, på grund av åtgärdens art eller för att två annars orelaterade delar sitter nära varandra. Om bilen t.ex. av någon anledning lyfts upp, kan avgassystemet undersökas samtidigt som fjädringens och styrningens komponenter.

**5** Det första steget i underhållsprogrammet är att förbereda sig innan själva arbetet påbörjas. Läs igenom alla relevanta avsnitt, gör sedan en lista och samla ihop alla verktyg och delar som behövs. Om du stöter på problem, kontakta en reservdelsspecialist eller en återförsäljare.

## 2 Regelbundet underhåll

**1** Om schemat för rutinunderhåll följs noggrant från det att bilen är ny, och täta kontroller görs av vätskenivåer och slitdelar, så som rekommenderas i den här boken, kommer motorn att hållas i gott skick och behovet av extra arbeten hålls till ett minimum.
**2** Om regelbundet underhåll inte har utförts kan det hända att motorn går dåligt. Detta är förstås vanligare om det handlar om en begagnad bil, som inte har fått regelbundna och täta kontroller. I sådana fall måste extra arbeten utföras, utöver det regelbundna underhållet.
**3** Om motorn misstänks vara sliten kan ett kompressionsprov (se kapitel 2A) ge värdefull information om de inre komponenternas skick. Ett sådant prov kan sedan användas som beslutsgrund för att avgöra omfattningen på det kommande arbetet. Om ett

kompressionsprov t.ex. indikerar allvarligt inre motorslitage, kommer inte det vanliga underhåll som beskrivs i det här kapitlet att förbättra motorns prestanda nämnvärt, utan kan visa sig bli ett slöseri med tid och pengar om inte en omfattande renovering utförs först.
**4** Följande åtgärder är de som oftast behövs för att förbättra prestandan hos en motor som går allmänt dåligt.

### Primära åtgärder

a) Rengör, undersök och testa batteriet (se "Veckokontroller").
b) Kontrollera alla motorrelaterade vätskor (se "Veckokontroller").
c) Kontrollera drivremmens skick och spänning (avsnitt 10).
d) Byt ut tändstiften (avsnitt 20).
e) Undersök luftfiltret och byt ut det om så behövs (avsnitt 21).
f) Kontrollera bränslefiltret (avsnitt 24).
g) Undersök alla slangar och leta efter vätskeläckage (avsnitt 9).

**5** Om åtgärderna ovan inte verkar hjälpa, utför följande:

### Sekundära åtgärder

Alla moment som anges under *Primära åtgärder*, plus följande:
a) Kontrollera laddningssystemet (se kapitel 5A).
b) Kontrollera tändsystemet (se kapitel 5B).
c) Kontrollera bränslesystemet (se relevant del av kapitel 4).

# Oljeservice

## 3 Motorolja och filter – byte

**1** Täta olje- och filterbyten är det viktigaste förebyggande underhåll en bilägare kan utföra. När motoroljan åldras blir den utspädd och förorenad, vilket leder till förtida motorslitage.
**2** Innan arbetet påbörjas, samla ihop alla verktyg och material som behövs. Se också till att ha rena trasor och tidningspapper till hands, för att kunna torka upp eventuellt spilld olja. Helst bör motoroljan vara varm, eftersom den då rinner ut lättare och också tar med sig mer avlagringar. Var dock försiktig så att du inte kommer i kontakt med avgassystemet eller några andra varma delar på motorn vid arbete under bilen. Använd skyddshandskar för att undvika skållning och för att skydda dig mot skadliga eller irriterande ämnen i den gamla oljan. Det går lättare att komma åt bilens undersida om bilen kan lyftas upp, köras upp på ramper eller ställas på

pallbockar (se *Lyftning och stödpunkter*). Vilken metod du än använder, se till att bilen står plant, eller om den lutar att avtappningspluggen är längst ner. Man kommer åt oljesumpens avtappningsplugg via en lucka i kåpan under motorn **(se bild)**
**3** I motorrummet, leta reda på oljefilterhuset på vänster sida av motorn, framför insugsgrenröret.

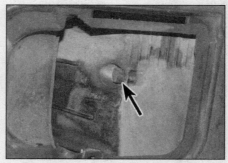

**3.2 Man kommer åt oljesumpens avtappningsplugg (vid pilen) via en lucka i kåpan under motorn**

**4** Placera trasor runt botten av huset för att samla upp spilld olja.
**5** Använd ett särskilt oljefilterverktyg eller en hylsa (36 mm), skruva loss och ta bort kåpan och lyft ut filterpatronen. Det är möjligt att skruva loss kåpan med en remtång **(se bilder)**. När kåpan tas bort kommer oljan att rinna tillbaka från huset till sumpen.
**Observera:** *Vissa tidiga modeller kan ha ett*

**3.5a Använd en 36 mm hylsa till att skruva loss kåpan . . .**

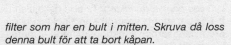

3.5b ... eller en remtång

3.8 Placera en ny O-ringstätning på oljefilterkåpan

3.9 Placera ett nytt oljefilter på kåpan

*filter som har en bult i mitten. Skruva då loss denna bult för att ta bort kåpan.*

**6** Ta bort det gamla filtret och O-rings-tätningen från kåpan.

**7** Använd en ren trasa, torka av fogytorna på huset och kåpan.

**8** Montera en ny O-ring på kåpan **(se bild)**.

**9** Montera det nya oljefiltret på kåpan **(se bild)**.

**10** Smörj lite ren motorolja på O-ringen, sätt tillbaka kåpan (och bulten om tillämpligt) och dra åt den till 25 Nm om du använder det särskilda oljefilterverktyget. Om en remtång används, dra åt kåpan så att den sitter fast ordentligt.

**11** Arbeta under bilen, lossa oljesumpens avtappningsplugg ungefär ett halvt varv **(se bild 3.2)**. Placera en lämplig behållare under avtappningspluggen och ta bort pluggen. Om möjligt, försök att hålla pluggen intryckt i oljesumpen medan den skruvas loss de sista varven.

**12** Ta vara på avtappningspluggens tätnings-ring.

**13** Ge oljan lite tid att rinna ut. Det kan bli nödvändigt att flytta kärlet när oljeflödet övergår till ett droppande.

**14** När all olja har tappats av, torka av pluggen med en ren trasa. Undersök tätningsbrickan och byt ut den om den är i dåligt skick. Rengör området runt pluggens öppning, sätt sedan tillbaka pluggen och dra åt den **(se bild)**.

**15** Ta bort den gamla oljan och alla verktyg från under bilen, stäng oljepluggens åtkomst-lucka och sänk ned bilen på marken (om tillämpligt).

**16** Ta bort oljemätstickan och skruva sedan loss påfyllningslocket från ventilkåpan. Fyll på motorn med korrekt mängd olja av rätt typ (se *Veckokontroller*). En oljekanna med pip eller en tratt underlättar arbetet och minskar spillet. Börja med att hälla i hälften av oljan, vänta sedan några minuter så att oljan får sjunka ned i oljesumpen. Fortsätt att hälla i olja lite i taget tills nivån når upp till den nedre markeringen på oljemätstickan. Fyll sedan på tills nivån går upp till den övre markeringen på stickan. Sätt i mätstickan och sätt tillbaka locket.

**17** Starta motorn och låt den gå i några minuter; leta efter läckor runt oljefilter-tätningen och sumpens avtappningsplugg. Notera att det kan ta några sekunder extra innan oljetryckslampan slocknar när motorn först startas, eftersom oljan måste få fylla oljekanalerna och det nya oljefiltret innan ett tryck byggs upp.

**18** Slå av motorn och vänta i några minuter så att oljan får rinna ned i oljesumpen igen. När den nya oljan har fått cirkulera och filtret är helt fullt, kontrollera nivån på mätstickan igen och fyll på mer olja om så behövs.

**19** Gör dig av med den gamla oljan och filtret på ett säkert sätt, se *Allmänna reparations-anvisningar* i *Referenskapitlet* i den här boken.

## 4 Återställning av serviceintervalldisplay

### Modeller fram till 09/2000

**Observera:** *Följande beskrivning gäller användning av det särskilda verktyget från BMW. Om ett eftermarknads verktyg används, se instruktionerna från tillverkaren som medföljer verktyget.*

**1** Slå av tändningen, skruva av locket och koppla sedan in BMW:s återställningsverktyg 62 1 110 (eller liknande) i diagnosuttaget i motorrummet **(se bild)**.

**2** Se till att alla elektriska komponenter är avslagna och slå sedan på tändningen. **Observera:** *Starta inte motorn.*

**3** För att återställa en Oljeservice, tryck in och håll den gula knappen; den gröna lampan tänds då. Efter ungefär tre sekunder kommer den gula lampan att tändas i ungefär 12 sekunder och sedan slockna.

**4** För att återställa en Inspektionsservice, tryck in och håll den röda Inspektionsknappen; den gröna (funktionskontroll) lampan tänds då. Efter ungefär tre sekunder ska även den röda lampan tändas, förbli tänd i ungefär 12 sekunder och sedan slockna. Släpp Inspektionsknappen; den gröna (funktions-kontroll) lampan ska då slockna.

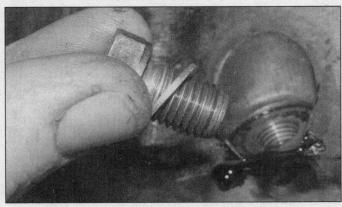

3.14 Byt ut tätningsbrickan om så behövs och sätt tillbaka avtappningspluggen

4.1 Koppla in återställningsverktyget i diagnosuttaget i motorrummet (modeller fram till 09/2000)

**5** Om klocksymbolen (årlig service) lyste samtidigt som indikatorn för Oljeservice eller Inspektionsservice, vänta i 20 sekunder och upprepa sedan momentet i punkt 4.
**6** Slå av tändningen och koppla loss återställningsverktyget och adaptern från diagnosuttaget.
**7** Slå på tändningen och kontrollera att Serviceintervalldisplayen har återställts.

### Modeller fr.o.m. 09/2000
#### Återställ olje-/inspektionsservice och bromsvätskebyte
**8** Sätt in startnyckeln och vrid den till läge 0.
**9** Tryck in och håll trippmätarknappen, vrid sedan nyckeln till läge 1.
**10** Håll knappen intryckt i ungefär fem sekunder tills displayen visar antingen "Oil service" eller "Inspection" tillsammans med "Reset" eller "Re", släpp sedan knappen.
**11** Tryck in trippmätarknappen igen och håll in den i ungefär fem sekunder tills displayen blinkar "Reset" elller "Re", släpp den sedan.
**12** Efter att tillfälligt ha visat det nya intervallet, kommer displayen sedan att visa "Brake fluid renewal" intervallet. Följande kommer att visas på displayen: Klocksymbolen och "Reset" eller "Re". Tryck in och håll trippmätarknappen igen i ungefär fem sekunder tills displayen blinkar "Reset" eller "Re", släpp den sedan.
**13** Medan displayen blinkar, tryck in och släpp trippmätarknappen för att återställa intervallet för bromsvätskebyte.
**14** Efter att tillfälligt ha visat det nya intervallet kommer displayen att visa "End SIA" i ungefär två sekunder. Detta indikerar att justeringen av serviceintervall (Service Interval Adjustment) har slutförts. Slå av tändningen för att fullfölja momentet.

#### Återställning av enbart olje-/ inspektionsservice
**15** Sätt in startnyckeln och vrid den till läge 0.
**16** Tryck in och håll trippmätarknappen, vrid sedan nyckeln till läge 1.
**17** Håll knappen intryckt i ungefär fem sekunder tills displayen visar antingen "Oil service" eller "Inspection" tillsammans med "Reset" eller "Re", släpp sedan knappen.
**18** Tryck in trippmätarknappen igen och håll in den i ungefär fem sekunder, tills displayen blinkar "Reset" eller "Re", släpp den sedan.

**19** Medan displayen blinkar, tryck tillfälligt in trippmätarknappen igen för att återställa serviceintervallet.
**20** Efter att tillfälligt ha visat det nya intervallet, kommer displayen nu att visa "Brake fluid renewal" intervallet. Följande kommer att visas på displayen: Klocksymbol och "Reset" eller "Re". Tryck tillfälligt in trippmätarknappen för att hoppa över återställningen av intervall för bromsvätskebyte. Displayen kommer att änddras till "End SIA". Detta indikerar att justeringen av serviceintervall (Service Interval Adjustment) har slutförts. Slå av tändningen för att fullfölja momentet.

#### Återställning av endast bromsvätskebyte
**21** Sätt in startnyckeln och vrid den till läge 0.
**22** Tryck in och håll trippmätarknappen, vrid sedan nyckeln till läge 1.
**23** Håll knappen intryckt i ungefär fem sekunder tills displayen visar antingen "Oil service" eller "Inspection" tillsammans med "Reset" eller "Re", släpp sedan knappen.
**24** Tryck tillfälligt in trippmätarknappen för att hoppa över återställning av Oljeservice eller Inspektionsservice.
**25** Displayen kommer att visa klocksymbolen och "Reset" eller "Re". Tryck in knappen igen i ungefär fem sekunder, tills displayen blinkar "Reset" eller "Re".
**26** Medan displayen blinkar, tryck tillfälligt in trippmätarknappen för att återställa intervallet för bromsvätskebyte.
**27** Efter att tillfälligt ha visat det nya intervallet kommer displayen att visa "End SIA" i ungefär två sekunder. Detta indikerar att justeringen av serviceintervall (Service Interval Adjustment) har slutförts. Slå av tändningen för att fullfölja momentet.

### 5 Främre bromsklossar – kontroll

**1** Dra åt handbromsen ordentligt, lyft sedan upp framvagnen och stöd den säkert på pallbockar (se *Lyftning och stödpunkter*). Ta bort framhjulen.
**2** För en fullständig kontroll måste bromsklossarna demonteras och rengöras. Bromsokets funktion kan då också

kontrolleras, och skicket på bromsskivan kan undersökas på båda sidor. Se kapitel nio för ytterligare information.
**3** Om friktionsmaterialet på en bromskloss har slitits ned till specificerad gräns, måste *alla fyra bromsklossarna bytas ut.*

### 6 Bakre bromsklossar – kontroll

**1** Klossa framhjulen, lyft sedan upp bakvagnen och stöd den på pallbockar (se *Lyftning och stödpunkter*). Ta bort bakhjulen.
**2** För en snabb kontroll kan tjockleken på bromsklossarnas friktionsmaterial mätas genom bromsoket. Om någon kloss är sliten ned till specificerad gräns måste *alla fyra klossarna bytas ut.*
**3** För en fullständig kontroll måste bromsklossarna demonteras och rengöras. Då kan även bromsoket undersökas och skicket på bromsskivan undersökas på båda sidor. Se kapitel 9 för ytterligare information.

### 7 Handbroms – kontroll

Kontrollera och vid behov justera handbromsen enligt beskrivningen i kapitel 9. Kontrollera att handbromsvajrarna kan röra sig fritt och smörj alla exponerade länkage/ vajerpivåer.

### 8 Pollenfilter – byte

**1** Längst bak i motorrummet, vik fästklämman framåt och ta bort filterkåpan **(se bilder)**. Notera att det finns två pollenfilter – ett i det vänstra hörnet i motorrummet och ett i det högra.
**2** Ta ut filtret ur filterhuset **(se bild)**.
**3** Sätt in det nya filtret i huset, se till att det hamnar rätt väg.
**4** Sätt tillbaka filterkåpan och fäst den på plats med klämman.

8.1a Dra klämman till pollenfiltrets kåpa framåt . . .

8.1b . . . ta bort kåpan . . .

8.2 . . . och ta ut filtret

# Inspektion I

## 9 Slangar och läckage – kontroll

1 Undersök motorns fogytor, packningar och tätningar och leta efter tecken på vatten- eller oljeläckor. Var särskilt uppmärksam på områdena runt kamaxelkåpans, topplockets, oljefiltrets och oljesumpens fogytor. Kom ihåg att man med tiden kan förvänta sig ett visst sipprande vid de här punkterna – det du letar efter är tecken på allvarliga läckor. Om en läcka hittas, byt ut den trasiga packningen eller oljetätningen med hjälp av relevanta kapitel i den här boken.

2 Undersök också skicket på alla motor-relaterade rör och slangar och kontrollera att de sitter fast ordentligt. Se till att alla buntband eller fästklämmor sitter på plats och är i gott skick. Klämmor som är trasiga eller saknas kan orsaka skavning på slangar, rör eller kablar, vilket kan leda till allvarliga problem längre fram.

3 Undersök noggrant kylar- och värmar-slangarna längs hela deras längd. Byt ut slangar som är spruckna, svullna eller åldrade. Sprickor visas sig bättre om man klämmer på slangarna. Var uppmärksam på slang-klämmorna som håller fast slangarna till kylsystemets delar. Slangklämmor kan nypa och punktera slangar och på så sätt orsaka läckor i kylsystemet.

4 Undersök kylsystemets alla komponenter (slangar, fogytor etc.) och leta efter läckor (se Haynes tips). Om problem av detta slag hittas, byt ut komponenten eller packningen enligt beskrivning i kapitel 3.

5 Där så är tillämpligt, undersök automat-växellådans oljekylarslangar för försämring eller läckage.

6 Med bilen upplyft, undersök bränsletanken och påfyllningshalsen och leta efter punkteringar, sprickor eller andra skador. Anslutningen mellan påfyllningshalsen och tanken är särskilt kritisk. Ibland kan en påfyllningshals av gummi eller anslutande slang läcka på grund av lösa klämmor eller försämrat gummi.

7 Undersök noggrant alla gummislangar och metallbränsleledningar som går bort från bränsletanken. Leta efter lösa anslutningar, försämrade slangar, klämda ledningar och andra skador. Var särskilt noga med ventilationsrören och slangarna, som ofta slingrar sig upp runt påfyllningshalsen och kan bli blockerade eller böjda. Följ ledningarna till framvagnen och undersök dem hela vägen. Byt ut skadade sektioner där så behövs.

8 Undersök bromsrören som går längs bilens undersida noggrant. Om de visar tecken på kraftig korrosion eller skador måste de bytas ut.

9 Inne i motorrummet, kontrollera att alla bränsleslang- och röranslutningar sitter säkert och undersök om bränsleslangar och/eller vakuumslangar är veckade, skavda eller åldrade.

10 Undersök också servostyrningens slangar och rör.

## 10 Drivremmar – kontroll och byte

### Kontroll

1 På grund av remmarnas funktion och konstruktion har de en tendens att fallera efter en viss tid. De bör därför undersökas med jämna mellanrum för att problem ska undvikas.

2 Antalet remmar som används på en särskild bil beror på dess utrustning. Drivremmar används till att driva kylvätskepumpen, generatorn, servostyrningspumpen och luft-konditioneringskompressorn.

3 För att lättare komma åt remmarna för inspektion, kan (om så önskas) den viskösa kylfläkten och kåpan demonteras enligt beskrivning i kapitel 3.

4 Slå av motorn. Använd fingrarna (och en ficklampa om så behövs) och känn längs remmarna, leta efter sprickor och separation av lagren. Försök också att se om remmen är nött och blanksliten. Båda sidor av remmen måste undersökas, vilket betyder att den måste vridas för att undersidan ska nås. Om så behövs, dra runt motorn med en nyckel eller hylsa på vevaxelremskivans bult så att hela remmen kan undersökas.

### Byte

#### Luftkonditioneringskompressor

5 Åtkomligheten är bäst från bilens under-sida. Om så önskas, lyft upp framvagnen med domkraft och stöd den ordentligt på pallbockar (se Lyftning och stödpunkter). Skruva loss skruvarna och ta bort kåpan under motorn.

6 På modeller med en hydraulisk spännare, bänd loss kåpan från mitten av spännar-remskivan. Placera en sexkantsbit och ett förlängningsskaft på spännarbulten och bänd spännaren medurs (se bild). Dra bort remmen från remskivorna.

7 På modeller med en mekanisk spännare, placera en nyckel på den sexkantiga sektionen på remskivans arm, rotera spännaren medurs och ta bort remmen från remskivorna (se bild).

8 På alla modeller, bänd spännarenheten tills drivremmen kan placeras runt remskivorna, lossa sedan spännaren. Se till att remmen hakar i spåren i remskivorna.

9 Sätt tillbaka kåpan på remskivan (om tillämpligt) och sänk ned bilen på marken.

#### Kylvätskepump/ generator/servostyrningspump

10 Där så är tillämpligt, ta bort luftkondition-eringskompressorns drivrem enligt tidigare beskrivning.

11 Om drivremmen ska återanvändas, märk upp dess löpriktning innan den tas bort.

12 Demontera den viskösa kylfläkten och kåpan enligt beskrivning i kapitel 3.

13 Anteckna noggrant hur drivremmen är dragen innan den tas bort.

14 Ta bort kåpan från mitten av spännarrem-skivan. Placera en hylsa på spännarens bult

En läcka i kylsystemet visar sig oftast som vita eller rostfärgade avlagringar i området runt läckan.

10.6 Bänd loss plastkåpan och rotera spännaren medurs

10.7 Rotera remskivans arm medurs

**10.14a Bänd loss plastkåpan från remskivan . . .**

**10.14b . . . vrid spännaren medurs . . .**

**10.14c . . . och lås den med hjälp av ett borr (vid pilen)**

eller den sexkantiga sektionen, och rotera remskivearmen medurs tills låshålen i armen och huset är i linje. Stick in ett lämpligt stag eller borr i hålen för att låsa spännaren i detta läge **(se bilder)**. Ta bort remmen från remskivorna.

**15** Om originalremmen ska sättas tillbaka, observera riktningsmarkeringen som gjordes innan demonteringen.

**16** Lägg remmen på remskivorna och se till att dra den exakt så som den var dragen innan demonteringen. Kontrollera att remmen hamnar ordentligt i spåren i remskivorna **(se bild)**. Tryck ihop spännaren, ta bort låsstaget/borret och låt spännaren långsamt spänna remmen.

**17** Sätt tillbaka kylfläkten och kåpan enligt beskrivning i kapitel 3.

**18** Om så är tillämpligt, sätt tillbaka luftkonditioneringskompressorns drivrem enligt tidigare beskrivning.

## 11 Styrning och fjädring – kontroll

### Främre fjädring och styrning

**1** Lyft upp bilens framvagn och stöd den säkert på pallbockar (se *Lyftning och stödpunkter*).

**2** Undersök om styrledernas dammskydd och styrväxelns damasker är spruckna, skavda eller försämrade. Slitage på dessa komponenter gör att smörjmedel läcker ut och att smuts och vatten kommer in, vilket leder till snabbt slitage av styrleder och/eller styrväxel.

**3** Kontrollera om servostyrningens slangar är försämrade eller skavda, och leta efter vätskeläckage kring rör- och slanganslutningarna. Leta också efter tecken på läckage under tryck från styrväxelns gummidamasker, vilket i så fall tyder på dåliga vätsketätningar i styrväxeln.

**4** Ta tag om hjulet upptill och nedtill och försök att vicka på det **(se bild)**. Ett väldigt litet fritt spel kan kännas, men om rörelsen är större bör saken undersökas och orsaken fastställas. Fortsätt att vicka på hjulet medan en medhjälpare trampar ned fotbromsen. Om rörelsen nu upphör eller minskar avsevärt, är det troligt att problemet ligger i navlagren. Om spelet fortfarande är lika stort när bromspedalen är nedtryckt, är hjulupphängningens leder eller fästen slitna.

**5** Ta nu tag i hjulet på sidorna och försök att vicka på det. Rörelse som nu känns kan vara orsakat av slitage i navlagren eller styrlederna. Om den inre eller den yttre styrleden är sliten är den synliga rörelsen uppenbar.

**6** Använd en stor skruvmejsel eller ett plattjärn, leta efter slitage i fjädringens fästbussningar genom att bända mellan aktuell komponent och dess fästpunkt. En viss rörelse är att vänta eftersom fästena är gjorda av gummi, men kraftigt slitage bör vara uppenbart. Undersök också skicket på synliga gummibussningar, leta efter sprickor eller förorening av gummit.

**7** Med bilen stående på hjulen, låt en medhjälpare vrida ratten fram och tillbaka en åttondels varv åt vardera hållet. Det får endast finnas ett mycket litet, om något alls, spel mellan ratten och hjulen. Om spelet är större, undersök leder och fästen noggrant enligt tidigare beskrivning, men kontrollera också rattstångens universalknutar för slitage, och själva styrväxeln.

### Fjäderben/stötdämpare

**8** Leta efter tecken på vätskeläckage runt fjäderbenets/stötdämparens hus, eller från gummidamasken runt kolvstången. Om läckage upptäcks betyder det att fjäderbenet/stötdämparen är defekt inuti och behöver bytas ut. **Observera:** *Fjäderben/stötdämpare ska alltid bytas ut i par på samma axel.*

**9** Fjäderbenets/stötdämparens effektivitet kan kontrolleras om man trycker ned bilen varje hörn. I normala fall ska karossen återta planläge och stanna där efter en nedtryckning. Om den höjs och återvänder med en studs är fjäderbenet/stötdämparen troligen defekt. Undersök också om fjäderbenets övre och/eller nedre fäste är slitet.

**10** På modeller med självreglerande elektropneumatiskt system, undersök om gummidamaskerna på luftfjäderenheterna är försämrade eller skadade.

## 12 Avgassystem – kontroll

**1** Med kall motor (minst en timme efter det att bilen har körts), undersök hela avgassystemet från motorn till ändröret. Avgassystemet kontrolleras lättast om bilen är upphissad på en lyft, eller uppställd på pallbockar, så att avgassystemets delar är väl synliga och åtkomliga.

**2** Undersök avgasrören och anslutningarna och leta efter läckor, kraftig korrosion och skador. Se till att alla fästkonsoler och

**10.16 Notera hur drivremmen är dragen**

**11.4 Leta efter slitage i lager/leder genom att ta tag i hjulet och försöka att vicka på det**

**12.2 Undersök avgassystemets upphängningar**

gummifästen är i gott skick, och att alla relevanta muttrar och bultar sitter hårt **(se bild)**. Läckage vid någon av skarvarna eller från någon del av systemet visar sig vanligtvis som svarta, sotiga fläckar intill läckan.

3 Skrammel och andra oljud kan ofta spåras till avgassystemet, särskilt fästen och upphängningar. Försöka att rubba rör och ljuddämpare. Om komponenterna kan komma i kontakt med karossen eller fjädringens delar, sätt fast avgassystemet med nya fästen. I annat fall, ta isär skarvarna (om möjligt) och vrid rören så mycket som behövs för att skapa tillräckligt stort mellanrum.

## 13 Säkerhetsbälten – kontroll

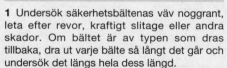

1 Undersök säkerhetsbältenas väv noggrant, leta efter revor, kraftigt slitage eller andra skador. Om bältet är av typen som dras tillbaka, dra ut varje bälte så långt det går och undersök det längs hela dess längd.

2 Spänn fast och ta loss bältet, försäkra dig om att låsmekanismen håller fast bältet hårt och lossar när det ska. Om bältet är av typen som dras tillbaka, kontrollera också att bältet verkligen dras tillbaka som det ska när det släpps.

3 Kontrollera att alla säkerhetsbältens infästningar som man kan komma åt inifrån bilen (utan att ta bort klädsel eller andra delar) sitter fast säkert.

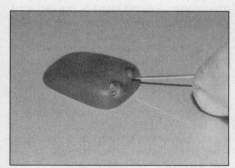

**16.1 Använd en nål eller en bit tunn ståltråd till att justera spolarmunstyckena**

## 14 Gångjärn och lås – smörjning

1 Smörj gångjärnen på motorhuven, dörrarna och bakluckan med en lätt universalolja. Smörj också alla lås och låskolvar. Kontrollera samtidigt att alla lås fungerar och är säkra, justera dem om så behövs (se kapitel 11).

2 Smörj motorhuvens öppningsmekanism och vajer med ett lämpligt fett.

## 15 Strålkastarinställning – kontroll

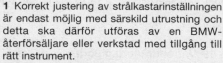

1 Korrekt justering av strålkastarinställningen är endast möjlig med särskild utrustning och detta ska därför utföras av en BMW-återförsäljare eller verkstad med tillgång till rätt instrument.

2 Ungefärliga justeringar kan utföras i nödfall, se information i kapitel 12.

## 16 Vindrute-/strålkastarspolar-system – kontroll

1 Kontrollera att inget av spolarmunstyckena är igensatt och att alla munstycken ger en stark stråle spolarvätska. Strålarna ska vara riktade mot en punkt lite över mitten av rutan/strålkastaren. På de munstycken som ger två strålar ska den ena riktas något ovanför mitten av rutan och den andra något nedanför mitten för att hela rutan ska täckas. Om så behövs, justera munstyckena med en nål eller en bit tunn ståltråd **(se bild)**. Var försiktig så att du inte skadar vattenkanalerna i munstyckena.

2 För justering av strålkastarmunstyckena behövs verktyget 00 9 100 från BMW.

## 17 Motorstyrningssystem – kontroll

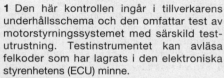

1 Den här kontrollen ingår i tillverkarens underhållsschema och den omfattar test av motorstyrningssystemet med särskild testutrustning. Testinstrumentet kan avläsa felkoder som har lagrats i den elektroniska styrenhetens (ECU) minne.

2 Såvida inte ett fel misstänks, är det här testet inte nödvändigt, även om det ska noteras att det rekommenderas av biltillverkaren.

3 Om du inte har tillgång till testutrustning, gör en genomgående kontroll av alla komponenter i tänd-, bränsle- och avgasreningssystemen, slangar och kablage. Leta efter skador och se till att allt sitter säkert fastkopplat. Ytterligare information om

bränslesystemet, avgasreningssystemet och tändsystemet finns i kapitel 4 och 5.

## 18 Landsvägsprov

### Instrument och elektrisk utrustning

1 Testa funktionen hos alla instrument och all elektrisk utrustning.

2 Kontrollera att alla instrument ger korrekt avläsning, slå på all elektrisk utrustning i tur och ordning och kontrollera att allt fungerar som det ska.

### Styrning och fjädring

3 Leta efter onormalt uppträdande i styrning, fjädring, köregenskaper eller "vägkänsla".

4 Kör bilen och kontrollera att det inte förekommer några ovanliga vibrationer eller ljud.

5 Kontrollera att styrningen känns positiv, utan överdrivet "fladder" eller kärvningar, lyssna efter ljud från fjädringen vid kurvtagning och körning över gupp.

### Drivlina

6 Kontrollera hur motorn, kopplingen (om tillämpligt), växellådan och drivaxlarna fungerar.

7 Lyssna efter ovanliga ljud från motorn, kopplingen och växellådan.

8 Kontrollera att motorn går mjukt på tomgång och att det inte förekommer någon tvekan vid acceleration.

9 Kontrollera att, om tillämpligt, kopplingen fungerar smidigt och progressivt, att drivkraften tas upp mjukt, och att pedalvägen inte är för lång. Lyssna också efter ljud när kopplingspedalen trycks ner.

10 På modeller med manuell växellåda, kontrollera att alla växlar kan läggas i mjukt utan oljud, och att växelspakens rörelse känns mjuk och precis, inte onormalt vag eller ryckig.

11 På modeller med automatväxellåda, kontrollera att växlingarna sker mjukt utan ryck, och utan att motorns hastighet ökar mellan växelbytena. Kontrollera att alla växellägen kan väljas när bilen står stilla. Om problem upptäcks, kontakta en BMW-återförsäljare eller annan lämpligt utrustad specialist.

### Bromssystem

12 Kontrollera att inte bilen drar åt ena sidan vid inbromsning och att hjulen inte låser vid hård inbromsning.

13 Kontrollera att du inte kan känna vibrationer genom styrningen vid inbromsning.

14 Kontrollera att handbromsen fungerar som den ska utan att man måste dra alltför

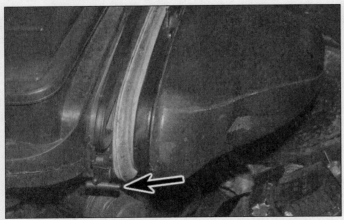

19.1a Lossa klämman (vid pilen), och koppla loss luftkanalen . . .

19.1b . . . ta bort pollenfilterkåpan, lossa klämman (vid pilen) och ta bort pollenfilterhuset

mycket i spaken, och att den håller bilen stillastående i en backe.

**15** Testa bromsservon enligt följande. Med motorn av, tryck ned fotbromsen fyra eller fem gånger för att bli av med vakuumet. Håll bromspedalen nedtryckt och starta motorn. När motorn startar ska bromspedalen "ge efter" märkbart när vakuumet byggs upp. Låt motorn gå i minst två minuter och slå sedan av den. Om bromspedalen nu trycks ned ska man kunna höra ett väsande från servon när detta görs. Efter fyra eller fem nedtryckningar ska väsandet upphöra och pedalens rörelse ska kännas betydligt fastare.

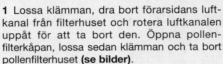

## 19 Vattendränering under bromsservo – kontroll

**1** Lossa klämman, dra bort förarsidans luftkanal från filterhuset och rotera luftkanalen uppåt för att ta bort den. Öppna pollenfilterkåpan, lossa sedan klämman och ta bort pollenfilterhuset **(se bilder)**.
**2** Undersök om bromsservons dränerings-kanal är igensatt och rengör den om så behövs **(se bild)**.
**3** Montera pollenfilterhuset och luftkanalen.

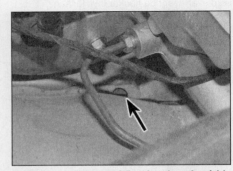

19.2 Kontrollera att dräneringskanalen (vid pilen) under servon inte är igensatt

# Inspektion II

## 20 Tändstift – byte

### Allmänt

**1** Att tändstiften fungerar som de ska är oerhört viktigt för att motorn ska gå bra och effektivt. Det är väsentligt att rätt typ av

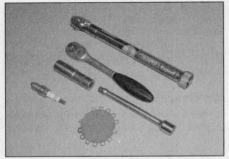

20.5 Verktyg som behövs för demontering och montering av tändstift samt justering av elektrodavståndet

tändstift för motorn monteras (rätt typ anges i början av detta kapitel). Om rätt sorts stift används och motorn är i gott skick, bör tändstiften inte behöva något underhåll mellan de schemalagda bytena. Rengöring av tänd-stiften är sällan nödvändigt, och man bör inte försöka sig på det utan särskild utrustning eftersom man lätt kan skada elektroderna.
**2** Tändstiften sitter under tändspolarna i mitten av topplocket.
**3** Demontera tändspolarna (kapitel 5B).
**4** Ta bort smuts från tändstiftsbrunnarna, med en ren pensel, dammsugare eller tryckluft, innan tändstiften tas bort, för att undvika att smuts faller ned i cylindrarna.
**5** Skruva loss tändstiften med en tändstifts-nyckel, lämplig hylsnyckel eller en djup hylsa med förlängningsskaft **(se bild)**. Håll hylsan i linje med tändstiftet – om den tvingas åt sidan kan den keramiska isolatorn brytas sönder.
**6** En undersökning av tändstiften ger en god indikation om motorns skick. Om isolatorns spets på tändstiftet är ren och vit, utan avlagringar, tydet det på att bränsle-blandningen är för mager eller att det är ett tändstift med för högt värmetal för motorn (ett

varmt tändstift för bort värme från elektroden sakta, ett kallt stift för bort värmen snabbt).
**7** Om spetsen och isolatorn är täckta med hårda, svarta avlagringar tyder det på att blandningen är för fet. Om stiftet är svart och oljigt är det troligt att motorn är ganska sliten, så väl som att blandningen är för fet.
**8** Om isolatorspesten är täckt med en ljust brun till gråbrun avlagring, är blandningen korrekt och det är troligt att motorn är i gott skick.
**9** Vid inköp av nya tändstift är det viktigt att du köper rätt typ av stift för din motor (se specifikationerna).
**10** Om tändstiften är av typen med flera elektroder kan avståndet mellan mitt-elektroden och jordelektroderna inte justeras. Om det däremot är tändstift med en elektrod, måste man se till att avståndet mellan jordelektroden och mittelektroden är korrekt. Om det är för stort eller för litet får det en negativ inverkan på gnistans storlek och dess effektivitet. Avståndet ska ställas in till det som anges av tändstiftstillverkaren.
**11** För att ställa in elektrodavståndet, mät det med bladmått eller en trådtolk, böj sedan den

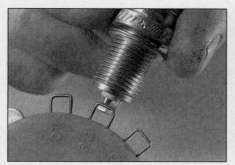

**20.11a Mät elektrodavståndet med en trådtolk . . .**

**20.11b . . . eller bladmått**

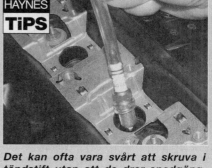

Det kan ofta vara svårt att skruva i tändstift utan att de drar snedgäng. Undvik denna risk genom att trä en bit gummislang med 8 mm diameter över änden av tändstiftet. Slangen fungerar som universalknut och hjälper till att rikta in tändstiftet mot hålet. Om tändstiftet skulle börja dra snedgäng kommer slangen att slira på tändstiftet, vilket förhindrar skador på topplocket.

yttre elektroden tills rätt avstånd erhålls **(se bilder)**. Mittelektroden får aldrig böjas, eftersom detta kan spräcka isolatorn och förstöra tändstiftet, om inget värre. Om bladmått används är avståndet korrekt när ett bladmått av rätt storlek går in i mellan elektroderna med tät glidpassning.

**12** Särskilda justeringsverktyg för tändstiftens elektrodavstånd finns hos de flesta tillbehörsbutiker eller kan köpas från tändstiftstillverkarna.

**13** Innan du monterar tändstiften, kontrollera att de gängade kontakthylsorna (längst upp på stiftet) sitter fast ordentligt, och att hela tändstiftet och gängorna är rena. Det är ofta svårt att montera tändstiften i hålen utan att de dras snett i gängorna. För att undvika detta, sätt en bit slang över tändstiftsänden **(se Haynes Tips)**.

**14** Ta bort gummislangen (om sådan har använts) och dra åt tändstiftet till specificerat moment (se specifikationer) med tändstiftshylsan och en momentnyckel. Montera övriga tändstift på samma sätt.

**15** Montera tändspolarna (se kapitel 5B).

## 21 Luftfilter – byte

**1** Luftrenaren sitter i det främre vänstra hörnet i motorrummet.
**2** Lossa fästklämmorna och dra upp luftfilterlådan från huset **(se bilder)**.
**3** Lyft ut luftfiltret **(se bild)**.
**4** Torka ur luftrenarhuset och lådan.
**5** Lägg det nya filtret på plats, skjut sedan in filterlådan i huset tills det låses på plats.
**6** Sätt tillbaka fästklämmorna.

## 22 Drivaxeldamasker – kontroll

**1** Med bilen upplyft och säkert stöttad på pallbockar, rotera bakhjulet långsamt. Undersök skicket på de yttre drivknutarnas damasker. Kläm ihop damaskerna så att veckan öppnas upp **(se bild)**. Leta efter

försämring av gummit, sprickor eller revor som kan släppa ut fettet och släppa in vatten och smuts till knuten. Kontrollera också skicket på fästklämmorna samt att de sitter fast ordentligt. Upprepa kontrollerna på de inre drivknutarna. Om skador upptäcks måste damaskerna bytas ut (se kapitel 8).
**2** Kontrollera samtidigt drivknutarnas allmänna skick. Håll först fast drivaxeln och försök att rotera hjulet. Upprepa sedan men håll fast den inre knuten och försök att rotera drivaxeln. Märkbart spel tyder på slitage i knutarna, slitage i drivaxlarnas splines eller en lös drivaxelfästmutter.

## 23 Handbromsbackar – kontroll

Se kapitel 9, demontera de bakre bromsskivorna och undersök om handbromsbackarna är slitna eller förorenade. Byt ut bromsbackarna om så behövs.

**21.2a Tryck in fästklämmorna . . .**

**21.2b . . . dra upp luftfilterlådan . . .**

**21.3 . . . och lyft ut filtret**

**22.1 Undersök drivaxeldamaskernas skick**

**24.2 Bränslefiltret sitter i en fästbygel som är fastskruvad i den vänstra chassibalken intill växellådan**

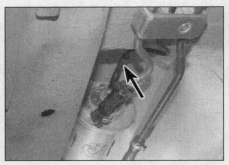

**24.6 På modeller med M54 motor, koppla loss bränsleregulatorns vakuumslang (vid pilen)**

**24.8 Pilen på filtret pekar i bränsleflödets riktning (mot motorn)**

# Varannan Inspektion II

## 24 Bränslefilter – byte

1 Tryckutjämna bränslesystemet (kapitel 4A).
2 Bränslefiltret sitter i en fästbygel som är fastskruvad i den vänstra chassibalken intill växellådan **(se bild)**.
3 Lyft upp bilen och stötta den på pallbockar (se *Lyftning och stödpunkter*).

4 Skruva loss skruvarna/muttrarna, bänd upp mittstiften och bänd upp de fem plastnitarna i kåpans ytterkant, ta sedan bort kåpan från bränslefiltret/regulatorn.
5 På alla modeller, notera hur slangarna till och från filtret sitter fast och kläm sedan ihop dem. Lossa fästklämmorna och koppla loss slangarna från filtret. Var beredd på bränslespill.
6 På modeller med M54 motorer, koppla loss vakuumröret från regulatorn **(se bild)**.

7 På alla modeller, lossa filterklämmans bult eller mutter och dra ned filtret från bilens undersida. Om så behövs, flytta över fästbygeln från det gamla filtret till det nya.
8 Montering sker i omvänd ordning. Se till att flödesriktningspilen på filtret verkligen pekar i bränsleflödets riktning (d.v.s mot motorn) **(se bild)**. Om det inte finns någon pil ska den främre änden av filtret vara märkt med ordet "OUT".

# Vartannat år

## 25 Bromsvätska – byte

⚠ **Varning: Bromsvätska kan skada dina ögon och också skada lackerade ytor, så var ytterst försiktig när du handskas med vätskan. Använd inte bromsvätska som har stått i en öppen behållare en längre tid. Vätskan absorberar fukt från luften och för mycket fukt kan orsaka farlig förlust av bromseffekt.**

1 Proceduren liknar den som beskrivs för luftning av bromssystemet i kapitel 9, förutom att bromsvätskebehållaren måste tömmas med

en ren bollspruta eller liknande innan man börjar, samt att man måste vara beredd på att gammal vätska kommer ut när man luftar en del av kretsen.
2 Arbeta enligt beskrivning i kapitel 9, öppna den första luftningsskruven i ordningen och pumpa försiktigt bromspedalen tills nästan all gammal vätska har pressats ut ur huvudcylinderbehållaren.
3 Fyll på till MAX-nivån med ny vätska och fortsätt att pumpa tills endast ny vätska finns kvar i behållaren, och ny vätska kommer ut vid luftningsskruven. Dra åt skruven och fyll på behållaren till MAX-nivån.
4 Gå igenom övriga luftningsskruvar i angiven ordning tills ny bromsvätska kommer ut vid alla. Var noga med att hålla vätskenivån i

huvudcylinderbehållaren över MIN-nivån hela tiden, annars kan luft komma in i systemet vilket avsevärt förlänger den tid arbetet kommer att ta.

| HAYNES TiPS | *Gammal bromsvätska är vanligtvis mycket mörkare till färgen än den nya, vilket gör det lätt att skilja dem åt.* |
| --- | --- |

5 När arbetet är avslutat, se till att alla luftningsskruvar är hårt åtdragna och sätt på dammskydden. Torka bort all spilld vätska och kontrollera igen nivån i bromsvätskebehållaren.
6 Kontrollera att bromsarna fungerar som de ska innan bilen tas ut på vägen igen.

# Vart tredje år

## 26 Kylvätska – byte

### Avtappning av kylsystemet

⚠ **Varning: Vänta tills motorn är kall innan arbetet påbörjas. Låt inte frostskyddsvätska komma i**

**kontakt med huden, eller med lackerade ytor på bilen. Skölj omedelbart bort eventuellt spill med stora mängder vatten. Låt aldrig frostskyddsvätska stå obevakad i öppna behållare, eller ligga i en pöl på uppfarten eller på garagegolvet. Barn och husdjur kan lockas av den söta lukten, och förtäring av vätskan kan i värsta fall vara livsfarlig.**

1 När motorn är helt kall, täck över

expansionskärlets lock med tjocka trasor och vrid locket i moturs riktning, långsamt så att trycket i kylsystemet jämnas ut (man kan höra ett väsande ljud). Vänta tills trycket är helt utjämnat, fortsätt sedan att skruva loss locket.
2 Skruva loss avluftningsskruven från toppen av slanganslutningen ovanför expansionskärlet. Vissa modeller är utrustade med en extra avluftningsskruv intill oljefilterkåpan **(se bilder)**.

**26.2a Öppna avluftningsskruven (vid pilen) upptill på expansionskärlet**

**3** Skruva loss fästskruvarna/klämmorna och ta bort skölden under motorn.

**4** Placera ett lämpligt uppsamlingskärl under avtappningspluggen (-pluggarna) i botten av kylaren, och på vissa modeller under expansionskärlet. Skruva loss avtappningspluggarna och låt kylvätskan rinna ned i kärlet **(se bilder)**.

**5** För att helt tömma systemet, skruva också loss avtappningspluggen på motorblockets högra sida och låt resten av kylvätskan rinna ned i kärlet **(se bild)**. På M52 motorer sitter avtappningspluggen intill cylinder nr 5, och på M52TU och M54 motorer sitter pluggen intill cylinder nr 2.

**6** Om kylvätskan har tappats av av någon annan anledning än byte, och förutsatt att vätskan inte är äldre än två år, är det möjligt att återanvända vätskan, även om det inte är att rekommendera.

**7** När all kylvätska har runnit ut, sätt tillbaka avluftningsskruven vid slanganslutningen. Sätt en ny tätningsbricka på motorblockets avtappningsplugg och dra åt den till specificerat moment.

## Spolning av kylsystemet

**8** Om kylvätskebyte inte har utförts, eller om frostskyddet har spätts ut, kommer kylsystemet med tiden att bli mindre effektivt, allteftersom kylvätskekanalerna blir igensatta av rost, kalk och andra avlagringar. Kylsystemets effektivitet kan återställas om man spolar ur det.

**9** Kylaren ska spolas oberoende av motorn, för att onödig förorening ska undvikas.

**26.2b På vissa modeller finns det även en avluftningsskruv vid oljefilterhuset**

### Spolning av kylare

**10** För att spola kylaren, koppla loss de övre och de nedre kylarslangarna, samt andra relevanta slangar, från kylaren (se kapitel 3).

**11** Stick in en vattenslang i kylarens övre inlopp. Spola rent vatten genom kylaren och fortsätt att spola tills rent vatten kommer ut ur det nedre utloppet.

**12** Om vattnet som rinner ut fortfarande inte är rent efter en rimlig tid, kan kylaren spolas med ett lämpligt kylarrengöringsmedel. Det är viktigt att instruktionerna från rengöringsmedlets tillverkare följs noga. Om kylaren är riktigt kraftigt förorenad, stick in vattenslangen i det nedre utloppet och spola ur kylaren baklänges.

### Spolning av motor

**13** För att spola ur motorn, demontera termostaten enligt beskrivning i kapitel 3, sätt sedan tillfälligt tillbaka termostatkåpan.

**14** Med de övre och nedre slangarna losskopplade från kylaren, stick in vattenslangen i den övre kylarslangen. Spola rent vatten genom motorn och fortsätt att spola tills rent vatten kommer ut ur den nedre kylarslangen.

**15** När spolningen är avslutad, montera tillbaka termostaten och anslut slangarna – se kapitel 3.

### Påfyllning av kylsystem

**Observera:** *Vissa modeller är utrustade med en "latent värmeackumulator". Detta är ett system där värme från kylsystemet lagras i en isolerad behållare monterad i instrument-*

brädan. *Behållaren innehåller en salt-blandning, vilken omvandlas från fast form till flytande form av den varma kylvätskan. Det här systemet kan lagra värmen i flera dagar, även när det är riktigt kallt ute. När motorn startas på nytt, omvandlas den flytande salt-blandningen till fast form igen – den latenta värmen som då frigörs kan genast användas till avfrostning av rutorna, värma upp passagerarutrymmet och minska motorns uppvärmningstid.*

### Modeller utan latent värmelagring

**16** Innan du fyller på kylsystemet, kontrollera att alla slangar och klämmor är i gott skick och att klämmorna sitter åt ordentligt. Se också till att kylarens och motorblockets avtappningspluggar är ordentligt åtdragna. Notera att frostskyddsvätska måste användas året om, för att förebygga korrosion på motorns delar (se följande underrubrik).

**17** Lossa luftningsskruvarna) **(se bild 25.2a och 25.2b)**.

**18** Slå på tändningen och ställ in värme-reglaget på max, med fläkthastigheten inställd på "låg". Detta öppnar värmeventilerna.

**19** Ta bort expansionskärlets påfyllningslock. Fyll på systemet genom att hälla i kylvätska i expansionskärlet, sakta för att undvika att luftlås bildas.

**20** Om kylvätskan ska bytas ut, börja genom att hälla i ett par liter vatten, följt av korrekt mängd frostskydd, fyll sedan på med mer vatten.

**21** Så snart som kylvätska som är helt fri från luftbubblor kommer ut från kylarens luftningsskruv (-skruvar), dra åt skruven (skruvarna) ordentligt.

**22** När nivån i expansionskärlet börjar att stiga, kläm ihop kylarens övre och nedre slangar för att pressa ut eventuell luft som finns kvar i systemet. När all luft har klämts ut, fyll på kylvätska till MAX-markeringen och sätt tillbaka expansionskärlets lock.

**23** Starta motorn och låt den gå tills den når normal arbetstemperatur, stanna sedan motorn och låt den kallna.

**24** Leta efter läckor, särskilt runt de komponenter som har rubbats. Kontrollera kylvätskenivån i expansionskärlet och fyll på vid behov. Notera att systemet måste vara kallt innan en exakt nivå indikeras i

**26.4a Kylarens avtappningsplugg (vid pilen) – M52 motor**

**26.4b Kylarens avtappningsplugg (vid pilen) – M54 motor**

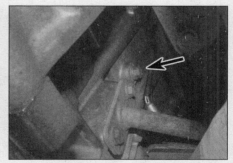

**26.5 Motorblockets avtappningsplugg (vid pilen) – M52 motor**

expansionskärlet. Om expansionskärlets lock måste tas bort medan motorn fortfarande är varm, täck över locket med en tjock trasa och skruva loss locket långsamt, för att gradvis släppa ut trycket i systemet (ett väsande ljus kommer förmodligen att höras). Vänta tills eventuellt tryck i systemet har jämnats ut, fortsätt sedan att skruva av locket tills det kan tas bort.

## Modeller med latent värmelagring

**25** På dessa modeller görs påfyllningen av kylvätska på samma sätt som beskrivs ovan, men några moment tillkommer.

*1) När du har fyllt på expansionskärlet till MAX-märket måste systemet trycksättas till 1,5 bar, med hjälp av en trycktestare för kylsystem som placeras på expansionskärlets hals.*

*2) Medan systemet är under tryck, ta bort pollenfiltret och huset och öppna avluftningsskruven i slangen till det latenta värmelagret. När det inte längre kommer*

*ut några luftbubblor från avluftningsskruven, dra åt den ordentligt.*

*3) Nu måste särskild BMW testutrustning anslutas till diagnosuttaget, för att aktivera den extra vattenpumpen och värmelagrets ventilenhet i ungefär fem minuter. Därefter, öppna avluftningsskruven igen och släpp ut eventuella luftbubblor. Koppla bort testutrustningen och tryckutjämna systemet.*

**26** Om du inte har tillgång till BMW:s test-utrustning, lufta systemet enligt beskrivning för modeller utan latent värmelagring. Om bilen sedan visar det minsta tecken på överhettning (håll ett öga på temperatur-mätaren), eller en försämring i värmepaketets prestanda, kör bilen till en BMW-återförsäljare eller lämpligt utrustad specialist och låt utföra ovanstående åtgärder.

## Frostskyddsblandning

**27** Frostskyddet ska alltid bytas ut vid specificerade intervall. Detta är viktigt inte bara för att bibehålla de frostskyddande

egenskaperna, utan också för att förebygga korrosion som annars uppstår allteftersom de korrosionshämmande medlen blir mindre effektiva.

**28** Använd alltid ett etylenglykolbaserat frost-skydd lämpligt för användning i kylsystem av blandad metall. Mängden frostskydd och skyddsnivåerna anges i specifikationerna.

**29** Innan frostskydd hälls i ska kylsystemet tappas av helt, helst spolas och alla slangar ska undersökas med tanke på skick och säkerhet.

**30** Efter påfyllning med frostskyddsvätska, sätt en etikett på expansionskärlet där det står vilken typ av frostskydd som har använts och vilken koncentration, samt datum när detta gjordes. Alla efterföljande påfyllningar ska göras med frostskydd av samma typ och koncentration.

**31** Använd inte motorfrostskkydd i vind-rutans/bakrutans spolarsystem – det skadar bilens lack. En tillsats för vindrutespolning ska användas i spolarsystemet, i den koncentr-ation som anges på flaskan.

# Kapitel 2 Del A:
# Reparationer med motorn kvar i bilen

## Innehåll

## Svårighetsgrader

| | | | | | | | | | |
|---|---|---|---|---|---|---|---|---|---|
| **Enkelt,** passar novisen med lite erfarenhet |  | **Ganska enkelt,** passar nybörjaren med viss erfarenhet |  | **Ganska svårt,** passar kompetent hemmamekaniker |  | **Svårt,** passar hemmamekaniker med erfarenhet |  | **Mycket svårt,** för professionell mekaniker | |

## Specifikationer

### Allmänt

Motorkod:

| | |
|---|---|
| 1991 cc motor fram till 09/98 . . . . . . . . . . . . . . . . . . . . . . . . . . . . . | M52 B20 |
| 1991 cc motor fr.o.m. 09/98 . . . . . . . . . . . . . . . . . . . . . . . . . . . . . | M52TU B20 |
| 2171 cc motor . . . . . . . . . . . . . . . . . . . . . . . . . . . . . . . . . . . . . . . | M54 B22 |
| 2494 cc motor fram till 09/98 . . . . . . . . . . . . . . . . . . . . . . . . . . . . | M52 B25 |
| 2494 cc motor fr.o.m. 09/98 to 09/00 . . . . . . . . . . . . . . . . . . . . . . | M52TU B25 |
| 2494 cc motor fr.o.m. 09/00 . . . . . . . . . . . . . . . . . . . . . . . . . . . . . | M54 B25 |
| 2793 cc motor fram till 09/98 . . . . . . . . . . . . . . . . . . . . . . . . . . . . | M52 B28 |
| 2793 cc motor fr.o.m. 09/98 . . . . . . . . . . . . . . . . . . . . . . . . . . . . . | M52TU B28 |
| 2979 cc motor . . . . . . . . . . . . . . . . . . . . . . . . . . . . . . . . . . . . . . . | M54 B30 |

Cylinderlopp:

| | |
|---|---|
| M52 B20 motor . . . . . . . . . . . . . . . . . . . . . . . . . . . . . . . . . . . . . | 80,00 mm |
| M52TU B20 motor . . . . . . . . . . . . . . . . . . . . . . . . . . . . . . . . . . . | 80,00 mm |
| M54 B22 motor . . . . . . . . . . . . . . . . . . . . . . . . . . . . . . . . . . . . . | 80,00 mm |
| Alla andra motorer . . . . . . . . . . . . . . . . . . . . . . . . . . . . . . . . . . . | 84,00 mm |

Slag:

| | |
|---|---|
| M52 B20 motor . . . . . . . . . . . . . . . . . . . . . . . . . . . . . . . . . . . . . | 66,00 mm |
| M52TU B20 motor . . . . . . . . . . . . . . . . . . . . . . . . . . . . . . . . . . . | 66,00 mm |
| M54 B22 motor . . . . . . . . . . . . . . . . . . . . . . . . . . . . . . . . . . . . . | 72,00 mm |
| M52 B25 motor . . . . . . . . . . . . . . . . . . . . . . . . . . . . . . . . . . . . . | 75,00 mm |
| M52TU B25 motor . . . . . . . . . . . . . . . . . . . . . . . . . . . . . . . . . . . | 75,00 mm |
| M54 B25 motor . . . . . . . . . . . . . . . . . . . . . . . . . . . . . . . . . . . . . | 75,00 mm |
| M52 B28 motor . . . . . . . . . . . . . . . . . . . . . . . . . . . . . . . . . . . . . | 84,00 mm |
| M52TU B28 motor . . . . . . . . . . . . . . . . . . . . . . . . . . . . . . . . . . . | 84,00 mm |
| M54 B30 motor . . . . . . . . . . . . . . . . . . . . . . . . . . . . . . . . . . . . . | 89,60 mm |

Max motoreffekt:

| | |
|---|---|
| M52 B20 motor . . . . . . . . . . . . . . . . . . . . . . . . . . . . . . . . . . . . . | 110 kW vid 5900 rpm |
| M52TU B20 motor . . . . . . . . . . . . . . . . . . . . . . . . . . . . . . . . . . . | 110 kW vid 5900 rpm |
| M54 B22 motor . . . . . . . . . . . . . . . . . . . . . . . . . . . . . . . . . . . . . | 125 kW vid 6250 rpm |
| M52 B25 motor . . . . . . . . . . . . . . . . . . . . . . . . . . . . . . . . . . . . . | 125 kW vid 5500 rpm |
| M52TU B25 motor . . . . . . . . . . . . . . . . . . . . . . . . . . . . . . . . . . . | 125 kW vid 5500 rpm |
| M54 B25 motor . . . . . . . . . . . . . . . . . . . . . . . . . . . . . . . . . . . . . | 141 kW vid 6000 rpm |
| M52 B28 motor . . . . . . . . . . . . . . . . . . . . . . . . . . . . . . . . . . . . . | 142 kW vid 5300 rpm |
| M52TU B28 motor . . . . . . . . . . . . . . . . . . . . . . . . . . . . . . . . . . . | 142 kW vid 5500 rpm |
| M54 B30 motor . . . . . . . . . . . . . . . . . . . . . . . . . . . . . . . . . . . . . | 170 kW vid 5900 rpm |

## Allmänt (forts)

Max vridmoment:
| | |
|---|---|
| M52 B20 motor | 190 Nm vid 4200 rpm |
| M52TU B20 motor | 190 Nm vid 3500 rpm |
| M54 B22 motor | 210 Nm vid 3500 rpm |
| M52 B25 motor | 245 Nm vid 3950 rpm |
| M52TU B25 motor | 245 Nm vid 3500 rpm |
| M54 B25 motor | 245 Nm vid 3500 rpm |
| M52 B28 motor | 280 Nm vid 3950 rpm |
| M52TU B28 motor | 280 Nm vid 3500 rpm |
| M54 B30 motor | 300 Nm vid 3500 rpm |
| Motorns rotationsriktning | Medurs (sett från bilens front) |
| Cylinder nr 1 placering | Kamkedjeänden |
| Tändföljd | 1-5-3-6-2-4 |

Kompressionsförhållande:
| | |
|---|---|
| M52 B20 motor | 11,0 : 1 |
| M52TU B20 motor | 11,0 : 1 |
| M54 B22 motor | 10,7 : 1 |
| M52 B25 motor | 10,5 : 1 |
| M52TU B25 motor | 10,5 : 1 |
| M54 B25 motor | 10,5 : 1 |
| M52 B28 motor | 10,2 : 1 |
| M52TU B28 motor | 10,2 : 1 |
| M54 B30 motor | 10,2 : 1 |
| Minsta kompressionstryck | 10,0 till 11,0 bar |

## Kamaxlar
| | |
|---|---|
| Axialspel | 0,150 till 0,330 mm |

## Smörjsystem
| | |
|---|---|
| Minsta oljetryck vid tomgång | 0,5 bar |
| Reglerat oljetryck | 4,0 bar |

Oljepumpens kugghjul, spel:
| | |
|---|---|
| Yttre kugghjul till pumphus | 0,100 till 0,176 mm |
| Inre kugghjulets axialspel | 0,030 till 0,080 mm |
| Yttre kugghjulets axialspel | 0,040 till 0,090 mm |

## Åtdragningsmoment
| | Nm |
|---|---|

Automatväxellåda till motor, bultar:

Sexkantsbultar:
| | |
|---|---|
| M8 bultar | 24 |
| M10 bultar | 45 |
| M12 bultar | 82 |

Torxbultar:
| | |
|---|---|
| M8 bultar | 21 |
| M10 bultar | 42 |
| M12 bultar | 72 |

Vevstakslageröverfall, bultar*:
| | |
|---|---|
| Steg 1 | 5 |
| Steg 2 | 20 |
| Steg 3 | Vinkeldra ytterligare 70° |

Kamaxellageröverfall, bultar:
| | |
|---|---|
| M6 muttrar | 10 |
| M7 muttrar | 15 |
| M8 muttrar | 20 |
| Kamaxelns pinnbultar | 20 |

Muttrar till kamaxelns pinnbultar:
| | |
|---|---|
| Steg 1 | 5 |
| Steg 2 | 10 |
| Kamaxelns ställskruv (vänstergänga) | 10 |

Kamaxeldrev:
| | |
|---|---|
| Steg 1 | 5 |

Steg 2:
| | |
|---|---|
| Skruvar | 20 |
| Muttrar | 10 |
| Kedjespännarens täckplugg | 40 |
| Kedjespännarkolvens cylinder | 70 |
| Vevaxellägesgivare (M52 motor) | 10 |

## Åtdragningsmoment (forts)

| | Nm |
|---|---|
| Vevaxelremskiva, mittbult* | 410 |
| Vevaxelns bakre oljetätningshus, bultar: | |
|    M6 bultar | 10 |
|    M8 bultar | 22 |
| Vevaxelns vibrationsdämpare/remskiva till nav, bultar | 22 |
| Topplocksbultar*: | |
|    M52 motorer: | |
|       Steg 1 | 30 |
|       Steg 2 | Vinkeldra ytterligare 90° |
|       Steg 3 | Vinkeldra ytterligare 90° |
|    M52TU och M54 motorer: | |
|       Steg 1 | 40 |
|       Steg 2 | Vinkeldra ytterligare 90° |
|       Steg 3 | Vinkeldra ytterligare 90° |
| Ventilkåpans bultar: | |
|    M6 bultar | 10 |
|    M7 bultar | 15 |
| Medbringarskivans bultar* | 120 |
| Svänghjulsbultar* | 105 |
| Främre tvärbalkens bultar:* | |
|    M10 | 47 |
|    M12 | 105 |
| Tändspolens bultar | 5 |
| Ramlageröverfallens bultar*: | |
|    M52 motor med motorblock av gjutjärn: | |
|       Steg 1 | 20 |
|       Steg 2 | Vinkeldra ytterligare 50° |
|    M52 motor med motorblock av aluminium, M52TU och M54 motorer: | |
|       Steg 1 | 20 |
|       Steg 2 | Vinkeldra ytterligare 70° |
| Manuell växellåda till motor, bultar: | |
|    Sexkantsbultar: | |
|       M8 bultar | 25 |
|       M10 bultar | 49 |
|       M12 bultar | 74 |
|    Torx bultar: | |
|       M8 bultar | 22 |
|       M10 bultar | 43 |
|       M12 bultar | 72 |
| Oljematningsrör till VANOS justerenhet | 32 |
| Oljefilterhus och rör på vevhus: | |
|    M8 | 22 |
|    M20 | 40 |
| Oljerör till kamaxel, lager | 10 |
| Oljetryckskontakt | 27 |
| Oljepumpsbultar (M8 bultar) | 22 |
| Oljepumpskåpa | 10 |
| Oljepumpsdrevets mutter (**vänstergänga**): | |
|    M6 gänga | 10 |
|    M10 x 1,00 mm gänga | 25 |
|    M10 | 47 |
| Oljespraymunstycken | 10 |
| Oljetemperaturkontakt | 27 |
| Oljesumpens avtappningsplugg: | |
|    M12 plugg | 25 |
|    M22 plugg | 60 |
| Oljesump till motorblock: | |
|    M6 | 10 |
|    M8 | 22 |
| Oljesumpens nedre del till dess övre del | 10 |
| Kamkedjekåpa till vevhus: | |
|    M6 | 10 |
|    M8 | 22 |
|    M10: | |
|       Steg 1 | 20 |
|       Steg 2 | Vinkeldra ytterligare 70° |

## Åtdragningsmoment (forts.)

| | Nm |
|---|---|
| Övre och nedre kamkedjekåpor, muttrar och bultar: | |
| M6 muttrar/bultar . . . . . . . . . . . . . . . . . . . . . . . . . . . . . . . . . . . . . . | 10 |
| M7 muttrar/bultar . . . . . . . . . . . . . . . . . . . . . . . . . . . . . . . . . . . . . . | 15 |
| M8 muttrar/bultar . . . . . . . . . . . . . . . . . . . . . . . . . . . . . . . . . . . . . . | 20 |
| M10 muttrar/bultar . . . . . . . . . . . . . . . . . . . . . . . . . . . . . . . . . . . . . | 47 |
| VANOS solenoidventil . . . . . . . . . . . . . . . . . . . . . . . . . . . . . . . . . . | 30 |
| VANOS oljematningsrör till oljefilterhus . . . . . . . . . . . . . . . . . . . . | 32 |
| VANOS justerenhe, täckpluggar . . . . . . . . . . . . . . . . . . . . . . . . . . | 50 |

*Återanvänd ej*

## 1 Allmän information

### Hur detta kapitel används

Den här delen av kapitel 2 beskriver de reparationer som kan utföras på motorn medan den sitter kvar i bilen. Om motorn har demonterats från bilen och ska tas isär enligt beskrivning i del B, kan eventuella inledande isärtagningsmoment ignoreras.

Observera att även om det är fysiskt möjligt att renovera delar som kolvar/vevstakar medan motorn sitter i bilen, utförs sådana åtgärder oftast inte separat. Vanligtvis krävs många extra åtgärder (för att inte nämna rengöring av komponenterna och olje-kanalerna), och av denna anledning klassas alla sådana arbeten som större renoveringar och beskrivs i del B av detta kapitel.

I del B beskrivs demontering av motorn/växellådan från bilen och de fullständiga renoveringsarbeten som då kan utföras.

### Beskrivning av motorn

#### Allmänt

M52, M52TU och M54 motorerna är av typen dubbla överliggande kamaxlar med sex cylindrar, monterad i längsled med växellådan fastskruvad i den bakre änden. De huvud-sakliga skillnaderna mellan motorerna är att M52 motorn är utrustad med variabel positionskontroll (VANOS) endast på insugs-kamaxeln, medan M52TU och M54 motorerna har VANOS på båda kamaxlarna. M54 har också helt elektronisk trottelkontroll (ingen gasvajer).

En kamkedja driver avgaskamaxeln och insugskamaxeln drivs av en andra kedja från änden av avgaskamaxeln. Hydrauliska kam-följare sitter mellan kamaxlarna och ventilerna. Varje kamaxel stöds av sju lager inbyggda i gjutgodset monterat på topplocket.

Vevaxeln löper i sju ramlager av den vanliga skåltypen. Axialspelet styrs av tryckbrickor på ramlager nr 6.

Kolvarna är utvalda så att de är av matchande vikt, och de har helt flytande kolvbultar som hålls med låsringar.

Oljepumpen är kedjedriven från vevaxelns främre ände.

### Variabel kamaxelinställning

På alla modeller finns ett system för variabel kamaxelinställning, kallat VANOS. Detta system använder information från DME motorstyrningssystem (sa kapitel 4A), till att justera inställningen av kamaxlarna individuellt via ett hydrauliskt styrsystem (där motoroljan används som hydraulvätska). På M52 motorn är det bara insugskamaxeln som är utrustad med VANOS, medan M52TU och M54 motorerna har det på båda kamaxlarna. Kamaxelinställningarna varieras beroende på motorhastighet, backar inställningen (öppnar ventilerna senare) vid låga och höga motor-hastigheter för att förbättra köregenskaperna vid låga hastigheter respektive maximal effekt. Vid motorhastigheter i mellanregistret ställs kamaxelinställningarna fram (öppnar ventilerna tidigare), för att få ökat vridmoment och för att förbättra avgasutsläppen.

### Reparationer med motorn på plats

Följande åtgärder kan utföras utan att motorn lyfts ut ur bilen:

a) Demontering och montering av topplocket.
b) Demontering och montering av kamkedja och drev.
c) Demontering och montering kamaxlarna.
d) Demontering och montering av oljesumpen.
e) Demontering och montering of vevstakslagren, vevstakarna och kolvarna*.
f) Demontering och montering av oljepumpen.
g) Byte av motor-/växellådsfästena.
h) Demontering och montering av svänghjulet/medbringarskivan.

* Det är möjligt att demontera dessa komponenter med motorn på plats i bilen, men på grund av bristen på åtkomlighet och svårigheter att hålla allt rent, rekommenderar vi att motorn demonteras.

## 2 Kompressionsprov – beskrivning och tolkning

1 När motorns prestanda är dålig, eller om misständning inträffar som inte kan hänföras till tänd- eller bränslesystemet, kan ett kompressionsprov ge värdefull information om motorns skick. Om provet utförs regel-bundet, kan det varna om problem innan några andra symptom visar sig.

2 Motorn måste vara helt uppvärmd till normal arbetstemperatur, batteriet måste vara fulladdat och alla tändstift borttagna (kapitel 1). En medhjälpare behövs också.

3 Ta bort bränslepumpens säkring (som sitter i säkringsdosan i passagerarutrymmet) och, om så är möjligt, starta motorn och låt den gå tills bränslet i systemet har använts upp. Om detta inte görs kan katalysatorn ta skada.

4 Montera en kompressionsprovare över tändstiftshålet till cylinder nr 1 – den typ av provare som skruvas in i tändstifthålets gängor är att föredra.

5 Låt en medhjälpare hålla gasspjället helt öppet och dra runt motorn på startmotorn. Efter ett eller två varv ska kompressions-trycket byggas upp till en maxsiffra och sedan stabiliseras. Anteckna den högsta avläsningen som erhålls.

6 Upprepa provet på övriga cylindrar och anteckna trycket i var och en av dem.

7 Alla cylindrar ska ge väldigt lika tryck; en skillnad på mer än två bar mellan två cylindrar tyder på ett fel. Kompressionstrycket ska byggas upp snabbt i en frisk motor; lågt tryck i det första slaget, följt av gradvis stigande tryck i följande slag, tyder på slitna kolvringar. Låg kompression i det första slaget, som inte byggs upp under efterkommande slag, tyder på läckande ventiler eller en trasig topplocks-packning (ett sprucket topplock kan också vara orsaken). Avlagringar på undersidan av ventiltallrikarna kan också orsaka låg kompression.

8 BMW:s minimivärden för kompressions-tryck anges i specifikationerna.

9 Om trycket i en cylinder är lågt, utför följande test för att isolera orsaken. Häll i en tesked olja i den aktuella cylindern genom tändstiftshålet, och upprepa provet.

10 Om tillägget av olja temporärt förbättrar kompressionstrycket, tyder det på att slitage i loppet eller på kolven orsakar tryckförlusten. Om ingen förbättring sker är det troligt att problemet beror på läckande eller brända ventiler, eller en trasig topplockspackning.

11 En låg avläsning från två intilliggande cylindrar beror troligtvis på att topplocks-packningen är trasig mellan dem; kylvätska i motoroljan kan bekräfta detta.

12 Om avläsningen från en cylinder är

**3.4 Ta bort plastkåpan (vid pilen) från insugskamaxeln**

**3.5 Montera verktyget på VANOS oljeport**

**3.8a När kolv nr 1 är i ÖD är de främre kamnockarna vända mot varandra**

ungefär 20 procent lägre än de andra och motorn har en något ojämn tomgång, kan en sliten kamaxelnock vara orsaken.

**13** Om kompressionstrycket är ovanligt högt är förbränningskamrarna förmodligen belagda med sotavlagringar. Om så är fallet ska topplocket sotas ur.

**14** Efter avslutat arbete, sätt tillbaka tändstiften (se kapitel 1) och sätt tillbaka bränslepumpens säkring.

## 3 Övre dödpunkt (ÖD) för kolv nr 1 – placering

**Observera:** *För att låsa motorn i ÖD-läget, återställ VANOS enheterna. För att kontrollera kamaxlarnas positioner krävs särskilda verktyg. Vissa av verktygen kan tillverkas. Läs igenom texten innan arbetet påbörjas.*

**1** Övre dödpunkt (ÖD) är den högsta punkten i cylindern som kolven når i sin rörelsebana upp och ned när vevaxeln roterar. Varje kolv når ÖD i slutet av kompressionstakten och igen i slutet av avgastakten, men när man talar om ÖD menar man i allmänhet kolvens läge i kompressionstakten. Kolv nr 1 är närmast kamkedjan.

**2** Att placera kolv nr 1 i ÖD är en viktig del av många åtgärder, som demontering av kamkedjan och demontering av kamaxlarna.

**3** Demontera ventilkåpan enligt beskrivning i avsnitt 4.

**4** Ta bort plastkåpan från insugskamaxeln **(se bild)**.

### M52TU och M54 motorer

**5** För att man ska kunna ställa in kamaxlarnas positioner exakt, måste VANOS enheterna ställas in enligt följande. Skruva loss VANOS oljetrycksrör från insugskamaxelns VANOS-enhet, och montera BMW:s verktyg 11 3 450 till porten på VANOS-enheten **(se bild)**.

**6** När tryckluft ansluts kommer en del olja att spruta ut. Lägg därför en ren trasa över VANOS-enheten.

**7** Anslut en tryckluftsledning till anslutningen på BMW-verktyget och lägg an ett tryck på 2,0 till 8,0 bar. Detta tryck kommer att

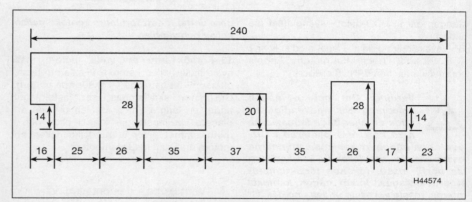

240

28    20    28

14    14

16    25    26    35    37    35    26    17    23

H44574

**3.8b Gör en mall av tunn plåt**
*Alla mått anges i mm*

återställa VANOS-enheterna när motorn dras runt.

### Alla motorer

**8** Med en hylsa eller en nyckel på vevaxelremskivans bult, dra runt motorn medurs minst två hela varv tills ändarna av de främre kamnockarna på avgas- och insugskamaxlarna är vända mot varandra. Notera att de fyrkantiga flänsarna baktill på kamaxlarna ska vara placerade så att sidorna av flänsarna är i exakt rät vinkel i förhållande till topplockets övre yta. BMW:s särskilda verktyg 11 3 240 kan låsa kamaxlarna i det här läget. När ventilkåpans två yttre stift har tagits bort, kan verktygen skjutas över de fyrkantiga

flänsarna så att de håller fast kamaxlarna i 90° vinkel mot topplockets övre yta. Om verktygen inte finns till hands, kan ett alternativ tillverkas av stål- eller aluminiumplåt **(se bilder)**.

**9** Ta bort täckpluggen från inställningshålet i flänsen i det bakre vänstra hörnet av motorblocket (åtkomligheten förbättras avsevärt om startmotorn demonteras – se kapitel 5A).

**10** För att "låsa" vevaxeln behöver man nu ett särskilt verktyg. BMW:s verktyg 11 2 300 kan användas, men man kan också tillverka ett genom att maskinbearbeta en bit stålstång **(se bild)**.

**11** Stick in stången genom inställningshålet. Om så behövs, vrid vevaxeln något tills

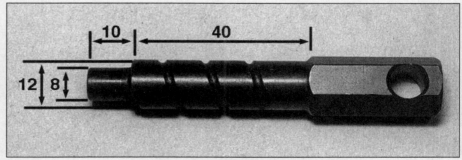

10    40

12    8

**3.10 Låsverktyg för svänghjul/vevaxel**
*Alla mått anges i mm*

2A•6 Reparationer med motorn kvar i bilen

3.11a För in stången i inställningshålet . . .

3.11b . . . tills den går in i ÖD-hålet i svänghjulet – motorn är här demonterad för att göra det lättare att se

4.2 Bänd ut locket i kåpan

stången går in i ÖD-hålet i svänghjulet **(se bilder)**.

**12** Vevaxeln är nu "låst" i läget med kolv nr 1 i ÖD. På M52TU och M54 motorer, koppla bort tryckluften från VANOS oljeport.

⚠️ *Varning: Om det av någon anledning blir nödvändigt att vrida en eller båda kamaxlarna med kolv nr 1 placerad i ÖD-läget, och någon av kamkedjespännarna lossas eller tas bort (eller om kamkedjorna tas bort), måste följande försiktighets-åtgärd vidtagas. Innan någon kamaxel roteras, måste vevaxeln vridas ungefär 30° moturs bort från ÖD-läget (ta bort låsstaget från ÖD-hålet i svänghjulet för att*

*göra detta) för att förhindra kontakt mellan kolvar och ventiler.*

**13 Försök inte** att vrida motorn med svänghjulet eller kamaxeln/-axlarna låsta, eftersom det kan leda till skador på motorn. Om motorn ska lämnas i det "låsta" läget under en längre tid, är det en bra idé att placera varningslappar inne i bilen och i motorrummet – för att undvika risken att motorn dras runt med startmotorn.

## 4 Ventilkåpa – demontering och montering

**Observera:** *Nya packningar och/eller tätningar kan komma att behövas vid monteringen – se text.*

### Demontering

**1** Ta bort motorns oljepåfyllningslock.
**2** Bänd ut de två täcklocken, skruva loss fästmuttrarna och ta bort plastkåpan från bränsleinsprutningsbryggan **(se bild)**.
**3** Bänd ut de två täcklocken, skruva loss fästmuttrarna och ta bort plastkåpan från tändspolarna, för sedan kåpan över olje-påfyllningshalsen.
**4** Notera hur jordkablarna sitter, skruva sedan loss dem från ventilkåpan **(se bild)**.
**5** Dra upp låsspärrarna och koppla loss

kontaktdonen från tändspolarna. Observera att två olika typer av låsspärr för kontakt-donen används **(se bilder)**.
**6** Lossa kablaget från klämmorna på ventil-kåpan, flytta sedan hela trumman/kablaget åt sidan, ur vägen för ventilkåpan.
**7** Skruva loss tändspolarnas fästmuttrar/-skruvar (endast enkeltändspolar), dra sedan bort spolarna från tändstiften **(se bilder)**. Observera hur jordledningarna sitter, och spolarnas kablagefästen.
**8** Tryck ihop de två sidorna av fästkragen och koppla loss ventilationsslangen från sidan av ventilkåpan **(se bild)**.
**9** Skruva loss fästbultarna/-muttrarna (inklusive de i mitten av kåpan) och lyft av ventilkåpan. Notera placeringen av alla

4.4 Notera hur jordledningarna sitter (vid pilarna), skruva sedan loss dem från ventilkåpan – M52 motor

4.5a Dra upp spärren och koppla loss kontaktdonet (enkeltändspolar) . . .

4.5b . . . eller lyft upp handtaget och koppla loss kontaktdonet (stavspolar)

4.7a Skruva loss bultarna och dra upp enkeltändspolarna från sina platser

4.7b Stavspolar kan enkelt dras upp

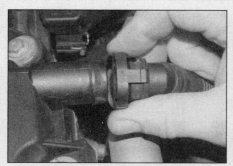

**4.8 Tryck ihop kragen och koppla loss ventilationsslangen från ventilkåpan**

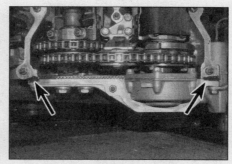

**4.11a Lätt tätningsmedel på de områden där VANOS-enheten möter topplocket (vid pilarna) . . .**

**4.11b . . . och hörnen av de halvcirkelformade urtagen baktill på topplocket (vid pilarna)**

**4.11c Glöm inte tändstiftshålens packningar**

brickor, tätningar och packningar och ta vara på dem som är lösa.

## Montering

**10** Påbörja monteringen med att undersöka skicket på alla tätningar och packningar. Byt ut alla som är skadade eller slitna.

**11** Rengör packnings-/tätningsytorna på topplocket och ventilkåpan, lägg sedan på en sträng Drei Bond 1209 (tillgängligt från bl.a. BMW-återförsäljare) på den yta där VANOS-enheten/kamremskåpan möter topplocket, och hörnen av de halvcirkelformade urtagen baktill på topplocket och (på M52TU och M54 motorer) VANOS-enheten. Lägg huvud-packningen (den yttre) och tändstiftshålens

packningar (mittre) på plats på ventilkåpan **(se bilder)**.

**12** Lägg ventilkåpan på plats, men var noga med att inte rubba packningarna. Kontrollera att flikarna baktill på huvudpackningen ligger som de ska i urtagen baktill på topplocket.

**13** Sätt tillbaka ventilkåpans skruvar/muttrar, och se till att tätningarna och brickorna sitter enligt noteringarna som gjordes vid demonteringen. Dra sedan åt bultarna stegvis till angivet moment.

**14** Resten av monteringen sker i omvänd ordning mot demonteringen. Tänk på följande:

a) Kontrollera att tändspolarnas jordledningar placeras korrekt enligt tidigare gjorda noteringar.

b) Dra åt spolarnas fästskruvar/muttrar till angivet moment.

c) Se till att gummitätningarna är på plats när tändkablarna ansluts till tändspolarna.

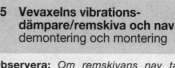

## 5  Vevaxelns vibrations-dämpare/remskiva och nav – demontering och montering

**Observera:** *Om remskivans nav tas bort behövs en ny fästbult vid monteringen, och en momentnyckel med vilken man kan mäta mycket höga moment.*

## Demontering

**1** Ta bort klämmorna/skruvarna och ta bort kåpan under motorn.

**2** Demontera viskoskylfläkten och kåpan enligt beskrivning i kapitel 3.

**3** Demontera drivremmarna enligt beskrivning i kapitel 1.

**4** Det finns vibrationsdämpare/remskiva och nav av två olika utföranden. På vissa modeller är remskivan/vibrationsdämparen fastskruvad i navet (tvådelad enhet), och på andra utgör navet en del av dämparen/remskivan (enhet i ett stycke).

### Tvådelad vibrationsdämpare/remskiva och nav

**5** Skruva loss fästbultarna och ta bort vibrationsdämparen/remskivan från navet **(se bild)**. Om så behövs, håll fast navet med en hylsa eller en nyckel på navets fästbult.

**6** Om navet ska tas bort måste fästbulten skruvas loss.

⚠ *Varning: Navets fästbult sitter mycket hårt. Du behöver ett verktyg för att hålla fast navet när bulten skruvas loss. Försök inte att utföra det här jobbet med verktyg av dålig kvalitet eller illa improviserade alternativ, eftersom det kan leda till personskador eller materiella skador.*

**7** Tillverka ett verktyg för att hålla fast remskivans nav. Ett lämpligt verktyg kan tillverkas av två bitar bandstål som sätts ihop med en stor pivåbult. Skruva fast hållverktyget på navet med hjälp av bultarna mellan remskivan och navet. Alternativt, använd specialverktyg 11 2 150 och 11 2 410 som finns hos BMW återförsäljare eller andra specialister **(se bild)**.

**8** Lossa navbulten med en hylsa och ett långt ledhandtag. Bulten sitter fast mycket hårt.

**9** Skruva loss navbulten och ta bort brickan **(se bild på nästa sida)**. Kasta bulten, en ny måste användas vid monteringen.

**10** Dra bort navet från änden av vevaxeln **(se bild på nästa sida)**. Om navet sitter hårt, använd en avdragare till att ta loss det.

**11** Ta vara på Woodruffkilen från änden av vevaxeln om den är lös.

**5.5 Skruva loss bultarna och ta bort vibrationsdämparen/remskivan från navet**

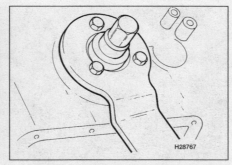

H28767

**5.7 BMW specialverktyg används till att hålla fast vevaxelremskivans nav**

**5.9 Skruva loss navbulten och ta bort brickan . . .**

**5.10 . . . dra sedan loss navet**

**5.12a Använd BMW specialverktyg till att hålla remskivan/navet . . .**

**5.12b . . . eller en remtång**

### Vibrationsdämpare/remskiva och nav i ett stycke

**12** För att inte navet ska rotera medan mittbulten lossas, anger BMW att man bör använda verktyg 11 8 190 och 11 8 200, som sätts in i hålen mellan ribborna i remskive-navet. Om dessa verktyg inte finns till hands kan det vara möjligt att hålla navet stilla genom att lägga en remtång runt remskivan **(se bilder)**. Bulten sitter mycket hårt – man behöver en assistent.
**13** Skruva loss navbulten och ta bort brickan. Kasta bulten, en ny måste användas vid monteringen.
**14** Ta bort navet från änden av vevaxeln. Om navet sitter hårt, använd en avdragare till att dra loss det.
**15** Ta vara på Woodruffkilen från änden av vevaxeln om den är lös.

### Montering

**16** Om remskivans nav har tagits bort rekommenderar vi att man också byter ut oljetätningen i den nedre kamkedjekåpan (se avsnitt 6).
**17** Om remskivans nav har tagits bort, fortsätt enligt följande. Om inte, gå vidare till punkt 21 (tvådelad vibrationsdämpare/ remskiva och nav).
**18** Där så är tillämpligt, sätt tillbaka Woodruffkilen i änden av vevaxeln, rikta sedan in spåret i remskivenavet mot kilen och för på navet på vevaxeländen.
**19** Sätt tillbaka brickan, notera att skuldran på brickan måste vändas mot navet, och sätt i en **ny** fästbult för navet.

### Tvådelad vibrationsdämpare/remskiva och nav

**20** Skruva fast hållverktyget på remskivans nav, som vid demonteringen, dra sedan åt navbulten till specificerat moment. Var försiktig för att undvika skador.
**21** Där så är tillämpligt, skruva loss hållverktyget och sätt tillbaka vibrations-dämparen/remskivan. Se till att styrstiftet på navet går in i motsvarande hål i dämparen/ remskivan.
**22** Sätt tillbaka vibrationsdämparens/rem-skivans bultar och dra åt dem till angivet moment. Håll fast remskivan om så behövs medan bultarna dras åt.

### Vibrationsdämpare/remskiva och nav i ett stycke

**23** Håll fast navet med samma metod som användes vid demonteringen, och dra åt bulten till angivet moment.

**6.7 Skruva loss spännarens bultar (vid pilarna)**

### Alla modeller

**24** Montera drivremmarna enligt beskrivning i kapitel 1.
**25** Montera viskosfläkten och kåpan enligt beskrivning i kapitel 3.
**26** Om så är tillämpligt, sätt tillbaka kåpan på motorns undersida.

## 6 Kamkedjekåpa – demontering och montering

**Observera:** *Vid monteringen behövs nya packningar till kåpan och en ny främre oljetätning till vevaxel. RTV-tätning behövs också, som ska läggas i fogen mellan topplocket och motorblocket – se texten.*

### Demontering

**1** Tappa av kylsystemet enligt beskrivning i kapitel 1.
**2** Demontera ventilkåpan enligt beskrivning i avsnitt 4.
**3** Demontera drivremmarna enligt beskrivning i kapitel 1.
**4** Demontera termostaten enligt beskrivning i kapitel 3.
**5** Demontera vevaxelns remskiva/vibrations-dämpare och nav enligt beskrivning i avsnitt 5.
**6** Demontera oljesumpen enligt beskrivning i avsnitt 12.
**7** Skruva loss de två bultarna och ta bort drivremsspännaren **(se bild)**.
**8** Kylvätskepumpen måste nu demonteras. Håll fast remskivan genom att linda en gammal drivrem runt den och klämma ihop ordentligt, skruva sedan loss fästbulten och ta bort remskivan.
**9** På M52 motorer, skruva loss vevaxelns lägesgivare som sitter ovanför vevaxelns remskiva och flytta den åt sidan.
**10** På alla motorer, driv ut de två stiften upptill på kamkedjekåpan. Driv ut stiften mot motorns bakre ände med hjälp av en pinndorn (mindre än 5,0 mm diameter) **(se bild)**.
**11** Nu måste man ta bort VANOS justerenhet (se avsnitt 9), för att komma åt bultarna som håller i hop kamkedjekåpan och topplocket.
**12** Skruva loss de tre bultarna mellan

**6.10 Driv ut styrstiften ur kamkedjekåpan**

**6.12  Ta bort bultarna mellan kamkedjekåpan och topplocket (vid pilarna)**

**6.13a  Skruva loss fästbultarna (vid pilarna) . . .**

kamkedjekåpan och topplocket och lyft bort bultarna från topplocket. Observera att en av bultarna också håller den sekundära kamkedjans styrning **(se bild)**.

**13** Skruva loss bultarna mellan kamkedjekåpan och motorblocket, ta sedan bort kåpan från motorns främre ände **(se bilder)**. Ta vara på packningarna.

## Montering

**14** Påbörja monteringen genom att bända ut oljetätningen från kamkedjekåpan.

**15** Rengör noggrant fogytorna på kåpan, motorblocket och topplocket.

**16** Sätt en ny oljetätning på kamkedjekåpan. Använd en stor hylsa eller ett rör, eller ett träblock till att driva in tätningen på plats **(se bild)**.

**17** Driv in kåpans stift på plats upptill i kåpan så att de sticker ut på kåpans baksida (fogyta mot motorblocket) ungefär 2 till 3 mm.

**18** Placera nya packningar på kåpan och håll dem på plats med lite fett.

**19** Lägg lite Drei Bond 1209 (finns hos BMW återförsäljare och reservdelsåterförsäljare) på fogen mellan topplocket och motorblocket, vid de två punkterna där kamkedjekåpan

kommer i kontakt med topplockspackningen **(se bild)**.

**20** Sätt kåpan på plats och försäkra dig om att packningarna inte rubbas. Kontrollera att stiften går in i motorblocket och sätt sedan i kåpans fästbultar. Dra åt bultarna med fingrarna.

**21** Driv in kåpans stift tills de är i linje med kåpans yttre yta.

**22** Dra stegvis åt kåpans fästbultar till angivet moment (glöm inte de tre bultarna mellan kåpan och topplocket).

**23** Sätt tillbaka VANOS justerenhet enligt beskrivning i avsnitt 9.

**24** Montera vevaxelns vibrationsdämpare/ remskiva och nav enligt beskrivningen i avsnitt 5.

**25** På M52 motorer, montera vevaxelns lägesgivare och dra åt bulten till angivet moment.

**26** Resten av monteringen sker i omvänd ordning. Tänk på följande.

a) *Se till att den hydrauliska drivrems- spännarens stag monteras korrekt. Pilen TOP/OBEN måste peka uppåt.*

b) *Montera drivremmarna enligt beskrivning i kapitel 1.*

c) *Montera termostaten och huset enligt beskrivning i kapitel 3.*

d) *Montera ventilkåpan (avsnitt 4).*

e) *Montera oljesumpen enligt beskrivning i avsnitt 12.*

f) *Avslutningsvis, fyll på kylsystemet och kontrollera kylvätskenivån enligt beskrivning i kapitel 1 och Veckokontroller.*

## 7  Kamkedjor – demontering, kontroll och montering

### Demontering av sekundär kedja

**1** Demontera VANOS justerenhet enligt beskrivning i avsnitt 9.

**M52 motor**

**2** Ta bort de fyra fästskruvarna till avgas- drevet som lossats tidigare under demont- eringen av VANOS-enheten, tillsammans med tryckbrickan.

**3** Skruva loss muttrarna som håller drevet till insugskamaxeln. Observera att vissa motorer bara har en tryckbricka på insugskamaxeln,

**6.13b  . . . och ta bort kamkedjekåpan (visas med topplocket demonterat)**

**6.16  Driv in den nya tätningen på plats**

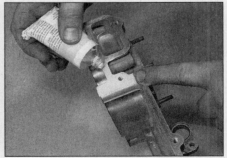

**6.19  Lägg tätningsmedel på de ytor där kamkedjekåpan är i kontakt med topplockspackningen**

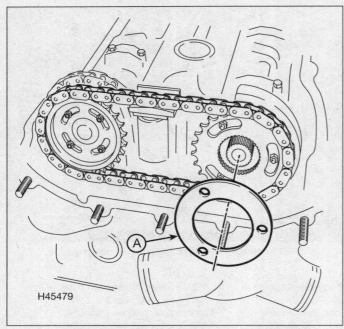

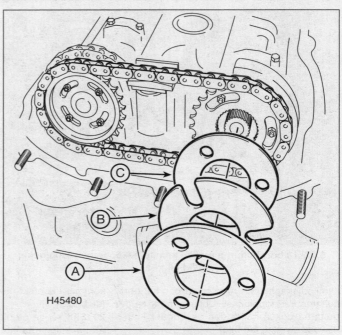

7.3a  Vissa M52 motorer har en enda tryckbricka (A) . . .

7.3b  . . . medan andra har en fjäderplatta (B) mellan en 4,0 mm (A) och en 2,0 mm tjock tryckbricka (C)

medan andra har två tryckbrickor och en fjäderplatta (se bilder). Ta bort tryckbrickan (-brickorna) och fjäderplattan (efter tillämplighet).

4  Ta bort avgas- och insugskamaxlarnas drev tillsammans med den sekundära kedjan.

## M52TU och M54 motorer

5  Skruva loss kamkedjespännaren från den högra sidan av motorn (se bild). Kasta bort tätningsringen – en ny  måste användas vid monteringen.

**Varning: Kedkespännarens kolv har en stark fjäder. Var försiktig när du skruvar ut täckpluggen.**

6  Om spännaren ska återanvändas, tryck ihop och släpp ut spännarkolven några gånger, för att pressa ut eventuell olja i den.

7  Tryck ned den sekundära kedjans spännarkolv och lås den på plats genom att sticka in ett lämpligt borr (se bild).

8  Skruva loss muttrarna och ta bort kamaxellägesgivarens drev från avgaskamaxelns drev, ta sedan bort fjäderplattan (se bild).

9  Skruva loss de tre muttrarna till insugskamaxelns drev och ta bort den korrugerade brickan (se bild).

10  Skruva loss de tre skruvarna från avgaskamaxeldrevet och lyft bort den sekundära kedjan tillsammans med dreven, friktionsbrickan och insugskamaxelns kuggade axel (se bild). Om dessa delar ska återanvändas,

7.5  Skruva loss kamkedjespännaren från den högra sidan av motorn

7.7  Använd ett borr (vid pilen) till att låsa den sekundära kedjans spännare

7.8  Ta bort givarens drev och fjäderplattan från avgaskamaxeln

7.9  Skruva loss de tre muttrarna och ta bort den korrugerade brickan från drevet

7.10  Ta bort avgasdrevet med kedjan, friktionsbrickan, insugsdrevet och insugskamaxelns kuggade axel

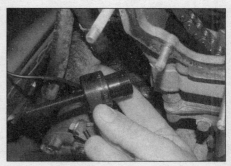

**7.19 Montera BMW:s verktyg i spännarens öppning**

**7.15 Drevens fästbultshål/pinnbultar måste vara i mitten av hålen i dreven**

förvara dem i ordning så att de kan sättas tillbaka på sina ursprungliga platser.

### Kontroll av sekundär kedja

**11** Kedjan ska bytas ut om dreven är slitna eller om kedjan är sliten (vilket indikeras av stort sidospel mellan länkarna och höga oljud under drift). Det är klokt att byta ut kedjan i vilket fall som helst om motorn har tagits isär för renovering. Rullarna på en mycket sliten kedja kan vara något spåriga. För att undvika framtida problem bör kedjan bytas ut om det råder någon som helst tvekan om dess skick.
**12** Undersök kuggarna på dreven för att se om de är slitna. Varje kugge utgör ett uppochnedvänt V. Om en kugge är sliten är den sida av kuggen som är under belastning något konkav i jämförelse med den andra sidan av kuggen (kuggarna ser alltså ut lite som krokar). Om kuggarna är slitna måste dreven bytas ut. Undersök också om kedjestyrningens och spännarens kontaktytor är slitna och byt ut slitna komponenter efter behov.

### Montering av sekundär kedja

**13** Kontrollera att kolv nr 1 fortfarande är i läge ÖD, med vevaxeln låst i denna position. Kontrollera kamaxlarnas position med hjälp av mallen.

#### M52 Motor

**14** Lägg kedjan över dreven. Notera att när dreven monteras, måste fästbultarnas hål/pinnbultarna på kamaxlarna centreras i de avlånga hålen i dreven. Observera att insugskamaxelns drev passar med den plana sidan vänd mot VANOS justerenhet, och den upphöjda kragen vänd mot kamaxeln.
**15** Montera dreven på kamaxlarna, och se till att fästbultarnas hål/pinnbultar är i linje med mitten av de avlånga hålen i dreven **(se bild)**.
**16** Montera tryckbrickan (-brickorna) och fjäderplattan på insugskamaxelns drev (efter tillämplighet). På motorer med två brickor och en fjäderplatta, ska den 2,0 mm brickan

monteras först, följt av fjäderplattan (konkava sidan vänd mot drevet) och den 4,0 mm tryckbrickan. Dra åt fästmuttrarna till angivet moment.
**17** Sätt tillbaka tryckbrickan på avgaskamaxeln, men dra bara åt fästmuttrarna med fingrarna tills vidare. Drevet måste kunna rotera oberoende av kamaxeln.
**18** Montera VANOS-enheten enligt beskrivning i kapitel 9.

#### M52TU och M54 motorer

**19** Kontrollera att primärkedjan och drevet på avgaskamaxeln fortfarande sitter på plats. Sätt in specialverktyg nr 11 4 220 i primärkedjespännarens öppning, vrid sedan justerskruven på verktyget tills änden av skruven precis kommer i kontakt med spännarskenan **(se bild)**.
**20** För att erhålla korrekt förhållande mellan de två dreven och kedjan behöver man BMW:s verktyg 11 6 180. Sätt in de två dreven i kedjan och lägg alltihop i verktyget. Om detta verktyg inte finns till hands, lägg dreven så att det finns 16 kedjestift mellan dem **(se bild)**.
**21** Placera kedjan och dreven över kamaxlarnas ändar så att det stora kuggapet på insidan på insugsdrevet hamnar exakt i linje med det stora kuggapet på axeln som sticker ut i änden av kamaxeln **(se bild)**.
**22** Sätt in den kuggade axeln i änden av

**7.20 Sätt in kedjan i specialverktyget. Om du inte har tillgång till verktyget, placera dreven så att det blir 16 kedjestift mellan dem, som i bilden**

insugskamaxeln och sätt in låsstiftet eller den stora kuggen så att den passar in i det stora kuggapet i både kamaxeln och drevet **(se bild)**. Tryck in den kuggade axeln i insugsdrevet tills man kan se ungefär 1 mm av splinesen.
**23** Sätt tillbaka den korrugerade brickan på insugskamaxelns drev med märkningen FRONT vänd framåt. Sätt tillbaka fästmuttrarna men dra bara åt dem för hand tills vidare.
**24** Sätt tillbaka skruvarna på avgasdrevet och dra åt dem till 5 Nm, lossa dem sedan 180°.
**25** Placera friktionsbrickan och fjäderplattan på avgasdrevet. Notera att fjäderplattan måste monteras med markeringen F vänd

**7.21 Gapen i insugskamaxelns drev och kamaxeln måste vara i linje (vid pilarna)**

**7.22 Sätt in den kuggade axelns låsstift eller stora kugge i kuggapen**

**7.25  Montera fjäderplattan med markeringen F vänd framåt**

**7.26  Montera givarens drev så att pilen hamnar i linje med den övre packningsytan (vid pilen)**

**7.30  Använd BMW:s specialverktyg till att centrera de kuggade axlarna och dreven**

framåt. Om markeringen inte längre syns, montera plattan med den konvexa sidan vänd framåt **(se bild)**.

**26** Montera avgaskamaxelns lägesgivares drev med den upphöjda sektionen mot motorns högra sida och pilen i linje med topplockets övre packningsyta **(se bild)**. Dra bara åt muttrarna för hand tills vidare.

**27** Dra ut den kuggade axeln från mitten av avgasdrevet så långt det går.

**28** Tryck ihop sekundärkedjespännarens kolv och ta bort låsstiftet/borret.

**29** Med hjälp av en momentnyckel, dra åt justerskruven på specialverktyget som sitter i primärkedjespännarens öppning till 0,7 Nm. Om du inte har en momentnyckel, vrid justerskruven för hand bara så mycket att eventuellt spel i kedjan försvinner. Kontrollera att allt spel är borta genom att försöka att dra runt primärkedjedrevet på avgaskamaxeln för hand.

**30** För att försäkra att de kuggade axlarna i dreven och dreven själva är korrekt centrerade, placera BMW:s verktyg 11 6 150 på VANOS-enhetens plats. Sätt verktyget över enhetens pinnbultar (utan packningen), och dra åt muttrarna jämnt tills verktyget är helt i kontakt med topplocket. Det här verktyget placerar de kuggade axlarna i rätt läge och håller dem på plats medan drevets bultar/muttrar dras åt **(se bild)**. Det här verktyget måste användas, eftersom det är oerhört viktigt för inställningen av kamaxlarna.

**31** Dra åt drevens muttrar/bultar jämnt i stegvis ordning till momentet som anges för steg 1. Börja med Torxskruvarna på avgasdrevet, följt av avgasdrevets muttrar, och därefter insugsdrevets muttrar. Dra sedan åt skruvarna till momentet för steg 2 i samma ordning, därefter muttrarna. Med drevens muttrar/skruvar åtdragna, och med BMW:s

verktyg fortfarande på plats, ta bort låsstiftet från vevaxeln och låsverktygen/mallen från kamaxlarnas bakre ändar. Placera sedan en nyckel eller en hylsa på vevaxelremskivans bult och dra runt vevaxeln två hela varv medurs tills vevaxelns låsstift kan stickas in igen.

**32** Kontrollera kamaxlarnas placering med låsverktygen/mallen och försäkra dig om att kamaxelinställningen är korrekt.

**Observera:** *På grund av gummeringen på drevet/-en, tolerans i VANOS-enheten och de kuggade axlarnas spel, kan verktyget som låser insugskamaxeln hamna fel i förhållande till den fyrkantiga flänsen med upp till 1,0 mm, men inställningen kan ändå anses vara korrekt.*

**33** Ta bort de kuggade axlarnas/drevens centrerings/placeringsverktyg. Montera därefter VANOS-enheten enligt beskrivningen i avsnitt 9.

### Demontering av primärkedja

**34** Demontera sekundärkedjan enligt tidigare beskrivning i det här avsnittet.

#### M52 motor

**35** Ta bort borret som låser sekundärkedjespännarens kolv på plats, lyft sedan ut kolven och fjädern, skruva loss fästbultarna och ta bort sekundärkedjespännaren från topplocket **(se bilder)**.

**36** Skruva loss fästbultarna och ta bort sekundärkedjans styrning **(se bilder)**.

**37** Skruva loss täckpluggen från kamkedjespännarens kolv på höger sida av motorn. Ta vara på tätningsringen.

**7.35a  Lyft ut kolven och fjädern . . .**

**7.35b  . . . skruva loss fästbultarna . . .**

**7.35c  . . . och ta bort sekundärkedjespännaren**

**7.36a  Skruva loss fästbultarna (vid pilarna) . . .**

**7.36b  . . . och ta bort sekundärkedjans styrning**

**7.40 Ta bort avgasdrevet och kedjan**

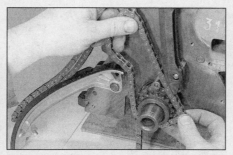

**7.42 Flytta spännarskenan efter behov och haka loss kedjan från vevaxeldrevet – visas med motorn demonterad**

**7.43 Ta bort klämman från den nedre ledpunkten för att ta bort spännarskenan – visas med motorn demonterad**

**7.44 Lossa fästklämmorna för att ta bort kedjestyrningen**

**7.46 Ta bort sekundärkedjespännarens bultar (vid pilarna)**

**7.47 Lossa de tre pinnbultarna från avgaskamaxelns drev**

*Varning: Kedjespännarkolven har en kraftig fjäder, var försiktig när du skruvar ut pluggen.*
**38** Ta vara på fjädern och ta ut spännarkolven.
**39** Demontera kamkedjekåpan enligt beskrivning i avsnitt 6.
**40** Ta bort primärkedjans drev från avgaskamaxeln, komplett med kedjan **(se bild)**. Demontera drevet. Notera vilken väg drevet är vänt så att det kan sättas tillbaka på samma sätt.
**41** Notera hur kedjan är dragen i förhållande till spännarskenan och kedjestyrningen.
**42** Manipulera spännarskenan så mycket som behövs för att kedjan ska kunna hakas loss från vevaxeldrevet och lyftas bort från motorn **(se bild)**.

⚠️ *Varning: När den primära kamkedjan har tagits bort, vrid inte vevaxeln eller kamaxlarna, eftersom det föreligger risk att ventilerna slår i kolvarna.*

**43** Om så önskas kan spännarskenan nu tas bort, om klämman lossas från den nedre ledpunkten **(se bild)**.
**44** Kedjestyrningen kan nu också tas bort, om man lossar övre och nedre fästklämmor. Var försiktig när klämmorna lossas, eftersom de lätt tar skada **(se bild)**.

### M52TU och M54 motorer

**45** Ta bort den kuggade axeln och hylsan från mitten av avgaskamaxelns drev.
**46** Skruva loss de fyra bultarna och ta bort sekundärkedjespännaren **(se bild)**.

**47** Lossa de tre pinnbultarna från avgasdrevet, lyft kedjan och ta bort drevet från kamaxelns ände **(se bild)**. Notera vilken väg drevet sitter.
**48** Ta bort kamkedjekåpan enligt beskrivning i avsnitt 6.
**49** Notera hur kedjan är dragen i förhållande till spännarskenan och kedjestyrningen.
**50** Manipulera spännarskenan efter behov så att kedjan kan hakas loss från drevet och lyftas bort från motorn **(se bild 7.42)**.

⚠️ *Varning: När den primära kamkedjan har tagits bort, vrid inte vevaxeln eller kamaxlarna, eftersom det föreligger risk att ventilerna slår i kolvarna.*

**51** Om så önskas kan spännarskenan nu demonteras om klämman lossas från den nedre ledpunkten **(se bild 7.43)**.
**52** Kedjestyrningen kan också demonteras om de övre ocn nedre fästklämmorna lossas. Var försiktig när klämmorna lossas, eftersom de lätt tar skada **(se bild 7.44)**.

### Montering av primärkedja

**53** Försäkra dig om att kolv nr 1 fortfarande är i ÖD-läget, med vevaxeln låst på plats. Kontrollera kamaxlarnas position med hjälp av mallen.
**54** Påbörja monteringen genom att haka på kedjan på vevaxeldrevet.
**55** Där så är tillämpligt, montera kedjestyrningen och spännarskenan. Se till att kedjan dras korrekt i förhållande till styrningen och skenan, enligt noteringarna som gjordes innan demonteringen. Var försiktig vid

monteringen av kedjestyrningen – klämmorna kan lätt ta skada.

### M52 motor

**56** Rotera avgaskamaxelns primärkedjedrev tills inställningspilen pekar rakt uppåt (kl 12 i förhållande till motorblocket), haka sedan på kedjan på drevet. Montera drevet på avgaskamaxeln och ställ in drevet så att de gängade hålen i kamaxelflänsen hamnar i ändarna av de avlånga hålen i drevet **(se bild)**. Se till att drevet är vänt rätt väg enligt noteringarna som gjordes innan demonteringen.
**57** Montera den sekundära kedjans styrning och kedjespännare. Notera att spännarkolven måste sättas in med urtaget i kolvplattan placerad på höger sida av motorn.

**7.56 De gängade hålen i kamaxelflänsen ska vara placerade i ändarna av de avlånga hålen i drevet**

**7.61 Rikta in pilen på drevet mot topplockets övre kant (vid pilen)**

**7.66 Den kuggade axelns stora kugge måste gå in i motsvarande kuggap i kamaxeln och hylsan**

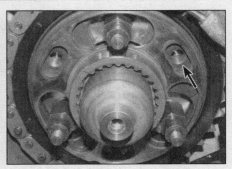

**7.67 Hålen i drevet måste sitta mitt i de ovala hålen i den kuggade hylsan (vid pilen)**

**58** Sätt in specialverktyg nr 11 4 220 i spännarens öppning (se avsnitt 9), vrid sedan justerskruven på verktyget tills änden av skruven precis är i kontakt med spännarskenan. Notera att avgaskamaxelns drev nu ska ha roterat moturs så att de gängade hålen i kamaxelflänsen är centrerade i de avlånga hålen i drevet.

**59** Montera kamkedjekåpan enligt beskrivning i kapitel 6.

**60** Montera den sekundära kamkedjan enligt tidigare beskrivning i detta avsnitt.

## M52TU och M54 motorer

**61** Vrid avgaskamaxelns primärkedjedrev tills inställningspilen på drevet är i linje med den övre kanten på topplocket, haka sedan på kedjan på drevet **(se bild)**. Montera drevet på avgaskamaxeln. Se till att drevet monteras rätt väg enligt tidigare gjorda noteringar, och att inställningspilen fortfarande är i linje med topplockets övre kant.

**62** Montera kamkedjekåpan enligt beskrivning i avsnitt 6.

**63** Montera specialverktyg 11 4 220 i spännarens öppning (se avsnitt 9), vrid sedan justerskruven på verktyget tills änden av skruven precis kommer i kontakt med spännarskenan. Notera att avgaskamaxelns drev nu kan ha roterat lite moturs – om så behövs, placera om drevet i kedjan så att inställningspilen åter hamnar i linje med topplockets övre yta.

**64** Sätt in de tre pinnbultarna genom avgasdrevet och dra åt dem till angivet moment.

**65** Montera den sekundära kedjans spännare och dra åt bultarna ordentligt.

**66** Montera den kuggade axeln och hylsan på avgaskamaxelns drev så att det stora kuggapet i hylsan hamnar exakt i linje med motsvarande gap i änden av kamaxeln. Notera att den kuggade axeln har ett stift eller en stor kugge som måste gå in i de båda gapen **(se bild)**.

**67** Tryck in avgaskamaxelns kuggade axel tills de gängade hålen i kamaxeldrevet hamnar centralt i förhållande till de ovala hålen i kugghylsan **(se bild)**.

**68** Montera den sekundära kamkedjan enligt tidigare beskrivning i detta avsnitt.

## 8 Kamkedjedrev och spännare – demontering, kontroll och montering

### Kamaxeldrev

**1** Demontering, kontroll och montering av dreven beskrivs som en del av demontering och montering av den sekundära kamkedjan i avsnitt 7.

### Vevaxeldrev

#### Demontering

**2** Drevet är kombinerat med oljepumpens drev. På vissa motorer kan drevet sitta med presspassning på änden av vevaxeln.

**3** Demontera den primära kamkedjan enligt beskrivning i avsnitt 7.

**4** Dra av drevet från vevaxeln. Om drevet har presspassning, använd en trebent avdragare till att dra loss det från axeln. Skydda det gängade loppet i den främre änden av vevaxeln genom att sätta tillbaka remskivenavets bult, eller genom att använda en metalldistans mellan avdragaren och vevaxelns ände. Observera vilken väg drevet sitter för att försäkra korrekt montering.

**5** När drevet har demonterats, ta vara på Woodruffkilen från spåret i vevaxeln om den är lös.

#### Kontroll

**6** Kontrollen beskrivs i samband med kontroll av kamkedjan i avsnitt 7.

### Montering

**7** Om tillämpligt, sätt tillbaka Woodruffkilen i spåret i vevaxeln.

**8** Trä på drevet på plats på vevaxeln. Se till att drevet monteras rätt väg enligt tidigare gjorda noteringar. Om ett drev med presspassning ska sättas tillbaka måste drevet värmas upp till 150°C. **Överskrid inte** denna temperatur, eftersom det kan skada drevet.

**9** När drevet har värmts upp till den angivna temperaturen, rikta in spåret i drevet mot Woodruffkilen, knacka sedan drevet på plats med en hylsa eller ett metallrör.

⚠️ *Varning: När drevet har värmts upp, var ytterst försiktig så att du inte bränner dig – metallen förblir varm ganska länge.*

**10** Montera den primära kamkedjan enligt beskrivning i avsnitt 7.

### Sekundärkedjans spännare

#### Demontering

**11** Demontera den sekundära kamkedjan enligt beskrivning i avsnitt 7.

**12** Ta bort verktyget som håller fast den sekundära kamkedjans spännare i sitt läge, ta sedan bort kolven, fjädern och kolvhuset **(se bilder)**.

**13** Skruva loss fästbultarna och ta bort kedjespännarhuset från topplocket **(se bild)**.

#### Kontroll

**14** Undersök kedjespännaren och byt ut den om så behövs. Leta efter skador eller slitage

**8.12a Ta bort kamkedjespännarens kolv . . .**

**8.12b . . . fjäder . . .**

8.12c ... och kolvhus

8.13 Ta bort sekundärkedjespännarens hus

9.3 Skruva loss VANOS anslutningsbult

på kolven och kolvhuset. Undersök om kedjans kontaktyta mot kolven är sliten, och undersök fjäderns skick. Byt ut komponenter som är slitna eller skadade.

**15** När kolven monteras på spännaren, tänk på att urtaget i kolven ska placeras på höger sida av motorn när enheten sätts tillbaka.

### Montering

**16** Montera kedjespännaren och dra åt bultarna ordentligt.

**17** Sätt tillbaka verktyget för att låsa spännaren på plats.

**18** Montera den sekundära kamkedjan enligt beskrivning i avsnitt 7.

### Primärkedjans spännare

**19** Demontering och montering beskrivs i samband med demontering av den primära kamkedjan, i avsnitt 7.

9.9 Skruva loss de två täckpluggarna (vid pilarna)

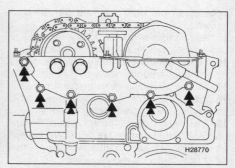

9.12 Skruva loss fästmuttrarna (vid pilarna) och ta bort VANOS justerenhet

---

## 9 Variabel ventilinställning (VANOS) – demontering, kontroll och montering av delar

### Justerenhet – demontering

**1** Demontera viskoskylfläkten och fläktkåpan enligt beskrivning i kapitel 3.

**2** Demontera ventilkåpan enligt beskrivning i avsnitt 4.

### M52 motor

**3** Skruva loss anslutningsbulten och koppla loss oljematningsröret från framsidan av VANOS justerenhet **(se bild)**. Ta vara på tätningsringarna.

**4** Koppla loss VANOS solenoidventilens kontakt.

**5** Skruva loss fästmuttern och bulten och ta bort motorns lyftkonsol från motorns framsida.

**6** Följ kablaget bakåt från vevvinkelgivaren och koppla loss kontakten. Bänd sedan loss de två låsringarna och ta bort kabelhärvans styrning som sitter framför VANOS-enheten.

**7** Ta loss plastkåpan från insugskamaxeln.

**8** Placera vevaxeln och kamaxlarna vid ÖD för kolv nr 1, enligt beskrivning i avsnitt 3.

**9** Skruva loss de två täckpluggarna från framsidan av VANOS justerenhet för att komma åt de nedre fästbultarna för avgaskamaxelns drev **(se bild)**. Ta vara på tätningsringarna.

**10** Lossa avgaskamaxeldrevets fyra fästbultar.

**11** Tryck ned den sekundära kamkedjans spännarkolv, och lås den på plats med hjälp av ett verktyg tillverkat av en bit svetsstav eller liknande material. Sätt in verktyget genom hålen upptill i spännaren för att hålla ned spännarkolven **(se bild 7.7)**.

**12** Skruva loss muttrarna som håller VANOS justerenhet till kamkedjekåpan **(se bild)**.

**13** Det finns två olika typer av drev för insugskamaxeln. Den första typen har bara en tryckbricka monterad, och den andra typen

har två tryckbrickor med en fjäderplatta emellan (se punkt 3 i avsnitt 7). Om din motor bara har en tryckbricka kan VANOS justerenhet helt enkelt dras bort från sin plats. Om motorn har två tryckbrickor och en fjäderplatta, måste avgaskamaxeldrevet roteras medurs (utan att kamaxeln rubbas) när VANOS justerenhet tas bort. Ett särskilt verktyg från BMW (nr 11 5 490) finns för rotering av drevet **(se bild)**, men det kan vara möjligt att tillverka ett eget . Om man är ytterst försiktig kan det gå att rotera drevet med en stor skruvmejsel **(se bild)**. Ta vara på packningen.

### M52TU och M54 motorer

**14** Skruva loss anslutningsbulten och koppla loss oljematningsröret framtill på VANOS

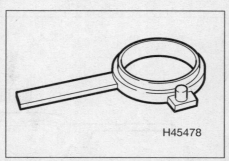

9.13a Det finns ett särskilt verktyg från BMW (11 5 490) med vilket man kan rotera avgaskamaxelns drev och sekundärkedjan när VANOS-enheten tas bort

9.13b Om man är ytterst försiktig kan avgaskamaxelns drev roteras med en stor spårskruvmejsel

**9.14 Koppla loss oljematningsröret från VANOS-enheten**

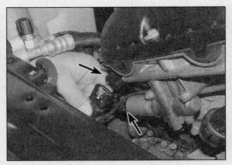

**9.15 Koppla loss kamaxellägesgivaren och solenoidventilen (vid pilarna)**

**9.19 Skruva loss täckpluggarna från VANOS-enheten (vid pilarna)**

justerenhet **(se bild)**. Ta vara på tätnings-ringarna.

**15** Koppla loss avgaskamaxelns lägesgivare och solenoidventilens kontaktdon **(se bild)**.

**16** Skruva loss fästmuttern och bulten och ta bort motorns lyftögla framtill på motorn.

**17** Ta loss plastkåpan från insugskamaxeln.

**18** Placera vevaxeln och kamaxlarna vid ÖD för kolv nr 1, enligt beskrivning i avsnitt 3.

**19** Skruva loss de två täckpluggarna framtill på VANOS justerenhet **(se bild)**. Var beredd på oljespill och kasta tätningsringarna – nya måste användas vid monteringen.

**20** Ta loss tätningslocken från ändarna av kamaxlarna med en spetsstång **(se bild)**.

**21** Skruva loss ställskruvarna från ändarna av kamaxlarna med en torxbit. Notera att ställskruvarna har **vänstergänga** och skruvas ut medurs **(se bild)**.

**22** Skruva loss fästmuttrarna och ta bort VANOS justerenhet från motorn. Ta vara på packningen.

**23** Rotera inte vevaxeln eller kamaxlarna och rubba inte heller de kuggade axlarna i ändarna av kamaxlarna medan VANOS-enheten är borttagen – kolvarna kan slå i ventilerna.

## Justerenhet – kontroll

**24** För att testa funktionen hos VANOS-enheten behöver man specialutrustning. En kontroll av enheten måste därför överlåtas till en BMW-återförsäljare.

## Justerenhet – montering

**25** Se till att vevaxeln och kamaxlarna fortfarande står i ÖD-läge för cylinder nr 1, enligt beskrivning i avsnitt 3.

**26** Se till att hylsorna sitter på plats på VANOS justerenhetens övre fäststift i topplocket.

**27** Lägg lite Drei Bond 1209 tätningsmedel på hörnen av fogytorna mellan topplocket och VANOS-enheten, placera sedan en ny packning över pinnbultarna på topplocket **(se bild)**.

### M52 motor

**28** Rotera avgaskamaxelns drev och den sekundära kamkedjan så långt det går medurs, till stoppläget. På motorer med två tryckbrickor och en fjäderplatta på insugskamaxelns drev, måste man använda BMW:s verktyg (Nr 11 5 490) eller en egentillverkad motsvarighet för att rotera drevet – se till att inte rotera någon av kamaxlarna.

**29** Med måttligt handtryck, tryck tillbaka den "splinesade" axeln in i VANOS justerenhet ända mot stoppet **(se bild)**.

**30** Sätt VANOS-enheten på plats och, om så behövs, rotera den splinesade axeln på VANOS-enheten lite tills de interna splinesen på enhetens axel hakar i splinesen på drevet.

**31** Nu måste splinesen på VANOS-enhetens axel gå i ingrepp med de inre splinesen i kamaxeln. Vrid avgaskamaxelns drev sakta moturs tills splinesen på VANOS-enhetens axel hakar i kamaxeln.

⚠️ *Varning: Det är väsentligt att se till att FÖRSTA lämpliga spline hakar i när drevet vrids bakåt moturs från sitt medurs stopp.*

**9.20 Ta loss tätningslocken från kamaxlarna med en spetsstång**

**9.21 Ställskruvarna i kamaxeländarna har vänstergänga**

**9.27 Lägg lite tätningsmedel på packningsytan på båda sidorna av topplocket**

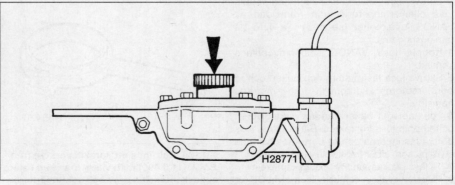

**9.29 Tryck in den splinesade axeln i VANOS justerenhet ända mot stoppet**

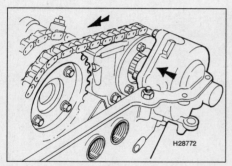

**9.32 Dreven och kedjan kommer att rotera moturs när VANOS-enheten monteras**

**9.35 Skruva loss primärkedjespännarens täckplugg**

**32** Tryck fast VANOS-enheten ordentligt på pinnbultarna. Observera att på motorer med bara en tryckbricka på insugskamaxelns drev, kommer kamaxeldreven och kedjan att rotera när VANOS justerenhet trycks på plats (detta beror på de spiralformade drevsplinesen) **(se bild)**. På motorer med två tryckbrickor och en fjäderplatta på insugskamaxelns drev, måste avgaskamaxelns drev och sekundärkedjan roteras långsamt moturs när VANOS juster-enhet trycks in på plats **(se bild 9.13b)**. När enheten trycks på plats, guida drevet och kedjan för hand om så behövs.
**33** Dra åt VANOS-enhetens fästmuttrar ordentligt.
**34** Ta bort verktyget som låser den sekundära kamkedjans spännare i sitt läge.
**35** Skruva loss täckpluggen över den primära kamkedjespännarens kolv från motorns högra sida **(se bild)**. Ta vara på tätningsringen.

 **Varning: Kedjespännarens kolv har en stark fjäder. Var därför försiktig när du skruvar ut täck-pluggen.**

**36** Montera specialverktyg nr 11 4 220 i spännarens öppning och vrid justerskruven på verktyget tills änden av skruven precis kommer i kontakt med spännarskenan.
**37** Använd sedan en momentnyckel och dra

åt justerskruven på verktyget till 1,3 Nm **(se bild)**.
**38** Dra åt bultarna på avgaskamaxelns drev till angivet moment.
**39** Ta bort mallen från kamaxlarna, ta sedan bort låsstiftet från inställningshålet i motor-blocket.
**40** Dra runt motorn två hela varv medurs, sätt sedan in låsstiftet i inställningshålet i motor-blocket igen och se till att verktyget går i ingrepp med svänghjulet.
**41** Installera mallen för att kontrollera kam-axlarnas position. Om mallen inte kan sättas fast med svänghjulet låst i sitt läge har VANOS justerenhet monterats fel.
**42** Skruva loss specialverktyget från primär-kedjespännarens öppning.
**43** Sätt in primärkedjespännarens kolv, se till att styrflikarna går i ingrepp med spännar-skenan.
**44** Montera spännarfjädern, sätt sedan på täckpluggen med en ny tätning och dra åt den till angivet moment.
**45** Sätt in täckpluggarna över kamaxel-drevens fästbultar i VANOS-enhetens framsida, använd nya tätningsringar. Dra åt pluggarna till angivet moment.
**46** I det här läget rekommenderar BMW att man kontrollerar VANOS-enhetens funktion. Eftersom detta kräver användning av särskild

BMW-utrustning, kan det vara bäst att överlåta detta till en BMW-återförsäljare.
**47** Montera specialverktyg nr 11 3 450 med en banjobult vid oljeinloppsporten på VANOS justerenhet, och lägg på ett lufttryck (från en kompressor) på 2,0 till 8,0 bar.
**48** Med hjälp av ett skjutmått, mät avståndet mellan kanten på sekundärkedjespännaren och kanten på drevet till insugskamaxelns givare **(se bild)**.
**49** Anslut änden av BMW verktyg nr 12 6 411 till kontakten från VANOS solenoidventil, och den andra änden av verktyget till batteri-polerna.

 **Varning: Om polariteten hos matningen till solenoidventilen blir omvänd, kan dioden inuti ventilen förstöras.**

**50** Använd ett skjutmått och mät avståndet mellan kanten på sekundärkedjespännaren och kanten på drevet till insugskamaxelns givare. Givarens drev måste ha ett spel på minst 8,5 mm. Om avståndet som givarens drev rör sig är mindre än så måste VANOS justerenhet demonteras och sättas tillbaka.
**51** Resten av monteringen sker i omvänd ordning mot demonteringen.

## M52TU och M54 motorer

**52** Montera VANOS justerenhet och dra åt muttrarna ordentligt.
**53** Sätt tillbaka ställskruvarna i kamaxel-ändarna och dra åt dem till angivet moment. Observera att ställskruvarna har **vänster-gänga**. Kontrollera skicket på O-rings-tätningarna och sätt tillbaka tätningslocken i kamaxlarnas ändar.
**54** Återstoden av monteringen sker i omvänd ordning. Tänk på följande:
a) Använd nya tätningsringar när oljematningsröret ansluts till VANOS justerenhet.
b) Montera ventilkåpan, se information i avsnitt 4.

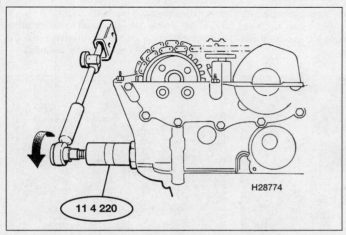

**9.37 Dra åt skruven på verktyget till angivet moment (se text)**

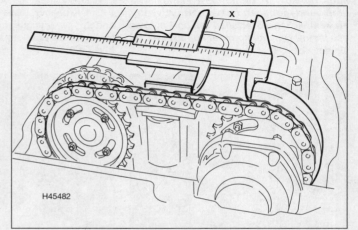

**9.48 Mät avståndet från kanten av sekundärkedjespännaren till kanten av drevet för insugskamaxelns givare**

c) Montera viskoskylfläkten och kåpan enligt beskrivning i kapitel 3.
d) Se till att ta bort vevaxelns låsverktyg innan motorn startas.
e) Om en ny VANOS justerenhet har monterats, måste kamaxelinställningen kontrolleras enligt beskrivning i avsnitt 3.

### Solenoidventil

**Observera:** *En ny tätningsring behövs vid monteringen.*

### Demontering

**55** Kontrollera att tändningen är av.
**56** Koppla loss solenoidventilens kontaktdon, som är fäst vid motorns kabelhärva bakom oljefiltret.
**57** Skruva loss solenoidventilen med en öppen nyckel och ta vara på tätningen **(se bild)**.

### Kontroll

**58** Kontrollera att solenoidkolven kan dras fram och tillbaka för hand utan motstånd **(se bild)**. Om inte måste solenoiden bytas ut.
**59** På M52 motorer, kontrollera att hydraulkolven i VANOS justerenhet kan röras fritt. Om det är svårt att röra kolven fram och tillbaka måste hela justerenheten bytas ut.

### Montering

**60** Montering sker i omvänd ordning mot demonteringen, men använd en ny tätningsring och dra åt solenoiden till angivet åtdragningsmoment.

### 10 Kamaxlar och kamföljare – demontering, kontroll och montering

⚠️ **Varning: BMW verktyg 11 3 260 kan behövas för den här åtgärden. Detta verktyg är ytterst svårt att imitera på grund av dess kraftiga konstruktion och behovet av exakthet i tillverkningen. Det är visserligen möjligt att demontera kamaxlarna utan verktyget, men det är oerhört viktigt att kamaxellageröverfallen tas bort stegvis och jämnt. Om inte kommer kamaxlarna att skadas.**

**9.57 Skruva loss VANOS solenoidventil**

### Demontering – M52 motor

**1** Demontera VANOS justerenhet enligt beskrivning i avsnitt 9.
**2** Demontera den sekundära kamkedjan enligt beskrivning i avsnitt 7.
**3** Skruva loss täckpluggen till den primära kamkedjans spännare på motorns högra sida. Ta vara på tätningsringen.

⚠️ *Varning: Kedjespännarens kolv har en ganska stark fjäder. Var försiktig när du skruvar loss täckpluggen.*

**4** Ta vara på fjädern och ta ut spännarkolven.
**5** Skruva loss de fyra bultarna och ta bort den sekundära kedjans spännare **(se bild 8.13)**.
**6** Skruva loss de tre fästbultarna och ta bort den sekundära kedjans styrning **(se bild 7.36a)**.
**7** Ta bort primärkedjans drev från avgaskamaxeln, tillsammans med kedjan. Ta bort drevet.
*Varning: Håll kedjan spänd och knyt upp änden av kedjan med ett snöre eller en ståltråd så att den inte faller ned i den nedre kamkedjekåpan och/eller lossnar från vevaxeldrevet.*
**8** Ta bort vevaxelns låsstift, håll sedan primärkedjan spänd med handen och rotera försiktigt vevaxeln 30° moturs för att förhindra oavsiktlig kontakt mellan kolv och ventil.
**9** Om så behövs, lossa de tre pinnbultarna på änden av insugskamaxeln och ta bort tryckbrickan och kamaxelgivarens drev **(se bild 7.47)**.

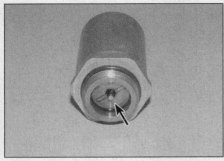
**9.58 Kontrollera att solenoidkolven (vid pilen) kan röras utan motstånd**

**10** Ta bort mallen från kamaxlarna.
**11** Skruva loss tändstiften från topplocket.
**12** Kontrollera identifikationsmarkeringarna på kamaxlarnas lageröverfall. Lageröverfallen är numrerade från motorns kamkedjeände, och markeringarna kan vanligtvis läsas från motorns avgassida. Avgaskamaxelns lageröverfall är märkta A1 till A7, och insugskamaxelns överfall är märkta E1 till E7.

### Utan BMW:s verktyg 11 3 260

**13** Lossa nu insugskamaxelns lageröverfall lite i taget, gradvis och jämnt över hela kamaxelns längd. Tanken är att man ska lossa lageröverfallen så jämnt som möjligt för att undvika belastning på kamaxeln. När allt tryck på kamaxeln har släppts, ta bort överfallen i ordning, lyft sedan ut kamaxeln.

### Med BMW:s verktyg 11 3 260

**14** Skruva loss kamaxelkåpans fyra fästpinnbultar från mitten av topplocket **(se bild)**.
**15** Eftersom insugskamaxelns lageröverfall nr 1 har insatshylsor, skruva loss muttrarna och ta bort överfallet för att förhindra att överfallet kärvar när kamaxeln tas bort **(se bild)**.
**16** Sätt ihop BMW:s verktyg 11 3 260, och montera verktyget på topplocket genom att skruva in fästbultarna i tändstiftshålen. Placera verktyget så att kolvarna hamnar över relevanta kamaxellageröverfall (d.v.s. insugs- eller avgaskamaxel) **(se bild)**.
**17** Lägg tryck på kamaxellageröverfallen genom att vrida den excentriska axeln på verktygen med hjälp av en nyckel **(se bild)**.

**10.14 Skruva loss kamaxelkåpans fyra fästbultar**

**10.15 Kamaxellageröverfall nr 1 har insatshylsor**

**10.16 BMW:s specialverktyg monterat på topplocket**

10.17 Använd en nyckel till att vrida den excentriska axeln och lägga an tryck på lageröverfallen

10.46 Gjutgodsets styrstift (vid pilen) på topplockets pinnbult vid platsen för lager nr 2

18 Skruva loss kvarvarande lageröverfalls- muttrar.
19 Släpp trycket på verktygets axel, skruva sedan loss verktyget från topplocket.
20 Lyft av lageröverfallen och håll dem i rätt ordning. Lyft sedan ut kamaxeln.

## Alla metoder

21 Kamaxellagrens gjutgods kan nu lyftas bort från topplocket. Detta ska göras mycket långsamt, eftersom kamföljarna kommer att släppas när gjutgodset lyfts av – om gjutgodset lyfts av oförsiktigt kan följarna ramla ut. Låt inte följarna falla ut och blandas ihop, eftersom de måste sättas tillbaka på sina ursprungliga platser.
22 När lagrens gjutgods är borttaget, lyft ut kamföljarna från topplocket. Märk upp lyftarna så att du vet var de ska sitta. Förvara dem sedan upprätt i en behållare fylld med ren motorolja, för att förhindra att oljan i lyftarna rinner ut.
23 Upprepa åtgärden på den andra kam-. axeln. Glöm inte att märka kamföljarna med Insug och Avgas.

## Demontering – M52TU och M54 motorer

24 Ta bort VANOS justerenhet enligt beskrivning i avsnitt 9.
25 Demontera den sekundära kamkedjan enligt beskrivning i avsnitt 7.
26 Demontera den kuggade axeln och hylsan från mitten av avgaskamaxeldrevet.
27 Skruva loss de fyra bultarna och ta bort den sekundära kedjans spännare (se bild 8.13).
28 Skruva loss de tre pinnbultarna från avgasdrevet, lyft kedjan och ta bort drevet från änden av kamaxeln. Notera vilken väg drevet är monterat.
29 Ta bort vevaxelns låsstift. Håll sedan primärkamkedjan spänd med handen och rotera vevaxeln försiktigt 30° moturs för att förhindra oavsiktlig kontakt mellan kolvar och ventiler.

*Varning: Bind fast primärkamkedjan i topp- locket med en bit vajer eller ett buntband, för att förhindra att den faller ned i kamkedjekåpan och/eller lossnar från vevaxeldrevet.*
30 Om så behövs, lossa de tre pinnbultarna i änden av insugskamaxeln och ta bort tryckbrickan och kamaxelgivarens drev (se bild 7.47).
31 Ta bort mallen från kamaxlarna.
32 Skruva loss tändstiften från topplocket.
33 Kontrollera kamaxellageröverfallens identifikationsmärken. Överfallen ska vara numrerade från motorns kamkedjeände och markeringarna kan oftast läsas från motorns avgassida. Avgaskamaxelns lageröverfall är märkta A1 till A7 och insugskamaxelns överfall är märkta E1 till E7.

## Utan BMW:s verktyg 11 3 260

34 Lossa insugskamaxelns lageröverfall stegvis och jämnt längs axeln, bara lite i taget. Tanken är att man ska släppa på trycket så jämnt som möjligt för att undvika sned belastning på kamaxeln. När allt tryck på kamaxeln har lättats, ta bort överfallen och håll dem i rätt ordning. Lyft sedan ut kam- axeln.

## Med BMW:s verktyg 11 3 260

35 Skruva loss kamkåpans fyra fästbultar från mitten av topplocket (se bild 10.14).
36 Eftersom insugskamaxelns överfall nr 1 har insatshylsor, skruva loss muttrarna och ta bort överfallet för att förhindra att överfallet fastnar när kamaxeln tas bort (se bild 10.15).
37 Sätt ihop BMW:s specialverktyg 11 3 260 och montera verktyget på topplocket genom att skruva in fästbultarna i tändstiftshålen. Placera verktyget så att kolvarna hamnar ovanför relevanta lageröverfall (d.v.s. insugs- eller avgaskamaxeln) (se bild 10.16).
38 Lägg an tryck på kamaxellageröverfallen genom att vrida den excentriska axeln på verktyget med hjälp av en nyckel (se bild 10.17).

39 Skruva loss resten av lageröverfallens muttrar.
40 Släpp trycket på verktygets axel, skruva sedan bort verktyget från topplocket.
41 Lyft av lageröverfallen och håll dem i rätt ordning. Lyft sedan ut kamaxeln.

## Alla metoder

42 Kamaxellagrens gjutgods kan nu lyftas bort från topplocket. Detta ska göras mycket långsamt, eftersom kamföljarna kommer att lossna när gjutgodset lyfts av – om man gör detta oförsiktigt kan kamföljarna falla ut. Låt inte följarna falla ut och blandas ihop, eftersom de måste sättas tillbaka på sina ursprungliga platser.
43 När gjutgodset är borttaget, lyft kam- följarna från topplocket. Märk kamföljarna så att du vet var de ska sitta. Förvara dem sedan upprätt i en behållare med ren motorolja, för att förhindra att oljan rinner ut ur följarna.
44 Upprepa proceduren på den andra kamaxeln. Glöm inte att märka kamföljarna med Insug och Avgas.

## Kontroll

45 Rengör alla komponenter, inklusive lagerytorna i gjutgodsen och lageröverfallen. Undersök alla delar noggrant för att se om de är slitna eller skadade. Undersök särskilt om lagerytorna och kamnockarna på kamaxlarna har repor och gropar. Se efter om kamföljarna visar tecken på slitage eller skador. Byt ut komponenter efter behov.

## Montering

46 Om kamaxellagrens nedre gjutgods har tagits bort, kontrollera att fogytorna på gjutgodsen och topplocket är rena och kontrollera att gjutgodsets styrhylsor sitter på plats på pinnbultarna på lager nr 2 och 7 (se bild).
47 Lagrens gjutgods och kamföljarna måste nu monteras.
48 Det enklaste sättet att montera dessa komponenter är att placera kamföljarna i

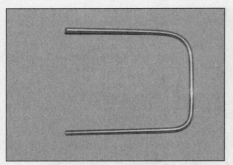

**10.50a Tillverka 11 hållverktyg för kamföljarna av svetsstav (ca 35 x 37 mm)**

**10.50b Lås fast avgaskamföljarna . . .**

**10.50c . . . och insugskamföljarna**

gjutgodset och sedan montera allt som en enhet.

**49** Olja de ytor på kamföljarna som är i kontakt med lagrens gjutgods (undvik att få olja på följarnas övre ytor i det här läget), montera sedan varje följare på sin ursprungliga plats i gjutgodset.

**50** När alla kamföljare har monterats måste de hållas kvar i gjutgodset så att de inte faller ut när enheten monteras på topplocket. Kapa upp 11 bitar svetsstav och böj dem enligt bilden **(se bild)**. När följaren har satts på plats, lås fast den med den böjda staven **(se bilder)**. **Observera:** *Insugskamföljare nr 1 kan hållas fast med fingret när hela enheten sänks ned på plats. Det finns inte tillräckligt utrymme för att den här följaren ska kunna låsas fast med en svetsstav.*

**51** När kamföljarna är fastlåsta i gjutgodset, montera gjutgodset på topplocket. Notera att avgassidans gjutgods är märkt med A och att insugssidans gjutgods är märkt med E. När gjutgodsen är monterade ska markeringarna vara vända mot varandra i topplockets kamkedjeände. Glöm inte att ta bort stavarna som håller fast kamföljarna.

⚠️ *Varning: Kamföljarna expanderar när de inte är under tryck från kamaxlarna, och de behöver därför lite tid innan de kan tryckas ihop. Om monteringen av kamaxeln görs för fort, finns det risk att de "stängda" ventilerna tvingas att öppna av de expanderande kamföljarna, vilket leder till kontakt mellan kolvar och ventiler.*

**52** För att minimera risken för kontakt mellan kolvar och ventiler efter montering av kamaxeln (-axlarna), observera väntetiderna som listas nedan innan vevaxeln vrids tillbaka till ÖD-läget:

| Temperatur | Väntetid |
|---|---|
| Rumstemperatur (20°C) | 4 minuter |
| 10°C till 20°C | 11 minuter |
| 0°C till 10°C | 30 minuter |

**53** Börja med att identifiera kamaxlarna så att du vet att de sätts tillbaka på rätt platser. Insugskamaxeln har en trekantig främre fläns och avgaskamaxeln har en rund främre fläns. Försäkra dig om att vevaxeln fortfarande är i läget 30° moturs från ÖD-läget. Ändarna av kamaxlarna som är vända mot svänghjulet är också märkta A (Avgas) och E (Insug) **(se bilder)**.

**54** Placera kamaxeln på topplocket, så att ändarna av de främre kamnockarna på avgas- och insugskamaxlarna är vända mot varandra. Notera också att de fyrkantiga flänsarna bak på kamaxlarna ska vara placerade med sidorna av flänsarna i exakt rät vinkel i förhållande till topplockets övre yta (detta kan kontrolleras med en ställinjal), och den sida av flänsen som har borrade hål ska vara överst. Mata primärkamkedjan över änden av avgaskamaxeln när den monteras.

**55** Sätt lageröverfallen på plats, notera att överfallen har identifikationsmärken. Avgaskamaxelns överfall är märkta A1 till A7, och insugskamaxelns överfall är märkta E1 till E7 (A1 och E1 vid kamkedjeänden). Placera lageröverfallen på de ursprungliga platserna

enligt noteringarna som gjordes innan demonteringen.

## Utan BMW:s verktyg 11 3 260

**56** Sätt tillbaka muttrarna på lageröverfallens pinnbultar. Det kan hända att man måste vrida kamaxlarna lite för att de ska hamna tillräckligt långt ned i gjutgodsen för att lageröverfallens fästmuttrar ska kunna sättas på plats. När fästmuttrarna har skruvats på några gängor, vrid tillbaka kamaxlarna till den position som beskrivs i punkt 54. Det är oerhört viktigt att muttrarna dras åt jämnt och stegvis, så att belastningen på kamaxeln sprids över hela dess längd. När lagrens gjutgods är i full kontakt med topplocket, och alla lageröverfall är i full kontakt med gjutgodset,

## Med BMW:s verktyg 11 3 260

**57** Sätt ihop BMW:s specialverktyg 11 3 260, och sätt tillbaka det på topplocket som vid demonteringen.

**58** Lägg an tryck på relevanta lageröverfall genom att vrida den excentriska axeln på verktyget med hjälp av en nyckel.

**59** När tryck ligger an på lageröverfallen, sätt tillbaka överfallens fästmuttrar och dra åt dem så mycket det går för hand.

**60** Dra åt lageröverfallens muttrar till angivet moment, arbeta stegvis i diagonal ordning.

**61** När lageröverfallens muttrar har dragits åt, skruva loss verktyget som användes till att utöva tryck på lageröverfallen.

## Alla metoder

**62** Upprepa åtgärderna på den andra kamaxeln.

**63** Sätt tillbaka tändstiften. Sätt sedan tillbaka kamaxelkåpans pinnbultar i topplocket.

**64** Montera specialverktyget/mallen som används till att kontrollera kamaxlarnas placering. Om så behövs, vrid kamaxeln (-axlarna) lite (placera en nyckel på de plana, därför avsedda, ytorna) tills mallen kan monteras.

⚠️ *Varning: Observera varningen i punkt 51 innan du fortsätter.*

**65** Vrid tillbaka vevaxeln 30° medurs till ÖD-läget, haka sedan i låsverktyget i svänghjulet för att låsa vevaxeln i det här läget.

**10.53a Insugskamaxeln har en triangelformad främre fläns (vid pilen)**

**10.53b Insugskamaxeln är märkt med E och avgaskamaxeln är märkt med A**

**66** Montera kamaxeldreven och kamkedjorna enligt beskrivning i avsnitt 7.
**67** Montera VANOS justerenhet enligt beskrivning i avsnitt 9.
**68** För att minimera risken att kolvarna kommer i kontakt med ventilerna, observera följande väntetider efter det att kamaxeln/axlarna har monterats innan motorn dras runt.

| Temperatur | Väntetid |
|---|---|
| Rumstemperatur (20°C) | 10 minuter |
| 10°C till 20°C | 30 minuter |
| 0°C till 10°C | 75 minuter |

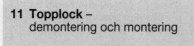
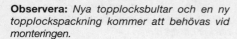

## 11 Topplock – demontering och montering

**Observera:** *Nya topplocksbultar och en ny topplockspackning kommer att behövas vid monteringen.*

## Demontering

**1** Tappa av kylsystemet enligt beskrivning i kapitel 1.
**2** Demontera avgas- och insugsgrenrören enligt beskrivning i kapitel 4A.

### M52 motor

**3** Demontera den sekundära kamkedjan enligt beskrivning i avsnitt 7.
**4** Skruva loss fästbultarna och ta bort den sekundära kamkedjans spännare **(se bild 8.13)**.
**5** Skruva loss de två fästbultarna och ta bort den sekundära kedjans styrning **(se bild 7.36a och 7.36b)**.
**6** Skruva loss primärkedjespännarens täckplugg på motorns högra sida. Ta vara på tätningsringen.

⚠ *Varning: Kedjespännarens kolv har en stark fjäder. Var försiktig när du skruvar loss täckpluggen.*

**7** Ta vara på fjädern och dra ut spännarens kolv.
**8** Ta loss primärkedjans drev från avgaskamaxeln, tillsammans med kedjan. Ta bort drevet.

**11.11 Koppla loss termostathusets slangar (vid pilarna)**

*Varning: Håll kedjan spänd och bind upp änden av kedjan med en bit vajer eller snöre, för att förhindra att den faller ned i den nedre kamkedjekåpan och/eller lossnar från vevaxeldrevet.*

**9** Följ kablaget bakåt från kamaxellägesgivaren och koppla loss kontaktdonet. Skruva loss fästbulten och ta bort givaren från topplocket.
**10** Skruva loss bultarna som håller kamkedjekåpan till topplocket (observera att en av bultarna också håller fast den sekundära kamkedjans spännare).
**11** Koppla loss de två kylvätskeslangarna från termostatkåpan framtill på topplocket **(se bild)**.
**12** Koppla loss kylvätskeslangen från det bakre vänstra hörnet av topplocket.
**13** Koppla loss den kvarvarande lilla kylvätskeslangen från topplockets vänstra sida och ta bort skruven som håller kabelhärvans fästbygel till topplocket **(se bild)**.
**14** Koppla loss kontaktdonen från temperaturgivarna som sitter på topplockets vänstra sida.

### M52TU och M54 motorer

**15** Demontera kamaxlarna och kamföljarna enligt beskrivning i avsnitt 10.
**16** Följ kablaget bakåt från kamaxellägesgivarna och koppla loss kontaktdonen. Skruva

**11.13 Skruva loss bulten som håller kabelhärvans fästbygel**

loss fästbultarna och ta bort givarna från topplocket.
**17** Skruva loss de två Torxskruvarna och ta bort den sekundära kamkedjans styrning från topplocket **(se bild)**.
**18** Skruva loss bultarna som håller den nedre kamkedjekåpan till topplocket.
**19** Demontera termostaten enligt beskrivning i kapitel 3.
**20** Skruva loss de två bultarna och ta bort kylvätskeröret från topplockets insugssida. För att förbättra åtkomligheten om så behövs, skruva loss anslutningsbulten och koppla loss VANOS-enhetens oljematningsrör bak på oljefilterhuset **(se bild)**. Ta vara på oljerörets tätningsbrickor.
**21** Koppla loss kontaktdonet från temperaturgivaren som sitter i topplockets vänstra sida.

### Alla motorer

**22** Ta bort vevaxelns låsstift, håll sedan den primära kamkedjan spänd med handen och rotera vevaxeln försiktigt 30° moturs, för att förhindra oavsiktlig kontakt mellan kolvar och ventiler.
**23** Lossa topplocksbultarna stegvis i omvänd ordning mot åtdragningen **(se bild 11.40)**.
**24** Ta bort topplocksbultarna och ta vara på brickorna. Observera att vissa av brickorna är fixerade i topplocket.

**11.17 Skruva loss de två Torxbultarna som håller den sekundära kamkedjans styrning (vid pilarna)**

**11.20 Om så behövs, skruva loss VANOS oljematningsrör på oljefilterhusets baksida (vid pilen)**

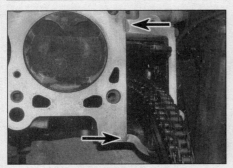

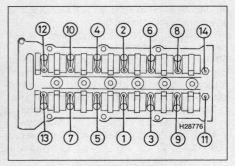

**11.36 Lägg tätningsmedel på den yta där topplocket ligger an mot kamkedjekåpan (vid pilen)**

**11.37 Lägg en ny topplockspackning på plats**

**11.40 Topplocksbultarnas åtdragningsordning**

25 Lossa topplocket från motorblocket och styrstiften genom att gunga det. Bänd inte i fogen mellan topplocket och motorblocket, eftersom det kan skada packningsytorna.
26 Helst bör du nu ha två assistenter som kan hjälpa till att ta bort topplocket. Låt en medhjälpare hålla upp kamkedjan, ur vägen för topplocket, och se till att kedjan hålls spänd. Lyft sedan bort topplocket från motorblocket tillsammans med den andre assistenten – var försiktig, topplocket är tungt. När topplocket tas bort, mata kamkedjan genom öppningen framtill i topplocket, och håll upp den från motorblocket med vajern.
27 Ta vara på topplockspackningen.

## Kontroll

28 Se kapitel 2B för information om isärtagning och hopsättning av topplocket.
29 Fogytorna på topplocket och blocket måste vara helt rena innan topplocket sätts tillbaka. Använd en skrapa och ta bort alla spår av packning och sot, och rengör också kolvtopparna. Var försiktig med topplocket, det är av aluminium och den mjuka metallen kan lätt ta skada. Se till att inte skräp och smuts kommer in i olje- eller vattenkanalerna. Täck över vatten-, olje- och bulthål i motorblocket med papper och tejp. För att förhindra att sot kommer in i gapet mellan kolv och lopp, lägg lite fett i gapet. När kolven sedan har rengjorts, rotera vevaxeln så att kolven går ned i loppet och torka bort fett och sot med en ren trasa.
30 Undersök motorblocket och topplocket, leta efter djupa repor, hack och andra skador. Om skadorna är små kan de försiktigt slipas bort från motorblocket med en fil. Allvarligare skador kan eventuellt avhjälpas med maskinbearbetning, men detta är ett jobb för specialisten.
31 Om du misstänker att topplocket är skevt, kontrollera detta med en stållinjal (se kapitel 2B).
32 Rengör bulthålen i blocket med en piprensare eller en tunn trasa och en skruvmejsel. Se till att ta bort all olja och vatten ur hålen, annars kan blocket spricka av det hydrauliska trycket när bultarna dras åt.
33 Undersök om gängorna på bultarna och/eller i motorblocket är skadade. Om så

behövs, använd en gängtapp av rätt storlek och återställ gängorna i motorblocket.

## Montering

 **Varning: När kamaxlarna har demonterats från topplocket, läs varningen i avsnitt 10 om expanderande kamföljare.**

34 För att minimera risken för kontakt mellan kolvar och ventiler efter montering av kamaxlarna, observera följande väntetider innan topplocket monteras.

| Temperatur | Väntetid |
|---|---|
| Rumstemperatur (20°C) | 4 minuter |
| 10°C till 20°C | 11 minuter |
| 0°C till 10°C | 30 minuter |

35 Se till att fogytorna på motorblocket och topplocket är absolut rena, och att gängorna på topplocksbultarna är rena och torra och att de går att skruva in och ut i hålen. Kontrollera att topplockets styrstift är korrekt placerade på motorblocket.

 **Varning: För att undvika risken för kontakt mellan kolvar och ventiler när topplocket monteras, måste man se till att ingen av kolvarna är i ÖD. Innan arbetet fortsätter, vrid vevaxeln till läge ÖD för kolv nr 1, kontrollera att låsstaget kan stickas in i svänghjulet, ta sedan bort låsstaget och vrid vevaxeln ungefär 30° moturs, med hjälp av en nyckel eller hylsa på vevaxel-remskivans navbult.**

36 Lägg en tunn sträng Drei Bond 1209 på den yta där topplocket ligger an mot kamkedjekåpan **(se bild)**.
37 Lägg en ny topplockspackning på motorblocket, över styrstiften. Se till att vända den rätt väg **(se bild)**. Observera att det finns packningar som är 0,3 mm tjockare än standard, som kan användas om topplocket har maskinbearbetats (se kapitel 2B).
38 Sänk ned topplocket på motorblocket och rikta in det över styrstiften.
39 Lägg lite ren motorolja på de nya topplocksbultarnas gängor och på de nya brickornas kontaktytor, sätt sedan i bultarna, med brickor, och dra åt dem så mycket det går för hand. Se till att brickorna sitter som de ska i topplocket. **Observera:** *Sätt inte brickor på*

*de bultar vars platser redan har fixerade brickor i topplocket. Om ett nytt topplock monteras (utan fixerade brickor), se till att sätta nya brickor på alla bultar.*
40 Dra åt bultarna i den ordning som visas, och i de steg som anges i specifikationerna. Dra alltså åt alla bultar i visad ordning till momentet för steg 1, dra sedan åt alla bultar till momentet för steg 2 i samma ordning, och så vidare **(se bild)**.
41 Sätt tillbaka och dra åt bultarna som håller den nedre kamkedjekåpan till topplocket.
42 På M52TU och M54 motorer, montera kamaxlarna och kamföljarna enligt beskrivning i avsnitt 10.
43 Vrid tillbaka vevaxeln 30° medurs till ÖD-läget, sätt sedan in låsstaget i svänghjulet för att låsa vevaxeln i detta läge.
44 Återstoden av monteringen sker i omvänd ordning mot demonteringen. Avsluta med att fylla på kylsystemet enligt beskrivningen i kapitel 1.

## 12 Oljesump – demontering och montering

**Observera:** *En ny sumppackning och/eller en ny tätning till mätstickans rör kommer att behövas vid monteringen. Du behöver också lämplig packningstätning.*

## Demontering

1 Dra åt handbromsen, lyft upp framvagnen och stötta den ordentligt på pallbockar (se *Lyftning och stödpunkter*).
2 Skruva loss skruvarna och ta bort skölden under motorn. Tappa sedan av motoroljan med hjälp av informationen i kapitel 1.
3 Skruva loss fästbultarna och/eller muttrarna och ta bort generatorns luftkanal framtill i bilen.
4 Demontera luftrenaren enligt beskrivning i kapitel 4A.
5 För att man ska kunna demontera oljesumpen måste den främre hjälpramen sänkas ner, och därför måste motorn hängas upp. Placera en motorlyftanordning över motorn

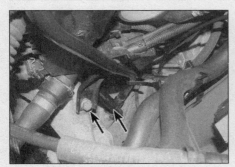

**12.7 Oljereturslang för mätstickans styrrör och fästbygelns bult (vid pilarna)**

**12.8 Styrningen är i läge "rakt fram" när markeringen på flänsen är i linje med visaren på pinjongens gjutgods (vid pilarna)**

**12.15 En av hjälpramens bakre bultar är åtkomlig genom ett hål i hjälpramen (vid pilen)**

och sätt fast lyftkedjan/stroppen i "öglan" framtill på topplocket. Höj lyften så att motorns vikt hålls upp.

**6** På modeller med automatväxellåda, koppla loss oljerören från växellådans oljesump. Var beredd på oljespill.

**7** Skruva loss fästbulten och ta bort oljereturslangen från oljeavskiljaren. Skruva loss bulten till mätstickans rör, dra sedan bort röret och returslangen från oljesumpen **(se bild)**. Kasta O-ringstätningen, en ny måste användas vid monteringen.

**8** Se till att ratten står i läge rakt fram och aktivera rattlåset. Gör inställningsmärken mellan rattstångsknutens fläns och styrväxelns pinjong, lossa sedan klämbulten och dra loss knuten från pinjongen. Medan rattstången är separerad från styrväxeln, får varken ratten eller hjulen flyttas ur sina positioner **(se bild)**.

**9** Demontera drivremmen enligt beskrivning i kapitel 1.

**10** Skruva loss servostyrningens stödfäste på pumpens baksida, skruva sedan loss pumpens fästbygel från generatorns fästbygel och flytta pumpen åt sidan, ur vägen för motorn, men låt vätskeledningarna vara anslutna. Se till att pumpen är väl stöttad och var noga med att inte belasta vätskeledningarna.

**11** Skruva loss muttrarna som håller vänster och höger motorfästen till hjälpramen. Med hjälp av motorlyften, lyft upp motorn ungefär

10-15 mm, och kontrollera samtidigt att topplockets bakre ände inte klämmer ihop bromsrören längs torpedväggen i motorrummet.

**12** Där så är tillämpligt, ta loss eventuella rör, slangar och/eller kablar från motorfästena och oljesumpen.

**13** Koppla loss styrstagens styrleder från hjulspindlarna enligt beskrivning i kapitel 10.

**14** Ta loss krängningshämmaren från länkarna – se kapitel 10 om så behövs.

**15** Ta bort bultarna mellan hjälpramen och chassit och, med en garagedomkraft till stöd, sänk ned hjälpramen. Var försiktig så att du inte belastar servostyrningsslangarna **(se bild)**. Om ett sådant är monterat, ta bort gummidämpblocket mellan hjälpramen och oljesumpen.

**16** Under bilen, skruva stegvis loss och ta bort oljesumpens fästbultar. De bakre fästbultarna är åtkomliga genom hålen i växellådans balanshjulskåpa **(se bild)**. Notera också att de tre nedre bultarna mellan växellådan och motorn måste tas bort, eftersom de skruvas in i oljesumpen.

**17** Sänk ned oljesumpen på marken.

**18** Ta vara på oljesumpens packning.

## Montering

**19** Påbörja monteringen genom att noggrant rengöra fogytorna på oljesumpen och motorblocket.

**20** Lägg ett tunt lager Drei Bond 1209

tätningsmedel på de områden där vevaxelns bakre oljetätningshus och den främre kamkedjekåpan ligger an mot motorblocket **(se bild)**.

**21** Lägg packningen på plats på oljesumpens fläns.

**22** Placera oljesumpen mot motorblocket, se till att packningen ligger kvar, och sätt i sumpens fästbultar och dra åt dem med fingrarna.

**23** Dra stegvis åt bultarna mellan oljesumpen och motorblocket till angivet moment.

**24** Dra åt bultarna mellan oljesumpen, växellådan och motorn till angivet moment.

**25** Resten av monteringen sker i omvänd ordning mot demonteringen. Tänk dock på följande:

*a) När hjälpramen lyfts upp, se till att inga rör, slangar och/eller kablar hamnar i kläm.*
*b) Använd nya bultar till hjälpramen.*
*c) Dra åt motorns fästmuttrar ordentligt.*
*d) Montera och spänn drivremmen enligt beskrivning i kapitel 1.*
*e) Vid montering av mätstickans rör, använd en ny O-ringstätning.*
*f) Avslutningsvis, fyll på motorn med olja enligt beskrivning i kapitel 1.*
*g) På modeller med automatväxellåda, kontrollera växellådsoljans nivå enligt beskrivning i kapitel 7B.*

## 13 Oljepump och drivkedja – demontering, kontroll och montering

### Oljepump

**Observera:** *En ny O-ring till pick-up röret, en ny O-ring till avlastningsventilens fjädersäte och en ny låsring till avlastningsventilen kommer att behövas vid monteringen.*

### Demontering och montering

**1** Demontera oljesumpen enligt beskrivning i avsnitt 12.

**2** Skruva loss muttern som håller drevet till oljepumpens axel. Notera att muttern har

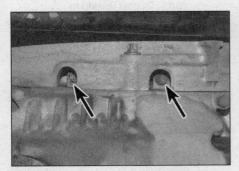

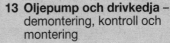

**12.16 Oljesumpens bakre bultar kommer man åt genom hålen i växellådans balanshjulskåpa (vid pilarna)**

**12.20 Lägg tätningsmedel på ytan där det bakre oljetätningshuset och den kamkedjekåpan ligger mot motorblocket**

**13.2 Skruva loss oljepumpsdrevets fästmutter – den har *vänstergänga***

**13.5 Skruva loss oljepick-up rörets bultar (vid pilarna)**

**13.6 Skruva loss de fyra bultarna (vid pilarna) och ta bort oljepumpen**

**vänstergänga** och skruvas loss medurs **(se bild)**.

**3** Dra drevet och kedjan från oljepumpens axel.

**4** På modeller där pumpen är integrerad med oljesumpens skvalpplåt, skruva loss bultarna

**13.7 Ta bort kåpan från oljepumpen**

och ta bort plåten tillsammans med pumpen och pick-up röret.

**5** På modeller där pumpen inte sitter ihop med skvalpplåten, skruva loss de två bultarna som håller pick-up röret till skvalpplåten, och bulten som håller röret till pumpen **(se bild)**. Ta bort röret.

**6** Skruva loss de fyra bultarna och ta bort oljepumpen **(se bild)**.

### Kontroll

**7** Skruva loss kåpan från pumpens framsida **(se bild)**.

**8** Ta bort drivaxeln/kugghjulet och det yttre kugghjulet från pumphuset.

**9** Undersök om pumphuset, kugghjulen och kåpan är repade, spruckna eller slitna. Om slitage eller skador hittas, montera nya kugghjul eller byt ut hela pumpen, beroende på skadornas omfattning. Det är en bra idé att byta ut hela pumpen som en enhet.

**10** Montera kugghjulen i pumphuset. Använd sedan bladmått och mät spelet mellan det yttre kugghjulet och pumphuset. Mät sedan axialspelet mellan varje kugghjul och olje-pumpkåpans fogyta med bladmått och en ställlinjal **(se bilder)**. Jämför resultatet med de mått som anges i specifikationerna och byt ut slitna komponenter efter behov, eller byt ut hela pumpen.

**11** För att kunna ta ut tryckavlastnings-ventilens komponenter, tryck in ventilen något i huset, med ett metallverktyg, ta sedan bort låsringen från huset med en låsringstång **(se bild)**.

⚠️ *Varning: Avlastningsventilen har en stark fjäder. Var försiktig när låsringen tas bort.*

**12** Ta bort fjädersätet, fjädern och kolven från avlastningsventilens hus **(se bilder)**.

**13** Sätt en ny O-ringstätning längst upp i

**13.10a Mät spelet mellan det yttre kugghjulet och pumphuset . . .**

**13.10b . . . och kugghjulens axialspel**

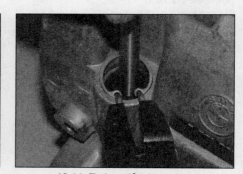

**13.11 Ta bort låsringen . . .**

**13.12a . . . och ta bort avlastningsventilens fjädersäte . . .**

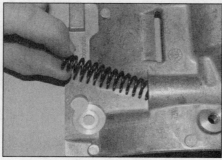

**13.12b . . . fjäder . . .**

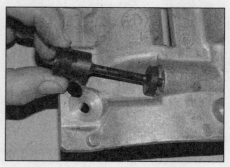

**13.12c . . . och kolv**

fjädersätet, sätt sedan tillbaka komponenterna i ventilhuset i omvänd ordning mot demonteringen. Var försiktig så att du inte skadar ytan på fjädersätet under monteringen, och fäst komponenterna med en ny låsring.
**14** Montera kugghjulen i pumphuset, sätt sedan tillbaka kåpan på pumpen. Se till att styrstiften sitter på plats i pumpkåpan. Sätt tillbaka och dra åt kåpans bultar till angivet moment.
**15** Återstoden av monteringen sker i omvänd ordning. Notera följande:
a) Där så är tillämpligt, byt ut oljepick-up rörets O-ringstätning.
b) Dra åt oljepumpdrevets fästmutter **(vänstergänga)** till angivet moment.

### Oljepumpens drivkedja

#### Demontering
**16** Demontera primärkamkedjan enligt beskrivning i avsnitt 7.
**17** Ta bort kedjan från vevaxeldrevet.

#### Kontroll
**18** Följ beskrivningen för sekundärkamkedjan i avsnitt 7.

#### Montering
**19** Placera kedjan på vevaxeldrevet, montera sedan primärkamkedjan enligt beskrivning i avsnitt 7.

### 14 Oljetätningar – byte

### Vevaxelns främre oljetätning
**1** Åtgärden beskrivs som en del av demontering och montering av den nedre kamkedjekåpan i avsnitt 6.

### Vevaxelns bakre oljetätning
**Observera:** En ny packning till oljetätningshuset behövs vid monteringen.
**2** Demontera svänghjulet/drivplattan enligt beskrivning i avsnitt 15.
**3** Längst ned på oljetätningshuset, skruva loss bultarna som håller fast oljesumpen till huset.
**4** Skruva loss bultarna som håller oljetätningshuset till motorblocket.
**5** Om huset sitter fast i oljesumpens packning, stick in ett tunt blad mellan huset och packningen. Var försiktig så att du inte skadar packningen.
**6** Ta bort huset från motorblocket. Om huset sitter fast, knacka försiktigt på det med en mjuk klubba. Bänd inte mellan huset och motorblocket, eftersom du då kan skada packningsytorna.
**7** Ta vara på packningen.
**8** Rengör fogytorna på oljetätningshuset och motorblocket noggrant, ta bort all gammal packning och tätningsmedel. Var försiktig så att inte oljesumpens packning skadas. Om sumppackningen har skadats vid demont-

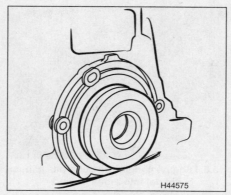

**14.11 Låt tätningsskyddet sitta kvar i mitten av tätningen och driv in tätningen i huset**

eringen är det bäst att montera en ny (se avsnitt 12).
**9** Stötta oljetätningshuset på träblock, driv sedan ut tätningen från husets baksida med en hammare och dorn.
**10** Rengör tätningens fogytor i huset.
**11** Från och med april 1998 monteras en ny typ av oljetätning. Den här tätningen känns igen på att den inte har någon spännfjäder. Den här tätningen får endast monteras med hjälp av ett tätningsskydd (som medföljer tätningen). Låt skyddet sitta kvar i mitten av tätningen så länge. Vidrör inte tätningsläppen med fingrarna, läppen är mycket känslig och får inte veckas. Driv försiktigt in tätningen i huset, med ett stort rör med passande diameter eller ett träblock, för att undvika att skada tätningsläppen **(se bild)**.
**12** Se till att styrstiften sitter på plats baktill i motorblocket, lägg sedan en ny packning för oljetätningshuset över styrstiften.
**13** Placera försiktigt oljetätningshuset på motorblocket, för oljetätningsskyddet över vevaxelflänsen och tryck tätningen och huset på plats. Var noga med att inte skada tätningsläppen.
**14** Sätt i bultarna mellan tätningshuset och motorblocket och mellan oljesumpen och tätningshuset och dra åt dem lätt för hand.
**15** Dra åt bultarna mellan tätningshuset och motorblocket till angivet moment, dra sedan

åt bultarna mellan oljesumpen och tätningshuset till angivet moment.
**16** Montera svänghjulet/drivplattan enligt beskrivning i avsnitt 15.

### Kamaxeloljetätningar
**17** Det finns inga oljetätningar för kamaxlarna. Tätning utförs av ventilkåpans packning och kamkedjekåpans packningar.

### 15 Svänghjul/medbringarskiva – demontering och montering

**Observera:** Nya fästbultar till svänghjulet/ medbringarskivan behövs vid monteringen, samt gänglåsmedel.

#### Demontering
**1** Demontera den manuella växellådan enligt beskrivning i kapitel 7A, eller automatväxellådan enligt beskrivning i kapitel 7B, efter tillämplighet.
**2** På modeller med manuell växellåda, demontera kopplingen enligt beskrivning i kapitel 6.
**3** För att bultarna ska kunna skruvas loss måste svänghjulet/medbringarskivan låsas fast. Detta kan göras genom att man skruvar fast ett hakförsett verktyg (haken placeras i startmotorns krondrev) i motorblocket med en av bultarna som håller ihop motorn och växellådan **(se bild)**.
**4** Skruva loss fästbultarna stegvis, ta sedan bort svänghjulet/medbringarskivan från vevaxeln. Notera att svänghjulet/medbringarskivan sitter på styrstift.

> **Varning: Var försiktig – svänghjulet/medbringarskivan är tung.**

**5** Ta bort motorns/växellådans mellanplatta (om en sådan finns) och notera hur den sitter.

#### Montering
**6** Montera motorns/växellådans mellanplatta och se till att den hamnar korrekt på styrstiftet (-stiften) **(se bild)**.
**7** Montera svänghjulet/medbringarskivan på änden av vevaxeln och se till att styrstiftet går

**15.3 Ett hakförsett verktyg används till att låsa svänghjulet på plats när svänghjulsbultarna skruvas loss**

**15.6 Kontrollera att motorns/växellådans mellanplatta sitter ordentligt på plats**

**15.7 Hacket (vid pilen) visar placeringen av hålet för styrstiftet**

**15.8 Lägg på gänglås på bultarnas gängor om det inte redan är gjort**

**16.1 Vevaxelns stödlager (vid pilen)**

in. På svänghjul av s.k. dubbelmassetyp, indikeras styrstiftets placering av ett eller två hack intill relevant styrhål **(se bild)**.

8 Undersök gängorna på de **nya** fästbultarna. Om inte gängorna redan är täckta med gänglås, lägg på lämpligt gänglåsmedel på dem och sätt sedan i bultarna **(se bild)**.

9 Dra åt bultarna stegvis i diagonal ordning till angivet moment. Håll fast svänghjulet/medbringarskivan genom att vända på verktyget som användes vid demonteringen.

10 Där så är tillämpligt, montera kopplingen enligt beskrivning i kapitel 6.

11 Montera växellådan enligt beskrivning i kapitel 7A (manuell växellåda) eller 7B (automatväxellåda).

## 16 Vevaxelns stödlager – byte

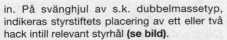

1 På modeller med manuell växellåda sitter ett kullager i änden av vevaxeln, som stödjer änden av växellådans ingående axel **(se bild)**.

2 För att byta ut lagret, gör enligt följande.

3 Demontera svänghjulet enligt beskrivning i avsnitt 15.

4 Fyll området bakom lagret, och det mittre spåret i lagret med universalfett.

5 Placera ett metallstag eller en bult i öppningen på lagrets inre lopp. Stagets/bultens diameter ska vara aningen mindre än loppets.

6 Slå på änden av staget/bulten med en hammare flera gånger **(se bild)**. När man slår på staget/bulten, tvingar det komprimerade fettet ut lagret ur sin position. Fortsätt tills lagret lossnar.

7 Rengör lagerhuset i änden av vevaxeln noggrant.

8 Knacka det nya lagret på plats, ända till stoppet, med ett rör eller en hylsa som vilar på lagrets yttre bana.

9 Montera svänghjulet enligt beskrivningen i avsnitt 15.

## 17 Motor-/växellådsfästen – kontroll och byte

### Kontroll

1 Två motorfästen används, ett på var sida av motorn.

2 Om förbättrad åtkomlighet krävs, lyft upp bilens framvagn och stötta den säkert på pallbockar (se *Lyftning och stödpunkter*). Skruva loss skruvarna och ta bort skölden under motorn.

3 Undersök fästets gummidel för att se om den är sprucken, har hårdnat eller delat sig från metallen på någon punkt. Byt ut fästet om sådana skador/försämringar upptäcks.

4 Kontrollera att fästets bultar/muttrar är hårt åtdragna.

5 Med en stor skruvmejsel eller en kofot,

undersök om fästet är slitet genom att försiktigt bända mot det och se om det förekommer något spel. Där detta inte är möjligt, ta hjälp av någon som kan gunga motorn framåt/bakåt och från sida till sida, medan du observerar fästet. En viss rörelse kan förväntas även från nya komponenter, men kraftigt slitage bör vara uppenbart. Om du upptäcker stor rörelse, kontrollera först att alla muttrar/bultar är ordentligt åtdragna, byt sedan ut eventuellt slitna komponenter.

### Byte

6 Stötta motorn antingen med någon typ av lyftanordning ansluten till motorns lyftöglor (se *Motor – demontering och montering* i kapitel 2B), eller genom att placera en domkraft och ett träblock under oljesumpen. Försäkra dig om att motorn är säkert stöttad innan du fortsätter.

7 På både höger och vänster sida, skruva loss muttern som håller motorfästbygeln till gummidelen, skruva sedan loss fästbygeln från motorblocket och ta bort fästet. Koppla loss motorns jordfläta från fästet **(se bilder)**.

8 Skruva loss muttrarna som håller fästena till karossen och ta bort fästena.

9 Montering sker i omvänd ordning mot demontering. Se till att skyddsbrickorna av metall är på plats på fästena och dra åt alla infästningar ordentligt.

**16.6 Använd fett och ett stag med tät passning till att ta ur stödlagret**

**17.7a Koppla loss jordflätan och skruva loss stödbygeln (vid pilarna)**

**17.7b Skruva loss motorfästbygeln från motorblocket**

**18.2  Koppla loss kontaktdonet från oljetryckskontakten (vid pilen)**

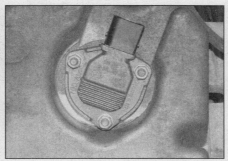

**18.7  Oljenivåkontakten hålls på plats av tre muttrar**

**18.13  Koppla loss kontaktdonet från oljetemperaturkontakten (vid pilen)**

## 18 Oljetrycks-, oljenivå- och oljetemperaturkontakter – demontering och montering

### Oljetryckskontakt

**1** Demontera luftfilterhuset enligt beskrivning i kapitel 4A. Skruva loss oljefilterlocket; detta låter oljan i filtret rinna ned i sumpen och reducerar på så sätt oljeförlusten vid byte av kontakten.
**2** Koppla loss kontaktdonet och skruva loss kontakten längst ned på oljefilterhuset **(se bild)**.
**3** Montera den nya kontakten och dra åt den till angivet moment.

**4** Sätt tillbaka luftfilterhuset och oljefilterlocket. Kontrollera oljenivån enligt beskrivning i Veckokontroller.

### Oljenivåkontakt

**5** Tappa av motoroljan enligt beskrivning i kapitel 1.
**6** Skruva loss skruvarna och ta bort skölden under motorn.
**7** Koppla loss kontaktdonet, skruva loss de tre fästmuttrarna och ta bort nivåkontakten **(se bild)**.
**8** Se till att kontaktytan på oljesumpen är ren.
**9** Sätt in den nya nivåkontakten, med en ny tätning, och dra åt fästmuttrarna ordentligt.
**10** Montera skölden under motorn och fyll på olja enligt beskrivning i kapitel 1.

### Oljetemperaturkontakt

#### M52TU och M54 motorer

**11** Skruva loss oljefilterlocket; detta låter oljan rinna tillbaka ned i oljesumpen och reducerar på så sätt oljeförlusten vid byte av kontakten.
**12** Demontera luftfilterhuset enligt beskrivning i kapitel 4A.
**13** Koppla loss kontaktdonet och skruva loss kontakten från oljefilterhuset **(se bild)**.
**14** Montera den nya kontakten och dra åt den till angivet moment.
**15** Montera luftfilterhuset och oljefilterlocket. Kontrollera oljenivån enligt beskrivning i Veckokontroller.

# Kapitel 2  Del B:
# Motor – demontering och renovering

## Innehåll

## Svårighetsgrader

| Enkelt, passar novisen med lite erfarenhet |  | Ganska enkelt, passar nybörjaren med viss erfarenhet |  | Ganska svårt, passar kompetent hemmamekaniker |  | Svårt, passar hemmamekaniker med erfarenhet | | Mycket svårt, för professionell mekaniker |  |

## Specifikationer

### Topplock
Packningsyta, maximal skevhet . . . . . . . . . . . . . . . . . . . . . . . . . . 0,050 mm
Höjd, nytt topplock . . . . . . . . . . . . . . . . . . . . . . . . . . . . . . . . . . . 140,00 mm
Minsta höjd efter maskinbearbetning . . . . . . . . . . . . . . . . . . . . . 139,70 mm

### Ventiler
Ventiltallrik diameter:
  M52, M52TU B20 och M54 B22:
    Insug . . . . . . . . . . . . . . . . . . . . . . . . . . . . . . . . . . . . . . . . . . 29,40 mm
    Avgas . . . . . . . . . . . . . . . . . . . . . . . . . . . . . . . . . . . . . . . . . 26,40 mm
  M52 B25 och B28:
    Insug . . . . . . . . . . . . . . . . . . . . . . . . . . . . . . . . . . . . . . . . . . 32,40 mm
    Avgas . . . . . . . . . . . . . . . . . . . . . . . . . . . . . . . . . . . . . . . . . 29,40 mm
  M52TU B25 och B28, M54 B25 och B30:
    Insug . . . . . . . . . . . . . . . . . . . . . . . . . . . . . . . . . . . . . . . . . . 32,40 mm
    Avgas . . . . . . . . . . . . . . . . . . . . . . . . . . . . . . . . . . . . . . . . . 30,00 mm
Maximal ventilrörelse i sidled i ventilstyrningen
  (mätt vid ventiltallriken med ventilskaftets topp jäms med styrningen) 0,50 mm

### Motorblock
Cylinderloppets diameter:
  2,0 och 2,2 liters motorer . . . . . . . . . . . . . . . . . . . . . . . . . . . . . 80,00 mm (nominellt)
  Alla andra motorer . . . . . . . . . . . . . . . . . . . . . . . . . . . . . . . . . . 84,00 mm (nominellt)
Max ovalitet i cylinderloppet . . . . . . . . . . . . . . . . . . . . . . . . . . . . 0,010 mm
Max konicitet i cylinderloppet . . . . . . . . . . . . . . . . . . . . . . . . . . . 0,010 mm

## Kolvar

Kolvdiameter:

| | |
|---|---|
| M52 och M52TU B20 motorer ........................... | 79,985 mm (nominellt); 0,25 mm överstorlek finns |
| M54 B22 motor ........................................ | 79,980 mm (nominellt); 0,25 mm överstorlek finns |
| M52, M52TU B25 och B28 motorer ..................... | 83,980 mm (nominellt); 0,25 mm överstorlek finns |
| M54 B25, B30 motorer ................................. | 83,995 mm (nominellt); 0,25 mm överstorlek finns |

Kolvens spel i cylinderloppet
Ny  ................................................. 0,010 till 0,047 mm
Max tillåtet .......................................... 0,150 mm

## Vevstakar

Max viktskillnad mellan två vevstakar ........................ 4,0 g

## Vevaxel

Axialspel ............................................... 0,080 till 0,163 mm
Ramlagertapparnas diameter ............................. 59,971 till 59,990 mm; lagerskålar av understorlek 0,25 mm och 0,50 mm finns
Vevlagertapparnas diameter ............................. 44,50 till 45,00 mm; lagerskålar av understorlek 0,25 mm och 0,50 mm finns
Max kast för mittersta ramlagret ......................... 0,20 mm
Ramlagerspel ........................................... 0,020 till 0,058 mm
Vevlagerspel ........................................... 0,020 till 0,055 mm

## Kolvringar

Ändgap:

M52 och M52TU B20 motorer:
  Övre kompressionsring .............................. 0,10 till 0,30 mm
  Andra kompressionsring ............................. 0,20 till 0,40 mm
  Oljekontrollring .................................... 0,20 till 0,40 mm
M52 B25 och B28 motorer:
  Övre kompressionsring .............................. 0,10 till 0,30 mm
  Andra kompressionsring ............................. 0,20 till 0,40 mm
  Oljekontrollring .................................... 0,25 till 0,50 mm
M52TU B25 och B28 motorer:
  Övre kompressionsring .............................. 0,10 till 0,30 mm
  Andra kompressionsring ............................. 0,20 till 0,40 mm
  Oljekontrollring .................................... 0,20 till 0,60 mm
M54 B22 motor:
  Övre kompressionsring .............................. 0,10 till 0,30 mm
  Andra kompressionsring ............................. 0,20 till 0,40 mm
  Oljekontrollring .................................... 0,25 till 0,50 mm
M54 B25 and B30 motorer:
  Övre kompressionsring .............................. 0,20 till 0,40 mm
  Andra kompressionsring ............................. 0,20 till 0,40 mm
  Oljekontrollring .................................... 0,20 till 0,45 mm

## Åtdragningsmoment

Se specifikationerna i kapitel 2A

## 1 Allmän information

I den här delen av kapitel 2 finns information om demontering av motorn/växellådan från motorn och allmänna renoveringsarbeten på topplocket, motorblocket/vevhuset och andra interna komponenter i motorn.

Informationen som ges sträcker sig från råd angående förberedelser inför en renovering och inköp av nya delar, till ingående stegvisa åtgärder som täcker demontering, kontroll, renovering och montering av motorns interna delar.

Efter avsnitt 5 baseras alla instruktioner på antagandet att motorn har demonterats från bilen. För information om reparationer med motorn kvar i bilen, så väl som demontering och montering av de yttre delarna som måste tas bort vid en total renovering, se kapitel 2A samt avsnitten fram till avsnitt 5 i det här kapitlet. Bortse från inledande isärtagnings-åtgärder beskrivna i del A som inte längre är relevanta när motorn har tagits ut ur bilen.

Bortsett från åtdragningsmomenten, som återfinns i början av kapitel 2A, finns alla specifikationer relaterade till motorrenovering i början av det här kapitlet.

## 2 Motorrenovering – allmän information

1 Det är inte alltid lätt att avgöra när, eller om, en motor behöver en total renovering, eftersom ett antal faktorer måste tas med i beräkningen.

2 Högt miltal är inte nödvändigtvis en indikation på att en renovering behövs, och

lågt miltal utesluter inte heller att en renovering behövs. Hur ofta bilen har servats är förmodligen den viktigaste faktorn. En motor som har fått regelbundna olje- och filterbyten, så väl som annat behövligt underhåll, bör vara pålitlig i många tusen mil. Å andra sidan kan en motor som har eftersatts behöva en renovering väldigt tidigt.

**3** Överdriven oljeförbrukning är ett tecken på att kolvringar, ventiltätningar och/eller ventilstyrningar behöver åtgärdas. Försäkra dig om att det inte är ett oljeläckage som är orsaken innan ringarna och/eller styrningarna antas vara slitna. Utför ett kompressionsprov enligt beskrivningen i kapitel 2A, för att avgöra vilka de troliga orsakerna till problemet är.

**4** Kontrollera oljetrycket med en mätare som placeras på oljetryckskontaktens plats, och jämför trycket med det som anges i specifikationerna. Om trycket är mycket lågt är förmodligen ram- och vevlagren, och/eller oljepumpen utslitna. Det är en bra idé att byta ut oljepumpen närhelst en motor genomgår en renovering.

**5** Kraftförlust, ojämn gång, knackande eller metalliska motorljud, höga ljud från ventilerna och hög bränsleförbrukning kan också vara tecken på att motorn behöver renoveras, särskilt om symptomen uppträder samtidigt. Om en fullständig service inte hjälper, är omfattande mekaniska arbeten den enda lösningen.

**6** En fullständig motorrenovering innebär att man återställer alla inre delar till ett skick jämförbart med en ny motor. Kolvarna och kolvringarna byts ut och cylinderloppen borras om. Nya ram- och vevlager monteras oftast, och om så behövs kan vevaxeln slipas om för att kompensera för slitage på lagertapparna. Ventilerna servas också, eftersom de vanligtvis inte är i särskilt bra skick vid det här laget. Var alltid mycket uppmärksam på oljepumpens skick vid en motorrenovering, och byt ut den om det råder någon tvekan om huruvida den kan åtgärdas. Slutresultatet bör bli en motor som är så gott som ny och som kommer att ge många problemfria mil.

**7** Kritiska kylsystemskomponenter som slangarna, termostaten och vattenpumpen bör bytas ut när motorn renoveras. Kylaren ska undersökas noggrant, den får inte läcka eller vara blockerad.

**8** Börja med att läsa igenom alla arbetsåtgärder, för att få en överblick över omfattningen av jobbet. Att renovera en motor är inte svårt om man noga följer alla instruktioner, har nödvändiga verktyg och utrustning till hands och är uppmärksam på alla specifikationer. Det kan emellertid vara tidskrävande. Planera för att bilen kommer att bli stående i minst två veckor, särskilt om delar måste tas till en verkstad för reparation eller maskinbearbetning. Kontrollera tillgången på reservdelar och se i förhand till att särskilda verktyg eller annan utrustning kommer att finnas tillgängliga när de behövs. Större delen av arbetet kan göras med vanliga

handverktyg, men ett antal precisionsmätverktyg behövs för kontroll av delar för att man ska kunna avgöra om de behöver bytas ut. En verkstad kan ofta undersöka delar och ge råd angående renovering och byte.

**9** Vänta alltid tills motorn har tagits isär helt, och tills alla delar (särskilt motorblocket/vevhuset och vevaxeln) har undersökts, innan du bestämmer vilka reparationsarbeten som måste uföras av en verkstad. Skicket på de här delarna är en avgörande faktor när det gäller att bestämma huruvida den gamla motorn ska renoveras eller om det är bättre att köpa en redan renoverad enhet. Köp därför inga nya delar, och låt inte utföra några arbeten på andra komponenter förrän de har undersökts noggrant. Som en allmän regel kan man säga att tiden är den största kostnaden vid en renovering, så det lönar sig inte att montera slitna delar eller delar av dålig kvalitet.

**10** Avslutningsvis kan vi säga att för att en renoverad motor ska gå så problemfritt som möjligt och få maximal livslängd, måste alla delar sättas ihop mycket noggrant, i en absolut ren miljö.

---

## 3  Motor – demontering, metoder och föreskrifter

**1** Om du har bestämt att motorn måste demonteras för renovering eller omfattande reparationsarbeten, bör du först göra följande.

**2** Leta reda på en lämplig arbetsplats – detta är ytterst viktigt. Ett tillräckligt stort arbetsutrymme samt förvaringsplats för bilen kommer att behövas. Om inte en verkstad eller ett garage finns till förfogande, behöver du i alla fall en plan, jämn och ren arbetsyta

**3** Rengör motorrummet och motorn/växellådan innan demonteringen påbörjas. Detta gör det lättare att hålla verktygen rena.

**4** En motorlyftanordnig av något slag kommer att behövas. Se till att utrustningen kan lyfta mer än motorns och växellådans totala vikt. Säkerheten ska alltid sättas i första rummet, med tanke på de potentiella faror som kan uppstå i samband med att man lyfter ut motorn/växellådan ur bilen.

**5** Om det här är första gången du demonterar en motor, bör du ha en medhjälpare. Råd och hjälp från en mer erfaren person är också att rekommendera. Det finns många tillfällen när en ensam person inte kan utföra de åtgärder som måste utföras samtidigt när man lyfter ut motorn ur bilen.

**6** Planera arbetet i god tid i förväg. Innan du börjar, införskaffa alla verktyg och all utrustning som kommer att behövas. Om någon utrustning måste hyras, boka denna så att du vet att den finns tillgänglig när du behöver den. En del av den utrustning som behövs för att demontering och montering av motorn/växellådan ska kunna utföras säkert och relativt enkelt (utöver en motorlyft) är

följande: en kraftig garagedomkraft, en fullständig uppsättning nycklar och hylsor (se *Verktyg och arbetsutrymmen*), träblock och massor av trasor och rengöringsmedel för att torka upp spill av olja, kylvätska och bränsle. Om motorlyften måste hyras, se till att boka in detta i förväg, och utför alla arbeten som är möjliga utan den först. På så sätt sparar du både pengar och tid.

**7** Planera för att bilen kommer att stå stilla ganska länge. En verkstad måste anlitas för de arbeten som hemmamekanikern inte kan utföra utan särskilda verktyg. Verkstäder är ofta fullbokade, så kontakta dem innan motorn demonteras, så att du kan göra en ungefärlig bedömning av hur lång tid det kommer att ta  att bygga om eller reparera komponenter som kan behöva åtgärdas.

**8** Var alltid ytterst försiktig vid demontering och montering av motorn/växellådan. Slarv och oförsiktighet kan leda till allvarliga skador. Planera arbetet väl och ta god tid på dig, så kan ett jobb av det här slaget, trots att det är omfattande, utföras med framgång.

**9** På alla modeller som behandlas i boken tar man först ut växellådan, därefter lyfts motorn upp ur motorrummet.

---

## 4  Motor – demontering och montering

**Observera:** *Detta är ett ganska komplicerat arbetsmoment. Läs igenom instruktionerna noggrant innan arbetet påbörjas, och se till att lämplig lyftutrustning och domkraft/pallbockar finns till hands. Gör noteringar under isärtagningen för att garantera att alla kablar/slangar och fästbyglar kan dras/sättas tillbaka korrekt vid hopsättningen.*

### Demontering

**1** Demontera motorhuven enligt beskrivning i kapitel 11.

**2** Tryckutjämna bränslesystemet enligt beskrivning i kapitel 4A, koppla sedan loss batteriets negativa kabel (se kapitel 5A).

**3** Tappa av kylsystemet enligt beskrivning i kapitel 1.

**4** Tappa av motoroljan, se kapitel 1.

**5** Demontera växellådan enligt kapitel 7A (manuell) eller kapitel 7B (automat).

**6** Om inte en lyft finns tillgänglig med vilken man kan lyfta ut motorn uppåt ur motorrummet medan bilen är upplyft, måste man nu ta bort pallbockarna och ställa ned bilen på marken. Försäkra dig om att motorn är säkert stöttad när bilen sänks.

**7** För att förbättra åtkomligheten och arbetsutrymmet, placera en garagedomkraft under oljesumpen, med ett träblock som mellanlägg, för att temporärt stödja motorn. Koppla sedan bort och flytta undan motorlyften som användes till att stötta motorn under demonteringen av växellådan.

**Varning: Försäkra dig om att motorn är ordentligt och säkert stöttad av domkraften innan lyften kopplas loss.**

**8** Demontera kylarfläkten och viskoskopplingen enligt beskrivning i kapitel 3.
**9** Demontera kylaren (se kapitel 3).
**10** Demontera luftrenaren/luftflödesmätaren enligt beskrivning i kapitel 4A.
**11** Skruva loss servostyrningsvätskans behållare och flytta behållaren åt sidan, utan att koppla loss vätskeledningarna.
**12** Skruva loss luftkonditioneringskompressorn från motorn om så är tillämpligt, lossa rören från fästklämmorna och stöd kompressorn så att den inte är i vägen, enligt beskrivning i kapitel 3.

**Varning: Koppla inte loss köldmedieledningarna – se kapitel 3 för säkerhetsåtgärder som bör vidtas.**

**13** Skruva loss servostyrningspumpen enligt beskrivning i kapitel 10 och flytta den åt sidan, men koppla inte loss vätskeledningarna. Om så behövs, lossa servostyrningsslangen från fästet på styrväxeln för att kunna flytta undan pumpen och behållaren från arbetsutrymmet.
**14** Skruva loss jordledningen (-ledningarna) från motorfästbygeln (-fästbyglarna).
**15** Om det inte redan har gjorts, demontera insugsgrenröret enligt beskrivning i kapitel 4A.
**16** Notera hur motorns kylvätske-/vakuumslangar sitter och koppla sedan loss dem. Notera också hur de är dragna för att underlätta monteringen.
**17** För att minska risken för skador under demonteringen av motorn, demontera oljemätstickans rör. Kasta O-ringstätningen, en ny måste användas vid monteringen.
**18** Notera hur alla elektriska kontakter sitter på motorn och koppla sedan loss dem. Notera också hur kablarna är dragna och hur de sitter fästa för att underlätta monteringen.
**19** Skruva loss fästbultarna och lossa eventuella klämmor (notera hur de sitter) och ta loss kabelhärvan från motorn. Flytta kablaget åt sidan, ur vägen för motorn.
**20** Kontrollera att allt relevant kablage har kopplats loss från motorn så att motorn kan lyftas ut.
**21** Gör en slutlig kontroll av att alla relevanta slangar, rör och kablar har kopplats loss från motorn och flyttats åt sidan så att de inte hamnar i vägen för motorn.
**22** Placera nu motorlyften så att den kan fästas i motorn både i lyftöglan i det bakre vänstra hörnet av motorblocket, och i lyftfästet framtill på topplocket (**se bild**). Höj lyften precis så mycket att den tar upp vikten av motorn.
**23** Skruva loss muttern som fäster vänster motorfästbygel till gummidelen, skruva sedan loss fästbygeln från motorblocket och ta bort fäste. Gör sedan samma sak med höger motorfäste.
**24** Ta nu hjälp av någon, höj lyften och lyft upp motorn ur motorrummet.

## Montering

**25** Montering sker i omvänd ordning mot demonteringen. Tänk på följande.
a) Dra åt alla bultar/muttrar till angivna moment där så är aktuellt.
b) Se till att alla kablar, slangar och fästen sätts tillbaka och dras på det sätt som noterades innan demonteringen.
c) Montera drivremmen enligt beskrivning i kapitel 1.
d) Montera insugsgrenröret enligt beskrivning i kapitel 4A.
e) Montera kylaren enligt beskrivning i kapitel 3.
f) Montera växellådan enligt beskrivning i kapitel 7A (manuell) eller kapitel 7B (automat).
g) Avslutningsvis, fyll motorn med olja och fyll på kylsystemet enligt beskrivning i kapitel 1.

## 5  Motorrenovering – isärtagningsordning

**1** Det är mycket enklare att ta isär och arbeta på en motor om den kan sättas fast i ett flyttbart motorställ. Dessa ställ kan ofta hyras. Innan motorn monteras i stället ska svänghjulet/medbringarskivan tas bort, så att ställets bultar kan dras in i änden av motorblocket/vevhuset.
**2** Om du inte har tillgång till ett ställ, är det möjligt att ta isär motorn om man har den uppallad på träblock på en stadig arbetsbänk, eller på golvet. Var dock väldigt försiktig så att du inte tippar omkull eller tappar motorn om arbetet utförs utan ett motorställ.
**3** Om du har införskaffat en redan renoverad motor, måste alla externa delar först demonteras så att de kan flyttas över till den nya motorn (precis som om du ska göra en totalrenovering själv). Dessa komponenter inkluderar följande:
a) Fästbyglar för tillbehör (oljefilter, startmotor, generator, etc).

**4.22  Anslut lyftanordningen till de främre och bakre lyftöglorna**

b) Termostat och hus (kapitel 3).
c) Mätstickans rör.
d) Alla elektriska brytare, kontakter och givare.
e) Insugs- och avgasgrenrör – där tillämpligt (kapitel 4A).
f) Tändspolar och tändstift – efter tillämplighet (kapitel 5B och 1).
g) Svänghjul/medbringarskiva (kapitel 2A).

**Observera:** Vid demontering av yttre delar från motorn, var uppmärksam på allt som kan vara viktigt och komma att underlätta monteringen. Notera hur packningar, tätningar, distanser, stift, brickor, bultar och andra små detaljer sitter.

**4** Om du har införskaffat en "kort" motor (som består av motorblocket/vevhuset, vevaxeln, kolvarna och vevstakarna hopsatta), måste topplocket, oljesumpen, oljepumpen och kamkedjan också demonteras.
**5** Om du planerar en total renovering kan motorn tas isär, och de inre delarna demonteras, i den ordning som anges nedan. Se kapitel 2A om inte annat anges.
a) Insugs- och avgasgrenrör – om tillämpligt (kapitel 4A).
b) Kamkedjor, drev och spännare.
c) Topplock.
d) Svänghjul/medbringarskiva.
e) Oljesump.
f) Oljepump.
g) Kolvar och vevstakar (avsnitt 9).
h) Vevaxel (avsnitt 10).
**6** Innan isärtagningen och renoveringen påbörjas, se till att du har alla verktyg som behövs. Se Verktyg och arbetsutrymmen för ytterligare information.

## 6  Topplock – isärtagning

**Observera:** Nya och renoverade topplock finns att få tag i från tillverkaren, och från motorrenoveringsspecialister. Tänk på att vissa specialverktyg krävs för isärtagning och testmoment, och att en del reservdelar kanske inte är lättillgängliga. Det kan därför vara mer praktiskt och ekonomiskt för hemmamekanikern att köpa ett renoverat topplock, snarare än att ta isär, undersöka och renovera det gamla. En ventilfjäderkompressor behövs till det här momentet.

**1** Demontera topplocket enligt beskrivning i kapitel 2A.
**2** Demontera kamaxlarna (M52 motor), kamföljarna och kamaxellagrens gjutgods enligt beskrivning i kapitel 2A.
**3** Med en ventilfjäderkompressor/ventilbåge, tryck ihop fjädern på varje ventil i tur och ordning tills det delade knastret kan tas bort. Släpp kompressorn och lyft av fjäderbrickan, fjädern och fjädersätet. Ta försiktigt ut

**6.3a En ventilfjäder trycks ihop med en ventilbåge**

**6.3b Ta bort ventilskaftens oljetätningar**

**6.6 Lägg varje ventil och tillhörande delar i en märkt plastpåse**

ventilskaftets oljetätning längst upp i styrningen med en tång (se bilder).

**4** Om, när ventilbågen har skruvats ner, fjäderbrickan inte går att få loss så att man kommer åt knastren, knacka försiktigt längst upp på verktyget, precis mitt för brickan, med en lätt hammare. Detta lossar fjäderbrickan.

**5** Dra ut ventilen genom förbränningskammaren.

**6** Det är viktigt att varje ventil förvaras tillsammans med tillhörande knaster, fjäderbricka, fjäder och fjädersäte. Ventilerna ska också hållas i rätt ordning, om de inte är så slitna att de måste bytas ut. Om de ska återanvändas, placera varje ventil i en märkt plastpåse eller annan liten behållare (se bild). Notera att ventil nr 1 är närmast motorns kamkedjeände.

---

**7 Topplock och ventiler –**
rengöring och kontroll

---

**1** Noggrann rengöring av topplocket och ventilkomponenterna, följt av en ingående inspektion, gör det möjligt för dig att avgöra hur omfattande servicearbete som måste utföras under renoveringen **Observera:** *Om motorn har överhettats kraftigt är det bäst att anta att topplocket är skevt – leta noga efter tecken på detta.*

### Rengöring

**2** Skrapa bort alla spår av gammal packning från topplocket.

**3** Skrapa bort sot från förbränningskamrarna

och portarna, rengör sedan topplocket noggrant med fotogen eller ett lämpligt lösningsmedel.

**4** Skrapa bort kraftiga sotavlagringar som kan ha bildats på ventilerna, använd sedan en eldriven stålborste till att ta bort avlagringar på ventiltallrikarna och -skaften.

### Kontroll

**Observera:** *Se till att utföra följande kontrollåtgärder innan du drar slutsatsen att du behöver anlita en maskinbearbetningsverkstad eller annan specialist. Gör en lista över delar som behöver åtgärdas.*

### Topplock

**5** Undersök topplocket mycket noggrant, leta efter sprickor, tecken på kylvätskeläckage och andra skador. Om sprickor hittas måste ett nytt topplock införskaffas.

**6** Använd en ställinjal och bladmått för att kontrollera att topplockets packningsyta inte är skev (se bild). Om den är det, kan det vara möjligt att låta maskinbearbeta topplocket, förutsatt att det inte hamnar under den specificerade höjden. **Observera:** *Om 0,3 mm slipas bort från topplocket, måste en 0,3 mm tjockare packning användas när motorn sätts ihop. Detta är viktigt för bibehållandet av korrekt avstånd mellan ventiltallrikarna, ventilstyrningarna och topplockspackningsytan.*

**7** Undersök ventilsätena i varje förbränningskammare. Om de har kraftiga gropar, sprickor eller är brända, måste de bytas ut eller fräsas om av en renoveringsspecialist. Om de bara är lätt skadade kan detta åtgärdas genom att

man slipar in ventilerna i ventilsätena med fin ventilslippasta, enligt beskrivning längre fram i det här avsnittet.

**8** Undersök om ventilstyrningarna är slitna genom att sätta in aktuell ventil och se om den kan röra sig från sida till sida. En mycket liten rörelse kan accepteras, men om ventilen kan röras mycket i styrningen, byt ut ventilen. Separata ventilstyrningar finns inte att köpa, men ventiler av olika grader (storlekar) finns.

**9** Skruva loss oljetrycksventilen längst ned på topplocket. Kontrollera att man kan blåsa genom ventilen nerifrån och upp, men inte uppifrån och ner. Rengör ventilen noga och montera en ny O-ring, sätt sedan tillbaka ventilen i topplocket och dra åt ordentligt (se bild).

**10** Undersök om lagerytorna i topplocket eller lagrens gjutgods (efter tillämplighet) är slitna eller skadade. Undersök också lageröverfallen på samma sätt.

**11** Kontrollera om fogytorna för kamaxellagrens gjutgods på topplocket är deformerade. Använd en ställinjal och bladmått för att kontrollera att inte topplockets ytor är skeva. Om ytorna är mer deformerade än vad som anges i specifikationerna måste topplocket och lagrens gjutgods bytas ut.

### Ventiler

⚠️ *Varning: Avgasventilerna som är monterade på vissa motorer är fyllda med natrium för att deras värmeöverföring ska förbättras. Natrium är en mycket reaktiv metall, som kan antändas eller explodera spontant om den kommer i kontakt med vatten (inklusive vattenångor i luften). Dessa ventiler får INTE behandlas som vanligt skrot. Rådfråga en BMW-återförsäljare eller någon på kommunkontoret om var du kan lämna in ventilerna.*

**12** Undersök varje ventiltallrik, leta efter gropar, brända områden, sprickor och allmänt slitage. Undersök om ventilskaftet är repigt och har slitkanter. Rotera ventilen och försök se om den är böjd. Titta efter gropar och kraftigt slitage i spetsen på varje ventilskaft. Byt ut ventiler som visar sådana tecken på slitage eller skador.

**13** Om ventilen verkar vara i användbart skick, mät ventilskaftets diameter på flera

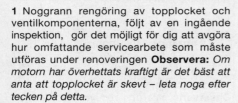

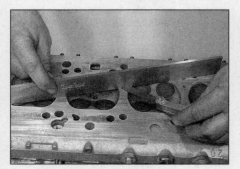

**7.6 Kontrollera om topplockets packningsyta är deformerad**

**7.9 Sätt en ny O-ring (vid pilen) på topplockets oljetrycksventil**

7.13 Mät ventilskaftets diameter

7.16 Inslipning av en ventil

8.1 Smörj ventilskaftet

punkter med en mikrometer **(se bild)**. Märkbara skillnader i avläsningarna tyder på att skaftet är slitet. Om några av dessa tecken på slitage eller skador upptäcks, måste ventilen bytas ut.

**14** Om ventilerna är i tillfredsställande skick ska de slipas in i respektive säte, så att de får en slät, gastät tätning. Om ventilsätet bara har små gropar, eller om det har frästs om, ska man *endast* använda fin slippasta vid inslipningen. Grov slippasta ska *inte* användas, om inte sätet är svårt bränt eller har djupare gropar. Om detta är fallet måste topplocket och ventilerna dock undersökas av en expert, som kan avgöra om sätet kan fräsas om eller om man måste byta ut ventilen eller sätesinsatsen (där detta är möjligt).

**15** Ventilinslipning utförs enligt följande. Placera topplocket upp och ned på en arbetsbänk.

**16** Smörj lite ventilslippasta (av rätt grad) på ventilsätet och tryck fast ett ventilinslipningsverktyg på ventiltallriken **(se bild)**. Slipa nu in ventilen i sätet genom att rotera verktyget fram och tillbaka mellan händerna. Lyft ventilen då och då för att omfördela slippastan. En lätt fjäder under ventiltallriken kan underlätta arbetet avsevärt.

**17** När en slät, obruten ljusgrå ring av matt finish har uppstått på både ventilen och sätet, är inslipningen klar. Slipa *inte* in ventilerna längre än absolut nödvändigt, eftersom ventilsätena då kan sjunka in i topplocket i förtid.

**18** När alla ventiler har slipats in, tvätta försiktigt bort *alla* spår av slippasta med

fotogen eller ett lämpligt lösningsmedel, innan topplocket sätts ihop.

### Ventilkomponenter

**19** Undersök om ventilfjädrarna är skadade eller missfärgade. BMW anger inget minimimått för fjädrarnas fria längd, så det enda sättet att bedöma om fjädrarna är slitna är att jämföra dem med nya.

**20** Ställ varje fjäder på en plan yta för att se om den är rak. Om någon av fjädrarna är skadad, skev eller har förlorat sin spänst, införskaffa en hel uppsättning nya fjädrar. Det är normalt att byta ut ventilfjädrarna som en rutinåtgärd när en omfattande renovering utförs.

**21** Byt ut ventilskaftens oljetätningar oavsett deras synliga skick.

### Kamföljare/ventillyftare

**22** Undersök om kontaktytorna är slitna eller har repor. Om kraftigt slitage upptäcks måste komponenterna bytas ut.

## 8 Topplock – hopsättning

**Observera:** *Nya oljetätningar till ventilskaften måste användas vid monteringen, och en ventilfjäderkompressor behövs också för det här momentet.*

**1** Smörj ventilskaften och sätt in ventilerna på sina ursprungliga platser **(se bild)**. Om nya ventiler monteras, sätt in dem på de platser där de har slipats in.

8.2a Sätt den skyddande hylsan på ventilskaftet . . .

**2** Arbeta på den första ventilen, doppa den nya ventilskaftstätningen i ren motorolja. En ny tätning kommer vanligtvis med en skyddande hylsa som ska sättas längst upp på ventilskaftet för att förhindra att tätningen skadas av knasterspåret. Om ingen hylsa medföljer, linda lite tunn tejp runt ventilskaftets topp för att skydda tätningen. Placera försiktigt tätningen över ventilen och på styrningen. Var försiktig så att inte tätningen skadas när den förs över ventilskaftet. Använd en lämplig hylsa eller ett metallrör till att pressa ned tätningen på styrningen **(se bilder)**.

**3** Montera fjädersätet **(se bild)**.

**4** Placera ventilfjädern på fjädersätet, sätt sedan på fjäderbrickan **(se bilder)**. Om fjäderdiametern är olika i ändarna, ska änden med den större diametern sitta mot sätet på topplocket.

**5** Tryck ihop ventilfjädern och placera knastren i spåret i ventilskaftet. Släpp sedan

8.2b . . . och montera tätningen med hjälp av en hylsa

8.3 Montera fjädersätet

8.4a Montera ventilfjädern . . .

**8.4b . . . följt av fjäderbrickan**

**9.2 Skruva loss oljeskvalpplåten från motorblocket**

**9.4 Markering på vevlageröverfall**

kompressorn. Upprepa på de andra ventilerna.

**6** När alla ventiler är monterade, stötta topplocket på träblock och, med en hammare och ett träblock som mellanlägg, knacka på änden av varje ventilskaft så att komponenterna sätter sig.

**7** Montera kamaxellagrens gjutgods, kamföljarna och kamaxlarna (efter tillämplighet) enligt beskrivning i kapitel 2A.

**8** Montera topplocket enligt beskrivning i kapitel 2A.

## 9 Kolvar/vevstakar – demontering

**1** Demontera topplocket, oljesumpen och oljepumpen enligt beskrivning i kapitel 2A.

**2** Där så är tillämpligt, skruva loss oljeskvalpplåten längst ned på motorblocket (se bild).

**3** Om det finns en utpräglad slitkant längst upp i något lopp, kan man behöva ta bort denna med en skrapa eller en kantbrotsch för att undvika att kolven skadas vid demonteringen. En sådan kant tyder på kraftigt slitage i cylinderloppet.

**4** Kontrollera att vevstakarna och vevlageröverfallen har identifikationsmärken. Både vevstakarna och överfallen bör vara märkta med cylindernumret. Cylinder nr 1 är den närmast motorns kamkedjeände. Om inga markeringar finns, gör egna markeringar på den plana ytan på både vevstakar och överfall med hammare och körnare, färg eller dyl. (se bild).

**5** Vrid vevaxeln så att kolv nr 1 och 6 hamnar i nedre dödpunkt (ND).

**6** Skruva loss bultarna från lageröverfallet på kolv nr 1. Ta bort överfallet och ta vara på den nedre halvan av lagerskålen (se bild). Om lagerskålarna ska användas igen, tejpa ihop överfallet och lagerskålen.

**7** Tryck upp kolven genom cylinderloppet med ett hammarskaft och ta bort den från motorblocket. Ta vara på lagerskålen och tejpa fast den i vevstaken så att den inte tappas bort. Var försiktig så att inte oljemunstyckena skadas.

**8** Sätt tillbaka vevlageröverfallet löst på vevstaken och fäst med bultarna – detta för att komponenterna ska hållas i rätt ordning.

**9** Ta bort kolv nr 6 och tillhörande delar på samma sätt.

**10** Vrid vevaxeln så mycket som behövs för att kvarvarande kolvar ska hamna i ÖD och demontera dem på samma sätt.

## 10 Vevaxel – demontering

**1** Demontera oljesumpen, primärkamkedjan och svänghjulet/medbringarskivan enligt beskrivning i kapitel 2A.

**2** Demontera kolvarna och vevstakarna enligt beskrivning i avsnitt 9. Om inget arbete ska utföras på kolvarna och vevstakarna behöver man inte demontera topplocket, eller trycka ut kolvarna ur loppen. Kolvarna behöver då bara tryckas så långt upp i loppen att de hamnar ur vägen för vevaxeltapparna.

**9.6 Ta bort vevlageröverfallet**

⚠️ *Varning: Om kolvarna trycks upp i loppen, och topplocket fortfarande är monterat, var försiktig så att du inte trycker in kolvarna i de öppna ventilerna.*

**3** Kontrollera vevaxelns axialspel enligt beskrivning i avsnitt 13, fortsätt sedan enligt följande.

**4** Skruva loss fästbultarna och ta bort oljetätningshållaren från den bakre (svänghjul/medbringarskiva) änden av motorblocket, tillsammans med packningen (se bild).

**5** Om det inte redan har gjorts, demontera oljepumpens drivkedja och, om så behövs, demontera vevaxeldrevet enligt beskrivning i kapitel 2A.

**6** Ramlageröverfallen bör vara numrerade 1 till 7 på motorns avgassida, med start vid kamkedjeänden (se bild). Om inte, märk dem med en körnare.

**7** Skruva loss ramlageröverfallens bultar och lyft av överfallen (se bild). Ta vara på de nedre lagerskålarna och tejpa fast dem i respektive

**10.4 Ta bort oljetätningshållaren från motorblockets baksida**

**10.6 Identifikationsnummer på ramlageröverfall**

**10.7 Lyft av ramlageröverfallen**

**10.10 Lyft upp ramlagerskålarna från motorblocket**

överfall så att de inte tappas bort. Observera att på motorer med motorblock av aluminium och oljepump och skvalpplåt i ett stycke, sitter förstärkningsplattor från motorblocket till ramlageröverfallen. Skruva loss och ta bort dessa när ramlageröverfallen demonteras.

**8** Notera att den nedre trycklagerskålen, som styr vevaxelns axialspel, sitter på ramlageröverfall nr 6. Observera också att på motorer med ett motorblock av gjutjärn, sitter oljepick-up rörets stödfäste fast med fästbultarna till ramlageröverfall nr 5.

**9** Lyft ut vevaxeln. Var försiktig, vevaxeln är tung.

**10** Ta vara på de övre lagerskålarna från motorblocket **(se bild)**, och tejpa fast dem i respektive överfall så att de inte tappas bort. Notera placeringen av den övre trycklagerskålen.

**11.2a Ta bort oljesprayrören från ramlagrens platser – 2,0 och 2,2 liters motorer**

**11.8 Rengör motorblockets gängade hål med en gängtapp av rätt storlek**

## 11 Motorblock/vevhus – rengöring och kontroll

⚠ *Varning: På motorer med oljespraymunstycken monterade på motorblocket mellan lagren, var försiktig så att dessa munstycken inte skadas vid arbetet på motorblocket/vevhuset.*

### Rengöring

**1** Demontera alla externa komponenter och elektriska kontakter/givare från motorblocket. För en total rengöring bör frostpluggarna helst demonteras. Borra ett litet hål i pluggen, sätt in en självgängande skruv i hålet och dra sedan ut pluggen genom att dra i skruven med en tång, eller använd en glidhammare.

**2** Dra/skruva ut rören till kolvarnas oljespraymunstycken ur motorblocket. Rören sitter vid lager nr 2 och 7 på 2,0 liters och 2,2 liters motorer, och på blockets undersida mellan ramlagersätena på 2,5 liters, 2,8 liters och 3,0 liters motorer **(se bilder)**. Kasta bort fästbultarna och använd nya vid monteringen.

**3** Skrapa bort alla spår av packning från motorblocket/vevhuset, men var försiktig så att inte packnings-/tätningsytorna skadas.

**4** Ta bort alla pluggar från oljekanalerna (där sådana finns). Pluggarna sitter vanligtvis mycket hårt – man kan behöva borra ut dem och gänga om hålen. Använd nya pluggar när motorn sätts ihop.

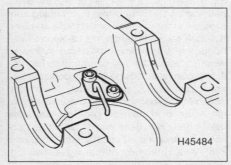

**11.2b På 2,5, 2,8 och 3,0 liters motorer är oljespraymunstyckena fastskruvade på undersidan av motorblocket mellan ramlagrens platser**

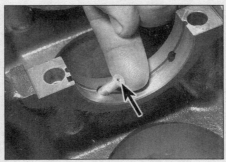

**11.12 Rengör hålen (vid pilen) i oljesprayrören**

**5** Om något av gjutgodsen är mycket smutsigt bör alla delar ångtvättas.

**6** Rengör därefter alla oljehål och oljekanaler en gång till. Spola alla inre kanaler med varmt vatten tills rent vatten kommer ut. Torka noggrant och lägg på ett tunt lager olja på alla fogytor för att förebygga rost. Olja även cylinderloppen. Om du har tillgång till kompressionsluft, använd detta för att påskynda torkningen och till att blåsa ur alla oljehål och kanaler.

⚠ *Varning: Använd alltid skyddsglasögon vid arbete med tryckluft.*

**7** Om gjutgodsen inte är extremt smutsiga kan du tvätta av dem med varmt (så varmt som du klarar av) såpvatten och en styv borste. Ta tid på dig och gör ett grundligt jobb. Oavsett vilken metod som används, se till att rengöra alla oljehål och kanaler mycket noga, och torka alla delar ordentligt. Skydda cylinderloppen enligt ovan för att förebygga rostbildning.

**8** Alla gängade hål måste vara rena för att korrekt åtdragningsmoment ska kunna uppnås vid hopsättningen. För att rengöra gängorna, skruva in en gängtapp av rätt storlek för att bli av med rost, gänglås eller smuts, och för att återställa skadade gängor **(se bild)**. Om möjligt, använd sedan tryckluft till att blåsa bort det skräp som uppstår vid användning av gängtappen.

**HAYNES TiPS** *Ett alternativ är att spraya in vattenavvisande smörjmedel i hålen, med hjälp av det långa munstycke som oftast medföljer. Varning: Använd skyddsglasögon när hålen rengörs med tryckluft.*

**9** Försäkra dig om att alla gängade hål i motorblocket är torra.

**10** Lägg lämpligt tätningsmedel på fogytorna på de nya frostpluggarna och sätt in dem i motorblocket. Se till att de drivs rakt in och sätter sig ordentligt, annars kan läckage uppstå.

**HAYNES TiPS** *En stor hylsa med en yttre diameter som precis passar in i frostpluggen kan användas till att driva in pluggarna på plats.*

**11** Lägg ett lämpligt tätningsmedel på oljekanalernas pluggar och sätt in dem i hålen i blocket. Dra åt dem ordentligt.

**12** Rengör kolvarnas oljesprayrör och sätt tillbaka dem. Vid montering av den typ som är fastskruvad på plats, använd nya bultar och lägg lite låsvätska på gängorna innan de dras åt ordentligt **(se bild)**.

13 Om motorn inte ska sättas ihop på en gång, täck över den med en stor plastpåse för att hålla den ren; skydda alla fogytor och cylinderlopp med olja enligt tidigare beskrivning, för att förebygga uppkomst av rost.

### Kontroll

14 Undersök om gjutgodset har sprickor eller är korroderat. Leta efter strippade gängor i de gängade hålen. Om internt vattenläckage har förekommit, kan det vara värt att låta en specialist undersöka motorblocket/vevhuset med särskild utrustning. Om skador hittas, låt reparera dem om så är möjligt eller byt ut enheten.

15 Undersök om cylinderloppen är skavda eller repade. Leta efter tecken på en slitkant längst upp i loppet, vilket i så fall tyder på att loppet är mycket slitet.

16 Låt mäta loppen i motorblocket hos en BMW-återförsäljare eller annan verkstad. Om slitaget i loppen överskrider tillåten gräns, eller om cylinderväggarna är kraftigt repade, måste cylindrarna borras om. Låt arbetet utföras av en BMW-återförsäljare eller annan verkstad, som också kan leverera kolvar och ringar av lämplig överstorlek.

## 12 Kolvar/vevstakar – kontroll

1 Innan kontrollen kan påbörjas måste kolvarna/vevstakarna rengöras och kolvringarna tas bort från kolvarna.

2 Böj försiktigt ut de gamla ringarna och lyft upp dem över kolvtoppen. Det kan underlätta om man använder två eller tre gamla bladmått som hindrar att ringarna faller in i de tomma spåren (se bild). Var försiktig så att du inte skrapar kolvarna med ändarna på ringarna. Ringarna är sköra och kan gå av om de töjs ut för mycket. De är också mycket vassa – skydda händer och fingrar. Notera att den tredje ringen har en expander. Ta alltid bort ringarna uppåt över kolvtoppen. Håll ihop varje uppsättning ringar med respektive kolv om de gamla ringarna ska återanvändas (även om

detta inte rekommenderas). Observera vilken väg ringarna sitter i spåren.

3 Skrapa bort alla spår av sot från kolvtoppen. En handhållen stålborste (eller en fin slipduk) kan användas när de värsta avlagringarna har skrapats bort.

4 Ta också bort sot från ringspåren i kolven med en gammal ring som du bryter av. Var noga med att endast ta bort sotavlagringar – ta inte bort någon metall och skrapa inte sidorna av ringspåren.

5 När avlagringarna har tagits bort, rengör kolven/vevstaken med fotogen eller lämpligt lösningsmedel och torka ordentligt. Se till att oljereturhålen i ringspåren är rena.

6 Om kolvarna och cylinderloppen inte är skadade eller kraftigt slitna, och om motorblocket inte måste borras om, kan de ursprungliga kolvarna användas. Mät kolvarnas diameter och kontrollera att de är inom specificerade gränser för motsvarande loppdiameter. Om spelet mellan kolv och lopp är för stort, måste blocket borras om och nya kolvar och ringar monteras. Normalt kolvslitage visar sig som jämnt, vertikalt slitage på kolvarnas tryckytor, och att den översta ringen sitter lite löst i sitt säge. Nya kolvringar bör alltid användas när motorn sätts ihop.

7 Undersök varje kolv noggrant. Leta efter sprickor runt kjolen, runt kolvbultshålen och i områdena mellan ringarna.

8 Leta efter repor och skavning på kolvkjolen, hål i kolvkronan och brända områden på kanten av kronan. Om kjolen är skavd eller repig, kan motorn ha drabbats av överhettning och/eller onormal förbränning som orsakar extremt höga arbetstemperaturer. Kyl- och smörjsystemen ska då kontrolleras noggrant. Brännmärken på sidan av kolven visar att "förbiblåsning" har inträffat. Ett hål i kolvkronan, eller brända fläckar på kanten av kolvkronan, tyder på onormal förbränning (förtändning, knackning eller detonation). Om något av ovanstående problem påträffas måste de undersökas och åtgärdas, annars kommer skadorna att uppstå igen. Orsakerna kan vara inkorrekt tändningsinställning, läckage i insugsluften eller felaktig luft/bränsleblandning.

9 Korrosion på kolven, i form av gropar, tyder på att kylvätska har läckt in i förbrännings-

kammaren och/eller vevhuset. Orsaken till detta måste åtgärdas, annars kommer problemet att uppstå igen i den hopsatta motorn.

10 Nya kolvar kan köpas från BMW-återförsäljare eller en motorrenoveringsspecialist.

11 Undersök varje vevstake noggrant, leta efter tecken på skador som sprickor runt kolvbults- och vevlagren. Kontrollera att vevstaken inte är böjd eller deformerad. Det är inte troligt att vevstaken är skadad, såvida inte motorn har skurit eller överhettat. Ingående kontroll av vevstaksenheten kan endast utföras av en specialist med särskild utrustning.

12 Kolvbultarna är av den flytande typen, som hålls på plats av två låsringar. Kolvarna och vevstakarna kan separeras enligt följande.

13 Bänd loss låsringarna med en liten spårskruvmejsel och tryck ut kolvbulten (se bilder). Det bör räcka med handkraft för att få ut bulten. Identifiera kolven och vevstaken för att garantera korrekt hopsättning. Kasta låsringarna – nya måste användas vid hopsättningen. BMW anger att pinnbultarna inte bör bytas ut separat – de är matchade till sina respektive kolvar.

14 Undersök kolvbulten och kolvbultslagret och leta efter slitage eller skador. Man ska kunna trycka kolvbulten genom vevstaken för hand utan märkbart spel. Slitage kan endast åtgärdas med byte av både kolven och kolvbulten.

15 Vevstakarna bör inte behöva bytas, såvida inte motorn har skurit eller något annat omfattande mekaniskt fel har inträffat. Undersök vevstakarna visuellt och om de inte är raka, ta dem till en specialist för en mer ingående kontroll.

16 Undersök alla komponenter och införskaffa eventuella nya delar från din BMW-återförsäljare. Om nya kolvar inköps, levereras de komplett med kolvbultar och låsringar. Låsringar kan också köpas separat.

17 Sätt ihop kolven och vevstaken så att när enheten sitter på motorn, cylindernumren på vevstaken och vevstaksöverfallet hamnar på motorns avgassida, och riktningspilen på kolvkronan pekar mot kamkedjeänden (se bilder).

18 Smörj kolvbulten med ren motorolja. För

12.2  Ta bort kolvringarna med hjälp av ett bladmått

12.13a  Bänd ut låsringarna . . .

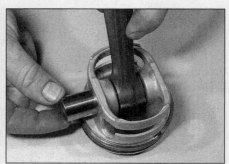

12.13b  . . . och ta bort kolvbultarna från kolvarna

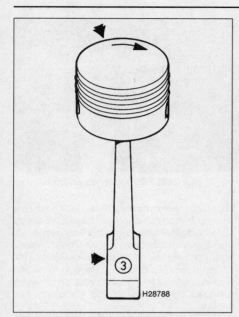

**12.17a  Cylindermarkeringarna skall vara på motorns avgassida och riktningspilen på kolvkronan ska peka mot kamkedjan**

in den i kolven och genom vevstaken. Kontrollera att kolven roterar fritt på vevstaken, fäst sedan kolvbulten med två nya låsringar. Se till att låsringarna hamnar korrekt i spåren i kolven.

## 13  Vevaxel – kontroll

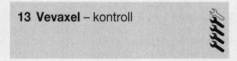

### Kontroll av axialspel

**1** Om vevaxelns axialspel ska kontrolleras måste detta göras när vevaxeln fortfarande sitter i motorblocket/vevhuset, men kan röra sig fritt.
**2** Kontrollera axialspelet med en mätklocka som är i kontakt med vevaxelns ände. Skjut vevaxeln så långt det går åt ena hållet och nollställ mätklockan. Skjut vevaxeln så långt det går åt det andra hållet och kontrollera

**13.2  Mät vevaxelns axialspel med en mätklocka . . .**

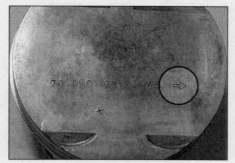

**12.17b  Riktningspil för montering (inringad)**

axialspelet. Jämför resultatet med det som anges i specifikationerna för att avgöra om nya trycklagerskålar behövs **(se bild)**.
**3** Om en mätklocka inte finns till hands kan bladmått användas. Tryck först vevaxeln så långt det går mot svänghjulet/medbringarskivan, använd sedan bladmått till att mäta avståndet mellan vevslängen till lagertapp nr 6 och trycklagerskålen **(se bild)**.

### Kontroll

**4** Rengör vevaxeln med fotogen eller ett lämpligt lösningsmedel och torka den, helst med tryckluft. Rengör oljehålen med en piprensare eller liknande för att se till att de inte är blockerade.

 **Varning: Använd skyddsglasögon vid arbete med tryckluft.**

**5** Undersök om ram- och vevlagertapparna är ojämnt slitna eller repiga, har gropar eller sprickor.
**6** Vevlagerslitage åtföljs av ett distinkt metalliskt knackande när motorn går (särskilt märkbart när motorn drar från låg hastighet) samt en viss förlust av oljetryck.
**7** Ramlagerslitage åtföljs av kraftiga motorvibrationer och mullrande – som blir allt värre när motorns hastighet ökar – och precis som ovan av att oljetrycket sjunker.
**8** Kontrollera om lagertapparna är ojämna genom att känna med fingret över lagerytan. Om ojämnheter hittas (vilket betyder att lagren kommer att vara uppenbart slitna) måste vevaxeln slipas om eller bytas ut.
**9** Om vevaxeln har slipats om, leta efter

**13.3  . . . eller bladmått**

borrskägg runt oljehålen (hålen är oftast fasade, så borrskägg bör inte vara ett problem om omslipningen har utförts professionellt). Ta bort eventuellt borrskägg med en fin fil eller en skrapa och rengör oljehålen enligt tidigare beskrivning.
**10** Låt mäta vevaxelns lagertappar hos en BMW-verkstad eller annan specialist. Om vevaxeln är sliten eller skadad kan de eventuellt slipa om lagertapparna och förse dig med lämpliga lagerskålar av överstorlek. Om inga lagerskålar av överstorlek finns och vevaxeln är sliten utanför de gränser som anges, måste den bytas ut. Rådfråga en BMW-återförsäljare eller motorspecialist gällande vilka reservdelar som finns tillgängliga.

## 14  Ram- och vevstakslager – kontroll

**1** Även om ram- och vevstakslagren ska bytas ut när en motor renoveras, bör de gamla lagren behållas och undersökas noggrant, eftersom de kan ge värdefull information om motorns skick. Lagerskålarna graderas efter tjocklek och denna indikeras av en färgmarkering.
**2** Lagerproblem kan uppstå på grund av brist på smörjning, smuts eller andra partiklar, överbelastning av motorn eller korrosion **(se bild)**. Oavsett vad som orsakar problemet måste det åtgärdas (om möjligt) innan motorn sätts ihop, för att inte samma problem ska uppstå igen i den hopsatta motorn.
**3** När du undersöker lagerskålarna, ta bort dem från motorblocket/vevhuset, vevstakarna

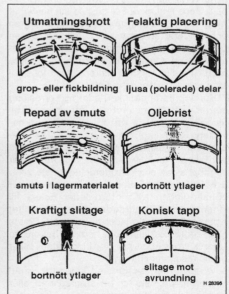

**14.2  Typiska lagerfel**

och vevlageröverfallen. Lägg ut dem på en ren yta i samma position som de har i motorn. Det gör att du kan matcha eventuella lager-problem med motsvarande vevlagertapp. *Ta inte* i skålarnas lageryta med fingrarna under kontrollen, eftersom den ömtåliga ytan lätt kan repas.

**4** Smuts och andra partiklar kommer in i motorn på olika sätt. Det kan bli kvar i motorn efter hopsättningen eller passera genom filter eller vevhusventilation. Smuts kan komma in i oljan och på så sätt föras vidare till lagren. Metallflisor från maskinbearbetning eller normalt motorslitage finns ofta. Slipmedel kan bli kvar i motorkomponenterna efter en renovering, särskilt om delar inte rengörs ordentligt på korrekt sätt. Oavsett hur partiklarna har kommit in, bäddas de ofta in i det mjuka lagermaterialet och är lätta att upptäcka. Stora partiklar bäddas inte in, utan skrapar eller urholkar lagren och lagertappen. Det bästa sättet att förebygga de här problemen är att rengöra alla delar noggrant och hålla allting absolut rent under hop-sättningen av motorn. Täta och regelbundna byten av motorolja och filter rekommenderas också.

**5** Brist på smörjning (eller smörjmedelshaveri) har ett antal sammanhängande orsaker. Extrem värme (som tunnar ut oljan), överbelastning (som pressar bort oljan från lagerytan) och oljeläckage (p.g.a för stora lagerspel, sliten oljepump eller höga varvtal) bidrar alla till smörjmedelsbrist. Blockerade oljepassager, som vanligtvis är ett resultat av felinriktade oljehål i lagerskålen, svälter också lagret på olja och förstör det. När brist på smörjning är orsaken till lagerhaveri, slits eller pressas lagermaterialet bort från ståldelen. Temperaturen kan bli så hög att stålet blir blått av överhettning.

**6** Körvanor kan också ha en avgörande effekt på lagrens livslängd. Full gas vid låg hastighet (segdragning) lägger hög belastning på lagren och tenderar att pressa ut oljefilmen. Dessa belastningar tvingar lagren att flexa, vilket orsakar fina sprickor i lagerytan (utmattnings-brott). Till slut kommer materialet att lossna i bitar och slitas bort från stålplattan.

**7** Körning korta sträckor leder till korrosion i lagren, eftersom motorn inte hinner bli tillräckligt varm för att driva bort kondens-vatten och korrosiva gaser. De här produkterna samlas i motoroljan, bildar syra och slam. När oljan leds till motorns lager angriper syran och korroderar lagermaterialet.

**8** Felaktig montering av lagren under hopsättningen av motorn leder också till lagerhaveri. Tätt sittande lager ger för litet lagerspel och detta leder till oljesvält. Smuts eller andra partiklar som hamnat bakom en lagerskål ger höga punkter i lagerytan, vilket också resulterar i haveri.

**9** *Vidrör inte* skålarnas lagerytor med fingrarna; du riskerar att smutsa ned eller skrapa den ömtåliga lagerytan.

**10** Som vi nämnde i början av avsnittet, bör lagerskålarna bytas ut som en rutinåtgärd

under en motorrenovering; att göra något annat är bara falsk ekonomi.

## 15 Motorrenovering – hopsättningsordning

**1** Innan hopsättningen påbörjas, se till att alla nya delar har införskaffats och att alla nödvändiga verktyg finns till hands. Läs igenom hela åtgärden för att få en överblick av arbetet och för att försäkra dig om att allt som behövs för hopsättningen av motorn finns till hands. Utöver alla normala verktyg och material kommer du också att behöva gänglås. En lämplig tub Drei Bond 1209 tätning (finns hos BMW-återförsäljare) behövs också.

**2** För att spara tid och undvika problem, kan hopsättning av motorn göras i följande ordning. Se kapitel 2A om inte annat anges:

a) *Vevaxel (avsnitt 17).*
b) *Kolvar och vevstakar (avsnitt 18).*
c) *Oljepump.*
d) *Oljesump.*
e) *Svänghjul/medbringarskiva.*
f) *Topplock.*
g) *Kamkedja, spännare och drev.*
h) *Motorns yttre komponenter.*

**3** Vid det här laget bör alla motordelar vara absolut rena och torra och alla problem ska vara åtgärdade. Komponenterna kan nu läggas ut (eller i individuella behållare) på en helt ren arbetsyta.

## 16 Kolvringar – montering

**1** Innan nya kolvringar monteras måste ring-gapen kontrolleras enligt följande.

**2** Lägg ut kolvarna/vevstakarna och de nya kolvringarna, så att ringuppsättningarna matchas med samma kolv och cylinder under kontrollen av ändgapen som vid senare hopsättning.

**3** Sätt in den översta ringen i den första cylindern och tryck ned den i loppet med toppen av kolven. Detta garanterar att ringen hålls rakt mot cylinderväggarna när den trycks ner. Placera ringen nära botten av cylinder-loppet, vid den nedre gränsen för dess rörelsebana. De två kompressionsringarna är olika. Den andra ringen känns igen på steget på undersidan och på att dess yttre yta är avsmalnande.

**4** Mät ändgapet med bladmått.

**5** Upprepa med ringen längst upp i cylinder-loppet, vid den övre gränsen för rörelsebanan **(se bild)**, och jämför resultatet med siffrorna som anges i specifikationerna.

**6** Om gapet är för litet (inte troligt om genuina BMW-delar används), måste det förstoras, annars kan ringändarna komma i kontakt med varandra under drift, vilket kan leda till

**16.5 Mät kolvringarnas ändgap**

allvarliga motorskador. Allra helst ska nya kolvringar med rätt ändgap monteras. Som en sista utväg kan ändgapen förstoras genom att man försiktigt filar dem med en fin fil. Montera filen i ett skruvstäd med mjuka käftar, för ringen över filen och ta sakta och försiktigt bort lite material från ringändarna. Var försiktig – ringarna är vassa och de går också lätt sönder.

**7** Med nya kolvringar är det inte troligt att ändgapet är för stort. Om så är fallet, kontrollera igen att du har rätt ringar för din motor och för aktuell cylinderstorlek.

**8** Upprepa kontrollen för varje ring i den första cylindern, och sedan för ringarna i övriga cylindrar. Kom i håg att hålla ihop sammanhörande ringar, kolvar och cylindrar.

**9** När ringändsgapen har kontrollerats och eventuellt korrigerats, kan ringarna monteras på kolvarna.

**10** Montera kolvringarna med samma metod som de demonterades. Montera den nedersta ringen först (oljeringen), och arbeta uppåt. När du monterar en oljering i tre delar, sätt först in expandern, montera därefter den nedre skenan med ringgapet placerat 120° från expanderns gap, sätt därefter den övre skenan på plats med ändgapet placerat 120° från den övre skenans gap. När du monterar en oljering i två delar, sätt först in expandern och därefter kontrollringen med gapet placerat 180° från expanderns gap. Se till att montera den andra kompressionsringen rätt väg, med identifikationsmarkeringen (antingen en färgprick eller ordet TOP) vänt uppåt, och fasningen vänd nedåt **(se bild)**. Placera

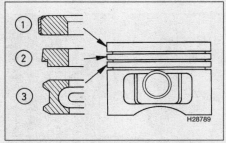

**16.10 Typisk montering av kolvringar**
1 *Övre kompressionsring*
2 *Andra kompressionsring*
3 *Oljekontrollring*

ändgapen på de två kompressionsringarna 120° på var sida om oljekontrollringens gap, men se till att inget ringgap hamnar ovanför kolvbultens hål. **Observera:** *Följ alltid eventuella instruktioner som kommer med de nya kolvringarna – olika tillverkare kan ange olika förfaranden. Blanda inte ihop de två kompressionsringarna – de har olika profiler.*

## 17 Vevaxel – montering

### Urval av lagerskålar

1 Låt kontrollera vevaxeln hos en BMW-verkstad eller anna lämplig verkstad. De kan utföra eventuell slipning/reparation och tillhandahålla passande ram- och vevstakslagerskålar.

### Montering av vevaxel

**Observera:** *Nya bultar till ramlageröverfallen måste användas vid montering av vevaxeln.*

2 Se till att montera oljemunstyckena på lagrens platser i motorblocket – se avsnitt 11.
3 Rengör baksidan av lagerskålarna och lagerlägena i både motorblocket/vevhuset och ramlageröverfallen/nedre vevhuset.
4 Pressa lagerskålarna på plats och se till att fliken på varje skål går in i urtaget i motorblocket/vevhuset eller lageröverfallet/nedre vevhuset. Var noga med att inte vidröra skålarnas lagerytor med fingrarna. Observera att de övre lagerskålarna har ett oljespår längs hela lagerytan, medan de nedre lagerskålarna har ett kort, koniskt oljespår i var ände. Trycklagerskålarna ska sitta på platsen för lager nr 6 **(se bilder)**. Torka bort alla spår av skyddande fett med fotogen. Torka av lagerskålarna med en luddfri trasa. Smörj varje lagerskål i motorblocket/vevhuset och överfallen/nedre vevhuset rikligt med ren motorolja **(se bild)**.
5 Sänk ned vevaxeln på plats så att vevtapparna för cylinder nr 1 och 6 är i nedre dödpunkt (ND), redo för montering av kolv nr 1. Kontrollera vevaxelns axialspel enligt beskrivning i avsnitt 13.
6 Smörj de nedre lagerskålarna i ramlageröverfallen med ren motorolja. Se till att styrflikarna på skålarna går in i motsvarande urtag i överfallen.
7 Montera ramlageröverfallen på rätt platser och se till att de monteras rätt väg (urtagen för lagerskålarnas flikar i blocket och överfallen måste vara på samma sida). Där så är tillämpligt, sätt tillbaka lageröverfallens förstärkningsplattor. Rengör de nya bultarna till ramlageröverfallen noggrant, lägg på lite gänglås på gängorna, sätt sedan i bultarna men dra bara åt dem löst tills vidare. Se till att sätta olje-pickup rörets stödfäste på plats på överfallsbultarna till ramlager nr 5 **(se bilder)**.
8 Dra åt ramlageröverfallens bultar till angivet moment, i de två steg som anges i specifikationerna **(se bild)**. Där så är tillämpligt, dra åt förstärkningsplattornas yttre bultar ordentligt.
9 Kontrollera att vevaxeln kan rotera fritt.
10 Montera en ny bakre oljetätning i tätnings-huset, montera sedan oljetätningshuset med en ny packning, enligt beskrivning i kapitel 2A.
11 Montera vevaxeldrevet och oljepump-kedjan enligt beskrivning i kapitel 2A.
12 Montera kolvarna/vevstakarna enligt beskrivning i avsnitt 18.
13 Montera svänghjulet/medbringarskivan, den primära kamkedjan och oljesumpen, enligt beskrivning i kapitel 2A.

## 18 Kolvar/vevstakar – montering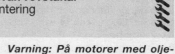

⚠️ **Varning:** *På motorer med oljemunstycken på motorblocket, var försiktig så att du inte skadar dessa när kolvarna/vevstakarna monteras.*

### Urval av lagerskålar

1 BMW producerar ett antal ramlagerskålar av olika storlekar; en standardstorlek för användning med standard vevaxel och över-storlekar som kan användas när vevlager-tapparna har slipats om.
2 Låt en BMW-verkstad (eller annan lämplig verkstad) kontrollera och mäta vevaxeln. De kan också utföra eventuell omslipning/ reparation och tillhandahålla lämpliga ram-och vevlagerskålar.

### Montering av kolvar/vevstakar

**Observera:** *Nya bultar till vevlageröverfallen måste användas vid den slutliga monteringen*

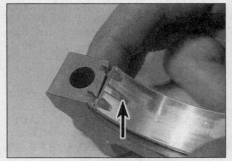
**17.4a De nedre lagerskålarna har korta, koniska oljespår (vid pilen)**

**17.4b Trycklagerskålen sitter vid lager nr 6**

**17.4c Smörj lagerskålarna**

**17.7a Olja gängorna på ramlageröverfallens bultar lätt**

**17.7b Se till att olje-pickup rörets stödfäste sitter på plats med bultarna till ramlageröverfall nr 5**

**17.8 Dra åt ramlagerbultarna till angivet moment**

*av kolvarna/vevstakarna. En kolvrings-kompressor behövs också till det här jobbet.*

**3** Observera att det i följande moment antas att ramlageröverfallen är på plats (se avsnitt 17).

**4** Tryck lagerskålarna på plats och se till att styrfliken på varje skål hamnar i urtaget i vevstaken och överfallet. Var noga med att inte vidröra skålarnas lagerytor med fingrarna. Torka bort alla spår av skyddsfett med fotogen. Torka av lagerskålarna med en luddfri trasa.

**5** Smörj cylinderloppen, kolvarna och kolvringarna, lägg sedan ut varje kolv/vevstake i respektive position.

**6** Börja med enheten för cylinder nr 1. Se till att kolvringarna fortfarande är placerade enligt beskrivningen i avsnitt 16, kläm sedan fast dem med en kolvringskompressor.

**7** Sätt in kolven/vevstaken längst upp i cylinder nr 1. Se till att pilen på kolvkronan pekar mot motorns kamkedjeände och att markeringarna på vevstakarna och vevlageröverfallen är placerade enligt noteringarna som gjordes innan demonteringen. Lägg ett träblock eller ett hammarskaft mot kolv-kronan, knacka in enheten i cylindern tills kolvkronan är i linje med toppen av cylindern **(se bilder)**.

**8** Kontrollera att lagerskålen fortfarande är korrekt installerad. Smörj vevlagertappen och båda lagerskålarna rikligt. Dra kolven/vev-staken nedåt i loppet så att den kommer ned på lagertappen, men var försiktig så att du inte skadar cylinderloppet. Montera vevlager-överfallet. Observera att lagerskålarnas styr-flikar måste ligga an mot varandra.

**9** Sätt i nya bultar till lageröverfallet, dra sedan åt bultarna jämnt och stegvis till momentet som anges för steg 1. När båda bultarna har dragits åt, dra åt dem till den vinkel som anges för steg 2, med en hylsa och en förlängning. Det rekommenderas att en vinkelmätare används vid den här åtdragningen, för att det ska bli så exakt som möjligt. Om en vinkelmätare inte finns till hands, gör inställningsmärken med vit färg på bulten och överfallet innan åtdragningen; använd sedan märkena till att se till att bulten dras åt tillräckligt mycket.

**18.7a Sätt in kolven/vevstaken i cylinderloppet . . .**

**10** När överfallsbultarna har dragits åt ordentligt, rotera vevaxeln. Kontrollera att den kan rotera fritt; en viss tröghet är att vänta om nya komponenter har monterats, men den ska inte kärva eller gå mycket trögt på vissa punkter.

**11** Montera resten av kolvarna/vevstakarna på samma sätt.

**12** Där så är tillämpligt, sätt tillbaka olje-skvalpplåten längst ned på motorblocket.

**13** Montera topplocket, oljepumpen och oljesumpen enligt beskrivning i kapitel 2A.

## 19 Motor – första start efter renovering

 *Varning: Om kamaxlarna har demonterats, observera de rekommenderade väntetiderna efter montering av kamaxlarna innan motorn startas – se information i relevant avsnitt för demontering och montering av kamaxeln i kapitel 2A.*

**1** När motorn är monterad i bilen, kontrollera motorolje- och kylvätskenivåerna igen. Gör sedan en slutlig kontroll av att allt har anslutits och att inga verktyg eller trasor har lämnats kvar i motorrummet.

**2** Avaktivera tänd- och bränslesystemen genom att ta bort motorstyrningens relä (sitter i motorns elektriska box), och bränsle-pumpens säkring (som sitter i huvud-

**18.7b . . . och knacka försiktigt in enheten i cylindern**

säkringsdosan – se kapitel 12), dra sedan runt motorn på startmotorn tills oljetryckslampan slocknar.

**3** Sätt tillbaka reläet och bränslepumpens säkring och slå på tändningen för att prima bränslesystemet.

**4** Starta motorn. Det kan ta lite längre tid än vanligt eftersom komponenterna i bränsle-systemet har störts.

*Varning: När du först startar motorn efter en renovering, om du hör ett skramlande från ventilerna, beror det förmodligen på att de hydrauliska ventillyftarna är delvis dränerade. Om skramlandet fortsätter, kör inte motorn på mer än 2000 rpm förrän ljudet upphör.*

**5** Låt motorn gå på tomgång och leta efter bränsle-, vatten och oljeläckor. Bli inte förskräckt om det kommer underliga lukter och rök från delar som blir varma och bränner bort oljeavlagringar.

**6** Förutsatt att allt verkar vara som det ska, låt motorn gå på tomgång tills du kan känna att varmt vatten cirkulerar genom den övre slangen, slå sedan av motorn.

**7** Efter några minuter, kontrollera oljenivån och kylvätskenivån igen enligt beskrivning i *Veckokontroller*, och fyll på efter behov.

**8** Om nya kolvar eller vevaxellager har monterats, måste motorn behandlas som ny, och köras in de första 800 km. Ge inte full gas, och låt inte motorn arbeta på låga varv i någon växel under den här tiden. Byt helst olja och filter efter inkörningsperioden.

# Kapitel 3
# Kyl-, värme- och ventilationssystem

## Innehåll

## Svårighetsgrader

| Enkelt, passar novisen med lite erfarenhet |  | Ganska enkelt, passar nybörjaren med viss erfarenhet |  | Ganska svårt, passar kompetent hemmamekaniker |  | Svårt, passar hemmamekaniker med erfarenhet | 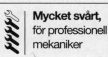 | Mycket svårt, för professionell mekaniker |  |
|---|---|---|---|---|---|---|---|---|---|

## Specifikationer

### Allmänt

Expansionskärlets lock, öppningstryck . . . . . . . . . . . . . . . . . . . . . . . . . .      2,0 ± 0,2 bar

### Termostat

Öppningstemperaturer:
   M52 motor . . . . . . . . . . . . . . . . . . . . . . . . . . . . . . . . . . . . . . . . . . . . .      92°C
   M52TU och M54 motorer . . . . . . . . . . . . . . . . . . . . . . . . . . . . . . . . . .      97°C

### Åtdragningsmoment              Nm

Kylvätskepumpens bultar/muttrar:
   M6 muttrar/bultar . . . . . . . . . . . . . . . . . . . . . . . . . . . . . . . . . . . . . . . .      10
   M8 muttrar/bultar . . . . . . . . . . . . . . . . . . . . . . . . . . . . . . . . . . . . . . . .      22
Kylfläktens viskoskoppling till kylvätskepumpen (**vänstergänga**) . . . . .      40
Termokontakt till kylare . . . . . . . . . . . . . . . . . . . . . . . . . . . . . . . . . . . .      15
Termostatkåpans bultar . . . . . . . . . . . . . . . . . . . . . . . . . . . . . . . . . . . .      10

## 1 Allmän information och föreskrifter

### Allmän information

Kylsystemet är av den trycksatta typen, som består av en pump, en crossflow kylare av aluminium, kylfläkt och en termostat. Systemet fungerar enligt följande. Kall kylvätska från kylaren passerar genom slangen till kylvätskepumpen, där den pumpas ut runt motorblockets och topplockets kanaler. När den har kylt ned cylinderloppen, förbränningsytorna och ventilsätena, når kylvätskan undersidan av termostaten, som inledningsvis är stängd. Kylvätskan passerar genom värmeenheten och återgår genom motorblocket till kylvätskepumpen. På M54 motorer sitter en extra elektrisk kylpump längst ned på kylaren.

När motorn är kall cirkulerar kylvätska bara genom motorblocket, topplocket, expansionskärlet och värmeenheten. När kylvätskan når en förutbestämd temperatur, öppnar termostaten och kylvätskan passerar genom kylaren. När kylvätskan cirkulerar genom kylaren kyls den ned av den inrusande luften när bilen är i rörelse. Luftflödet kompletteras av kylfläkten. När kylvätskan når kylaren kyls den ned och cykeln börjar om igen.

Alla modeller har en remdriven kylfläkt. Remmen drivs av vevaxelns remskiva via en viskös vätskekoppling. Viskoskopplingen varierar fläkthastigheten efter motortemperaturen. Vid låga temperaturer ger kopplingen väldigt lite motstånd mellan fläkten och pumpremskivan så att endast väldigt lite drivning överförs till kylfläkten. När kopplingens temperatur stiger, ökar också dess interna motstånd, och därför ökar drivningen till kylfläkten. På alla motorer kan det sitta en extra, elektrisk kylfläkt på kylarens sida mot stötfångaren.

Se avsnitt 11 för information om luftkonditioneringssystemet.

### Föreskrifter

 **Varning: Försök inte att öppna expansionskärlets påfyllningslock eller röra någon del av kylsystemet medan motorn är varm, eftersom det föreligger risk för skållning. Om expansionskärlets lock måste öppnas innan motorn och kylaren har svalnat helt (även om detta alltså inte rekommenderas), måste trycket i kylsystemet först jämnas ut. Täck över locket med tjocka trasor för att undvika skållning, och skruva sedan sakta loss påfyllningslocket tills ett väsande ljud kan höras. När väsandet upphör, vilket tyder på att trycket har jämnats ut, fortsätt att sakta skruva av locket tills det kan tas bort; om väsandet börjar igen, vänta tills det slutar innan locket tas bort. Håll dig hela tiden på avstånd från lockets öppning.**

• **Låt inte frostskyddsvätska komma i kontakt med huden eller målade ytor på bilen. Skölj omedelbart bort spill med massor av vatten. Låt aldrig frostskyddsvätska ligga i öppna behållare eller pölar på uppfarten eller garagegolvet. Barn och husdjur kan lockas av den söta doften, och förtäring av frostskydd kan innebära livsfara.**

• **Läs föreskrifterna i avsnitt 11, som måste iakttagas vid arbete på modeller med luftkonditionering.**

## 2 Kylsystemets slangar – losskoppling och byte

**Observera:** Läs varningarna i avsnitt 1 i det här kapitlet innan arbetet påbörjas.

1 Om kontrollerna som beskrivs i kapitel 1 avslöjar en defekt slang, måste den bytas ut enligt följande.
2 Tappa först av kylsystemet (se kapitel 1). Om det egentligen inte är tid att byta ut kylvätskan, kan den återanvändas om den samlas upp och förvaras i en ren behållare.
3 För att koppla loss en slang, bänd upp fästklämman och dra loss slangen från anslutningen **(se bilder)**. Vissa slangar kan sitta fast med traditionella slangklämmor. För att koppla loss dessa slangar, lossa slangklämmorna och flytta undan dem från aktuell anslutning, längs slangen. Arbeta sedan försiktigt loss slangen. Slangarna kan tas bort relativt enkelt när de är nya och även när de är varma, men försök ändå inte att koppla loss några delar av systemet medan det fortfarande är varmt.
4 Notera att kylarens inlopps- och utloppsanslutningar är ömtåliga, ta inte i för hårt när slangarna tas bort. Om en slang är mycket svår att få loss, försök att lossa den genom att rotera slangändarna först.
5 För att sätta tillbaka en slang, tryck helt enkelt fast änden över anslutningen tills fästklämman hakar i och låser slangen på plats. Dra i slangen för att försäkra dig om att den sitter på plats. Vid montering av en slang med traditionell slangklämma, trä först på klämmorna på slangen och arbeta sedan fast slangen på anslutningen. Om klämmor av typen som ska klämmas ihop satt på slangen innan demonteringen, kan det vara en bra idé att byta ut dessa mot skruvklämmor vid monteringen. Om slangen är stel, använd lite såpvatten som smörjmedel, eller mjuka upp slangen genom att lägga den i varmt vatten. Arbeta slangen på plats, kontrollera att den är rätt dragen, dra sedan varje klämma längs slangen tills den går över änden av relevant inlopps- eller utloppsanslutning och lås fast den med fästklämman.
6 Fyll på kylsystemet enligt beskrivning i kapitel 1.
7 Leta noggrant efter läckor så snart som möjligt efter det att kylsystemets delar har rubbats.

## 3 Kylare – demontering, kontroll och montering

### Demontering

1 Koppla loss batteriets negativa kabel (se kapitel 5A).

2.3a Bänd upp låsklämman . . .

2.3b . . . och dra loss slangen från anslutningen

**3.4a  Lossa den nedre slangklämman (vid pilen) . . .**

**3.4b  . . . och den övre slangklämman (vid pilen)**

**3.6  Skruva loss bulten (vid pilen) och ta bort fästbygeln på var sida av kylaren**

**2** Tappa av kylsystemet enligt beskrivning i kapitel 1.
**3** Demontera kylfläkten och viskoskopplingen (avsnitt 5).

### M52 motor

**4** Lossa slangklämman eller bänd loss låsklämman (efter tillämplighet) och koppla loss övre och nedre kylvätskeslangar från kylaren **(se bilder)**.
**5** Lossa slangklämman eller bänd loss låsklämman och koppla loss slangen från expansionskärlet.
**6** Skruva loss de två skruvarna och ta bort de två fästbyglarna från den övre kanten av kylaren **(se bild)**.
**7** Lyft kylaren uppåt och ta bort den från motorrummet. Notera gummifästena i de nedre hörnen av kylaren **(se bild)**.
**8** Stick in handen under expansionskärlet och koppla loss kablaget från kylvätske-

**3.7  Kylarens gummifäste**

nivågivaren (om monterad). På modeller med luftkonditionering, koppla loss kontaktdonet från temperaturkontakten som sitter på sidan av kylaren **(se bild)**.

### M54 och M52TU motorer

**9** Bänd loss låsklämman och koppla loss den övre kylvätskeslangen från kylaren **(se bild)**.
**10** Skruva loss de två skruvarna och ta bort de två fästbyglarna från den övre kanten på kylaren **(se bild 3.6)**.
**11** Koppla loss kontaktdonet från givaren som sitter i den nedre kylvätskeslangen, bänd sedan ut låsklämman och koppla loss slangen från kylaren.
**12** Lyft kylaren uppåt och ta bort den från motorrummet. Notera gummifästena på kylarens sidor **(se bild 3.7)**. **Observera:** *På modeller med automatväxellåda, skruva loss bulten och koppla loss växellådans kylrör från kylkassetten för att skapa tillräckligt med utrymme för kylaren när den ska lyftas ut. Var beredd på vätskespill och plugga igen öppningarna.*

### Kontroll

**13** Om kylaren har demonterats på grund av misstänkt blockering, spola den baklänges enligt beskrivning i kapitel 1.
**14** Ta bort smuts och skräp från kylarens flänsar. Använd helst en luftledning (använd i så fall skyddsglasögon), eller annars en mjuk borste. Var försiktig – flänsarna kan lätt ta skada och de är också vassa.
**15** Om så behövs kan en kylarspecialist

utföra ett "flödestest" på kylaren, för att fastställa om en inre blockering förekommer.
**16** En läckande kylare måste också över-lämnas till en specialist för permanent reparation. Försök inte att svetsa eller löda på en läckande kylare, eftersom det kan leda till skador.
**17** Undersök kylarens nedre fästgummin för att se om de är skadade eller försämrade och byt ut dem om så behövs.

### Montering

**18** Montering sker i omvänd ordning mot demonteringen. Tänk på följande:
a) *Se till att de nedre gummifästena sitter korrekt på plats och sänk sedan ned kylaren. Sätt in den i fästena och lås den på plats med fästklämman (se bild).*
b) *Se till att fläktkåpan sitter som den ska med klackarna på kylaren och lås den på plats med klämmorna.*
d) *Anslut slangarna och se till att fästklämmorna låser.*
e) *Undersök O-ringstätningarna (om tillämpligt) i ändarna av kylarens anslutningar. Byt ut dem om de är i dåligt skick.*
f) *När monteringen är klar, anslut batteriet och fyll på kylsystemet (se kapitel 1).*
g) *Där så är tillämpligt, kontrollera automatväxellådans oljenivå och fyll på vid behov.*

**3.8  Koppla loss temperaturkontakten (endast modeller med luftkonditionering)**

**3.9  Bänd loss klämman och ta loss den övre slangen**

**3.18  Se till att kylarfästet låses fast ordentligt**

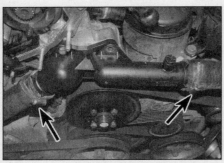

**4.3 Lossa termostatens slangklämmor (vid pilarna)**

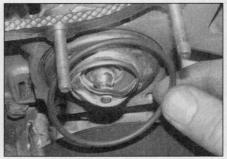

**4.6 Ta bort termostattätningen**

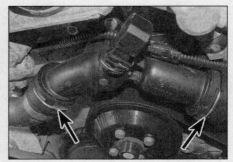

**4.7 Bänd ut låsklämmorna (vid pilarna)**

## 4 Termostat – demontering och montering

**Observera:** *Vid monteringen kommer en ny tätningsring till termostaten att behövas, och (där tillämpligt) en packning/tätning till huset.*

### Demontering

**1** Tappa av kylsystemet enligt beskrivning i kapitel 1.
**2** För att förbättra åtkomligheten till termostathuset, demontera kylfläkten och kopplingen enligt beskrivning i avsnitt 5.

### M52 motor

**3** Lossa fästklämmorna och koppla loss kylvätskeslangarna från termostathuset på framsidan av kamkedjekåpan **(se bild)**.
**4** Skruva loss bulten/muttern och ta bort motorns lyftögla ovanför termostathuset.
**5** Ta loss kabelhärvans styrning ovanför termostathuset genom att skjuta den åt höger.
**6** Skruva loss fästskruvarna och ta bort termostathuset. Ta vara på packningen/tätningen **(se bild)**. Ta bort termostaten.

### M52TU och M54 motorer

**7** Bänd ut låsklämmorna och koppla loss de två kylvätskeslangarna från termostathuset **(se bild)**.
**8** Skruva loss muttern/bulten och ta bort motorns lyftögla ovanför termostathuset.
**9** Skruva loss fästskruvarna och ta bort

**4.9 Byt ut termostathusets O-ringstätning**

termostathuset. Koppla loss kontakten till termostatens värmeenhet (om monterad). Notera att termostaten sitter ihop med huset, och inte kan bytas ut separat. Ta vara på tätningen **(se bild)**.

### Montering

**10** Montering sker i omvänd ordning mot demonteringen. Tänk på följande.
a) Vid montering av termostaten på M52 motorer, notera att pilen på kanten av termostatflänsen måste peka uppåt **(se bild)**.
a) Byt ut termostatkåpans O-ringstätning.
b) Dra åt termostatkåpans bultar till angivet moment.
c) Montera kylfläkten enligt beskrivning i avsnitt 5.

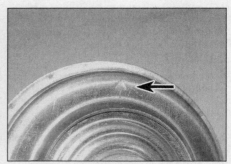

**4.10 Pilen måste vara vänd uppåt (vid pilen)**

d) Avsluta med att fylla på kylsystemet enligt beskrivning i kapitel 1.

## 5 Kylfläkt och viskoskoppling – demontering och montering

**Observera:** *En speciell 32 mm smal öppen nyckel (BMW verktyg nr 11 5 040) kan behövas för att ta bort fläkten och viskoskopplingen.*

### Demontering

**1** Använd en öppen nyckel och skruva loss viskoskopplingen från kylvätskepumpen **(se bilder)**. **Observera:** *Viskoskopplingen har vänstergänga och skruvas loss medurs.* Använd en andra nyckel eller hylsa på vevaxelremskivans bult för att förhindra att remskivan roterar. Om så behövs, placera en metallremsa med två urtag över remskivebultarnas skallar, för att hålla fast muttern.

### M52 motor

**2** Lossa fläktkåpans övre fästklämmor (nitar) genom att dra ut mittstiften. Dra försiktigt kåpan uppåt för att lossa styrflikarna på var sida av kylaren, lyft sedan kåpan och fläkten uppåt och ta ut den **(se bilder)**.

### M54 och M52TU motorer

**3** Tappa av kylsystemet enligt beskrivning i kapitel 1. Ta loss nivågivarens kontaktdon

**5.1a Användning av en särskilt tunn 32 mm nyckel**

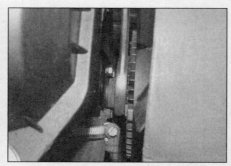

**5.1b De flesta "normala" 32 mm nycklar passar också**

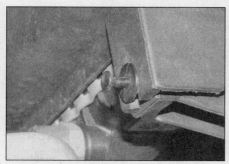

5.2a Bänd upp mittstiftet och ta bort plastniten

5.2b Lyft upp kåpan och fläkten

5.4 Skruva loss ventilationspluggen och ta loss fästbygeln

5.5 Koppla loss slangen från expansionskärlet

5.8 Koppla loss den extra pumpens kontaktdon

5.10 Ta loss AUC-givaren (vid pilen) från fläktkåpan

längst ned på expansionskärlet (om monterat), bänd sedan ut trådklämmorna och koppla loss kylvätskeslangen (-slangarna) nedtill på expansionskärlet.

**4** Ta bort locket från expansionskärlet, skruva loss och ta bort ventilationspluggen och ta bort tankens fästbygel **(se bild)**.

*Varning: Försäkra dig om att kylsystemet är svalt innan du tar bort locket.*

**5** Dra tankens överdel lite bakåt och koppla loss ventilationsslangen **(se bild)**. Man kan behöva kapa metallklämman från slangen. I det här fallet, byt ut klämman mot en slangklämma med skruv.

**6** Lyft expansionskärlet uppåt så att det lossnar från de nedre hållklackarna.

**7** Lyft upp framvagnen och stötta den säkert på pallbockar (se *Lyftning och stödpunkter*). Lossa skruvarna och ta bort skölden under motorn.

**8** Arbeta under bilen, koppla loss den extra kylvätskepumpens kontaktdon **(se bild)**.

**9** Lossa den extra kylvätskepumpen från dess fäste, och kylvätskeslangarna från klämmorna på kåpan.

**10** Ta bort AUC-givaren från vänster sida av kåpan **(se bild)**.

**11** Lossa fläktkåpans övre fästklämmor genom att dra ut mittstiften, lossa sedan tätningsremsan från den främre övre kanten av kåpan.

**12** Lyft kåpan uppåt och ta bort den tillsammans med kylfläkten och kopplingen. Notera kåpans fästflikar nedtill och på sidorna av kylaren.

## Alla motorer

**13** Om så behövs, skruva loss fästbultarna och separera kylfläkten från kopplingen. Notera vilken väg fläkten sitter monterad.

## Montering

**14** Om så behövs, montera fläkten på viskoskopplingen och dra åt dess fästbultar ordentligt. Se till att fläkten monteras rätt väg.

**Observera:** *Om fläkten monteras fel väg kommer kylsystemets effektivitet att minska avsevärt.*

**15** Montera fläkten och kåpan. Skruva fast fläkten i kylvätskepumpen och dra åt ordentligt. Haka fast fläktkåpan i flikarna på kylaren och lås den på plats med fästklämmorna.

**16** Återstoden av monteringen sker i omvänd ordning mot demonteringen.

6.3 Luftkanalen sitter fast med tre skruvar (de två inre vid pilarna)

**17** Anslut luftkanalerna (om de kopplats loss).

## 6 Elektrisk kylfläkt och kåpa – demontering och montering

### Demontering

**1** Demontera den främre stötfångaren enligt beskrivning i kapitel 11.

**2** Demontera båda de främre strålkastarna enligt beskrivning i kapitel 12, avsnitt 7.

**3** Skruva loss de tre skruvarna som håller luftkanalen (-kanalerna) till kylfläktskåpan **(se bild)**.

**4** Koppla loss fläktmotorns kontaktdon **(se bild)**.

**5** Ta loss kabelhärvan från den främre luftkanalen/kåpan.

**6** Skruva loss de tre fästskruvarna/ta bort de tre

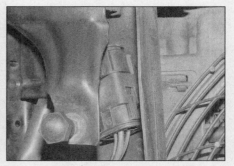

6.4 Lossa klämman och koppla loss fläktens kontaktdon

**6.6 Tryck in mittstiften och bänd loss plastnitarna (vid pilarna)**

plastnitarna som sitter upptill/på sidan av luftkanalen/kåpan och ta bort den från bilen **(se bild)**. Om plastnitar är monterade, tryck ned mittstiftet genom niten och bänd sedan ut hela niten.

**7** Skruva loss de fyra fästmuttrarna och sänk ned kylfläkten och kåpan **(se bild)**.

## Montering

**8** Montering sker i omvänd ordning mot demonteringen.

---

### 7 Kylsystemets elektriska givare – test, demontering och montering

## Kylvätskenivågivare

**Observera:** *Kylvätskenivågivare finns inte på alla modeller.*

### Test

**1** Test av givaren bör överlämnas till en BMW-återförsäljare.

### Demontering

**2** Givaren sitter längst ned i kylvätskans expansionskärl. Tappa av kylvätska tills nivån ligger under expansionskärlet (se kapitel 1).
**3** Lyft upp framvagnen och stötta den säkert på pallbockar (se *Lyftning och stödpunkter*). Lossa skruvarna och ta bort kåpan under motorn.
**4** Koppla loss givarens kontaktdon, skruva sedan loss givaren från kärlet. Ta vara på eventuell tätningsring.

**7.8 Kylvätskans temperaturgivare i den nedre slangen**

---

**6.7 Skruva loss de fyra bultarna och ta bort fläkten**

## Montering

**5** Montering sker i omvänd ordning, men byt ut eventuell tätningsring mot en ny. Avsluta med att fylla på kylsystemet enligt beskrivning i kapitel 1, eller toppa upp enligt beskrivning i *Veckokontroller*.

## Kylvätsketempgivare i kylaren

### Demontering

**6** Givaren sitter i kylarens nedre slang på vissa modeller, och på höger sida av kylaren på andra. Motorn och kylaren ska vara kalla innan givaren tas bort.
**7** Tappa antingen av kylsystemet tills nivån är under givaren (enligt beskrivning i kapitel 1), eller var beredd med en lämplig plugg som kan sättas in i öppningen i kylaren när givaren tas bort. Om en plugg används, var försiktig så att inte kylaren skadas, och använd ingen typ av plugg som avger partiklar som kan komma in i kylaren.
**8** Koppla loss kontaktdonet från givaren **(se bild)**.
**9** Lossa fästklämman och ta bort givaren. Ta vara på tätningsringen.

## Montering

**10** Montering sker i omvänd ordning mot demonteringen, men använd en ny tätningsbricka. Avsluta med att fylla på kylsystemet enligt beskrivning i kapitel 1 eller toppa upp enligt beskrivning i *Veckokontroller*.
**11** Starta motorn och kör den tills den når normal arbetstemperatur, låt den sedan gå och kontrollera att kylfläkten startar och fungerar korrekt.

**7.15 Skruva loss temperaturgivaren från topplocket (visad med insugsgrenröret demonterat)**

---

## Kylvätsketempgivare i topplocket

### Test

**12** Test av givaren måste överlämnas till en BMW-återförsäljare.

### Demontering

**13** Tappa antingen av kylsystemet tills nivån är just under givaren (enligt beskrivning i kapitel 1), eller var beredd med en lämplig plugg som kan sättas in i givarens öppning när den tas bort. Om en plugg används, var noga med att inte skada givaröppningen och använd inte en typ av plugg som kan avge partiklar som kan komma in i kylsystemet.
**14** Givaren sitter inskruvad på vänster sida av topplocket, under insugsgrenröret. Demontera insugsgrenröret enligt beskrivning i kapitel 4A.
**15** Koppla loss kablaget från givaren. Skruva loss givaren från topplocket och ta vara på tätningsbrickan **(se bild)**.

## Montering

**16** Sätt en ny tätningsbricka på givaren och montera givaren. Dra åt den ordentligt.
**17** Montera insugsgrenröret enligt beskrivning i kapitel 4A.
**18** Anslut kablaget till givaren och fyll sedan på kylsystemet enligt beskrivning i kapitel 1 eller toppa upp enligt beskrivning i *Veckokontroller*.

---

### 8 Kylvätskepump – demontering och montering

**Observera:** *En ny tätningsring behövs vid montering.*

### Demontering

**1** Tappa av kylsystemet enligt beskrivning i kapitel 1.
**2** Demontera kylfläkten och kopplingen enligt beskrivning i avsnitt 5.
**3** Lossa bultarna till kylvätskepumpens remskiva och ta bort drivremmen enligt beskrivning i kapitel 1.
**4** Skruva loss fästbultarna och ta bort remskivan från pumpen. Notera vilken väg den sitter **(se bild)**.
**5** Skruva loss pumpens fästbultar/muttrar

**8.4 Skruva loss remskivans fästbultar**

**8.5 Om kylvätskepumpen sitter hårt, dra ut pumpen med hjälp av två bultar (vid pilarna)**

**8.6 Ta vara på kylvätskepumpens tätningsring**

**8.17 Skruva loss torxskruven (vid pilen), och ta bort pumpen**

(efter tillämplighet) och ta bort pumpen. Om pumpen sitter hårt, skruva in två M6 bultar i de därför avsedda "utdragningshålen" på var sida av pumpen och använd bultarna till att dra ut pumpen från sin plats (se bild).

6 Ta vara på tätningsringen på pumpens baksida (se bild).

## Montering

7 Montera den nya tätningsringen bak på pumpen och smörj den med lite fett för att underlätta installationen.

8 Sätt pumpen på plats och sätt tillbaka fästbultarna/-muttrarna. Dra åt bultarna/muttrarna jämnt och stegvis till angivet moment så att du ser att pumpen dras rakt in på sin plats.

9 Montera remskivan på pumpen, se till att den placeras rätt väg, och skruva in fästbultarna.

10 Montera drivremmen enligt beskrivning i kapitel 1 och dra sedan åt remskivans bultar ordentligt.

11 Montera kylfläktsenheten enligt beskrivning i avsnitt 5.

12 Fyll på kylsystemet enligt beskrivning i kapitel 1.

## Extra vattenpump – M54 motor

### Demontering

13 Tappa av kylsystemet enligt beskrivning i kapitel 1.

14 Lyft upp framvagnen och stöd den ordentligt på pallbockar (se *Lyftning och stödpunkter*). Lossa skruvarna och ta bort kåpan under motorn.

15 Koppla loss kontaktdonet från pumpen (se bild 5.8).

16 Bänd ut låsklämmorna och koppla loss kylvätskeslangarna från pumpen.

17 Skruva loss Torxskruven, lyft upp pumpen från dess fäste och ta bort den från bilen (se bild).

### Montering

18 Montering sker i omvänd ordning mot demonteringen. Kom ihåg att fylla på kylsystemet enligt beskrivning i kapitel 1.

## 9 Värme- och ventilationssystem – allmän information

1 Värme-/ventilationssystemet består av en fläktmotor med variabel hastighet, ventiler i ansiktshöjd i mitten och på sidorna av instrumentbrädan, och luftkanaler till främre och bakre fotutrymmen. På vissa modeller sitter en andra fläktmotor i mittkonsolen mellan framsätena som ska ge ett luftflöde till passagerarna i baksätet.

2 Reglagepanelen sitter i instrumentbrädan, och reglagen styr klaffventiler som leder och blandar luften som flödar genom de olika delarna i värme-/ventilationssystemet. Klaffventilerna sitter i luftfördelarhuset, vilket agerar som en central fördelningsenhet som fördelar luften till de olika kanalerna och ventilerna.

3 Kall luft går in i systemet genom grillen baktill i motorrummet. Två pollenfilter sitter vid luftintaget för att filtrera bort damm, sporer och sot från den inkommande luften.

4 Luftflödet, som kan förstärkas med fläkten, leds sedan genom de olika kanalerna enligt reglagens inställning. Gammal luft släpps ut genom kanalerna baktill i bilen. Om varm luft behövs, skickas kalluften genom värmepaketet, som värms upp av motorns kylvätska.

5 Om så behövs kan luftintaget stängas av, så att luften i bilen istället återanvänds. Detta kan vara bra om man vill undvika att släppa in otrevliga lukter utifrån, men funktionen ska bara användas under kortare stunder, eftersom den återanvända luften fort blir dålig. På vissa modeller finns automatisk återcirkulation av luften. Det här systemet känner av obehagliga lukter och luftföroreningar och stänger då tillfälligt av insläppet av luft till passagerarutrymmet. Så snart lukten/föroreningen försvinner återställs lufttillförseln.

6 Vissa modeller har framsätesvärme. Värmen produceras av eluppvärmda mattor i sittdynan och ryggstödet (se kapitel 12). Temperaturen regleras automatiskt av en termostat, och kan ställas i ett av tre lägen via reglage på instrumentbrädan.

7 På vissa modeller finns värme för ratten. Värmen kommer från ett elektriskt element som byggts in i ratten och som styrs via en knapp som också sitter på ratten.

8 Vissa modeller är utrustade med en "latent värmeackumulator". Detta är ett system där värme från kylsystemet lagras i en isolerad behållare på instrumentbrädan. Behållaren innehåller en saltblandning, som omvandlas från fast form till flytande form av den varma kylvätskan. Det här systemet kan hålla värme i flera dagar, till och med vid mycket låga temperaturer. När motorn startas igen återgår den flytande saltblandningen till fast form – den latenta värmen som då avges kan användas på en gång till att avfrosta rutor, värma upp passagerarutrymmet och reducera motorns uppvärmningstid.

## 10 Värme- och ventilationssystem – demontering och montering av komponenter

### Utan luftkonditionering

#### Reglage

1 Koppla loss batteriets negativa kabel (se kapitel 5A).

2 Använd ett verktyg av trä eller plast, bänd försiktigt reglagepanelen under värmereglagen nedåt och bakåt. Koppla loss reglagens kontaktdon när panelen dras ut.

3 Tryck de två fästklämmorna uppåt och ta ut värmereglagepanelen.

4 Notera hur reglagepanelens kontaktdon och styrvajrar sitter och koppla sedan loss dem.

5 Montering sker i omvänd ordning. Se till att dra styrvajrarna korrekt och ansluta dem på rätt platser i reglagepanelen, enligt tidigare noteringar. Sätt fast vajerhöljena och kontrollera funktionen hos varje knapp/spak innan reglagepanelen sätts tillbaka.

#### Styrvajrar

6 Demontera värme-/ventilationsreglagepanelen från instrumentbrädan enligt ovan i punkt 1 till 4 och koppla loss relevant vajer

**10.10 Lossa klämman (klämmorna) och koppla loss luftkanalen**

**10.12 Kläm ihop de tre slangarna vid torpeden**

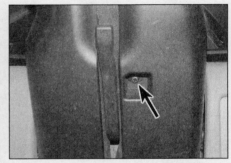

**10.15 Den nedre rattstångskåpan hålls på plats av tre skruvar (övre skruv vid pilen)**

från enheten. Notera exakt hur de sitter för att underlätta monteringen.

**7** På vänsterstyrda modeller, demontera handskfacket enligt beskrivning i kapitel 11, avsnitt 26. På högerstyrda modeller, skruva loss fästskruvarna, ta loss den nedre instrumentbrädespanelen på förarsidan och lyft ut den ur bilen.

**8** Följ vajern bakom instrumentbrädan, notera hur den är dragen och koppla sedan loss vajern från luftfördelarhuset.

**9** Montera den nya vajern i omvänd ordning. Se till att den dras rätt väg och att den inte blir veckad eller hamnar så att den kan fastna i någonting. Kontrollera reglageknoppens funktion, sätt sedan tillbaka reglageenheten enligt tidigare beskrivning i det här avsnittet.

### Värmepaket – modeller fram till 03/99

**10** I motorrummet, lossa fästklämman och dra loss den vänstra luftkanalen från pollenfilterhuset, vrid sedan filterhuset uppåt och koppla loss det från torpedväggen **(se bild)**.

**11** Skruva loss expansionskärlets lock (se **Varningen** i avsnitt 1) för att släppa ut eventuellt tryck i kylsystemet, sätt sedan tillbaka locket och skruva fast det.

**12** Kläm ihop alla tre värmeslangar så nära torpedväggen som möjligt för att minimera kylvätskeförlusten **(se bild)**. Alternativt, tappa av kylsystemet enligt beskrivning i kapitel 1.

**13** Koppla loss värmeslangarna vid torpedväggen.

**14** Demontera mittkonsolen och instrument-

brädans nedre panel enligt beskrivning i kapitel 11.

**15** Skruva loss skruvarna och ta bort den nedre rattstångskåpan **(se bild)**.

**16** Skruva loss de två fästskruvarna och dra bort passagerarsidans luftkanal från värmehuset.

**17** Skruva loss skruvarna/muttrarna och koppla loss värmerören från värmepaketet. Var beredd på kylvätskespill.

**18** Skruva loss skruven och ta bort värmerörets fästkonsol från värmehuset.

**19** Haka loss servomotorn för fotbrunnens ventilationsklaff från värmehuset och flytta den åt sidan.

**20** Skruva loss de två skruvarna och ta bort den högra fotbrunnens luftutloppskanal från värmehuset.

**21** Skruva loss de tre skruvarna, lossa fästklämman och ta bort värmepaketets kåpa från värmehuset.

**22** Lossa klämmorna/skruvarna och ta bort det bakre passagerarutrymmets luftkanal. Dra bort värmepaketet från värmehuset **Observera:** *Håll värmepaketets anslutningar uppåt när enheten demonteras för att förhindra kylvätskespill. Torka upp eventuellt spilld kylvätska omedelbart och torka av ytan med en fuktig trasa för att förebygga fläckbildning.*

**23** Montering sker i omvänd ordning, använd nya tätningsringar. Avsluta med att fylla på kylsystemet enligt beskrivning i kapitel 1.

### Värmepaket – modeller fr.o.m. 03/99

**24** Utför åtgärderna som beskrivs i punkt 10 till 19.

**25** Lossa de tre fästklämmorna och ta bort höger fotbrunns luftutloppsventil.

**26** Skruva loss de fyra fästskruvarna, lossa klämman och dra värmepaketets kåpa nedåt ut ur styrningarna för att ta bort den. Om så behövs, stäng fotbrunnens luftklaff så att värmepaketet kan dras ut ur värmehuset **Observera:** *Håll värmepaketets anslutningar uppåt när enheten tas ut, för att förhindra kylvätskespill. Torka upp eventuellt spilld kylvätska på en gång och torka av ytan med en fuktig trasa för att undvika fläckbildning.*

**27** Montering sker i omvänd ordning mot demonteringen, använd nya tätningsringar. Avsluta med att fylla på kylsystemet enligt beskrivning i kapitel 1.

### Värmefläktsmotor

**28** Demontera hela instrumentbrädan enligt beskrivning i kapitel 11.

**29** Ta bort skumgummimattan som sitter runt den mittre luftventilen i instrumentbrädan.

**30** Tryck in klämman och skjut fördelningsmotorns spindel åt vänster, lossa sedan de två fästklämmorna och bänd loss instrumentbrädans vindruteventil **(se bilder)**.

**31** Dra anslutningsskenan åt sidan, dra sedan ut båda länkarna ur fördelningsklaffarna **(se bild)**.

**32** Lossa fästklämmorna och dra toppen av

**10.30a Tryck in klämman och skjut motorspindeln åt vänster**

**10.30b Notera hur den främre kanten av den mittre ventilen hakar i klämmorna (vid pilarna)**

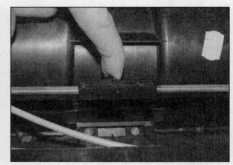

**10.31 Skjut anslutningsskenan åt ena sidan**

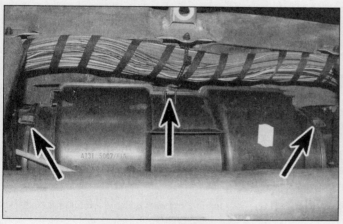

10.32 Lossa de tre klämmorna

10.33 Skruva loss motorns tre fästskruvar

motorkåpan bakåt, så att de nedre klackarna lossnar **(se bild)**.
33 Skruva loss de tre fästskruvarna och lyft ut fläktmotorn **(se bild)**. Koppla loss kontaktdonet när motorn tas ut.
34 Montering sker i omvänd ordning mot demonteringen. Se till att motorn sätts ordentligt på plats i huset med klämmorna och att husets kåpor låses på plats.

## Värmefläktsmotorns motstånd/ gränsbrytare

35 Demontera instrumentbrädans nedre panel på förarsidan, och fotbrunnspanelen på mittkonsolen, enligt beskrivning i kapitel 11.
36 Lossa fästklämman och koppla loss motståndets/brytarens kontaktdon **(se bild)**.
37 Tryck fästklämman nedåt och dra motståndet/brytaren från värmarhuset.
38 Montering sker i omvänd ordning mot demonteringen.

## Värmepaketets kylvätskeventil (-er)

39 Kylvätskeventilen (-erna) sitter på den vänstra innerskärmen. Notera att vissa modeller har en extra pump intill ventilen (ventilerna) **(se bild)**. Skruva loss expansionskärlets lock (se **Varningen** i avsnitt 1) för att släppa ut eventuellt tryck i kylsystemet, skruva sedan fast locket.
40 På M52 och M54 motorer, ta bort luftrenarhuset enligt beskrivning i kapitel 4A.

41 Kläm ihop båda värmarslangarna så nära kylvätskeventilerna som möjligt för att minimera kylvätskeförlusten.
42 Koppla loss ventilens (ventilernas) kontaktdon.
43 Lossa fästklämmorna och koppla loss slangarna från ventilen (ventilerna), ta sedan loss ventilen (ventilerna) och ta bort den från motorrummet.

## Värmarhus

45 Arbeta i motorrummet, lossa fästklämman och dra höger och vänster luftkanaler från pollenhuset, vrid sedan huset uppåt och ta loss det från torpedväggen **(se bild 10.10)**.
46 Skruva loss expansionskärlets lock (se

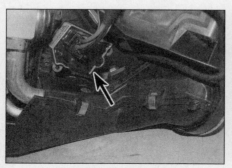

10.36 Koppla loss gränsbrytarens kontaktdon (vid pilen)

10.39 Kylvätskeventiler och extra pump

**Varningen** i avsnitt 1) för att släppa ut eventuellt tryck i kylsystemet, skruva sedan fast locket igen.
47 Kläm ihop alla tre värmeslangar så nära torpedväggen som möjligt, för att minimera kylvätskespillet **(se bild 10.12)**. Alternativt, tappa av kylsystemet enligt beskrivning i kapitel 1.
48 Koppla loss värmeslangarna vid torpeden.
49 I motorrummet, skruva loss de tre muttrarna som håller värmarhuset till torpeden **(se bilder)**.
50 Demontera instrumentpanelen enligt beskrivning i kapitel 11.
51 Skruva loss bultarna som håller rattstången till instrumentbrädans tvärbalk.

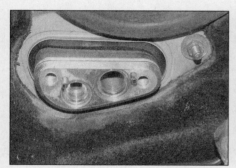

10.49a Skruva loss muttrarna som håller värmarhuset till torpeden – den högra . . .

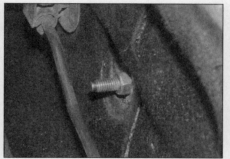

10.49b . . . den mittre . . .

10.49c . . . och den vänstra (vid pilen)

**10.53a Skruva loss tvärbalkens muttrar/bultar i den högra änden...**

**10.53b ... i den vänstra änden ...**

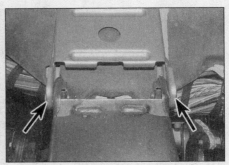

**10.53c ... ovanför rattstången (vid pilen) ...**

Stötta rattstången och ratten med ett träblock eller liknande.

**52** Notera hur buntbanden som håller kabelhärvorna till instrumentbrädans tvärbalk sitter, lossa dem sedan.

**53** Skruva loss muttrarna som håller fast instrumentbrädans tvärbalk i höger och vänster ände, ovanför rattstången och på var sida om mittkonsolen **(se bilder)**. Tryck in de två klämmorna och lossa säkringshållaren från säkringsdosans lock och lyft ut instrumentbrädans tvärbalk.

**54** Ta bort plastniten och ta loss det bakre passagerarutrymmets luftkanal från värmarhuset.

**55** Kontrollera runt värmarhuset att alla kontaktdon har kopplats loss, skruva loss de två muttrarna baktill på huset, lyft sedan huset bakåt och ta bort det från bilen **(se bild)**.

## Med luftkonditionering

### Värmereglage – modeller med manuell luftkonditionering

**56** Åtgärden beskrivs i punkt 1 till 5 i det här avsnittet.

### Värmereglage – modeller med automatisk luftkonditionering

**57** Demontera MID/IRIS-enheten som sitter i instrumentbrädan enligt beskrivning i kapitel 12.

**58** Stick in ett flatbladigt verktyg på var sida om reglagepanelen och tryck ut panelen **(se bild)**.

**59** Notera hur kontaktdonen sitter, lossa spärren och koppla loss kontaktdonen. För att ta bort reglagepanelens frontplatta, använd ett bladmått eller liknande till att lossa

klämmorna runt plattans kant. Om så behövs kan knapparna på reglagepanelen nu försiktigt bändas loss i nederkant **(se bild)**.

**60** Montering sker i omvänd ordning mot demonteringen. **Observera:** *Om reglagepanelen byts ut, måste den nya enheten programmeras med särskild testutrustning via bilens diagnosuttag. Överlämna detta arbete åt en BMW-återförsäljare eller annan lämpligt utrustad specialist.*

### Värmepaket

**61** Demontera instrumentbrädans nedre panel enligt beskrivning i kapitel 11.

**62** Skruva loss de sex skruvarna och ta loss de tre fästklämmorna, och ta bort värmeenhetens utloppskanaler på båda sidor **(se bild)**.

**63** Lossa klämmorna och ta loss de bakre värmekanalerna från huset **(se bild)**.

**10.53d ... och på var sida om mittkonsolen**

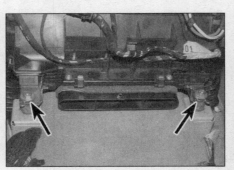

**10.55 Skruva loss de två muttrarna (vid pilarna) på baksidan av värmarhuset**

**10.58 Stick in ett flatbladigt verktyg på var sida om reglagepanelen**

**10.59 Bänd försiktigt ut den nedre kanten på knapparna**

**10.62 Lossa klämmorna, skruva loss skruvarna och ta bort luftkanalen på var sida**

**10.63 Lossa klämmorna och ta bort de bakre värmekanalerna**

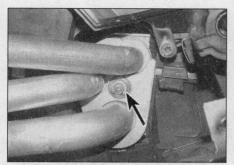
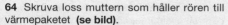

10.64  Skruva loss muttern som håller rören till värmepaketet (vid pilen)

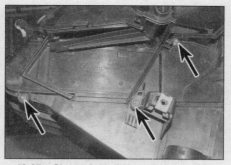

10.65a  Skruva loss de tre skruvarna (vid pilarna), lossa klämman och ta bort kåpan

10.65b  Ta bort värmepaketet från huset

**64** Skruva loss muttern som håller rören till värmepaketet **(se bild)**.
**65** Lossa skruvarna/klämman och ta bort värmepaketets kåpa **(se bilder)**. Dra bort värmepaketet från huset.
**66** Montering sker i omvänd ordning. Byt ut tätningarna till värmepaketets rör.

### Värmarhus

**67** Låt en BMW-återförsäljare eller annan lämpligt utrustad specialist tömma ut köld-mediet ur luftkonditioneringssystemet.
**68** Arbeta i motorrummet, lossa fäst-klämmorna och dra vänster och höger luftkanal från pollenfilterhusen, vrid dem sedan uppåt och koppla loss dem från torpedväggen **(se bild 10.10)**.
**69** Skruva loss expansionskärlets lock (se **Varningen** i avsnitt 1) för att släppa ut eventuellt tryck i kylsystemet, skruva sedan fast locket igen.
**70** Kläm ihop alla tre värmarslangar så nära torpeden som möjligt för att minimera kylvätskeförlusten **(se bild 10.12)**. Alternativt, tappa av kylsystemet enligt beskrivning i kapitel 1.
**71** Koppla loss värmarslangarna vid torped-väggen. Dra bort gummimuffen och skruva loss värmarhusets fästmutter.
**72** Skruva loss de två bultarna och koppla loss luftkonditioneringens tryck- och sugrör från torpedväggen i motorrummet. Kasta rör-tätningarna, nya måste användas vid monteringen. Dra undan gummimuffen runt rören och skruva loss värmarhusets fästmutter **(se bilder)**. Plugga igen eller täck över rörens ändar.
**73** Resten av demonteringen av värmarhuset följer beskrivningen i punkt 49-55 i det här avsnittet.

### Värmefläktsmotor

**74** Demontering av värmefläktsmotorn beskrivs i punkt 28 till 34 i det här avsnittet.

### Värmefläktsmotorns motstånd/gränsbrytare

**75** Se informationen i punkt 35 till 38 i det här avsnittet.

### Värmepaketets kylvätskeventil

**76** Se informationen i punkt 39 till 44 i det här avsnittet.

### Alla modeller

### Bakre fläktmotor

**77** Demontera mittkonsolen enligt beskriv-ning i kapitel 11.
**78** Skruva loss de två fästbultarna, koppla loss kontaktdonet och dra ut fläktmotorn bakåt.
**79** Montering sker i omvänd ordning mot demontering.

### Bakre fläktmotorns kontroller

**80** Demontera den bakre fläktmotorn enligt tidigare beskrivning.
**81** Koppla loss kontaktdonet, skruva loss de två skruvarna och ta bort kontrollern.
**82** Montering sker i omvänd ordning.

### Ackumulator för latent värme

**83** Demontera handskfacket på passagerar-sidan enligt beskrivning i avsnitt 26 i kapitel 11.
**84** Tappa av kylsystemet enligt beskrivning i kapitel 1.
**85** Ta försiktigt loss tröskelpanelen vid passagerarsidans dörr.
**86** Dra undan mattan under instrument-brädan på passagerarsidan. BMW föreslår att mattan under värmaren skärs upp så att den kan dras undan. Var noga med att bara skära mattan där snittet inte syns.
**87** Skruva loss de två skruvarna och koppla loss kylvätskerören från ackumulatorn. Kasta tätningarna, nya måste användas vid monteringen. Var beredd på kylvätskespill.
**88** Skruva loss fästmuttern, haka loss

fästbandet och lyft ut ackumulatorn. Försök att hålla ackumulatorn i en så upprätt position som möjligt för att undvika kylvätskespill.
**89** Montering sker i omvänd ordning mot demonteringen. Innan monteringen, fyll ackumulatorn med kylvätska och försök att hålla den så upprätt som möjligt för att minimera kylvätskeförlusten. Efter avslutad montering, fyll på kylsystemet enligt beskrivning i kapitel 1.

### 11  Luftkonditionering – allmän information och föreskrifter

### Allmän information

**1** Ett luftkonditioneringssystem finns på alla modeller. Systemet gör att man kan sänka temperaturen på den inkommande luften och det avfuktar även luften, vilket ger snabbare avimning och ökad komfort.
**2** Systemets kylsida fungerar på samma sätt som ett vanligt kylskåp. Ett köldmedium i gasform dras in i en remdriven kompressor och fortsätter in i en kondensor som sitter framför kylaren, där gasen förlorar värme och övergår till flytande form. Vätskan passerar genom en expansionsventil till en förångare, där den omvandlas från vätska under högt tryck till gas under lågt tryck. Denna förändring åtföljs av en temperatursänkning, vilket kyler ned förångaren. Köldmediet återgår till kompressorn och cykeln börjar om igen.

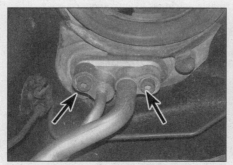

10.72a  Skruva loss de två bultarna (vid pilarna) och koppla loss luftkonditioneringsrören

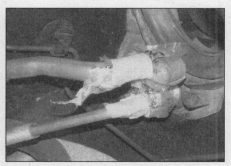

10.72b  Plugga igen eller täck över rören för att förhindra att det kommer in fukt i systemet

**3** Luft som blåser genom förångaren förs vidare till luftfördelarenheten, där den blandas med varm luft från värmepaketet för att önskad temperatur ska uppnås i kupén.
**4** Systemets värmesida fungerar på samma sätt som på modeller utan luftkonditionering (se avsnitt 9).
**5** Driften av systemet styrs av en elektronisk styrenhet med ett självdiagnossystem. Eventuella problem med systemet bör överlämnas till en BMW-återförsäljare eller annan lämpligt utrustad specialist.

### Föreskrifter

**6** Om ett luftkonditioneringssystem finns är det viktigt att vidta särskilda försiktighetsåtgärder när man handskas med någon del av systemet, dess tillhörande komponenter och eventuella andra delar som kräver urkoppling av systemet. Om systemet av någon anledning måste kopplas ur, överlämna denna uppgift till en BMW-återförsäljare eller annan lämpligt utrustad specialist.

⚠️ *Varning: Köldmediet är potentiellt farligt och får endast handhas av auktoriserade personer. Om det stänker på huden kan det leda till frostskador. Köldmediet i sig självt är inte giftigt, men om det kommer i kontakt med en öppen låga (inklusive en cigarett), uppstår en giftig gas. Okontrollerat utsläpp av köldmedium är farligt både för människor och miljö.*

⚠️ *Varning: Använd inte luftkonditioneringen om du vet att systemet innehåller för lite köldmedium, eftersom det kan skada kompressorn.*

### 12 Luftkonditionering – demontering och montering av komponenter

⚠️ *Varning: Försök inte att öppna köldmediekretsen. Se varningarna i avsnitt 11.*

### Förångare

**1** Låt tömma systemet hos en BMW-återförsäljare eller en annan lämpligt utrustad specialist.

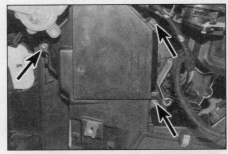

**12.3 Skruva loss skruvarna (vid pilarna) och ta bort expansionsventilens kåpa**

**2** Demontera värmarhuset enligt beskrivning i avsnitt 10. Skruva sedan loss skruvarna och ta bort luftkanalerna i både höger och vänster fotbrunn **(se bild 10.63)**.
**3** Skruva loss skruvarna och ta bort expansionsventilens kåpa **(se bild)**.
**4** Lossa klämmorna och ta bort förångarrörens kåpa.
**5** Skruva loss skruvarna/klämmorna och ta bort värmepaketets kåpa **(se bild 10.65a)**.
**6** Skruva loss de två skruvarna och lossa de två klämmorna som håller fast det mittre luftutloppet **(se bild)**.
**7** Vänd enheten upp och ner, skruva loss de fyra skruvarna, lossa klämmorna och ta bort den nedre delen av värmarhuset **(se bild)**.
**8** Skruva loss skruvarna, dra isär rören en aning och ta bort expansionsventilen **(se bild)**.
**9** Dra bort förångaren från huset. **Observera:** *Var försiktig så att du inte skadar någon av förångarens kylflänsar. Om så behövs, räta ut de som är böjda.*
**10** Montering sker i omvänd ordning. Låt fylla på systemet hos en BMW-återförsäljare eller lämpligt utrustad specialist.

### Expansionsventil

**11** Låt tömma systemet hos en BMW-återförsäljare eller en annan lämpligt utrustad specialist.
**12** I motorrummet, lossa fästklämman och ta bort höger luftkanal; man kan behöva bända och vrida lite **(se bild 10.12)**.
**13** Skruva loss de två skruvarna och ta bort luftkonditioneringens tryck- och returrör från torpeden. Kasta O-ringstätningarna, nya måste användas vid monteringen.

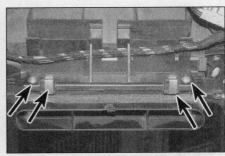

**12.6 Skruva loss de två skruvarna, lossa de två klämmorna (vid pilarna) och ta bort det mittre luftutloppet**

**14** Demontera mittkonsolen och klädselpanelen ovanför pedalerna enligt beskrivning i kapitel 11.
**15** Skruva loss skruvarna och ta bort luftkanalen i förarsidans fotbrunn **(se bild 10.63)**.
**16** Skruva loss de fyra skruvarna och ta bort kåpan från expansionsventilen **(se bild 12.3)**.
**17** Skruva loss de två skruvarna som håller rören till ventilen, dra isär rören en aning och ta bort expansionsventilen **(se bild 12.8)**. Kasta O-ringstätningarna, nya måste användas vid monteringen.
**18** Montering sker i omvänd ordning. Låt fylla på köldmedium hos en BMW-återförsäljare eller specialist, och fyll på kylvätska enligt beskrivning i *Veckokontroller*.

### Mottagare/torkare

**19** Mottagaren/torkaren ska bytas ut när:
a) Det finns smuts i systemet.
b) Kompressorn har bytts ut.
c) Kondensorn eller förångaren har bytts ut.
d) En läcka har lett till att luftkonditioneringssystemet har tömts.
e) Systemet har varit öppet i mer än 24 timmar.
**20** Låt tömma luftkonditioneringssystemet hos en BMW-återförsäljare eller annan lämpligt utrustad specialist.
**21** Mottagaren/torkaren sitter i det högra hörnet i motorrummet.
**22** Demontera höger strålkastare enligt beskrivning i kapitel 12, avsnitt 7.
**23** Skruva loss de två skruvarna och ta bort strålkastarens fästbygel från öppningen.
**24** Skruva loss de två fästskruvarna och lyft rören och kopplingen från enheten **(se bild)**.

**12.7 Skruva loss skruvarna (vid pilarna), lossa klämmorna och ta bort den nedre delen av värmarhuset**

**12.8 Skruva loss skruvarna (vid pilarna) och ta bort expansionsventilen**

**12.24 Skruva loss de två skruvarna koppla loss rören från mottagaren/torkaren**

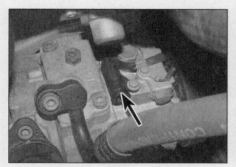

**12.29  Koppla loss kondensorns kontaktdon (vid pilen)**

Kasta O-ringstätningarna och använd nya vid monteringen. **Observera:** *Om torkaren ska lämnas frånkopplad längre än en timme, plugga igen öppningarna.*
**25** Skruva loss de tre skruvarna och ta bort mottagaren/torkaren från sin plats.

## Kompressor

**26** Låt tömma luftkonditioneringssystemet hos en BMW-återförsäljare eller annan lämpligt utrustad specialist.
**27** Dra åt handbromsen hårt, lyft sedan upp framvagnen och stötta den på pallbockar. Skruva loss skruvarna och ta bort skölden under motorn.
**28** Demontera drivremmen enligt beskrivning i kapitel 1.

**12.37  Dra ut förångarens temperaturgivare (vid pilen)**

**12.30  Skruva loss de två bultarna och koppla loss kompressorrören**

**29** Koppla loss kompressorns kontaktdon **(se bild)**.
**30** Skruva loss de två skruvarna och koppla loss luftkonditioneringsrören från kompressorn **(se bild)**. Kasta O-ringstätningarna, nya måste användas vid monteringen.
**31** Arbeta under bilen, skruva loss fästbultarna och ta bort kompressorn. På vissa modeller sitter kompressorn fast med tre bultar, på andra med fyra.
**32** Montering sker i omvänd ordning. Tänk på följande:
a) *Innan kompressorn monteras är det viktigt att man fyller på rätt mängd köldmedieolja – kontakta din återförsäljare för att få information om rätt mängd och typ.*
b) *Använd alltid nya tätningar vid anslutning av köldmedierören.*
c) *Efter avslutad montering, låt fylla på systemet hos en BMW-återförsäljare eller annan specialist.*

## Förångarens temperaturgivare

### Modeller med manuellt reglage

**33** Demontera handskfacket enligt beskrivning i avsnitt 26 i kapitel 11.
**34** Skruva loss de två skruvarna och ta bort handskfackets inre klädselpanel **(se bild)**.
**35** Skruva loss och ta bort luftkanalen i fotbrunnen.
**36** Koppla loss givarens kontaktdon och lossa det från fästklämman.

**12.34  Skruva loss de två skruvarna och ta bort panelen**

**37** Dra ut givaren med en spetstång **(se bild)**.
**38** Montering sker i omvänd ordning.

### Modeller med automatiskt reglage

**39** I passagerarsidans fotbrunn, skruva loss bulten och dra undan mattan intill mittkonsolen.
**40** Ta loss luftkanalen i fotbrunnen.
**41** Skruva loss de två skruvarna och ta bort fästbygeln i konsolens framkant.
**42** Koppla loss givarens kontaktdon och ta loss givaren.
**43** Montering sker i omvänd ordning. Se till att givarens muff sitter ordentligt på plats i huset.

## Kondensor

**44** Låt tömma luftkonditioneringssystemet hos en BMW-återförsäljare eller annan lämpligt utrustad specialist.
**45** Kondensorn sitter framför kylaren. Demontera kylaren enligt beskrivning i kapitel 3.
**46** Skruva loss bultarna och koppla loss servostyrningens, motoroljekylarens och växellådsoljekylarens rör från kondensor-"kassetten" **(se bild)**. Kasta tätningsringarna, nya måste användas vid montering.
**47** Skruva loss de två bultarna och koppla loss luftkonditioneringsrören från kondensorn. Kasta tätningarna, nya måste användas vid monteringen **(se bild)**.
**48** Sträck in handen under kondensorns

**12.46  Anslutning för servostyrningens kylrör**

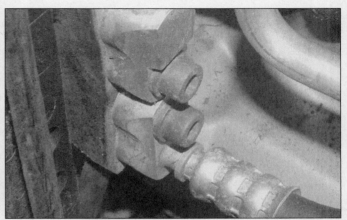

**12.47  Skruva loss de två bultarna och koppla loss rören från kondensorn**

vänstra fäste, lossa klämman och ta bort fästet. Luta "kassetten" lite bakåt i överkant och lyft ut den.

**49** Ta loss kylrören från kassetten och lossa sedan och ta ut kondensorn **(se bilder)**.

**50** Montering sker i omvänd ordning. Tänk på följande:

a) *Innan kondensorn monteras är det viktigt att man fyller på korrekt mängd köldmedieolja – be din återförsäljare om information om korrekt typ och mängd.*

b) *Använd alltid nya tätningar vid anslutning av köldmedierören.*

c) *Efter avslutad montering, låt fylla på systemet hos en BMW-återförsäljare eller annan specialist.*

**12.49a  Lossa kylrören från kassetten . . .**

**12.49b  . . . ta sedan loss kondensorn**

# Kapitel 4  Del A:
# Bränsle- och avgassystem

## Innehåll

## Svårighetsgrader

| Enkelt, passar novisen med lite erfarenhet | Ganska enkelt, passar nybörjaren med viss erfarenhet | Ganska svårt, passar kompetent hemmamekaniker | Svårt, passar hemmamekaniker med erfarenhet | Mycket svårt, för professionell mekaniker |
|---|---|---|---|---|
| 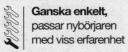 | 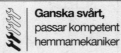 |  | 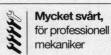 |  |

## Specifikationer

### Systemtyp
M52 motor ................................................ DME (Digital Motor Electronics) MS41 motorstyrning
M52TU motor ............................................. DME (Digital Motor Electronics) MS42 motorstyrning
M54 motor ............................................... DME (Digital Motor Electronics) MS43 motorstyrning

### Bränslesystem
Bränslepump .............................................. Elektrisk, nedsänkt i tanken
Bränsletrycksregulator, klassning ........................... 3,5 ± 0,2 bar
Specificerad tomgångshastighet:
    M52 motor ............................................. 750 ± 50 rpm (ej justerbart – styrs av ECM)
    M52TU motor .......................................... 750 ± 50 rpm (ej justerbart – styrs av ECM)
    M54 motor ............................................. Ingen information tillgänglig
Specificerad tomgångsblandnings CO-innehåll ................. Ej justerbart – styrs av ECM
Tankkapacitet ............................................. 78 liter
Bränsletankens nivågivare, motstånd:
    Tom .................................................. 50 till 70 ohm
    Full .................................................. 401 till 415 ohm

### Åtdragningsmoment                                              Nm
Avgasgrenrörets muttrar*:
    M6 muttrar ........................................... 10
    M7 muttrar ........................................... 15
    M8 muttrar ........................................... 22
Bränsleinsprutningsbrygga till insugsgrenrör, bultar .............. 10
Bränsletankens fästband, bultar ............................ 8
Bränsletankens fästbultar .................................. 23
Insugsgrenrörets muttrar:
    M6 muttrar ........................................... 10
    M7 muttrar ........................................... 15
    M8 muttrar ........................................... 22
Kamaxellägesgivarens bult* ................................. 7
Kylvätsketemperaturgivare .................................. 13
Vevaxellägesgivarens skruv* ................................ 10
* Återanvänd ej

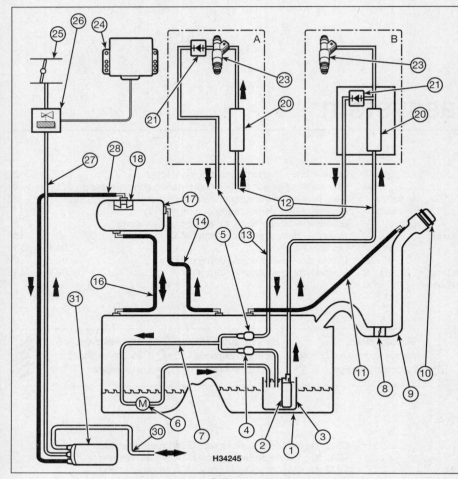

**1.1 Bränslesystem**

A  M52 och M52 TU motorer
B  M54 motorer
1  Bränsletank
2  Elektrisk pump
3  Utjämningskammare
4  Tryckbegränsningsventil
5  Utloppets skyddsventil
6  Sugstrålpump
7  Tankens expansionsrör
8  Backventil

9  Bränslepåfyllningsrör
10  Tanklock
11  Ventilationsslang
12  Bränslematningsrör
13  Bränslereturrör
14  Ventilationsslang
16  Ventilationsslang
17  Expansionstank
18  Roll-over ventil
20  Bränslefilter

21  Tryckregulator
23  Bränslespridare/
    insprutningsbrygga
24  ECM
25  Insugsgrenrör
26  Tankens ventilationsventil
27  Avluftningsrör
28  Ventilationsrör
30  Förångningsrör
31  Kolkanister

**2.2a  Resonanskammaren sitter fast i luftfilterhuset med två skruvar (vid pilarna – visas med luftfilterhuset demonterat)**

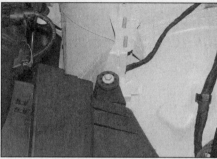

**2.2b  Luftfilterhusets fästbult**

# 1  Allmän information och föreskrifter

## Allmän information

Bränslesystemet består av en bränsletank (som är monterad under bilens bakvagn, med en inbyggd elektrisk bränslepump), ett bränslefilter, bränslematnings- och retur-ledningar. Bränslepumpen matar bränsle till bränsleinsprutningsbryggan, som fungerar som en behållare för de sex bränslespridarna som sprutar in bränsle i inloppskanalerna. Bränslefiltret som sitter i matningsledningen från pumpen till insprutningsbryggan ser till att bränslet som når spridarna är rent. På M52 och M52TU motorer finns en bränsle-trycksregulator monterad på insprutnings-bryggan. På M54 motorer sitter tryck-regulatorn ihop med filterenheten **(se bild)**.

Se avsnitt 7 för ytterligare information om bränsleinsprutningssystemets funktion, och se avsnitt 14 för information om avgas-systemet.

## Föreskrifter

⚠️ *Varning: Många av åtgärderna i det här kapitlet kräver loss-koppling av bränsleledningar, vilket kan resultera i bränslespill.* **Innan du utför arbete på bränslesystemet, läs igenom föreskrifterna i avsnittet "Säkerheten främst!" och följ dem noggrant. Bensin är en ytterst farlig och flyktig vätska, och försiktighetsåtgärderna som måste vidtas när man handskas med bensin kan inte nog betonas.**

⚠️ *Varning: Det kommer att finnas kvar ett resttryck i bränsle-ledningarna långt efter det att bilen sist användes. När en* **bränsleledning ska kopplas loss, tryck-utjämna först systemet enligt beskrivning i avsnitt 8.**

# 2  Luftrenare – demontering och montering

## Demontering

1 Demontera luftflödesmätaren enligt beskrivning i avsnitt 12.
2 Om det inte redan är gjort, skruva loss de två skruvarna som håller insugets resonans-kammare till luftfilterhuset, och luftfilterhusets fästbult **(se bilder)**.

### M52 motor

3 Dra insugssnorkeln från innerskärmen när huset tas bort.

### M52TU och M54 motorer

4 Lossa klämman och koppla sedan loss insugssnorkeln från luftrenarhuset **(se bild)**. Dra loss huset från dess fästklack.

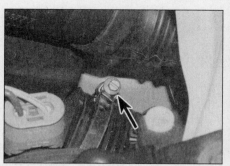

**2.4 Skruva loss insugssnorkelns klämma (vid pilen)**

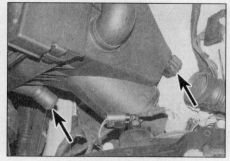

**2.5 Luftfilterhusets gummifästen (vid pilarna)**

**3.7 Lossa klämman och koppla loss bränslepåfyllningsslangen (vid pilen)**

## Montering

**5** Montering sker i omvänd ordning, men se till att de nedre fästena hakar i klackarna på karossen **(se bild)**, och om det sitter en gummitätning mellan insugsslangen och huset, smörj lite vaselin på tätningen för att underlätta monteringen.

## 3 Bränsletank – demontering och montering

### Demontering

**1** Koppla loss batteriets negativa kabel enligt beskrivning i kapitel 5A.
**2** Innan bränsletanken monteras måste den tömmas på allt bränsle. Eftersom det inte finns någon avtappningsplugg, är det bäst om man kan utföra demonteringen när tanken ändå nästan är tom.
**3** Lyft upp bakvagnen och stötta den ordentligt på pallbockar (se *Lyftning och stödpunkter*). Demontera höger bakhjul.
**4** Koppla loss handbromsvajrarna från handbromsspaken enligt beskrivning i kapitel 9.
**5** Demontera kardanaxeln enligt beskrivning i kapitel 8.
**6** Lossa fästklämmorna/-skruvarna och ta bort det högra bakre hjulhusets innerskärm (se kapitel 11, avsnitt 22).
**7** Lossa klämman och koppla loss bränslepåfyllningsslangen **(se bild)**.

**8** Skruva loss muttrarna och ta bort värmeskölden från tankens/karossens undersida.
**9** Dra bort handbromsvajrarna från styrrören **(se bild)**.
**10** Skruva loss fästskruven på var sida och ta bort kåporna (om monterade) från bakaxelfästet.
**11** Märk upp bränsletillförsel- och returslangarna för att underlätta monteringen, lossa sedan klämmorna och koppla loss slangarna **(se bild)**. Var beredd på bränslespill och kläm ihop eller plugga igen de öppna ändarna på slangarna och rören för att förhindra ytterligare bränslespill, och för att inte smuts ska komma in i systemet.
**12** Stötta bränsletanken med en garagedomkraft och lägg ett träblock emellan för att sprida belastningen
**13** Skruva loss fästbultarna (insex) på höger och vänster sida bak på tanken, och insexbultarna som håller fast tankens främre fästband.
**14** Sänk ned tanken något, notera hur kontaktdonet (-donen) sitter och koppla sedan loss det (dem).
**15** Lossa klämmorna och koppla loss ventilationsslangarna från tanken **(se bild)**. Sänk ned tanken och ta ut den från under bilen.

## Montering

**16** Montering sker i omvänd ordnig mot demonteringen. När tanken har monterats måste minst fem liter bränsle fyllas på för att systemet ska fungera ordentligt.

## 4 Bränslets expansionstank – demontering och montering

### Demontering

**1** Lyft upp den vänstra sidan av bakvagnen med en domkraft och ställ upp den på pallbockar (se *Lyftning och stödpunkter*). Demontera vänster bakhjul
**2** Skruva loss plastmuttrarna/skruvarna/ nitarna och ta bort hjulhusets innerskärm enligt beskrivning i avsnitt 22 i kapitel 11.
**3** Lossa klämman och koppla loss returröret från tanken.
**4** Skruva loss fästmuttern och sänk ned expansionstanken.

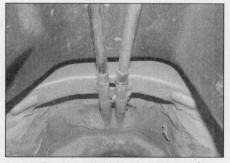

**3.9 Dra bort handbromsvajrarna från styrrören**

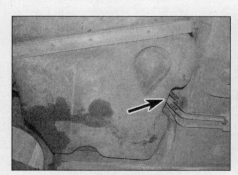

**3.11 Koppla loss bränsletillförsel- och returslangarna (vid pilen)**

**3.15a Koppla loss ventilationsslangen (vid pilen) . . .**

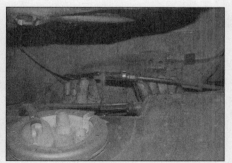

**3.15b . . . och expansionstankens slang när tanken sänks ner**

**5.1 Haka loss innervajerns ändbeslag från gasspjällarmen**

**5.4 Ta loss innervajerns ändfäste från genomföringen i armen på gaspedalen**

**5.5 Tryck ihop klämmorna (vid pilarna) och dra ändbeslaget från torpeden (visas med vajern demonterad)**

5 Notera hur de två kvarvarande slangarna sitter, lossa sedan klämmorna och koppla loss slangarna från tanken. Ta bort tanken.

## Montering

6 Montering sker i omvänd ordning mot demonteringen.

## 5 Gasvajer – demontering, montering och justering

**Observera:** *M54 motorn har ett helt elektroniskt styrt gasspjäll och den har därför ingen gasvajer.*

## Demontering

### M52 motor

1 Aktivera gasspjällarmen för hand och dra innervajerns ändbeslag från gasspjällarmen **(se bild)**.
2 Dra vajerhöljets ändbeslag från genomföringen i stödfästet.
3 Inne i bilen, lossa fästklämmorna/skruvarna och ta bort den nedre instrumentbrädespanelen på förarsidan (se kapitel 11).
4 Ta loss innervajerns ändfäste från genomföringen längst upp på armen på gaspedalen **(se bild)**.
5 Under instrumentbrädan, tryck ihop den övre och den nedre delen av ändbeslaget för att lossa fästklämmorna, och tryck vajerhöljets ändbeslag från fästet i torpeden **(se bild)**.
6 Notera hur vajern är dragen, lossa sedan

vajern från eventuella klämmor/genomföringar och ta ut den från motorrummet.

### M52TU motor

7 Dra vajerhöljet och beslaget uppåt från stödfästet intill gasspjällhuset, och koppla loss innervajerns ändbeslag från gasspjällarmen.
8 Fortsätt enligt beskrivningen i punkt 3 till 6.

## Montering

9 Montering sker i omvänd ordning mot demonteringen. Se till att vajern dras som förut. Montera genomföringen längst upp på gaspedalens arm, sätt sedan in vajerns ändbeslag. Justera vajern enligt följande.

## Justering

### M52 motor

10 Kontrollera att gaspedalen och kvadranten på gasspjällhuset är i tomgångsläget.
11 Vrid den lättrade vajerjusterhylsan på vajerhöljet för att eliminera allt slack i vajern.
12 Skruva sedan hylsan ett kvarts varv för att skapa lite fritt spel i vajern.
13 Låt en medhjälpare trampa ned gaspedalen helt och sedan släppa upp den. Kontrollera att det finns 0,5 till 1,0 mm fritt spel i vajern. Justera efter behov.

### M52TU motor

14 För att gasvajern ska kunna justeras korrekt behöver man tillgång till speciell BMW-utrustning, för att gasspjällpotentiometerns position ska kunna fastställas, uttryckt i ett procenttal. En grundläggande position för modeller med manuell växellådan kan dock

fastställas enligt följande, förutsatt att inställningen sedan kontrolleras av en BMW-återförsäljare eller annan lämpligt utrustad specialist **Observera:** *På modeller med automatväxellåda, låt justera vajern direkt hos en BMW-återförsäljare eller annan specialist.*
15 Kontrollera att gaspedalen och kvadranten på gasspjällhuset är i tomgångsläget.
16 Vrid den lättrade vajerjusterhylsan på vajerhöljet för att eliminera allt slack i vajern.
17 Skruva sedan in hylsan ett kvarts varv för att skapa ett litet spel i vajern.
18 Låt en medhjälpare trycka ned gaspedalen helt och kontrollera att, med pedalen helt nedtryckt, det fortfarande finns 0,5 mm fritt spel vid gasspjället i gasspjällhuset.
19 Om så behövs, vrid pedalens fullgasstopp (inskruvad i golvet) tills korrekt spel uppnås. På vissa modeller måste man lossa en låsmutter innan stoppet kan justeras.

## 6 Gaspedal – demontering och montering

⚠️ *Varning: När gaspedalen har demonterats MÅSTE den bytas ut. Vid demonteringen skadas pedalens fästklämmor, och om den gamla pedalen sätts tillbaka finns det risk för att den kan lossna och orsaka en olycka.*

## Modeller med gasvajer

1 Sträck in handen bakom gaspedalen och dra fästklämman framåt, lossa sedan pedalen från golvet **(se bild)**. Lirka med pedalen och frigör den från gasvajerns aktiveringsarm.
2 Haka i den nya pedalen i aktiveringsarmen.
3 Tryck ned pedalen för att haka i den nedre fästklämman med golvplattan. Se till att klämman snäpper på plats ordentligt.
4 Kontrollera gasvajerns justering enligt beskrivning i avsnitt 5.

## Modeller med elektroniskt styrt gasspjäll

5 Använd en spårskruvmejsel, tryck in fästklämman och dra pedalenheten in mot kupén **(se bild)**. Koppla loss kontaktdonet när pedalen dras ut.

**6.1 Dra ut klämman (vid pilen) och ta bort pedalen**

**6.5 Tryck in klämman (vid pilen), och dra in pedalenheten i kupén**

**6** Vid monteringen, anslut kontaktdonet, för in enheten i fästet och se till att den sätter sig ordentligt. Den sitter korrekt när man kan höra två "klick" från klämman, och den högra sidan av enheten ska hamna jäms med sidan av fästet.

## 7 Bränsleinsprutningssystem – allmän information

**1** Ett integrerat motorstyrningssystem som kallas DME (Digital Motor Electronics) sitter på alla modeller, och systemet styr all bränsleinsprutning och tändsystemets funktioner via en central ECM (Electronic Control Module).

**2** På alla modeller har systemet en "closed-loop" katalysator och ett bränsleförångnings-system, och det uppfyller de allra senaste kraven på avgasrening. Se kapitel 5B för information om systemets tändsida; bränsle-sidan av systemet fungerar enligt följande.

**3** Bränslepumpen (som sitter nedsänkt i bränsletanken), matar bränsle från tanken till insprutningsbryggan, via ett filter. Bränsle-matningstrycket styrs av tryckregulatorn som sitter i insprutningsbryggan/under karossen på M52 och M52TU motorer, och ihopsatt med bränslefiltret på M54 motorer. Om bränslesystemets optimala arbetstryck över-skrids, låter regulatorn överflödigt bränsle ledas tillbaka till tanken.

**4** Det elektriska styrsystemet består av den elektroniska styrmodulen (ECM) och följande givare:

a) *Varmfilms luftmängdsmätare – informerar ECM om mängden luft som kommer in i motorn och vilken temperatur den har.*

b) *Gasspjällägesgivare – informerar ECM om gasspjällets läge och dess stängnings-/öppningshastighet.*

c) *Kylvätsketemperaturgivare – informerar ECM om motorns temperatur.*

d) *Vevaxellägesgivare – informerar ECM om vevaxelns läge och dess rotationshastighet.*

e) *Kamaxellägesgivare – informerar ECM om kamaxelns (-axlarnas) position.*

f) *Syresensor – informerar ECM om syrehalten i avgaserna (förklaras mer ingående i kapitel 4B).*

g) *Bilens hastighetsgivare – informerar ECM om bilens hastighet.*

h) *Insugsluftens temperaturgivare – informerar ECM om temperaturen på den luft som går in i motorn (M52TU och M54 motorer).*

i) *Oljetemperaturgivare – informerar ECM om motoroljans temperatur.*

**5** Alla signaler som nämnts ovan analyseras av ECM, som väljer lämplig bränsletillförsel enligt dessa värden. ECM styr bränsle-spridarna (varierar pulsbredden – den tid spridarna hålls öppna – för att ge en fetare eller magrare blandning efter behov). Bränsleblandningen ändras hela tiden av ECM, för att ge den bästa inställningen när motorn dras runt på startmotorn, vid start (med varm eller kall motor), uppvärmning, tomgång, marschfart och acceleration.

**6** ECM har också full kontroll över motorns tomgångshastighet, via en luftventil som förbigår gasspjället. När gasspjället är stängt styr ECM öppnandet av ventilen, som i sin tur reglerar mängden luft som går in i grenröret och på så sätt styr tomgångshastigheten.

**7** ECM styr också system för avgasrening och bränsleavdunstning, som beskrivs i kapitel 4B.

**8** På M52TU och M54 motorer finns ett Differentierat insugssystem (DISA). I insugs-grenröret kan rör av olika längd användas. Vilken väg som används för blandningen styrs av en spjällventil alltefter motorns hastighet och belastning. Detta förbättrar motorns vridmoment vid lägre motorhastigheter. Spjällventilen styrs av ett vakuumställdon som sitter under grenröret.

**9** Om någon av signalerna från givarna är onormal, använder ECM läget för back-up. Den bortser då från den onormala signalen och ställer in ett förprogrammerat värde som låter motorn fortsätta att gå (men med minskad effektivitet). Om ECM övergår till back-up läget kommer relevant felkod att lagras i ECM-minnet.

**10** Om ett fel misstänks måste bilen tas till en BMW-återförsäljare vid första möjliga tillfälle. Ett fullständigt test av motorstyrnings-systemet kan då utföras, med särskild elektronisk testutrustning som helt enkelt kopplas in i systemets diagnosuttag. OBD-uttaget (On Board Diagnosis) har 16 stift och sitter i förvaringsfacket under instrument-

brädan på förarsidan på modeller fr.o.m år 2001, medan det på modeller före 2001 sitter i det högra hörnet i motorrummet, eller under instrumentbrädan på förarsidan **(se bilder 10.2a och 10.2b)**.

## 8 Bränsleinsprutningssystem – tryckutjämning och primning

### *Tryckutjämning*

**1** Bänd ut täcklocken, skruva loss de två fästskruvarna och ta bort plastkåpan som sitter över bränsleinsprutningsbryggan och spridarna.

**2** Skruva loss locket på ventilen i den främre änden av insprutningsbryggan **(se bild)**.

**3** Lägg absorberande trasor runt ventilen, tryck sedan in ventilkärnan med en liten skruvmejsel för att släppa ut resttrycket. Var beredd på bränslespill.

**4** Bränslesystemet är nu tryckutjämnat. **Observera:** *Lägg trasor runt bränsle-ledningarna innan de kopplas loss, för att förhindra att kvarvarande bränsle spills på motorn.*

**5** Koppla loss batteriets negativa kabel innan du påbörjar något arbete på bränslesystemet (se kapitel 5A).

### *Primning*

**6** Slå på tändningen och vänta i några sekunder så att bränslepumpen får gå och bygga upp ett bränsletryck. Slå sedan av tändningen om inte motorn ska startas.

## 9 Bränslepump/bränslenivå-givare – demontering och montering

### *Demontering*

**1** Det finns två bränslenivågivare monterade i tanken – en på höger sida och en på vänster sida. Pumpen sitter ihop med den högra givaren och i skrivande stund kan dessa endast bytas ut som en komplett enhet.

### Höger nivågivare/bränslepump

**2** Innan nivågivaren/bränslepumpen demonteras måste tanken tömmas på bränsle. Eftersom det inte finns någon avtappningsplugg, bör detta göras vid ett tillfälle när tanken är i det närmaste tom.

**3** Demontera baksätets sittdyna enligt beskrivning i kapitel 11.

**4** Snäpp loss kabelgenomföringen, skär sedan längs perforeringen och vik upp gummimattan för att komma åt täckkåpan **(se bild)**.

**5** Skruva loss de tre skruvarna och ta loss kåpan från locket. Ta vara på packningen.

**6** Dra ut låselementet för att koppla loss kontaktdonet, kapa sedan av slangklämman

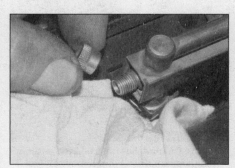

**8.2 Skruva loss locket från ventilen**

**9.4 Ta loss gummigenomföringen**

**9.6a Dra ut låselementet och koppla loss kontaktdonet . . .**

**9.6b . . . kapa sedan slangklämman och ta bort den från slangen**

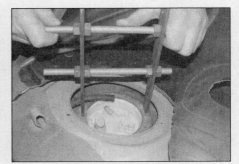

**9.7 Skruva loss bränslepumpens/ nivågivarens låsring**

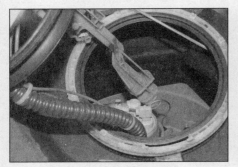

**9.8a Lyft upp nivågivaren . . .**

**9.8b . . . tryck sedan ihop fästklämmorna (vid pilarna) och ta bort pumpen**

**9.8c Om så behövs, rengör silen**

med en sidavbitare (eller liknande) och koppla loss bränsleslangen **(se bilder)**. Var beredd på bränslespill.

**7** Skruva loss bränslepumpens/nivågivarens låsring och ta bort den från bränsletanken. Även om BMW:s verktyg 16 1 020 finns för den här uppgiften, kan det göras med hjälp av en stor tång med vilken man trycker på de två motsatta upphöjningarna på låsringen. Alternativt kan man tillverka ett verktyg som hakas i upphöjningarna på ringen. Vrid ringen moturs tills den kan skruvas loss för hand **(se bild)**.

**8** Lyft försiktigt upp nivågivaren från bränsletanken, var försiktig så att du inte böjer givarens flottörarm (tryck flottörarmen försiktigt mot givaren om så behövs). För att ta bort pumpen, tryck ihop fästklämmorna och dra upp den från fästet. Ta vara på tätningsringen. Om så behövs kan silen längst ned i pumpen rengöras **(se bilder)**, men ytterligare isärtagning rekommenderas inte.

### Vänster nivågivare

**9** Demontering av den vänstra givaren är nästan identisk med demonteringen av den högra som beskrivs ovan, förutom att kontaktdonet är fäst med en klämma. När givaren lyfts ut, tryck in spärrhaken och koppla loss expansionstankens rör från enheten.

### Montering

**10** Montering sker i omvänd ordning mot demonteringen. Tänk på följande:
 a) Använd en ny tätningsring.

b) För att enheten ska kunna passera genom öppningen i bränsletanken, tryck flottörarmen mot pick-up rörets sil.
c) När enheten är monterad måste styrklacken på enheten gå i ingrepp med motsvarande urtag i bränsletankens krage **(se bild)**.
d) Dra åt låskragen ordentligt.
e) Använd en ny slangklämma till att fästa bränsleslangen.

### 10 Bränsleinsprutningssystem – test och justering

#### Test

**1** Om ett fel uppstår i bränsleinsprutningssystemet, se först till att systemets alla

**9.10 Kåpan måste haka i urtaget i kragen**

kontaktdon sitter fast ordentligt och är fria från korrosion. Försäkra dig om att felet inte beror på dåligt underhåll, d.v.s. kontrollera att luftfiltret är rent, tändstiften är i gott skick och har rätt elektrodavstånd, att cylindrarnas kompressionstryck är korrekt och att motorns ventilationsslangar inte är blockerade eller skadade. Se relevant delar av kapitel 1, 2 och 5 för ytterligare information.

**2** Om dessa kontroller inte avslöjar orsaken till problemet, ska bilen tas till en BMW-återförsäljare eller lämpligt utrustad specialist för test. Det finns en blockkontakt i motorstyrningssystemets krets, där ett elektroniskt diagnosverktyg kan kopplas in. BMW:s diagnosuttag sitter på det högra fjäderbenstornet på vissa modeller fram till 2001 **(se bild)**, medan det på andra sitter ovanför pedalerna i förarsidans fotbrunn tillsammans med 16-stifts OBD-kontakten **(se bild)**.

**10.2a På modeller fram till 2001 sitter diagnoskontakten i motorrummet, just framför det högra fjäderbenstornet**

**10.2b  På modeller fr.o.m. 2001 sitter diagnoskontakten bakom en kåpa i ett fack i instrumentbrädan på förarsidan**

Testinstrumentet kan leta reda på felet snabbt och enkelt. Detta undanröjer behovet av att testa alla systemkomponenter individuellt, vilket är tidsödande och också riskerar att skada ECM.

### Justering

**3** Erfarna hemmamekaniker med goda kunskaper och bra utrustning (inklusive en varvräknare och en exakt kalibrerad avgasmätare) kan eventuellt kontrollera avgasernas CO-halt och tomgångshastigheten. Om dessa värden behöver justeras *måste* bilen dock tas till en BMW-återförsäljare eller annan specialist för ytterligare test.

### 11 Gasspjällhus – demontering och montering

### M52 motor
#### Demontering

**1** Demontera luftflödesmätaren enligt beskrivning i avsnitt 12.
**2** Lossa slangklämmorna och ta bort insugsslangen från gasspjällhuset och tomgångsventilen.
**3** Koppla loss gasvajern från gasspjällarmen och flytta vajern åt sidan – se avsnitt 5. Om bilen har antispinnkontroll, ASC+T, koppla loss systemets styrvajer från det yttre gasspjällhuset.
**4** Lossa slangklämmorna och koppla loss kylvätskeslangarna längst ned på gasspjällhuset. Var beredd på kylvätskespill och plugga igen eller kläm ihop de öppna ändarna på slangarna **(se bild)**.
**5** Koppla loss kontaktdonet (-donen) från gasspjällägesgivaren (-givarna) **(se bild)**. Notera att kontaktdonet med en korrugerad yttre kabelhylsa ansluter till den inre gasspjällägesgivaren.
**6** På modeller med ASC+T, skruva loss de två insexbultarna och ta bort det yttre gasspjällhuset **(se bild)**.
**7** Skruva loss de fyra fästbultarna och ta bort gasspjällhuset från insugsgrenröret **(se bild)**.
**8** Kasta tätningsringen (-ringarna), en ny (nya) måste användas vid monteringen.

**11.4  Koppla loss slangarna längst ner på gasspjällhuset**

### Montering

**9** Montering sker i omvänd ordning, men använd en ny tätningsring (nya tätningsringar). Kontrollera kylvätskenivån enligt beskrivning i kapitel 1.

### M52TU motorer
#### Demontering

**10** Koppla loss batteriets negativa kabel enligt beskrivning i kapitel 5A.
**11** Demontera luftrenarhuset enligt beskrivning i avsnitt 2.
**12** Demontera luftmassemätaren och luftkanalen enligt beskrivning i avsnitt 12.
**13** Koppla loss gasvajern (-vajrarna) från kvadranten på gasspjällhuset och stödfästet.
**14** Lossa fästklämmorna och koppla loss luftintagstrumman från gasspjällhuset och tomgångshastighetsventilen.

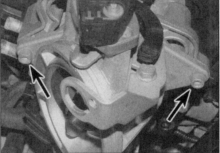

**11.6  Skruva loss de två bultarna och ta bort ASC+T gasspjällhus**

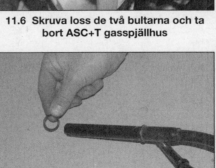

**11.18  Kasta O-ringen till oljemätstickans rör**

**11.5  Koppla loss kontaktdonen från gasspjällägesgivarna**

**15** Notera hur kontaktdonen sitter fast på gasspjällhuset, koppla sedan loss dem.
**16** Koppla loss kontaktdonen till oljetrycks- och oljetemperaturkontakterna, som sitter intill oljefilterhuset.
**17** Lossa bränslerören och bränsleregulatorns vakuumslang (om monterad) från fästbygeln på oljemätstickans rör.
**18** Koppla loss oljereturröret från mätstickans rör, skruva loss fästbulten och ta bort röret. Kasta O-ringtätningen, en ny måste användas vid monteringen **(se bild)**.
**19** Skruva loss de tre skruvarna/muttrarna som håller kabelrörets fäste.
**20** Vrid kontaktdonets krage moturs och koppla loss kontaktdonet från gasspjällhuset (M52TU motorer), eller lossa fästklämman och koppla loss kontaktdonet (M54 motorer). Lossa de fyra skruvarna och ta bort gasspjällhuset från insugsgrenröret **(se bild)**.

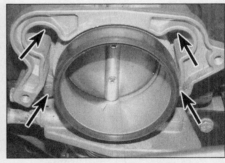

**11.7  Skruva loss de fyra bultarna (vid pilarna) och ta bort gasspjällhuset**

**11.20  Koppla loss gasspjällhusets kontaktdon – M54 motor**

## Montering

**21** Undersök O-ringstätningen mellan gasspjällhuset och insugsgrenröret. Om den är i gott skick kan den återanvändas. Sätt fast gasspjällhuset på grenröret och dra åt de fyra bultarna ordentligt.

**22** Innan du ansluter gasspjällhusets kontaktdon på M52TU motorer, vrid kontaktdonets krage tills det röda låsstiftet syns genom öppningen i kragen. Rikta in pilen på kragen mot pilen på gasspjällhusets anslutning. Tryck på kontaktdonet, vrid kragen medurs tills den andra pilen på kragen hamnar i linje **(se bild)**. På M54 motorer, sätt helt enkelt tillbaka kontaktdonet.

**23** Resten av monteringen sker i omvänd ordning mot demonteringen. Om ett nytt gasspjällhus har monterats, måste de "inlärda" värdena i motorstyrningens ECM ställas in igen med särskild testutrustning. Låt en BMW-återförsäljare eller lämpligt utrustad specialist utföra detta arbete.

### *M54 motorer*

#### Demontering

**24** Koppla loss batteriets negativa kabel, se beskrivning i kapitel 5A.

**25** Demontera luftrenarhuset enligt beskrivning i avsnitt 2.

**26** Lossa fästklämmorna, koppla loss vakuumslangen och ta bort insugskanalen mellan luftrenaren och förbindningsstycket.

**27** Koppla loss kontaktdonet, skruva loss de två Torxskruvarna och ta bort DISA justerenhet från insugsgrenröret **(se bild)**.

**28** Skruva loss bulten som håller sugstråleröret till insugsgrenröret **(se bild)**.

**29** Lossa klämmorna och koppla loss insugskanalen från gasspjällhuset och tomgångsventilen.

**30** Koppla loss tomgångsventilens kontaktdon.

**31** Koppla loss kontaktdonen för oljetemperatur- och oljetryckskontakterna intill oljefilterhuset.

**32** Tryck in fästklämman för att lossa kontaktdonet och ta loss den från tankens ventilationsventil **(se bild)**.

**33** Fortsätt enligt beskrivning i punkt 18 till 20.

#### Montering

**34** Montering sker enligt beskrivning i punkt 21 till 23.

---

## 12 Bränsleinsprutningssystem – demontering och montering av komponenter

### *Elektronisk styrmodul (ECM)*

**1** Koppla loss batteriets negativa kabel, se beskrivning i kapitel 5A. **Observera:** *Losskoppling av batteriet kommer att radera eventuella felkoder som är lagrade i ECM. Det rekommenderas därför att felkodsminnet i ECM "utfrågas" med hjälp av särskild*

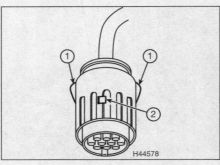

**11.22 Kontaktdonets pilar (1) och öppning (2)**

**11.28 Skruva loss bulten som håller fast sugstråleröret (vid pilen)**

*testutrustning innan batteriet kopplas ifrån. Detta kan göras hos en BMW-återförsäljare eller annan lämpligt utrustad specialist.*

**2** I det vänstra hörnet i motorrummet, lossa klämman/klämmorna och ta bort den vänstra

**12.2a Lossa den enda klämman . . .**

**12.2c Lossa klämman och ta bort pollenfilterkåpan . . .**

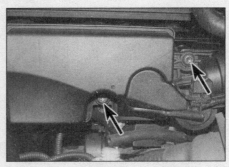

**11.27 Skruva loss skruvarna (vid pilarna) och ta bort DISA justerenhet**

**11.32 Koppla loss kontaktdonet till tankens ventilationsventil**

luftkanalen från pollenfilterhuset. Ta bort filterkåpan, lossa sedan klämman och ta bort filterhuset. Ta bort regnskyddet, skruva sedan loss de fyra skruvarna och ta bort kåpan från elboxen **(se bilder)**.

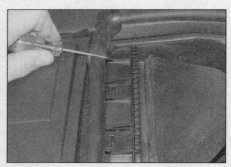

**12.2b . . . eller de tre klämmorna (beroende på modell) och koppla loss den vänstra luftkanalen**

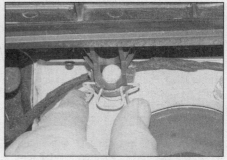

**12.2d . . . och ta sedan bort pollenfilterhuset**

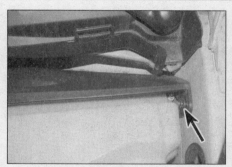

12.2e  Skruva loss bulten (vid pilen) och ta
bort regnskyddet . . .

12.2f  . . . skruva sedan loss de fyra
skruvarna och ta bort elboxens kåpa

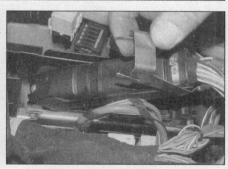

12.3  Ta bort låset till ECM kontaktdon

3  Koppla loss styrmodulens kontaktdon och
ta bort den från boxen **(se bild)**.
4  Montering utförs i omvänd ordning.
**Observera:** *Om en ny ECM har monterats
måste den kodas med särskilda instrument.
Låt en BMW-försäljare eller annan specialist
göra detta. När batteriet har anslutits måste
bilen köras några mil så att ECM kan "lära in"
de grundläggande inställningarna. Om motorn
fortsätter att gå ojämnt kan en BMW-verkstad
återställa grundinställningarna med hjälp av
särskild diagnostisk utrustning.*

## Bränsleinsprutningsbrygga och bränslespridare

  **Varning:** *Läs igenom varning-
arna i avsnitt 1 innan arbetet
påbörjas.*

5  Tryckutjämna  bränslesystemet  enligt
beskrivning i avsnitt 8, koppla sedan loss
batteriets negativa kabel (se kapitel 5A).

### M52 motor

6  Bänd ut plastlocken, skruva loss de två
skruvarna och ta bort plastkåpan som sitter
över bränslespridarna **(se bild)**.
7  Tryck ihop sidorna på kragen till ventil-
kåpans ventilationsslang och koppla loss den.
Lossa klämmorna och dra bort kabelskenan
från bränslespridarna, koppla sedan loss
VANOS-solenoidens kontaktdon **(se bilder)**.
8  Märk kontaktdonen till de två syre-
sensorerna för att underlätta återanslutningen,
lossa dem sedan från fästklämmorna.
9  Tryck in låskragen och koppla loss bränsle-
matnings- och returrören från insprutnings-

12.6  Bänd upp locken, skruva loss
skruvarna och ta bort kåpan från spridarna

bryggan. Var beredd på bränslespill och
vidtag brandförebyggande åtgärder. Plugga
igen de öppna ändarna på rör och slang för
att undvika bränslespill och förhindra att det
kommer in smuts i systemet **(se bild)**.

12.7a  Koppla loss ventilationsslangen . . .

10  Ta loss bränsleregulatorns vakuumslang.
11  Skruva loss de fyra skruvarna och ta bort
insprutningsbryggan med spridarna **(se bild)**.
12  Bänd ut fästklämmorna och ta bort
spridarna från insprutningsbryggan **(se bild)**.

12.7b  . . . lossa klämmorna och dra bort
kabelskenan från spridarna . . .

12.7c  . . . koppla sedan loss VANOS
kontaktdon från skenan

12.9  Tryck in den svarta kragen och koppla
loss  bränslematnings- och returrören

12.11  Skruva loss insprutningsbryggans
fyra bultar (vid pilarna)

12.12  Bänd ut klämman och koppla loss
spridaren från insprutningsbryggan

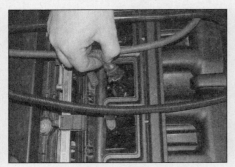

**12.19a Koppla loss luftintagets temperaturgivare . . .**

**12.19b . . . och VANOS-solenoiden . . .**

**12.19c . . . och lossa sedan klämmorna till kabelskenans kontakt**

Undersök O-ringstätningarna och byt ut dem om så behövs.
**13** Smörj bränslespridarnas O-ringar med lite vaselin, eller SAE 90 växellådsolja.
**14** Montera bränslespridarna i insprutnings-bryggan och fäst dem på plats med klämmorna som trycks in i spåren.
**15** Resten av monteringen sker i omvänd ordning mot demonteringen.

## M52TU och M54 motorer

**16** Dra upp gummitätningsremsan från torpeden baktill i motorrummet. Lossa de fyra roterande fästena, och de tre klämmorna, och ta bort huset i mitten av torpeden. Lossa kablarna från huset när det tas ut.
**17** Bänd ut plastlocken, skruva loss de två skruvarna och ta bort plastkåpan som sitter över bränslespridarna **(se bild 12.6)**.
**18** På M52TU motorn, koppla loss bränsle-regulatorns vakuumslang.

**12.22 Skruva loss skruvarna (vid pilarna) och ta bort insprutningsbryggan**

**12.28b Byt ut regulatorns O-ring (vid pilen)**

**19** Koppla loss kontaktdonet till insugsluftens temperaturgivare och kontaktdonet till VANOS-solenoiden, dra sedan loss kabel-skenan från bränslespridarna **(se bilder)**.
**20** Märk upp kontaktdonen till de två syresensorerna för att underlätta åter-anslutningen, koppla sedan loss dem och frigör dem från fästklämmorna.
**21** Märk bränslematnings- och returrören, koppla sedan loss rören vid snabb-kopplingarna. **Observera:** *M54 motorn har endast en matningsslang till insprutnings-bryggan.*
**22** Skruva loss de fyra skruvarna och ta bort insprutningsbryggan tillsammans med spridarna **(se bild)**.
**23** För att ta bort en bränslespridare från insprutningsbryggan, gör enligt följande.
  *a) Bänd loss metallklämman med en skruvmejsel.*
  *b) Dra loss spridaren från bryggan.*

**12.28a Notera hur vakuumanslutningen är vänd, ta sedan bort låsringen**

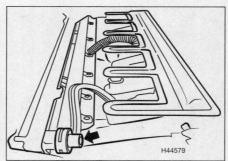

**12.37 Bränsleregulator (vid pilen) – M52TU motor**

**24** Smörj spridarnas O-ringar med lite vaselin eller syrafritt fett.
**25** Montera spridarna på insprutnings-bryggan och lås dem på plats med klämmorna, som trycks in i spåren.
**26** Resten av monteringen sker i omvänd ordning mot demonteringen.

## Bränsletrycksregulator

 *Varning: Läs igenom varning-arna i avsnitt 1 innan arbetet påbörjas.*

### M52 motor – regulator på insprutningsbryggan

**27** Demontera insprutningsbryggan och spridarna enligt tidigare beskrivning.
**28** Ta bort låsringen, notera åt vilket håll vakuumanslutningen är vänd, ta sedan bort regulatorn från insprutningsbryggan **(se bilder)**. Kasta O-ringstätningarna och använd nya vid monteringen.
**29** Montering sker i omvänd ordning.

### M52 motor – regulator under karossen

**30** Lyft upp bilens framvagn och stöd den säkert på pallbockar (se *Lyftning och stöd-punkter*).
**31** Skruva loss de fyra skruvarna och ta bort kåpan från regulatorn.
**32** Koppla loss vakuumröret från regulatorn.
**33** Bänd ut fästklämman och ta bort regulatorn från huset. Var beredd på bränsle-spill. Kasta regulatorns O-ringstätningar, nya måste användas vid monteringen.

### M52TU motor

**34** Dra upp tätningsremsan från torpeden baktill i motorrummet. Lossa de fyra roterande fästena och ta bort huset från mitten av torpeden. Lossa kablarna från huset när det tas ut.
**35** Bänd ut plastlocken, skruva loss de två skruvarna och ta bort plastkåpan som sitter över spridarna **(se bild 12.6)**.
**36** Koppla loss bränsleregulatorns vakuum-slang.
**37** Notera hur regulatorns vakuumanslutning sitter, ta sedan bort låsringen och ta bort regulatorn från insprutningsbryggan **(se bild)**. Kasta O-ringarna, nya måste användas vid monteringen.

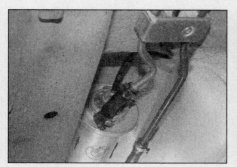

**12.41 På M54 motorer sitter regulatorn på änden av bränslefiltret**

**12.43a Koppla loss luftmassegivarens kontaktdon – M52 motorer . . .**

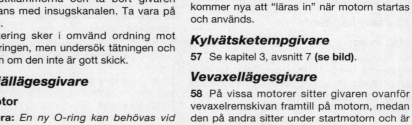

**12.43b . . . och M54 motorer**

**38** Montering sker i omvänd ordning mot demonteringen. Tänk på följande.
 a) *Se till att trycka in regulatorn ordentligt på plats i änden av insprutningsbryggan.*
 b) *Se till att låsringen går in i spåret i insprutningsbryggan.*
 c) *Avslutningsvis, trycksätt bränslesystemet (slå på tändningen) och leta efter läckor innan motorn startas.*

### M54 motor

**39** På de här motorerna sitter regulatorn på bränslefiltret, nära vänster chassiskena bredvid växellådan. Lyft upp framvagnen och stöd den säkert på pallbockar (se *Lyftning och stödpunkter*).
**40** Skruva loss de sex skruvarna och ta bort filterkåpan.
**41** Koppla loss regulatorns vakuumslang, bänd ut låsringen och ta bort regulatorn från filterhuset **(se bild)**. Undersök O-rings-tätningarna och byt ut dem om de är skadade eller slitna.
**42** Montering sker i omvänd ordning mot demonteringen. Tänk på följande.
 a) *Se till att trycka regulatorn ordentligt på plats i änden av bränslefiltret.*
 b) *Avslutningsvis, trycksätt bränslesystemet (slå på tändningen) och leta efter läckor innan motorn startas.*

### Luftmassegivare

**Observera:** *En ny tätning till luftmasse-givaren kan behövas vid monteringen.*

### M52 och M54 motorer

**43** Kontrollera att tändningen är av och koppla loss kontaktdonet från givaren **(se bilder)**.
**44** Lossa på slangklämman, lossa fäst-klämmorna och ta bort givaren från insugs-kanalen och luftrenarhuset. Ta vara på tätningen. För att förbättra åtkomligheten om så behövs, ta bort luftfilterhusets fästbult och de två skruvarna som håller insugets resonanskammare till luftfilterhuset, enligt tidigare beskrivning i det här kapitlet.
**45** Montering sker i omvänd ordning, men undersök tätningen och byt ut den om den inte är i gott skick.

### M52TU motor

**46** Se till att tändningen är avslagen och koppla loss kontaktdonet från givaren.
**47** Dra vakuumslangen från insugskanalen, lossa fästklämmorna och ta bort givaren tillsammans med insugskanalen. Ta vara på tätningen.
**48** Montering sker i omvänd ordning mot demonteringen, men undersök tätningen och byt ut den om den inte är i gott skick.

### Gasspjällägesgivare

#### M52 motor

**Observera:** *En ny O-ring kan behövas vid monteringen*
**49** Kontrollera att tändningen är av.
**50** Koppla loss kontaktdonet från givaren **(se bild 11.5)**.
**51** Skruva loss de två fästskruvarna och ta bort givaren från gasspjällhuset. Där så är tillämpligt, ta vara på O-ringen.
**52** Montering sker i omvänd ordning, men där så är tillämpligt, undersök O-ringen och byt ut den om så behövs. Se sedan till att O-ringen placeras korrekt.
**53** Någon justering av enheten behövs inte.

#### M52TU och M54 motorer

**54** Gasspjällägesgivaren sitter ihop med gasspjällhuset. Demontera gasspjällhuset enligt beskrivning i avsnitt 11.
**55** Montering sker i omvänd ordning.
**56** Om ett nytt gasspjällhus/en ny läges-givare har monterats, måste man radera

anpassningsvärdena som är lagrade i motorstyrningssystemets ECM med hjälp av särskilt testutrustning. Överlåt denna uppgift åt en BMW-återförsäljare eller lämpligt utrustad specialist. När värdena har raderats, kommer nya att "läras in" när motorn startas och används.

### Kylvätsketempgivare

**57** Se kapitel 3, avsnitt 7 **(se bild)**.

### Vevaxellägesgivare

**58** På vissa motorer sitter givaren ovanför vevaxelremskivan framtill på motorn, medan den på andra sitter under startmotorn och är åtkomlig från bilens undersida.

#### Givare ovanför vevaxelremskivan

**59** Lossa banjobulten och koppla loss oljematningsröret till VANOS justerenhet. Ta vara på tätningsbrickorna.
**60** Skruva loss bulten/muttern och ta bort motorns lyftögla ovanför termostathuset framtill på motorn.
**61** Ta bort kablagets styrkanal ovanför termostathuset. Styrkanalen lossas genom att man skjuter den åt höger.
**62** Skruva loss fästbulten och ta bort givaren **(se bild)**. Koppla loss givarens kontaktdon.

#### Givare under startmotorn

**63** Lyft upp framvagnen och stöd den säkert på pallbockar (se *Lyftning och stödpunkter*). Skruva loss skruvarna och ta bort kåpan under motorn.
**64** Givaren sitter under startmotorn. Koppla

**12.57 Kylvätsketemperaturgivare**

**12.62 På vissa motorer sitter vevaxellägesgivaren ovanför vevaxelremskivan**

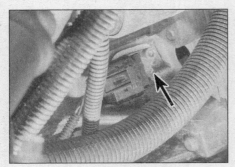

12.64 På vissa motorer sitter givaren under startmotorn (vid pilen)

loss givarens kontaktdon, skruva loss fäst-skruven och ta bort givaren (se bild). Ta vara på tätningen.
65 Montering sker i omvänd ordning. Undersök tätningen och byt ut den om den inte är i bra skick.

### Kamaxellägesgivare

#### M52 motor

66 Givaren sitter framtill på vänster sida på topplocket. På den här motorn finns det bara en givare på insugskamaxeln. För att komma åt givaren, demontera först VANOS solenoid-ventil enligt beskrivning i kapitel 2A.
67 När solenoiden är demonterad, lossa banjobulten till VANOS oljematningsrör.
68 Skruva loss fästskruven och ta loss givaren. Koppla loss kontaktdonet. Kasta skruven – en ny måste användas vid monteringen.

12.73 Skruva loss skruven och ta loss insugskamaxelns lägesgivare

12.82 Skruva loss de två skruvarna (vid pilarna) och ta bort tomgångsventilen – M52 motor

12.69 Byt ut kamaxellägesgivarens O-ring om den inte är i gott skick

69 Montering sker i omvänd ordning mot demonteringen. Undersök tätningsringens skick och byt ut den om så behövs (se bild). Dra åt den nya fästskruven till angivet moment.

#### M52TU och M54 motorer – insugskamaxel

70 Se till att tändningen är avslagen och demontera luftrenarhuset enligt beskrivning i avsnitt 2.
71 Koppla loss kontaktdonet, skruva sedan loss VANOS solenoidventil för att komma åt givaren (se bild).
72 Följ kablaget bakåt från givaren och koppla loss kontaktdonet där den sitter fastklämd i kabelröret bakom generatorn.
73 Skruva loss fästskruven och ta bort givaren från topplocket (se bild). Ta vara på tätningen.

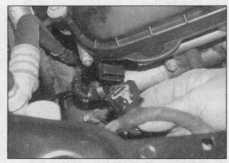

12.75 Koppla loss kontaktdonet till avgaskamaxelns lägesgivare

12.90 Skruva loss de två skruvarna (vid pilarna) och ta bort tomgångsventilen – M52TU och M54 motorer

12.71 Skruva loss VANOS solenoid

#### M52TU och M54 motorer – avgaskamaxel

74 Kontrollera att tändningen är av.
75 Koppla loss givarens kontaktdon, skruva loss fästskruven och ta bort givaren (se bild). Ta vara på tätningen.
76 Montering sker i omvänd ordning. Undersök tätningen och byt ut den om den inte är i bra skick.

### Syresensor

77 Se kapitel 4B.

### Tomgångsventil

#### M52 motor

78 Ventilen sitter på undersidan av insugs-grenröret.
79 Se till att tändningen är av.
80 Demontera gasspjällhuset enligt beskriv-ning i avsnitt 11.
81 Skruva loss bulten som håller oljemät-stickans rör till grenröret. Observera: Det är inte alla motorer som har en bult som håller röret till grenröret.
82 Skruva loss de två skruvarna och ta loss tomgångsventilen från gummihylsan i gren-röret (se bild). Lossa klämman och ta bort ventilen från slangen.
83 Montering sker i omvänd ordning, men rengör ventilens tätningsyta och undersök tätningen. Byt ut tätningen om den inte är i gott skick.

#### M52TU och M54 motorer

84 Koppla loss batteriets negativa kabel enligt beskrivning i kapitel 5A.
85 Tomgångsventilen sitter under insugs-grenröret, och ovanför gasspjällhuset.
86 Ta bort luftrenarhuset enligt beskrivning i avsnitt 2.
87 Dra gasvajerhöljet (om monterat) från stödfästet på gasspjällhuset.
88 Lossa de två klämmorna och koppla loss insugskanalen från gasspjällhuset och tom-gångsventilen.
89 Koppla loss kontaktdonen från tomgångs-ventilen och solenoidventilen till grenrörets resonansklaff.
90 Skruva loss muttern som håller vajerns stödfäste, och de två skruvarna som håller tomgångsventilens fästbygel. Ta loss ventilen från grenröret (se bild). Kasta tätningen

**12.99 Koppla loss kontaktdonet till insugsluftens temperaturgivare – M52 motor**

**12.102 Insugsluftens temperaturgivare (vid pilen) – M52TU och M54 motorer**

**13.7 Vid montering av servovakuumslangen, använd en vanlig skruvklämma**

mellan ventilen och grenröret, en ny måste användas vid monteringen.
**91** Smörj den nya tätningen med fett och placera den på insugsgrenröret. Tryck tomgångsventilen på plats och dra åt fästbygelns skruvar/muttrar ordentligt.
**92** Återstoden av monteringen sker i omvänd ordning mot demonteringen.

## Motorstyrningens huvudrelä

**93** Se till att tändningen är av. Lossa klämman/klämmorna och dra den vänstra luftkanalen från pollenfilterhuset. Vrid luftkanalen uppåt och koppla loss den från torpeden. Koppla loss motorhuvens ljusbrytare, lossa klämman och ta bort pollenfilterkåpan, lossa sedan klämman och ta bort pollenfilterhuset.
**94** I motorrummets vänstra hörn, skruva loss de fyra skruvarna och ta bort kåpan från elboxen **(se bild 12.2f)**.
**95** Dra reläet från reläsockeln.
**96** Montering sker i omvänd ordning.

## Gaspedalens lägesgivare

**97** Gaspedalens lägesgivare sitter ihop med själva pedalen. Se avsnitt 6 för information om demontering.

## Insugsluftens temperaturgivare

### M52 motor

**98** Ta bort gasspjällhuset enligt beskrivning i avsnitt 11.
**99** Koppla loss givarens kontaktdon, tryck

sedan in spärren och ta bort givaren från grenröret **(se bild)**. Undersök tätningsringen och byt ut den om den inte är i gott skick.
**100** Montering sker i omvänd ordning.

### M52 och M54 motorer

**101** Bänd ut plastlocken, skruva loss de två skruvarna och ta bort plastkåpan som sitter över bränslespridarna **(se bild 12.6)**.
**102** Koppla loss givarens kontaktdon, tryck sedan in spärren och dra loss givaren från grenröret **(se bild)**. Undersök tätningsringen och byt ut den om så behövs.
**103** Montering sker i omvänd ordning.

## 13 Grenrör – demontering och montering

## Insugsgrenrör

### M52 motor

**Observera:** *Nya grenrörstätningar kommer att behövas vid monteringen.*
**1** Se till att tändningen är avslagen.
**2** För att skapa tillräckligt med utrymme, ta ut höger och vänster luftkanaler ur motorrummet **(se bild 12.2a)**.
**3** Demontera båda pollenfiltren (se kapitel 1), koppla sedan loss kontakten till motorhuvens lampa, lossa klämman framtill på båda pollenfilterhusen, lyft sedan bort husen och haka loss gummiremsorna.

**4** Ta bort de tre klämmorna upptill, rotera sedan de fyra fästena därunder ett kvarts varv och ta bort den bakre torpedkåpan. Lossa de olika rören från kåpan när den tas ut, och notera hur de sitter monterade.
**5** Ta bort luftrenarhuset och luftmassemätaren enligt tidigare beskrivning i detta kapitel.
**6** Demontera bränsleinsprutningsbryggan (avsnitt 12) och gasspjällhuset (avsnitt 11).
**7** Kapa försiktigt metallklämman och koppla loss vakuumservoslangen från grenröret **(se bild)**. Vid monteringen, fäst slangen med en vanlig skruvklämma.
**8** Tryck ihop de två sidorna av kragen och koppla loss vevhusventilationsröret från ventilkåpan **(se bild 12.7a)**.
**9** Skruva loss bulten som håller oljemätstickans rör till grenröret. **Observera:** *Inte alla motorer har en bult som håller det här röret till grenröret.*
**10** Lossa klämman och koppla loss returslangen från oljeseparatorn vid mätstickans rör **(se bild)**.
**11** Skruva loss muttrarna som håller stödfästet till motorblocket framtill på grenröret, och muttern som håller stödfästet till motorblocket baktill på grenröret **(se bild)**. Vid det främre fästet, lossa kabelhärvan från fästklämmorna.
**12** Ta bort plastkåpan, skruva loss bulten till batteriets positiva anslutning, tryck ihop fästklämman och skjut anslutningen nedåt **(se bild)**.
**13** Koppla loss kylvätskerörets stödfäste ovanför det vänstra motorfästet.

**13.10 Koppla loss oljereturslangen (vid pilen)**

**13.11 Skruva loss muttrarna (vid pilarna) som håller grenrörets främre och bakre stödfästen**

**13.12 Pressa ihop fästklämman (vid pilarna) och tryck anslutningen nedåt**

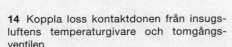

**13.15 Koppla loss kontaktdonet till tankens ventilationsventil (vid pilen)**

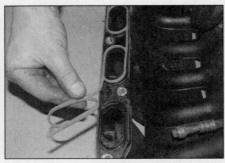

**13.17 Om så behövs, byt ut insugsgrenrörets tätningar**

**13.28 Koppla loss kontaktdonet till tankens ventilationsventil (vid pilen)**

14 Koppla loss kontaktdonen från insugs-luftens temperaturgivare och tomgångs-ventilen.

15 Koppla loss kontaktdonet till tankens ventilationsventil, tryck sedan ventilen nedåt genom gummifästet **(se bild)**. Koppla loss ventilens nedre slang när den tas bort.

16 Lossa slangarna baktill på grenröret från fästklämmorna, tryck sedan in kragarna och koppla loss bränslematnings- och retur-slangarna från rören på innerskärmen. Notera noga hur slangarna sitter eller märk upp dem för att underlätta återmonteringen.

17 Skruva loss bultarna/muttrarna och lyft av grenröret **(se bild)**. Ta vara på tätningarna.

18 Montering sker i omvänd ordning. Tänk på följande.

a) Undersök tätningarna och byt ut dem om så behövs.

b) Se till att alla kablar och slangar dras korrekt och ansluts enligt tidigare gjorda noteringar.

c) Anslut och justera vid behov gasvajern enligt beskrivning i avsnitt 5.

### M52TU och M54 motorer

19 Försäkra dig om att tändningen är av.

20 För att skapa tillräckligt med utrymme, ta bort höger och vänster luftkanal från motorrummet **(se bild 12.2a)**.

21 Demontera båda pollenfiltren (se kapitel 1), koppla sedan loss kontakten till motorhuvens lampa, lossa klämman framtill på varje pollenfilterhus, lyft sdan bort husen och haka loss gummiremsorna.

22 Ta bort de tre klämmorna upptill, rotera

sedan de fyra fästena därunder ett kvarts varv och ta bort den bakre torpedkåpan.

23 Demontera luftrenarhuset och luftmasse-givaren enligt tidigare beskrivning i det här kapitlet.

24 Demontera bränsleinsprutningsbryggan (avsnitt 12) och gasspjällhuset (avsnitt 11).

25 Koppla loss vakuumservoslangen från kontrollventilen.

26 Tryck ihop de båda sidorna av kragen och koppla loss vevhusventilationsröret från ventilkåpan **(se bild 12.7a)**.

27 Skruva loss bulten som håller oljemät-stickans rör till fästet.

28 Koppla loss kontaktdonet till tankens ventilationsventil och ta loss ventilen från fästbygeln på grenröret **(se bild)**.

29 På M52TU motorer, ta loss bränsle-matnings- och returslangarna från stödfästet på grenröret.

30 Ta kloss knacksensorns (-sensorernas) kontaktdon från fästbygeln på undersidan av grenröret.

31 Koppla loss VANOS-solenoidens kontakt-don framtill på vänster sida på topplocket (om detta inte redan har gjorts).

32 Notera hur eventuella kablar sitter, lossa dem sedan från fästklämmorna på grenröret och stödfästet (under grenröret).

33 Skruva loss de nio muttrarna som håller grenröret till topplocket och muttern som håller grenröret fästbygel till motorblocket (under grenröret), och ta bort grenröret från topplocket. När grenröret tas bort, mata startmotorkabeln genom grenröret **(se bild)**. Ta bort tätningarna.

34 Undersök tätningarna och byt ut dem om så behövs.

35 Montering sker i omvänd ordning.

### Avgasgrenrör

36 Lyft upp framvagnen och stötta den ordentligt på pallbockar (se Lyftning och stödpunkter). Skruva loss skruvarna och ta bort kåpan under motorn.

37 Skruva loss muttrarna/bultarna och ta loss avgasröret från grenröret **(se bild)**.

38 Bänd ut plastlocken, skruva loss de två skruvarna och ta bort plastkåpan som sitter över bränslespridaren.

39 Bänd upp plastlocken, skruva loss de två muttrarna, ta bort oljepåfyllningslocket och ta bort plastkåpan från topplocket.

40 Följ kablaget bakåt från syresensorn (-sensorerna) och koppla loss kontaktdonen. Märk kontaktdonen för att se till att de ansluts korrekt. Ta loss kabelhärvorna från eventuella fästen på grenrören.

41 Börja med det främre avgasgrenröret, skruva loss muttrarna och ta ut grenröret från motorrummet **(se bild)**. Var försiktig så att du inte skadar syresensorn som sitter på gren-röret. Kasta packningen.

42 Skruva loss muttrarna och ta bort det bakre avgasgrenröret. Var även här försiktig så att du inte skadar syresensorn. Kasta packningen.

43 Montering sker i omvänd ordning. Tänk på följande.

a) Lägg lite temperaturbeständigt antikärvfett på grenrörets pinnbultar.

b) Byt alltid ut grenrörspackningarna.

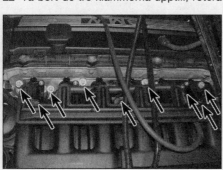

**13.33 Insugsgrenrörets muttrar (vid pilarna)**

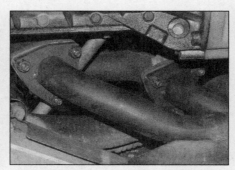

**13.37 Skruva loss muttrarna och ta loss avgasröret från grenröret**

**13.41 Var försiktig så att du inte skadar syresensorerna**

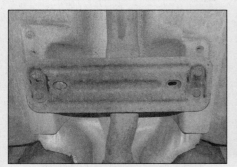

**14.3  Den bakre plattan sitter fast i avgassystemet med gummifästen**

**14.5  Skruva loss muttern (vid pilen) och ta bort fästet från karossen**

**14.7  På M54 motorer kan vibrations-dämparen skruvas loss och flyttas över till en ny ljuddämpare**

*c) Dra åt grenrörsbultarna till angivet moment.*

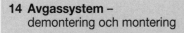

## 14  Avgassystem – demontering och montering

**Observera:** *Vid monteringen kommer du att behöva nya fästmuttrar och nya packningar mellan avgassystemets främre del och grenröret.*

### Demontering

**1** Lyft upp bilen och stöd den säkert på pallbockar (se *Lyftning och stödpunkter*). Skruva loss skruvarna och ta bort kåpan under motorn.
**2** Följ syresensorns (-sensorernas) kablage bakåt och koppla loss kontaktdonet (-donen). Ta loss kablaget från styrningen.
**3** Skruva loss bultarna och ta bort förstärkningsplattorna från kardantunneln. Observera att den bakre förstärkningsplattan sitter fast på avgassystemet med gummi-fästen **(se bild)**.
**4** Skruva loss fästmuttrarna och koppla loss avgassystemets främre del från grenrören. Ta vara på packningarna **(se bild 13.37)**.
**5** Lossa fästmuttern som håller avgas-systemets bakre fästbygel **(se bild)**. **Observera:** *På M54 motorer, lossa bulten som håller den mittre ljuddämparens fästbygel till karossen.*
**6** Ta ut hela avgassystemet under bilen. *Varning: Ta hjälp av någon, hela avgas-systemet väger över 40 kg.*
**7** För att ta bort värmeskölden, skruva loss

muttrarna och bultarna och sänk ned skölden på marken. På M54 motorn kan vibrations-dämparen som sitter på den ursprungliga bakre ljuddämparen skruvas loss och flyttas över till en ny ljuddämpare **(se bild)**.

### Montering

**8** Montering sker i omvänd ordning mot demonteringen. Tänk på följande.
a) Använd nya packningar vid monteringen av avgassystemets främre del till grenröret. Använd också nya muttrar och lägg kopparfett på muttrarnas gängor.
b) Kontrollera ändrörens placering i förhållande till urtaget i den bakre listen. Om så behövs, justera avgassystemets upphängningar för att skapa tillräckligt mycket utrymme mellan systemet och listen.

# Kapitel 4 Del B:
# Avgasreningssystem

## Innehåll

## Svårighetsgrader

| | | | | | | | | | |
|---|---|---|---|---|---|---|---|---|---|
| **Enkelt**, passar novisen med lite erfarenhet |  | **Ganska enkelt**, passar nybörjaren med viss erfarenhet |  | **Ganska svårt**, passar kompetent hemmamekaniker |  | **Svårt**, passar hemmamekaniker med erfarenhet |  | **Mycket svårt**, för professionell mekaniker |  |

## Specifikationer

**Åtdragningsmoment**                                         **Nm**
Syresensor till avgassystem . . . . . . . . . . . . . . . . . . . . . . . . . . . . . . 50

### 1 Allmän information

**1** Alla modeller har olika inbyggda funktioner i bränslesystemet för minskning av utsläpp, inklusive sluten vevhusventilation, katalysator och bränsleavdunstningssystem.
**2** Observera att blyat bränsle inte får användas.

### Sluten vevhusventilation

**3** För att minska utsläppen av oförbrända kolväten från vevhuset ut i atmosfären är motorn förseglad, och gaser och oljeånga dras från vevhuset och topplockskåpan genom en oljeseparator, in i insugskanalen så att de förbränns av motorn under normal förbränning.
**4** Under förhållanden med högt undertryck i grenröret (tomgång, inbromsning) sugs gaserna ut ur vevhuset. Under förhållanden med lågt undertryck i grenröret (acceleration, fullgaskörning) tvingas gaserna ut ur vevhuset av det (relativt) högre vevhustrycket; om motorn är sliten orsakar det ökade trycket (beroende på ökad förbiblåsning) att en del av flödet återgår under alla grenrörsförhållanden.

### Avgasrening

**5** För att minska mängden föroreningar som släpps ut i atmosfären är alla modeller försedda med en katalysator i avgassystemet. Systemet är av typen "closed-loop"; två eller tre syresensorer (lambasonder) i avgassystemet förser bränsleinsprutningens/tändningens ECM med konstant feedback, vilket gör att ECM kan justera bränsleblandningen för att ge bästa möjliga arbetsförhållanden för katalysatorn.
**6** Syresensorn (-sensorerna) har ett inbyggt värmeelement, styrt av ECM, som snabbt kan värma upp sensorns spets till en effektiv arbetstemperatur. Sensorns spets är känslig för syre, och skickar en varierande spänning till ECM, beroende på mängden syre i avgaserna. Om bränsleblandningen i insuget är för fet, får avgaserna en låg syrehalt, och sensorn skickar en lågspänningssignal. Spänningen stiger allteftersom blandningen

blir magrare, och mängden syre i avgaserna stiger. Optimal omvandlingseffektivitet för alla huvudsakliga föroreningar sker när luft/bränsle-blandningen har det kemiskt korrekta förhållandet för fullständig förbränning av bensin – 14,7 delar (vikt) luft och en del bränsle (det stökiometriska förhållandet). Givarens effekt-spänning ändras i ett stort steg vid den här punkten. ECM använder signalförändringen som en referenspunkt och korrigerar luft/bränsle-blandningen efter behov genom att förändra bränslespridarnas pulsbredd (den tid spridaren är öppen).

## Bränsleavdunstning

**7** För att minimera utsläppet av oförbrända kolväten i atmosfären finns ett bränsle-avdunstningssystem på alla modeller. Bränsletankens påfyllningslock är förseglat, och en kolkanister, monterad under bilens bakvagn, samlar upp bränsleångorna som genereras i tanken när bilen är parkerad. Kanistern lagrar gaserna tills de kan tömmas ut ur kanistern (under styrning av bränsle-insprutningens/tändningens ECM) via en rensventil. När ventilen öppnas förs ångorna in i insugskanalen och förbränns av motorn vid normal förbränning.
**8** För att försäkra att motorn går bra när den är kall och/eller går på tomgång, öppnar ECM inte rensventilen förrän motorn har värmts upp och är under belastning; ventilens solenoid slås sedan av och på så att de lagrade ångorna släpps in i insugskanalen.

## Sekundär luftinsprutning

**9** Modeller med M52TU motor är utrustade med ett system som är så designat att det ska förkorta den tid det tar för katalysatorn att värma upp. För att katalysatorn ska fungera korrekt måste den ha en temperatur på minst 300°C. Den här temperaturnivån uppnås tack vare de passerande avgaserna. För att förkorta katalysatorns uppvärmningsfas, sprutar en sekundär luftinsprutningspump in

frisk luft precis bakom avgasventilerna i avgasgrenröret. Syrerik blandning orsakar en "efterbrännande" effekt i avgassystemet, vilket höjer gasernas temperatur avsevärt, och därför även katalysatorns. Systemet är bara aktivt vid kallstarter (upp till 33°C kylvätske-temperatur), och det arbetar bara i ungefär två minuter.

## 2 Avgasreningssystem – byte av komponenter

### Sluten vevhusventilation

**1** Komponenterna i det här systemet behöver inget rutinunderhåll, annat än regelbundna kontroller av att slangarna är hela och inte blockerade.

### Kolkanister – byte

**2** Kanistern sitter bakom det bakre, vänstra hjulhusets innerskärm. Lyft upp bakvagnen och stöd den på pallbockar (se *Lyftning och stödpunkter*). Demontera vänster bakhjul.
**3** Demontera hjulhusets innerskärm enligt beskrivnig i avsnitt 22 i kapitel 11.
**4** Koppla loss slangarna från kanistern. Om slangarna sitter fast med plastklämmor, tryck ihop sidorna på klämmorna för att lossa dem från anslutningen på kanistern. Notera hur slangarna sitter för att försäkra korrekt återanslutning.
**5** Ta bort kanistern genom att helt enkelt lyfta upp den från sin plats. Notera de tre fästena och motsvarande hål.
**6** Montering sker i omvänd ordning. Se till att slangarna ansluts korrekt, enligt tidigare gjorda noteringar, samt att fästklämmorna fästs ordentligt.

### Rensventil – byte

#### M52 motor

**7** Ventilen sitter på en fästbygel nära vänster fjädertorn i motorrummet.

**8** Se till att tändningen är avslagen.
**9** Tryck ihop sidorna på låskragen och koppla loss slangen från ventilens sida.
**10** Koppla loss kontaktdonet från ventilen **(se bild)**.
**11** Dra upp ventilen, så att den kvarvarande slangen kan kopplas loss.
**12** Dra loss ventilen från fästet.
**13** Montering sker i omvänd ordning. Se till att slangarna ansluts enligt tidigare gjorda noteringar.

#### M52TU och M54 motorer

**14** Ventilen sitter under insugsgrenröret. Demontera luftrenarhuset enligt beskrivning i kapitel 4A.
**15** Stick in handen under grenröret och koppla loss ventilens kontaktdon **(se bild)**.
**16** Tryck in låsspärren och koppla loss slangen från ventilens undersida.
**17** Koppla loss den kvarvarande slangen och dra loss ventilen från gummihållaren.
**18** Montering sker i omvänd ordning.

### Katalysator – byte

#### M52 motor

**19** Katalysatorn sitter ihop med den främre delen av avgassystemet. För att kunna byta ut katalysatorn måste man byta ut hela den främre avgassektionen.

#### M52TU och M54 motorer

**20** Katalysatorn sitter ihop med avgas-grenröret. Om katalysatorn ska bytas ut måste hela grenröret bytas ut.

### Syresensor – byte

**Observera:** *Försäkra dig om att avgas-systemet är kallt innan du försöker att demontera syresensorn.*
**21** Syresensorn/-sensorerna är inskruvad/e i det främre nedåtgående avgasröret, före och efter katalysatorn.
**22** Slå av tändningen.
**23** Dra åt handbromsen, lyft upp framvagnen och stöd den säkert på pallbockar (se *Lyftning*

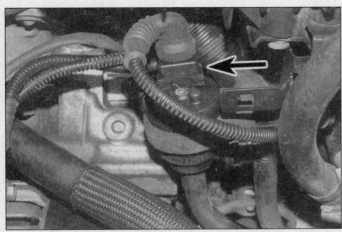

**2.10 Koppla loss solenoidventilens kontaktdon (vid pilen) – M52 motor**

**2.15 Rensventil (solenoidventil) – M52TU och M54 motor**

**2.25a Kontaktdon till syresensorer – M52 motor**

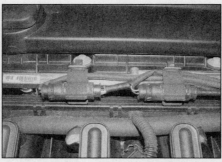

**2.25b Kontaktdon till syresensorer – M52TU och M54 motorer**

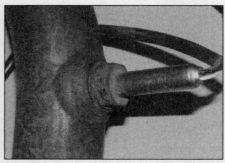

**2.27 Skruva loss syresensorn – M52 motor**

*och stödpunkter).* Skruva loss skruvarna och ta bort kåpan under motorn.

**Observera:** *På grund av begränsad åtkomlighet, om sensorn för cylinder 4 till 6 ska demonteras, måste hela avgassystemet demonteras.*

**24** Bänd loss plastlocken, skruva loss de två skruvarna och ta bort plastkåpan som sitter över bränslespridarna.

**25** Ta loss syresensorkablarna från hållaren och koppla loss kontaktdonen. Märk kontaktdonen för att försäkra dig om att de sätts tillbaka på rätt platser **(se bilder).**

**26** Demontera avgasgrenröret enligt beskrivning i kapitel 4A.

**27** Med en demonteringshylsa för givare, skruva loss givaren och ta bort den från avgasröret **(se bild).**

**28** Montering sker i omvänd ordning mot demonteringen. Notera följande:

a) *Dra åt givaren till angivet moment.*

b) *Kontrollera att kablaget dras korrekt, och att det inte riskerar att komma i kontakt med avgassystemet.*

c) *Se till att inte smörjmedel eller smuts kommer i kontakt med givarens sond.*

d) *Lägg ett lager kopparbaserat, värmebeständigt antikärvfett på givarens gängor innan den sätts tillbaka.*

## 3 Katalysator – allmän information och föreskrifter

Katalysatorn är en pålitlig och enkel enhet, som inte behöver något underhåll. Det finns dock vissa fakta som bilägaren bör vara medveten om och ta i beaktande, om katalysatorn ska fungera korrekt under hela sin livstid.

a) *ANVÄND INTE blyhaltig bensin i en bil med katalysator – blyet lägger sig på ädelmetallerna, minskar deras omvandlingseffektivitet och förstör till slut katalysatorn.*

b) *Underhåll alltid tänd- och bränslesystemen enligt tillverkarens underhållsschema.*

c) *Om motorn utvecklar misständning, kör inte bilen alls (eller åtminstone så lite som möjligt) tills felet är åtgärdat.*

d) *Starta INTE bilen genom att dra eller*

*knuffa igång den – detta dränker katalysatorn i oförbränt bränsle vilket gör att den överhettar när motorn väl startar.*

e) *SLÅ INTE av tändningen vid höga motorhastigheter.*

f) *ANVÄND INTE bränsle- eller oljetillsatser – dessa kan innehålla ämnen som är skadliga för katalysatorn.*

g) *FORTSÄTT INTE att använda bilen om motorn bränner olja till den grad att det kommer blå rök ur avgasröret.*

h) *Kom ihåg att katalysatorn arbetar vid mycket höga temperaturer. Parkera därför INTE över torrt gräs, långt gräs eller högar av döda löv efter en lång tur.*

i) *Kom ihåg att katalysatorn är ÖMTÅLIG – slå inte på den med verktyg vid servicearbete.*

j) *I vissa fall kan det komma en lukt av ruttna ägg från avgassystemet. Detta är vanligt på många bilar med katalysator, och när bilen har kört några hundra mil bör problemet upphöra.*

k) *Katalysatorn på en väl underhållen och väl körd bil bör hålla i mellan 8 000 och 16 000 mil. Om katalysatorn inte längre är effektiv måste den bytas ut.*

# Kapitel 5 Del A:
# Start- och laddningssystem

## Innehåll

## Svårighetsgrader

| | | | | |
|---|---|---|---|---|
| **Enkelt,** passar novisen med lite erfarenhet  | **Ganska enkelt,** passar nybörjaren med viss erfarenhet  | **Ganska svårt,** passar kompetent hemmamekaniker  | **Svårt,** passar hemmamekaniker med erfarenhet  | **Mycket svårt,** för professionell mekaniker |

## Specifikationer

**Systemtyp** . . . . . . . . . . . . . . . . . . . . . . . . . . . . . . . . . . . . . . . . . . . .    12 volt negativ jord

**Generator**

Reglerad spänning (vid 1500 rpm motorhastighet, ingen elektrisk
    utrustning på) . . . . . . . . . . . . . . . . . . . . . . . . . . . . . . . . . . . . . . . . .    13,5 till 14,2 volt

**Startmotor**

Effekt . . . . . . . . . . . . . . . . . . . . . . . . . . . . . . . . . . . . . . . . . . . . . . . .    1,4 kW

**Åtdragningsmoment**    Nm

Startmotorns stödfäste till motorn, bultar . . . . . . . . . . . . . . . . . . . . . . .    47
Startmotorns stödfäste till startmotorn, muttrar . . . . . . . . . . . . . . . . .    5
Startmotor till växellåda, muttrar och bultar . . . . . . . . . . . . . . . . . . .    47

## 1 Allmän information och föreskrifter

### Allmän information

Motorns elektriska system består huvudsakligen av laddnings- och startsystemen. På grund av deras motorrelaterade funktioner behandlas dessa separat från karossens elektriska system, som lysen, instrument etc. (som behandlas i kapitel 12). För information om tändsystemet, se kapitel 5B.

Elsystemet är av typen 12 volt negativ jord. Batteriet är av typen lågunderhåll eller underhållsfritt ("livstidsförseglat"), och laddas av generatorn som drivs av en rem från vevaxelns remskiva.

Startmotorn är av den föringreppade typen med en integrerad solenoid. Vid start flyttar solenoiden drivpinjongen så att den går i ingrepp med svänghjulets kuggkrans innan starmotorn förses med ström. När motorn har startat förhindrar en envägskoppling att startmotorns ankare drivs av motorn, tills dess att pinjongen släpper från svänghjulet.

En jordfläta sitter mellan det högra motorfästet och bilens chassi (se bild).

### Föreskrifter

Ytterligare information om de olika systemen finns i relevanta avsnitt i det här kapitlet. Även om vissa reparationsåtgärder beskrivs, är det vanligaste tillvägagångssättet att man byter ut defekta komponenter. Den ägare vars intresse sträcker sig utöver komponentbyte kan införskaffa ett exemplar av boken *"Bilens elektriska och elektroniska system"* från Haynes Publishing.

⚠️ *Varning: Var extra försiktig vid arbete med elsystemet, för att undvika skador på halvledarenheter (dioder och transistorer), och för att undvika risk för personskador. Utöver föreskrifterna i avsnittet "Säkerheten främst!" i början av boken, tänk på följande vid arbete på systemet:*
• *Ta alltid av ringar, klocka och liknande innan arbete med eleystemet påbörjas. Även när batteriet är urkopplat kan en urladdning inträffa om en komponents strömförande pol jordas genom ett metallföremål. Detta kan ge en stöt eller elak brännskada.*
• *Förväxla inte batteripolerna. Komponenter som generatorn, elektroniska styrenheter eller andra komponenter som innehåller halvledare kan skadas bortom alla reparationsmöjligheter.*
• *Om motorn startas med hjälp av startkablar och ett annat batteri, använd de inbyggda anslutningarna för startkablar (se "Starthjälp" i början av boken). Detta gäller även när man ansluter en batteriladdare.*

• *Koppla aldrig loss batteripolerna, generatorn, elektriska kablar eller testutrustning när motorn är igång.*
• *Låt inte motorn driva generatorn när denna inte är inkopplad.*
• *"Testa" aldrig en generator genom att gnistra strömkabeln mot jord.*
• *Använd aldrig en ohmmeter av den typen som har en handvevad generator för test av kretsar eller kontinuitet.*
• *Se alltid till att batteriets negativa kabel (jord) är losskopplad innan arbete på elsystemet påbörjas.*
• *Innan någon typ av elektrisk bågsvetsning utförs på bilen, koppla ur batteriet, generatorn och komponenter som bränsleinsprutningens/tändningens styrenhet, för att skydda dessa delar mot skador.*
• *Om en radio/kassett-/CD-spelare med inbyggd säkerhetskod är monterad, notera följande. Om strömmen till enheten bryts aktiveras stöldskyddssystemet. Även om strömmen omedelbart ansluts igen, kommer ljudanläggningen inte att fungera förrän korrekt säkerhetskod har knappats in. Därför, om du inte känner till säkerhetskoden, koppla inte bort batteriets negativa kabel eller ta ut ljudanläggningen ur bilen. Se avsnittet "Ljudanläggningens stöldskyddssystem" för ytterligare information.*

## 2 Elektrisk felsökning – allmän information

Se kapitel 12.

## 3 Batteri – test och laddning

**Observera:** *Följande information är endast tänkt som en generell guide. Se alltid tillverkarens rekommendationer (finns ofta på en etikett på batteriet) innan batteriet laddas.*

1 Alla modeller utrustas med ett underhållsfritt batteri vid tillverkningen, vilket inte bör behöva något underhåll under normala driftsförhållanden.
2 Om batteriets skick misstänks vara dåligt, demontera batteriet enligt beskrivning i avsnitt 4 och kontrollera att elektrolytnivån i varje cell är vid MAX-markeringen på batteriets utsida (ungefär 5,0 mm ovanför toppen av plattorna i cellerna). Om så behövs kan elektrolytnivån höjas genom att man tar bort pluggarna från cellerna och fyller på med destillerat vatten (inte syra).
3 En ungefärlig kontroll av batteriets skick kan göras genom att man kontrollerar elektrolytens specifika vikt, enligt följande.

**1.1 Det sitter en jordfläta fastskruvad mellan höger motorfäste (vid pilen) och bilens kaross**

4 Använd en hydrometer för kontrollen och jämför resultaten med följande tabell. Temperaturerna som anges är den omgivande luftens temperatur. Avläsningarna förutsätter en elektrolyttemperatur på 15°C; för varje 10°C under 15°C, dra bort 0,007. för varje 10°C (18°F) över 15°C, lägg till 0,007.

|  | Över 25°C | Under 25°C |
| --- | --- | --- |
| Fulladdat | 1,210 till 1,230 | 1,270 till 1,290 |
| 70% laddat | 1,170 till 1,190 | 1,230 till 1,250 |
| Urladdat | 1,050 till 1,070 | 1,110 till 1,130 |

5 Om batteriet misstänks vara i dåligt skick, kontrollera först elektrolytens specifika vikt i varje cell. En variation på 0,040 eller mer mellan celler tyder på förlust av elektrolyt eller nedbrytning av plattorna.
6 Om skillnader på 0,040 eller mer förekommer bör batteriet bytas ut. Om skillnaden är mindre än så men batteriet är urladdat, ladda det enligt tillverkarens instruktioner.
7 Om du ska testa batteriet med en voltmeter, anslut voltmetern över batteriet. Ett fulladdat batteri ska ge en avläsning på 12,5 volt eller högre. Testet ger ett rättvisande resultat endast om batteriet inte har fått någon form av laddning under de senaste sex timmarna. Om detta inte är fallet, slå på strålkastarna i 30 sekunder, slå sedan av dem igen och vänta fyra till fem minuter innan batteriet testas. All annan elektrisk utrustning måste vara avslagen, så kontrollera att alla dörrar och bakluckan är helt stängda innan testet påbörjas.
8 Generellt sett gäller att om spänningsavläsningen är lägre än 22,2 volt, är batteriet urladdat, medan en avläsning på 12,2 till 12,4 volt indikerar delvis urladdning.
9 Om batteriet ska laddas med en droppladdare, leta reda på jordanslutningen på det högra främre fjäderbenstornet, och den positiva anslutningen under plastkåpan på insugsgrenröret, och koppla laddarens kablar till anslutningarna (se bild). Om en snabbladdare används (eller om du är osäker på vilken typ av laddare du har), ta ur batteriet ur bilen (avsnitt 4) och ladda det enligt tillverkarens instruktioner.

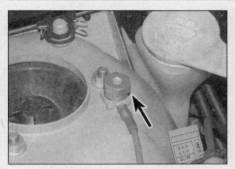

**3.9  Anslut laddarens negativa kabel till jordanslutningen (vid pilen) på höger fjäderbenstorn i motorrummet**

**4.3a  Lossa den negativa polens klämbult . . .**

**4.3b  . . . och ta loss batteriklämman från polen**

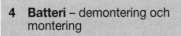

## 4  Batteri – demontering och montering

**Observera:** *När batteriet kopplas bort kommer eventuella felkoder som är lagrade i motorstyrningssystemets ECM att raderas. Om fel misstänks, koppla inte bort batteriet förrän felkoderna har lästs av hos en BMW-återförsäljare eller annan specialist. Om bilen har en kodskyddad ljudanläggning, se avsnittet "Ljudanläggningens stöldskyddssystem".*

**Observera:** *När batteriet har kopplats in kan man behöva utföra en inställning av takluckan enligt beskrivning i avsnitt 21 i kapitel 11.*

### Demontering

**1** Batteriet sitter under en kåpa på höger sida i bagageutrymmet.

**4.4a  Lyft upp den positiva polens kåpa . . .**

**2** Öppna bakluckan och öppna förvaringsutrymmets lucka på höger sida.
**3** Lossa klämmuttern och koppla loss klämman från batteriets negativa (jord) pol **(se bilder)**.
**4** Ta bort isolerkåpan (om monterad) och koppla loss den positiva polens kabel på samma sätt **(se bilder)**.
**5** Lossa klämplattans bult, skruva sedan loss bultarna och ta bort batteriets fästbygel **(se bilder)**.
**6** Lyft ut batteriet ur huset, koppla loss ventilationsslangen när batteriet tas bort. Var försiktig – batteriet är tungt!

### Montering

**7** Montering sker i omvänd ordning mot demonteringen. Stryk lite vaselin på batteripolerna när kablarna har anslutits för att förebygga korrosion, och anslut alltid den positiva polen först och den negativa sist.

## 5  Laddningssystem – test

**Observera:** *Läs varningarna i avsnittet "Säkerheten främst!" och i avsnitt 1 i det här kapitlet innan arbetet påbörjas.*
**1** Om laddningslampan inte tänds när tändningen slås på, kontrollera först att generatorns kablage sitter fast ordentligt. Om

det gör det, kontrollera att det inte är varningslampans glödlampa som har gått sönder, och att glödlampshållaren sitter fast som den ska i instrumentpanelen. Om lampan fortfarande inte vill tändas, kontrollera kontinuiteten i varningslampans tillförselledning från generatorn till lamphållaren. Om allt är som det ska så långt, ligger problemet hos generatorn som måste bytas ut eller tas till en bilelektriker för test och reparation.
**2** Om laddningslampan tänds när motorn går, stanna motorn och kontrollera att drivremmen har rätt spänning (se kapitel 1), samt att generatorns kablage sitter fast ordentligt. Om detta är i sin ordning, låt en bilelektriker undersöka/reparera generatorn.
**3** Om generatorns effekt misstänks trots att laddningslampan fungerar normalt, kan den reglerade spänningen kontrolleras enligt följande.
**4** Anslut en voltmeter över batteripolerna och starta motorn.
**5** Öka motorhastigheten tills voltmeteravläsningen förblir stadig; avläsningen ska vara ungefär 12 till 13 volt och inte högre än 14,2 volt.
**6** Slå på så många elektriska tillbehör som möjligt (t.ex. strålkastare, uppvärmd bakruta, värmefläkt), och kontrollera att generatorn behåller en reglerad spänning på 13 till 14 volt.
**7** Om den reglerade spänningen inte följer specifikationerna, kan felet bero på slitna generatorborstar, svaga borstfjädrar, en

**4.4b  . . . och lossa den positiva polens klämma**

**4.5a  Lossa klämplattans bult . . .**

**4.5b  . . . skruva sedan loss bultarna och ta bort batteriets fästbygel**

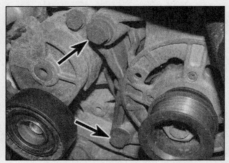

**7.7 Dra undan gummikåpan och koppla loss generatorns kablage**

**7.8 Generatorns övre och nedre fästen (vid pilarna)**

**7.9 Bänd loss plastkåpan (vid pilen) och lossa remskivans fästbult**

defekt spänningsregulator, en defekt diod, en trasig faslindning eller slitna eller skadade släpringar. Generatorn bör bytas ut eller tas till en bilelektriker för test och reparation.

## 6 Generatorns drivrem – demontering, montering och spänning

Se beskrivningen för drivremmen (-remmarna) i kapitel 1.

## 7 Generator – demontering och montering

### Demontering

**1** Koppla bort batteriets negativa pol (se avsnitt 4).
**2** Demontera luftrenaren och luftmasse-givaren enligt beskrivning i kapitel 4A, avsnitt 12.
**3** Demontera viskoskylfläktens koppling enligt beskrivning i kapitel 3.
**4** Demontera drivremmen enligt beskrivning i kapitel 1.
**5** Skruva loss bultarna till servostyrnings-pumpens behållare och flytta behållaren åt sidan. Man behöver inte koppla loss vätske-slangarna.
**6** Sträck in handen under generatorn och dra luftkylslangen (om monterad) nedåt och bort från generatorns bakre kåpa.
**7** Dra bort kåpan (om monterad), skruva sedan loss muttern och koppla loss kablaget från generatorn **(se bild)**.
**8** På modeller utan en överföringsremskiva för drivremmen, skruva loss generatorns övre och nedre fästbultar **(se bild)**.
**9** På modeller med överföringsremskiva för drivremmen, skruva loss fästbulten och ta bort remskivan för att komma åt generatorns övre fästbult **(se bild)**. Skruva loss de två bultarna som håller fast generatorn.
**10** Ta bort generatorn från motorn.

### Montering

**11** Montering sker i omvänd ordning mot demonteringen. Tänk på följande.
*a)* Vid montering av överföringsremskivan, se till att klacken på baksidan av remskivan hakar i motsvarande urtag i fästbygeln.
*b)* Montera drivremmen (se kapitel 1).

## 8 Generator – test och renovering

Om generatorn misstänks vara defekt, demontera den från bilen och ta den till en bilelektriker för undersökning. De flesta bilelektriker kan leverera och montera borstar till en rimlig kostnad. Kontrollera dock kostnaden för reparationen innan du låter utföra den, eftersom det kan visa sig mer ekonomiskt att köpa en ny eller utbytes generator.

## 9 Startsystem – test

**Observera:** *Se föreskrifterna i avsnittet "Säkerheten främst!" och i avsnitt 1 i det här kapitlet innan arbetet påbörjas.*
**1** Om startmotorn inte arbetar när start-nyckeln vrids till startläget kan det bero på något av följande:
*a)* Batteriet är defekt.
*b)* De elektriska anslutningarna mellan tändningslåset, solenoiden, batteriet och startmotorn misslyckas någonstans med att mata ström från batteriet genom startmotorn till jord.
*c)* Solenoiden är defekt.
*d)* Elektriskt eller mekaniskt fel i startmotorn.
**2** För att kontrollera batteriet, slå på strål-kastarna. Om de försvagas efter några sekunder tyder det på att batteriet är urladdat. Ladda eller byt ut batteriet (se avsnitt 3). Om strålkastarna lyser starkt, vrid om startnyckeln och titta på strålkastarna. Om de nu försvagas betyder det att ström når startmotorn, varför

felet måste ligga i startmotorn. Om strål-kastarna fortsätter att lysa starkt (och inget klickande ljud kan höras från startmotorns solenoid), tyder det på att det är ett fel i kretsen eller solenoiden – se följande punkter. Om startmotorn går runt sakta när den aktiveras, men batteriet är i bra skick, tyder det antingen på att startmotorn är defekt, eller på att det finns ett avsevärt motstånd någonstans i kretsen.
**3** Om ett fel i kretsen misstänks, koppla loss batterikablarna (inklusive jordanslutningen till karossen), startmotorns/solenoidens kablage och motorns/växellådans jordfläta. Rengör anslutningarna noggrant och anslut batteri-kablarna och övrigt kablage, använd sedan en voltmeter eller en testlampa och kontrollera att full batterispänning finns vid den positiva batterikabelns anslutning till solenoiden, och att jorden är god. Smörj vaselin på batteri-polerna för att förebygga korrosion – korroderade anslutningar är bland de oftast återkommande orsakerna till elsystemfel.
**4** Om batteriet och alla anslutningar är i gott skick, kontrollera kretsen genom att koppla loss kabeln från solenoidens flatstift. Anslut en voltmeter eller en testlampa mellan kabeln och en god jord (som batteriets negativa pol), och kontrollera att kabeln är strömförande när startnyckeln är i startläget. Om den är det fungerar kretsen som den ska – om inte kan kretsens kablage undersökas enligt beskriv-ning i kapitel 12.
**5** Solenoidens kontakter kan kontrolleras genom att man ansluter en voltmeter eller testlampa mellan batteriets positiva matning på solenoidens startmotorsida, och jord. När tändningslåset ställs i "start"-läget skall man erhålla en avläsning/lampan ska lysa. Om man inte får någon avläsning/lampan inte lyser, är solenoiden defekt och måste bytas ut.
**6** Om kretsen och solenoiden visar sig fungera som de ska, måste felet ligga i startmotorn. I detta fall kan det vara möjligt att låta renovera startmotorn hos en specialist, men kontrollera först kostnaden för reservdelar, eftersom det kan visa sig vara mer ekonomiskt att köpa en ny motor eller en utbytesmotor.

## 10 Startmotor – demontering och montering

### Demontering – M52 motor

**1** Koppla loss batteriets negativa kabel (se avsnitt 4).

### Modeller med manuell växellåda

**2** Dra åt handbromsen, lyft upp framvagnen och ställ den säkert på pallbockar (se *Lyftning och stödpunkter*).

**3** Lossa skruvarna/klämmorna och ta bort kåpan under motorn.

**4** Skruva loss de två bultarna och ta bort chassits tvärstag som sitter bakom motorns oljesump, lossa sedan kåpan och frigör bränslerören och backljuskabeln från stödfästet.

### Modeller med automatväxellåda

**5** Demontera insugsgrenröret enligt beskrivning i kapitel 4A.

### Alla modeller

**6** Skruva loss muttrarna och koppla loss kablaget från startmotorns bakre ände. Notera hur kablarna sitter och hur de är dragna **(se bild)**.

**7** Använd hylsa, spärrhandtag och förlängning och skruva loss startmotorns fästbultar från växllådans balanshjulskåpa.

**8** Ta bort startmotorn från motorn. Var försiktig så att inte bränsleslangarna skadas.

### Montering – M52 motor

**9** Montering sker i omvänd ordning. Dra åt startmotorns fästbultar till angivet moment.

### Demontering – M52TU motor

**10** Koppla loss batteriets negativa kabel (se avsnitt 4).

**11** Koppla loss luftmassegivarens kablage och vakuumslangen, lossa fästklämmorna och ta bort luftfilterhuset (se kapitel 4A).

**12** Dra upp gasvajern och ta loss den från fästbygeln på gasspjällhuset. Koppla loss innervajerns ände från kvadranten på gasspjällhuset – se kapitel 4A om så behövs.

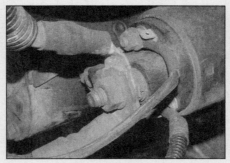

**10.6 Skruva loss startmotorns kablage – M52 motor**

**13** Lossa slangklämmorna och ta loss insugsslangarna från gasspjällhuset och tomgångsventilen.

**14** Dra åt handbromsen, lyft upp framvagnen och stöd den ordentligt på pallbockar (se *Lyftning och stödpunkter*).

**15** För att förbättra åtkomligheten, lossa bränsleslangarna från fästklämmorna under startmotorn, tryck in flikarna och koppla loss snabbkopplingarna. Var beredd på bränslespill.

**16** Skruva loss muttrarna och koppla loss kablaget bak på startmotorn.

**17** Med hylsa, spärrhandtag och en förlängning, skruva loss startmotorns fästbultar från växellådans balanshjulskåpa.

**18** Dra motorn framåt och något nedåt. Var försiktig så att inte bränsleslangarna skadas.

### Montering – M52TU motor

**19** Montering sker i omvänd ordning. Dra åt startmotorns fästbultar till angivet moment.

### Demontering – M54 motor

**20** Koppla loss batteriets negativa kabel (se avsnitt 4).

**21** Dra åt handbromsen, lyft upp bilens framvagn och stöd den säkert på pallbockar (se *Lyftning och stödpunkter*). Skruva loss skruvarna och ta bort kåporna under motorn/ växellådan.

**22** Arbeta under bilen, koppla loss vevaxellägesgivarens (under startmotorn) kontaktdon.

**23** Notera hur kablarna sitter på startmotorn,

**10.23 Startmotorns anslutningar – M54 motor**

skruva sedan loss muttrarna och koppla loss kablarna från motorn **(se bild)**.

**24** Med hylsa, spärrhandtag och en förlängning, skruva loss startmotorns fästbultar från växellådans balanshjulskåpa.

**25** Dra motorn framåt och för den något nedåt.

### Montering – M54 motor

**26** Montering sker i omvänd ordning. Dra åt startmotorns fästbultar till angivet moment.

## 11 Startmotor – test och renovering

Om startmotorn misstänks vara defekt, demontera den från bilen och ta den till en bilelektriker för test. De flesta bilelektriker kan leverera och montera borstar till en rimlig kostnad. Kontrollera dock först kostnaden för reparationerna, eftersom det kan visa sig vara mer ekonomiskt att köpa en ny eller utbytes motor.

## 12 Tändningslås – demontering och montering

Tändningslåset sitter ihop med rattlåset och kan demonteras enligt beskrivning i kapitel 10.

# Anteckningar

# Kapitel 5  Del B:
# Tändsystem

## Innehåll

## Svårighetsgrader

| Enkelt, passar novisen med lite erfarenhet  | Ganska enkelt, passar nybörjaren med viss erfarenhet  | Ganska svårt, passar kompetent hemmamekaniker  | Svårt, passar hemmamekaniker med erfarenhet  | Mycket svårt, för professionell mekaniker  |
|---|---|---|---|---|

## Specifikationer

**Tändföljd**
6-cylindriga motorer . . . . . . . . . . . . . . . . . . . . . . . . . . . . . . . . . . . . . 1-5-3-6-2-4

**Tändningsinställning** . . . . . . . . . . . . . . . . . . . . . . . . . . . . . . . . . . Elektroniskt styrt av DME – ingen justering möjlig

| **Åtdragningsmoment** | **Nm** |
|---|---|
| Knacksensorns fästbult . . . . . . . . . . . . . . . . . . . . . . . . . . . . . . . . . | 20 |
| Tändstift: | |
| M12 gänga . . . . . . . . . . . . . . . . . . . . . . . . . . . . . . . . . . . . . . . . . | 23 |
| M14 gänga . . . . . . . . . . . . . . . . . . . . . . . . . . . . . . . . . . . . . . . . . | 30 |

## 1  Allmän information och föreskrifter

### Allmän information

Tändsystemet styrs av motorstyrningssystemet (se kapitel 4A), kallat DME (Digital Motor Electronics). DME-systemet styr alla tändnings- och bränsleinsprutningsfunktioner med hjälp av en central elektronisk styrmodul, ECM (Electronic Control Module).

Tändningsinställningen baseras på information som ECM får från olika givare, om motorbelastning, motorhastighet, kylvätsketemperatur och insugsluftens temperatur (se kapitel 4A).

Alla motorer har två knacksensorer som ska känna av "knackning" (även kallat "spikning" eller förtändning). En sensor känner av cylinder 1 till 3 och den andra cylinder 4 till 6. Knacksensorerna är känsliga för vibration och känner av knackningen som inträffar när en cylinder börjar att förtända. Knacksensorerna skickar en signal till ECM som i sin tur backar tändningen tills knackningen upphör.

Ett fördelarlöst tändsystem används, med en separat tändspole för varje cylinder. Ingen fördelare behövs, och spolarna ger högspänningssignalen direkt till varje tändstift.

ECM använder informationen från de olika givarna till att beräkna vilken tändförställning och laddningstid för spolarna som behövs.

### Föreskrifter

Läs igenom föreskrifterna i kapitel 5A.

Test av tändsystemets komponenter ska överlåtas till en BMW-återförsäljare eller lämpligt utrustad specialist. Improviserade teståtgärder är tidskrävande och man riskerar också att skada motorstyrningssystemets ECM.

## 2  Tändsystem – test

1 Om ett fel uppstår i motorstyrningssystemet (bränsle/tändning), kontrollera först att felet inte beror på en dålig elektrisk anslutning, eller på dåligt underhåll, d.v.s. kontrollera att luftfiltret är rent, att tändstiften är i gott skick och har rätt elektrodavstånd, och att motorns ventilationsslangar inte är blockerade eller skadade.
2 På grund av spolarnas design, är det inte möjligt att testa motståndet i tändkablarna på traditionellt sätt.

3 Kontrollera att gasvajern är korrekt justerad enligt beskrivningen i kapitel 4A.
4 Om motorn går väldigt ojämnt, kontrollera kompressionstrycken enligt beskrivning i kapitel 2A.
5 Om de här kontrollerna inte lyckas avslöja orsaken till problemet, måste bilen tas till en BMW-återförsäljare eller annan specialist för undersökning med särskild diagnostisk utrustning. ECM har en självdiagnostisk funktion som lagrar felkoder i systemets minne (lagrade koder raderas om batteriet kopplas ur). Dessa felkoder kan läsas av med hjälp av BMW:s diagnosutrustning. Improviserade testmetoder rekommenderas inte – de är tidskrävande och medför risk för skador på ECM.

## 3  Tändspole – demontering och montering

### Demontering

1 Varje tändstift matas av sin egen spole och spolarna sitter direkt ovanför tändstiften, i ventilkåpan.
2 Slå av tändningen.
3 Ta bort motorns oljepåfyllningslock.

**3.4 Bänd upp täcklocken för att komma åt fästskruvarna till bränslespridarnas kåpa**

**4** Bänd upp täcklocken, skruva loss fästskruvarna och ta bort plastkåpan som sitter över bränslespridarna **(se bild)**.
**5** Ta bort plastkåpan från ventilkåpan. För att göra detta, bänd ut täcklocken och skruva loss de två fästmuttrarna, lyft och dra sedan kåpan framåt. Lirka kåpan över oljepåfyllningsröret **(se bild)**.

### Enkeltändspole

**6** Lyft fästklämman och koppla loss kontaktdonet från aktuell spole **(se bild)**.
**7** Skruva loss spolens två fästmuttrar/bultar och notera hur eventuella jordledningar och/eller fästbyglar som hålls av muttrarna sitter **(se bild)**. Spolens kontakter är fjäderbelastade, så spolen kommer att lyfta när muttrarna skruvas loss.

**3.7 Skruva loss spolens fästbultar och notera hur eventuella jordledningar sitter**

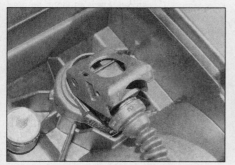

**3.8 Lyft låsspärren och koppla loss kontaktdonet**

**3.5 Bänd upp täcklocken och skruva loss muttrarna till spolarnas täckkåpa**

### Stavspole

**8** Lyft låsspärren och koppla loss spolens kontaktdon **(se bild)**.

### Alla typer

**9** Dra spolen från kamaxelkåpan och tändstiftet och ta bort den från motorn **(se bild)**.

## Montering

**10** Montering sker i omvänd ordning mot demonteringen. Där så är tillämpligt, sätt tillbaka jordledningar och fästbyglar så som de satt innan demonteringen.

---

**4 Knacksensor –**
**demontering och montering**

## Demontering

**1** Det finns två knacksensorer, inskruvade i vänster sida av motorblocket. En sensor känner av knackning i cylinder 1 till 3, och den andra känner av knackning i cylinder 4 till 6.
**2** Koppla loss batteriets negativa (jord) ledning (se kapitel 5A).
**3** Demontera insugsgrenröret enligt beskrivnig i kapitel 4A.
**4** Leta reda på fästet för sensorernas kontaktdon, som sitter under tomgångsventilen.

**3.9 Dra spolen från kåpan och tändstiftet**

**3.6 Lyft klämman och koppla loss kontaktdonet**

⚠️ **Varning: Om båda knacksensorerna ska tas bort, märk kontaktdonen för att underlätta korrekt återanslutning. Felaktig anslutning kan resultera i skador på motorn.**

**5** Ta loss sensorns kontaktdon från fästklämman och koppla loss det.
**6** Skruva loss fästbulten och ta bort knacksensorn. Notera hur kabeln är dragen. Sensorn för cylinder 1 till 3 sitter under temperaturgivarna i topplocket **(se bild)**. Sensorn för cylinder 4 till 6 sitter bakom fästet för sensorernas kontaktdon.

## Montering

**7** Påbörja monteringen med att noggrant rengöra fogytorna på sensorn och motorblocket.
**8** Montera sensorn på motorblocket och dra åt fästbulten till angivet moment.
**9** Dra kablaget enligt tidigare gjorda noteringar, anslut sedan kontaktdonet och sätt fast det med klämman i fästbygeln. Var noga med att ansluta sensorerna korrekt.

⚠️ **Varning: Försäkra dig om att kontaktdonen ansluts enligt tidigare gjorda noteringar. Om de förväxlas kan det leda till skador på motorn.**

**10** Montera insugsgrenröret enligt beskrivning i kapitel 4A.

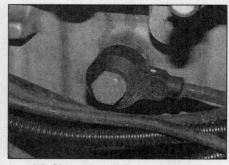

**4.6 Skruva loss bulten och ta bort knacksensorn**

# Kapitel 6
## Koppling

## Innehåll

## Svårighetsgrader

| Enkelt, passar novisen med lite erfarenhet |  | Ganska enkelt, passar nybörjaren med viss erfarenhet |  | Ganska svårt, passar kompetent hemmamekaniker |  | Svårt, passar hemmamekaniker med erfarenhet |  | Mycket svårt, för professionell mekaniker | |
|---|---|---|---|---|---|---|---|---|---|

## Specifikationer

**Typ** .............................................. Enkel torrlamell med tallriksfjäder, hydrauliskt manövrerad

**Drivplatta**

Friktionsmaterialets tjocklek ovanför nitskallarna .................. minst 1,0 mm

**Åtdragningsmoment**     **Nm**

Kopplingskåpa till svänghjul, bultar ........................... 24
Huvudcylinderns bultar ...................................... 22
Slavcylinderns muttrar ...................................... 22
Hydraulrörens anslutningsbultar .............................. 20

### 1 Allmän information

Alla modeller har enkel torrlamellkoppling som består av fem huvudkomponenter; lamell, tryckplatta, tallriksfjäder, kåpa och urtrampningslager.

Lamellen kan glida fritt längs splinesen på växellådans ingående axel, och hålls på plats mellan svänghjulet och tryckplattan av det tryck som utövas på tryckplattan av tallriksfjädern. Modeller fram till 09/1997 har en traditionell koppling, medan alla modeller efter detta datum har en självjusterande koppling (SAC – Self-Adjusting Clutch). Denna kopplingstyp kompenserar för slitage på lamellen genom att ändra på fjäderfingrarnas position med hjälp av en fjädrande mekanism i tryckplattans kåpa. Denna funktion garanterar en konsekvent "pedalkänsla" under kopplingens hela livstid.

Tallriksfjädern sitter fast på pinnbultar och hålls på plats i kåpan av pivåringar.

Urtrampningslagret sitter på en styrhylsa framtill på växellådan och lagret kan glida fritt på hylsan, under påverkan av urtrampningsarmen som svänger på en tapp inuti kopplingens balanshjulskåpa.

Urtrampningsmekanismen styrs av kopplingspedalen med hydrauliskt tryck. Pedalen påverkar huvudcylinderns tryckstång, och en slavcylinder, monterad på växellådans balanshjulskåpa, aktiverar urtrampningsarmen via en tryckstång.

När kopplingspedalen trycks ned trycker urtrampningsarmen urtrampningslagret framåt, så att det läggs an mot tallriksfjäderns mitt och trycker det inåt. Tallriksfjädern agerar på pivåringarna i kåpan, så att när fjäderns centrum trycks in, trycks dess ytterkant ut, och gör på så sätt att tryckplattan flyttar bakåt, bort från lamellen.

När kopplingspedalen släpps upp, tvingar

fjädern tryckplattan mot friktionsbeläggen på lamellen, och trycker samtidigt lamellen framåt på splinesen, så att den tvingas mot svänghjulet. Lamellen sitter nu hårt intryckt mellan tryckplattan och svänghjulet, och kopplingen börjar driva.

## 2 Koppling – demontering, kontroll och montering

**Varning: Damm som uppstår på grund av kopplingsslitage och som lägger sig på kopplingens komponenter kan innehålla asbest, vilket är hälsovådligt. BLÅS INTE bort dammet med tryckluft och andas inte in det. ANVÄND INTE bensin (eller bensinbaserade lösningsmedel) till att torka bort dammet. Bromsrengöring eller denaturerad sprit ska användas till att spola ned dammet i en lämplig behållare. När komponenterna har torkats rena med trasor, lägg dessa trasor och det använda rengöringsmedlet i en behållare som sedan noggrant försluts och märks.**

Observera: På modeller med självjusterande koppling (SAC), om tryckplattan ska återanvändas, behövs BMW:s verktyg 21 2 180 och 21 2 170 till att trycka ihop tallriksfjädern innan kopplingskåpan/tryckplattan demonteras. Verktyg 21 2 142 kan behövas för centrering av lamellen.

### Demontering

**1** Demontera växellådan enligt beskrivning i kapitel 7A.
**2** Om den gamla kopplingen ska sättas tillbaka, gör inställningsmärken mellan kopplingskåpan och svänghjulet, så att kopplingen kan sättas tillbaka på sin ursprungliga plats.
**3** Skruva stegvis loss bultarna som håller kopplingskåpan/tryckplattan till svänghjulet och ta vara på eventuella brickor.
**4** Ta bort kopplingskåpan från svänghjulet. Var beredd på att ta emot lamellen, som kan falla ut ur kåpan när den tas bort, och notera vilken väg lamellen sitter monterad – de två sidorna är oftast markerade med "Engine

side" och "Gearbox side". Den sida av navet som sticker ut mer ska vara vänd bort från svänghjulet.

### Kontroll

**5** När hela kopplingen är demonterad, torka bort allt damm med en torr trasa. Även om de flesta lameller nu har asbestfria belägg, är det vissa som inte har det. Det är därför bäst att alltid vidta lämpliga säkerhetsåtgärder; *asbestdamm är hälsovådligt och får inte andas in.*
**6** Undersök om lamellens friktionsbelägg är slitna eller har lösa nitar, om skivan är skev, har sprickor eller slitna splines. Ytan på beläggen kan vara väldigt blank, men så länge friktionsmaterialets mönster kan ses tydligt är detta acceptabelt. Om du hittar tecken på oljeförorening, som visar sig som kontinuerlig, eller fläckvis, blank svart missfärgning, måste lamellen bytas ut. Källan till föroreningen måste hittas och åtgärdas innan nya kopplingskomponenter monteras; i typfallet är orsaken en läckande vevaxeloljetätning (bakre) eller en tätning till växellådans ingående axel, eller båda (byte av dessa beskrivs i kapitel 2A respektive 7A). Lamellen måste också bytas ut om belägget har slitits ned till, eller just ovanför, nivån för nitskallarna. BMW specificerar en minsta tjocklek över nitskallarna för friktionsmaterialets tjocklek (se specifikationerna).
**7** Undersök de maskinbearbetade ytorna på svänghjulet och tryckplattan. Om någon av ytorna är urholkad eller kraftigt repad, krävs ett komponentbyte. Tryckplattan måste också bytas ut om den har sprickor, eller om tallriksfjädern är skadad eller har förlorat fjädertryck.
**8** Medan kopplingen är demonterad, undersök urtrampningslagrets skick enligt beskrivning i avsnitt 3.
**9** Undersök stödlagret i änden av vevaxeln. Se till att det går runt mjukt och tyst. Om växellådans ingående axels kontaktyta på lagret är sliten eller skadad bör ett nytt lager monteras (se kapitel 2A).

### Montering

**10** Om nya kopplingskomponenter ska monteras, se till att tvätta bort allt

korrosionsförebyggande medel från lamellens friktionsmaterial, och kontaktytorna på tryckplattan.
**11** Det är viktigt att se till att inte olja eller fett hamnar på lamellens friktionsbelägg eller på tryckplattans eller svänghjulets ytor. Se till att ha rena händer när kopplingen monteras och torka av tryckplattans och svänghjulets ytor med en ren trasa innan hopsättningen påbörjas.
**12** Lägg molybdendisulfidfett på splinesen på lamellens nav, håll sedan upp lamellen mot svänghjulet, med den sida av navet som sticker ut mer vänd bort från svänghjulet (de flesta lameller är märkta med "Engine side" eller "Gearbox side" som ska vara vänd mot svänghjulet eller växellådan (se bild). Använd BMW:s verktyg 21 2 142 till att centrera lamellen i svänghjulet (se bild). Om verktyget inte finns till hands kan ett alternativ tillverkas.

### Modeller utan självjusterande koppling

**13** Montera tryckplattan/kåpan och rikta in markeringarna som gjordes vid isärtagningen (om den ursprungliga tryckplattan ska användas), och rikta in styrstiften mot motsvarande hål i tryckplattan. Sätt i kåpans bultar och dra åt dem i diagonal ordning, jämnt och stegvis till angivet åtdragningsmoment (se bild).

### Modeller med självjusterande koppling

**14** Om den gamla tryckplattan och kåpan ska monteras, haka i benen på BMW:s verktyg 21 2 170 i kåpan i området kring justerfjädrarna. Skruva ned den lättrade kragen för att låsa benen på plats, dra sedan åt spindeln för att pressa ihop tallriksfjädern. Med en skruvmejsel, återställ självjusteringsmekanismen genom att trycka justeringsringens tryckstycken helt moturs, medan verktygets spindel lossas bara så mycket att justeringsringen kan röras. När justeringsringen är återställd, skruva ned verktygets spindel för att trycka ihop fjäderfingrarna, medan du förhindrar att justeringsringens tryckstycken rubbas genom att sätta in metalldistanser i utrymmena mellan

**2.12a Märkning på kopplingslamellen**

**2.12b Använd BMW:s verktyg 21 2 142 (eller liknande) för att centrera lamellen**

**2.13 Dra åt kåpan stegvis och jämnt**

**2.14a  Använd BMW:s verktyg 21 2 170 för att trycka i hop tallriksfjädern**

**2.14b  Tryck ringens tryckstycken (vid pilen) så långt det går moturs . . .**

**2.14c  . . . och sätt in metalldistanser (vid pilen) mellan tryckstyckena och kåpan**

tryckdelarna och kåpan. Det finns ett särskilt verktyg från BMW för återställning av justeringsringen **(se bild)**

**15**  Montera kopplingskåpan och där så är tillämpligt, rikta in markeringarna på svänghjulet och kopplingskåpan. Se till att kopplingskåpan hamnar rätt på stiften på svänghjulet **(se bild)**. Sätt i fästbultarna och brickorna och dra åt dem till angivet moment.

**16**  Om en ny tryckplatta/kåpa har monterats, stick in en 14 mm insexnyckel i mitten av tallriksfjäderns låsstycke, vrid den medurs och ta bort den för att frigöra fjädern.

**17**  Om den ursprungliga tryckplattan/kåpan har monterats, skruva loss spindeln och den lättrade kragen och ta bort verktyget från kåpan. Ta ut metalldistanserna som håller justeringsringen på plats **(se bild)**.

*Varning: När den sista distansen tas bort kan det hända att justeringsringen hoppar på plats. Akta fingrarna!*

**2.15  Se till att kåpan hamnar rätt över stiften på svänghjulet**

## Alla modeller

**18**  Om BMW:s centreringsverktyg användes, ta bort verktyget genom att skruva in en 10 mm bult i dess ände och dra med en tång eller liknande **(se bild)**.

**19**  Montera växellådan enligt beskrivning i kapitel 7A.

---

**3  Kopplingens urtrampnings-lager och arm** – demontering, kontroll och montering

⚠️ *Varning: Damm som uppstår av kopplingsslitage och som lägger sig på komponenterna kan innehålla asbest, vilket är hälsovådligt. BLÅS INTE bort det med tryckluft och andas inte in det. ANVÄND INTE bensin (eller bensinbaserade lösningsmedel) till att tvätta bort dammet. Bromsrengöring eller denaturerad sprit ska användas till att skölja ned dammet i en lämplig behållare. När komponenterna har torkats rena med trasor, placera de smutsiga trasorna och det använda rengöringsmedlet i en behållare som sedan noggrant förseglas och märks.*

### Urtrampningslager
#### Demontering

**1**  Demontera växellådan enligt beskrivning i kapitel 7A.

**2**  Dra lagret framåt och skjut loss det från

**2.14d  Det finns ett särskilt verktyg från BMW för återställning av justeringsringens tryckstycken**

styrhylsan i växllådans balanshjulskåpa **(se bild)**.

#### Kontroll

**3**  Rotera urtrampningslagret och kontrollera om det är mycket ojämnt. Håll fast den yttre banan och försök att flytta den i sidled mot den inre banan. Om stor rörelse eller ojämnhet upptäcks, byt ut lagret. Om en ny koppling har monterats är det en bra idé att byta ut lagret oavsett dess skick.

#### Montering

**4**  Rengör urtrampningslagrets kontaktytor på armen och styrhylsan och lägg sedan på lite kopplingsfett.

**5**  För lagret på plats på styrhylsan och se till att lagret går ordentligt i ingrepp med urtrampningsarmen.

**6**  Montera växellåda (se kapitel 7A).

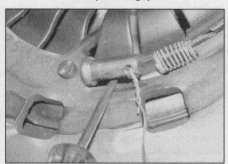

**2.17  Akta fingrarna när du tar bort metalldistanserna**

**2.18  Skruva in bulten i änden av BMW:s centreringsverktyg och dra ut det**

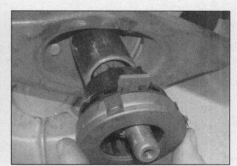

**3.2  Dra urtrampningslagret från styrhylsan**

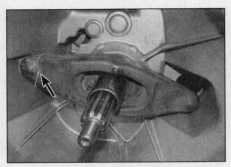

**3.8 För urtrampningsarmen i sidled för att haka loss fästklämman (vid pilen)**

## Urtrampningsarm

### Demontering

**7** Demontera urtrampningslagret enligt tidigare beskrivning i det här avsnittet.
**8** För armen i sidled för att lossa den från fästklämman och pivån, dra sedan armen framåt från styrhylsan **(se bild)**.

### Kontroll

**9** Undersök om urtrampningslagrets, pivåns och slavcylinderns tryckstångs kontaktytor på urtrampningsarmen är slitna. Byt ut armen om den är kraftigt sliten.
**10** Kontrollera urtrampningsarmens fjäderklämma och byt ut den om så behövs. Vi rekommenderar att man byter ut den här klämman oavsett sick.

### Montering

**11** För urtrampningsarmen på plats på styrhylsan, tryck sedan änden av armen över pivån. Se till att fjäderklämman hakar i ordentligt över änden av urtrampningsarmen **(se bild)**.
**12** Montera urtrampningslagret enligt tidigare beskrivning i det här avsnittet.

### 4  Slavcylinder – demontering, kontroll och montering

⚠ *Varning: Hydraulvätska är giftig; om vätskan kommer på huden, tvätta omedelbart bort den*

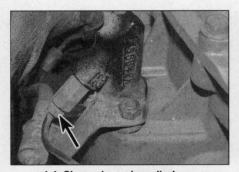

**4.4 Skruva loss slavcylinderns anslutningsmutter (vid pilen)**

**3.11 Se till att urtrampningsarmen går ordentligt i ingrepp med klämman**

*noggrant och kontakta läkare på en gång om vätskan råkar sväljas eller kommer i ögonen. Vissa typer av hydraulvätska är lättantändlig och kan antändas när den kommer i kontakt med varma komponenter. Vid service av ett hydraulsystem är det säkrast att alltid anta att vätskan är lättantändlig, och vidta säkerhetsåtgärder mot brand på samma sätt som när man handskas med bränsle. Hydraulvätska är också en effektiv färgborttagare som angriper plast. Om vätska spills, skölj bort den på en gång med stora mängder rent vatten. Slutligen är vätskan också hygroskopisk (den absorberar fukt från luften) – gammal vätska kan vara förorenad och olämplig för användning. Vid påfyllning eller byte av vätska, använd alltid rekommenderad typ och försäkra dig om att den kommer från en förseglad, nyöppnad förpackning.*

### Demontering

**1** Ta bort bromsvätskebehållarens lock. Sug sedan upp vätska med en bollspruta eller liknande tills vätskenivån är under nivån för behållarens vätskeslanganslutning till kopplingens huvudcylinder (bromsvätskebehållaren matar både bromsarnas och kopplingens hydraulsystem). **Töm inte** behållaren, eftersom luft då kommer att dras in i bromskretsarna.
**2** För att förbättra åtkomligheten, lyft upp bilen och ställ den säkert på pallbockar (se *Lyftning och stödpunkter*).

**5.1 Lossa klämman och ta bort pollenfilterkåpan på förarsidan**

**3** Lossa skruvarna och ta bort kåpan på bilens undersida (om monterad) för att komma åt växellådans balanshjulskåpa.
**4** Placera en behållare under hydraulrörets anslutning på kopplingens slavcylinder för att samla upp vätskan. Skruva loss muttern och koppla loss röret **(se bild)**
**5** Skruva loss fästmuttrarna och ta bort slavcylindern från pinnbultarna på balanshjulskåpan.

### Kontroll

**6** Undersök om slavcylindern är skadad och läcker och byt ut den om så behövs. I skrivande stund finns inga reservdelar tillgängliga för slavcylindern, och om den är defekt måste hela enheten bytas ut. Kontrollera med din BMW-återförsäljare.

### Montering

**7** Montering sker i omvänd ordning mot demonteringen. Tänk på följande.
 a) *Innan monteringen, rengör och lägg lite fett på änden av slavcylinderns tryckstång.*
 b) *Dra åt fästmuttrarna till angivet moment.*
 c) *Avsluta med att fylla på hydraulvätska och lufta kopplingskretsen enligt beskrivning i avsnitt 6.*

### 5  Huvudcylinder – demontering, kontroll och montering

⚠ *Varning: Hydraulvätska är giftig; om vätskan kommer på huden, tvätta omedelbart bort den noggrant och kontakta läkare på en gång om vätskan råkar sväljas eller kommer i ögonen. Vissa typer av hydraulvätska är lättantändlig och kan antändas när den kommer i kontakt med varma komponenter. Vid service av ett hydraulsystem är det säkrast att alltid anta att vätskan är lättantändlig, och vidta säkerhetsåtgärder mot brand på samma sätt som när man handskas med bränsle. Hydraulvätska är också en effektiv färgborttagare som angriper plast. Om vätska spills, skölj bort den på en gång med stora mängder rent vatten. Slutligen är vätskan också hygroskopisk (den absorberar fukt från luften) – gammal vätska kan vara förorenad och olämplig för användning. Vid påfyllning eller byte av vätska, använd alltid rekommenderad typ och försäkra dig om att den kommer från en förseglad, nyöppnad förpackning*

### Demontering

**1** Lossa fästklämman och ta bort pollenfilterkåpan och filtret på förarsidan i motorrummet **(se bild)**.
**2** Lossa fästklämmorna och vrid pollenfiltrets luftkanal försiktigt uppåt för att lossa den från filterhuset **(se bild)**.

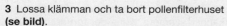

**5.2 Lossa klämman (vid pilen) och ta bort luftkanalen**

**5.3 Tryck ihop sidorna på klämman (vid pilen) och ta bort pollenfilterhuset**

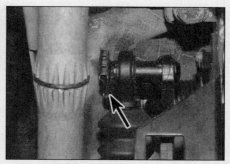

**5.7 Bänd upp och dra av klämman (vid pilen) som håller huvudcylinderns tryckstång till pedalen**

**3** Lossa klämman och ta bort pollenfilterhuset **(se bild)**.

**4** Ta bort bromsvätskebehållarens lock och använd en bollspruta eller liknande till att suga upp så mycket vätska att nivån hamnar under nivån för behållarens vätskeslanganslutning till kopplingens huvudcylinder (bromsvätskebehållaren matar både bromsarnas och kopplingens hydraulsystem). **Töm inte** behållaren, eftersom luft då kommer att dras in i hydraulkretsarna.

**5** Koppla loss kopplingshuvudcylinderns slang från bromsvätskebehållaren. Var beredd på vätskespill och plugga igen den öppna änden av slangen för att förhindra att smuts kommer in i systemet.

**6** Inne i bilen, skruva loss fästskruvarna och ta bort den nedre instrumentbrädespanelen på förarsidan (se kapitel 11).

**7** Bänd försiktigt upp och dra av fästklämman, tryck sedan ut pivåstiftet till huvudcylinderns tryckstång från kopplingspedalen **(se bild)**.

**8** Skruva loss de två bultarna och muttern som håller huvudcylindern till pedalens fästbygel i fotbrunnen.

**9** Med en liten skruvmejsel, bänd ut fästklämman och dra sedan huvudcylindern från hydraulröret **(se bild)**. Ta bort huvudcylindern och för vätskematningsslangen genom genomföringen i torpeden, men belasta inte röret. Var beredd på vätskespill.

**10** Tryck in låsfliken och koppla loss kontaktdonet till huvudcylinderns kontakt (om monterad). Om så behövs, lossa försiktigt

klämmorna och ta loss kontakten från cylindern.

## Kontroll

**11** Undersök om huvudcylindern är skadad eller läcker och byt ut den om så är fallet. I skrivande stund finns inga reservdelar tillgängliga för huvudcylindern, så om den är defekt måste hela enheten bytas ut. Rådfråga din BMW-återförsäljare.

## Montering

**12** Montering sker i omvänd ordning mot demonteringen. Tänk på följande.
a) Var försiktig så att du inte belastar cylinderns vätskerör under monteringen.
b) Avsluta med att fylla på hydraulvätska i behållaren, lufta sedan kopplingens hydraulsystem (se avsnitt 6).

## 6 Kopplingens hydraulsystem – luftning

⚠️ *Varning: Kopplingsvätska är giftig; om vätskan kommer på huden, tvätta omedelbart bort den noggrant och kontakta läkare på en gång om vätskan råkar sväljas eller kommer i ögonen. Vissa typer av hydraulvätska är lättantändlig och kan antändas när den kommer i kontakt med varma komponenter. Vid service av ett hydraulsystem är det säkrast att alltid anta att vätskan är lättantändlig, och vidta*

**5.9 Bänd ut klämman (vid pilen) och dra loss huvudcylindern från röret**

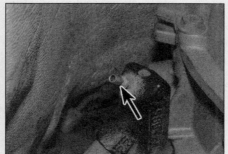

**6.7 Se till att området runt luftningsskruven (vid pilen) är rent**

*säkerhetsåtgärder mot brand på samma sätt som när man handskas med bränsle. Hydraulvätska är också en effektiv färgborttagare som angriper plast. Om vätska spills, skölj bort den på en gång med stora mängder rent vatten. Slutligen är vätskan också hygroskopisk (den absorberar fukt från luften) – gammal vätska kan vara förorenad och olämplig för användning. Vid påfyllning eller byte av vätska, använd alltid rekommenderad typ och försäkra dig om att den kommer från en förseglad, nyöppnad förpackning.*
**Observera:** *BMW rekommenderar att man använder utrustning för trycksatt luftning när man luftar kopplingen.*

## Allmänt

**1** Ett hydrauliskt system kan bara fungera korrekt om kretsen och komponenterna är helt fria från luft. Detta uppnås genom att man luftar systemet.

**2** Under luftningen, häll endast i ren, oanvänd hydraulvätska av rekommenderad typ; återanvänd aldrig vätska som har tappats av från systemet. Försäkra dig om att du har tillräckligt mycket vätska till hands innan arbetet påbörjas.

**3** Om det föreligger risk för att vätska av fel typ redan finns i systemet måste broms- och kopplingskomponenterna och kretsarna spolas igenom helt med ren vätska av rätt typ, och nya tätningar monteras på de olika komponenterna.

**4** Om hydraulvätska har läckt ut ur systemet, eller om luft har kommit in, se till att åtgärda felet innan arbetet fortsätter.

**5** För att förbättra åtkomligheten, dra åt handbromsen, lyft upp bilens framvagn och stöd den säkert på pallbockar (se *Lyftning och stödpunkter*).

**6** Skruva loss skruvarna och ta bort kåpan under bilen (om monterad) för att komma åt växellådans balanshjulskåpa.

**7** Kontrollera att kopplingens hydraulrör och slangar är i gott skick, att anslutningarna sitter åt ordentligt och att luftningsskruven baktill på slavcylindern (monterad under bilen på den nedre vänstra sidan av växellådans balanshjulskåpa) är åtdragen. Torka bort all smuts runt luftningsskruven **(se bild)**.

**8** Lossa fästklämman och ta bort luftkanalen på förarsidan mellan pollenfilterhuset och torpeden, lossa sedan klämman och ta bort pollenfilterkåpan **(se bild 5.1 och 5.2)**.

**9** Lossa fästklämman och ta bort pollen-filterhuset **(se bild 5.3)**.

**10** Skruva loss bromsvätskebehållarens lock och fyll på vätska till MAX-nivån. Sätt tillbaka locket löst och kom ihåg att hålla vätskenivån minst ovanför MIN-nivån under hela arbetet, annars finns det risk för att mer luft kommer in i systemet. Bromsvätskebehållaren matar både bromsarnas och kopplingens hydraul-system.

**11** Det rekommenderas att en sats för trycksatt luftning används. Alternativt finns ett antal "enmans" luftningssatser för bromsarna att köpa i tillbehörsbutiker. De här satserna förenklar arbetet i hög grad och minskar risken för att avtappad olja och luft sugs tillbaka in i systemet. Om en sådan sats inte finns till hands måste grundmetoden (för två personer) användas, som beskrivs ingående nedan.

**12** Om en sats för trycksatt luftning eller en enmans sats används, förbered bilen enligt tidigare beskrivning och följ satstillverkarens instruktioner – metoderna kan variera något beroende på vilken sats som används. Generellt sett följer de beskrivningen nedan i relevant underavsnitt.

**13** Vilken metod som än används måste samma grundläggande process följas för att man med säkerhet ska få bort all luft från systemet.

## Luftning

### Grundmetod (för två personer)

**14** Samla ihop en ren glasburk, en lämplig bit plast- eller gummislang som passar tätt över luftningsskruven samt en ringnyckel som passar skruven. Du kommer också att behöva en medhjälpare.

**15** Där så är tillämpligt, ta bort dammkåpan från luftningsskruven. Placera nyckeln och slangen på skruven, placera den andra änden av slangen i glasburken och häll i så mycket vätska att det täcker änden av slangen.

**16** Se till att vätskenivån i behållaren hålls minst över MIN-nivån under hela arbetet.

**17** Låt en medhjälpare trycka ned kopplings-pedalen helt flera gånger för att bygga upp tryck och sedan hålla den nere.

**18** Medan pedalen hålls nere, skruva loss luftningsskruven (ungefär ett varv) och låt vätska och luft rinna ned i burken. Medhjälparen måste hålla pedaltrycket och följa pedalen ned till golvet om så behövs, och ska inte släppa upp pedalen förrän du säger till. När flödet upphör, dra åt luftningsskruven igen, låt medhjälparen släppa upp pedalen sakta och kontrollera nivån i behållaren igen.

**19** Upprepa punkt 17 och 18 tills vätskan som kommer ut vid luftningsskruven inte längre innehåller några luftbubblor.

**20** När vätskan är fri från luftbubblor, dra åt luftningsskruven ordentligt, men inte för hårt.

**21** Koppla tillfälligt loss slangen från luftningsskruven och flytta burken med vätska åt sidan.

**22** Skruva loss de två fästmuttrarna och ta loss slavcylindern från balanshjulskåpan, men var försiktig så att inte vätskeslangen belastas.

**23** Sätt tillbaka slangen på luftningsskruven och stoppa ned änden i vätskan i glasburken.

**24** Med luftningsskruven vänd rakt uppåt, skruva loss den ungefär ett varv och tryck långsamt in slavcylinderns tryckstång i cylindern tills inga luftbubblor längre följer med vätskan ut.

**25** Håll in tryckstången och dra åt luftnings-skruven.

**26** Släpp sakta ut tryckstången till sitt viloläge. Låt den inte gå tillbaka fort, eftersom luft då kommer att dras in i slavcylindern.

**27** Ta bort slangen och nyckeln och sätt tillbaka dammskyddet på luftningsskruven.

**28** Sätt tillbaka slavcylindern på balans-hjulskåpan och dra åt fästmuttrarna till angivet moment.

### Luftning – sats med envägsventil

**29** Som namnet antyder, har de här satserna en slang försedd med en envägsventil, som förhindrar att luft och vätska dras tillbaka in i systemet; en del satser inkluderar en genomskinlig behållare som kan placeras så att man lättare kan se luftbubblorna flöda ut ur slangänden.

**30** Satsen ansluts till luftningsskruven som sedan öppnas. Användaren sätter sig sedan i förarsätet, trycker ned kopplingspedalen med en mjuk, stadig rörelse, och släpper sedan upp den. Detta upprepas tills vätskan som kommer ut är fri från luftbubblor.

**31** Dessa satser förenklar arbetet så pass mycket att det kan vara lätt att glömma bort vätskenivån i vätskebehållaren; se till att hålla denna minst ovanför MIN-nivån hela tiden.

### Luftning – sats för trycksatt luftning

**32** Dessa satser drivs vanligtvis av luften i reservdäcket. Man kan dock behöva minska lufttrycket i däcket något; se instruktionerns som medföljer luftningssatsen.

**33** Genom att man ansluter en trycksatt, vätskefylld behållare till vätskebehållaren i bilen, kan luftning utföras genom att man helt enkelt öppnar luftningsskruven och låter vätskan flöda ut tills den är helt fri från luftbubblor.

**34** Fördelen med den här metoden är att den större behållaren med vätska utgör en extra säkerhetsåtgärd mot att luft ska dras in i systemet under luftningen.

### Alla metoder

**35** Om du har följt de givna instruktionerna men ändå misstänker att det fortfarande finns luft i systemet, demontera slavcylindern (avsnitt 4), utan att koppla loss hydraulrören, tryck in cylinderns kolv hela vägen, håll sedan cylindern med luftningsskruven vänd uppåt

och lufta systemet igen. **Observera:** *Åtgärder måste vidtas för att försäkra att inte slav-cylinderns kolv åker ut under luftningen. Om så behövs, tillverka ett hållverktyg av en metallremsa och två bitar gängstång för att hålla in kolven.*

**36** När luftningen är klar och pedalens rörelse känns fast igen, tvätta bort eventuell spilld vätska, kontrollera att luftningsskruven är ordentligt åtdragen och sätt tillbaka damm-skyddet.

**37** Kontrollera vätskenivån i behållaren och fyll på om så behövs (*Veckokontroller*).

**38** Kasta den vätska som har tappats av från systemet; den kan inte återanvändas.

**39** Testa kopplingspedalen. Om rörelsen känns "svampig" finns det fortfarande luft i systemet och ytterligare luftning krävs då. Om man efter upprepade försök inte lyckas lufta systemet tillfredsställande, kan det bero på slitna tätningar i huvud- eller slavcylindern.

**40** Avslutningsvis, om så är tillämpligt, sätt tillbaka kåpan under bilen och sänk ned bilen på marken.

## 7 Kopplingspedal – demontering och montering

### Demontering

**1** Inuti bilen, lossa fästklämmorna/skruvarna och ta bort den nedre instrumentbrädes-panelen på förarsidan (se kapitel 11).

**2** Om det sitter en kontakt på kopplings-pedalen, skruva loss bulten och muttern och ta bort denna.

**3** Bänd upp och dra av fästklämman, tryck sedan ut pivåstiftet till huvudcylinderns tryckstång från pedalarmen **(se bild 5.7)**.

**4** Med hjälp av en spårskruvmejsel, bänd loss låsringen och ta bort mittfjädern från pedal-armen (om monterad).

**5** Skruva loss skruvarna och flytta huvud-cylindern åt sidan. Man behöver inte koppla loss vätskeröret.

**6** Bänd loss klämman som håller pedalen till pivåaxeln, dra sedan pedalen från axeln. Ta vara på pivåbussningarna om de är lösa. Om en returfjäder är monterad, ta loss denna.

### Montering

**7** Innan pedalen sätts tillbaka på pivåaxeln, undersök pivåbussningarna och byt ut dem om de inte är i bra skick. Lägg lite fett på bussningarna.

**8** Montering sker i omvänd ordning mot demonteringen. Om en kontakt är monterad, se till att dess tryckkolv är helt utsträckt innan den sätts tillbaka.

# Kapitel 7 Del A:
## Manuell växellåda

## Innehåll

## Svårighetsgrader

| Enkelt, passar novisen med lite erfarenhet |  | Ganska enkelt, passar nybörjaren med viss erfarenhet |  | Ganska svårt, passar kompetent hemmamekaniker |  | Svårt, passar hemmamekaniker med erfarenhet |  | Mycket svårt, för professionell mekaniker |

## Specifikationer

Typ ...................................................... Getrag eller ZF S5D 5-växlad

| Åtdragningsmoment | Nm |
|---|---|
| Växellådans tvärbalk till karossen, bultar: | |
| M8 bultar ........................................... | 21 |
| M10 bultar .......................................... | 42 |
| Växellådsfäste till växellåda, muttrar: | |
| M8 muttrar .......................................... | 21 |
| M10 muttrar ......................................... | 42 |
| Växellåda till motor, bultar: | |
| Sexkants bultar: | |
| M8 bultar ....................................... | 25 |
| M10 bultar ...................................... | 49 |
| M12 bultar ...................................... | 74 |
| Torxbultar: | |
| M8 bultar ....................................... | 22 |
| M10 bultar ...................................... | 43 |
| M12 bultar ...................................... | 72 |
| Oljeavtappningsplugg ................................. | 50 |
| Oljepåfyllnings-/nivåplugg ............................ | 50 |
| Utgående fläns till utgående axel, mutter: | |
| Steg 1 .............................................. | 190 |
| Steg 2 .............................................. | Ta bort muttern och lägg på låsvätska (se text) |
| Steg 3 .............................................. | 120 |
| Backljuskontakt ...................................... | 21 |

## 1 Allmän information

Växellådan är en 5-växlad enhet som sitter i ett hus av gjutlegering, fastskruvat baktill på motorn. Växellådans kod är sammanställd enligt följande, t.ex. S5D 200G:

S = manuell växellåda
5 = antal framåtväxlar
D/S = direkt drivning/överväxel
200 = max ingående moment (Nm).
G/Z = Getrag/ZF.

Drivkraften överförs via kopplingen till den ingående axeln, som har en splinesad förlängning som passar ihop med kopplingslamellen. Den utgående axeln överför drivkraften via kardanaxeln till den bakre differentialen.

Den ingående axeln löper i linje med den utgående axeln. Ingående axelns och utgående axelns drev är i konstant ingrepp med överföringsaxelns drev. Val av drev sker via glidande synkroniserade nav, som låser den utgående axelns drev till axeln.

Val av växelläge sker via en golvmonterad spak och väljarmekanism. Väljarmekanismen gör att aktuell väljargaffel flyttar respektive synkroniseringshylsa längs axeln, för att låsa drevpinjongen till synknavet. Eftersom synknaven är splinesade till den utgående axeln, låser detta pinjongen till axeln, så att drivkraft kan överföras. För att garantera att växling ska kunna ske snabbt och mjukt, finns ett synkroniseringssystem monterat på alla framåtväxlarna, som består av synkringar och fjäderbelastade fingrar, så väl som pinjongerna och synknaven. Synkroniseringssystemets konor är pressade på fogytorna på synkringarna och pinjongerna.

Växellådan fylls med olja vid produktionen och anses sedan vara fylld för hela sin livslängd. BMW ger inga rekommendationer angående byte av oljan.

## 2 Manuell växellåda – kontroll av oljenivå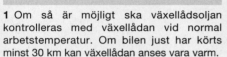

1 Om så är möjligt ska växellådsoljan kontrolleras med växellådan vid normal arbetstemperatur. Om bilen just har körts minst 30 km kan växellådan anses vara varm.
2 För att förbättra åtkomligheten, lyft upp bilen och stöd den säkert på pallbockar (se *Lyftning och stödpunkter*). Se till att bilen står plant. Om så är tillämpligt, skruva loss skruvarna och ta bort kåpan under växellådan.
3 Skruva loss växellådans oljepåfyllnings-/nivåplugg som sitter på höger sida av växellådshuset **(se bild)**.
4 Oljenivån ska vara upp till botten av påfyllningspluggens hål.

**2.3 Skruva loss oljepåfyllningspluggen (vid pilen)**

5 Om så behövs, fyll på med rätt typ av olja (se *Smörjmedel och vätskor*) tills olja börjar rinna ut ur påfyllnings-/nivåhålet.
6 Torka bort spilld olja, sätt sedan tillbaka påfyllnings-/nivåpluggen och dra åt den till angivet moment. Om tillämpligt, montera kåpan under växellådan.
7 Sänk ned bilen på marken.

## 3 Manuell växellåda – byte av olja

**Observera:** *Nya tätningsringar till växellådans oljeavtappningsplugg och påfyllnings-/nivåplugg kan behövas vid hopsättningen.*
1 Växellådsoljan ska tappas av när växellådan har normal arbetstemperatur. Om bilen just har körts minst 30 km kan växellådan anses vara varm.
2 Omedelbart efter det att bilen har körts, parkera på jämnt underlag och dra åt handbromsen. Om så önskas, lyft upp bilen och ställ den på pallbockar (se *Lyftning och stödpunkter*) för att förbättra åtkomligheten, men se till att bilen inte lutar. Om tillämpligt, demontera kåpan under växellådan.
3 Under bilen, lossa växellådans avtappningsplugg ungefär ett halvt varv **(se bild)**. Placera ett kärl under pluggen och ta sedan ut den helt. Om det går, försök att hålla pluggen intryckt i växellådan medan den skruvas ut de sista varven.

> **HAYNES TiPS** *När pluggen lossnar från gängorna, dra undan den snabbt så att oljestrålen från växellådan rinner ner i uppsamlingskärlet och inte ner i din ärm.*

4 Där så är tillämpligt, ta vara på tätningsringen från avtappningspluggen.
5 Sätt tillbaka avtappningspluggen, med en ny tätningsring om så behövs, och dra åt den till angivet moment.
6 Skruva loss oljepåfyllnings-/nivåpluggen från växellådans sida och ta vara på tätningsringen där så är tillämpligt.
7 Fyll på växellådan med angiven mängd olja

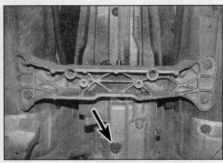

**3.3 Skruva loss avtappningspluggen (vid pilen)**

av korrekt typ genom påfyllningspluggens hål (se kapitel 1 och *Smörjmedel och vätskor*), tills oljan börjar rinna ut ur hålet.
8 Sätt tillbaka påfyllnings-/nivåpluggen, med en ny tätningsring om så behövs, och dra åt den till angivet moment.
9 Om så behövs, sänk ned bilen på marken.

## 4 Växlingskomponenter – demontering och montering

### Växelspak

**Observera:** *Ett nytt lager till växelspaken kan behövas vid monteringen.*
1 Lyft upp bilen och stöd den säkert på pallbockar (se *Lyftning och stödpunkter*).
2 Ta bort knoppen från växelspaken genom att dra den hårt uppåt. **Observera:** *Vrid inte knoppen, eftersom det kan skada fästklacken.*
3 Tryck ihop sidorna av damasken lite grann, lossa den från mittkonsolen och dra upp damasken över växelspaken. Där så är tillämpligt, ta också bort isoleringen.
4 Under bilen, bänd loss fästklämman från änden av växelväljarstagets stift. Dra bort växelväljarstagets stift från öglan i änden av växelspaken och ta vara på brickorna **(se bild)**.
5 Nu måste man lossa fästringen för växelspakens nedre lager från växelväljararmen. Det finns ett särskilt verktyg för detta moment, men två skruvmejslar, med spetsarna instuckna i motsatta spår i lagerringen kan

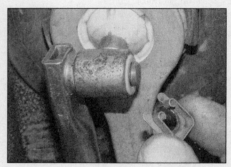

**4.4 Ta loss klämman från växelväljarstaget**

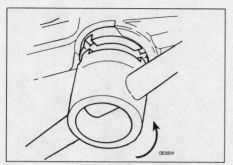

**4.5 Vrid lagerringen moturs – specialverktyg visas**

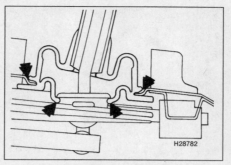

**4.9 Växelspakens genomföring korrekt i ingrepp med väljararmen och golvet**

**4.13 Dra undan låsringen (vid pilen) och driv ut låstappen**

användas istället. Vrid lagerringen ett kvarts varv moturs för att låsa upp den **(se bild)**.

**6** Lagret kan nu tryckas upp genom huset och växelspaken kan dras upp inne i bilen.

**7** Om så önskas kan lagret tas bort från växelspaken genom att det pressas nedåt. För att ta bort lagret över spakens ögla, rotera lagret tills öglan passerar genom skårorna i lagret. Om lagret tas bort från spaken måste det bytas ut.

**8** Montera ett nytt lager i omvänd ordning. Se till att pressa in lagret ordentligt på plats på växelspakens kula.

**9** Montera växelspaken i omvänd ordning mot demonteringen. Tänk på följande.

a) Lägg lite fett på lagrets kontaktytor innan monteringen.

b) Sänk ned växelspaken på plats och se till att pilen på spakens damask pekar mot bilens front.

c) Se till att växelspakens genomföring hakar i korrekt i växelväljararmen och öppningen i golvet **(se bild)**.

d) När lagret hakas i väljararmen, se till att fästklackarna på lagret hamnar i rät linje på tvären (tvärs över bilen).

e) För att låsa lagret på plats i väljararmen, tryck nedåt på fästklackarna tills du kan höra att de klickar på plats.

f) Fetta in väljarstagets stift innan det sätts in i växelspakens ögla.

## Väljaraxelns ögla

**Observera:** *En ny valstapp till väljaraxelns ögla kommer att behövas vid monteringen.*

**10** Lyft upp bilen och stöd den säkert på

pallbockar (se *Lyftning och stödpunkter*). Om det sitter en kåpa under växellådan, skruva loss skruvarna och ta bort kåpan.

**11** Koppla loss kardanaxeln från växellådans fläns och bind upp den med ett snöre eller en vajer, så att den är ur vägen för växellådan. Se kapitel 8 för ytterligare information.

**12** Bänd loss fästklämman från änden av växelväljarstagets stift. Ta bort stiftet från växelväljaraxelns ögla och ta vara på brickorna.

**13** Skjut undan låshylsan, driv sedan ut valstappen som håller väljaraxelns ögla till änden av väljaraxeln **(se bild)**.

**14** Dra loss öglan från änden av växelväljaraxeln.

**15** Montering sker i omvänd ordning mot demontering. Tänk på följande.

a) Innan montering, undersök gummibrickan i änden av öglan och byt ut den om så behövs.

b) Fäst öglan i väljaraxeln med en ny valstapp.

c) Fetta in väljarstagets stift.

d) Koppla ihop kardanaxeln med växellådsflänsen enligt beskrivning i kapitel 8.

## Väljararmens bakre fäste

**16** Lyft upp bilen och stöd den säkert på pallbockar (se *Lyftning och stödpunkter*).

**17** Koppla loss kardanaxeln från växellådsflänsen och bind upp den ur vägen för växellådan med ett snöre eller en vajer. Se kapitel 8 för ytterligare information.

**18** Demontera växelspaken enligt tidigare beskrivning i detta avsnitt.

**19** Med en skruvmejsel eller en liten pinndorn, bänd ut fästhylsan från fästbygeln på karossen **(se bild)**.

**20** Dra loss fästet från väljararmen.

**21** Fetta in fästet, tryck sedan fast det på väljararmen, med urtaget vänt mot bilens bakvagn, och pilen pekande rakt uppåt.

**22** Sätt fast fästet i fästbygeln och försäkra dig om att det sitter säkert.

**23** Anslut kardanaxeln till växellådsflänsen enligt beskrivning i kapitel 8, ställ sedan ned bilen på marken.

## Väljaraxelns främre fäste

**24** Demontera det bakre fästet från karossen enligt beskrivning i punkt 16 till 20.

**25** Skruva loss skruvarna och muttrarna och ta bort värmeskölden under bilen för att komma åt fästbultarna till växellådans tvärbalk.

**26** För att man ska kunna ta bort väljaraxelns främre fäststift, måste växellådan sänkas något. Stötta växellådshusets bakre ände med en garagedomkraft, skruva sedan loss bultarna som håller växellådans tvärbalk till karossen, och muttrarna som håller gummifästena till växellådshuset **(se bild)**.

**27** Sänk ned växellådan något, bänd sedan upp fästklämman och dra ut väljaraxelns pivåstift **(se bild)**. Manövrera ut axeln under bilen.

**28** Montering sker i omvänd ordning.

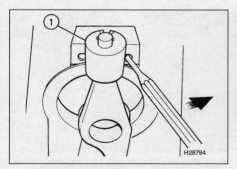

**4.19 Bänd växelväljararmens bakre fästhylsa (1) från fästbygeln på karossen**

**4.26 Skruva loss bultarna mellan tvärbalken och karossen, och muttrarna till tvärbalkens gummifästen (vid pilarna)**

**4.27 Bänd upp klämman med en skruvmejsel, dra sedan ut väljaraxelns pivåstift**

## Väljaraxelns bussning

**29** Ta bort väljaraxeln från bilen genom att demontera främre och bakre fästen enligt tidigare beskrivning. Undersök om bussningen är sliten eller skadad. Om så behövs kan den gamla bussningen pressas ut, och en ny bussning pressas in. BMW rekommenderar att den nya bussningen täcks med Circolight (finns hos BMW-återförsäljare) innan monteringen. När bussningen sitter korrekt ska sidokanterna sticka ut lika mycket på såda sidor om axeln.

## 5 Oljetätningar – byte

## Ingående axelns oljetätning

**1** Demontera växellådan enligt beskrivning i avsnitt 7, fortsätt sedan enligt följande.
**2** Demontera kopplingens urtrampningslager och arm enligt beskrivning i kapitel 6.
**3** Skruva loss fästbultarna och ta bort urtrampningslagrets styrhylsa från växellådans balanshjulskåpa **(se bild)**.
**4** Man kan nu se den ingående axelns oljetätning. Notera hur djupt den sitter monterad.
**5** Borra ett litet hål i oljetätningen (två små pilothål ska finnas på motsatta sidor av tätningen). Täck änden av borret med fett för att förhindra att eventuellt borrskägg från hålen kommer in i växellådan **(se bild)**.
**6** Med en liten drivdorn, knacka den ena sidan av tätningen (mitt emot hålet) in i balanshjulskåpan ända mot stoppet.
**7** Skruva in en liten, självgängande skruv i hålet och använd en tång till att dra ut tätningen **(se bild)**.
**8** Rengör oljetätningens tätningsyta, linda sedan en bit tejp över splinesen på axeln för att förhindra att tätningen skadas när den går över axeln.
**9** Smörj läpparna på den nya tätningen med lite ren växellådsolja, trä sedan tätningen över axeln och för den försiktigt på plats i balanshjulskåpan.
**10** Knacka in tätningen i balanshjulskåpan till tidigare noterat djup.
**11** Montera styrhylsan på växellådshuset, dra

åt fästbultarna ordentligt, med lite gänglås på bultarnas gängor.
**12** Montera kopplingens urtrampningsarm och -lager enligt beskrivning i kapitel 6.
**13** Montera växellådan enligt beskrivning i avsnitt 7, kontrollera sedan oljenivån i växellådan enligt beskrivning i avsnitt 2.

## Utgående flänsens oljetätning

**Observera:** *Gänglås kommer att behövas på växellådsflänsens mutter vid monteringen.*
**14** Lyft upp bilen och stöd den säkert på pallbockar (se *Lyftning och stödpunkter*).
**15** Koppla loss kardanaxeln från växellådsflänsen och bind upp den med ett snöre eller en vajer, så att den hamnar ur vägen för växellådan. Se kapitel 8 för mer information.
**16** Där så är tillämpligt, bänd loss flänsmutterns täckplatta från flänsen med en skruvmejsel. Kasta plattan, den behövs inte vid monteringen. Om så behövs, stötta

växellådan och demontera växellådans tvärbalk för att förbättra åtkomligheten.
**17** Håll fast växellådans fläns genom att skruva fast ett gaffelformat eller tvåbent verktyg i två av flänsens bulthål. Skruva sedan loss flänsens fästmutter med en djup hylsa och förlängning **(se bild)**.
**18** Dra nu loss flänsen från änden av växellådans utgående axel med en avdragare **(se bild)**. Var beredd på oljespill.
**19** Notera hur djupt oljetätningen sitter monterad, använd sedan en avdragare och dra loss oljetätningen från växellådshuset. Var försiktig så att inte växellådsaxeln skadas. **(se bild)**.
**20** Rengör oljetätningens sätesyta.
**21** Smörj läpparna på den nya oljetätningen med lite ren växellådsolja, knacka sedan försiktigt in tätningen i växellådshuset till tidigare noterat djup **(se bild)**.
**22** Montera flänsen på den utgående axeln.

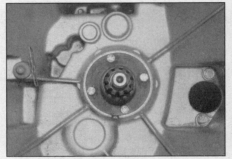

**5.3 Skruva loss de fyra bultarna och ta bort urtrampningslagrets styrhylsa**

**5.5 Borra ett litet hål i tätningen**

**5.7 Skruva in en självgängande skruv i hålet och dra ut tätningen med en tång**

**5.17 Håll fast den utgående flänsen och skruva loss muttern med en djup hylsa**

**5.18 Använd en trebent avdragare till att dra loss flänsen**

**5.19 Dra försiktigt ut tätningen**

**5.21 Knacka in den nya tätningen på plats med ett rör eller en hylsa som bara ligger an mot tätningens hårda yttre kant**

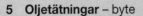

**5.31 Knacka den nya väljaraxeltätningen på plats**

**Observera:** *För att underlätta monteringen av flänsen, lägg ned den i varmt vatten i några minuter och sätt den sedan på axeln.*

23 Dra åt flänsmuttern till momentet för steg 1, lossa sedan och ta bort muttern igen (steg 2). Täck gängorna på flänsmuttern med gänglås och dra sedan åt den till momentet som anges för steg 3. Håll fast flänsen på samma sätt som vid demonteringen.

24 Om flänsmuttern hade en täckplatta kan denna kastas bort. Man behöver inte sätta dit någon täckplatta vid monteringen.

25 Anslut kardanaxeln till växellådsflänsen enligt beskrivning i kapitel 8. Kontrollera sedan växellådans oljenivå enligt beskrivning i avsnitt 2 och sänk ned bilen på marken.

## Väljaraxelns oljetätning

**Observera:** *Det kommer att behövas en ny valstapp till väljaraxelns ögla vid monteringen.*

26 Lyft upp bilen och stöd den säkert på pallbockar (se *Lyftning och stödpunkter*).

27 Koppla loss kardanaxeln från växellådsflänsen och bind upp den med ett snöre eller en vajer så att den är ur vägen för växellådan. Se kapitel 8 för ytterligare information. Om mer utrymme behövs, stötta växellådan och demontera växellådans tvärbalk.

28 Dra undan låskragen, dra sedan ut stiftet som håller väljaraxelns ögla till änden av väljaraxeln.

29 Dra loss väljaraxelns ögla (komplett med växellänkage) från änden av väljaraxeln och flytta undan länkaget från axeln.

30 Med en liten spårskruvmejsel, bänd loss väljaraxelns oljetätning från växellådshuset.

31 Rengör oljetätningens säte, smörj den inre läppen på den nya oljetätningen med ren växellådsolja, knacka sedan den nya tätningen på plats med en liten hylsa eller ett rör med passande diameter **(se bild)**.

32 Undersök gummibrickan i änden av väljaraxelns ögla och byt ut den om den inte är i gott skick.

33 Sätt tillbaka väljaraxelns ögla på änden av axeln, rikta in hålen i öglan och axeln mot varandra och fäst öglan på axeln med valstappen.

34 För låskragen på plats över valstappen.

35 Anslut kardanaxeln till växellådan enligt beskrivning i kapitel 8.

36 Kontrollera växellådans oljenivå enligt beskrivning i avsnitt 2, sänk sedan ned bilen på marken.

---

## 6 Backljuskontakt – test, demontering och montering

### Test

1 Backljuskretsen styrs av en kontakt av kolvtyp som sitter inskruvad i vänstra sidan på Getrag växellådshus, och i högra sidan på ZF växellådshus. Om ett fel utvecklas i kretsen, kontrollera först att det inte är kretsens säkring som har gått.

2 För att testa kontakten, koppla loss kontaktdonet, använd sedan en multimeter (inställd för mätning av resistans) eller en testkrets med batteri och lampa för att kontrollera att det finns kontinuitet mellan kontaktens poler bara när backen är ilagd. Om detta inte är fallet, och det inte finns några uppenbara brott eller andra skador på kablarna, är kontakten defekt och måste bytas ut.

### Demontering

3 Lyft upp bilen och stöd den säkert på pallbockar (se *Lyftning och stödpunkter*).

4 Koppla loss kontaktdonet, skruva sedan loss kontakten från växellådshuset **(se bild)**.

### Montering

5 Skruva in kontakten på plats i växellådshuset och dra åt den ordentligt. Anslut kontaktdonet och testa kretsens funktion.

6 Sänk ned bilen på marken.

---

## 7 Manuell växellåda – demontering och montering

**Observera:** *Detta är en ganska komplicerad åtgärd. Läs igenom instruktionerna noggrant innan arbetet påbörjas, och försäkra dig om att lämplig lyftanordning och/eller domkraft/pallbockar finns till hands.*

### Demontering

1 Koppla loss batteriets negativa kabel (se kapitel 5A).

2 Lyft upp bilen och stöd den säkert på pallbockar (se *Lyftning och stödpunkter*). Notera att bilen måste lyftas upp så mycket att växellådan kan tas ut under bilen. Skruva loss skruvarna och ta bort kåporna under motorn/växellådan

3 Med hjälp av hylsa, spärrhandtag och förlängning, skruva loss startmotorns fästbultar från växellådans balanshjulskåpa.

4 Demontera kardanaxeln enligt beskrivning i kapitel 8.

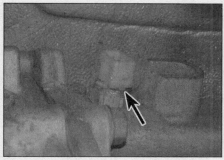

**6.4 Skruva loss kontakten (vid pilen) från växellådshuset**

5 Arbeta under bilen, bänd loss fästklämman från änden av väljarstagets stift. Ta bort väljarstagets stift från öglan på änden av växellådans väljaraxel, och ta vara på brickorna. Ta också loss väljarstagets stift från änden av växelspaken, och ta bort väljarstaget.

6 Vid växellådans balanshjulskåpa, skruva loss muttrarna och ta bort kopplingens slavcylinder från pinnultarna på balanshjulskåpan. Flytta undan slavcylindern och stötta den så att den inte är i vägen, men belasta inte slangen.

7 Notera hur alla kontaktdon sitter, koppla sedan loss dem och frigör eventuella kablage från växellådshuset.

8 Skruva loss muttrarna och ta bort värmeskööldens fästbygel från kardantunneln.

9 Skruva loss muttrarna och koppla loss den främre krängningshämmaren från länkarna i ändarna (se kapitel 10 om så behövs). Vrid ändarna på krängningshämmaren uppåt för att placera den ur vägen för växellådan.

10 Anslut lyftanordningen till motorns lyftögla i det bakre vänstra hörnet av motorblocket (inbyggd i den bakre flänsen på motorblockets gjutgods).

11 Placera en garagedomkraft under växellådshuset, precis bakom balanshjulskåpan. Lägg ett träblock emellan för att sprida belastningen, lyft sedan upp domkraften tills den precis tar upp växellådans vikt.

12 Demontera tvärbalken och fästena från växellådans bakre ände.

13 Med hjälp av domkraften (-erna) och motorlyften (om tillämpligt), sänk ned motorn och växellådan tills den bakre änden av motorns topplock/grenrör nästan vidrör torpedväggen. Kontrollera att enheten inte vilar mot några slangar/rör på torpeden.

14 Uppe på växellådan, bänd upp klämman som håller växelväljararmens pivåstift till växellådshuset, dra sedan ut pivåstiftet för att frigöra väljararmen från växellådan **(se bild 4.27)**.

15 Där så är tillämpligt, skruva loss bulten som håller motorns/växellådans adapterplatta till den högra sidan av växellådshuset och/eller ta bort svänghjulets nedre täckplatta **(se bild på nästa sida)**.

16 Skruva loss bultarna mellan motorn och växellådan och ta vara på brickorna, för sedan

**7.15 Skruva loss bulten (vid pilen) som håller adapterplattan till växellådshuset**

växellådan bakåt för att haka loss den ingående axeln från kopplingen. Var försiktig när detta görs – växellådans vikt får inte hänga på den ingående axeln. När växellådan lossas från motorn, kontrollera att inte motorn tvingas mot värmeslanganslutningarna eller torpeden.

**17** Sänk ned växellådan och ta försiktigt fram den under bilen. Om växellådan ska vara demonterad en längre tid, se till att motorn är ordentligt stöttad i motorrummet.

## Montering

**18** Påbörja monteringen med att kontrollera att kopplingslamellen är centrerad enligt beskrivning i kapitel 6.
**19** Innan växellådan monteras, undersök och fetta in kopplingens urtrampningslager och arm enligt beskrivningen i kapitel 6.
**20** Återstoden av monteringen sker i omvänd

ordning mot demonteringen. Tänk på följande.
a) *Kontrollera att växellådans styrstift sitter ordentligt på plats på motorns baksida.*
b) *Se till att motorns/växellådans adapterplatta sitter korrekt över styrstiftten (se bild).*
c) *Dra åt alla infästningar till angivet moment.*
d) *Lägg lite fett på växelväljararmens pivåstift och växelväljarstagets stift innan de sätts tillbaka.*
e) *Anslut kardanaxeln till växellådsflänsen enligt beskrivningen i kapitel 8.*

## 8  Manuell växellåda, renovering – allmän information

Att renovera en manuell växellåda är ett svårt och komplicerat jobb för hemmamekanikern. Utöver isärtagning och hopsättning av många små delar, måste man också mäta olika spel mycket exakt och eventuellt justera dessa genom att välja brickor och distanser. Inre delar för växellådan är också ofta svåra att få tag i, och i många fall också mycket dyra. Med detta i åtanke, om växellådan utvecklar ett fel eller börjar låta konstigt, är det bäst att låta en specialist renovera växellådan, eller att införskaffa en renoverad utbytesenhet. Tänk på att vissa reparationer kan göras med växellådan på plats i bilen.

Trots allt som sagts, är det inte omöjligt för en mer erfaren hemmamekaniker att renovera växellådan, förutsatt att specialverktyg finns tillgängliga, och att arbetet utförs noggrant

**7.20 Se till att adapterplattan sitter korrekt över styrstiften**

och systematiskt så att inget viktigt glöms bort.

De verktyg som behövs för en renovering omfattar inre och yttre låsringstänger, lageravdragare, en glidhammare, en uppsättning pinndorn, en mätklocka och eventuellt en hydraulisk press. Utöver det behövs också en stor, stadig arbetsbänk och ett skruvstäd.

Under isärtagningen av växellådan, gör noggranna noteringar över hur varje komponent sitter, för att göra hopsättningen lättare och mer exakt.

Det underlättar om du har en viss idé om var problemet ligger innan växellådan tas isär. Vissa problem kan vara nära relaterade till särskilda delar av växellådan, och kännedom om detta kan då göra kontroll och byte av komponenter lättare. Se avsnittet Felsökning i slutet av boken för ytterligare information.

# Kapitel 7 Del B:
## Automatväxellåda

## Innehåll

## Svårighetsgrader

| Enkelt, passar novisen med lite erfarenhet  | Ganska enkelt, passar nybörjaren med viss erfarenhet  | Ganska svårt, passar kompetent hemmamekaniker  | Svårt, passar hemmamekaniker med erfarenhet  | Mycket svårt, för professionell mekaniker |
|---|---|---|---|---|

## Specifikationer

### Växellådsoljans nivå

| Oljans temperatur °C | Oljans nivå (mm) |
|---|---|
| 20 | 3 till 15 |
| 25 | 5 till 17 |
| 30 | 8 till 20 |
| 35 | 11 till 22 |
| 40 | 13 till 25 |
| 45 | 14 till 26 |
| 50 | 16 till 27 |
| 55 | 17 till 28 |
| 60 | 19 till 29 |
| 65 | 21 till 32 |
| 70 | 22 till 35 |
| 75 | 24 till 36 |
| 80 | 26 till 38 |
| 85 | 29 till 41 |
| 90 | 31 till 43 |

### Åtdragningsmoment

| | Nm |
|---|---|
| Bultar mellan motor och växellåda: | |
| Sexkantsbultar: | |
| M8 bultar | 24 |
| M10 bultar | 45 |
| M12 bultar | 82 |
| Torxbultar: | |
| M8 bultar | 21 |
| M10 bultar | 42 |
| M12 bultar | 72 |
| Motorns/växellådans adapterplatta, bultar | 23 |
| Momentomvandlare till tryckplatta, bultar: | |
| M8 bultar | 26 |
| M10 bultar | 49 |
| Växellådans tvärbalk till karossen, bultar | 21 |
| Växellådsfäste till växellåda, muttrar | 21 |
| Växellådans oljeavtappningsplugg: | |
| M10 gängor | 16 |
| M14 gängor | 18 |
| M16 gängor | 35 |
| Växellådans oljepåfyllnings-/nivåplugg | 40 |

*Använd gänglås*

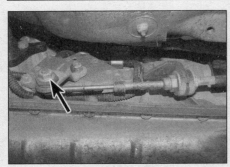

**2.2 Skruva loss väljarvajerns klämmutter (vid pilen)**

**2.7 Lossa interlockvajerns klämlbult (vid pilen)**

**2.8 Skruva loss de tre bultarna (vid pilarna) som håller växelväljarenheten**

## 1 Allmän information

En femväxlad automatväxellåda är monterad, som består av en momentomvandlare, planetväxel och hydrauliskt styrda kopplingar och bromsar.

Momentomvandlaren agerar som en slags vätskekoppling mellan motorn och växellådan, som också ger en viss grad av momentökning vid acceleration.

Planetväxeln ger antingen framåtväxlarnas eller backens utväxlingsförhållande, beroende på vilka av dess komponenter som hålls stilla eller tillåts rotera. Komponenterna i planetväxeln hålls eller släpps av bromsar och kopplingar som aktiveras av en hydraulisk styrenhet. En vätskepump i växellådan skapar det hydraultryck som behövs för att aktivera bromsarna och kopplingarna.

Förarens kontroll över växellådan sker via en golvmonterad växelväljarspak. Växellådan är utrustad med AGS (adaptiv växlingsstyrning), vilket garanterar korrekt respons på förarens behov genom att automatiskt välja olika körprogram. Systemet utvärderar ett antal faktorer innan det väljer optimala växlingspunkter. Dessa faktorer inkluderar gaspedalens läge/hastighet, hjulens rotation och drivmoment, acceleration i sidled, motorbelastning etc. Det finns fyra körprogram som är tillgängliga för styrenheten (ECU), från komfortorienterade till prestandaorienterade växlingslägen.

Vissa modeller finns med Steptronic system, där föraren själv kan utföra växlingar genom att helt enkelt flytta spaken – framåt för att växla upp och bakåt för att växla ner. Konsultera ägarhandboken som följer med bilen.

På grund av automatväxellådans komplexitet, bör reparationer och renovering överlämnas till en BMW-återförsäljare eller specialist som har den utrustning som behövs för diagnos och reparation. Innehållet i följande avsnitt begränsas därför till allmän information och serviceinformation som kan vara användbar för bilägaren.

## 2 Växelväljare – demontering och montering

### Demontering

**1** Lyft upp bilen och stöd den säkert på pallbockar (se *Lyftning och stödpunkter*). Se till att växelväljaren är i läge P. Där så är tillämpligt, skruva loss skruvarna och ta bort kåpan under växellådan.
**2** Under bilen, lossa växelväljarvajerns klämmutter på växellådsspaken **(se bild)**.
**3** Skruva loss låsmuttern som håller vajerhöljet och ta bort vajern från stödfästet på växellådan.
**4** I passagerarutrymmet, dra knoppen rakt uppåt från växelväljaren. **Observera:** *Vrid inte knoppen – det kan skada fästklacken i spaken.*
**5** Bänd försiktigt upp växelväljarens klädsel (komplett med damask) från mittkonsolen. Notera hur kontaktdonet (-donen) sitter och koppla sedan loss det (dem) från klädselns undersida.
**6** På modeller utan Steptronic, skruva loss de två skruvarna och ta bort positionskontakten på höger sida av växelväljarhuset.
**7** På modeller med Steptronic, lossa skruven som håller interlockvajern **(se bild)**.
**8** Skruva loss de tre bultarna som håller växelväljarhuset till golvet **(se bild)**.
**9** För att kunna ta bort huset måste man flytta mittkonsolen bakåt ungefär 20 mm. Med hjälp av informationen i kapitel 11, ta bort fästena

som håller mittkonsolen på plats och dra den bakåt.
**10** Lyft växelväljarhuset och ta bort det från mittkonsolen tillsammans med växelväljarvajern. Notera hur eventuella kontaktdon sitter och koppla sedan loss dem från växelväljarenheten. Ingen ytterligare isärtagning av växelväljaren eller huset rekommenderas.

### Montering

**11** Montering sker i omvänd ordning mot demonteringen. Tänk på följande:
a) *När du sätter tillbaka positionskontakten måste stiftet på kontakten gå in i urtaget på växelväljaren.*
b) *Innan du monterar knoppen, tryck ned damasken längs spaken tills låsspåret i spaken syns.*
c) *Avslutningsvis, justera växelväljarvajern enligt beskrivning i avsnitt 3.*

## 3 Växelväljarvajer – demontering, montering och justering

### Demontering

**1** Demontera växelväljaren och huset (tillsammans med vajern) enligt beskrivning i avsnitt 2.
**2** På modeller utan Steptronic, ta bort låsringen och dra loss innervajerns ände och plastfästet från spaken **(se bilder)**.

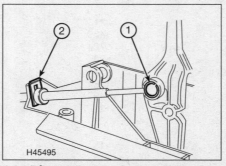

**3.2a På modeller utan Steptronic är vajern fäst till spaken med en låsring (1) och till huset med en klämma (2)**

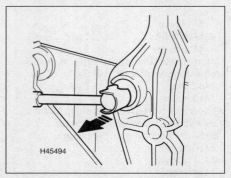

**3.2b När låsringen är borttagen, dra loss vajeränden och plastfästet från spaken**

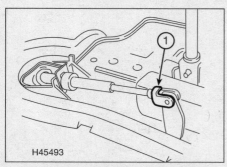

**3.3 På Steptronic modeller, lyft upp spärren (1) och dra ut stiftet**

**3** På modeller med Steptronic, lyft upp spärren och dra ut stiftet som håller innervajern till växelväljaren **(se bild)**. Notera placeringen av dämpgummit mellan vajeränden och växelväljaren.

**4** På alla modeller, för upp vajerhöljets fästklämma och ta bort vajern från huset.

## Montering

**5** Montering sker i omvänd ordning mot demonteringen. Tänk på följande.
*a) BMW anger att på modeller utan Steptronic måste plastfästet i änden av innervajern bytas ut, den gamla får inte återanvändas.*
*b) Montera växelväljarhuset tillsammans med vajern enligt beskrivning i avsnitt 2.*
*c) Anslut vajern till växelväljaren, se avsnitt 2.*
*d) Avslutningsvis, justera vajern enligt beskrivning i följande punkter.*

## Justering

**6** Flytta växelväljaren till läge P.
**7** Om det inte redan är gjort, håll fast klämbulten och lossa klämmuttern som håller vajern till ändfästet (bilen måste lyftas upp för att man ska komma åt).
**8** Tryck armen på växellådan bort från vajerfästet på växellådan (mot läget Park).
**9** Tryck änden av vajern i motsatt riktning (d.v.s mot vajerfästet), lossa sedan vajern och dra åt klämmuttern (håll även nu fast bulten).
**10** Kontrollera att vajern är korrekt justerad genom att starta motorn, lägga an bromsarna kraftigt och flytta växelväljaren genom alla växellägen.

## 4 Oljetätningar – byte

### Momentomvandlarens tätning

**1** Demontera växellådan och momentomvandlaren enligt beskrivning i avsnitt 5.
**2** På vissa modeller hålls oljetätningen fast av en rund platta fäst med Torxskruvar. Skruva loss skruvarna och ta bort plattan.
**3** Med hjälp av ett krokförsett verktyg, bänd loss den gamla tätningen från växellådans balanshjulskåpa. Alternativt, borra ett litet hål i tätningen, skruva in en självgängande skruv i hålet och dra ut tätningen med en tång.
**4** Smörj läppen på den nya tätningen med ren växellådsolja, driv den sedan på plats med en stor hylsa eller ett rör.
**5** Ta bort den gamla O-ringstätningen från den ingående axeln och för en ny på plats. Lägg lite vaselin på den nya O-ringen.
**6** Sätt tillbaka momentomvandlaren och växellådan enligt beskrivning i avsnitt 5.

### Utgående flänsens oljetätning

**7** Byte av oljetätningen omfattar delvis isärtagning av växellådan, vilket är en komplicerad uppgift – se avsnitt 6. Byte av oljetätningen bör överlämnas till en BMW-återförsäljare eller annan specialist.

## 5 Automatväxellåda – demontering och montering

**Observera:** *Detta är en invecklad uppgift. Läs igenom instruktionerna noggrant innan arbetet påbörjas och se till att lämplig lyftanordning och/eller domkraft/pallbockar finns till hands. Ett verktygs kommer att behövas med vilket man kan rikta in momentomvandlaren vid monteringen av växellådan, och nya O-ringar till oljerören kan behövas.*

### Demontering

**1** Koppla loss kabeln från batteriets negativa pol – se kapitel 5A.
**2** Lyft upp bilen och stöd den ordentligt på

pallbockar (se *Lyftning och stödpunkter*). Bilen måste lyftas upp så mycket att det finns utrymme att ta ut växellådan under bilen. Skruva loss skruvarna och ta bort kåpan under motorn/växellådan.
**3** Skruva loss muttrarna och koppla loss den främre krängningshämmaren från länkarna. Se kapitel 10 om så behövs.
**4** Demontera startmotorn enligt beskrivning i kapitel 5A.
**5** Demontera avgassystemet och värmeskölden, skruva sedan loss avgassystemets tvärbalk från bilens undersida.
**6** Demontera kardanaxeln enligt beskrivning i kapitel 8.
**7** Tappa av automatväxellådans olja enligt beskrivning i avsnitt 9.
**8** Där så är tillämpligt, skruva loss anslutningsmuttern och ta bort oljepåfyllningsröret från växellådans oljetråg.
**9** Koppla loss växelväljarvajern från växellådan med hänvisning till avsnitt 3.
**10** Notera hur kontaktdonen till växellådans kabelhärva sitter och koppla sedan loss dem **(se bild)**. Lossa kabelhärvan från fästena och klämmorna på växellådan.
**11** Där så är tillämpligt, lossa syresensorn från fästbygeln på växellådan.
**12** Skruva loss oljerörens fästbyglar och klämmor. Lossa anslutningarna och koppla loss oljerören – var beredd på oljespill. Där O-ringstätningar är monterade, kasta dem och montera nya.
**13** Bänd ut pluggen från öppningen i motorns/växellådans adapterplatta/vevhuset (beroende på modell), för att komma åt momentomvandlarens fästbultar **(se bilder)**.
**14** Skruva loss momentomvandlarens tre bultar. Vrid vevaxeln med hjälp av en nyckel eller en hylsa på remskivans nav, så att du kommer åt bultarna en i taget.
**15** Stötta växellådan med en garagedomkraft och ett träblock.
***Varning: Växellådan är tung, så se till att den är ordentligt stöttad.***
**16** Stötta motorn med en garagedomkraft under oljesumpen, med ett träblock mellan domkraften och sumpen för att sprida belastningen. Höj domkraften så att den precis vidrör oljesumpen.
**17** Kontrollera att motorn och växellådan är ordentligt stöttade, skruva sedan loss

**5.10 Koppla loss växellådans kontaktdon**

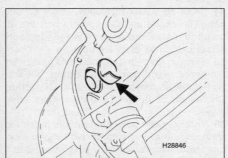

**5.13a Bänd ut pluggen (vid pilen) från motorns/växellådans adapterplatta . . .**

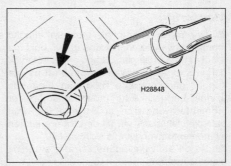

**5.13b . . . eller från öppningen i vevhuset**

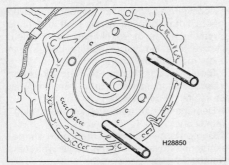

**5.24 Stick in två långa bultar och lyft ut momentomvandlaren**

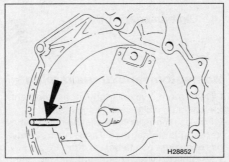

**5.30 Inställningsverktyget sätts in i tryckplattan i linje med öppningen i motorns/växellådans adapterplatta**

**5.34 Se till att inställningsverktyget (1) passerar genom hålet (2) i momentomvandlaren**

muttrarna som håller växellådans gummifästen till klackarna på växellådshuset.

**18** Ta bort bultarna som håller växellådans tvärbalk till karossen, ta sedan bort tvärbalken från under bilen. Om så behövs, böj undan eller skruva loss avgassystemets värmesköld för att komma åt tvärbalkens bultar.

**19** Använd domkraften (-krafterna) och motorlyften (om tillämpligt), sänk ned motor och växellådan tills motorns topplock/grenrör nästan tar i torpedväggen. Kontrollera att enheten inte vilar mot värmeslanganslutningarna på torpeden.

**20** Skruva loss bultarna mellan motorn och växellådan och ta vara på brickorna, dra sedan växellådan bakåt.

**21** Stick in en lämplig metall- eller trästav i urtaget längst ned på balanshjulskåpan för att hålla fast momentomvandlaren. När växellådan lossas från motorn, se till att inte motorn tvingas mot värmeslanganslutningarna på torpeden.

**22** Sänk ned växellådan och dra försiktigt ut den från under bilen. Se till att momentomvandlaren hålls på plats. Om växellådan ska vara demonterad en längre tid, kontrollera att motorn är ordentligt stöttad i motorrummet.

**23** För att demontera momentomvandlaren, börja med att ta bort spärrstaven.

**24** Stick in långa bultar i två av momentomvandlarens fästbultshål, och använd bultarna till att dra loss momentomvandlaren från växellådan **(se bild)**. Dra lika hårt i båda bultarna. Var beredd på oljespill.

## Montering

**25** Där så är tillämpligt, montera tillbaka momentomvandlaren. Använd de två bultarna till att sätta den på plats. Lägg an ett lätt tryck och vrid momentomvandlaren så att navets kuggar går i ingrepp med den ingående axelns kuggar. Rätt monteringsdjup för momentomvandlaren är 31 mm (ca) från balanshjulskåpans yta till den främre kanten av momentomvandlarens fästbultshål.

**26** Se till att växellådans styrstift sitter på plats på motorn.

**27** Innan du sätter ihop växellådan med motorn är det viktigt att momentomvandlaren

är exakt i linje med tryckplattan. När motor och växellådan har satts ihop är det inte längre möjligt att vrida momentomvandlaren för att rikta in den.

**28** För att rikta in tryckplattan mot momentomvandlaren använder BMW ett särskilt konformat verktyg (Nr 24 4 000) som skruvas in i momentomvandlaren. Det kan vara möjligt att tillverka ett eget alternativ om man kapar av skallen på en gammal bult som suttit mellan momentomvandlaren och medbringarskivan, eller av en bit gängstång. Änden av bulten eller gängstången måste ha antingen ett spår i änden eller plana ytor, så att man kan skruva ut den när motor och växellådan har satts ihop.

**29** Vrid tryckplattan för att ställa in ett av bulthålen mellan momentomvandlaren och tryckplattan med öppningen i vevhuset/växellådans adapterplatta (efter tillämplighet). Detta är viktigt för att man ska kunna ta bort inställningsstaget efter det att motorn och växellådan har satts ihop.

**30** Skruva in inställningsverktyget i relevant hål i momentomvandlaren **(se bild)**.

**31** Där så är tillämpligt, ta bort spärrstaven från momentomvandlaren.

**32** Försäkra dig om att växellådan är ordentligt stöttad och för in den på plats under bilen.

**33** Vrid momentomvandlaren så att ett av hålen för bultarna mellan momentomvandlaren och tryckplattan kommer i linje med inställningsverktyget som sitter på momentomvandlaren, för sedan växellådan på plats.

**34** Se till att inställningsverktyget går genom hålet i tryckplattan, sätt sedan i och dra åt bultarna mellan motorn och växellådan och sätt brickorna på plats **(se bild)**.

**35** Skruva loss inställningsverktyget från momentomvandlaren, sätt sedan tillbaka bulten mellan omvandlaren och tryckplattan. Dra sedan åt bulten till det moment som anges.

**36** Vrid vevaxeln som vid demonteringen för att kunna sätta i kvarvarande två bultar mellan momentomvandlaren och tryckplattan. Sätt i och dra åt bultarna.

**37** Resten av monteringen sker i omvänd ordning mot demonteringen. Tänk på följande:

a) Dra åt alla bultar/muttrar till angivna moment där sådana anges.
b) Undersök O-ringarna på växellådans oljerör och byt ut dem om de inte är i gott skick.
c) Montera kardanaxeln (se kapitel 8).
d) Montera startmotorn (se kapitel 5A).
e) Anslut och justera växelväljarvajern enligt beskrivning i avsnitt 3.
f) Avslutningsvis, fyll växellådan med olja enligt beskrivning i avsnitt 9.

## 6 Automatväxellåda, renovering – allmän information

Om ett fel uppstår med växellådan måste man först fastställa om felet är elektriskt, mekaniskt eller hydrauliskt, och för detta krävs särskild utrustning. Det är därför viktigt att man låter en BMW-återförsäljare eller annan lämpligt utrustad specialist utföra arbetet om man misstänker ett fel på växellådan.

Demontera inte växellådan från bilen för reparation innan en professionell felsökning har utförts, eftersom växellådan måste sitta i bilen för de flesta av testen.

## 7 Elektroniska komponenter/givare – demontering och montering

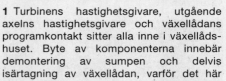

**1** Turbinens hastighetsgivare, utgående axelns hastighetsgivare och växellådans programkontakt sitter alla inne i växellådshuset. Byte av komponenterna innebär demontering av sumpen och delvis isärtagning av växellådan, varför det här arbetet bör överlämnas till en BMW-återförsäljare eller anna lämpligt utrustad specialist.

**2** Växellådans elektroniska styrmodul (ECM) sitter i "E-boxen" i motorrummets vänstra hörn.

**3** För att demontera ECM, lossa klämman (klämmorna) och koppla loss luftkanalen från pollenfilterhuset på passagerarsidan. Lossa fästklämman och ta bort filterhuskåpan.

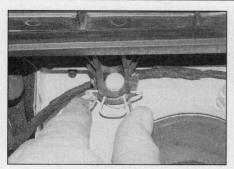

**7.4 Lossa klämman och ta bort pollenfilterhuset**

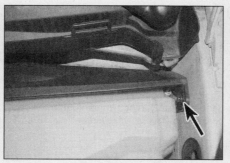

**7.5 Skruva loss bulten (vid pilen) och ta bort panelen**

**7.6 Automatväxellådans ECM (vid pilen)**

**4** Lossa klämman och ta bort filterhuset **(se bild)**.
**5** Skruva loss bulten och ta bort panelen på baksidan av E-boxen **(se bild)**.
**6** Skruva loss skruvarna, ta bort E-boxens lock, koppla loss kontaktdonet och ta bort ECM **(se bild)**.

## 8 Automatväxellåda – kontroll av oljenivå

### Modeller med mätsticka

**1** Parkera bilen på en plan yta, dra åt handbromsen och starta motorn. Medan motorn går på tomgång, trampa ned bromspedalen och flytta växelväljaren genom alla växellägen, börja och sluta med P.
**2** Automatväxellådsoljans mätsticka sitter i det bakre, vänstra hörnet i motorrummet.
**3** Oljans nivå i växellådan beror på dess temperatur. För att fastställa den här temperaturen använder BMW-tekniker särskild diagnosutrustning som kopplas in i bilens diagnosuttag i motorrummets högra hörn. Om man är mycket försiktig kan temperaturen dock mätas om man sticker in en termometer eller ett termoelement från en digital multimeter i mätstickans hål.
**4** Medan motorn fortfarande går på tomgång, dra ut mätstickan ur röret, torka av den med en ren, luddfri trasa, tryck sedan in den hela vägen i röret, ta ut den igen och läs av oljenivån.

**8.11 Automatväxellådans påfyllnings-/nivåplugg (vid pilen)**

**5** Mät avståndet från änden av mätstickan till nivålinjen och jämför med siffrorna som anges i specifikationerna i början av kapitlet. Om nivån är låg, häll i angiven typ av automatväxellådsolja genom mätstickans rör – använd en ren tratt, helst med ett fint nät, för att undvika spill.
*Varning: Var noga med att inte låta smuts komma in i växellådan vid påfyllning.*
**6** Häll i precis så mycket av angiven olja för att fylla växellådan till korrekt nivå. Häll i lite olja i taget och kontrollera nivån då och då.
**7** Stäng av motorn.
**8** Skicket på oljan bör också kontrolleras tillsammans med nivån. Om oljan är svart eller mörkt röd-brun, eller om den luktar bränt, bör den bytas ut (se avsnitt 9).

### Modeller utan mätsticka

**Observera:** *En ny tätningsring till påfyllnings-/nivåpluggen behövs vid monteringen.*
**9** Oljenivån kontrolleras genom att man tar bort påfyllnings-/nivåpluggen från växellådans oljetråg. Om så önskas, lyft upp bilen och ställ den på pallbockar (se *Lyftning och stödpunkter*) för att förbättra åtkomligheten, men se till att bilen står plant.
**10** Medan motorn går på tomgång, trampa ned bromspedalen och för växelväljaren genom alla växellägen, börja och sluta med P.
**11** Arbeta under bilen, ställ ett uppsamlingskärl under växellådans oljetråg och skruva ut påfyllnings-/nivåpluggen **(se bild)**. Ta vara på tätningsringen.
**12** Oljenivån ska vara upp till kanten på påfyllnings-/nivåpluggens hål.
**13** Om så behövs, fyll på olja tills det börjar rinna ut ur hålet. Sätt tillbaka pluggen.
**14** Trampa ned bromspedalen och flytta växelväljaren genom alla växellägen, börja och sluta med P.
**15** Försäkra dig om att oljetemperaturen är mellan 30°C och 55°C. BMW-tekniker använder diagnosutrustning som kopplas in i bilens diagnosuttag, men det ska vara möjligt att mäta temperaturen med en termometer eller ett termoelement (från en digital multimeter) genom påfyllningshålet. Om oljans temperatur inte har kunnat fastställas med säkerhet, låt kontrollera nivån igen hos en

BMW-återförsäljare eller annan lämpligt utrustad specialist.
**16** Nivån ska vara upp till kanten av påfyllnings-/nivåpluggens hål. Om så behövs, fyll på med olja tills det börjar rinna ut ur plugghålet.
**17** När nivån kontrolleras, undersök också skicket på oljan. Om den är svart eller mörkt röd-brun, eller om den luktar bränt, måste den bytas ut (se avsnitt 9).
**18** Sätt tillbaka nivå-/påfyllningspluggen, med en ny tätningsring. Dra åt till angivet moment.
**19** Stanna motorn och, om så behövs, ställ ned bilen på marken.

## 9 Automatväxellåda – byte av olja

**Observera:** *Det kommer att behövas en ny tätningsring till avtappningspluggen.*
**1** Växellådsoljan ska tappas av när växellådan har normal arbetstemperatur. Om bilen just har körts minst 30 km kan växellådan anses vara varm.
**2** Omedelbart efter att bilen har körts, parkera den på jämnt underlag och dra åt handbromsen. Om så önskas, lyft upp bilen och ställ den på pallbockar (se *Lyftning och stödpunkter*) för att förbätta åtkomligheten, men se till att bilen står plant.
**3** Under bilen, lossa avtappningspluggen i växellådans oljetråg ungefär ett halvt varv **(se bild)**. Placera ett uppsamlingskärl under

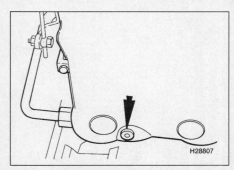

**9.3 Automatväxellådans avtappningsplugg (vid pilen)**

avtappningspluggen och ta bort pluggen. Om det är möjligt, försök att hålla pluggen intryckt i hålet när den skruvas ur för hand de sista varven.

 **När pluggen släpper från gängorna, ta snabbt bort den så att oljan från tråget rinner ner i uppsamlingskärlet och inte ner i din ärm.**

**4** Ta vara på tätningsringen från avtappningspluggen.
**5** Sätt tillbaka avtappningspluggen, med en ny tätningsring, och dra åt pluggen till angivet moment.
**6** Se avsnitt 8, fyll på växellådan med angiven mängd olja av korrekt typ (se Smörjmedel och vätskor) – fyll på genom mätstickans rör eller genom påfyllnings-/nivåpluggens hål, beroende på typ av växellåda.

**7** Kontrollera oljenivån enligt beskrivning i avsnitt 8, och kom ihåg att den nya oljan ännu inte har kommit upp i arbetstemperatur.
**8** Med handbromsen åtdragen och växelväljaren i läge P, starta motorn och låt den gå på tomgång i några minuter så att den nya oljan får värmas upp, kontrollera sedan oljenivån igen enligt beskrivningen i avsnitt 8. Det kan visa sig att man måste tappa av lite olja när den väl har blivit varm.

# Kapitel 8
## Slutväxel, drivaxlar och kardanaxel

## Innehåll

## Svårighetsgrader

| Enkelt, passar novisen med lite erfarenhet | | Ganska enkelt, passar nybörjaren med viss erfarenhet | | Ganska svårt, passar kompetent hemmamekaniker | | Svårt, passar hemmamekaniker med erfarenhet | | Mycket svårt, för professionell mekaniker | |
|---|---|---|---|---|---|---|---|---|---|
| |  | |  | |  | |  | |  |

## Specifikationer

### Slutväxel
Typ ................................................. Ej fjädrad, ansluten till den bakre fjädringens tvärbalk

### Drivaxel
Typ ................................................. Stålaxlar med drivknutar (typ "kula och bur") i ändarna
Drivknutens fettmängd .............................. 80g i varje knut

### Kardanaxel
Typ ................................................. Tvådelad röraxel med ett mittre lager, mittre och bakre universalknut. Den främre knuten är antingen en gummikoppling eller en universalknut (beroende på modell)

## Åtdragningsmoment         **Nm**

**Observera**: *För vissa infästningar kan bultar av olika grad användas; bultens grad är instämplad på bultskallen. Se till att dra åt varje bult till korrekt moment för den specifika graden.*

### Slutväxel
Fästbultar:
Främre bult ............................................. 150
Bakre bultar ............................................ 105
Oljepåfyllnings- och avtappningsplugg ...................... 60
Kardanaxelflänsens fästmutter (ungefär – se text):
M20 mutter .......................................... 175
M22 mutter .......................................... 185
Vibrationsdämpare på fästbygel (om monterad) ................ 77

### Drivaxel
Drivaxelns fästmutter*:
M22 mutter .......................................... 200
M24 mutter .......................................... 250
M27 mutter .......................................... 300
Axel till slutväxelfläns, bultar*:
Insexbultar:
M10 bultar:
Bultar med tandning under skallen .................... 96
Bultar utan tandning ................................ 83
M12 bultar ............................................ 110
Torxbultar:
M10 bultar:
Bultar utan tandning ................................ 83
Svarta bultar med tandning under bultskallen .......... 100
Silverbultar med tandning under bultskallen ........... 80
M8 bultar:
Svarta bultar ...................................... 64
Silverbultar ...................................... 52
M12 bultar ............................................ 135

### Kardanaxel
Mittre universalknut till kardanaxel, bult .................... 97
Främre (gummi) koppling:
M10 bultar:
Styrkegrad 8,8 (se bultskallen) ..................... 48
Styrkegrad 10,9 (se bultskallen) .................... 64
Torxbult ........................................... 70
M12 bultar:
Styrkegrad 8,8 (se bultskallen) ..................... 81
Styrkegrad 10,9 (se bultskallen) .................... 100
M14 bultar ............................................ 140
Bakre kardanknut, muttrar:
M8 kompressionsmutter ................................ 32
M8 mutter med fläns .................................. 43
M10 kompressionsmutter ............................... 64
M10 mutter med fläns ................................. 70
Stödlagrets fästbygel, muttrar ........................... 21

### Hjul
Hjulbultar .............................................. 110
* Återanvänd inte

## 1 Allmän information

Kraften överförs från växellådan till bakaxeln via en tvådelad kardanaxel, hopfogad bakom centrumlagret. Glidleden tillåter en viss rörelse framåt-bakåt hos kardanaxeln. Den främre änden av kardanaxeln sitter ihop med den utgående flänsen på växellådan med en flexibel gummikoppling. Mitten av kardan-axeln stöds av ett centrumlager som är fastskruvat i karossen. En universalknut sitter vid centrumlagret, och en kardanknut sitter i den bakre änden av axeln för att kompensera för rörelse hos växellådan och differentialen i fästena, och för eventuell flexning i karossen.

Slutväxelenheten inkluderar drivpinjongen, krondrevet, differentialen och de utgående flänsarna. Drivpinjongen, som driver kron-drevet, kallas också differentialens ingående axel och den är ansluten till kardanaxeln via en ingående fläns. Differentialen är fastskruvad i krondrevet och driver bakhjulen via ett par utgående flänsar som är fastskruvade i drivaxlarna med drivknutar i var ände. Differentialen tillåter att hjulen roterar med olika hastigheter vid kurvtagning.

Drivaxlarna levererar kraft från slutväxel-enhetens utgående flänsar till bakhjulen. Drivaxlarna är utrustade med drivknutar i ändarna. De inre drivknutarna är fastskruvade i differentialens flänsar och de yttre driv-knutarna är i ingrepp med splinesen i hjulnaven och är fästa med en stor mutter.

**2.3 Gör inställningsmärken (vid pilen) och ta sedan bort Torxbultarna och plattorna**

**2.7a Skruva loss och ta bort slutväxelns främre . . .**

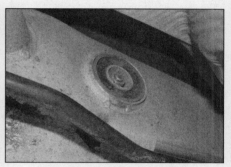

**2.7b . . . och bakre fästbultar**

Omfattande reparationer på differential-enhetens komponenter (drivpinjong, krondrev och differential) kräver många specialverktyg och stora expertkunskaper. Arbetet bör därför inte utföras av en hemmamekaniker, utan vi rekommenderar att det överlämnas till en BMW serviceavdelning eller annan lämpligt utrustad specialist.

## 2 Slutväxel – demontering och montering

**Observera:** *Vid monteringen kommer nya muttrar till kardanaxelns bakre koppling att behövas, samt nya fästbultar till drivaxlarna.*

### Demontering

**1** Klossa framhjulen. Lyft upp bakvagnen och stöd den på pallbockar (se *Lyftning och stödpunkter*). Ta bort båda bakhjulen. Om så behövs, tappa ut oljan ur slutväxelenehten enligt beskrivning i avsnitt 10.

**2** Med en lämplig penna eller färg, gör inställningsmärken mellan kardanaxeln och slutväxelflänsen. Skruva loss muttrarna som håller kardanaxeln till slutväxeln och kasta dem; nya måste användas vid monteringen.

**3** Skruva loss och ta bort fästbultarna och plattorna som håller den högra drivaxeln till slutväxelenhetens fläns och stöd drivaxeln genom att binda fast den i underredet med en bit vajer **(se bild)**. **Observera:** *Låt inte drivaxeln hänga ned på sin egen vikt eftersom drivknuten kan ta skada. Kasta bultarna, nya ska användas vid monteringen.*

**4** Koppla loss den vänstra drivaxeln från slutväxeln enligt beskrivning i punkt 3.

**5** Demontera den bakre delen av avgas-systemet (se kapitel 4A).

**6** Placera en domkraft och ett träblock som mellanlägg under slutväxeln och höj dom-kraften tills den tar upp slutväxelns vikt.

**7** Försäkra dig om att slutväxeln är säkert stöttad, skruva sedan loss de två bultarna som håller fast enheten baktill och bulten som håller fast den framtill **(se bilder)**.

**8** Sänk försiktigt ned slutväxeln under bilen och ta ut den. Undersök slutväxelns gummi-fästen och byt ut dem om de är slitna eller skadade.

## Montering

**9** Montering sker i omvänd ordning mot demonteringen. Tänk på följande.
 a) *Lyft upp slutväxelenheten på plats och haka fast den i kardanaxelns bakre knut. Se till att rikta in markeringarna som gjordes innan demonteringen.*
 b) *Dra åt slutväxelns fästbultar med fingrarna och ta sedan bort domkraften. Dra därefter åt de bakre bultarna till angivet moment, därefter den främre bulten.*
 c) *Sätt fast de nya muttrarna till kardanaxelns koppling och dra åt dem till angivet moment.*
 e) *Sätt i de nya fästbultarna till drivknutarna och plattorna och dra åt dem till angivet moment.*
 f) *Avslutningsvis, fyll på olja i slutväxeln enligt beskrivning i avsnitt 10.*

## 3 Slutväxelns oljetätningar – byte

### Kardanaxelflänsens tätning

**Observera:** *En ny fästplatta till flänsmuttern kommer att behövas.*

**1** Tappa av oljan från slutväxeln enligt beskrivning i kapitel 10.

**2** Demontera slutväxeln enligt beskrivning i avsnitt 2 och sätt fast enheten i ett skruvstäd.

**3** Ta bort fästplattan och gör inställnings-märken på flänsmuttern, flänsen och pinjongen **(se bild)**. Kasta fästplattan; en ny måste användas vid monteringen.

**4** Håll drivflänsen stilla genom att skruva fast ett metallstag på den, skruva sedan loss muttern och räkna exakt antal varv som behövs för att få loss den.

**5** Med en lämplig avdragare, dra drivflänsen från pinjongen och ta bort dammskyddet. Om dammskyddet är slitet, byt ut det.

**6** Bänd ut oljetätningen från slutväxelhuset med en skruvmejsel. Torka av oljetätningens säte.

**7** Smörj lite olja på tätningsläppen på den nya tätningen, tryck den sedan rakt in i huset tills den är jäms med den yttre ytan. Om så behövs kan tätningen knackas på plats med ett

metallrör som endast vilar på dess hårda yttre kant.

**8** Sätt tillbaka dammskyddet och placera drivflänsen på pinjongen, med markeringarna som gjordes innan demonteringen i linje. Sätt tillbaka flänsmuttern och dra åt den exakt så många varv som noterades vid lossandet, så att markeringarna hamnar mitt för varandra.

⚠️ *Varning: Dra inte åt flänsmuttern för hårt. Om man gör det kommer den hoppressbara distansen bakom flänsen att bli deformerad och den måste då bytas ut. Detta är en invecklad åtgärd som kräver att slutväxeln demonteras (se avsnitt 1).*

**9** Lås muttern på plats med fästplattan, knacka den rakt in tills den sitter på plats.

**10** Montera slutväxeln enligt beskrivning i avsnitt 2 och fyll på den med olja enligt beskrivning i avsnitt 10.

### Drivaxelflänsens tätning

**Observera:** *Nya fästbultar till drivknuten kommer att behövas vid monteringen, samt en låsring till drivaxelflänsen.*

**11** Tappa av slutväxeloljan enligt beskrivning i avsnitt 10.

**12** Skruva loss bultarna som håller drivaxelns drivknut till slutväxeln och ta vara på fästplattorna. Placera drivaxeln ur vägen för flänsen och bind fast den i underredet med en bit vajer. **Observera:** *Låt inte drivaxeln hänga ned av sin egen vikt eftersom drivknuten då kan skadas.*

**13** Med hjälp av ett passande verktyg, bänd

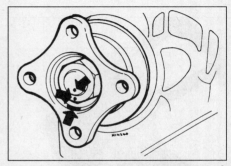

**3.3 Gör inställningsmärken (vid pilarna) på flänsen, pinjongaxeln och muttern för att garantera korrekt hopsättning**

**3.13 Använd ett lämpligt verktyg till att ta bort drivaxelflänsen från slutväxelenheten**

försiktigt ut drivaxelflänsen från slutväxeln, men var försiktig så att inte dammskyddet eller huset skadas **(se bild)**. Ta bort flänsen och ta vara på dammtätningen. Om tätningen är skadad, byt ut den.
**14** Bänd försiktigt ut oljetätningen från slutväxelenheten. Torka av tätningens säte.
**15** När flänsen är demonterad, ta loss låsringen från änden av den splinesade axeln **(se bild)**.
**16** Montera en ny låsring. Se till att den sätter sig ordentligt i spåret i axeln.
**17** Smörj lite slutväxelolja på tätningsläppen på den nya oljetätningen, pressa sedan i den rakt in i huset tills den når sitt stopp. Om så behövs kan tätningen knackas in på plats med ett lämpligt metallrör som (bara) ligger an mot dess hårda yttre kant **(se bild)**.
**18** Montera dammskyddet och sätt in driv-

**4.6 När drivaxelmuttern har dragits åt helt, stuka den med en dorn**

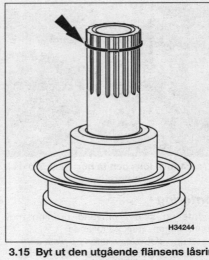

H34244

**3.15 Byt ut den utgående flänsens låsring (vid pilen)**

flänsen. Tryck in drivflänsen på plats och kontrollera att den hålls fast av låsringen.
**19** Rikta in drivaxeln mot drivflänsen och sätt i de nya fästbultarna och plattorna. Dra åt bultarna till angivet moment.
**20** Fyll på slutväxeln med olja enligt beskrivning i avsnitt 10.

## 4 Drivaxel – demontering och montering

**Observera:** *Vid montering behövs en ny fästmutter och nya bultar till drivaxeln.*

### Demontering

**1** Demontera slutväxeln enligt beskrivning i avsnitt 2.
**2** Demontera aktuellt hjul.
**3** Skruva loss och ta bort drivaxelmuttern.
**4** Ta bort drivaxelns yttre knut från navet. Knuten sitter mycket hårt, knacka ut den ur navet med en mjuk klubba. Om knuten inte lossnar med denna metod måste den pressas ut med ett passande verktyg, som skruvas fast i navet.
**5** Demontera drivaxeln från bilen.

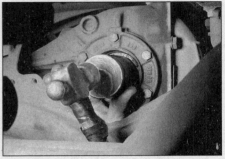

**3.17 Knacka den nya tätningen på plats med en hylsa som endast ligger an mot tätningens hårda ytterkant**

### Montering

**6** Montering sker i omvänd ordning mot demonteringen. Tänk på följande.
a) *Kontrollera att splinesen på drivaxelns yttre knut och navet är rena. Lägg lite antikärvfett på splinesen innan delarna sätts ihop.*
b) *Smörj gängorna på den nya drivaxelmuttern innan den sätts fast och dra sedan åt den till angivet moment. Om så behövs, vänta tills bilen står på marken och dra då åt muttern till angivet moment. När muttern är åtdragen, stuka den med hammare och dorn (se bild).*
c) *Montera nya fästbultar och plattor (om tillämpligt) till den inre knuten och dra åt dem till angivet moment.*

## 5 Drivaxeldamasker – byte

**1** Demontera drivaxeln (se avsnitt 4).
**2** Rengör drivaxeln och sätt fast den i ett skruvstäd.
**3** Bänd loss tätningskåpan från änden av den inre drivknuten **(se bild)**.
**4** Lossa de två fästklämmorna till den inre knutens damask och frigör damasken och dammskyddet från knuten **(se bild)**.
**5** Ta ut överflödigt fett och ta bort knutens låsring från änden av drivaxeln **(se bild)**.

**5.3 Ta försiktigt bort tätningskåpan från knutens inre ände**

**5.4 Lossa damaskens fästklämmor och dra ner damasken längs axeln**

**5.5 Ta bort den inre knutens låsring från drivaxeln**

**5.6 Håll fast knuten, knacka ut drivaxeln . . .**

**5.7 . . . och dra av damasken**

**5.20a Fyll den inre drivknuten med det medföljande fettet . . .**

**6** Stötta knutens inre del ordentligt och knacka ut drivaxeln med en hammare och en lämplig drivdorn **(se bild)**. Om knuten sitter väldigt hårt kan man behöva en avdragare. Ta inte isär den inre drivknuten.

**7** När knuten är borta, dra bort damasken och dammskyddet från änden av drivaxeln **(se bild)**.

**8** Lossa fästklämmorna till den yttre knutens damask och dra loss damasken från axeln.

**9** Rengör drivknutarna noggrant med fotogen eller lämpligt lösningsmedel, och torka dem noggrant. Undersök knutarna enligt följande.

**10** Rör den inre, splinesade delen från sida till sida för att exponera varje kula i tur och ordning längst upp i spåret. Undersök om kulorna har sprickor, platta punkter eller gropar.

**11** Undersök kulspåren på både den inre och den yttre delen. Om spåren har utvidgats sitter kulorna inte längre med tät passning. Kontrollera också om kulburens fönster är slitna eller om det förekommer sprickor mellan fönstren.

**12** Om någon av drivknutarnas delar visar sig vara sliten eller skadad måste knuten bytas ut. Den inre knuten kan köpas separat, men om den yttre knuten är sliten måste man byta ut hela drivaxeln, komplett med knutar. Om knutarna är i tillfredsställande skick, införskaffa renoveringssatser, som innehåller damasker, fästklämmor, en låsring för den inre knuten samt rätt typ av fett i lämplig mängd.

**13** Tejpa över splinesen i änden av drivaxeln.

**14** Trä på den nya yttre damasken på drivaxeln.

**15** Packa den yttre knuten full med det fett som följde med reparationssatsen. Arbeta in fettet ordentligt i kulspåren och vrid knuten, fyll sedan damasken med eventuellt kvarvarande fett.

**16** För nu damasken över knuten och se till att damaskens läppar sitter korrekt både på drivaxeln och på drivknuten. Lyft upp den yttre läppen lite för att jämna ut lufttrycket i damasken.

**17** Placera den stora fästklämman på damasken. Dra åt fästklämman hårt och böj den bakåt för att låsa den på plats. Kapa av klämman om en del sticker ut. Sätt fast den mindre fästklämman på samma sätt.

**18** Sätt ihop den nya inre damasken med dammskyddet och trä på hela enheten på drivaxeln.

**19** Ta bort tejpen från drivaxelns splines och montera den inre drivknuten. Tryck knuten ordentligt på plats och lås den på plats med en ny låsring.

**20** Arbeta in det medföljande fettet i den inre knuten och fyll damasken med det som blir över **(se bilder)**.

**21** För den inre damasken på plats och tryck fast dammskyddet på knuten. Se till att fästbultarnas hål hamnar på rätt plats. Lyft lite på damaskens yttre tätningsläpp för att jämna ut lufttrycket i damasken, fäst den sedan på plats med fästklämmorna (se punkt 17).

**22** Lägg ett lager passande tätningsmedel (BMW rekommenderar BMW tätningsgel) och

tryck fast den nya tätningskåpan på änden av den inre drivknuten.

**23** Kontrollera att båda drivknutarna kan röras utan hinder och montera sedan drivaxeln enligt beskrivning i avsnitt 4.

## 6 Kardanaxel – demontering och montering

**Observera:** *Vid monteringen behövs nya muttrar till kardanaxelns främre och bakre kopplingar.*

### *Demontering*

**1** Klossa framhjulet. Lyft upp bakvagnen och stötta den på pallbockar (se *Lyftning och stödpunkter*).

**2** Demontera avgassystemet och värmeskölden enligt beskrivning i kapitel 4A. Där så behövs, skruva loss avgassystemets fästbygel (-byglar) för att få tillräckligt med plats att demontera kardanaxeln.

**3** Demontera tvärbalken under den främre delen av kardanaxeln **(se bild)**.

**4** Gör inställningsmärken mellan axeln, växellådsflänsen och gummikopplingen i axelns främre ände. Skruva loss muttrarna och bultarna som håller kopplingen till växellådan **(se bild)**. Man kommer åt muttrarna genom att sticka in en nyckel mellan änden av växellådan och tvärbalken. Kasta muttrarna och använd nya vid monteringen.

**5.20b . . . och arbeta in det i lagrets kulspår**

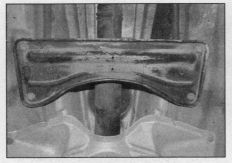

**6.3 Demontera tvärbalken under kardanaxelns främre ände**

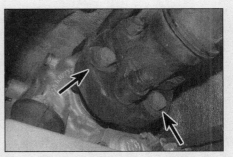

**6.4 Skruva loss muttrarna och bultarna som håller kopplingen till växellådan (två syns vid pilarna)**

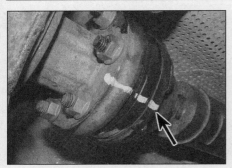

6.5 Gör inställningsmärken mellan kardanknutens fläns och slutväxelflänsen (vid pilen)

6.7 Skruva loss fästmuttrarna till det mittre stödlagrets fästbygel

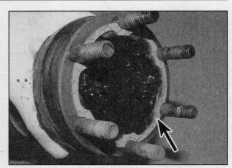

6.11 Montera en ny tätning (vid pilen) på kardanknuten

**5** Gör inställningsmärken mellan kardanknuten och slutväxelns fläns, med färg eller en lämplig märkningspenna. Skruva loss muttrarna som håller kardanaxeln till slutväxeln och kasta dem; nya måste användas vid monteringen **(se bild)**.

**6** Använd en spårskruvmejsel och bänd loss kardanknutens fläns från slutväxelflänsen. **Observera:** *Om kardanknutens fläns tvingas i en extrem vinkel i förhållande till axeln, kan knutens gummidamask skadas.*

**7** Med hjälp av en assistent, stötta kardanaxeln och skruva loss fästmuttrarna till det mittre stödlagrets fästbygel **(se bild)**. Sänk ned mitten av axeln och koppla loss den från växellådan och slutväxeln. Ta bort axeln från bilen.

**8** Undersök gummikopplingen (om monterad), stödlagret och axelknutarna enligt beskrivning i avsnitt 7, 8 och 9. Kontrollera om växellådsflänsens styrstift och kardanaxelns bussning är slitna eller skadade och byt ut dem om så behövs.

## Montering

**9** Lägg ett lager molybdendisulfidfett (BMW rekommenderar Molykote Long-term 2) på växellådans stift och axelbussningen och sätt sedan axeln på plats.

**10** Dra kardanknutens yttre fläns utåt så långt det går, packa sedan kardanknuten med rätt typ av fett (finns hos BMW-återförsäljare).

**11** Kasta tätningen som sitter mellan kardanknuten och slutväxelflänsen, och montera en

ny **(se bild)**. Lägg lite fett på tätningsytorna på kardanknuten och slutväxelflänsen.

**12** Rikta in markeringarna som gjordes innan demonteringen och haka i axeln i växellådans och slutväxelns flänsar. Försök att inte trycka ihop kardanknutens yttre fläns, eftersom det kan göra att fettet pressas ut. Med markeringarna rätt inställda, sätt tillbaka stödlagrets fäst-bygel och dra åt muttrarna lätt tills vidare.

**13** Sätt nya fästmuttrar på kardanxelns bakre knut och dra åt dem jämnt i diagonal ordning, till angivet moment.

**14** Stick in bultarna genom gummikopplingen och in i växellådans utgående fläns, sätt sedan på de nya fästmuttrarna. Dra åt muttrarna till angivet moment, men kom ihåg att endast muttrarna får rotera, annars kan man utsätta gummikopplingen för belastning.

**15** Dra åt det mittre stödlagrets fästbygel till angivet moment.

**16** Montera avgassystemet och tillhörande komponenter enligt beskrivning i kapitel 4A.

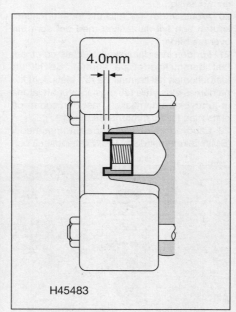

H45483

7.9 Centreringsledaren sitter korrekt när den sticker ut 4,0 mm från änden av kardanaxelröret

7.4 Ta bort bultarna/muttrarna som håller kopplingen till axeln

## 7 Kardanaxelns gummi-koppling och centrerings-ledare – kontroll och byte

### Kontroll

**1** Dra åt handbromsen ordentligt, lyft upp framvagnen och stötta den på pallbockar (se *Lyftning och stödpunkter*).

**2** Undersök noggrant gummikopplingen som länkar kardanaxeln till växellådan. Leta efter tecken på skador som sprickor eller allmän försämring. Om så behövs, byt ut kopplingen enligt följande.

### Byte

**3** Demontera kardanaxeln enligt beskrivning i föregående avsnitt.

**4** Lossa och ta bort muttrarna som håller kopplingen till axeln och ta bort den **(se bild)**.

**5** Undersök om centreringsledaren är sliten eller skadad.

**6** Om centreringsledaren måste bytas ut, packa utrymmet bakom ledaren med fett tills fettet ligger jäms med den nedre kanten av ledaren.

**7** Stick in ett stag med 14 mm diameter i ledaren och slå sedan på änden av staget med en hammare för att tvinga ut ledaren från axeln. Man kan behöva fylla på fett i urholkningen under arbetet.

**8** När den gamla centreringsledaren är demonterad, ta bort fettet.

**9** Smörj den nya centreringsledaren med molybdendisulfidfett (BMW rekommenderar Molykote Long-term 2). Använd sedan en lämplig rörformad distans (hylsa) som endast ligger an mot ledarens yttre kant och driv in den på plats. Ledaren är korrekt monterad när den sticker ut 4,0 mm från änden av kardanaxelröret **(se bild)**.

**10** Montera den nya gummikopplingen. Pilarna på sidan av kopplingen måste peka mot kardanaxelns/växellådans flänsar **(se bild)**. Sätt på de nya fästmuttrarna och dra åt dem till angivet moment. När du drar åt muttrarna, försäkra dig om att inte bultarna roterar, eftersom detta kan lägga belastning på gummikopplingen.

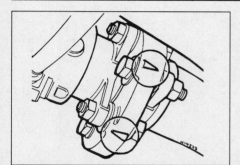

**7.10 Pilarna på sidan av kopplingen måste peka mot kardanaxelns/växellådans flänsar**

**11** Lägg ett lager molybdendisulfidfett (BMW rekommenderar Molykote Long-term 2) på växellådans stift och axelbussning och sätt sedan axeln på plats.
**12** Montera kardanaxeln enligt beskrivning i avsnitt 6.

## 8 Kardanaxelns stödlager – kontroll och byte

### Kontroll

**1** Slitage i stödlagret leder till oljud och vibrationer när bilen körs. Lagret kontrolleras bäst med kardanaxeln demonterad (se avsnitt 6). För att komma åt lagret med axeln på plats, demontera avgassystemet och värmesköldarna enligt beskrivning i kapitel 4A.
**2** Rotera lagret och kontrollera att det går runt mjukt utan tecken på glapp; om det är svårt att rotera, eller om det känns "grusigt", byt ut det. Undersök också gummidelen. Om den är sprucken eller på annat sätt försämrad, byt ut den.

### Byte

**3** Demontera kardanaxeln enligt beskrivning i avsnitt 6.
**4** Måla inställningsmärken mellan den mittre universalknutens ok och kardanaxeln, skruva sedan loss bulten som håller fast oket i axeln.
**5** Dra av shimset och stödlagrets bakre dammkåpa.
**6** Tryck/driv det nya lagret och fästbygeln helt på plats på axeln tills det når stoppet, med en lämplig rörformad distans som endast ligger an mot lagrets inre bana.
**7** Kontrollera att lagret kan rotera mjukt,

montera sedan den nya bakre damm-tätningen.
**8** Montera shimset i änden av axeln.
**9** Montera universalknutens ok på axeln, ställ in tidigare gjorda markeringar. Lägg sedan på lite gänglås på gängorna och dra åt fästbulten till angivet moment.
**10** Montera kardanaxeln enligt beskrivning i avsnitt 6.

## 9 Kardanaxelns universalknut – kontroll och byte

### Kontroll

**1** Slitage i universalknuten kännetecknas av vibration i växellådan, oljud vid acceleration och metalliskt gnissel och skrapande ljud när lagren löses upp. Knutarna kan kontrolleras med kardanaxeln på plats, men avgassystemet och värmeskölderna måste demonteras (se kapitel 4A) för att man ska komma åt dem.
**2** Om kardanaxeln är på plats på bilen, försök att vrida kardanaxeln medan du håller fast växellådans/slutväxelns fläns. Fritt spel mellan kardanaxeln och främre eller bakre fläns indikerar kraftigt slitage.
**3** Om kardanaxeln redan har demonterats kan du kontrollera universalknutarna genom att hålla axeln i den ena handen och vrida oket eller flänsen med den andra. Om axialrörelsen är stor, byt ut kardanaxeln.

### Byte

**4** I skrivande stund finns inga reservdelar tillgängliga för byte av universalknutarna. Därför, om en knut visar tecken på skador eller slitage, måste hela kardanaxeln bytas ut.

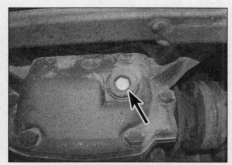

**10.2 Slutväxelns påfyllningsplugg**

Rådfråga din BMW-återförsäljare angående senaste information om tillgängliga reserv-delar.
**5** Om kardanaxeln måste bytas ut kan det vara värt att fråga en motorrenoverings-specialist om råd. De kan eventuellt reparera originalaxeln eller förse dig med en renoverad axel som utbyte.

## 10 Slutväxel – byte av olja

**1** Parkera bilen på jämnt underlag.
**2** Leta reda på påfyllnings-/nivåpluggen i mitten av slutväxelenhetens bakre kåpa **(se bild)**. Skruva loss pluggen och ta vara på tätningsbrickan.
**3** Placera ett lämpligt kärl under slutväxeln, skruva sedan loss avtappningspluggen från den bakre kåpan och låt oljan rinna ut. Ta vara på tätningsbrickan. **Observera:** *På vissa bilar tillverkade fr.o.m. 03/2003 finns ingen avtappningsplugg på slutväxeln, så oljebyte tas inte upp i underhållsschemat.*
**4** Undersök tätningsbrickan och byt ut den om den är sliten eller skadad.
**5** När all olja har runnit ut, sätt tillbaka avtappningspluggen och tätningsbrickan och dra åt pluggen till angivet moment.
**6** Fyll på slutväxeln genom påfyllnings-/nivåpluggens hål med exakt rätt mängd av angiven olja (se kapitel 1); detta bör ta olje-nivån upp till den nedre kanten av pluggens hål. Om rätt mängd har hällts i växellådan och en stor mängd rinner ut vid nivåkontrollen, sätt i pluggen igen och kör bilen en sväng så att den nya oljan får fördelas runt slutväxelns komponenter.
**7** Parkera sedan bilen på plant underlag och låt den stå i några minuter. Skruva loss påfyllnings-/nivåpluggen igen. Oljenivån ska nå upp till den nedre kanten av pluggens hål. För att försäkra dig om att nivån verkligen är korrekt, vänta tills det första droppandet upphör, häll sedan i lite olja tills den börjar rinna över kanten igen. Nivån är korrekt när detta rinnande upphör. Använd endast olja av god kvalitet av angiven typ (se *Smörjmedel och vätskor*).
**8** När nivån är korrekt, sätt tillbaka påfyllnings-/nivåpluggen och tätningsbrickan och dra åt till angivet moment.

# Kapitel 9
# Bromssystem

## Innehåll

## Svårighetsgrader

| Enkelt, passar novisen med lite erfarenhet | | Ganska enkelt, passar nybörjaren med viss erfarenhet | | Ganska svårt, passar kompetent hemmamekaniker | | Svårt, passar hemmamekaniker med erfarenhet | | Mycket svårt, för professionell mekaniker | |
|---|---|---|---|---|---|---|---|---|---|
| |  | |  | |  | |  | | |

## Specifikationer

### Frambromsar

Bromsskiva, diameter:
| | |
|---|---|
| 530i ................................................ | 324 mm |
| Alla andra modeller ................................ | 296 mm |

Bromsskivans minsta tjocklek (instansat på skivan):
| | |
|---|---|
| 530i ................................................ | 28,4 mm |
| Alla andra modeller ................................ | 20,4 mm |
| Bromsskiva, max skevhet ............................ | 0,2 mm |
| Bromsklossar, minsta tjocklek på friktionsmaterialet .............. | 3,0 mm |

### Bakre skivbromsar

| | |
|---|---|
| Bromsskivans diameter ............................. | 298 mm |

Bromsskivans minsta tjocklek (instansat på skivan):
| | |
|---|---|
| Solid skiva ........................................ | 8,4 mm |
| Ventilerad skiva ................................... | 18,4 mm |
| Bromsskiva, max skevhet ............................ | 0,2 mm |
| Bromsklossar, minsta tjocklek på friktionsmaterialet .............. | 3,0 mm |
| Handbromstrummans diameter ......................... | 185 mm |
| Bromsbackar, minsta tjocklek på friktionsmaterialet .............. | 1,5 mm |

### Åtdragningsmoment

| | Nm |
|---|---|
| ABS tryckgivare till huvudcylinder ................. | 19 |
| ABS hjulgivare, fästbultar ......................... | 8 |
| Bromsskivans fästskruv ............................. | 16 |

Bromsslanganslutningar:
| | |
|---|---|
| M10 gänga ......................................... | 17 |
| M12 gänga ......................................... | 19 |

Främre bromsok:
| | |
|---|---|
| Styrstiftsbultar ................................... | 35 |
| Fästbygelbultar .................................... | 110 |

## Atdragningsmoment (forts.)

| | Nm |
|---|---|
| Huvudcylinderns fästmuttrar* | 26 |
| Bakre bromsok: | |
|   Styrstiftsbultar | 35 |
|   Fästbygelbultar | 67 |
| Hjulbultar | 110 |
| Servoenhetens fästmuttrar | 31 |

* Återanvänd ej

## 1 Allmän information

Bromssystemet är servoassisterat och har två kretsar. Under normala förhållanden arbetar båda kretsarna tillsammans. Om ett fel uppstår i den ena kretsen finns dock full bromskraft kvar på två av hjulen.

Alla modeller har främre och bakre skivbromsar. ABS finns som standard på alla modeller (se avsnitt 19 för ytterligare information om ABS-systemet). Observera: *På modeller som också har ACS+T (Automatic Stability Control plus Traction), styr ABS-systemet också antispinnsidan av systemet.*

De främre skivbromsarna aktiveras av glidande enkolvsok, vilket garanterar att ett jämnt tryck läggs på varje bromskloss.

Alla modeller har bakre skivbromsar, som aktiveras av glidande enkolvs ok, medan en separat trumbroms är monterad i mitten av skivbromsen, för separat aktivering av handbromsen.

Observera: *När du servar delar av systemet, arbeta försiktigt och metodiskt. Håll också allt absolut rent när du renoverar någon del av bromssystemet. Byt alltid ut delar (axelvis där så är tillämpligt) om det råder någon tvekan om deras skick, och använd endast genuina BMW-delar, eller åtminstone delar av känt god kvalitet. Läs varningarna i avsnittet "Säkerheten främst!" och i relevanta avsnitt i det här kapitlet gällande farorna med asbestdamm och bromsvätska.*

## 2 Bromssystem – luftning

⚠️ **Varning: Bromsvätska är giftig; tvätta omedelbart bort vätskan noggrant om den råkar komma på huden, och sök omedelbart läkarhjälp om vätska råkar sväljas eller kommer i ögonen. Vissa typer av bromsvätska är också lättantändlig, och kan antändas om den kommer i kontakt med varma komponenter. Vid service av ett hydraulsystem är det säkrast att anta att vätskan är lättantändlig och vidta säkerhetsåtgärder mot brandrisk på samma sätt som när man handskas med bensin. Bromsvätska är också en effektiv färgborttagare som också angriper plast. Om vätskan spills, skölj genast bort den med stora mängder rent vatten. Slutligen är vätskan också hygroskopisk, d.v.s. den absorberar fukt från luften. Gammal vätska kan vara förorenad och oanvändbar. Vid påfyllning eller byte av vätska, använd alltid rekommenderad typ av vätska och se till att den kommer från en förseglad, nyöppnad behållare.**

⚠️ **Varning: På alla modeller (med eller utan ASC+T), om det högtrycks hydraulsystem som länkar samman huvudcylindern, hydraulenheten och ackumulatorn har rubbats, bör luftning av bromsarna överlåtas till en BMW-återförsäljare eller annan specialist. De har tillgång till den särskilda servicetester som behövs för att aktivera ABS modulatorpump och lufta högtryckssystemet på ett säkert sätt.**

### Allmänt

1 Ett hydraulsystem kan bara fungera korrekt om man avlägsnar all luft från komponenterna och kretsen; detta åstadkoms genom att man luftar systemet.

2 Under luftningen, använd endast ren, oanvänd bromsvätska av rekommenderad typ; återanvänd aldrig vätska som har tappats av från systemet. Se också till att ha tillräckligt mycket vätska innan arbetet påbörjas.

3 Om det föreligger någon risk för att fel typ av vätska redan finns i systemet, måste bromskomponenterna och kretsen spolas helt med oförorenad vätska av rätt typ, och nya tätningar bör monteras på de olika komponenterna.

4 Om bromsvätska har läckt ut ur systemet, eller om luft har kommit in på grund av en läcka, se då till att åtgärda problemet innan arbetet fortsätter.

5 Parkera bilen på plant underlag, slå av motorn och lägg i första växeln eller backen, klossa hjulen och lossa handbromsen.

6 Kontrollera att alla rör och slangar sitter säkert, att anslutningarna är hårt åtdragna och luftningsskruvarna helt stängda. Torka bort eventuell smuts kring luftningsskruvarna.

7 Lossa klämman och ta bort pollenfilter-kåpan från förarsidan. Lossa klämman och koppla loss luftkanalen från filterhuset. Ta sedan bort pollenfilterhuset **(se bilder)**. Skruva loss huvudcylinderbehållarens lock och fyll på huvudcylindern till MAX-nivån. Sätt sedan tillbaka locket löst och kom ihåg att hålla nivån minst ovanför MIN-nivån under hela arbetet, annars finns det risk för att luft släpps in i systemet.

8 Det finns ett antal en-mans bromsluftnings-satser i biltillbehörsbutikerna. Det rekommenderas att en sådan sats används, närhelst

2.7a Lossa klämman (vid pilen) och koppla loss luftkanalen från pollenfilterhuset . . .

2.7b . . . lossa sedan den långa klämman, öppna kåpan . . .

2.7c . . . tryck ihop sidorna på klämman (vid pilen) och ta bort pollenfilterhuset

**2.21 Ett bakre bromsok luftas med en sats med envägsventil**

möjligt, eftersom det underlättar luftningen avsevärt och minskar risken för att utsläppt luft och vätska ska dras tillbaka in i systemet. Om en sådan sats inte finns tillgänglig måste grundmetoden (för två personer) användas, som beskrivs nedan.

**9** Om en sats ska användas, förbered bilen enligt tidigare beskrivning, och följ satstillverkarens instruktioner. Tillvägagångssättet kan variera något från modell till modell, men en generell guide ges nedan under relevant underavsnitt.

**10** Vilken metod som än används, måste samma ordning följas (punkt 11 och 12) för att man ska vara säker på att all luft avlägsnas från systemet.

### Luftning

#### Ordning

**11** Om bara en del av systemet har kopplats loss, och lämpliga åtgärder har vidtagits för att minimera vätskeförlusten, bör man bara behöva lufta just den delen av systemet.

**12** Om hela systemet ska luftas måste det göras i följande ordning:
a) *Höger bakbroms.*
b) *Vänster bakbroms.*
c) *Höger frambroms.*
d) *Vänster frambroms.*

⚠️ *Varning: När systemet har luftats måste bromssystemets funktion kontrolleras av en BMW-återförsäljare eller annan lämpligt utrustad specialist vid första möjliga tillfälle.*

#### Grundmetoden (för två personer)

**13** Samla ihop en ren glasburk, en lämpligt lång bit plast- eller gummislang som har tät passning över luftningsskruven samt en ringnyckel som passar skruven. Du behöver också ta hjälp av någon.

**14** Ta bort dammskyddet från den första luftningsskruven i ordningen. Placera nyckeln och slangen på skruven, placera den andra änden av slangen i glasburken och häll i så mycket vätska att det täcker änden av slangen.

**15** Se till att hålla vätskenivån i huvudcylinderns behållare minst ovanför MIN-nivån under hela arbetet.

**16** Låt medhjälparen trycka ned bromspedalen flera gånger för att bygga upp tryck, och sedan hålla kvar pedalen i det nedre läget.

**17** Medan pedalen hålls ner, skruva ut luftningsskruven (ungefär ett varv) och låt den komprimerade vätskan och luften flöda ut i glasburken. Medhjälparen ska fortsätta att hålla ned bromspedalen och följa den till golvet om så behövs, och inte släppa upp den förrän du säger till. När flödet upphör, dra åt skruven igen, låt medhjälparen släppa upp pedalen sakta och kontrollera vätskenivån i behållaren.

**18** Upprepa stegen i punkt 16 och 17 tills vätskan som kommer ut vid luftningsskruven är fri från luftbubblor. Om huvudcylindern har tappats av och fyllts på, och luft släpps ut ur den första skruven i ordningen, vänta ungefär fem sekunder mellan cyklerna så att huvudcylinderns passager hinner fyllas på.

**19** När inga fler luftbubblor kommer ut, dra åt luftningsskruven ordentligt, ta bort slangen och nyckeln och sätt tillbaka dammskyddet. Dra inte åt luftningsskruven för hårt.

**20** Upprepa åtgärderna på kvarvarande luftningsskruvar i ordningen, tills all luft har släppts ut ur systemet och bromspedalens rörelse känns fast igen.

#### Sats med envägsventil

**21** Som namnet antyder består dessa satser av en bit slang med en envägsventil, som förhindrar att utsläppt luft och vätska dras tillbaka in i systemet; vissa satser innefattar en genomskinlig behållare, som kan placeras så att luftbubblorna lättare kan ses flöda från änden av slangen **(se bild)**.

**22** Satsen ansluts till luftningsskruven, som sedan öppnas. Användaren återvänder till förarsätet, trampar ned bromspedalen med en mjuk, jämn rörelse och släpper sedan sakta upp den. Detta upprepas tills vätskan som kommer ut är fri från luftbubblor.

**23** Observera att dessa satser underlättar arbetet så mycket att man lätt kan glömma bort vätskenivån i huvudcylinderns behållare; se till att nivån hålls minst ovanför MIN-nivån hela tiden.

#### Luftning med trycksats

**24** Dessa satser aktiveras vanligtvis av lufttrycket i reservdäcket. Det är dock vanligt att man måste sänka trycket i däcket till en lägre nivå än normalt; följ instruktionerna som följer med satsen. *Observera: BMW anger att trycket inte bör överskrida 2 bar (29 psi).*

**25** Genom att man ansluter en trycksatt, vätskefylld behållare till huvudcylinderns behållare, kan luftning utföras genom att man helt enkelt öppnar en skruv i taget (i angiven ordning), och låter vätskan flöda ut tills den är fri från luftbubblor.

**26** Den här metoden har den fördelen att den stora vätskebehållaren utgör en extra säkerhetsåtgärd mot att luft dras in i systemet under luftningen.

**27** Tryckluftning är särskilt effektivt vid

luftning av ett "svårt" system, eller när hela systemet luftas vid rutinmässigt vätskebyte.

#### Alla metoder

**28** När luftningen är färdig, och pedalrörelsen känns fast igen, torka bort spilld vätska, dra åt luftningsskruvarna ordentligt och sätt tillbaka dammskydden.

**29** Kontrollera bromsvätskans nivå i huvudcylinderns behållare och fyll på om så behövs (*Veckokontroller*).

**30** Kassera den vätska som har tappats av från systemet; den kan inte återanvändas.

**31** Kontrollera känslan i bromspedalen. Om rörelsen känns "svampig", betyder det att det fortfarande finns luft i systemet, och ytterligare luftning behövs då. Om man trots flera försök inte lyckas lufta systemet ordentligt, kan problemet bero på slitna tätningar i huvudcylindern.

### 3 Bromsrör och slangar
– byte

⚠️ *Varning: Under inga omständigheter ska de hydraulrör/slangar som länkar huvudcylindern, hydraulenheten och ackumulatorn rubbas. Om dessa anslutningar störs och luft kommer in i högtrycks hydraulsystemet, kan säker luftning av systemet endast utföras av en BMW-återförsäljare eller annan specialist som har tillgång till den särskilda servicetestaren.*

**Observera:** *Innan arbetet påbörjas, se varningarna i början av avsnitt 2.*

**1** Om några rör eller slangar ska bytas ut, minimera vätskeförlusten genom att först ta bort huvudcylinderbehållarens lock och sedan skruva åt det igen över en bit plastfolie för att få en lufttät tätning. Alternativt kan mjuka slangar klämmas ihop med lämpliga bromsslangklämmor; metallrör kan pluggas igen (om man är försiktig så att ingen smuts kommer in i systemet) eller täckas över när de kopplas loss. Placera tjocka trasor under den anslutning som ska kopplas loss, för att samla upp spilld vätska.

**2** Om en slang ska kopplas loss, skruva loss bromsrörsmuttern innan du tar bort fjäderklämman som håller fast slangen till fästbygeln.

**3** När anslutningsmuttrarna ska lossas är det bäst om man använder en bromsrörsnyckel av korrekt storlek; dessa finns hos de flesta större biltillbehörsbutiker. Om en sådan saknas måste en öppen nyckel med tät passning användas, men om muttrarna sitter hårt eller är rostiga, kan de runddras om nyckeln slinter. I ett sådant fall kan en självlåsande tång vara det enda sättet att få loss en envis anslutning, men då måste både röret och de skadade muttrarna bytas ut vid hopsättningen. Rengör alltid en anslutning och omgivande yta innan den kopplas loss.

Om du tar loss en komponent med mer än en anslutning, notera noggrant hur anslutningarna sitter innan de lossas.

4 Om ett bromsrör ska bytas ut kan man införskaffa ett från en BMW-återförsäljare, kapat till rätt längd och med anslutningsmuttrar och ändflänsar på plats. Röret behöver sedan bara bockas till rätt form (enligt originalet) innan det sätts in i bilen. Alternativt kan de flesta tillbehörsbutiker sätta i hop bromsrör av satser, men detta kräver mycket noggran mätning av originalröret, för att garantera att ersättningsröret får rätt längd. Det bästa är vanligtvis att ta med sig det gamla röret till butiken, så att det kan användas som mall.

5 Vid monteringen, dra inte åt anslutningsmuttrarna för hårt. Man måste inte bruka våld för att erhålla en säker anslutning.

6 Se till att rören och slangarna dras korrekt, utan veck, och att de fästs ordentligt i klämmor eller fästbyglar. Efter monteringen, ta bort plastfolien från behållaren och lufta bromssystemet enligt beskrivning i avsnitt 2. Tvätta bort spilld vätska och leta noggrant efter vätskeläckor.

## 4 Främre bromsklossar – byte

**Varning: Byt ut båda uppsättningarna främre bromsklossar samtidigt – byt aldrig ut klossarna på bara ett hjul, eftersom det kan leda till ojämn bromsverkan. Notera att det damm som uppstår** till följd av bromsklossarnas slitage kan innehålla asbest, vilket är hälsofarligt. Blås aldrig bort dammet med tryckluft och andas inte in det. En godkänd ansiktsmask bör användas när man arbetar med bromsarna. Använd INTE bensin eller bensinbaserade lösningsmedel till att rengöra bromsdelarna; använd endast bromsrengöring eller denaturerad sprit.

1 Dra åt handbromsen, lyft upp framvagnen och stöd den på pallbockar (se *Lyftning och stödpunkter*). Ta bort båda framhjulen.

2 Med hjälp av en skruvmejsel, lossa försiktigt fästfjädern från sidan av bromsoket. Notera exakt hur den sitter (se bild).

3 Dra bort bromsklossens slitagegivare från bromsklossen (om monterad) och ta bort den från okets öppning (se bilder).

4 Ta bort plastpluggarna från okets styrbussningar för att komma åt styrstiftsbultarna (se bild).

5 Skruva loss och ta bort styrstiftsbultarna – en lämplig insexnyckel kommer att behövas (se bilder). Lyft bort oket från fästbygeln och bind fast det i fjäderbenet med en lämplig bit vajer. Låt inte oket hänga i bromsslangen utan stöd.

6 Ta loss den inre bromsklossen från okets kolv och ta bort den yttre bromsklossen från fästbygeln på oket (se bild).

7 Mät först tjockleken på friktionsmaterialet på varje bromskloss (se bild). Om någon av klossarna är sliten ned till angiven minsta tjocklek, måste alla fyra bromsklossarna bytas ut. Bromsklossarna måste också bytas ut om

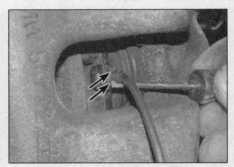

4.2 Bänd ut fjädern från navet, dra sedan bort den i sidled från oket

4.3a Lossa klämmorna (vid pilarna) . . .

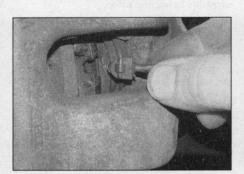

4.3b . . . och dra bort slitagegivaren från bromsklossen

4.4 Bänd loss plastpluggarna

4.5a Använd en insexnyckel till att lossa styrstiftsbultarna . . .

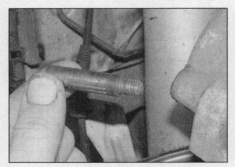

4.5b . . . och ta sedan bort dem

4.6 Den inre bromsklossen fästs på plats med en klämma

4.7 Mät tjockleken på friktionsmaterialet

**4.10 Ett kolvpressverktyg används**

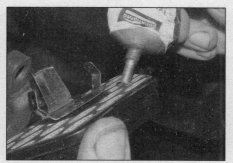

**4.11 Lägg lite "antignissel"-pasta på bromsklossens baksida**

**4.12 Montera den yttre bromsklossen på okets fästbygel**

de är förorenade med olja eller fett; det finns inget tillfredsställande sätt att rengöra friktionsmaterialet när det väl har förorenats. Om någon av bromsklossarna är ojämnt sliten, eller är förorenad med olja eller fett, leta reda på orsaken och åtgärda problemet innan bromsen sätts ihop igen.

**8** Om bromsklossarna fortfarande är i användbart skick, rengör dem med en fin stålborste eller liknande, och var särskilt noga med sidorna på metallplattan. Rengör spåren i friktionsmaterialet (om tillämpligt) och ta bort eventuella inbäddade smuts- eller skräppartiklar. Rengör bromsklossarnas säten i oket/fästbygeln noggrant.

**9** Innan bromsklossarna monteras, kontrollera att styrstiften har en lätt glidpassning i okbussningarna, utan direkt fritt spel. Om något av styrstiften verkar slitet eller skadat, byt ut alla **(se bild 4.5b)**. Borsta bort damm och smuts från oket och kolven, men *andas inte in* det, eftersom det är hälsovådligt. Undersök om dammtätningen runt kolven är skadad och undersök om kolven visar tecken på vätskeläckage, korrosion eller skador. Om någon av dessa delar behöver åtgärdas, se avsnitt 8.

**10** Om nya bromsklossar ska monteras måste okkolven tryckas tillbaka in i cylindern så att tillräckligt mycket utrymme skapas. Använd antingen ett kolvpressverktyg, en G-klämma eller lämpliga träbitar som hävarmar **(se bild)**. Förutsatt att huvudcylinderns behållare inte har överfyllts med bromsvätska bör det inte bli något spill, men håll ett vakande öga på vätskanivån när kolven trycks

in. Om vätskenivån stiger över MAX-nivån vid något tillfälle måste överflödet sugas upp eller ledas bort genom ett plaströr som ansluts till luftningsskruven (se avsnitt 2). **Observera:** *Sug inte upp vätskan med munnen – den är giftig. Använd en bollspruta eller en handhållen vakuumpump.*

**11** Lägg lite "antignisselpasta" på fästplattan på varje bromskloss, och fästplattans kontaktpunkter på fästbygeln på bromsoket; lägg inte på för mycket fett och låt inte heller fettet komma i kontakt med friktionsmaterialet **(se bild)**.

**12** Montera den yttre bromsklossen på okets fästbygel och se till att dess friktionsmaterial hamnar mot bromsskivan **(se bild)**.

**13** Fäst den inre bromsklossen i okkolven och för in oket på plats **(se bilder)**.

**14** Sätt in okets styrstiftsbultar och dra åt dem till angivet moment. Sätt tillbaka pluggarna i ändarna av styrstiften.

**15** Sätt fast slitagegivaren i den yttre bromsklossen och se till att dra dess kabel på rätt sätt **(se bild 4.3a och 4.3b)**.

**16** Sätt tillbaka fästfjädern på plats i oket **(se bild 4.2)**. Trampa ned bromspedalen upprepade gånger, tills klossarna trycks hårt mot bromsskivan och normalt (icke-assisterat) pedaltryck återställs.

**17** Upprepa ovanstående åtgärder på det andra främre bromsoket.

**18** Sätt tillbaka hjulen, sänk sedan ned bilen på marken och dra åt hjulbultarna till angivet moment.

**19** Vrid startnyckeln till position I och håll den där i minst 30 sekunder utan att starta motorn.

Detta raderar bromsklossvarningens felkod som har lagrats i ECM, och släcker varningslampan för bromsklosstjocklek i instrumentpanelen.

> **HAYNES TiPS** *Nya bromsklossar ger inte full bromseffekt förrän de har arbetats in. Var beredd på detta och undvik hårda inbromsningar i största möjliga mån under de första 15 till 20 milen.*

## 5 Bakre bromsklossar – byte

De bakre bromsoken är i stort sett identiska med de som sitter fram. Se avsnitt 4 för kontroll och byte av bromsklossarna.

## 6 Främre bromsskiva – kontroll, demontering och montering

**Observera:** *Innan arbetet påbörjas, se noteringen i början av avsnitt 4 angående farorna med asbestdamm.*

**Observera:** *Om någon av skivorna behöver bytas ut, måste BÅDA bytas ut samtidigt, för att jämn och konsekvent bromsning ska kunna garanteras. Nya bromsklossar måste då också monteras.*

### Kontroll

**1** Dra åt handbromsen, lyft upp bilens framvagn och stötta den på pallbockar (se *Lyftning och stödpunkter*). Demontera aktuellt hjul.

**2** Rotera långsamt bromsskivan så att hela ytan på båda sidor kan undersökas; ta bort bromsklossarna om så behövs för att bättre komma åt insidan (se avsnitt 4). Lätta repor är normalt i området som sveps av bromsklossarna, men om djupare repor eller sprickor hittas måste skivan bytas ut.

**3** Det är normalt att hitta en läpp av rost och bromsdamm runt skivans kant; denna kan

**4.13a Sätt fast den inre bromsklossen i kolven ...**

**4.13b ... och montera sedan oket**

**6.3 Mät skivans tjocklek med en mikrometer**

**6.7 Ta bort skruven (vid pilen) som håller skivan till navet**

skrapas bort om så behövs. Om en läpp däremot har uppstått på grund av överdrivet slitage av ytan, måste skivans tjocklek mätas med en mikrometer **(se bild)**. Ta mått på olika punkter runt skivan, längst in och längst ut på det område som sveps av bromsklossarna; om skivan på någon punkt har slitits ned till angiven minsta tjocklek måste den bytas ut.

**4** Om skivan misstänks vara skev kan detta kontrolleras. Använd antingen en mätklocka som monteras på en lämplig fast punkt medan skivan sakta roteras, eller använd bladmått till att mäta (på flera punkter runt skivan) spelet mellan skivan och en fast punkt, som okets fästbygel. Om de mått som erhålls motsvarar angivet max eller mer, är skivan mycket skev och måste bytas ut; det är dock värt att först kontrollera att navlagret är i gott skick (kapitel 10).

**5** Undersök om skivan har sprickor, särskilt runt hjulbultarnas hål, eller om den är på annat sätt sliten eller skadad. Byt ut den om så behövs.

### Demontering

**6** Skruva loss de två bultarna som håller bromsokets fästbygel till hjulspindeln, ta sedan loss oket från skivan. Bind fast oket i den främre spiralfjädern med ett snöre eller en vajer, för att undvika att belasta bromsslangen.

**7** Använd krita eller färg till att markera skivans förhållande till navet, ta sedan bort skruven som håller bromsskivan till navet och ta bort skivan **(se bild)**. Om skivan sitter hårt, knacka lätt på dess baksida med en plastklubba. **Observera:** *Om ventilerade bromsskivor är monterade, ta inte bort balansvikten från skivans insida.*

### Montering

**8** Monteringen sker i omvänd ordning mot demonteringen. Notera följande:

a) *Se till att fogytorna på skivan och navet är rena och plana.*

b) *Om tillämpligt, rikta in markeringarna som gjordes vid demonteringen, och dra åt skivans fästskruv till angivet moment.*

c) *Om en ny skiva har monterats, använd ett lämpligt lösningsmedel till att torka av den skyddande beläggningen från skivan innan oket sätts tillbaka.*

d) *För oket på plats över skivan och se till att bromsklossarna hamnar på varsin sida om skivan. Dra åt okets fästbultar till angivet moment.*

e) *Montera hjulet, sänk sedan ned bilen på marken och dra åt hjulbultarna till angivet moment. Avslutningsvis, trampa ned bromspedalen flera gånger tills normalt (icke assisterat) pedaltryck återställs.*

## 7 Bakre bromsskiva – kontroll, demontering och montering

**Observera:** *Innan arbetet påbörjas, se anmärkningen i början av avsnitt 4 angående farorna med asbestdamm.*

**Observera:** *Om någon av skivorna behöver bytas ut, måste BÅDA bytas ut samtidigt, för att jämn och konsekvent bromsverkan ska kunna garanteras. Nya bromsklossar måste också monteras.*

### Kontroll

**1** Klossa framhjulen ordentligt, lyft sedan upp bakvagnen och ställ den säkert på pallbockar (se *Lyftning och stödpunkter*). Demontera aktuellt bakhjul. Lossa handbromsen.

**2** Undersök skivan enligt beskrivning i avsnitt 6.

### Demontering

**3** skruva loss de två bultarna som håller bromsokets fästbygel på plats, dra sedan bort oket från skivan. Bind fast oket i den bakre spiralfjädern med ett snöre eller en bit vajer,

för att undvika att belasta bromsslangen **(se bild)**. Om så behövs, lossa gummibromsslangen från den nedre fästbygeln för att skapa så mycket slack att det går att ta bort oket och fästbygeln.

**4** Skruva loss bromsskivans fästskruv **(se bild)**.

**5** Det bör nu vara möjligt att ta bort bromsskivan från axeltappen för hand. Om den sitter hårt, knacka lätt på dess insida med en plastklubba. Om handbromsbackarna kärvar, kontrollera först att handbromsen är helt lossad, fortsätt sedan enligt följande.

**6** Läs informationen i avsnitt 14, lossa handbromsjusteringen helt för att få maximalt fritt spel i vajern.

**7** Stick in en skruvmejsel genom ett av bulthålen i bromsskivan och rotera justerarens lättrade hjul på den övre pivån för att dra in bromsbackarna **(se bild 14.5)**. Bromsskivan kan sedan tas bort.

### Montering

**8** Om en ny bromsskiva har monterats, använd ett lämpligt lösningsmedel till att torka bort den skyddande beläggningen från skivan.

**9** Om så är tillämpligt, rikta in markeringarna som gjordes innan demonteringen, montera sedan skivan och dra åt fästskruven till angivet moment.

**10** För oket på plats över skivan och se till att bromsklossarna hamnar på varsin sida om skivan. Dra åt okets fästbultar till angivet åtdragningsmoment.

**11** Justera handbromsbackarna och vajern enligt beskrivning i avsnitt 14.

**12** Montera hjulet, sänk sedan ned bilen på marken och dra åt hjulen till angivet moment. Avslutningsvis, trampa ned bromspedalen flera gånger tills normalt (icke assisterat) pedaltryck återställs. Kontrollera handbromsjusteringen igen.

## 8 Främre bromsok – demontering, renovering och montering

**Observera:** *Innan arbetet påbörjas, se anmärkningen i början av avsnitt 2 angående farorna med bromsvätska, och varningen i början av avsnitt 4 angående farorna med asbestdamm.*

**7.3 Ett buntband används till att hänga upp bromsoket i bromsrörets fästbygel**

**7.4 Skruva loss bromsskivans fästskruv (vid pilen)**

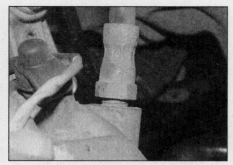

**8.3 Lossa slangens anslutningsmutter**

## Demontering

**1** Dra åt handbromsen, lyft upp bilens fram-vagn och stöd den på pallbockar (se *Lyftning och stödpunkter*). Ta bort aktuellt framhjul.
**2** Minimera vätskeförlusten genom att klämma ihop slangen med en slangklämma, en G-klämma eller liknande.
**3** Rengör området runt anslutningen, lossa sedan bromsslangens anslutningsmutter **(se bild)**.
**4** Demontera bromsklossarna (se avsnitt 4).
**5** Skruva loss bromsoket från änden av bromsslangen och ta bort det från bilen.

## Renovering

**6** Med bromsoket på arbetsbänken, torka bort alla spår av damm och smuts, *men undvik att andas in dammet, eftersom det kan vara hälsovådligt.*
**7** Dra ut den delvis utskjutande kolven från oket och ta bort dammtätningen **(se bild)**. **Observera:** *Om kolven inte kan dras ut för hand kan den tvingas ut genom att man ansluter tryckluft till bromsslangens anslut-ningshål. Endast lågt tryck bör behövas, som trycket från en fotpump. När kolven pressas ut, var mycket försiktig så att du inte klämmer fingrarna mellan kolven och oket.*
**8** Ta ut kolvens hydraultätning med en liten skruvmejsel, men var försiktig så att du inte skadar okets lopp **(se bild)**.
**9** Rengör alla komponenter noggrant. Använd endast denaturerad sprit, isopropylalkohol

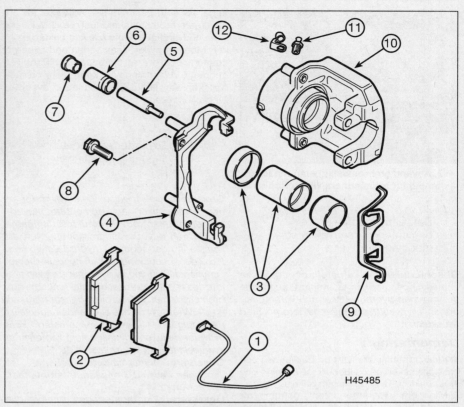

H45485

**8.7 Främre bromsok**

| | | |
|---|---|---|
| 1 Bromsklossens slitagegivare | 5 Styrbult | 9 Fjäderhållare |
| 2 Bromsklossar | 6 Hylsa | 10 Ok |
| 3 Kolv och tätning | 7 Plugg | 11 Luftningsskruv |
| 4 Bromsokets fästbygel | 8 Bult | 12 Dammskydd |

eller ren hydraulvätska som rengöringsmedel. Använd aldrig mineralbaserade lösningsmedel som bensin eller fotogen, eftersom de angriper hydraulsystemets gummikompon-enter. Torka sedan komponenterna på en gång, med tryckluft eller en ren, luddfri trasa. Använd tryckluft till att blåsa rent i vätske-passagerna.
**10** Undersök alla komponenter och byt ut de som är slitna eller skadade. Undersök särskilt cylinderloppet och kolven; dessa ska bytas ut (notera att det här betyder byte av hela oket) om de är repiga, korroderade eller slitna på något sätt. Rengör och undersök också styrstiften och deras bussningar; båda stiften måste vara oskadda och de måste ha en relativt tät glidpassning i bussningarna. Om det råder någon som helst tvekan angående någon komponents skick, byt ut den.
**11** Om enheten är i användbart skick, använd en lämplig reparationssats; komponenterna finns hos BMW-återförsäljare i olika kombinationer. Alla gummitätningar ska bytas ut oavsett skick, dessa ska aldrig åter-användas.
**12** Vid hopsättningen, se till att alla komponenter är rena och torra.
**13** Lägg kolven och den nya kolvtätningen

(vätsketätning) i ren bromsvätska. Smörj också ren vätska på cylinderloppets yta.
**14** Montera den nya kolvtätningen (vätske-tätning), men använd endast fingrarna (inga verktyg) till att föra in den på plats i spåret i cylinderloppet.
**15** Montera den nya dammtätningen på kolven. Placera den bakre änden av tätningen i urtaget i oket, och sätt tillbaka kolven i loppet med en vridande rörelse. Se till att kolven går rakt in i loppet och tryck in den helt.

## Montering

**16** Skruva fast oket på slangens anslutning.
**17** Montera bromsklossarna (se avsnitt 4).
**18** Dra åt bromsrörsanslutningens mutter ordentligt.
**19** Ta bort bromsslangklämman eller plast-folien och lufta bromssystemet enligt beskrivningen i avsnitt 2. Förutsatt att åtgärder har vidtagits för att minimera bromsvätskeförlust, bör du bara behöva lufta relevant frambroms.
**20** Sätt tillbaka hjulet, sänk sedan ned bilen på marken och dra åt hjulbultarna till angivet moment. Avslutningsvis, kontrollera broms-vätskenivån enligt beskrivning i avsnittet *Veckokontroller.*

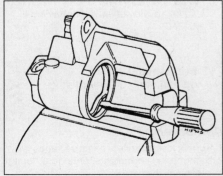

**8.8 Ta ut kolvtätningen – var försiktig så att du inte repar loppet**

**9.2 Använd en bromsslangklämma (eller liknande) för att minimera vätskeförlusten**

## 9 Bakre bromsok – demontering, renovering och montering

**Observera:** *Innan arbetet påbörjas, se anmärkningen i början av avsnitt 2 angående farorna med hydraulvätska, och varningen i början av avsnitt 4 angående farorna med asbestdamm.*

### Demontering

1 Klossa framhjulen, lyft upp bakvagnen och stöd den säkert på pallbockar (se *Lyftning och stödpunkter*). Ta loss relevant bakhjul.
2 Minimera vätskeförlusten genom att klämma ihop slangen med en slangklämma, en G-klämma eller liknande **(se bild)**.
3 Rengör området runt anslutningen, lossa sedan bromsslangens anslutningsmutter.
4 Demontera bromsklossarna enligt beskrivningen i avsnitt 4.
5 Skruva loss bromsoket från änden av slangen och ta bort det från bilen.

### Renovering

6 Se avsnitt 8.

### Montering

7 Skruva fast oket helt på slanganslutningen.
8 Montera bromsklossarna (se avsnitt 4).
9 Dra åt bromsrörets anslutningsmutter ordentligt.
10 Ta bort bromsslangklämman eller plastfolien och lufta bromssystemet enligt beskrivningen i avsnitt 2. Förutsatt att de

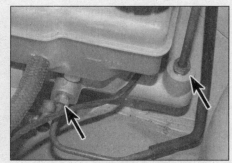

**10.6 Skruva loss röranslutningarna (vid pilarna)**

åtgärder som beskrivs har vidtagits, för att minimera bromsvätskeförlust, skall det bara vara nödvändigt att lufta relevant bakbroms.
11 Montera hjulet, sänk sedan ned bilen på marken och dra åt hjulbultarna till angivet moment. Avslutningsvis, kontrollera bromsvätskenivån enligt beskrivning i avsnittet *Veckokontroller*.

## 10 Huvudcylinder – demontering, renovering och montering

**Observera:** *Det är visserligen möjligt för en hemmamekaniker att demontera huvudcylindern, men om hydraulanslutningarna lossas från huvudcylindern kommer luft att komma in i det högtrycks hydraulsystem som förbinder huvudcylindern och hydraulenheten. Om manuell luftning av systemet (se avsnitt 2) inte leder till tillfredsställande funktion hos bromssystemet, måste bilen transporteras till en BMW-återförsäljare eller annan specialist med tillgång till den servicetestare som aktiverar de solenoidventiler som kan driva ut eventuellt fångad luft (se avsnitt 2).*
**Observera:** *Innan arbetet påbörjas, se varningen i avsnitt 2 angående farorna med hydraulvätska.*
**Observera:** *Vid monteringen behövs nya fästmuttrar till huvudcylindern.*

### Demontering

1 För att komma åt huvudcylindern, lossa förarsidans luftkanal, lossa sedan pollenfilterkåpan och ta bort filtret.
2 Lossa klämman och ta bort filterhuset.
3 Ta bort huvudcylinderbehållarens lock och sug upp bromsvätskan från behållaren.
**Observera:** *Sug inte upp vätskan med munnen – den är giftig; använd en spruta eller en handhållen vakuumpump.* Alternativt, öppna en passande luftningsskruv i systemet, anslut en plastslang till skruven och pumpa försiktigt på bromspedalen så att vätskan pressas ut genom slangen, tills vätskenivån sjunker till under nivån i behållaren (se avsnitt 2).
4 Koppla loss vätskeslangen (-slangarna) från sidan av behållaren, plugga igen slangänden (-ändarna) för att minimera vätskeförlusten, och koppla loss nivågivarens kontaktdon.
**Observera:** *På modeller utrustade med dynamisk stabilitetskontroll (DSC), koppla loss förladdningspumpens tillförselslang från behållaren, och fäst upp den i vertikalt läge för att förhindra vätskespill.*
5 Ta försiktigt bort vätskebehållaren från huvudcylindern. Ta vara på behållarens tätningar och plugga igen cylinderportarna för att förhindra att smuts kommer in.
6 Torka rent området runt bromsrörsanslutningarna på sidan av huvudcylindern och placera absorberande trasor under röranslutningarna för att fånga upp spilld

vätska. Notera noggrant hur anslutningarna sitter, skruva sedan loss anslutningsmuttrarna **(se bild)**. Plugga igen eller tejpa över rörändarna och huvudcylinderns öppningar, för att minimera förlusten av bromsvätska och för att förhindra att smuts kommer in i systemet. Tvätta omedelbart bort spilld vätska med massor av vatten.
7 Skruva loss de två muttrarna och brickorna som håller ihop huvudcylindern och vakuumservon, ta sedan isär de två komponenterna. Ta bort O-ringen bak på huvudcylindern. Kasta fästmuttrarna och använd nya vid monteringen.

### Renovering

8 Om huvudcylindern är defekt måste den bytas ut. I skrivande stund finns inga reparationssatser tillgängliga från BMW-återförsäljare, så cylindern måste behandlas som en förseglad enhet. Kontrollera med din återförsäljare eller en grossist om det finns renoveringssatser innan du köper en ny huvudcylinder. Byt ut huvudcylinderns O-ringstätning och behållarens tätningar oavsett deras synliga skick.

### Montering

9 Ta bort all smuts från huvudcylinderns och servoenhetens fogytor, och montera en ny O-ring i spåret på huvudcylindern.
10 Montera huvudcylindern på servoenheten. se till att servoenhetens tryckstång går in mitt i huvudcylinderns lopp. Sätt huvudcylinderns nya fästmuttrar och brickor på plats och dra åt dem till angivet moment.
11 Resten av monteringen sker i omvänd ordning mot demonteringen. Tänk på följande.
  a) Torka av bromsrörsanslutningarna, sätt sedan tillbaka dem på huvudcylinderns portar och dra åt dem ordentligt.
  b) Tryck in behållarens nya tätningar ordentligt i cylinderportarna, för sedan behållaren på plats. Dra åt behållarens fästbult ordentligt. Anslut vätskeslangen (-slangarna) till behållaren och koppla in kontaktdonet (-donen).
  c) Sätt tillbaka och justera bromsljuskontakten enligt beskrivning i avsnitt 18.
  d) Fyll på huvudcylindern med ny vätska och lufta hela systemet enligt beskrivning i avsnitt 2.

## 11 Bromspedal – demontering och montering

### Demontering

1 Koppla loss batteriets negativa kabel.
2 Demontera bromsljuskontakten enligt beskrivning i avsnitt 18.
3 Haka försiktigt loss returfjädern från bromspedalen med en tång.

**4** Dra bort fästklämman och ta bort gaffel-bulten som håller bromspedalen till servo-enhetens tryckstång **(se bild)**.
**5** Ta loss fästklämman till pedalens pivåstift och ta bort pedalen från pivån.
**6** Rengör alla componenter och undersök dem noggrant. Byt ut slitna eller skadade delar.

## Montering

**7** Montering sker i omvänd ordning mot demonteringen. Lägg ett lager universalfett på pedalens pivå och gaffelbult.

### 12 Vakuumservo – test, demontering och montering

## Test

**1** För att testa servons funktion, trampa ned bromspedalen flera gånger för att ta bort vakuumet, starta sedan motorn medan pedalen hålls hårt nedtryckt. När motorn startar ska pedalen ge efter märkbart när vakkuumet byggs upp. Låt motorn gå i minst två minuter och stäng sedan av den. Om bromspedalen nu trycks ned bör den kännas normal, men om man trampar ned den fler gånger ska den kännas fastare, och pedal-vägen ska minska med varje nedtrampning.
**2** Om servon inte fungerar enligt beskriv-ningen ovan, undersök först servons kontroll-ventil enligt beskrivning i avsnitt 13.
**3** Om servon fortfarande inte fungerar som den ska, ligger felet i själva enheten. Servon går inte att reparera, om den är defekt måste hela enheten bytas ut.

## Demontering

**Observera:** *Nya fästmuttrar kommer att behövas vid monteringen.*
**4** Det är visserligen möjligt för en hemma-mekaniker att demontera servoenheten, men om hydraulanslutningarna kopplas loss från huvudcylindern kommer luft att komma in i det högtrycks hydraulsystem som förbinder huvudcylindern och hydraulenheten. Om manuell luftning av systemet (se avsnitt 2) inte resulterar i tillfredsställande funktion hos

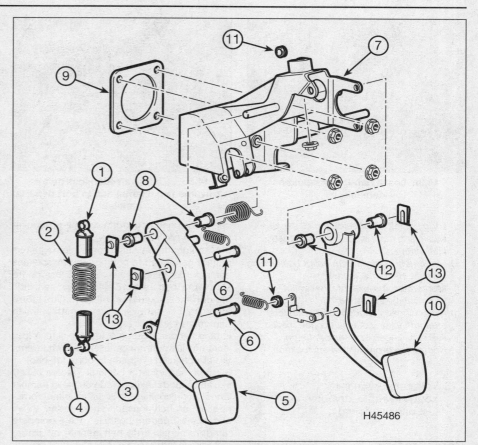

H45486

**11.4 Broms- och kopplingspedaler**

| | | |
|---|---|---|
| 1 Fäste | 6 Stift | 10 Bromspedal |
| 2 Fjäder | 7 Fästbygel | 11 Genomföring |
| 3 Fäste | 8 Bussningar | 12 Bussningar |
| 4 Hållring | 9 Tätning | 13 Fästklämmor |
| 5 Kopplingspedal | | |

bromssystemet, måste bilen transporteras till en BMW-återförsäljare eller en specialist med tillgång till den servicetestare som aktiverar den solenoid som kan tvinga ut fångad luft (se avsnitt 2).
**5** Demontera huvudcylindern enligt beskriv-ning i avsnitt 10.
**6** Koppla loss vakuumslangen från servo-enhetens kontrollventil.

**7** Demontera bromsljuskontakten enligt beskrivning i avsnitt 18.
**8** Ta bort fästklämman och ta bort servons pivåstift från bromspedalen **(se bild)**.
**9** Haka loss bromspedalens returfjäder.
**10** Skruva loss de fem fästmuttrarna och dra bort pedalenheten från torpeden en aning **(se bild)**.
**11** I motorrummet, ta försiktigt bort servo-enheten från torpedväggen. Var försiktig så att du inte skadar gummidamasken till servons tryckstång när enheten demonteras.

## Montering

**12** Montering sker i omvänd ordning. Notera följande punkter.
*a) Undersök om tätningsmuffen till servons kontrollventil är skadad eller försämrad och byt ut den om så behövs.*
*b) Om en ny servoenhet monteras, ta bort ljudisoleringen från den gamla enheten och flytta över den till den nya.*
*c) Se till att servons tryckstång går korrekt i ingrepp med bromspedalen, sätt sedan på de nya fästmuttrarna och dra åt dem till angivet moment.*

**12.8 Ta bort klämman till servons pivåstift (vid pilen)**

**12.10 Pedalenheten hålls fast av fem muttrar (fyra visas vid pilarna – den sista muttern sitter ovanför fästbygeln)**

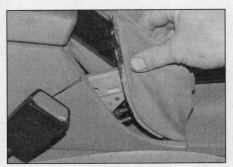

**14.3a  Lossa handbromsspakens damask . . .**

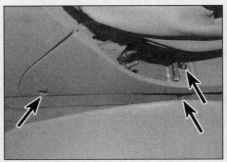

**14.3b  . . . skruva sedan loss de tre skruvarna (vid pilarna) och ta bort den lilla panelen**

**14.4  Skruva loss vajrarnas låsmuttrar**

d) *Lägg lite fett på gaffelbulten till servons tryckstång och fäst den på plats med fästklämman.*
e) *Montera huvudcylindern enligt beskrivning i avsnitt 10 i detta kapitel.*
f) *Montera bromsljuskontakten enligt beskrivning i avsnitt 18.*
g) *Avslutningsvis, starta motorn och leta efter luftläckor vid anslutningen mellan vakuumslangen och servoenheten. Kontrollera bromssystemets funktion.*

## 13 Vakuumservons kontrollventil – demontering, test och montering

### Demontering

**1** Innan arbetet påbörjas, trampa ned bromspedalen flera gånger för att eliminera vakuumet i servon.
**2** Arbeta i motorrummet, ta loss slangarna till och från kontrollventilen och ta bort den.

### Kontroll

**3** Undersök om ventilen är skadad och byt ut den om så är fallet.
**4** Ventilen kan testas genom att man blåser genom den i båda riktningarna; luft skall bara kunna flöda genom ventilen i en riktning – när man blåser från den ände av ventilen som är mot servoenheten. Byt ut ventilen om den inte fungerar enligt beskrivningen.

### Montering

**5** Anslut vakuumslangarna till ventilen med nya klämmor.

## 14 Handbroms – justering

**1** Dra åt handbromsen helt med normal kraft. Räkna antalet klick som hörs från handbromsens spärrmekanism. Om justeringen är korrekt ska man höra ungefär 7 eller 8 klick innan handbromsen är helt åtdragen. Om du hör fler än 10 klick, justera enligt följande.
**2** Skruva loss en hjulbult från vardera bakhjulet och klossa sedan framhjulen. Lyft

upp bakvagnen och stötta den på pallbockar (se *Lyftning och stödpunkter*).
**3** Man kommer åt handbromsvajerns justermuttrar genom att ta bort handbromsspakens damask från mittkonsolen, skruva loss de tre skruvarna och ta bort klädselpanelen intill handbromsspaken **(se bilder)**. Om större åtkomlighet behövs måste mittkonsolen demonteras (kapitel 11).
**4** Med handbromsen helt lossad, skruva loss vajrarnas låsmuttrar och lossa justermuttrarna tills all spänning i vajrarna är borta **(se bild)**.
**5** Börja med vänster bakhjul. Placera hjulet/skivan så att det exponerade bulthålet hamnar längst ned (klockan 6). Se till att handbromsspaken är helt lossad, stick sedan in en skruvmejsel genom bulthålet och expandera handbromsbackarna helt genom att rotera justerarens lättrade ring. När hjulet/skivan inte längre kan roteras, backa den lättrade ringen 12 "tänder" så att hjulet lätt kan rotera fritt **(se bild)**.
**6** Upprepa åtgärderna i punkt 5 på höger hjul.
**7** Tryck in handbromsspakens låsknapp och dra åt handbromsen 5 gånger.
**8** Med handbromsen åtdragen till den andra haken i spärrmekanismen, skruva åt vajrarnas justermuttrar lika mycket tills det är svårt att rotera båda bakhjulen. När detta är gjort, lossa handbromsspaken helt, kontrollera att hjulen kan rotera fritt och att, med tändningen påslagen, inte handbromsens varningslampa lyser. Dra sakta åt handbromsen och kontrollera att bromsbackarna börjar att komma i kontakt med trummorna när handbromsen är vid det andra hacket i

**14.5  Med ett hjulbultshål längst ner, rotera justerarens lättrade hjul med en spårskruvmejsel**

spärrmekanismen. Kontrollera justeringen genom att dra åt handbromsen helt och räkna antalet klick som kan höras från spärrmekanismen. Gör om justeringen om så behövs.
**9** När justeringen är korrekt, håll fast justermuttrarna och dra åt låsmuttrarna. Kontrollera att kontakten till handbromsens varningslampa fungerar, montera sedan mittkonsolsektionen/handbromsspakens damask (efter tillämplighet). Montera hjulen, sänk ned bilen på marken och dra åt hjulbultarna till angivet moment.

## 15 Handbromsspak – demontering och montering

### Demontering

**1** Demontera mittkonsolen enligt beskrivning i kapitel 11 för att komma åt handbromsspaken.
**2** Skruva loss båda handbromsvajrarnas låsmuttrar/justermuttrar och ta loss vajrarna från spaken.
**3** Skruva loss fästbultarna, koppla loss kontaktdonet till handbromsvarningslampans kontakt och ta bort spaken från bilen **(se bild)**.

### Montering

**4** Montering sker i omvänd ordning mot demonteringen. Innan mittkonsolen monteras, justera handbromsen enligt beskrivning i avsnitt 14.

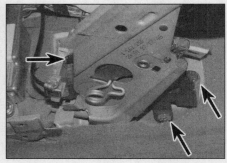

**15.3  Skruva loss de tre bultarna (vid pilarna) och ta bort handbromsspaken**

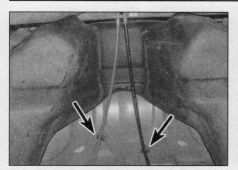

**16.8 Dra handbromsvajrarna från styrrören och frigör dem från fästklämmorna (vid pilarna)**

**16.11a Dra innervajern mot navflänsen och frigör den från expandern**

**16.11b Om vajerhöljet har fastnat, lägg på genomträngande olja och vrid försiktigt loss vajern med en självlåsande tång**

## 16 Handbromsvajrar – demontering och montering

### Demontering

**1** Lossa handbromsspakens damask från mittkonsolen **(se bild 14.3a)**.
**2** Skruva loss de tre skruvarna och ta bort den lilla klädselpanelen **(se bild 14.3b)**. Handbromsvajern består av två sektioner, en höger och en vänster sektion, som är anslutna till spaken. Varje sektion kan demonteras separat.
**3** Skruva loss relevant handbromsvajers låsmutter och justermutter och haka loss innervajern från handbromsspaken.
**4** Klossa framhjulen ordentligt, lyft upp

bakvagnen och stöd den på pallbockar (se *Lyftning och stödpunkter*).
**5** Demontera avgassystemet enligt beskrivning i kapitel 4A.
**6** Demontera kardanaxeln enligt beskrivning i kapitel 8.
**7** Lossa muttrarna och ta bort avgassystemets värmesköld.
**8** Frigör den främre änden av vajerhöljet från karossen och dra loss vajern från dess stödfäste **(se bild)**.
**9** Arbeta bakåt längs vajern, notera exakt hur den är dragen och lossa den från alla relevanta fästklämmor.
**10** Demontera aktuell bromsskiva enligt beskrivning i avsnitt 7.
**11** Dra innervajern i riktning mot navflänsen upp till stoppet och lirka loss vajerändfästet från expandern. Om vajerhöljet kärvar i hjul-

spindelkåpan, lägg på lite genomträngande olja och vrid fästet med en självlåsande tång **(se bilder)**.

### Montering

**12** Stick in vajern i hjulspindeln/skyddsplattan och tryck in den upp till stoppet på vajerhöljets hylsa.
**13** Ta tag i hylsan i vajeränden och tryck in den i expandern tills den snäpper på plats.
**14** Montering sker i omvänd ordning mot demonteringen. Innan mittkonsolen monteras, justera handbromsen enligt beskrivning i avsnitt 14.

## 17 Handbromsbackar – demontering och montering

### Demontering

**1** Demontera den bakre bromsskivan enligt beskrivning i avsnitt 7 och notera exakt hur alla komponenter sitter.
**2** Haka försiktigt loss handbromsbackarnas returfjädrar med en tång och ta bort dem **(se bilder)**.
**3** Lossa bromsbackarnas fäststift med en insexnyckel genom att trycka in och rotera dem 90°, ta sedan bort stiften och fjädrarna **(se bilder)**.
**4** Ta bort båda handbromsbackarna och ta loss backarnas justermekanism. Notera vilken väg den sitter **(se bilder)**.

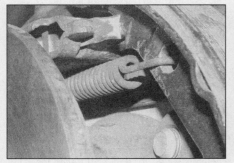

**17.2a Använd en tång till att haka loss den övre . . .**

**17.2b . . . och den nedre returfjädern**

**17.3 Med en insexnyckel, tryck in fästklämmorna/fjädrarna och vrid dem sedan 90° moturs för att lossa dem**

**17.4a Ta bort bromsbackarna . . .**

**17.4b . . . följt av expandern (vänster broms visad)**

**17.9 Se till att de nedre ändarna av bromsbackarna hakar i justeraren**

**5** Undersök om bromsbackarna är slitna eller förorenade och byt ut dem om så behövs. Det rekommenderas att returfjädrarna byts ut oavsett synligt skick.
**6** Medan bromsbackarna är demonterade, rengör och undersök justerings- och expandermekanismerna, och byt ut dem om de verkar slitna eller skadade. Om allt är i sin ordning, lägg på ett lager färskt fett (BMW rekommenderar Molykote Paste G) på gängorna på justerar- och glidytorna på expandermekanismen. Låt inte fett komma i kontakt med bromsbackarnas friktions-material.

## Montering

**7** Innan monteringen, rengör fästplattan och lägg på ett tunt lager värmebeständigt bromsfett eller antikärvningsmedel på alla de ytor på fästplattan som ligger an mot

bromsbackarna. Låt inte smörjmedel förorena friktionsmaterialet.
**8** Sätt bromsbackarna på plats och lås fast dem med fäststiften och fjädrarna.
**9** Se till att de nedre ändarna av backarna går korrekt i ingrepp med justeraren, för sedan justerarmekanismen på plats mellan de övre ändarna av backarna **(se bild)**.
**10** Kontrollera att alla komponenter är korrekt monterade och sätt fast övre och nedre returfjädrar med en tång.
**11** Centrera bromsbackarna och montera bromsskivan enligt beskrivning i avsnitt 7.
**12** Justera handbromsen enligt beskrivning i avsnitt 14 och montera sedan hjulet.

## 18 Bromsljuskontakt – demontering och montering

## Demontering

**1** Bromsljuskontakten sitter på pedalfästet bakom instrumentbrädan.
**2** Skruva loss och ta bort fästskruvarna/fästena som håller den nedre instrument-brädespanelen på förarsidan. Ta loss panelen och ta bort den från bilen (se kapitel 11).
**3** Sträck upp handen bakom instrument-brädan och koppla loss kontaktdonet från kontakten.

### Modeller fram till 09/98

**4** Tryck ned bromspedalen, dra ut kontaktens kolv helt, dra den röda kragen framåt, tryck

sedan ihop fästklackarna och dra loss kontakten från fästet **(se bilder)**. På den här typen av kontakt finns inga rörliga delar. Bromsljusen tänds tack vare att pedalen sitter så nära kontakten.

### Modeller fr.o.m. 09/98

**5** Dra loss kontakten från fästet. Om så behövs, tryck ihop sidorna på klämmorna och dra ut kontaktens fäste från pedalens fäst-bygel **(se bild)**.

## Montering

**6** Trampa ned bromspedalen helt och håll den nere, för sedan kontakten på plats. För in kontakten så långt det går i fästet, släpp sedan **sakta** upp bromspedalen och låt den återgå till startläget. **Observera:** *Om pedalen släpps upp för snabbt, blir kontakten fel-justerad. På modeller med DSC måste det vara ett avstånd på 0,7 mm mellan broms-pedalen och kontakten **(se bild)**.*
**7** Återanslut kontaktdonet och kontrollera bromsljusens funktion. **Observera:** *Om bromsljusen inte fungerar som de ska på modeller med DSC, försök med att minska avståndet mellan kontakten och pedalen till 0,6 mm.*
**8** Avslutningsvis, montera den nedre instru-mentbrädespanelen på förarsidan.

## 19 ABS (låsningsfria bromsar) – allmän information

**Observera:** *På modeller utrustade med anti-sladdsystem har ABS-enheten en dubbel funktion och styr både ABS-systemet och antisladdfunktionen i systemet ASC+T (Automatic Stability Control plus Traction. På modeller utrustade med DSC-system (dynamisk stabilitetskontroll), styr enheten även denna funktion.*
**1** ABS finns på alla modeller som standard. Systemet består av ett hydrauliskt block som innehåller de hydrauliska solenoidventilerna och den elektriskt drivna pumpen, de fyra hjulgivarna (en på varje hjul) och den elektroniska styrenheten (ECU). Syftet med systemet är att förhindra att hjulen låser vid kraftig inbromsning. Detta uppnås genom att bromsen på aktuellt hjul automatiskt lossas och sedan läggs an igen.
**2** Solenoiderna styrs av ECU, som i sin tur får signaler från de fyra hjulgivarna, vilka över-vakar hjulens rotationshastighet. Genom att jämföra dessa signaler kan ECU avgöra med vilken hastighet bilen färdas. Den kan sedan använda denna hastighet till att avgöra om ett hjul minskar hastigheten onormalt snabbt jämfört med bilens hastighet, och därmed förutsäga om ett hjul håller på att låsa. Under normal användning fungerar systemet som ett bromssystem utan ABS.
**3** Om ECU känner att ett hjul håller på att låsa, aktiverar den relevanta solenoidventil i hydraulenheten, som då isolerar bromsoket

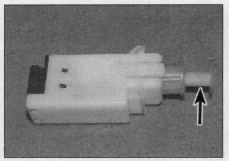

**18.4a Visas med kontakten demonterad – dra ut kolven (vid pilen) . . .**

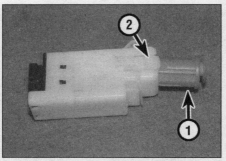

**18.4b . . . dra sedan fram den röda kragen (1) och tryck in fästklackarna (2)**

**18.5 Notera styrningen (vid pilen) som passar i motsvarande spår i fästet**

**18.6 Använd bladmått till att ställa in korrekt spel – se texten**

på det hjul som håller på att låsa från huvud-cylindern, och "låser in" hydraultrycket.

**4** Om hjulets rotationshastighet fortsätter att sjunka onormalt fort, slår ECU på den elektriska pumpen och pumpar tillbaka bromsvätskan till huvudcylindern, vilket lättar på trycket på bromsoket så att bromsen släpps. När rotationshastigheten återgår till att avta i ett acceptabelt tempo, stannar pumpen och solenoidventilen öppnar, vilket gör att huvud-cylindertryck åter läggs på bromsoket, som då lägger an bromsen. Den här cykeln kan upprepas upp till tio gånger per sekund.

**5** Solenoidventilernas och returpumpens agerande skapar pulser i hydraulkretsen. När ABS-systemet är i gång kan man känna de här pulserna via bromspedalen.

**6** ABS-systemets funktion är helt beroende av elektriska signaler. För att förhindra att systemet agerar på felaktiga signaler, övervakar en inbyggd säkerhetskrets alla signaler som tas emot av ECU. Om en felaktig signal eller låg batterispänning upptäcks, stängs ABS-systemet automatiskt av, och varningslampan på instrumentpanelen tänds för att informera föraren om att ABS-systemet inte fungerar. Normal bromsverkan bör dock finnas.

**7** Om ett fel utvecklas i ABS-systemet måste bilen tas till en BMW-återförsäljare eller annan lämpligt utrustad specialist för felsökning och reparation.

**8** På modeller utrustade med systemet ASC+T, finns det också en ackumulator i hydraulsystemet. Utöver ABS-funktionen som beskrivs ovan, styr hydraulenheten också antisladdsidan av ASC+T-systemet. Om ECU känner av att hjulen håller på att tappa dragkraft under acceleration, lägger hydraul-enheten tillfälligt an bromsarna för att förhindra att hjulet/hjulen spinner. På samma sätt som med ABS, måste bilen tas till en BMW-verkstad eller annan specialist för test om ett fel uppstår i ASC+T-systemet.

**9** Alla modeller kan vara utrustade med DSC-system (dynamisk stabilitetskontroll), som övervakar bilens stabilitet via givare för tväracceleration, styrvinkel och girhastighet. Om systemet känner av överstyrning eller under-styrning, kan det minska motorns effekt och lägga an bromsarna på ett eller flera hjul för att undvika sladd och göra bilen stabil igen. De olika

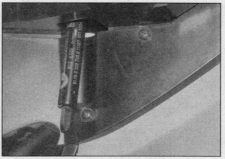

**20.4 Skruva loss de två skruvarna och ta bort panelen**

komponenterna i DSC-systemet behandlas i kapitel 10, med undantag för hydraulenheten, ECU och hjulhastighetsgivarna, vilka delas med ABS-systemet.

## 20 ABS (låsningsfria bromsar) komponenter – demontering och montering

### Hydraulenhet

**1** Det är visserligen möjligt för en hemma-mekaniker att demontera hydraulenheten, men enhetens självdiagnossystem måste "frågas ut" av särskild diagnosutrustning före och efter demonteringen, och enheten måste luftas med hjälp av BMW:s serviceutrustning. Följaktligen rekommenderar vi att demontering och montering av hydraulenheten överlämnas till en BMW-verkstad eller annan lämpligt utrustad specialist.

### Ackumulator

**2** Av samma anledning som i punkt 1, rekommenderar vi att demontering och montering av ackumulatorn utförs av en BMW-verkstad eller lämpligt utrustad specialist.

### Elektronisk styrenhet (ECU)

#### Modeller fram till 09/98

**Observera:** *Innan ECU demonteras, rekommenderar BMW att systemets själv-diagnossystem läses av så att man kommer åt eventuella lagrade felkoder.*

**3** Demontera handskfacket på passagerar-

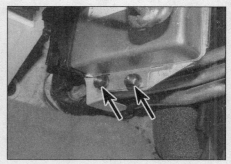

**20.5 Skruva loss de två muttrarna (vid pilarna) längst ner på ABS-systemets ECU**

sidan enligt beskrivningen i kapitel 11, avsnitt 26.

**4** Skruva loss de två bultarna och ta bort den inre klädselpanelen intill handskfacksluckans stödben **(se bild)**.

**5** Skruva loss de två plastmuttrarna längst ned på ECU och ta bort enheten från fäst-bygeln **(se bild)**.

**6** Bänd upp låsspärren och koppla loss ECU:s kontaktdon **(se bild)**.

**7** Montering sker i omvänd ordning mot demonteringen.

#### Modeller fr.o.m. 09/98

**8** För att man ska kunna demontera ECU för ABS/ASC+T/DSC, måste man först demontera hydraulenheten, eftersom ECU är fastskruvad i sidan av denna. Följaktligen rekommenderar vi att demontering och montering av ECU överlämnas till en BMW-återförsäljare eller annan lämpligt utrustad specialist.

### Främre hjulgivare

#### Demontering

**9** Klossa bakhjulen, dra åt handbromsen ordentligt, lyft upp framvagnen och ställ den säkert på pallbockar (se *Lyftning och stödpunkter*). Demontera aktuellt framhjul.

**10** Följ kablaget bakåt från givaren till kontaktdonet, som sitter i en skyddande plastlåda. Snäpp loss locket, frigör kontakt-donet och koppla loss det från kabelhärvan **(se bild)**. Lossa ledningen och genomföringen från eventuella fästen på fjäderbenet.

**11** Skruva loss bultarna som håller givaren till hjulspindeln, och ta bort givaren och ledningen från bilen **(se bild)**. **Observera:** *På*

**20.6 Lyft låsspärren och koppla loss kontaktdonet**

**20.10 Öppna plastlådan och koppla loss ABS-givarens kontaktdon**

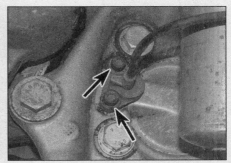

**20.11 Skruva loss ABS-givarens fästbultar (vid pilarna)**

*bilar tillverkade efter 03/2000 sitter givaren fast med en enda bult.*

## Montering

**12** Innan monteringen, lägg ett tunt lager universalfett på givarens spets (BMW rekommenderar Staborax NBU 12/k).
**13** Se till att givarens och hjulspindelns tätningsytor är rena, montera sedan givaren i navet. Sätt tillbaka fästbultarna och dra åt dem till angivet moment.
**14** Se till att dra givarens kablage korrekt, fäst det ordentligt med alla relevanta klämmor och anslut den till kontaktdonet. Sätt tillbaka kontaktdonet i lådan och stäng locket ordentligt.
**15** Montera hjulet, sänk ned bilen på marken och dra åt hjulbultarna till angivet moment.

## *Bakre hjulgivare*

### Demontering

**16** Klossa framhjulen, lyft upp bakvagnen och stötta den på pallbockar (se *Lyftning och stödpunkter*). Demontera aktuellt hjul.

**20.17 Bakre ABS-givares kontaktdon**

**17** Följ kablaget bakåt från givaren till kontakt-donet, som sitter i en skyddande plastlåda. Snäpp loss locket, frigör kontaktdonet och koppla loss det från kabelhärvan **(se bild)**. Lossa givarens ledning från plaststyrningen på fjädringsarmen.
**18** Skruva loss bulten som håller givaren till hjulspindeln och ta bort givaren och ledningen från bilen **(se bild)**.

**20.18 Fästbult till bakre ABS-givare**

## Montering

**19** Montera givaren enligt beskrivningen ovan i punkt 12 till 15.

## *Signalringar*

**20** De främre signalringarna sitter ihop med hjullagrens oljetätningar (se kapitel 10).

# Kapitel 10
# Fjädring och styrning

## Innehåll

## Svårighetsgrader

|  |  |  |  |
|---|---|---|---|
| **Enkelt,** passar novisen med lite erfarenhet | **Ganska enkelt,** passar nybörjaren med viss erfarenhet | **Ganska svårt,** passar kompetent hemmamekaniker | **Svårt,** passar hemmamekaniker med erfarenhet | **Mycket svårt,** för professionell mekaniker |

## Specifikationer

### Främre fjädring

Typ .............................................. Individuell fjädring, MacPherson fjäderben med spiralfjädrar och teleskopiska stötdämpare, länkarmar av aluminium. Krängningshämmare finns på alla modeller.

### Bakre fjädring

Typ .............................................. Individuell fjädring, länkarmar av aluminium, spiralfjädrar och stötdämpare (Touring) eller MacPherson fjäderben med spiralfjädrar och teleskopiska stötdämpare (sedan). Självreglerande elektropneumatiska stötdämpare finns som tillval. Krängningshämmare på alla modeller.

### Styrning

Typ .............................................. Kuggstång och drev. Servostyrning på alla modeller.

## Hjulinställning och styrvinklar

*Bilen måste vara lastad motsvarande främre och bakre passagerare och ha full bränsletank.*

Framhjul:
  Cambervinkel:
    Standard . . . . . . . . . . . . . . . . . . . . . . . . . . . . . . . . . . . . . . . . . .  -36' ± 30'
    Modeller med sportfjädring . . . . . . . . . . . . . . . . . . . . . . . . . . . . .  -36' ± 30'
    Modeller med luftfjädring . . . . . . . . . . . . . . . . . . . . . . . . . . . . . .  -13' ± 30'
    Max skillnad mellan sidorna . . . . . . . . . . . . . . . . . . . . . . . . . . .  40'
  Castervinkel (med 10° hjullås):
    Standard . . . . . . . . . . . . . . . . . . . . . . . . . . . . . . . . . . . . . . . . . .  6° 28' ± 30'
    Modeller med sportfjädring . . . . . . . . . . . . . . . . . . . . . . . . . . . . .  6° 41' ± 30'
    Modeller med luftfjädring . . . . . . . . . . . . . . . . . . . . . . . . . . . . . .  6° 28' ± 30'
    Max skillnad mellan sidorna . . . . . . . . . . . . . . . . . . . . . . . . . . .  30'
  Toe-inställning (total) . . . . . . . . . . . . . . . . . . . . . . . . . . . . . . . . . .  0° 05' ± 10'
Bakhjul:
  Cambervinkel:
    Sedan:
      Standard . . . . . . . . . . . . . . . . . . . . . . . . . . . . . . . . . . . . . . . . .  -2° 10' ± 20'
      Sportfjädring . . . . . . . . . . . . . . . . . . . . . . . . . . . . . . . . . . . . . .  -2° 10' ± 25'
      Luftfjädring . . . . . . . . . . . . . . . . . . . . . . . . . . . . . . . . . . . . . . .  -2° 10' ± 25'
      Touring . . . . . . . . . . . . . . . . . . . . . . . . . . . . . . . . . . . . . . . . . .  -1° 50' ± 20'
      Max skillnad mellan sidorna . . . . . . . . . . . . . . . . . . . . . . . . . .  15'
  Toe-inställning (total) . . . . . . . . . . . . . . . . . . . . . . . . . . . . . . . . . .  0° 16' ± 10'

## Hjul

Typ  . . . . . . . . . . . . . . . . . . . . . . . . . . . . . . . . . . . . . . . . . . . . . . . . .  Aluminiumlegering
Storlek  . . . . . . . . . . . . . . . . . . . . . . . . . . . . . . . . . . . . . . . . . . . . . . .  6,5J x 15, 7J x 15, 7J x 16, 8J x 17, 9J x 17, 8J x 18 or 9J x 18

## Däck

Storlek  . . . . . . . . . . . . . . . . . . . . . . . . . . . . . . . . . . . . . . . . . . . . . . .  Från 205/65 R 15 till 265/35 ZR 18 beroende på modell och hjultyp*
Däcktryck . . . . . . . . . . . . . . . . . . . . . . . . . . . . . . . . . . . . . . . . . . . . . .  Se etikett i förarsidans dörröppning
*Konsultera din handbok, en BMW-återförsäljare eller en lämplig däckåterförsäljare för information om lämpliga däck.*

## Åtdragningsmoment

| | Nm |
|---|---|
| **Främre fjädring** | |
| Krängningshämmarlänkarnas muttrar* | 65 |
| Krängningshämmarfästenas klämmuttrar* | 22 |
| Nav till hjulspindel, bultar* | 110 |
| Bakre länkarmens spindelled, mutter* | 80 |
| Bakre länkarm till framvagnsram | 110 |
| Fjäderbensfäste till kaross, muttrar*: | |
|   Muttrar med 18 mm diameter fläns | 24 |
|   Muttrar med 21 mm diameter fläns | 34 |
| Fjäderbenets övre fästplatta/kolvstång, mutter: | |
|   M12 gänga: | |
|     Kolv med extern sexkantsände (håll fast med hylsa) | 64 |
|     Kolv med intern sexkantsände (håll fast med insexnyckel) | 44 |
|   M14 gänga | 64 |
| Fjäderben till hjulspindel, mutter * | 81 |
| Framvagnsram*: | |
|   M10: | |
|     8,8 styrkegrad (se bultskallen) | 42 |
|     9,8 styrkegrad (se bultskallen) | 47 |
|   M12: | |
|     8,8 styrkegrad (se bultskallen) | 77 |
|     10,9 styrkegrad (se bultskallen) | 110 |
|     12,9 styrkegrad (se bultskallen) | 105 |
| Främre länkarmens spindelled, mutter* | 80 |
| Främre länkarm till framvagnsram | 110 |
| **Bakre fjädring** | |
| Luftfjädringsenhet på hjulspindel | 20 |
| Krängningshämmare/länkar, muttrar* | 65 |
| Bakre, övre länkarm till hjulspindel* | 142 |
| Bakre, övre länkarm till bakvagnsram, mutter* | 110 |
| Drivaxelfläns, mutter*: | |
|   M27 | 300 |
|   M24 | 250 |
|   M22 | 200 |

## Åtdragningsmoment (forts)

| | Nm |
|---|---|
| Bakaxelled till hjulspindel | 105 |
| Stötdämparens övre fästmuttrar (Touring)* | 25 |
| Stötdämparens nedre fästmutter (Touring) | 127 |
| Stötdämparens kolvstång, mutter*: | |
|    M10 | 23 |
|    M14 | 27 |
| Fjäderbensfäste till kaross, muttrar (sedan)* | 25 |
| Fjäderben till hjulspindel (sedan)* | 127 |
| Bakvagnsramens bultar | 163 |
| Undre länkarm till bakaxelled/hjulspindel, mutter* | 256 |
| Undre länkarm till bakvagnsram: | |
|    Främre bult | 58 |
|    Bakre mutter (camberjustering)*: | |
|       Sedanmodeller | 115 |
|       Touringmodeller | 174 |
| Bakre, nedre länkarm till hjulspindel, mutter* | 55 |
| Bakre, nedre länkarm till bakvagnsram, mutter* | 60 |
| Hjullagernav till hjulspindel, bultar*: | |
|    Steg 1 | 30 |
|    Steg 2 | Vinkeldra ytterligare 90° |

### Styrning

| | Nm |
|---|---|
| Givare för tväracceleration | 8 |
| Servostyrningspumpens bultar | 22 |
| Servostyrningsrörens anslutningsbultar: | |
|    M10 anslutningsbult | 12 |
|    M14 anslutningsbult | 35 |
|    M16 anslutningsbult | 40 |
|    M18 anslutningsbult | 45 |
| Rattstångens universalknut, klämbult* | 19 |
| Styrväxelns fästmuttrar*: | |
|    Steg 1 | 50 |
|    Steg 2 | Vinkeldra ytterligare 90° |
| Ratt: | |
|    Bult | 63 |
|    Mutter | 80 |
| Styrstag till kuggstång | 71 |
| Styrled: | |
|    Fästmutter* | 65 |
|    Låsmutter | 51 |

### Hjul

| | Nm |
|---|---|
| Hjulbultar | 110 |

* Återanvänd ej

## 1 Allmän information

Den individuella framfjädringen har MacPherson fjäderben som innehåller spiralfjädrar och teleskopiska stötdämpare. Fjäderbenen sitter fast i tvärgående nedre länkarmar, en bakre och en främre, som har fästbussningar av gummi i de inre ändarna och spindelleder i de yttre ändarna. De främre hjulspindlarna, som håller bromsoken och naven/bromsskivorna, är fastskruvade i fjäderbenen och anslutna till länkarmarna via spindelleder. En främre krängningshämmare finns på alla modeller. Krängningshämmaren har gummifästen och är ansluten till båda fjäderbenen/länkarmarna (efter tillämplighet) via länkar.

Den individuella bakfjädringen har länkarmar som sitter ihop med hjulspindlarna. Man kan tala om den undre länkarmen, den bakre, nedre länkarmen och den bakre, övre länkarmen. På sedanmodeller sitter MacPherson fjäderben, som innehåller spiralfjädrar och teleskopiska stötdämpare, mellan hjulspindlarna och karossen. På Touringmodeller sitter spiralfjädrar mellan hjulspindlarna och karossen, och stötdämpare är anslutna till karossen och de undre länkarmarna. En bakre krängningshämmare finns på alla modeller. Krängningshämmaren har gummifästen och är ansluten till de undre länkarmarna via länkar (se bild på nästa sida). Elektropneumatisk självreglerande fjädring finns som tillval.

Rattstången är ansluten till styrväxeln via en mellanaxel som har en universalknut.

Styrväxeln sitter fast på framvagnsramen och är ansluten via två styrstag, med styrleder i de yttre ändarna, till styrarmarna som pekar framåt från hjulspindlarna. Styrstagsändarna är gängade för att kunna justeras.

Servostyrning finns på alla modeller. Det hydrauliska styrsystemet drivs av en remdriven pump, som drivs från vevaxelns remskiva.

**Observera:** *Informationen i det här kapitlet gäller standard fjädring. På modeller med M-technik Sportfjädring kan det finnas vissa skillnader. Rådfråga din BMW-återförsäljare.*

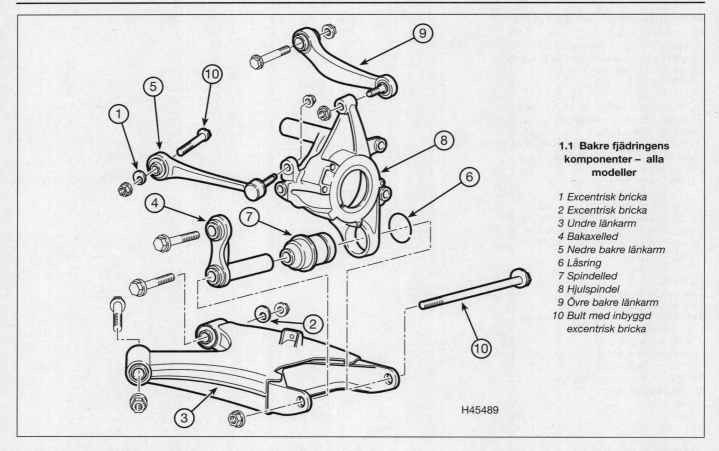

**1.1 Bakre fjädringens komponenter – alla modeller**

1 Excentrisk bricka
2 Excentrisk bricka
3 Undre länkarm
4 Bakaxelled
5 Nedre bakre länkarm
6 Låsring
7 Spindelled
8 Hjulspindel
9 Övre bakre länkarm
10 Bult med inbyggd excentrisk bricka

H45489

## 2 Främre nav och lager – demontering och montering

### Demontering

**1** Demontera hjulspindeln enligt beskrivning i avsnitt 3.
**2** Skruva loss de fyra bultarna och ta bort navet från hjulspindeln **(se bild)**. Kasta de gamla bultarna – nya måste användas vid monteringen.
**3** Hjullagret sitter ihop med navet och kan inte bytas separat. Ytterligare isärtagning av navet rekommenderas inte.

**2.2 Det främre navet sitter fast i hjulspindeln med fyra bultar**

### Montering

**4** Se till att kontaktytorna på hjulspindeln och navet är rena och fria från fett. Sätt tillbaka navet i hjulspindeln och dra åt de nya fästbultarna till angivet moment.
**5** Montera hjulspindeln enligt beskrivning i avsnitt 3.

## 3 Främre hjulspindel – demontering och montering

### Demontering

**1** Dra åt handbromsen ordentligt, lyft upp

**3.7 L indikerar placering av det vänstra fjäderbenet och R det högra**

framvagnen och stötta den på pallbockar (se *Lyftning och stödpunkter*). Demontera relevant framhjul.
**2** Demontera bromsskivan enligt beskrivning i kapitel 9.
**3** Skruva loss bulten (bultarna) och ta bort hjulgivaren från hjulspindeln (se kapitel 9).
**4** Skruva loss muttern som håller styrstagets styrled till hjulspindeln och lossa sedan styrledens koniska skaft med en spindelledsavdragare.
**5** Skruva loss muttern till den bakre länkarmens spindelled och lossa det koniska skaftet från hjulspindeln med en spindelledsavdragare (se avsnitt 5).
**6** Skruva loss muttern till den främre länkarmens spindelled och lossa spindelledens koniska skaft från hjulspindeln med en spindelledsavdragare (se avsnitt 5).
**7** När fjäderbenen monteras vid tillverkningen märks de med ett L eller ett R för att indikera hur de ska sitta i förhållande till hjulspindeln. L står för vänster, R för höger **(se bild)**. Om de här markeringarna inte längre syns, gör nya för att garantera att fjäderbenet monteras tillbaka på rätt plats.
**8** Skruva loss bulten/muttern som håller fjäderbenet till hjulspindeln. Dra ned hjulspindeln från änden av fjäderbenet. Vrid inte fjäderbenet när hjulspindeln tas bort – det kan ta skada. För att göra demonteringen lättare, stick in en stor skruvmejsel i spåret på

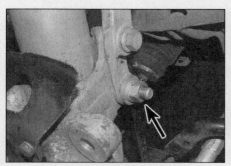

3.8a  Skruva loss fjäderbenets fästbult/mutter (vid pilen)

3.8b  Öppna upp hjulspindelns klämma en aning med en stor skruvmejsel

4.3  Ta loss kablaget från fästbygeln

baksidan av hjulspindeln och öppna upp dess klämma lite **(se bilder)**. Öppna upp klämman bara precis så mycket som behövs, eftersom den kan skadas om man tar i för hårt.
9  Om så behövs kan navet och lagret nu demonteras enligt beskrivningen i avsnitt 2.
10  Undersök om hjulspindeln är sliten eller skadad och byt ut den om så behövs.

### Montering

11  Om navet och lagret har demonterats, sätt tillbaka dessa enligt beskrivning i avsnitt 2.
12  Sätt ihop hjulspindeln med fjäderbenet och se till att rikta in markeringarna som gjordes innan demonteringen **(se bild 3.7)**. Skjut upp hjulspindeln tills den hamnar mot "stoppet" på fjäderbenet. Sätt i bulten och den nya muttern och dra åt till angivet moment.
13  Haka fast hjulspindeln på pinnbulten på den främre länkarmens spindelled och sätt på den nya fästmuttern och brickan. Dra åt muttern till angivet moment.
14  Haka fast hjulspindeln på pinnbulten på den bakre länkarmens spindelled och sätt på den nya fästmuttern och brickan. Dra åt muttern till angivet moment.
15  Sätt in styrleden i hjulspindeln, sätt på en ny fästmutter och bricka och dra åt till angivet moment.
16  Resten av monteringen sker i omvänd ordning mot demonteringen. Låt kontrollera framhjulinställningen vid första möjliga tillfälle.

### 4  Främre fjäderben – demontering, renovering och montering

**Observera:** *Vid monteringen kommer du att behöva nya övre fästmuttrar till fjäderbenet och en ny bult mellan fjäderbenet och hjulspindeln.*

### Demontering

1  Klossa bakhjulen, dra åt handbromsen, lyft upp framvagnen och stötta den på pallbockar (se *Lyftning och stödpunkter*). Demontera aktuellt hjul.
2  Demontera bromsoket (se kapitel 9). Man måste inte koppla loss bromsslangen. Bind

fast bromsoket i hjulhuset/karossen för att undvika belastning på slangen.
3  Ta loss bromsslangen och kablaget från klämmorna längst ned på fjäderbenet **(se bild)**.
4  Följ kablaget bakåt från hjulgivaren till kontaktdonet, som sitter i en skyddande plastlåda. Ta loss locket, frigör kontaktdonet och koppla loss det från huvudkabelhärvan.
5  Skruva loss fästmuttern och brickan, koppla sedan loss krängningshämmarlänken från fjäderbenet. Använd en öppen nyckel till att hålla fast krängningshämmarlänkens stag medan muttern lossas. Kasta muttern, en ny måste användas vid monteringen.
6  På modeller som har en höjdgivare för strålkastarjustering, skruva loss muttern och ta bort länkens fästbygel från den bakre länkarmen.
7  Skruva loss muttern som håller styrstagets styrled till hjulspindeln och lossa styrledens koniska skaft med en spindelledsavdragare.
8  När fjäderbenen monteras vid tillverkningen märks de med ett L eller ett R för att indikara var de ska sitta i förhållande till hjulspindeln. L står för vänster, R för höger **(se bild 3.7)**. Om de här markeringarna inte längre syns, gör nya för att garantera att fjäderbenet monteras tillbaka på rätt plats.
9  Skruva loss muttern/bulten som håller fjäderbenet till hjulspindeln. Kasta muttern, en ny måste användas vid monteringen.
10  Placera en garagedomkraft under hjulspindeln för att ta upp vikten av fjäderbenet och hjulspindeln, och vrid ratten till fullt utslag i motsatt riktning, d.v.s om höger fjäderben ska demonteras, vrid ratten till fullt utslag åt

vänster.  Detta förhindrar att styrstaget skadas.
11  I motorrummet, bänd loss skyddslocket (om monterat), skruva sedan loss muttrarna som håller fjäderbenet till hjulhuset **(se bild)**. Kasta muttrarna, nya måste användas vid monteringen.  På modeller med EDC (Elektronisk stötdämparkontroll), koppla loss kontaktdonet och lossa vajern från locket.
12  Sänk ned hjulspindeln/fjäderbenet tills toppen av fjäderbenet kan föras ut under hjulhuset och ta bort enheten från bilen **(se bild)**.
13  Nu måste fjäderbenet dras uppåt och ut ur hjulspindeln. För att göra detta lättare, stick in en stor skruvmejsel i spåret på baksidan av hjulspindeln och öppna upp klämman en aning **(se bild 3.8b)**. Öppna upp klämman bara precis så mycket som behövs, eftersom skador kan bli följden om man tar i för mycket. Det är oerhört viktigt att fjäderbenet dras uppåt och inte vrids, eftersom det kan orsaka oreparerbara skador.

### Renovering

⚠️ **Varning:** *Innan du försöker att ta isär det främre fjäderbenet måste du införskaffa ett verktyg med vilket spiralfjädern kan tryckas ihop. Justerbara ventilfjäderkompressorer finns att köpa i biltillbehörsbutiker, och de rekommenderas å det starkaste. Försök att ta isär fjäderbenet utan ett sådant verktyg kommer troligtvis att resultera i materiella skador eller personskador.*

4.11  Skruva loss muttrarna som håller fjäderbenet till hjulhuset

4.12  Tryck länkarmarna nedåt och dra ut fjäderbenet

**4.15 Tryck ihop fjädern tills det övre fjädersätet inte längre belastas**

**4.16a Ta bort plastkåpan . . .**

**4.16b . . . och lossa kolvmuttern**

**Observera:** *Du kommer att behöva en ny mutter till fästplattan.*

**14** Med fjäderbenet demonterat från bilen, torka bort all smuts och sätt fast det i ett skruvstäd.

**15** Montera fjäderkompressorn och tryck ihop spiralfjädern tills all spänning är borta från det övre fjädersätet **(se bild)**.

**16** Ta bort plastkåpan, lossa sedan kolvmuttern medan kolven hålls fast med en insexnyckel **(se bilder)**.

**17** Ta bort fästmuttern och brickan, följt av fästplattan komplett med trycklager, bricka, övre fjäderplatta och övre fjädersäte.

**18** Lyft av spiralfjädern, följt av gummibufferten, damasken och det nedre fjädersätet.

**19** Med fjäderbenet nu helt isärtaget, undersök alla komponenter för att se om de är slitna, deformerade eller på annat sätt skadade, och kontrollera att det övre fästets lager fungerar mjukt och inte kärvar. Ta bort den koniska brickan längst ned på trycklagret och undersök lagrets skick – om så behövs, packa lagerbanan med universalfett **(se bild)**. Byt ut komponenter efter behov.

**20** Undersök fjäderbenet och leta efter tecken på vätskeläckage. Undersök hela kolven och leta efter gropar, och kontrollera om fjäderbenet i sig är skadat. Håll fjäderbenet upprätt och testa dess funktion genom att föra kolven upp och ner. På grund av stötdämparens design går det inte att föra kolven genom hela slaget för hand. Motståndet som känns skall dock vara mjukt. Om rörelsen känns ryckig eller ojämn, eller om det finns synliga tecken på slitage eller skador på fjäderbenet, måste det bytas ut.

**21** Om det råder någon tvekan om spiralfjäderns skick, ta försiktigt bort fjäder-

kompressorn och undersök om fjädern är deformerad eller har sprickor. Byt ut fjädern om den är skadad eller deformerad, eller om det råder någon som helst tvekan om dess skick.

**22** Undersök alla komponenter och byt ut de som verkar skadade eller slitna.

**23** Montera det nedre fjädersätet och för på gummibufferten och damasken på fjäderbenets kolv **(se bilder)**.

**24** Montera spiralfjädern på fjäderbenet och se till att gummisätet och fjädern hamnar korrekt.

**25** Montera det övre fjädersätet, sätesplattan, brickan och fästplattan. Se till att fjäderänden hamnar mot sätets stopp **(se bilder)**.

**26** Montera brickan och fästplattans nya mutter och dra åt den till angivet moment **(se bilder)**. Om fjäderbenskolven vill rotera när

**4.19 Lyft upp den koniska brickan och packa lagret med fett**

**4.23a Montera det nedre fjädersätet . . .**

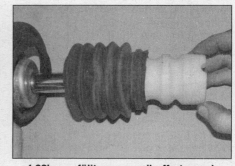

**4.23b . . . följt av gummibufferten och damasken**

**4.25a Se till att änden av fjädern hamnar mot stoppet i gummisätet och plattan**

**4.25b Sätt tillbaka brickan . . .**

**4.25c . . . och fästplattan**

**4.26a Sätt på brickan . . .**

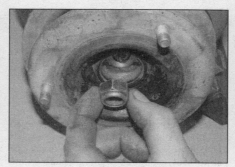

**4.26b . . . och den nya kolvmuttern**

**5.4 Ta loss länkarmen från hjulspindeln med en stor spindelledsavdragare**

muttern dras åt, finns det en särskild hylsa att köpa hos BMW-återförsäljare och andra bra verktygsbutiker, som gör att man kan sticka in en insexnyckel i toppen av kolven medan momentnyckeln monteras.
**27** Se till att fjäderändarna och sätena sitter som de ska, lossa sedan försiktigt fjäder-kompressorn och ta bort den från fjäderbenet.

### Montering
**28** Sätt ihop hjulspindeln med fjäderbenet (se avsnitt 3, punkt 12), och sätt i fästbulten och den nya muttern. Dra åt bulten/muttern till angivet moment.
**29** Sätt in fjäderbenet på plats och sätt på de nya övre fästmuttrarna (se bild 4.11).
**30** Dra åt fjäderbenets övre fästmuttrar till angivet moment.
**31** Där så är tillämpligt, sätt tillbaka höjd-givarlänkens fästbygel på den bakre länk-armen och dra åt fästmuttern ordentligt.
**32** Resten av monteringen sker i omvänd ordning mot demonteringen.

### 5 Framfjädringens länkarmar – demontering, renovering och montering

## Bakre länkarm
### Demontering
**1** Klossa bakhjulen, dra åt handbromsen ordentligt, lyft upp framvagnen och stöd den på pallbockar (se *Lyftning och stödpunkter*). Demontera aktuellt hjul.

**2** Skruva loss skruvarna och ta bort kåpan under motorn.
**3** På modeller som har höjdgivare för fjädringen, skruva loss fästmuttern och ta bort givarlänkens fästbygel från armen.
**4** Skruva loss muttern till armens spindelled och lossa armen från hjulspindeln med en spindelledsavdragare (se bild). Ta vara på brickan.
**5** Skruva loss muttern/bulten som håller den bakre länkarmen till framvagnsramen och ta bort armen från bilen (se bild).

### Renovering
**6** Rengör armen och området runt armens fästen noggrant, ta bort alla spår av smuts och underredstätning. Undersök sedan armen noggrant, leta efter sprickor, deformering eller andra tecken på slitage eller skador. Var särskilt uppmärksam på fästbussningarna och spindelleden. I skrivande stund kan man inte köpa bussning eller spindelled som separata delar – om någon av delarna behöver bytas måste hela armen bytas ut. Det kan dock vara värt att kontrollera med din BMW-återförsäljare eller annan specialist.

### Montering
**7** Se till att spindelledens bultar och fästhål är rena och torra, sätt sedan armen på plats.
**8** Placera den inre änden av armen i fästet i framvagnsramen och sätt in bulten. Dra bara åt den nya muttern med fingrarna än så länge.
**9** Haka i spindelledens bult i hjulspindeln, sätt på en ny mutter med brickan och dra åt den till angivet moment.

**10** På modeller som har höjdgivare för fjädringen, montera givarlänkens fästbygel på länkarmen och dra åt fästmuttern ordentligt.
**11** Sätt tillbaka hjulet, sänk ned bilen och dra åt hjulbultarna till angivet moment.
**12** Muttern/bulten som håller fast den inre änden av den bakre länkarmen måste dras åt när bilen är i "normal position". Detta innebär med full bränsletank, 68 kg last på vardera framsätet, 68 kg last i mitten av baksätet och 21 kg last i bagageutrymmet. Lasten på sätena ska simulera vikten av en vuxen person. Dra åt muttern/bulten till angivet moment.
**13** Lyft upp framvagnen och stöd den på pallbockar (om så behövs), sätt sedan tillbaka kåpan under motorn.

## Främre länkarm
### Demontering
**14** Klossa bakhjulen, dra åt handbromsen ordentligt, lyft upp framvagnen och ställ den på pallbockar (se *Lyftning och stödpunkter*). Ta loss aktuellt framhjul.
**15** Skruva loss skruvarna och ta bort kåpan under motorn.
**16** Skruva loss skruvarna och ta bort hjul-husets nedre, främre innerskärm. Skruva sedan loss de tre skruvarna och ta bort luftkanalen på relevant sida.
**17** Skruva loss de två skruvarna och ta loss kåpan från länkarmens framsida (se bild).
**18** Skruva loss muttern/bulten som håller armen till framvagnsramen (se bild).
**19** Skruva loss muttern till den främre länk-armens spindelled och lossa spindelledens

**5.5 Skruva loss bulten/muttern som håller den bakre länkarmen till framvagnsramen**

**5.17 Skruva loss de två skruvarna som håller kåpan över länkarmens inre ände**

**5.18 Skruva loss muttern/bulten som håller den inre änden av länkarmen till framvagnsramen**

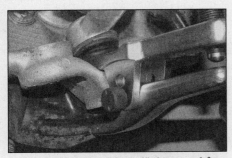

**5.19 Ta bort den främre länkarmen från hjulspindeln med en stor universell spindelledsavdragare**

koniska skaft från hjulspindeln med en spindelledsavdragare **(se bild)**.

**20** För att armen ska kunna tas bort från hjulspindeln måste fjäderbenet lyftas uppåt i hjulspindelklämman. När fjäderbenen monteras i fabrik märks de upp med inställningsmärken i form av L eller R, för att indikera korrekt position i förhållande till hjulspindeln – L är installationsposition för vänster fjäderben, R för höger **(se bild 3.7)**. Om de här markeringarna inte längre syns, gör nya för att försäkra att fjäderbenet sätts tillbaka i rätt position.

**21** Skruva loss bulten/muttern som håller fjäderbenet till hjulspindeln. För ned hjulspindeln tills det finns tillräckligt med utrymme för att armen ska kunna tas bort. För att göra det lättare att dra upp fjäderbenet kan man sticka in en stor skruvmejsel i klämman på hjulspindeln och öppna upp denna lite grann **(se bild 3.8b)**. Öppna bara klämman precis så mycket som behövs, om man tar i för mycket kan den ta skada.

### Renovering

**22** Rengör länkarmen och området runt dess fästen noggrant, ta bort alla spår av smuts och underredstätning. Leta sedan efter sprickor, deformering eller andra tecken på slitage eller skada. Var särskilt noga med fästbussningarna och spindelleden. Om spindelleden behöver bytas ut måste en ny länkarm monteras – spindelleden finns inte att köpa separat. Bussningen kan dock bytas oberoende av armen. Åtgärden kräver användning av en hydraulisk press och lämpliga distanser. Av den anledningen rekommenderar vi att jobbet överlämnas till en BMW-återförsäljare eller annan lämpligt utrustad specialist.

### Montering

**23** Se till att spindelledens pinnbult och fästhål är rena och torra, sätt sedan länkarmen på plats.
**24** Placera den inre änden av armen i fästet i framvagnsramen och sätt in bulten. Dra bara åt den nya muttern med fingrarna än så länge.
**25** För upp hjulspindeln på fjäderbenet och rikta in markeringarna som gjordes innan demonteringen **(se bild 3.7)**. För upp hjulspindeln tills den kommer i kontakt med "stoppet" på fjäderbenet. Sätt i bulten som

håller fjäderbenet till hjulspindeln och en ny mutter och dra åt den till angivet moment.
**26** Sätt på en ny mutter med brickan på spindelledens bult och dra åt den till angivet moment.
**27** Montera hjulet, sänk ned bilen på marken och dra åt hjulbultarna till angivet moment.
**28** Muttern/bulten som håller den inre änden av den främre länkarmen måste dras åt när bilen är i "normal position". Detta innebär med full bränsletank, 68 kg last på vardera framsätet, 68 kg last i mitten av baksätet och 21 kg last i bagageutrymmet. Lasten på sätena ska simulera vikten av en vuxen person. Dra åt muttern/bulten till angivet moment.
**29** Montera luftkanalen, dra åt fästskruvarna ordentligt och sätt sedan tillbaka hjulhusets innerskärm.
**30** Lyft upp framvagnen och stöd den på pallbockar (om så behövs), sätt tillbaka kåpan över armens främre fäste, montera sedan kåpan under motorn.

### 6 Framfjädringens länkarmar – demontering och montering av spindelleder

Länkarmarnas spindelleder sitter ihop med armarna och kan inte bytas ut separat. Om en spindelled visar tecken på slitage eller skada måste hela armen bytas ut enligt beskrivning i avsnitt 5.

### 7 Främre krängningshämmare – demontering och montering 🔧

### Demontering

**1** Klossa bakhjulen, dra åt handbromsen ordentligt, lyft upp framvagnen och stöd den på pallbockar (se *Lyftning och stödpunkter*). Skruva loss skruvarna och ta bort kåpan under motorn, ta sedan loss båda framhjulen.
**2** För att krängningshämmaren ska kunna demonteras, måste framvagnsramen först sänkas ned medan motorn förblir på plats. Ta delvis bort klädseln vid framvagnsramens bakre bultar.

**7.7 Använd en nyckel till att hålla fast spindelledens skaft medan krängningshämmarlänkens mutter lossas**

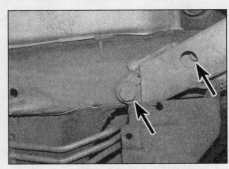

**7.5 Den främre hjälpramens bakre fästbultar (vid pilarna)**

**3** Stötta motorn med en lyftanordning, med kedjorna anslutna till lyftöglorna (se kapitel 2B).
**4** Stötta framvagnsramen med en garagedomkraft och en plankbit.
**5** Skruva loss de tre bultarna på var sida som håller fast ramen till karossen **(se bild)**.
**6** Lossa vänster och höger motorfäste (se kapitel 2A).
**7** Skruva loss fästmuttrarna och frigör länken i var ände av krängningshämmaren, medan du håller fast spindelledens pinnbult med en andra nyckel **(se bild)**.
**8** Gör inställningsmärken mellan fästbussningarna och krängningshämmaren, skruva sedan loss och ta bort muttrarna till krängningshämmarens klämmor **(se bild)**.
**9** Ta bort båda klämmorna från framvagnsramen, sänk sedan ned ramen och ta ut krängningshämmaren under bilen. Ta bort fästbussningarna från krängningshämmaren.
**10** Undersök krängningshämmarens komponenter noggrant, leta efter tecken på slitage eller skador och var särskilt noga med fästbussningarna. Byt ut slitna eller skadade delar.

### Montering

**11** Montera gummibussningarna på krängningshämmaren och rikta in dem mot markeringarna som gjordes innan demonteringen. Rotera varje bussning så att dess plana yta hamnar överst och skarven på undersidan.
**12** Lyft upp krängningshämmaren och för den på plats. Sätt tillbaka fästklämmorna, se

**7.8 Krängningshämmarens klämbult/-mutter (vid pilen)**

till att deras ändar placeras korrekt i krokarna i framvagnsramen, och sätt på de nya fäst-muttrarna. Se till att bussningsmarkeringarna fortfarande är i linje med markeringarna på krängningshämmaren, och dra bara åt muttrarna med fingrarna än så länge.

**13** Sätt tillbaka framvagnsramen på sin plats och sätt i nya bultar. Dra åt bultarna till angivet moment.

**14** Rikta in motorfästena och dra åt bultarna/muttrarna till angivet moment (se kapitel 2A).

**15** Haka fast länkarna i krängnings-hämmaren, sätt på de nya fästmuttrarna och dra åt dem till angivet moment.

**16** Sätt tillbaka hjulen, sänk ned bilen på marken och dra åt hjulbultarna till angivet moment.

**17** Muttern/bultarna som håller klämmorna till krängningshämmaren måste dras åt när bilen är i "normal" position. Detta innebär med full bränsletank, 68 kg last på vardera framsätet, 68 kg last i mitten av baksätet och 21 kg last i bagageutrymmet. Lasten på sätena ska simulera vikten av en vuxen person. Dra åt muttern/bultarna till angivet moment.

**18** Lyft upp framvagnen och stöd den på pallbockar (om så behövs). Sätt sedan tillbaka kåpan under motorn.

## 8  Främre krängningshämmarlänk – demontering och montering

**Observera:** *Nya muttrar till länkarna måste användas vid monteringen.*

### Demontering

**1** Dra åt handbromsen ordentligt, lyft upp framvagnen och stöd den på pallbockar (se *Lyftning och stödpunkter*).

**2** Skruva loss fästmuttern och lossa länken från krängningshämmaren. Håll fast pinn-bulten på länkens spindelled med en andra nyckel.

**3** Skruva loss muttern som håller länken till fjäderbenet. Håll fast bulten på länkens spindelled med en andra nyckel **(se bild 7.7)**.

**4** Undersök om länkens spindelled är sliten. Kontrollera att spindelleden kan röras fritt, och att gummidamaskerna är oskadda. Byt ut länken om den inte är i gott skick.

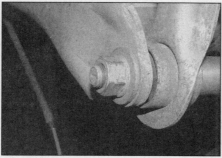
**9.7  Skruva loss muttern och ta bort bulten som håller den undre länkarmen till hjulspindeln/bakaxelleden**

### Montering

**5** Montering sker i omvänd ordning mot demonteringen. Använd nya muttrar och dra åt dem till angivet moment.

## 9  Bakre hjulspindel – demontering, renovering och montering

### Demontering

#### Sedanmodeller

**1** På modeller med luftfjädring, ta bort reserv-hjulet och koppla loss lufttillförselenhetens kontaktdon **(se bild 9.14)**.

**2** Klossa framhjulen, lyft upp bakvagnen och stöd den säkert på pallbockar (se *Lyftning och stödpunkter*). Ta loss aktuellt bakhjul.

**3** På modeller med luftfjädring, arbeta i reservhjulsbrunnen, lossa luftrörs-anslutningarna vid fördelningsblocket för att släppa ut eventuellt tryck i systemet **(se bild 9.16)**.

**4** På alla modeller, skruva loss drivaxel-flänsens mutter. Den här muttern sitter mycket hårt – låt en medhjälpare lägga an bromsen och var mycket försiktig så att du inte trycker/drar ned bilen från pallbockarna.

**5** Demontera handbromsbackarna och expandermekanismen enligt beskrivning i kapitel 9.

**6** Skruva loss bulten (bultarna) och ta bort hjulhastighetsgivaren från hjulspindeln (se kapitel 9).

**9.8  Skruva loss stötdämparens nedre fästbult**

**7** Skruva loss muttern och ta bort bulten som håller den undre länkarmen till bakaxelleden/hjulspindeln **(se bild)**. Kasta muttern, en ny måste användas vid monteringen.

**8** Skruva loss fästbulten och koppla loss stötdämparen från hjulspindeln **(se bild)**.

**9** Drivaxeln måste nu pressas in från driv-flänsen. Särskilda BMW-verktyg (nr 33 2 111, 116 och 117) finns, vilka skruvas fast i drivflänsen, och trycker axeln in genom flänsen. Om dessa verktyg inte finns till hands, kan det vara möjligt att dra den nedre kanten av hjulspindeln utåt och knacka drivaxeln genom flänsen med en mjuk hammare. Var försiktig så att inte drivaxeln skadas.

**10** Placera en garagedomkraft under hjul-spindeln och ta upp dess vikt.

**11** Skruva loss fästmuttern och koppla loss den bakre, övre länkarmen från hjulspindeln **(se bild)**. Kasta muttern, en ny måste användas vid monteringen.

**12** Skruva loss muttern och koppla loss den bakre, nedre länkarmen från hjulspindeln **(se bild)**. Kasta muttern, en ny måste användas vid monteringen.

**13** Demontera hjulspindeln från bilen. Om så behövs kan bakaxelleden nu tas bort från hjulspindeln genom att man skruvar loss fästbulten och drar loss leden från spindel-leden **(se bild)**.

#### Touringmodeller

**Observera:** *På modeller med traditionell fjädring (inte luftfjädring), för att hjulspindeln ska kunna tas bort, måste spiralfjädrarna antingen tas bort eller lämnas kvar på bilen i*

**9.11  Skruva loss muttern och ta loss den bakre, övre länkarmen från hjulspindeln**

**9.12  Skruva loss muttern (vid pilen) och koppla loss den bakre, nedre länkarmen från hjulspindeln**

**9.13  Skruva loss bulten (vid pilen) och dra bakaxelleden från hjulspindeln**

**9.14 Koppla loss lufttillförselns kontaktdon (vid pilen)**

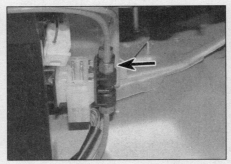

**9.16 Skruva loss luftrörens anslutningar (vid pilen) för att släppa ut tryck i systemet**

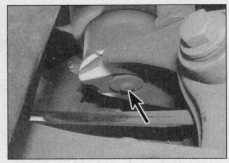

**9.20 Skruva loss bulten (vid pilen) som håller luftfjäderenheten till hjulspindeln**

hoptryckt läge. För spänning av fjädern behövs BMW:s specialverktyg nr 33 2 302, 303, 304, 305 and 306. Om dessa verktyg inte finns till hands måste båda spiralfjädrarna demonteras enligt beskrivning i avsnitt 12.

**14** På bilar med luftfjädring, ta ut reservhjulet och koppla loss lufttillförselenhetens kontaktdon **(se bild)**.

**15** Klossa framhjulen, lyft upp bakvagnen och stöd den ordentligt på pallbockar (se *Lyftning och stödpunkter*).

**16** På modeller med luftfjädring, lossa luftrörens anslutningar på fördelarblocket för att släppa ut eventuellt tryck i systemet **(se bild)**. När du har lättat på trycket, dra åt anslutningarna ordentligt.

**17** Skruva loss drivaxelflänsens mutter. Muttern sitter mycket hårt – låt en medhjälpare lägga an bromsen och var försiktig så att du inte drar/puttar ned bilen från pallbockarna.

**18** På modeller som inte har luftfjädring, ta bort eller spänn fjädrarna enligt beskrivning i avsnitt 12.

**19** Placera en garagedomkraft under hjulspindeln och ta upp dess vikt.

**20** På modeller med luftfjädring, skruva loss bulten som håller luftfjäderenheten till hjulspindeln **(se bild)**.

**21** Demontera handbromsbackarna enligt beskrivning i kapitel 9.

**22** Demontera hjulhastighetsgivaren enligt beskrivning i kapitel 9.

**23** Skruva loss muttern och ta bort bulten som håller den undre länkarmen till

bakaxelleden/hjulspindeln **(se bild)**. Kasta muttern, en ny måste användas vid monteringen.

**24** Drivaxeln måste nu pressas in från drivflänsen. Särskilda BMW-verktyg (nr 33 2 111, 116 och 117) finns, vilka skruvas fast i drivflänsen och trycker axeln in genom flänsen. Om dessa verktyg inte finns till hands, kan det vara möjligt att dra den nedre kanten av hjulspindeln utåt och knacka drivaxeln genom flänsen med en mjuk hammare. Var försiktig så att inte drivaxeln skadas.

**25** Skruva loss fästmuttrarna och koppla loss de bakre länkarmarna (övre och nedre) från hjulspindeln **(se bilder 9.11 och 9.12)**. Demontera hjulspindeln från bilen.

**26** Om så behövs kan bakaxelleden demonteras från hjulspindeln genom att man skruvar loss fästbulten och drar loss bakaxelleden från spindelleden **(se bild 9.13)**.

## Renovering

**27** Undersök om hjulspindeln är skadad eller sliten, särskilt runt de bakre länkarmarnas fästpunkter. Undersök spindelleden i den nedre delen av enheten. Leta efter sprickor, ojämneter och deformering. Om ett byte måste utföras, överlämna detta till en BMW-återförsäljare eller lämpligt utrustad specialist – särskilda verktyg behövs.

## Montering

**28** Montering sker i omvänd ordning mot demonteringen. Tänk på följande:

a) Dra åt alla infästningar till angivet moment.
b) Använd nya självlåsande muttrar på de bakre länkarmarna.
c) Smörj gängorna på den nya drivaxelmuttern med ren motorolja innan den sätts på plats och dra åt den till angivet moment. Om så behövs, vänta tills bilen står på marken och dra då åt muttern till angivet moment. När muttern har dragits åt, använd hammare och dorn till att stuka muttern **(se bild)**.
d) Dra åt luftrörens anslutningar ordentligt (om tillämpligt).

## 10 Bakre nav och lager – byte

**Observera:** *Navet ska inte demonteras om inte det eller navlagret ska bytas ut. Navet har presspassning i lagrets inre bana och demontering av navet kommer med största sannolikhet att skada lagren. Om navet ska demonteras, var beredd på att byta ut navlagret på samma gång.*

**1** Klossa framhjulen, lyft upp bakvagnen och stöd den säkert på pallbockar (se *Lyftning och stödpunkter*).

**2** Skruva loss drivaxelflänsens mutter. Den här muttern sitter mycket hårt – låt en medhjälpare lägga an bromsen och var mycket försiktig så att du inte drar eller puttar ned bilen från pallbockarna.

**3** Demontera bromsskivan enligt beskrivning i kapitel 9.

**4** Skruva fast en glidhammare på drivaxelflänsen och dra flänsen från navet/axeln. Om så behövs, använd en avdragare till att dra loss lagrets inre bana från flänsen.

**5** Skruva loss de fyra fästbultarna och ta bort navet och lagret från hjulspindeln. Kasta bultarna och använd nya vid monteringen.

**6** Se till att fogytan mellan navet och hjulspindeln är ren och fri från fett. Sätt det nya navet/lagret på plats, sätt i de nya bultarna och dra åt dem till momentet som anges för steg 1, följt av åtdragning till vinkeln som anges för steg 2.

**7** Drivaxelflänsen måste nu dras fast på drivaxeln. På vår projektbil trycktes axeln helt

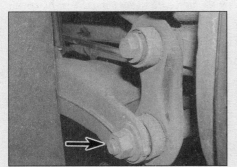

**9.23 Skruva loss den bult som håller den undre länkarmen till hjulspindeln/bakaxelleden (vid pilen)**

**9.28 När drivaxelmuttern har dragits åt helt, stuka muttern med en dorn**

enkelt in i navet och drivaxelmuttern användes till att dra in axeln på plats. Alternativt rekommenderar BMW specialverktyg nr 33 2 115, 116 och 118. Dessa verktyg skruvas fast i flänsen och änden av drivaxeln. Lägg på lite ren motorolja på drivaxelns splines, vrid sedan det mittre gängade staget och dra på flänsen på axeln.

8 Resten av monteringen sker i omvänd ordning mot demonteringen. Tänk på följande:

a) *Dra åt alla infästningar till angivet moment.*

b) *Smörj gängorna på den nya drivaxelmuttern med ren motorolja och dra sedan åt den till angivet moment. Om så behövs, vänta tills bilen står på marken och dra då åt muttern till angivet moment. När muttern har dragits åt, använd hammare och dorn och stuka muttern (se bild 9.28).*

## 11 Bakre fjäderben/ stötdämpare – demontering, renovering och montering

### Sedanmodeller

**Observera:** *Den här åtgärden gäller endast bilar med traditionell fjädring (ej luftfjädring). För modeller med luftfjädring, se avsnitt 17.*

### Demontering

1 Klossa framhjulen, lyft upp bakvagnen och ställ den säkert på pallbockar (se *Lyftning och stödpunkter*). Ta bort bakhjulen.

2 Demontera den bakre hatthyllan och hjulhusets plastinnerskärm enligt beskrivning i kapitel 11.

3 Skruva loss de två fästskruvarna, lyft upp den främre kanten av den bakre högtalaren och haka loss den från klacken baktill **(se bild)**. Koppla loss högtalarens kontaktdon när högtalaren tas ut.

4 Skruva loss fästmuttern och ta bort säkerhetsbältets rulle.

5 Bänd loss skyddslocket från toppen av fjäderbenet och (där så är tillämpligt), koppla loss den elektroniska stötdämparkontrollens kontaktdon.

6 Placera en garagedomkraft under hjulspindeln och höj domkraften så mycket att

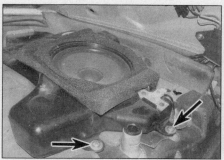

**11.3 Skruva loss de två skruvarna (vid pilarna) och ta bort högtalaren**

den tar upp enhetens vikt. Detta stoppar enheten från att falla ned när stötdämparen skruvas loss.

7 Skruva loss bulten som håller stötdämparen till hjulnavet **(se bild)**.

8 Skruva loss de övre fästmuttrarna **(se bild)**. Sänk ned stötdämparen och ta ut den under bilen. Ta vara på packningen som sitter mellan det övre fästet och karossen. Kasta muttrarna och använd nya vid monteringen.

### Renovering

⚠️ **Varning: Innan du försöker att ta isär det främre fjäderbenet måste du införskaffa ett verktyg med vilket spiralfjädern kan tryckas ihop. Justerbara spiralfjäderkompressorer finns att köpa i biltillbehörsbutiker, och de rekommenderas å det starkaste. Försök att ta isär fjäderbenet utan ett sådant verktyg kommer troligtvis att resultera i materiella skador eller personskador.**

**Observera:** *En ny kolvmutter kommer att behövas.*

9 Med fjäderbenet demonterat från bilen, torka det rent och montera det upprätt i ett skruvstäd.

10 Montera fjäderkompressorn och tryck ihop spiralfjädern tills all belastning är borta från det övre fjädersätet.

11 Lossa kolvmuttern och håll samtidigt fast kolven med ett lämpligt verktyg **(se bild)**.

12 Ta bort fästmuttern och brickan, lyft sedan av fästplattan komplett med trycklager och övre fjädersäte.

**11.7 Skruva loss stötdämparens nedre fästbult**

13 Lyft av spiralfjädern, följt av gummibufferten/damasken och det nedre fjädersätet. **Observera:** *Fjädrar med liten diameter är monterade. När fjäderkompressorn satt på plats, hölls bufferten/damasken fast av kompressorns ben och följde därför med "inuti" fjädern när denna togs bort från stötdämparen. Om endast dämparen ska bytas ut kan bufferten/damaskan lämnas kvar i fjädern och monteras tillbaka samtidigt.*

14 När fjäderbenet är helt isärtaget, undersök alla delar och leta efter slitage, deformering och andra skador, och kontrollera att det övre fästets lager går mjukt. Byt ut delar som inte är i gott skick.

15 Undersök om fjäderbenet visar tecken på vätskeläckage. Leta efter gropbildning på hela kolven och undersök om själva fjäderbenet är skadat. Håll fjäderbenet upprätt och testa dess funktion genom att röra på kolven. Ett mjukt, fast motstånd ska kännas, men man ska inte kunna flytta kolven särskilt mycket, eftersom stötdämparen är av den "självcentrerande" typen. Om motståndet är ojämnt eller ryckigt, eller om du hittar andra tecken på skador på fjäderbenet, måste det bytas ut.

16 Om det råder någon tvekan om spiralfjäderns skick, ta försiktigt bort fjäderkompressorn och undersök om fjädern är missformad eller sprucken. Byt ut fjädern om den är skadad eller missformad, eller om det råder någon tvekan om dess skick.

17 Undersök alla andra komponenter för att se om de är skadade eller slitna och byt ut delar som inte är i gott skick.

18 Montera det nedre fjädersätet **(se bild)**.

**11.8 Skruva loss stötdämparens tre övre fästmuttrar**

**11.11 Håll fast fjäderbenskolven medan muttern lossas**

**11.18 Montera det nedre fjädersätet**

11.19a Sätt in bufferten/damasken i fjädern . . .

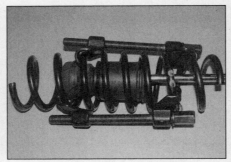

11.19b . . . tryck ihop fjädern . . .

11.19c . . . och montera den på fjäderbenet. Se till att fjädern sätter sig ordentligt mot det nedre sätet

19 Sätt in bufferten/damasken i fjädern, komprimera fjädern och sätt på den på fjäderbenet. Se till att gummisätet och fjädern hamnar rätt (se bilder).
20 Montera det övre fjädersätet och fästplattan. Försäkra dig om att fjäderänden hamnar mot sätets stopp (se bild).
21 Sätt på den nya fästplattans mutter och dra åt den till angivet moment. Om stötdämparens kolv roterar när muttern ska dras åt, kan man använda en särskild hylsa (som finns hos BMW-återförsäljare och bra verktygsåterförsäljare) som gör att man kan sticka in en insexnyckel längst upp i kolven medan momentnyckeln sitter på plats.
22 Se till att fjäderändarna och sätena sitter som de ska, lossa sedan försiktigt kompressorn och ta bort den från fjäderbenet.

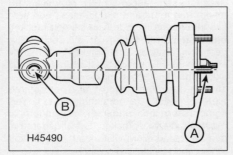

11.20 Vid montering av det övre fjädersätet, se till att en av de övre fästpinnbultarna (A) hamnar i linje med loppet i det nedre fästet (B)

## Montering

23 För in stötdämparen på plats och sätt fast de nya övre fästmuttrarna.
24 Se till att den nedre änden av stötdämparen sitter korrekt. Skruva in den nedre fästbulten, men dra bara åt den för hand än så länge.
25 Dra åt de övre fästmuttrarna till angivet moment, anslut sedan den elektroniska dämparkontrollens kontaktdon (om tillämpligt). Sätt tillbaka skyddslocket, högtalaren, hjulhusets innerskärm och hatthyllan.
26 Sätt tillbaka hjulet och sänk ned bilen på marken.
27 Bulten som håller den nedre änden av fjäderbenet måste dras åt när bilen är i "normal" position. Detta innebär med full bränsletank, 68 kg last på vardera framsätet, 68 kg last i mitten av baksätet och 21 kg last i

bagageutrymmet. Lasten på sätena ska simulera vikten av en vuxen person. Dra åt bulten till angivet moment.

## Touringmodeller
Observera: *På Touringmodeller är stötdämparen monterad separat från spiralfjädern. Följande åtgärd gäller därför endast stötdämparen.*
Observera: *På bilar utrustade med luftfjädring, ta bort reservhjulet från bagageutrymmet och koppla loss lufttillförselenhetens kontaktdon (se bild 9.14).*

## Demontering
28 Ta bort mattan i bagageutrymmet.
29 Skruva loss de tre skruvarna och ta bort luckan som sitter i bagageutrymmets golv (se bild).
30 Tryck ihop skyddskåpan och dra loss den från stötdämparfästet (se bild).
31 Skruva loss stötdämparens tre övre fästmuttrar (se bild). Kasta muttrarna – nya måste användas vid monteringen.
32 Skruva loss den nedre fästbulten/muttern och ta bort stötdämparen från bilen (se bild).

## Renovering
33 Skruva loss och ta bort kolvens mutter. Håll fast kolven med en annan nyckel medan muttern lossas (se bild).
34 Ta bort det övre fästet, och dammskyddet/bufferten (se bild).
35 Undersök om stötdämparen visar tecken på vätskeläckage. Leta efter gropbildning på hela

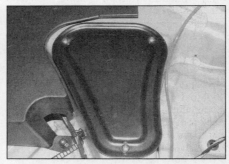

11.29 Skruva loss de tre skruvarna och ta bort luckan

11.30 Ta bort skyddskåpan

11.31 Skruva loss de tre övre fästmuttrarna

11.32 Skruva loss den nedre fästbulten

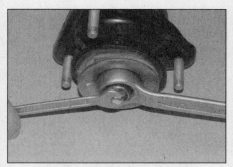

11.33 Håll fast kolven medan muttern lossas

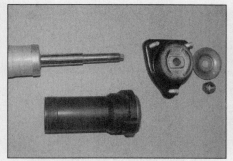

11.34 Stötdämpare, buffert/dammskydd, övre fäste, bricka och mutter

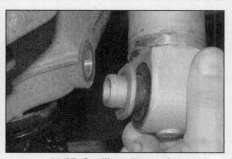

11.37 Se till att den nedre stötdämparbussningen går i ingrepp med den undre länkarmen

kolven och undersök om själva stötdämparen är skadad. Håll fjäderbenet upprätt och testa dess funktion genom att försöka att rubba kolvstången. Stötdämparen är "självjusterande" och man ska inte kunna röra kolven mer än några millimeter för hand. Om kolven är för lätt att röra, eller om du hittar tecken på slitage eller skador, måste fjäderbenet bytas ut.

**36** Trä på bufferten/dammskyddet och det övre fästet på kolvstången. Sätt på en ny fästmutter och dra åt den till angivet moment.

### Montering

**37** Placera stötdämparen på bilen och se till att den nedre fästbussningen går korrekt i ingrepp med den undre länkarmen **(se bild)**. Dra bara åt bulten för hand än så länge.

**38** Se till att den övre fästplattans pinnbultar sitter korrekt i motsvarande hål i karossen. Sätt på de nya muttrarna och dra åt till angivet moment.

**39** Undersök tätningen till luckan i bagageutrymmet och byt ut den om den är skadad. Sätt tillbaka luckan och dra åt skruvarna ordentligt.

**40** Lägg tillbaka mattan på bagageutrymmets golv.

**41** Bulten som håller den nedre änden av stötdämparen till den undre länkarmen måste dras åt när bilen är i "normal" position. Detta innebär med full bränsletank, 68 kg last på vardera framsätet, 68 kg last i mitten av baksätet och 21 kg last i bagageutrymmet. Lasten på sätena ska simulera vikten av en vuxen person. Dra åt bulten till angivet moment.

## 12 Bakre spiralfjäder – demontering och montering

**Observera:** *Sedanmodellerna har MacPherson fjäderben, varför demonteringen av spiralfjädern inkluderas i åtgärden som beskrivs i avsnitt 11. Följande beskrivning gäller därför endast Touringmodeller med konventionell fjädring (inte luftfjädring).*

### Demontering

**1** Klossa framhjulen, lyft upp bakvagnen och stöd den på pallbockar (se *Lyftning och*

stödpunkter). Notera att slutväxeln och bakvagnsramen måste sänkas för att fjädrarna ska kunna tas bort – se till att skapa tillräckligt med utrymme under bakvagnen. Ta bort båda bakhjulen.

**2** Demontera avgassystemet enligt beskrivningen i avsnitt 4A.

**3** Ta loss de bakre bromsoken och bind fast dem i karossen (se kapitel 9). Man behöver inte koppla loss vätskeslangarna.

**4** Demontera kardanaxeln enligt beskrivning i kapitel 8.

**5** Koppla loss båda handbromsvajrarna från aktiveringsmekanismerna enligt beskrivning i kapitel 9.

**6** Placera en garagedomkraft under slutväxeln/bakvagnsramen och ta upp dess vikt. Placera ett träblock mellan domkraftens huvud och slutväxeln/bakvagnsramen för att förhindra skador.

**7** Skruva loss de fyra bultarna som håller bakvagnsramen till karossen. Ta vara på de gummiklädda brickorna som sitter under bultskallarna **(se bild)**.

**8** Kontrollera att det inte finns några slangar eller kablar anslutna som kan skadas när enheten sänks.

**9** Sänk sakta ned slutväxeln/bakvagnsramen tills det är möjligt att dra ut spiralfjädern. Vi rekommenderar att du tar hjälp av en assistent som kan hålla enheten stadig när den sänks ned.

**10** Ta bort fjädersätena från karossen och hjulspindeln.

**11** Undersök fjädern noggrant för att se om den är skadad, t.ex. har sprickor, och

undersök om fjädersätena är slitna. Byt ut komponenter som inte är i gott skick.

### Montering

**12** Montera de övre och nedre fjädersätena.

**13** Lägg lite fett på fjäderändarna och placera fjädern mot det övre sätet. Notera att fjädern ska sitta med den ände som har mindre diameter vänd uppåt.

**14** Med hjälp av en assistent, håll fjädrarna på plats, lyft försiktigt upp slutväxeln/bakvagnsramen och rikta samtidigt in spiralfjädrarna mot sätena.

**15** Lyft upp enheten helt och sätt tillbaka bakvagnsramens fästbultar. Dra åt bultarna till angivet moment.

**16** Anslut sedan handbromsvajrarna (se kapitel 9).

**17** Montera kardanaxeln (se kapitel 8).

**18** Montera de bakre bromsoken (se kapitel 9).

**19** Montera avgassystemet (kapitel 4A).

**20** Sätt tillbaka hjulen och sänk sedan ned bilen på marken. Dra åt hjulbultarna till angivet moment.

## 13 Bakfjädringens undre länkarm – demontering och montering

### Demontering – sedanmodeller

**Observera:** *På modeller utrustade med luftfjädring, ta bort reservhjulet och koppla loss lufttillförselenhetens kontaktdon (se bild 9.14).*

**1** Klossa framhjulen, lyft upp bakvagnen och stöd den på pallbockar (se *Lyftning och stödpunkter*). Demontera relevant hjul.

**2** Följ kablaget bakåt från ABS hjulgivaren till kontaktdonet som sitter i en skyddande plastbox. Ta loss locket, frigör sedan kontaktdonet och koppla loss det från huvudkabelhärvan.

**3** På modeller med självreglerande luftfjädring, koppla loss höjdgivarens kontrollarm – se avsnitt 17.

**4** Koppla loss krängningshämmarlänken från den undre länkarmen (se avsnitt 16). Kasta muttern, en ny måste användas vid monteringen.

12.7 Bakvagnsramens vänstra fästbultar (vid pilarna)

**5** Måla inställningsmärken mellan länkarmens bakre, inåtvända excentriska bult och bakvagnsramen, så att bakaxelns inställning kan bibehållas **(se bild)**.
**6** Skruva loss länkarmens bakre, inåtvända fästmutter och ta bort den excentriska bulten. Ta vara på den excentriska brickan under muttern. Kasta muttern, en ny måste användas vid monteringen.
**7** Skruva loss länkarmens inåtvända fästbult **(se bild)**.
**8** Stötta hjulspindeln med en garage-domkraft, skruva sedan loss muttern mellan länkarmen och hjulspindeln/bakaxelleden och ta bort bulten **(se bild 9.13)**. Kasta muttern, en ny måste användas vid monteringen. Ta bort länkarmen från bilen.

## Demontering – Touringmodeller

**Observera:** *På modeller med konventionell fjädring (ej luftfjädring) måste spiralfjädern antingen demonteras eller, om den ska sitta kvar på bilen, komprimeras för att länkarmen ska kunna demonteras. Spänning av fjädern kräver användning av BMW:s verktyg nr 33 2 302, 303, 304, 305 och 306. Om dessa verktyg inte finns till hands, måste båda spiralfjädrarna demonteras enligt beskrivningen i avsnitt 12. I följande beskrivning förutsätts att spiral-fjädrarna har demonterats.*

### Modeller med luftfjädring

**9** Ta bort reservhjulet och koppla loss lufttillförselenhetens kontaktdon **(se bild 9.14)**.
**10** Klossa framhjulen, lyft upp bakvagnen och stötta den säkert på pallbockar (se *Lyftning och stödpunkter*).
**11** Lossa luftrörens anslutningar på fördelar-blocket för att jämna ut eventuellt tryck i systemet **(se bild 9.16)**. När trycket har utjämnats, dra åt anslutningarna ordentligt.

### Alla modeller

**12** Skruva loss bulten som håller stöt-dämparen till länkarmen **(se bild 9.8)**.
**13** Koppla loss krängningshämmarens länk från länkarmen enligt beskrivning i avsnitt 16. Kasta muttern, en ny måste användas vid monteringen.
**14** Måla inställningsmärken mellan länk-armens bakre, inåtvända excentriska bult och bakvagnsramen, så att bakaxelinställningen kan bibehållas **(se bild 13.5)**.
**15** Skruva loss länkarmens bakre, inre fästmutter och ta bort den excentriska skruven. Ta vara på den excentriska brickan under muttern. Kasta muttern, en ny måste användas vid monteringen
**16** Skruva loss länkarmens främre, inre fästbult **(se bild 13.7)**.
**17** Stötta hjulspindeln med en garage-domkraft, skruva sedan loss muttern mellan länkarmen och hjulspindeln/bakaxelleden och ta bort bulten **(se bild 9.13)**. Kasta bort muttern, en ny måste användas vid monteringen. Ta bort länkarmen från bilen.

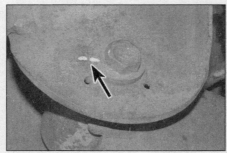

**13.5  Måla inställningsmärken mellan länkarmens excentriska bricka och bakvagnsramen (vid pilen)**

## Renovering

**18** Rengör länkarmen och området runt dess fästen noggrant, ta bort alla spår av smuts och underredstätning om så behövs. Leta sedan ingående efter sprickor, deformering eller andra tecken på slitage eller skada. Var särskilt noga med fästbussningarna. Om bussningarna behöver bytas ut måste en ny länkarm monteras – I skrivande stund finns bussningarna inte att köpa separat. Rådfråga din BMW-återförsäljare.

## Montering – sedanmodeller

**19** Håll upp länkarmen på plats och sätt den yttre fästbulten och den nya muttern på plats. Dra bara åt muttern för hand än så länge.
**20** Rikta in länkarmen mot bakvagnsramen, sätt sedan i den främre fästbulten. Se till att låsarmen på den fasta muttern är korrekt placerad **(se bild 13.7)**. Dra bara åt med fingrarna än så länge.
**21** Sätt i den bakre fästbulten och rikta in de tidigare gjorda markeringarna. Sätt sedan på den excentriska brickan och den nya muttern, men dra bara åt muttern med fingrarna än så länge.
**22** Anslut krängningshämmarlänken och dra åt muttern till angivet moment.
**23** Om så är tillämpligt, återanslut höjd-givarens kontrollarm.
**24** Återanslut ABS hjulgivaren.
**25** Montera hjulet, sänk ned bilen på marken och dra åt hjulbultarna till angivet moment.
**26** Muttrarna/bultarna som håller länkarmen till hjulnavet och bakvagnsramen måste dras åt när bilen är i "normal" position. Detta innebär med full bränsletank, 68 kg last på vardera framsätet, 68 kg last i mitten av baksätet och 21 kg last i bagageutrymmet. Lasten på sätena ska simulera vikten av en vuxen person. Dra åt muttrarna/bultarna till angivet moment. **Observera:** *Avslutningsvis är det att rekommendera att man låter kontrollera cambervinkeln och om så behövs får den justerad.*

## Montering – Touringmodeller

**27** Håll upp länkarmen på plats och sätt i den yttre fästbulten och den nya muttern. Dra endast åt muttern med fingrarna än så länge.
**28** Rikta in länkarmen mot bakvagnsramen

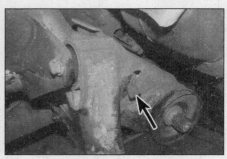

**13.7  Skruva loss den främre länkarmsbulten. Notera hur den fasta muttern är låst med en metallremsa genom spåret i bakvagnsramen (vid pilen)**

och sätt in den främre fästbulten. Se till att låsfliken på den fasta muttern är korrekt placerad **(se bild 13.7)**. Dra bara åt bulten med fingrarna än så länge.
**29** Sätt i den bakre fästbulten och rikta in tidigare gjorda markeringar. Sätt på den excentriska brickan och den nya muttern, och se till att stiften på brickan hamnar korekt i hålen i bakvagnsramen **(se bild)**. Dra bara åt med fingrarna än så länge.

### Modeller utan luftfjädring

**30** Montera spiralfjädrarna enligt beskrivning i avsnitt 12.

### Modeller med luftfjädring

**31** Anslut lufttillförselenhetens kontaktdon och lägg tillbaka reservhjulet.

### Alla modeller

**32** Montera hjulet, sänk sedan ned bilen på marken och dra åt hjulbultarna till angivet moment.
**33** Muttrarna/bultarna som håller länkarmen till hjulspindeln och bakvagnsramen måste dras åt när bilen är i "normal" position. Detta innebär med full bränsletank, 68 kg last på vardera framsätet, 68 kg last i mitten av baksätet och 21 kg last i bagageutrymmet. Lasten på sätena ska simulera vikten av en vuxen person. Dra åt muttrarna/bultarna till angivet moment. **Observera:** *Avslutningsvis rekommenderar vi att man låter kontrollera cambervinkeln och om så behövs får den justerad.*

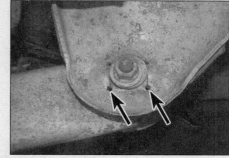

**13.29  Se till att den excentriska brickan sätts korrekt i hålen i bakvagnsramen (vid pilarna)**

## 14 Bakfjädringens övre, bakre länkarm – demontering, renovering och montering

### Demontering – sedanmodeller

**1** Klossa framhjulen, lyft upp bakvagnen och stöd den på pallbockar (se *Lyftning och stödpunkter*). Ta bort aktuellt hjul.

**2** Skruva loss pivåbulten mellan länkarmen och bakvagnsramen **(se bild)**. Notera åt vilket håll den är monterad. Kasta muttern, en ny måste användas vid monteringen.

**3** Lossa bromsslangen från fästklämmorna på länkarmen.

**4** Skruva loss muttern från pivåbulten mellan länkarmen och hjulspindeln och ta bort länkarmen från bilen. Kasta muttern, en ny måste användas vid monteringen. Det kan hända att man måste hålla fast det koniska stiftet medan man skruvar loss muttern **(se bild 9.11)**.

### Demontering – Touringmodeller

**Observera:** *På modeller med konventionell fjädring (ej luftfjädring) måste spiralfjädern antingen demonteras eller, om den ska sitta kvar på bilen, komprimeras för att länkarmen ska kunna demonteras. Spänning av fjädern kräver användning av BMW:s verktyg nr 33 2 302, 303, 304, 305 och 306. Om dessa verktyg inte finns till hands, måste båda spiralfjädrarna demonteras enligt beskrivningen i avsnitt 12. I följande beskrivning förutsätts att spiralfjädrarna har demonterats.*

### Modeller med luftfjädring

**5** Ta bort reservhjulet och koppla loss luft-tillförselenhetens kontaktdon **(se bild 9.14)**.

**6** Klossa framhjulen, lyft upp bakvagnen och stöd den säkert på pallbockar (se *Lyftning och stödpunkter*).

**7** Lossa luftrörens anslutningar på fördelar-blocket för att jämna ut eventuellt tryck i systemet **(se bild 9.15)**. När trycket är utjämnat, dra åt röranslutningarna ordentligt.

### Alla modeller

**8** Demontera relevant stötdämpare enligt beskrivning i avsnitt 11.

**9** Skruva loss muttern och dra ut länkarmens inre pivåbult **(se bild)**. Kasta muttern, en ny måste användas vid monteringen.

**10** Lossa bromsslangen från fästklämmorna på länkarmen.

**11** Skruva loss muttern som håller länkarmen till hjulspindeln. Om så behövs, använd en andra nyckel till att hålla fast muttern **(se bild 9.11)**. Kasta muttern, en ny måste användas vid monteringen.

### Renovering

**12** Rengör länkarmen och området runt armfästena noggrant. Ta bort alla spår av smuts och underredstätning. Leta sedan ingående efter sprickor, deformering eller andra tecken på slitage eller skador. Var särskilt noga med fästbussningarna och spindelleden. Om spindelleden eller en bussning måste bytas ut, måste en ny arm monteras – i skrivande stund kan man inte köpa bussning eller spindelled separat. Rådfråga en BMW-återförsäljare eller annan specialist.

**13** Undersök om pivåbultarna är slitna eller skadade och byt ut dem om så behövs.

### Montering

**14** Sätt länkarmen på plats, se till att spindelledens stift är rent och fritt från fett och sätt sedan på muttern. Dra åt muttern till angivet moment.

### Touringmodeller

**15** Sätt in den inre pivåbulten med bult-skallen så att den pekar mot bilens bakvagn **(se bild 14.9)**. Sätt på den nya muttern, men dra bara åt den med fingrarna än så länge.

**16** Rikta in den nedre änden av stöt-dämparen mot den undre länkarmen, sätt på muttern men dra bara åt den för hand än så länge.

**17** Sätt tillbaka bromsslangen i fäst-klämmorna på länkarmen.

**18** Sätt tillbaka spiralfjädrarna enligt beskrivning i avsnitt 12.

### Sedanmodeller

**19** Sätt in den inre bulten så att skallen på bulten pekar mot bilens front **(se bild 14.2)**. Sätt på den nya muttern men dra bara åt den för hand i det här stadiet.

**20** Sätt tillbaka bromsslangen i fäst-klämmorna.

### Alla modeller

**21** Montera hjulet, ställ ned bilen på marken och dra åt hjulbultarna till angivet moment. På Touringmodeller med luftfjädring, anslut lufttillförselenhetens kontaktdon och lägg tillbaka reservhjulet.

**22** Den inre pivåbulten/-muttern som håller länkarmen till bakvagnsramen och den nedre stötdämparbulten (Touringmodeller) måste dras åt när bilen är i "normal" position. Detta innebär med full bränsletank, 68 kg last på vardera framsätet, 68 kg last i mitten av baksätet och 21 kg last i bagageutrymmet. Lasten på sätena ska simulera vikten av en vuxen person. Dra åt muttern/bulten till angivet moment. **Observera:** *Avslutningsvis rekommenderar vi att man låter kontrollera cambervinkeln och om så behövs får den justerad.*

## 15 Bakfjädringens bakre, nedre länkarm – demontering, renovering och montering

### Demontering

**1** Klossa framhjulen, lyft upp bakvagnen och stöd den säkert på pallbockar (se *Lyftning och stödpunkter*). Ta bort aktuellt hjul.

14.2 Länkarmens inre fästbult sticks in framifrån

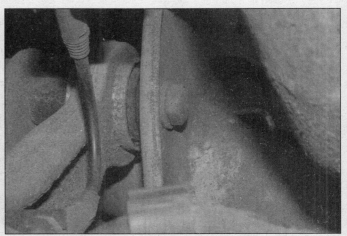

14.9 Skruva loss länkarmens inre pivåbult

**2** Använd färg eller en lämplig märkpenna, gör inställningsmärken mellan länkarms-bultens excentriska bricka och bakvagns-ramen. Detta är viktigt för att bakhjuls-inställningen och cambervinkeln ska bli korrekt vid monteringen (se bild).

**3** Skruva loss muttern som håller länkarmen till hjulspindeln. Om så behövs, använd en andra nyckel till att hålla fast muttern (se bild 9.12). Kasta muttern, en ny måste användas vid monteringen.

### Renovering

**4** Rengör länkarmen och området runt armens fästen noggrant, ta bort alla spår av smuts och underredstätning. Leta sedan ingående efter sprickor, deformering eller andra tecken på slitage eller skador. Var särskilt noga med fästbussningarna och spindelleden. Om spindelleden eller en bussning behöver bytas ut måste en ny arm monteras – i skrivande stund kan man inte köpa spindelled eller bussningar separat. Rådfråga en BMW-återförsäljare eller annan specialist.

**5** Undersök om pivåbulten är sliten eller skadad och byt ut den om så behövs.

### Montering

**6** Sätt in länkarmen på plats, se till att spindelledens stift är rent och fritt från fett och sätt sedan på muttern. Dra åt muttern till angivet moment.

**7** Rikta in den inre änden av armen mot bakvagnsramen och sätt bulten, den excentriska brickan och den nya muttern på plats. Rikta in tidigare gjorda markeringar. Bultskallen måste peka mot bilens front (se bild 15.2). Dra bara åt muttern med fingrarna än så länge.

**8** Montera hjulet och ställ ned bilen på marken.

**9** Den inre pivåbulten/muttern som håller länkarmen till bakvagnsramen och den nedre stötdämparbulten (Touringmodeller) måste dras åt när bilen är i "normal" position. Detta innebär med full bränsletank, 68 kg last på vardera framsätet, 68 kg last i mitten av baksätet och 21 kg last i bagageutrymmet. Lasten på sätena ska simulera vikten av en vuxen person. Dra åt muttern/bulten till angivet moment.

### 16 Bakre krängningshämmare – demontering och montering

**Observera:** Nya muttrar till fästklämmorna och muttrar till länkarna kommer att behövas vid monteringen.

### Demontering

**1** Klossa framhjulen, lyft upp bakvagnen och stöd den på pallbockar (se Lyftning och stödpunkter). Ta bort båda bakhjulen för att förbättra åtkomligheten.

**15.2 Gör inställningsmärken mellan den excentriska brickan och bakvagnsramen**

**2** Märk den vänstra änden av krängnings-hämmaren med färg för att underlätta återmonteringen. På båda sidor, skruva loss muttern och bulten som håller länken till den undre länkarmen (se bild).

**3** Gör inställningsmärken mellan fäst-bussningarna och krängningshämmaren, lossa sedan fästmuttrarna och bultarna till krängningshämmarens fästklämmor (se bild).

**4** Ta bort båda klämmorna från bakvagns-ramen och manövrera ut krängnings-hämmaren och länkarna från under bilen. Ta bort fästbussningarna och länkarna från krängningshämmaren.

**5** Undersök noggrant om krängnings-hämmarens komponenter är slitna eller skadade, var särskilt uppmärksam på fäst-bussningarnas skick. Byt ut de komponenter som inte är i gott skick.

### Montering

**6** Montera gummibussningarna på kräng-ningshämmaren, rikta in dem mot de markeringar som gjordes vid demonteringen. Vrid varje bussning så att dess plana yta är vänd framåt.

**7** Lyft upp krängningshämmaren och för den på plats. Placera länkarna i de övre, bakre länkarmarna, sätt fast de nya fästmuttrarna och dra åt dem ordentligt.

**8** Sätt tillbaka fästklämmorna, se till att fästa deras ändar korrekt i krokarna på bakvagns-ramen, och sätt i bultarna och de nya fästmuttrarna. Kontrollera att bussnings-markeringarna fortfarande är i linje med markeringarna på krängningshämmaren, dra

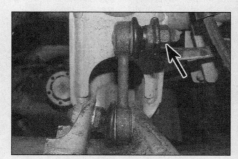

**16.2 Skruva loss muttern/bulten som håller länken till den undre länkarmen eller krängningshämmaren (vid pilen)**

sedan åt fästklämmornas fästmuttrar ordentligt.

**9** Montera hjulen, sänk ned bilen på marken och dra åt hjulbultarna till angivet moment.

### 17 Luftfjädring – allmän information och byte av komponenter

### Allmän information

Elektropneumatisk självreglerande bakre fjädring kan finnas som tillval på både sedan- och Touringmodeller. Givare som sitter på länkarmarna fram och bak övervakar bilens höjd över marken. Denna information skickas till lufttillförselenheten som sitter mitt i reservhjulsbrunnen i bagageutrymmet. Lufttillförselenheten har en styrenhet och en pump, och den matar eller drar tillbaka lufttryck till/från luftfjädringsenheterna. Fjädringsenheterna har ersatt de konventionella fjädrarna och stötdämparna på sedanmodeller, men endast fjädrarna på Touringmodellerna.

Om du misstänker att det är fel på systemet, ta bilen till en BMW-återförsäljare eller annan specialist, som kan läsa av bilens självdiagnossystem med särskild utrustning.

*Varning: Vid arbete på någon del av luftfjädringssystemet måste man vara oerhört noga med renligheten. Även den minsta smutspartikel som tar sig in i systemet kan orsaka skador på komponenterna som är omöjliga att reparera.*

*Varning: Kör inte bilen medan systemet är tryckutjämnat – det kan orsaka förödande skador på fjäderbenen.*

### Byte av fjäder/fjäderben

#### Sedanmodeller

**1** Ta bort reservhjulet, koppla loss lufttill-förselenhetens kontaktdon (se bild 9.14).

**2** Klossa framhjulen, lyft upp bakvagnen och stöd den säkert på pallbockar (se *Lyftning och stödpunkter*). Ta bort aktuellt hjul.

**3** I reservhjulsbrunnen, lossa luftrörens anslutningar vid fördelningsenheten för att jämna ut trycket i systemet (se bild 9.15). När

**16.3 Skruva loss krängningshämmarens klämmutter/-bult (vid pilen)**

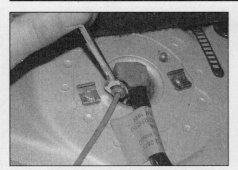

**17.12  Lossa luftrörsanslutningen för att släppa ut trycket**

**17.13a  Tryck ned kopplingen, tryck ihop klämmorna (vid pilarna) . . .**

**17.13b  . . . och ta bort kopplingen från luftfjädern**

systemet är utjämnat, dra åt anslutningarna ordentligt.

**4** Skruva loss anslutningen och koppla loss luftröret från fjäderbenet/fjädern. Ta inte bort anslutningen från röret, då måste röret bytas ut. Tejpa över den öppna änden av röret så att inte smuts kan komma in i systemet.

**5** Placera en garagedomkraft under hjulspindeln och ta upp dess vikt.

**6** Demontera hatthyllan och hjulhusets innerskärm enligt beskrivningen i kapitel 11.

**7** Bänd upp skyddskåpan och skruva loss de tre muttrarna som håller toppen av fjäderbenet. Kasta muttrarna, nya måste användas vid monteringen.

**8** Skruva loss bulten som håller fjäderbenet/fjädern till hjulspindeln och ta bort enheten från bilen.

**9** Montering sker i omvänd ordning. Tänk på följande:

*a) Nya fjäderben/fjädrar levereras med röranslutningarna igenpluggade. Lossa på anslutningen och ta bort pluggen innan röret ansluts.*

*b) Fjäderbenets/fjäderns nedre fästbult måste dras åt när bilen är i "normal" position. Detta innebär med full bränsletank, 68 kg last på vardera framsätet, 68 kg last i mitten av baksätet och 21 kg last i bagageutrymmet. Lasten på sätena ska simulera vikten av en vuxen person. Dra åt bulten till angivet moment.*

*c) Sätt nya muttrar på det övre fästet och dra åt dem till angivet moment.*

## Touringmodeller

**10** Ta bort reservhjulet och koppla loss lufttillförselenhetens kontaktdon **(se bild 9.14)**.

**11** Klossa framhjulen, lyft upp bakvagnen och stöd den på pallbockar (se *Lyftning och stödpunkter*). Ta bort aktuellt bakhjul. Placera en garagedomkraft under hjulspindeln.

**12** I bagageutrymmet, lossa luftrörsanslutningen längst upp på varje luftfjäderenhet för att jämna ut trycket i systemet **(se bild)**. När trycket är utjämnat, dra åt anslutningen ordentligt.

**13** Tryck ned snabbkopplingen och tryck ihop flikarna på fästklämman, dra sedan kopplingen uppåt för att koppla loss den **(se bilder)**. Plugga igen eller tejpa över öppningen för att förhindra att smuts kommer in i systemet.

**14** Ta bort fästklämmorna som håller luftfjäderenheten till karossen **(se bild)**.

**15** Lyft upp hjulspindeln en aning, skruva sedan loss bulten som håller luftfjäderenheten till hjulspindeln **(se bild 9.20)**. Ta ut enheten från under bilen. Enheterna är färgkodade: Röd för vänster fjäder och blå för höger fjäder.

**16** Vid monteringen, för in enheten på plats och fäst den vid karossen med de två fästklämmorna.

**17** Undersök skicket på luftanslutningarnas tätningsringar och byt ut dessa om så behövs. Ta bort pluggen/tejpen och sätt tillbaka snabbkopplingen till anslutningen. Man ska höra ett klick när klämman fäster.

**18** Kontrollera att klacken på undersidan av

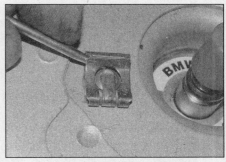

**17.14  Ta bort luftfjäderenhetens fästklämmor**

luftfjäderenheten går korrekt i ingrepp med urtaget i hjulspindeln, dra sedan åt bulten till angivet moment **(se bilder)**.

**19** Anslut lufttillförselenhetens kontaktdon och ställ ned bilen på marken.

## Byte av lufttillförselenhet

**20** Ta ut reservhjulet ur bagageutrymmet.

**21** På höger sida i bagageutrymmet, måla inställningsmärken på luftrören och fördelningsblocket för att underlätta återanslutningen, lossa sedan anslutningarna och ta bort rören. Lossa buntbanden som håller fast rören **(se bild)**.

**22** Rotera fördelningsblocket 45° moturs och ta bort det.

**23** Koppla loss kontaktdonet, vrid sedan kontaktdonets hus 45° moturs och ta bort det **(se bild på nästa sida)**.

**24** Skruva loss de fyra skruvarna/muttrarna

**17.18a  Klacken (vid pilen) i botten av fjädern måste riktas in mot . . .**

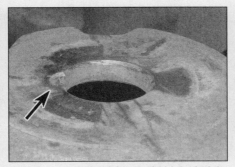

**17.18b  . . . urtaget (vid pilen) i hjulspindeln**

**17.21  Lossa anslutningarna och koppla loss rören (vid pilarna)**

och ta bort lufttillförselenheten **(se bild)**. Var noga med att inte vrida eller böja något av luftrören när enheten tas ut. Det rekommenderas inte att enheten tas isär ytterligare. Rådfråga din BMW-återförsäljare eller en annan specialist.

**25** Montering sker i omvänd ordning mot demonteringen. **Observera:** *När lufttillförsel-enheten har bytts ut, rekommenderas det att en höjdkalibrering av systemet utförs. Detta kräver särskild testutrustning och bör över-lämnas till en BMW-återförsäljare eller annan specialist.*

## Byte av lufttillförselenhetens relä

**26** Ta bort reservhjulet från bagageutrymmet.
**27** Skruva loss de fyra skruvarna som håller lufttillförselenheten till karossen och vänd försiktigt på den **(se bild 17.24)**. Lossa bultklämmorna och ta bort den nedre kåpan **(se bild)**.
**28** Vrid relähållaren 45° medurs och ta bort den **(se bilder)**.
**29** Montering sker i omvänd ordning mot demonteringen.

## Byte av främre höjdsensor

**30** Lyft upp framvagnen och stötta den säkert på pallbockar (se *Lyftning och stödpunkter*). Ta bort aktuellt framhjul.
**31** Koppla loss sensorns kontaktdon.
**32** Skruva loss muttern och koppla loss sensorns arm från den nedre armlänken.
**33** Skruva loss muttern som håller sensorns fästbygel till den bakre länkarmen och ta bort sensorn.

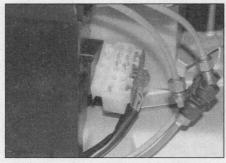

**17.23 Koppla loss kontakten, vrid sedan kontaktdonet 45° för att lossa det från fästet**

**34** Montering sker i omvänd ordning. Dra åt alla infästningar ordentligt. **Observera:** *När en eller fler höjdsensorer har bytts ut, rekommenderas att man utför en höjd-kalibrering av systemet. Detta kräver användning av särskild testutrustning och åtgärden bör överlämnas till en BMW-återförsäljare eller annan specialist.*

## Byte av bakre höjdsensor

**35** Klossa framhjulen, lyft upp bakvagnen och stötta den säkert på pallbockar (se *Lyftning och stödpunkter*).
**36** På sedanmodeller, arbeta under bilen, skruva loss de två skruvarna och ta bort kåpan intill den undre länkarmen.
**37** Koppla loss sensorns kontaktdon **(se bild)**.
**38** Skruva loss muttern och koppla loss

**17.24 Skruva loss de fyra skruvarna/ muttrarna och ta bort lufttillförselenheten**

sensorns arm från den undre länkarmens länk.
**39** Skruva loss de två skruvarna och ta bort sensorn.
**40** Montering sker i omvänd ordning, dra åt alla infästningar ordentligt. **Observera:** *När en eller fler höjdsensorer har bytts ut, rekommenderas att man utför en höjd-kalibrering av systemet. Detta kräver användning av särskild testutrustning och åtgärden bör överlämnas till en BMW-återförsäljare eller annan specialist.*

## Byte av styrenhet

**41** Ta bort reservhjulet från bagageutrymmet.
**42** Lossa klämmorna och ta bort kåpan från styrenheten **(se bild)**.
**43** Lås upp spärren och koppla loss kontakt-donet **(se bild)**.
**44** Dra loss styrenheten från dess plats.
**45** Montering sker i omvänd ordning.

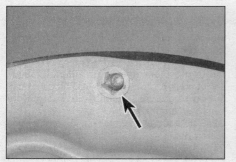

**17.27 Lossa bultklämmorna (vid pilen) och ta bort den nedre kåpan**

**17.28a Vrid relähållaren (vid pilen) 45° för att lossa den . . .**

**17.28b . . . dra sedan loss reläet från hållaren**

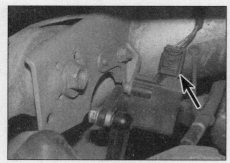

**17.37 Koppla loss höjdsensorns kontaktdon (vid pilen)**

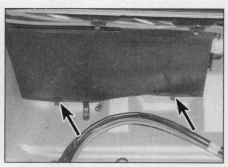

**17.42 Lossa kåpans klämmor (vid pilarna)**

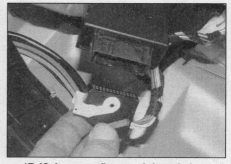

**17.43 Lossa spärren och koppla loss styrenhetens kontaktdon**

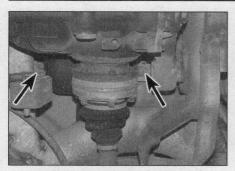

**17.49 Skruva loss behållarens två fästbultar (vid pilarna)**

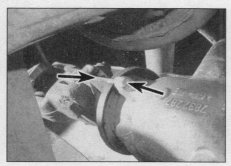

**18.2 Styrningen är i läge "rakt fram" när markeringen på drevet är i linje med den gjutna markeringen (vid pilarna)**

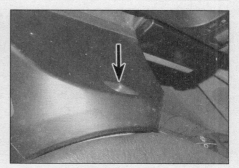

**18.5a Skruva loss skruven och bänd ut niten (vid pilen)**

**Observera:** *När styrenheten har bytts ut, rekommenderas att man utför en höjd-kalibrering av systemet. Detta kräver användning av särskild testutrustning och åtgärden bör överlämnas till en BMW-återförsäljare eller annan specialist.*

## Byte av luftbehållare

**46** Klossa framhjulen, lyft upp bakvagnen och stötta den säkert på pallbockar (se *Lyftning och stödpunkter*).

**47** Ta ut reservhjulet från bagageutrymmet.

**48** Lossa anslutningarna som håller luftrören till fördelningsblocket för att jämna ut trycket i systemet. När trycket är utjämnat, dra åt anslutningarna ordentligt.

**49** Skruva loss de två bultarna som håller varje behållare på plats **(se bild)**. Om så behövs för förbättrad åtkomlighet, ta bort avgasrörets fäste från bakvagnsramen.

**50** För att koppla loss luftröret från behållare, dra undan skyddskåpan, tryck ihop flikarna på fästklämman och dra loss kopplingen från behållaren. **Observera:** *På bilar tillverkade efter 09/99, kan luftröret inte kopplas loss från behållarna, utan måste demonteras komplett med tillförselrör.*

**51** Ta bort behållaren. **Observera:** *Ett identifikationsnummer är instämplat på varje behållare, udda nummer för vänster behållare och jämnt för höger.*

**52** Montering sker i omvänd ordning. Tänk på följande:

a) *Undersök tätningsringarna i behållarnas anslutningar och byt ut dem om de inte är i gott skick.*

b) *Nya behållare levereras med ett skyddslock över luftrörsanslutningen, som måste tas bort innan röret ansluts.*

c) *Var försiktig så att du inte vrider eller böjer luftrören.*

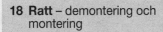 

## 18 Ratt – demontering och montering

## Demontering

**1** Demontera krockkudden från mitten av ratten, se avsnitt 25 i kapitel 12.

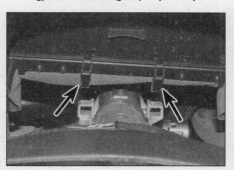

**18.5b Haka loss kåpans krokar framtill (vid pilarna)**

**2** Ställ framhjulen i läge rakt framåt. Detta kan bekräftas med hjälp inställningsmärkena mellan styrväxelns kuggstång och drev **(se bild)**.

**3** Dra ut rattstången så långt det går och placera den i det lägsta läget.

### Modeller fram till 03/99

**4** Demontera instrumentbrädans nedre panel på förarsidan enligt beskrivning i kapitel 11.

**5** Skruva loss skruven och bänd ut niten som håller den övre rattstångskåpan, tryck sedan ihop sidorna på kåpan och lyft den uppåt så att du lossar hakarna framtill **(se bilder)**.

**6** Skruva loss skruven, bänd ut plastniten och ta bort den nedre rattstångskåpan **(se bild)**.

**7** Koppla loss krockkuddens kontaktdon och rattens brytare från undersidan av rattstången **(se bild)**.

**18.7 Koppla loss krockkuddens kontaktdon och rattens brytare**

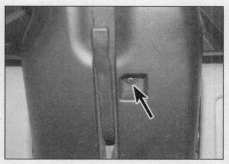

**18.6 Skruva loss skruven (vid pilen) och bänd loss plastniten**

### Alla modeller

**8** Skruva loss och ta bort rattens fästbult/mutter **(se bild)**. **Observera:** *På bilar tillverkade före 03/99 gäller att när rattbulten lossas, låser en torsionfjäder automatiskt kontaktringen i mittläget. När bulten är lossad får ratten inte vridas alls, eftersom detta då kan skada kontaktringen. På bilar tillverkade efter detta datum förblir kontaktenheten på samma plats på rattstången när ratten demonteras.*

**9** Märk ratten och rattstångsaxeln i för-hållande till varandra, lyft sedan loss ratten från rattstångens splines. Om den sitter hårt, slå upp den med handflatan nära mitten och dra samtidigt uppåt för att lossa den från splinesen. **Vrid den inte fram och tillbaka (se bild på nästa sida)**. Koppla loss eventuella kontaktdon från ratten när den tas bort.

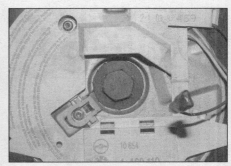

**18.8 Skruva loss rattbulten**

**18.9 Gör inställningsmärken mellan ratten och rattstången (vid pilen)**

**18.10a På bilar tillverkade före 03/99, se till att stiftet (vid pilen) går i ingrepp med kontaktenheten**

**18.10b På bilar efter 03/99, måste två stift (vid pilarna) på kontaktenheten gå i ingrepp med hålen på baksidan av ratten**

## Montering

**10** Montering sker i omvänd ordning. Tänk på följande.

a) *Om kontaktenheten har vridits medan ratten har varit demonterad, centrera den genom att trycka ned låsfjädern och vrida kontaktenhetens mitt så långt det går moturs. Från den här positionen, vrid mittdelen så långt det går medurs och räkna antalet varv. Vrid sedan tillbaka mittdelen moturs hälften så många varv.*

b) *Innan monteringen, se till att blinkersspaken är i det mittre läget (AV). Om man inte gör det kan brytaren skadas av klacken på ratten.*

c) *På bilar tillverkade före 03/99, se till att stiftet på rattstången går i ingrepp med urtaget i kontaktenheten när ratten*

monteras. *På bilar tillverkade efter detta datum finns det två stift på kontaktenheten, som måste gå i ingrepp med urtagen på rattens baksida* **(se bilder)**.

d) *Haka i ratten med rattstångens splines, rikta in markeringarna som gjordes innan demonteringen och dra åt rattens fästbult/mutter till angivet moment.*

e) *Montera krockkudden (se kapitel 12).*

## 19 Rattstång – demontering, kontroll och montering

**Observera:** *Nya brytbultar till rattstången och en ny klämbult/mutter till mellanaxeln kommer att behövas vid monteringen.*

## Demontering

**1** Koppla loss batteriets negativa ledning (se kapitel 5A).
**2** Demontera ratten enligt beskrivning i avsnitt 18.
**3** Ta bort kragen längst upp på rattstången **(se bild)**.
**4** Skruva loss kragen och koppla loss interlockvajern (om monterad) från rattlåset **(se bild)**.
**5** Gör inställningsmarkeringar mellan rattstången och mellanaxeln, skruva sedan loss

**19.3 Ta bort kragen (vid pilen) från rattstångens topp**

muttern och klämbulten, tryck ned mellanaxeln och haka loss rattstången från axeln **(se bild)**. Kasta klämmuttern, en ny måste användas vid monteringen.
**6** Notera hur alla kontaktdon sitter på rattstången och koppla sedan loss dem. Frigör kontaktdonen från fästbyglarna **(se bilder)**.
**7** Rattstången sitter fäst med en eller två brytbultar längst ned och två bultar längst upp. Brytbultar kan tas bort med hjälp av en hammare och ett lämpligt huggjärn, om man knackar bultskallen runt tills den kan skruvas loss för hand. Alternativt, borra ett hål i mitten av bultskallen och dra ut den med en pinnbultsutdragare. Skruva loss kvarvarande fästbult **(se bilder)**.
**8** Dra rattstången uppåt och bort från torpedväggen.

**19.4 Koppla loss interlockvajern**

**19.5 Gör inställningsmarkeringar (vid pilen) mellan axeln och klämman**

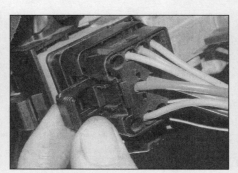

**19.6a Koppla loss kontakterna från rattstången . . .**

**19.6b . . . och lossa dem från fästbyglarna**

**19.7a Ett huggjärn används på en brytbult**

**19.7b Skruva loss de två bultarna (vid pilarna) längst upp på rattstången**

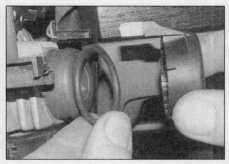

**20.4 Bänd loss transponderringen från tändningslåset och ta vara på gummiringen**

## Kontroll

**9** Rattstången har en teleskopisk säkerhetsanordning. Vid en frontalkollision kollapsar rattstången och förhindrar på så sätt att föraren skadas av ratten. Innan rattstången monteras, undersök om rattstången eller dess fästen är deformerade eller på annat sätt skadade, och byt ut delar efter behov.
**10** Kontrollera om styraxeln har något fritt spel i rattstångsbussningarna. Om skador eller slitage upptäcks på rattstångsbussningarna måste rattstången renoveras. Detta är en komplicerad åtgärd som kräver användning av ett antal specialverktyg, och som därför bör överlåtas till en BMW-verkstad.

## Montering

**11** För in rattstången på plats och haka i den med mellanaxelns splines; rikta in markeringarna som gjordes innan demonteringen.
**12** Placera den nedre änden av rattstången i dess säte och skruva in fästbultarna och de nya brytbultarna; dra bara åt dem lätt i det här läget.
**13** Dra åt rattstångens brytbult/-ar tills bultskallen går av. Dra åt övriga fästbultar ordentligt.
**14** Återanslut alla kontaktdon, fäst kablaget till rattstången och se till att det blir korrekt draget.
**15** Kontrollera att mellanaxelns och rattstångens markeringar är i linje och sätt in rattstången i axeln. Sätt den nya klämbulten på plats och dra åt den till angivet moment.
**16** Om så är aktuellt, anslut interlockvajern till rattlåset och fäst den på plats.
**17** Montera ratten enligt beskrivning i avsnitt 18.

## 20 Tändningslås/rattlås – demontering och montering

## Låsenhet

**1** Byte av låsenheten kräver att rattstången tas isär. För denna åtgärd behövs ett antal specialverktyg, och arbetet bör därför över-

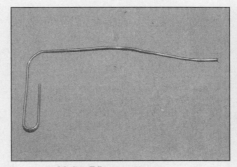

**20.6a Räta ut ett gem . . .**

låtas till en BMW-återförsäljare eller annan lämpligt utrustad specialist.

## Låscylinder

### Demontering

**2** Skruva loss de tre skruvarna och bänd loss plastniten som håller den nedre rattstångskåpan (se bild 18.6). Tryck ihop sidorna på den övre kåpan för att lossa fästklämmorna och dra den nedre kåpan nedåt.
**3** Ta bort fästskruven, bänd ut plastniten och ta bort den övre rattstångskåpan (se bild 18.5a).
**4** Med hjälp av två skruvmejslar, bänd försiktigt loss transponderringen från änden av tändningslåset (se bild).
**5** Koppla loss interlockvajern (om monterad) från tändningslåset (se bild 19.4).
**6** Vrid startnyckeln till ACC-läge (tillbehör), stick sedan in ett lämpligt stift (t.ex. ett utvikt

**20.7 Placera låscylindern enligt bilden**

**20.6b . . . vrid nyckel till ACC-läget och stick in gemet i hålet**

gem) i hålet i cylindern och tryck in cylinderns spärrhake. Dra ut låscylindern (se bilder).

### Montering

**7** Placera låscylindern så som visas (se bild), och för in cylindern i huset tills den klickar på plats.

## Tändningslåsets block

### Demontering

**8** Demontera rattstångskåporna enligt tidigare beskrivning i det här avsnittet.
**9** Koppla loss tändningslåsets kontaktblock, skruva sedan loss skruven och ta bort kabelhärvans plaststöd (se bild).
**10** Skruva loss skruvstiften och ta bort blocket från låsenheten (se bild på nästa sida).

### Montering

**11** Montering sker i omvänd ordning. Notera följande:

**20.9 Skruva loss skruven till kabelhärvans stöd**

**20.10 Skruva loss de två skruvstiften (vid pilen) och ta bort tändningslåset**

a) Lägg lack på blockets skruvstsift innan monteringen, för att låsa dem på plats.
b) Kontrollera att låset fungerar innan rattstångskåporna monteras tillbaka.

## 21 Rattstångens mellanaxel – demontering och montering

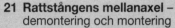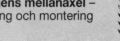

**Observera:** *Nya bultar till mellanaxelns klämma kommer att behövas vid monteringen.*

### Demontering

1 Klossa bakhjulen, dra åt handbromsen hårt, lyft upp bilens framvagn och stötta den på pallbockar (se *Lyftning och stödpunkter*). Ställ framhjulen i läge rakt fram. Skruva loss skruvarna och ta bort kåpan under motorn.
2 Demontera instrumentbrädans nedre panel på förarsidan enligt beskrivning i kapitel 11.
3 Gör inställningsmarkeringar (med färg eller lämplig märkpenna) mellan mellanaxelns universaiknut och rattstången, axeln och den flexibla kopplingen samt mellan den flexibla kopplingen och styrväxelns drev. **Observera:** *På vissa modeller finns det redan en inställningsmarkering på pinjongdrevets fläns, vilken ska riktas in mot ett ingjutet märke på drevhuset (se bild 19.5 och 18.2).*
4 Skruva loss klämbultarna/-muttrarna, för sedan ihop de två halvorna av axeln, lossa gummigenomföringen och ta bort axeln från bilen (se bild).
5 Undersök om mellanaxelns universalknut känns ojämn i lagren och om den kan röras lätt. Undersök också om axelns gummi-koppling är skadad eller sliten, och kontrollera att gummit sitter fast ordentligt i flänsarna. Om universalknuten eller gummikopplingen visar sig vara i dåligt skick måste hela mellanaxeln bytas ut.

### Montering

6 Kontrollera att framhjulen fortfarande står rakt framåt och att ratten är korrekt placerad.
7 Rikta in markeringarna som gjordes vid demonteringen och koppla ihop mellanaxelns knut med rattstången och kopplingen med styrväxeln.

**21.4 Lossa gummigenomföringen längst ner på rattstången**

8 Sätt tillbaka gummigenomföringen ordentligt **(se bild)**.
9 Sätt in de nya klämbultarna, sätt på den nya övre klämmuttern och dra åt dem till angivet moment. Ställ ned bilen på marken.

## 22 Styrväxel – demontering, renovering och montering

**Observera:** *Vid monteringen kommer du att behöva nya muttrar till styrlederna, nya fästmuttrar till styrväxeln, en ny klämbult till mellanaxeln och nya tätningsbrickor till vätskerörens anslutningsbultar.*

### Demontering

1 Klossa bakhjulen, dra åt handbromsen hårt, lyft upp framvagnen och stöd den på pallbockar (se *Lyftning och stödpunkter*). Ta loss båda framhjulen, skruva sedan loss skruvarna och ta bort kåpan under motorn.
2 För att styrväxeln ska kunna tas bort, måste motorn lyftas upp ungefär 40 mm. Lossa motorfästbyglarna från framvagnsramen och, med hjälp av en garagedomkraft och ett träblock som mellanlägg, höj försiktigt upp motorn 40 mm.
3 Skruva loss muttrarna som håller styr-stagens styrleder till hjulspindlarna och frigör styrledernas koniska skaft med en universell spindelledsavdragare – se beskrivning i avsnitt 26.
4 Med färg eller en lämplig märkpenna, gör inställningsmärken mellan mellanaxelns koppling och styrväxelns pinjong. **Observera:** *På vissa modeller finns det redan en markering på pinjongflänsen, som ska vara i linje med en gjuten markering i pinjonghuset (se bild 18.2).*
5 Skruva loss universalknutens klämbult. Kasta bulten, en ny måste användas vid monteringen.
6 Använd bromsslangklämmor, kläm ihop både tillförsel- och returslangen nära servo-styrningsvätskans behållare. Detta minimerar vätskeförlusten. Märk anslutningarna för att försäkra dig om att de sätts ihop korrekt vid monteringen, lossa sedan och ta bort

**21.8 Se till att gummigenomföringen sätts tillbaka ordentligt i torpeden**

tillförsel- och returrörens anslutningsbultar och ta vara på tätningsbrickorna. Var beredd på vätskespill och placera en lämplig behållare under rören när bultarna skruvas loss. Plugga igen rörändarna och styrväxelns öppningar för att förhindra vätskeläckage och hålla smuts borta från hydraulsystemet.
7 Skruva loss styrväxelns fästbultar och muttrar och ta ut styrväxeln på förarens sida av motorrummet **(se bild)**. Kasta muttrarna, nya måste användas vid monteringen.

### Renovering

8 Undersök styrväxeln för att se om den är skadad eller sliten och kontrollera att kuggstången kan röra sig fritt genom hela sin rörelsebana, utan tecken på ojämnheter eller överdrivet spel mellan pinjongen och kuggstången. Man kan inte renovera styrväxelhusets komponenter; om någon del är defekt måste hela enheten bytas ut. De enda delar som kan bytas ut individuellt är styrväxeldamaskerna, styrlederna och styr-stagen. Byte av dessa delar beskrivs längre fram i det här kapitlet.

### Montering

9 Sätt styrväxeln på plats och sätt i fäst-bultarna. Sätt de nya muttrarna på bultarna och dra åt dem till angivet moment för steg 1, och därefter till den vinkel som anges för steg 2.
10 Placera en ny tätningsbricka på var sida om röranslutningarna och sätt tillbaka

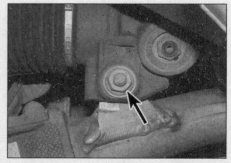

**22.7 Styrväxelns högra fästbult/mutter (vid pilen) – sett underifrån**

anslutningsbultarna. Dra åt anslutningsbultarna till angivet moment.

**11** Sänk ned motorn och sätt fast motorfästbyglarna i framvagnsramen.

**12** Rikta in markeringarna som gjordes vid demonteringen och anslut mellanaxelns koppling till styrväxeln. Sätt i den nya klämbulten och dra åt den till angivet moment.

**13** Placera styrlederna i hjulspindlarna, sätt på de nya muttrarna och dra åt dem till angivet moment.

**14** Montera hjulen och kåpan under motorn, ställ sedan ned bilen på marken och dra åt hjulbultarna till angivet moment.

**15** Lufta hydraulsystemet enligt beskrivning i avsnitt 24.

**16** Om en ny styrväxel har monterats rekommenderar BMW att framhjulsinställningen kontrolleras, och om så behövs justeras.

## 23 Servostyrningspump – demontering och montering

*Observera: Nya tätningsbrickor till tillförselrörens anslutningsbultar behövs vid monteringen.*

### Demontering

**1** Klossa bakhjulen, lyft upp framvagnen och stötta den på pallbockar (se *Lyftning och stödpunkter*). Skruva loss skruvarna och ta bort kåpan under motorn.

**2** Arbeta enligt beskrivningen i kapitel 1, lossa drivremsspänningen och haka loss drivremmen från pumpens remskiva.

**3** Använd bromsslangklämmor och kläm ihop tillförsel- och returslangarna nära servostyrningsvätskans behållare. Detta minimerar vätskeförlusten under följande åtgärder.

**4** Märk anslutningarna för att underlätta korrekt återmontering, lossa sedan och ta bort tillförsel- och returrörens anslutningsbultar och ta vara på tätningsbrickorna. Var beredd på vätskespill och placera en lämplig behållare under rören när bultarna skruvas loss. Plugga igen rörändarna och öppningarna i pumpen, för att förhindra vätskespill och att smuts kommer in i systemet.

**5** Skruva loss fästbultarna och ta bort pumpen.

**6** Om servostyrningspumpen är defekt, rådfråga en BMW-återförsäljare om tillgången på reservdelar. Om reservdelar finns, kan det vara möjligt att få pumpen renoverad av en specialist, eller alternativt införskaffa en utbytesenhet. Om inte måste pumpen bytas ut.

### Montering

**7** Innan monteringen, se till att pumpen är primad genom att hälla i specificerad typ av servostyrningsvätska genom tillförselslangens anslutning och rotera pumpaxeln.

**8** Sätt in pumpen på plats, sätt i fästbultarna och dra åt dem ordentligt.

**9** Placera en ny tätningsbricka på var sida om rörslanganslutningarna och sätt tillbaka anslutningsbultarna. Dra åt anslutningsbultarna till angivet moment.

**10** Ta bort slangklämmorna.

**11** Sätt tillbaka drivremmen och spänn den enligt beskrivning i kapitel 1.

**12** Sätt tillbaka kåpan under motorn.

**13** Avslutningsvis, ställ ned bilen på marken och lufta hydraulsystemet enligt beskrivning i avsnitt 24.

## 24 Servostyrningssystem – luftning

**1** Med motorn avslagen, fyll vätskebehållaren ända upp med angiven typ av servostyrningsvätska.

**2** Med motorn igång, vrid ratten sakta till fullt rattutslag åt båda hållen två gånger, för att tvinga ut luften i systemet. Slå sedan av motorn och fyll på vätska i behållaren. Upprepa åtgärden tills vätskenivån i behållaren inte sjunker längre.

**3** Om det hörs ett onormalt ljud från vätskeledningarna när ratten vrids, tyder det på att det fortfarande finns luft i systemet. Kontrollera detta genom att vrida hjulen till läge rakt fram och slå av motorn. Om vätskenivån i behållaren stiger finns det fortfarande luft i systemet och ytterligare luftning behövs då.

**25.2 Dra damasken över styrleden**

## 25 Styrväxelns gummidamasker – byte

**1** Koppla loss styrleden från hjulspindeln enligt beskrivning i avsnitt 26. Skruva loss skruvarna och ta bort kåpan under motorn.

**2** Notera hur damasken sitter på styrstaget, lossa sedan fästklämman (-klämmorna) och dra loss damasken från styrväxelhuset och styrleden **(se bild)**.

**3** Rengör styrstaget och styrväxelhuset noggrant med ett fint slippapper, ta bort eventuell korrosion, borrskägg eller skarpa kanter som kan skada den nya damaskens tätningsläppar vid monteringen. Skrapa bort allt fett från den gamla damasken och lägg det på styrstagets inre styrled. (Här förutsätts att fettet inte har läckt ut eller blivit förorenat till följd av en skada på den gamla damasken. Använd nytt fett om du är tveksam).

**4** Trä försiktigt på den nya damasken över styrleden och placera den på styrväxelhuset. Placera den yttre kanten av damasken på styrstaget, enligt noteringen som gjordes innan demonteringen.

**5** Se till att damasken inte är vriden, lyft sedan på den yttre tätningsläppen för att jämna ut lufttrycket i damasken. Fäst damasken på plats med en ny fästklämma (nya fästklämmor) **(se bilder)**.

**6** Montera styrleden enligt beskrivning i avsnitt 26.

**25.5a Lyft den yttre läppen för att jämna ut trycket . . .**

**25.5b . . . kläm sedan fast damaskens yttre . . .**

**25.5c . . . och inre fästklämma**

## 26 Styrled – demontering och montering

**Observera:** *En ny fästmutter till styrleden kommer att behövas vid monteringen.*

### Demontering

**1** Dra åt handbromsen, lyft upp framvagnen och ställ den på pallbockar (se *Lyftning och stödpunkter*). Ta loss aktuellt framhjul.

**2** Gör ett märke på styrstaget och mät avståndet från detta märke till mitten av styrleden **(se bild)**. Anteckna avståndet – det kommer att behövas för att hjulinställningen ska bibehållas när styrleden monteras tillbaka.

**3** Håll fast styrstaget och skruva loss styrledens låsmutter.

**4** Skruva loss muttern som håller styrleden till hjulspindeln och lossa styrledens koniska skaft med en universell spindelledsavdragare **(se bild)**.

**5** Skruva loss styrleden från styrstagsänden och räkna exakt hur många varv som behövs för att få loss den.

**6** Rengör styrleden och gängorna noggrant. Byt ut leden om dess rörelse är väldigt slapp eller för kärv, om den är mycket sliten eller skadad på något sätt. Undersök konan och gängorna särskilt noga. Om styrledens damask är skadad måste hela styrledsenheten bytas ut; man kan inte köpa en damask separat.

### Montering

**7** Om så behövs, flytta över låsmuttern och kragen till den nya styrleden.

**8** Skruva fast styrleden på styrstaget med exakt samma antal varv som noterades vid demonteringen. Detta bör placera styrleden vid korrekt avstånd från markeringen som gjordes på styrstaget innan demonteringen.

**9** Sätt tillbaka styrledens skaft i hjulspindeln, sätt på en ny fästmutter och dra åt den till angivet moment.

**10** Sätt tillbaka hjulet, ställ ned bilen på marken och dra åt hjulbultarna till angivet moment.

**11** Kontrollera framhjulens toe-inställning och justera om så behövs, enligt beskrivning i

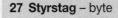

**26.2 Gör en markering på styrstaget (vid pilen) och mät avståndet från markeringen till mitten av styrleden**

avsnitt 29, dra sedan åt styrledens låsmutter till angivet moment.

## 27 Styrstag – byte

**1** Demontera styrstagets damask enligt beskrivning i avsnitt 25.

**2** Skruva loss styrstaget från änden av styrväxeln **(se bild)**.

**3** Skruva in styrstaget och dra åt det till angivet moment.

**4** Montera damasken enligt beskrivning i avsnitt 25.

## 28 Dynamisk stabilitetskontroll (DSC) – allmän information och byte av komponenter

### Allmän information

**1** Dynamisk stabilitetskontroll (DSC) är standard på de flesta modeller, och finns som tillval på andra. Egentligen kan man säga att DSC inkluderar ABS och Antispinnsystem, men den här delen av systemet handskas med CBC (Cornering Brake Control). Genom att övervaka rattens rörelser, fjädringens höjd, bilens hastighet, tväracceleration och girhastighet, kan systemet styra trycket i bromsledningarna till de fyra bromsoken, vilket minskar risken för under- eller överstyrning.

### Byte av komponenter

#### Styrvinkelsensor

**2** Demontera den nedre instrumentbrädespanelen på förarsidan enligt beskrivning i kapitel 11.

**3** Gör inställningsmärken mellan rattstången och mellanaxeln, skruva sedan loss muttern och klämbulten, tryck ned mellanaxeln och haka loss rattstången från axeln **(se bild 19.5)**. Kasta klämmuttern, en ny måste användas vid monteringen.

**4** Dra försiktigt loss sensorn från rattstångens nedre ände **(se bild)**.

**26.4 Använd en stor spindelledsavdragare till att lossa styrleden**

**5** Vid montering av sensorn måste pivåstiftet haka i motsvarande hål i sensorn. **Observera:** *När styrvinkelsensorn har monterats måste man låta ställa in "styrvinkelförskjutning", vilket kräver användning av särskild diagnostisk utrustning. Låt en BMW-återförsäljare eller annan lämpligt utrustad specialist utföra jobbet.*

#### Främre höjdsensor

**6** Lyft upp framvagnen och stötta den säkert på pallbockar (se *Lyftning och stödpunkter*). Ta bort aktuellt framhjul.

**7** Koppla loss sensorns kontaktdon.

**8** Skruva loss muttern som håller länkstaget till sensorarmen.

**9** Skruva loss de två fästskruvarna och ta bort höjdsensorn.

**10** Montering sker i omvänd ordning. Låt kontrollera strålkastarinställningen efter avslutat arbete. **Observera:** *När en eller fler höjdsensorer har bytts ut, rekommenderas att man låter utföra en höjdkalibrering på systemet. Detta kräver särskild testutrustning och bör därför överlåtas till en BMW-återförsäljare eller annan specialist.*

#### Främre höjdsensor

**11** Klossa framhjulen, lyft upp bakvagnen och stötta den säkert på pallbockar (se *Lyftning och stödpunkter*).

**12** Under bilen, skruva loss de två skruvarna och ta bort panelen (om monterad) intill den undre länkarmen.

**13** Koppla loss sensorns kontaktdon **(se bild)**.

**27.2 Skruva loss kragen (vid pilen) från änden av styrväxeln**

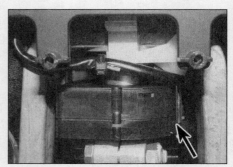

**28.4 Styrvinkelsensor (vid pilen)**

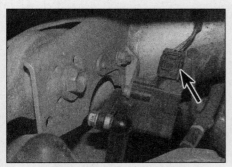

**28.13 Koppla loss höjdsensorns kontaktdon (vid pilen)**

14 Skruva loss muttern och koppla loss sensorarmen från den undre länkarmens länk.
15 Skruva loss de två skruvarna och ta bort sensorn.
16 Montering sker i omvänd ordning mot demonteringen. Dra åt alla infästningar ordentligt. **Observera:** *När en eller fler höjdsensorer har bytts ut, rekommenderas att man låter utföra en höjdkalibrering på systemet. Detta kräver särskild testutrustning och bör därför överlåtas till en BMW-återförsäljare eller annan specialist.*

### DSC styrenhet

17 DSC styrenhet utgör en del av ABS styrenhet, vilken bör bytas ut av en BMW-återförsäljare eller annan lämpligt utrustad specialist – se kapitel 9.

### DSC boosterpump

**Observera:** *När den här pumpen har bytts ut måste bromsarnas högtrycks hydraulsystem luftas. Detta kräver användning av särskild serviceutrustning, varför arbetet bör överlåtas till en BMW-verkstad eller annan lämpligt utrustad specialist.*
18 DSC boosterpump sitter bredvid bromsarnas huvudcylinder **(se bild)**. Kläm ihop tillförselslangen från huvudcylinderns behållare till pumpen, och koppla loss slangen från pumpen. Var beredd på vätskespill.
19 Lossa anslutningen och koppla loss utloppsröret från pumpen. **Observera:** *De två röranslutningarna till pumpen är märkta HZ – anslutning till huvudcylindern, och BA – anslutning till bromsvätskebehållaren* **(se bild)**.
20 Koppla loss kontaktdonet från pumpen.
21 Skruva loss de de tre bultarna och ta bort pumpen komplett med fästet.
22 Montering sker i omvänd ordning mot demonteringen. Lufta bromssystemet enligt beskrivning i kapitel 9.

### Sensor för girhastighet/ tväracceleration

23 Demontera förarsätet enligt beskrivning i kapitel 11.
24 Dra förarsidans tröskelpanel uppåt så att den lossnar från fästklämmorna och vik undan mattan för att komma åt sensorn.
25 Koppla loss kontaktdonet, skruva loss de två skruvarna och ta bort sensorn.
26 Montering sker i omvänd ordning mot

**28.18 Boosterpumpen (vid pilen) sitter intill bromshuvudcylindern**

demonteringen. **Observera:** *Om sensorn har bytts ut, måste dess värden ställas in med hjälp av särskild testutrustning. Överlåt detta arbete till en BMW-verkstad eller annan lämpligt utrustad specialist.*

### 29 Hjulinställning och styrvinklar – allmän information

## Definitioner

1 En bils geometri för styrning och fjädring definieras med hjälp av fyra grundinställningar – alla vinklar som uttrycks i grader. Styraxeln definieras som en tänkt linje som går genom fjäderbenets axel, vid behov förlängd ned till marken.
2 Camber är vinkeln mellan varje hjul och en vertikal linje dragen genom dess centrum och däckets kontaktyta, sett framifrån eller bakifrån. Positiv camber är när hjulen lutar utåt från vertikalen i överkant. Negativ camber är när de lutar inåt.
3 Den främre cambervinkeln kan inte justeras utan anges endast som referens (se punkt 5). Den bakre cambervinkeln kan justeras med hjälp av en särskild vinkelmätare.
4 Caster är vinkeln mellan styraxeln och en vertikal linje dragen genom varje hjuls centrum och däckets kontaktyta, sett från bilens sida. Positiv caster är när styraxeln är lutad så att den når marken framför vertikalen. Negativ caster är när linjen når marken bakom vertikalen.

**28.19 Anslutningen till huvudcylindern är märkt HZ och anslutningen till behållaren är märkt BA**

5 Castervinkeln är inte justerbar och anges endast som referens. Den kan dock mätas med en särskild mätare, och om siffran som erhålls skiljer sig avsevärt från den som specificeras måste bilen lämnas in för kontroll hos en specialist, eftersom felet bara kan ha orsakats av slitage eller skada på karossen eller fjädringskomponenterna.
6 Toe är skillnaden, sett ovanifrån, mellan linjer dragna genom hjulcentrum och bilens centrumlinje. Toe-in är när hjulen pekar inåt mot varandra framtill, medan toe-ut är när framkanterna pekar från varandra.
7 Framhjulens toe-inställning justeras genom att man skruvar styrstagen in i eller ut ur styrlederna, för att ändra på styrstags-enheternas längd.
8 Bakhjulens toe-inställning och camber-inställning kan också justeras. Camber-inställningen justeras genom att man lossar på låsmuttern och vrider på bulten mellan den undre länkarmen och bakvagnsramen, som har en inbyggd excentrisk bricka. Toe-inställningen justeras genom att man lossar låsmuttern och vrider på pivåbulten mellan den bakre, nedre länkarmen och bakvagns-ramen, som också har en inbyggd excentrisk bricka.

## Kontroll och justering

### Framhjulens toe-inställning

9 Med tanke på att man behöver särskild mätutrustning för att kontrollera hjulinställ-ningen, och att det krävs särskilda kunskaper för att använda den, är det bäst om man överlåter kontroll och justering av dessa inställningar till en BMW-verkstad eller annan expert. Många däckverkstäder har också sofistikerad kontrollutrustning.
10 För att kunna kontrollera toe-inställningen behöver man ett särskilt instrument. Det finns två typer av mätare. Den första typen mäter avståndet mellan fälgarnas insidor, framtill och baktill, enligt tidigare beskrivning, med bilen stillastående. Den andra typen, som ibland kallas "hasplåt", mäter den faktiska positionen för däckets kontaktyta i relation till markytan, med bilen i rörelse. Detta uppnås genom att man skjuter eller kör framhjulet över en platta, som rör sig något i enlighet med däckets hasning, vilket visas på en skala. Båda typerna har sina för- och nackdelar, men båda kan ge goda resultat om de används korrekt och noggrant.
11 Försäkra dig om att styrningen är i läge rakt fram när mätningarna görs.
12 Om justering behövs, dra åt hand-bromsen, lyft upp framvagnen och stötta den säkert på pallbockar (se *Lyftning och stödpunkter*).
13 Rengör styrstagens gängor; om de är korroderade, lägg på rostolja innan justeringen påbörjas. Lossa gummi-damaskernas yttre klämmor, dra undan damaskerna och lägg på ett lager fett så att båda damskerna blir fria och inte vrids eller sträcks när respektive styrstag roterar.

**14** Håll fast styrstaget med en lämplig nyckel och lossa styrledens låsmutter. Ändra längden på styrstagen genom att skruva dem in i eller ut ur styrlederna med hjälp av en öppen nyckel placerad på de plana ytorna på styrstaget. En förkortning av styrstagen (de skruvas in i styrlederna) reducerar toe-in/ökar toe-ut.

**15** När inställningen är korrekt, håll fast styrstaget och dra åt styrledens låsmutter till angivet moment. Efter justeringen, om rattens ekrar inte är i horisontalläge när hjulen står rakt framåt, ta loss ratten och placera om den (se avsnitt 18).

**16** Kontrollera att toe-inställningen har justerats korrekt genom att sänka ned bilen på marken och kontrollera inställningen igen; justera om vid behov. Kontrollera att gummidamaskerna sitter som de ska och att de inte är vridna eller sträckta, fäst dem sedan på plats med fästklämmorna. Om så behövs, använd nya klämmor (se avsnitt 25).

## Bakhjulens toe-inställning

**Observera:** *Innan justering av toe-inställningen görs, bör cambervinkeln kontrolleras.*

**17** Den bakre toe-inställningen kontrolleras på samma sätt som den främre, enligt beskrivningen i punkt 10.

**18** För att justera inställningen, lossa låsmuttern och vrid pivåbulten mellan den bakre, nedre länkarmen och bakvagnsramen, som har en inbyggd excentrisk bricka. När toe-inställningen är korrekt, dra åt låsmuttern till angivet moment. **Observera:** *BMW anger att när pivåbultens låsmutter har lossats och dragits åt 10 gånger, måste den bytas ut.*

## Bakhjulens cambervinkel

**19** Kontroll och justering av cambervinkeln bör överlåtas till en BMW-verkstad eller annan lämpligt utrustad specialist. De flesta däckverkstäder har också sofistikerad kontrollutrustning. För information, görs justeringen genom att man lossar låsmuttern och vrider på pivåbulten mellan den undre länkarmen och bakvagnsramen, som har en inbyggd excentrisk bricka. När justeringen är korrekt dras låsmuttern åt till angivet moment. **Observera:** *BMW anger att när pivåbultens låsmutter har lossats och dragits åt 10 gånger, måste den bytas ut.*

# Kapitel 11
## Kaross och detaljer

## Innehåll

## Svårighetsgrader

| Enkelt, passar novisen med lite erfarenhet | Ganska enkelt, passar nybörjaren med viss erfarenhet | Ganska svårt, passar kompetent hemmamekaniker | Svårt, passar hemmamekaniker med erfarenhet | Mycket svårt, för professionell mekaniker |
|---|---|---|---|---|
|  |  |  |  | |

## Specifikationer

| Åtdragningsmoment | Nm |
|---|---|
| Bältessträckare/bältesspänne på sätet fram ...................... | 48 |
| Fönsterhissens reglage i dörren, infästningar ..................... | 9 |
| Yttre backspeglar, bultar ................................... | 6 |
| Säkerhetsbältenas fästbultar ................................ | 48 |
| Säkerhetsbältets fäste på B-stolpe ........................... | 31 |
| Sätenas fästbultar ......................................... | 42 |

## 1 Allmän information

Karossen är gjord av sektioner av pressat stål. De flesta delarna är ihopsvetsade, men i vissa fall används även särskilda lim.

Motorhuven, dörrarna och vissa andra utsatta delar är gjorda av zinkbehandlad metall, och har även belagts med ett lager skyddande primer innan de har sprutats.

Plastmaterial används i stor utsträckning, huvudsakligen i interiören, men också till vissa yttre delar. Främre och bakre stötfångare och frontgrillen är formgjutna av ett syntetiskt material som är mycket starkt och ändå lätt. Plastkomponenter som t.ex. hjulhusinnerskärmar sitter på bilens undersida för att förbättra karossens motstånd mot rost.

## 2 Underhåll – kaross och underrede

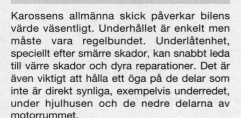

Karossens allmänna skick påverkar bilens värde väsentligt. Underhållet är enkelt men måste vara regelbundet. Underlåtenhet, speciellt efter smärre skador, kan snabbt leda till värre skador och dyra reparationer. Det är även viktigt att hålla ett öga på de delar som inte är direkt synliga, exempelvis underredet, under hjulhusen och de nedre delarna av motorrummet.

Tvättning utgör grundläggande underhåll av karossen – helst med stora mängder vatten från en slang. Detta tar bort all lös smuts som har fastnat på bilen. Det är viktigt att spola bort smutsen på ett sätt som förhindrar att lacken skadas. Hjulhusen och underredet måste tvättas rena från lera på samma sätt. Fukten som binds i leran kan annars leda till rostangrepp. Paradoxalt nog är det bäst att tvätta av underredet och hjulhuset när det regnar eftersom leran då är blöt och mjuk. Vid körning i mycket våt väderlek spolas vanligen underredet av automatiskt vilket ger ett tillfälle för kontroll.

Med undantag för bilar med vaxade underreden är det bra att periodvis rengöra hela undersidan av bilen, inklusive motorrummet, med ångtvätt så att en grundlig kontroll kan utföras och en bedömning av vilka åtgärder och mindre reparationer som behövs. Ångtvättar finns på bensinstationer och verkstäder och behövs när man ska ta bort de ansamlingar av oljeblandad smuts som ibland lägger sig tjockt i vissa utrymmen. Om man inte har tillgång till ångtvätt finns ett par utmärkta fettlösningsmedel som penslas på. Sedan kan smutsen helt enkelt spolas bort. Observera att ingen av ovanstående metoder ska användas på bilar med vaxade underreden, eftersom de tar bort vaxet. Bilar med vaxade underreden ska kontrolleras

årligen, helst på senhösten. Underredet ska då tvättas av så att skador i vaxbestrykningen kan hittas och åtgärdas. Helst ska ett helt nytt lager vax läggas på. Överväg även att spruta in vaxbaserat skydd i dörrpaneler, trösklar, balkar och liknande som ett extra rostskydd där tillverkaren inte redan åtgärdat den saken.

Torka av lacken med sämskskinn efter tvätten så att den får en fin yta. Ett lager med genomskinligt skyddsvax ger förbättrat skydd mot kemiska föroreningar i luften. Om lacken mattats eller oxiderats kan ett kombinerat rengörings-/polermedel återställa glansen. Detta kräver lite arbete, men sådan mattning orsakas vanligen av slarv med regelbundenheten i tvättningen. Metalliclacker kräver extra försiktighet och speciella slipmedelsfria rengörings-/polermedel krävs för att inte skada ytan. Kontrollera alltid att dräneringshål och rör i dörrar och ventilation är öppna så att vatten kan rinna ut. Kromade ytor ska behandlas på samma sätt som lackerade. Fönster och vindrutor ska hållas fria från fett och smuts med hjälp av fönsterputs. Vax eller andra medel för polering av lack eller krom ska inte användas på glas.

## 3 Underhåll – klädsel och mattor

Borsta eller dammsug mattorna med jämna mellanrum så att de hålls rena. Om de är svårt nedsmutsade kan de tas ut ur bilen och skrubbas. Se i så fall till att de är helt torra innan de läggs tillbaka i bilen. Säten och klädselpaneler kan torkas rena med fuktig trasa. Om de smutsas ned (vilket ofta kan vara mer synligt i ljusa inredningar) kan lite flytande tvättmedel och en mjuk nagelborste användas till att skrubba ut smutsen ur materialet. Glöm inte takets insida, håll det rent på samma sätt som klädseln. När flytande rengöringsmedel används inne i en bil får de tvättade ytorna inte överfuktas. För mycket fukt kan tränga in i sömmar och stoppning och framkalla fläckar, störande lukter och till och med röta. Om insidan av bilen blir mycket blöt är det mödan värt att torka ur den ordentligt, speciellt mattorna. *Lämna aldrig olje- eller eldrivna värmare i bilen för att den ska torka snabbare.*

## 4 Mindre karosskador – reparation

### Mindre repor

1 Om en repa är mycket ytlig och inte har trängt ned till karossmetallen är reparationen mycket enkel att utföra. Gnugga det skadade området helt lätt med lackrenoveringsmedel eller en mycket finkornig slippasta så att lös lack tas bort från repan och det omgivande

området befrias från vax. Skölj med rent vatten.

Applicera förbättringslack på repan med en tunn målarpensel. Fortsätt att lägga på tunna lager färg tills färgytan i repan är i nivå med den omgivande lacken. Låt den nya lacken härda i minst två veckor och jämna sedan ut den mot omgivande lack genom att gnugga hela området kring repan med lackrenoveringsmedel eller en mycket finkornig slippasta. Avsluta med en vaxpolering.

Om repan har gått ned till karossmetallen och denna börjat rosta krävs en annan teknik. Ta bort lös rost från botten av repan med ett vasst föremål och lägg sedan på rostskyddsfärg så att framtida rostbildning förhindras. Använd sedan en spackel av gummi eller nylon och fyll upp repan med spackelmassa. Vid behov kan spacklet tunnas ut med thinner så att det blir mycket tunt, vilket är idealiskt för smala repor. Innan spacklet härdar, linda ett stycke mjuk bomullstrasa runt en fingertopp. Doppa fingret i thinner och stryk snabbt över fyllningen i repan. Det gör att ytan blir något urholkad. Lacka sedan över repan enligt tidigare anvisningar.

### Bucklor

När en djup buckla har uppstått i bilens kaross blir den första uppgiften att räta ut den så att karossen i det närmaste återfår ursprungsformen. Det finns ingen anledning att försöka återställa formen helt, eftersom metallen i det skadade området har sträckt sig vid skadans uppkomst och aldrig helt kommer att återta sin gamla form. Det är bättre att försöka ta bucklans nivå upp till ca 3 mm under den omgivande karossens nivå. Om bucklan är mycket grund är det inte värt besväret att räta ut den. Om undersidan av bucklan är åtkomlig kan den knackas ut med en träklubba eller plasthammare. När detta görs ska mothåll användas på plåtens utsida så att inte större delar knackas ut.

Skulle bucklan finnas i en del av karossen som har dubbel plåt, eller om den av någon annan anledning är oåtkomlig från insidan, krävs en annan teknik. Borra ett flertal hål genom metallen i bucklan – speciellt i de djupare delarna. Skruva sedan in långa plåtskruvar precis så långt att de får ett fast grepp i metallen. Dra sedan ut bucklan genom att dra i skruvskallarna med en tång.

Nästa steg är att ta bort lacken från det skadade området och ca 3 cm av den omgivande oskadade plåten. Detta görs enklast med stålborste eller slipskiva monterad på borrmaskin, men kan även göras för hand med slippapper. Fullborda underarbetet genom att repa den nakna plåten med en skruvmejsel eller filspets, eller genom att borra små hål i det område som ska spacklas. Detta gör att spacklet fäster bättre.

Se avsnittet om spackling och sprutning för att avsluta reparationen.

## Rosthål och revor

Ta bort lacken från det drabbade området och ca 3 cm av den omgivande oskadade plåten med en sliptrissa eller stålborste monterad i en borrmaskin. Om detta inte finns tillgängligt kan ett antal ark slippapper vara minst lika effektivt. När lacken är borttagen kan rostskadans omfattning uppskattas mer exakt och därmed kan man avgöra om hela panelen (om möjligt) ska bytas ut eller om rostskadan ska repareras. Nya plåtdelar är inte så dyra som de flesta tror och det går ofta snabbare och ger bättre resultat med plåtbyte än att försöka reparera större rostskador.

Ta bort alla detaljer från det skadade området, utom dem som styr plåtens ursprungliga form, exempelvis lyktsarger. Ta sedan bort lös eller rostig metall med plåtsax eller bågfil. Knacka kanterna något inåt så att du får en grop för spackelmassan.

Borsta av det skadade området med en stålborste så att rostdamm tas bort från ytan av kvarvarande metall. Måla området med rostskyddsfärg. Behandla också det skadade områdets baksida, om den är åtkomlig.

Före spacklingen måste hålet täckas på något sätt. Detta kan göras med nät av plast eller aluminium eller med aluminiumtejp.

Nät av plast eller aluminium eller glasfiberväv är antagligen det bästa materialet för ett stort hål. Skär ut en bit som är ungefär lika stor som det hål som ska fyllas, placera det i hålet så att kanterna är under nivån för den omgivande plåten. Några klickar spackelmassa runt hålet fäster materialet.

Aluminiumtejp bör användas till små eller mycket smala hål. Dra av en bit tejp från rullen och klipp till den storlek och form som behövs. Dra bort eventuellt skyddspapper och fäst tejpen över hålet. Tejpen kan överlappas om en bit inte räcker. Tryck ned tejpkanterna med ett skruvmejselhandtag eller liknande så att tejpen fäster ordentligt på metallen.

## Spackling och sprutning

Se tidigare anvisningar beträffande reparation av bucklor, repor, rosthål och andra hål innan beskrivningarna i det här avsnittet följs.

Det finns många typer av spackelmassa. Generellt sett är de som består av grundmassa och härdare bäst vid den här typen av reparationer. En bred och följsam spackel av nylon eller gummi är ett ovärderligt verktyg för att skapa en väl formad spackling med fin yta.

Blanda lite massa och härdare på en skiva av exempelvis kartong eller masonit. Följ tillverkarens instruktioner och mät ut härdaren noga, i annat fall härdar spacklet för snabbt eller för långsamt. Använd spackeln och bred ut massan på den preparerade ytan. Dra spackeln över massans yta för att forma den och göra den jämn. Så snart massan har antagit en någorlunda korrekt form bör arbetet avbrytas. Om man håller på för länge blir massan kletig och börjar fastna på spackeln.

Fortsätt att lägga på tunna lager med ca 20 minuters mellanrum till dess att massan är något högre än den omgivande plåten.

När massan har härdat kan överskottet tas bort med hyvel eller fil. Börja sedan slipningen med nr 40 och avsluta med nr 400 våtslippapper. Linda alltid papperet runt en slipkloss, annars blir inte den slipade ytan plan. Vid slutpoleringen ska slippapperet då och då sköljas med vatten. Detta skapar en mycket slät yta på massan i slutskedet.

I det här stadiet bör bucklan vara omgiven av en ring med ren plåt som i sin tur omges av en lätt ruggad kant av den oskadade lacken. Skölj av reparationsområdet med rent vatten till dess att allt slipdamm försvunnit.

Spruta ett tunt lager grundfärg på hela reparationsområdet. Då avslöjas mindre ytfel i spacklingen. Laga dessa med ny spackelmassa eller filler och slipa av ytan igen. Massa kan tunnas ut med thinner så att den blir mer lämpad för riktigt små gropar. Upprepa denna sprutning och reparation till dess att du är nöjd med spackelytan och den ruggade lacken. Rengör reparationsytan med rent vatten och låt den torka helt.

Reparationsytan är nu klar för lackering. Färgsprutning måste utföras i ett varmt, torrt, drag- och dammfritt utrymme. Detta kan åstadkommas inomhus om det finns tillgång till ett större arbetsområde, men om arbetet måste äga rum utomhus är valet av dag av stor betydelse. Om arbetet utförs inomhus kan golvet spolas av med vatten eftersom detta binder damm som annars skulle finnas i luften. Om ytan som ska åtgärdas endast omfattar en panel, måste de omgivande panelerna maskeras av. Då kommer inte mindre nyansskillnader i lacken att synas lika tydligt. Dekorer och detaljer (kromlister, handtag med mera) ska även de maskeras av. Använd riktig maskeringstejp och flera lager tidningspapper till detta.

Före sprutning, skaka burken ordentligt och spruta på en provbit, exempelvis en konservburk, tills du behärskar tekniken. Täck reparationsytan med tjockt med grundfärg. Tjockleken ska byggas upp med flera tunna färglager, inte ett enda tjockt lager. Polera sedan grundfärgsytan med nr 400 våtslippapper tills den är helt slät. Medan detta utförs ska ytan hållas våt och pappret ska då och då sköljas i vatten. Låt torka innan mer färg läggs på.

Spruta på färglagret och bygg upp tjockleken med flera tunna lager färg. Börja spruta i ena kanten och arbeta med sidledes rörelser nedåt till dess att hela reparationsytan och ca 5 cm av den omgivande lackeringen täckts. Ta bort maskeringen 10 – 15 minuter efter att det sista färglagret sprutats på.

Låt den nya lacken härda i minst två veckor innan du jämnar ut nya lackens kanter mot den gamla med en lackrenoverare eller mycket fin slippasta. Avsluta med en vaxpolering.

## Plastkomponenter

Biltillverkarna tillverkar allt fler karossdelar av plast (t.ex. stötfångare, spoilers och i vissa fall även större karosspaneler), och allvarligare fel på sådana komponenter kan endast åtgärdas genom att reparationsarbetet överlåts till en specialist, eller genom att hela komponenten byts ut. Sådana skador lönar sig inte att reparera själv på grund av kostnaden för den specialutrustning och de speciella material som krävs. Principen för dessa reparationer är dock att en skåra tas upp längs med skadan med en roterande rasp i en borrmaskin. Den skadade delen svetsas sedan ihop med en varmluftspistol och en plaststav i skåran. Plastöverskott tas bort och ytan slipas ner. Det är viktigt att rätt typ av plastlod används – plasttypen i karossdelar kan variera, exempelvis PCB, ABS eller PPP.

Mindre allvarliga skador (skrapningar, små sprickor etc.) kan lagas av en hemmamekaniker med hjälp av en tvåkomponents epoxymassa. Den blandas i lika delar och används sedan på ungefär samma sätt som spackelmassa på plåt. Epoxyn härdar i regel inom 30 minuter och kan sedan slipas och målas.

Om ägaren har bytt en komponent på egen hand eller reparerat med epoxymassa, återstår svårigheten att hitta en färg som lämpar sig för den aktuella plasten. Förr i tiden kunde inte någon universalfärg användas på grund av det breda utbudet av plaster i karossdelar. Generellt sett fastnar inte standardfärger på plast och gummi, men det finns nu färger och kompletta färgsatser för plast- och gummilackering att köpa. Dessa består i princip av förprimer, grundfärg och färglager. Kompletta instruktioner finns i satserna, men grundmetoden är att först lägga på förprimern på den aktuella delen och låta den torka i 30 minuter. Sedan ska grundfärgen läggas på och lämnas att torka i ungefär en timme innan det färgade ytlacket läggs på. Resultatet blir en korrekt färgad del där lacken kan röra sig med materialet, något de flesta standardfärger inte klarar.

## 5 Större karosskador – reparation

Om helt nya paneler måste svetsas fast på grund av större skador eller bristande underhåll, bör arbetet överlåtas till en professionell mekaniker. Om det är frågan om en allvarlig krockskada måste hela karossens inställning kontrolleras och det kan endast utföras av en verkstad med tillgång till uppriktningsriggar. En felbalanserad kaross är för det första farlig, eftersom bilen inte reagerar på rätt sätt, och för det andra så kan det leda till att styrningen, fjädringen och ibland kraftöverföringen belastas ojämnt med ökat slitage eller helt trasiga komponenter som följd. Särskilt däcken är utsatta.

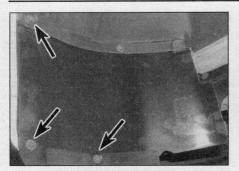

**6.1 Skruva loss de tre skruvarna (vid pilarna) som håller stötfångaren till hjulhusets innerskärm**

**6.2a Bänd upp mittstiften, ta sedan ut de två plastnitarna (vid pilarna)...**

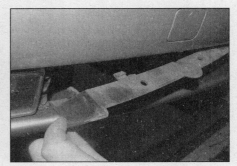

**6.2b ... och ta bort plastgrillen intill dimljuset**

**6.3 Skruva loss torxbulten på var sida**

**6.8 Stötfångarens Torxbult – modell med M-sport Aero**

## 6 Främre stötfångare – demontering och montering

### Demontering

#### Standardmodeller

**1** Skruva loss de tre skruvarna på var sida som håller den bakre kanten av stötfångaren till hjulhusets innerskärm **(se bild)**.
**2** Bänd ut mittstiften, ta sedan ut de två expansionsnitarna på var sida och ta bort plastgrillen intill varje dimljus **(se bilder)**.
**3** Skruva loss Torxskruven på var sida som håller stötfångaren till stötupptagarna **(se bild)**.
**4** Dra stötfångaren framåt en aning. Notera

hur de olika kontaktdonen sitter och koppla sedan loss dem. Om så är tillämpligt, koppla loss strålkastarspolarnas slang.
**5** Dra stötfångaren framåt och lyft bort den från bilen.

#### Modeller med M-Sport Aero

**6** Skruva loss de tre skruvarna i hjulhusets öppning och de fyra bultarna på undersidan och ta bort den nedre sektionen av hjulhusets innerskärm **(se bild 6.1)**. Upprepa åtgärden i hjulhuset på den andra sidan.
**7** Stick in handen och koppla loss det främre dimljusets kontaktdon, och lufttemperatur-givaren (höger sidas innerskärm).
**8** Skruva loss de två Torxbultarna som håller stötfångaren till stötupptagarna **(se bild)**.
**9** Dra stötfångaren framåt en aning. Notera hur parkeringssensorns kontaktdon sitter,

samt eventuella strålkastarspolarslangar, och koppla sedan loss dem.
**10** Dra stötfångaren framåt och lyft bort den från bilen.

### Montering

**11** Montering sker i omvänd ordning mot demonteringen. Se till att dra åt stötfångarens fästskruvar/bultar ordentligt. Om så behövs kan stötfångarens höjd justeras genom att man vrider hylsskruven i stötupptagarens fäste.

## 7 Bakre stötfångare – demontering och montering

### Demontering

#### Sedanmodeller

**1** Dra ut klämmorna, skruva loss de två skruvarna och ta bort stänkskydden på båda sidorna **(se bild)**.
**2** Bänd ut mittstiften och ta bort de tre expandernitarna på var sida som håller den nedre kanten av hjulhusets innerskärm till stötfångarens ände **(se bild)**.
**3** På modeller med parkeringsdistanskontroll (PDC), öppna den högra klädselpanelen i bagageutrymmet, koppla loss styrenhetens kontaktdon och frigör kabeln från eventuella fästklämmor **(se bild)**.

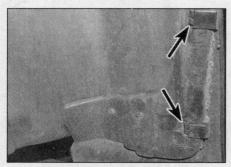

**7.1 Dra metallklämmorna (vid pilarna) mot bilens mitt för att lossa dem**

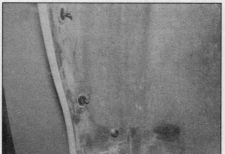

**7.2 Bänd upp mittstiften och ta bort de tre plastnitarna som håller hjulhusets innerskärm till stötfångaren**

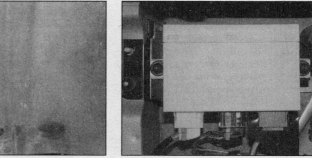

**7.3 Koppla loss kontaktdonen till parkeringsdistanskontrollen – om monterad**

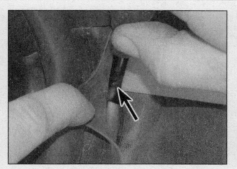

**7.4 Skruva loss de tre muttrarna på var sida som håller den bakre stötfångaren – sedanmodeller**

**7.6 Dra undan gummitätningen och tryck ned fästklämman (vid pilen) för att lossa bakluckans tröskelpanel**

**7.10 Skruva loss bulten på var sida, som håller stötdämparen till stötupptagarna**

4 Öppna förvaringsfacken på båda sidor i bagageutrymmet, och skruva loss de tre muttrarna på var sida som håller stötfångarens stötupptagare till karossen **(se bild)**.

5 Med hjälp av en assistent, dra stötfångaren bakåt. På modeller med PDC, bänd ut gummigenomföringen och dra kabeln genom hålet när stötfångaren tas bort.

### Touringmodeller

6 Öppna bakluckan, dra undan gummi-tätningen och tryck ned den mittre tröskel-sektionens två fästklämmor med ett plast- eller träverktyg **(se bild)**. Ta bort tröskeldelen åt höger.

7 Dra ut klämmorna, skruva loss de två skruvarna och ta bort stänkskydden på båda sidor **(se bild 7.1)**.

8 Bänd ut mittstiftet och ta bort de tre expandernitarna på var sida som håller den nedre kanten av hjulhusets innerskärm till stötfångarens bakre ände **(se bild 7.2)**.

9 På modeller med parkeringsdistanskontroll (PDC), öppna den högra klädselpanelen i bagageutrymmet, lossa de två klämmorna och ta bort panelen. Skruva sedan loss fästbulten och dra den bakre kanten på subwooferhögtalaren inåt mot bilens front. Koppla loss PDC kontrollenhetens kontaktdon och frigör kabeln från eventuella fästklämmor **(se bild 7.3)**.

10 Skruva loss bulten på var sida som håller stötfångaren till stötupptagarna **(se bild)**.

11 Med hjälp av en assistent, dra stöt-fångaren bakåt. På modeller med PDC, bänd ut gummigenomföringen och dra kabeln genom hålet när stötfångaren tas bort.

### Montering

12 Montering sker i omvänd ordning mot demonteringen. Se till att stötfångarens framkant hakar i korrekt med plast-styrningarna, och att fästbultarna/muttrarna dras åt ordentligt.

---

### 8 Motorhuv och stöttor – demontering, montering och justering

### Motorhuv

#### Demontering

1 Öppna motorhuven och låt en medhjälpare hålla i den. Märk upp gångjärnens placering på huven med en blyerts- eller tuschpenna, för att underlätta monteringen.

2 Lyft upp huvens isoleringspanel i nederkant och koppla loss slangen från spolar-munstyckena. På modeller med uppvärmda munstycken, koppla också loss kontaktdonen **(se bilder)**. Knyt fast ett snöre i änden av kabelhärvan och spolarslangen, dra sedan kablaget/slangen från motorhuvskanalen. Frigör kablaget/slangen från eventuella fästklämmor. När kablaget/slangen har dragits ut från motorhuvskanalen, knyt loss

snöret och lämna det på plats så att det kan användas vid monteringen.

3 Ta hjälp av en assistent, stötta motorhuven i öppet läge, lossa sedan och ta bort bultarna som håller vänster och höger gångjärn till motorhuven **(se bild)**. Ta bort motorhuven.

4 Undersök om gångjärnen är slitna eller har stort spel vid själva gångjärnsstiften. Byt ut dem om så behövs. Varje gångjärn är fastskruvat i karossen med två bultar. Märk upp gångjärnets placering på karossen, skruva sedan loss bultarna och ta bort gångjärnet. Vid montering, placera gångjärnet enligt markeringarna och dra åt fästbultarna ordentligt.

#### Montering och justering

5 Med hjälp av en assistent, placera motorhuven mot gångjärnen. Sätt i bultarna och dra åt dem för hand. Rikta in gångjärnen mot markeringarna som gjordes vid demonteringen och dra åt dem ordentligt.

6 Stäng motorhuven och kontrollera att den ligger som den ska i förhållande till omgivande karosspaneler. Om så behövs, lossa gång-järnsbultarna och rikta om huven. När motorhuven sitter som den ska, dra åt gång-järnsbultarna ordentligt och kontrollera att huven stänger/låser och öppnar på ett tillfredsställande sätt. Knyt fast kablaget/slangen i snöret och dra dem genom motor-huvskanalen. Anslut kablaget och slangen.

#### Stöttor

7 Öppna motorhuven och låt en medhjälpare hålla fast den. Bänd ut fästklämmorna i de

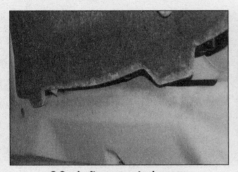

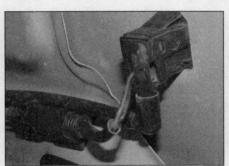

**8.2a Lyft upp motorhuvens isoleringapanel . . .**

**8.2b . . . och koppla loss spolar-munstyckenas slangar och kontaktdonen**

**8.3 Skruva loss bultarna som håller gångjärnen till motorhuven**

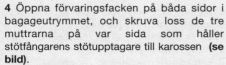

**8.7 Bänd loss klämman i änden av motorhuvens stötta**

**8.8 Öppna motorhuven helt och lås den på plats med två 8 mm bultar genom gångjärnen**

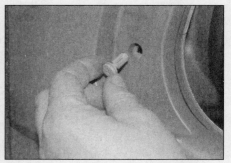

**9.6 Skruva loss skruven och ta bort sparkpanelen i fotbrunnen**

**9.7 Koppla loss innervajern från öppningsspaken**

**9.9 Koppla loss innervajer och vajerhölje från anslutningshuset**

övre och nedre ändarna av stöttorna **(se bild)**.
**8** Dra loss stöttorna från kullederna, stäng sedan antingen motorhuven, eller öppna den helt och stick in en passande 8 mm bult genom gångjärnet på var sida, för att låsa huven i "serviceläget" **(se bild)**.
**9** Montering sker i omvänd ordning mot demonteringen.

## 9 Motorhuvens öppningsvajer – demontering och montering

### Demontering

**1** Motorhuvens öppningsvajer består av tre sektioner – den första, huvuddelen, går från

öppningsspaken till anslutningen vid vänster innerskärm (intill spolarvätskebehållaren), den andra går från anslutningen till det vänstra motorhuvslåset, och den sista mellan de två låsen.

### Vajer mellan öppningsspak och anslutning

**2** Öppna förarsidans dörr och dra försiktigt upp tröskelns klädselpanel.
**3** Dra upp gummiremsan från dörröppningen, intill fotbrunnens sparkpanel.
**4** Skruva loss infästningarna och ta bort den nedre instrumentbrädespanelen ovanför pedalerna. Koppla loss eventuella kontaktdon när panelen tas bort.
**5** Skruva loss skruven och ta bort öppnings-spaken.

**6** Skruva loss skruven och ta bort fot-brunnens sparkpanel **(se bild)**.
**7** Ta loss innervajerns ändbeslag från öppningsspaken **(se bild)**.
**8** Tryck/dra vajerhöljets ändbeslag från torpedväggen i motorrummet och dra in vajern i motorrummet.
**9** Ta loss anslutningshuset från inner-skärmen. Öppna huset och koppla loss innervajer och vajerhölje **(se bild)**.

### Vajer mellan anslutning och lås

**10** Ta loss anslutningshuset från inner-skärmen. Öppna huset och koppla loss innervajer och vajerhölje **(se bild 9.9)**
**11** Ta bort förarsidans motorhuvslås enligt beskrivning i avsnitt 10.

### Vajer mellan lås

**12** Vajern mellan låsen tas bort som en del av demonteringen av motorhuvslåset, enligt beskrivning i avsnitt 10.

### Montering

**13** Montering sker i omvänd ordning mot demonteringen. Se till att vajern dras korrekt och fästs ordentligt med alla relevanta fästklämmor. Kontrollera att motorhuvslåsen fungerar som de ska innan du stänger motorhuven.

## 10 Motorhuvslås – demontering och montering

### Demontering

**1** Demontera den främre stötfångaren enligt beskrivning i avsnitt 6.
**2** Demontera båda främre strålkastarna enligt beskrivning i kapitel 12, avsnitt 7.
**3** Skruva loss de tre bultarna och ta bort luftinloppskanalen från den främre plast-panelen **(se bild)**.
**4** Tryck in mittstiftet och bänd ut de tre plastklämmorna upptill på den främre plastpanelen **(se bild)**.
**5** Skruva loss de tre skruvarna, lossa kabel-härvan från dess klämmor och ta bort den främre plastpanelen nedåt.

**10.3 Skruva loss luftkanalens tre fästbultar (de två inre vid pilarna)**

**10.4 Tryck in mittstiften och bänd ut de tre plastnitarna (vid pilarna)**

**10.6 Motorhuvslåsets skruvar**

**11.2 Tryck in klämman och driv dörrstoppets stift uppåt**

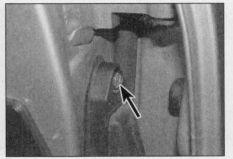

**11.3 Skruva loss bulten (vid pilen) och ta loss kontakten från stolpen**

6 Motorhuvslåsen är fästa med tre Torx-skruvar **(se bild)**. Skruva loss de tre skruvarna, för låset (-en) mot mitten och koppla loss vajern (vajrarna) från armen.

## Montering

7 Monteringen sker i omvänd ordning mot demonteringen.

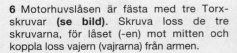

## 11 Dörr – demontering, montering och justering

### Demontering

1 Koppla loss batteriets negativa kabel (se kapitel 5A). Detta är viktigt, eftersom alla modeller i 5-serien som behandlas i den här boken har krockkuddar i framdörrarna som standard, med krockkuddar i bakdörrarna som tillval. Vänta i minst en minut efter det att batteriet har kopplats ifrån innan du kopplar loss kabelhärvans kontaktdon (punkt 4).
2 För undan gummidamasken, tryck ned fästtungan och driv dörrstoppets stift uppåt **(se bild)**.
3 Skruva loss bulten som håller fast kontakten till dörrens kabelhärva i stolpen **(se bild)**.
4 Ta loss kontakten från stolpen, dra ut låsspärren och koppla loss kontaktdonet **(se bild)**.
5 Märk upp gångjärnets position på dörren och skruva loss fästmuttrarna **(se bild)**.
6 Ta loss dörren från bilen.

**11.4 Dra upp låsspärren och koppla loss kontaktdonet**

## Montering

7 Sätt dörren på plats och anslut kontakten. Tryck in kontakten i dörrstolpen och skruva fast den med bultarna.
8 Haka i gångjärnen med pinnbultarna på dörren och dra åt muttrarna ordentligt. Om så behövs kan dörrens placering justeras genom att man sätter in eller tar bort shims mellan gångjärnet och dörren (finns hos BMW-återförsäljare).
9 Rikta in dörrstoppet mot stolpen, sätt i stiftet och fästklämman.

## Justering

10 Justera alltid bakdörrarna först. Stäng dörren och kontrollera inställningen i förhållande till omgivande karosspaneler. Om så behövs kan en liten justering av

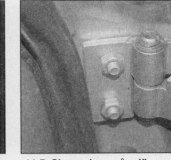

**11.5 Skruva loss gångjärnens fästmuttrar**

placeringen göras genom att man lossar gångjärnsmuttrarna och placerar om gångjärnet/dörren efter behov. När dörren är korrekt placerad, dra åt gångjärnsmuttrarna ordentligt. Om lacken kring gångjärnen har skadats, pensla på lämplig bättringsfärg för att förebygga korrosion.

## 12 Dörrens inre klädselpanel – demontering och montering

### Demontering – framdörr

1 Koppla loss batteriets negativa pol (se kapitel 5A). Detta är viktigt, eftersom alla modeller i 5-serien som behandlas i den här boken har krockkuddar i framdörrarna som standard. Vänta i minst en minut efter det att batteriet har kopplats ifrån innan arbetet fortsätter.
2 Skruva loss skruven i luftventilen framtill i dörren **(se bild)**.
3 Bänd ut tröskellampan nedtill på panelen och koppla loss kontaktdonet.
4 På modeller som har säten med minne, bänd försiktigt ut reglaget och koppla loss kontaktdonet.
5 Använd ett tjockt bladmått eller liknande, tryck in fönsterreglagepanelens fästklämmor vid de fyra punkter som visas och dra försiktigt upp panelen. När alla fyra klämmor har lossats, ta bort panelen och koppla loss brytarnas kontaktdon **(se bilder)**.

**12.2 Skruva loss skruven i ventilen (vid pilen)**

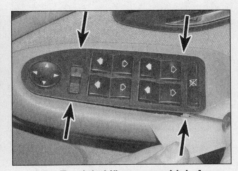

**12.5a Tryck in klämmorna vid de fyra punkter som visas**

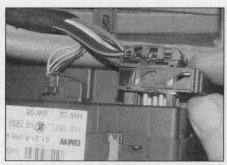

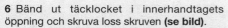

**12.5b Dra ut låsspärren och koppla loss kontaktdonet**

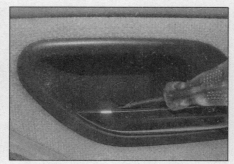

**12.6 Bänd ut plastlocket och skruva loss skruven**

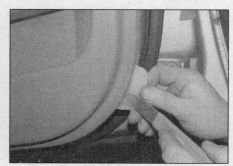

**12.7a Bänd försiktigt mellan panelen och dörren för att lossa klämmorna. Använd en bit kartong eller plastskiva till att skydda lacken**

**6** Bänd ut täcklocket i innerhandtagets öppning och skruva loss skruven **(se bild)**.
**7** Lossa klädselpanelens clips genom att försiktigt bända mellan panelen och dörren med ett särskilt clipsverktyg eller en spårskruvmejsel. Arbeta runt panelens kant, och när alla clips har lossats, lyft ut panelen och låt dörrhandtaget gå genom öppningen i panelen **(se bild)**. Notera att clipset bakom dörrens draghandtag eventuellt måste tas bort från dörren och placeras på klädselpanelen innan återmonteringen **(se bild)**.
**8** Mata igenom kontaktdonen när panelen tas bort.
**9** Demontera dörrens krockkudde enligt beskrivning i kapitel 12.
**10** På modeller tillverkade fram till 03/01, Haka loss vajern från det inre dörrhandtaget. På modeller tillverkade fr.o.m. 03/01, bänd ut låsarmen och ta loss vajern från det inre dörrhandtaget (se avsnitt 13).
**11** Skruva loss de tre skruvarna som håller högtalaren, ta ut högtalaren och koppla loss kontaktdonen **(se bild)**.
**12** Om så behövs, ta försiktigt loss isoleringen från dörren, med ett flatbladigt verktyg som kan skära genom tätningen.

### Demontering – bakdörr

**13** Koppla loss batteriets negativa pol (se kapitel 5A). Detta är väsentligt på modeller med krockkuddar i de bakre dörrarna. Vänta i minst en minut innan arbetet fortsätter.
**14** Bänd försiktigt ut tröskellampan från

panelens nedre kant och koppla loss kontaktdonet.
**15** På modeller med manuella fönsterhissar, bänd försiktigt loss plastlocket från fönsterveven. Skruva loss fästskruven och ta bort veven tillsammans med den runda infattningen.
**16** På modeller med elfönsterhissar, använd en liten spårskruvmejsel och bänd försiktigt ut brytaren från armstödet. Lägg en bit kartong under skruvmejseln för att skydda armstödet. Koppla loss brytarens kontaktdon när den tas ut **(se bild)**.
**17** Bänd ut täcklocket i det inre handtagets öppning och skruva loss skruven **(se bild 12.6)**.

### Modeller med rullgardin

**18** Haka loss rullgardinen längst upp, dra den inåt mot kupén och uppåt för att ta loss den.
**19** Med hjälp av ett särskilt clipsverktyg eller en spårskruvmejsel, bänd försiktigt loss dekorlisten från klädselpanelen; börja i den bakre änden **(se bild)**.
**20** Skruva loss de två skruvarna som håller klädselpanelen till dörren.

### Alla modeller

**21** Lossa nu klädselpanelens clips genom att försiktigt bända mellan panelen och dörren med ett clipsverktyg eller en skruvmejsel. Arbeta runt panelens kant, och när alla clips har lossats, dra ut panelen i överkant, lyft

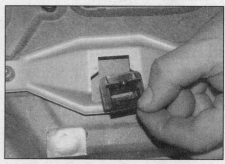

**12.7b Klämman bakom draghandtaget måste eventuellt tas bort från dörren och placeras på klädselpanelen**

panelen och lirka den över dörrhandtaget **(se bild 12.7a)**.
**22** Om det sitter en krockkudde i dörren, demontera den enligt beskrivning i kapitel 12.
**23** Haka loss vajern från innerhandtaget.
**24** Om så behövs, ta försiktigt loss ljudisoleringen från dörren, med ett flatbladigt verktyg som kan skära genom tätningen.

### Montering

**25** Montering av klädselpanelen sker i omvänd ordning mot demonteringen. Innan montering, kontrollera om några av fästclipsen gick sönder vid demonteringen och byt i så fall ut dessa. Om ljudisoleringen har tagits bort, se till att denna sätts tillbaka

**12.11 Skruva loss dörrhögtalarens tre skruvar (vid pilarna)**

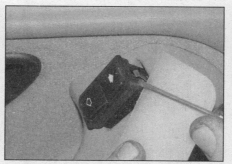

**12.16 Bänd ut brytaren från armstödet. Skydda klädseln med en bit kartong eller tunn plast**

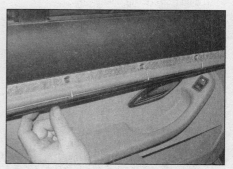

**12.19 Ta loss dekorlisten från klädselpanelen**

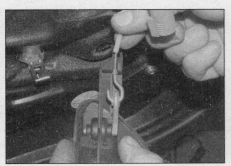

**13.2  Dra vajern från styrningen och haka loss den från armen – modeller fram till 03/01**

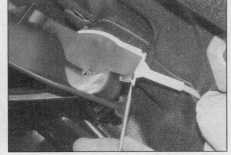

**13.3a  Bänd ut vajerns "lås" . . .**

**13.3b  . . . och ta loss vajerns ändbeslag från handtaget**

korrekt och att tätningen blir riktigt tät. Om ljudisoleringspanelen skadades vid demonteringen måste den bytas ut.

## 13 Dörrhandtag och låskomponenter – demontering och montering

### Demontering

#### Inre dörrhandtag

**1** Demontera dörrens inre klädselpanel enligt beskrivning i avsnitt 12.
**2** På bilar tillverkade fram till 03/01, dra vajern från stödfästet och haka loss den från armen **(se bild)**.

**3** På bilar tillverkade efter 03/01, dra det inre handtaget till den "öppna" positionen, bänd ut vajerlåset och ta loss vajern från handtagets bakre ände **(se bilder)**.

#### Främre dörrens lås

**4** Se till att de främre fönstren är helt stängda, men öppna de bakre fönstren helt. Koppla loss batteriets negativa kabel enligt beskriving i kapitel 5A.
**5** Demontera dörrens inre klädselpanel enligt beskrivning i avsnitt 12.
**6** Demontera det yttre dörrhandtaget enligt beskrivning på annan plats i det här avsnittet.
**7** Koppla loss låsets kontaktdon genom att dra det nedåt och bakåt **(se bild)**.
**8** Koppla loss aktiveringsvajern från dörrlåset.

**9** Koppla loss mikroswitchens kontaktdon från dörrlåset **(se bild)**.
**10** Lossa aktiveringsvajern från fästklämman på dörren **(se bild)**.
**11** Skruva loss de tre Torxskruvarna och ta ut låset, nedåt och ut från dörren **(se bild)**.
**12** Om så behövs kan låsets drivenhet tas bort genom att man bänder upp låsklämman och drar drivenheten från låset **(se bild)**.
**13** Om så behövs, skruva loss de två skruvarna, ta bort plattan och lyft ut mikroswitchen **(se bild)**.

#### Främre dörrens yttre handtag

**14** Demontera dörrlåset enligt tidigare beskrivning.
**15** Med två små spårskruvmejslar, lyft upp

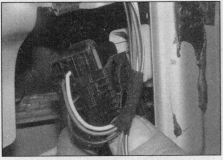

**13.7  Koppla loss låsets kontaktdon**

**13.9  Koppla loss mikroswitchens kontaktdon**

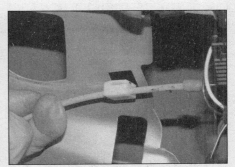

**13.10  Lossa vajerns fästklämma från dörren**

**13.11  Skruva loss de tre Torxskruvarna (vid pilarna)**

**13.12  Bänd upp låsklämman och dra drivenheten från låset**

**13.13  Skruva loss de två skruvarna, ta bort plattan och lyft ut mikroswitchen**

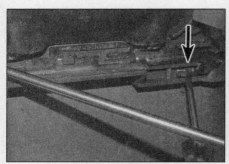

13.15 Lyft fästtungan (vid pilen) över fästklacken och skjut plattan framåt på samma gång

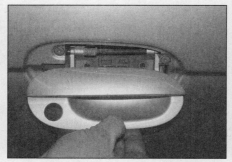

13.16 Dra handtagets nedre kant utåt och och ta ner det

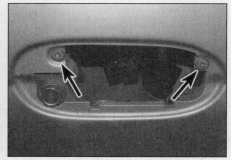

13.18 Skruva loss de två Torxskruvarna (vid pilarna)

fästtungan på låsplattan över fästklacken och tryck plattan framåt på samma gång (se bild).
16 Dra den nedre kanten på det yttre handtaget utåt och nedåt för att ta bort det från dörren (se bild).

**Främre dörrlåsets cylinder**

17 Demontera låset och det yttre handtaget enligt tidigare beskrivning i det här avsnittet.
18 Skruva loss de två Torxskruvarna och lirka ut det yttre handtagets hållare, komplett med låscylinder, från dörren (se bild).
19 Stick in en spårskruvmejsel i spåret och bänd loss plastkåpan från låscylindern (se bild).
20 Ingen ytterligare isärtagning av enheten

rekommenderas. I skrivande stund finns låscylindern endast tillgänglig som en enhet tillsammans med det yttre handtaget. Rådfråga din BMW-återförsäljare.

**Bakre dörrens lås**

21 Stäng de bakre fönstren helt och öppna de främre. Koppla loss batteriets negativa kabel enligt beskrivning i kapitel 5A.
22 Demontera dörrens inre klädselpanel och ljudisoleringspanelen enligt beskrivning i avsnitt 12.
23 Skruva loss och ta bort låsenhetens Torx- (fäst-) skruvar (se bild).
24 Koppla loss de två aktiveringsvajrarna från låsenheten (se bilder).

25 Dra ut låsspärren och koppla loss kontaktdonet från dörrlåset. Lirka ut låset från dörren.
26 Om så behövs, bänd upp låsspärren och dra drivenheten från låset (se bild).

**Bakre dörrens yttre handtag**

27 Ta ut gummigenomföringen i änden av dörren och ta sedan bort skumtejpen (om monterad) som blir synlig i öppningen med en kniv (se bild).
28 Stick in en liten spårskruvmejsel i öppningen, lyft låsplattans fästklämma, ta sedan en andra skruvmejsel och tryck låsplattan försiktigt framåt (se bild). Ta bort båda skruvmejslarna.

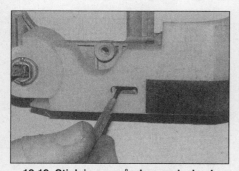

13.19 Stick in en spårskruvmejsel och lossa plastkåpan

13.23 Skruva loss de tre Torxskruvarna

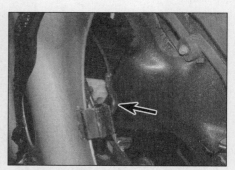

13.24a Koppla loss vajern från det inre handtaget (vid pilen) . . .

13.24b . . . och vajern från det yttre handtaget

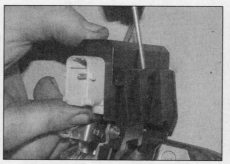

13.26 Bänd upp spärren och ta bort drivenheten

13.27 Ta ut gummigenomföringen i änden av dörren

 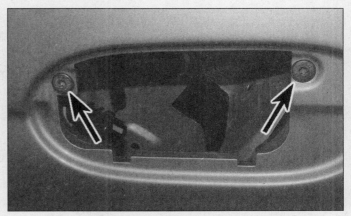

**13.28 Lyft låsplattans fästklämma (vid pilen) och tryck låsplattan framåt**

**13.32 Skruva loss de två Torxskruvarna (vid pilarna)**

29 Dra den nedre kanten på det yttre handtaget utåt och nedåt för att ta bort handtaget från dörren.

### Bakre dörrens yttre handtag – hållare/aktiveringsvajer

30 Demontera dörrens inre klädselpanel enligt beskrivning i avsnitt 12.
31 Demontera det yttre handtaget enligt beskrivning tidigare i detta avsnitt.
32 Skruva loss de två fästskruvarna och ta bort handtagets hållare tillsammans med aktiveringsvajern **(se bild)**.
33 Om så behövs, lossa fästklämman och koppla loss aktiveringsvajern från hållaren **(se bild)**.

## Montering

### Inre dörrhandtag

34 På bilar tillverkade fram till 03/01, haka fast innervajern i handtagets arm, placera vajern i spåret i stödfästet och tryck in vajerhöljet på plats.
35 På bilar tillverkade efter 03/01, haka fast innervajern i låshandtaget (handtaget stängt) och tryck vajerlåset på plats.

### Främre dörrens lås

36 Om mikroswitchen tagits bort, sätt tillbaka denna på låset, sätt tillbaka plattan och dra åt skruvarna ordentligt.

37 Om låsets drivenhet har tagits bort, sätt tillbaka denna och fäst den på plats med låsklämman.
38 Innan låset monteras, se till att plaststyrningen för låscylinderns axel sitter i mitten längst ned i öppningen **(se bild)**.
39 För in låset på plats, se till att cylinderns axel hakar i korrekt och dra åt fästskruvarna ordentligt.
40 Fäst aktiveringsvajern på plats på dörren med klämman.
41 Anslut mikroswitchens kontaktdon.
42 Anslut aktiveringsvajern till dörrlåset.
43 Resten av monteringen sker i omvänd ordning mot demonteringen, men stäng **INTE** dörren förrän du är helt säker på att låset fungerar som det ska. Om dörren oavsiktligt stängs kan det hända att det blir omöjligt att öppna dörren utan att skära i den yttre dörrpanelen.

### Främre dörrens yttre handtag

44 För in handtaget på plats i dörren, använd sedan en skruvmejsel och för låsplattan bakåt tills fästklämman greppar i **(se bild)**.
45 Resten av monteringen sker i omvänd ordning mot demonteringen, men stäng **INTE** dörren förrän du är helt säker på att låset fungerar som det ska. Om dörren oavsiktligt stängs, kan det hända att det blir omöjligt att öppna dörren utan att skära i den yttre dörrpanelen.

### Främre dörrlåsets cylinder

46 Om plastkåpan har tagits bort, sätt denna på plats på cylindern igen.
47 För in det yttre handtagets hållare på plats och dra åt de två fästskruvarna ordentligt.
48 Resten av monteringen sker i omvänd ordning mot demonteringen, men stäng **INTE** dörren förrän du är helt säker på att låset fungerar som det ska. Om dörren oavsiktligt stängs, kan det hända att det blir omöjligt att öppna dörren utan att skära i den yttre dörrpanelen.

### Bakre dörrens lås

49 Om drivenheten har tagits bort, sätt tillbaka denna på låset och se till att låsspärren hakar i korrekt.
50 Anslut låsets kontaktdon.
51 Anslut låsets aktiveringsvajrar.
52 För in låset på plats och dra åt Torxskruvarna ordentligt.
53 Resten av monteringen sker i omvänd ordning mot demonteringen, men stäng **INTE** dörren förrän du är helt säker på att låset fungerar som det ska. Om dörren oavsiktligt stängs, kan det hända att det blir omöjligt att öppna dörren utan att skära i den yttre dörrpanelen.

### Bakre dörrens yttre handtag

54 Sätt in handtaget på plats, för sedan in en liten spårskruvmejsel genom öppningen i

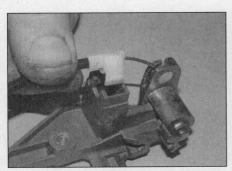  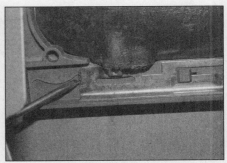

**13.33 Koppla loss aktiveringsvajern från hållaren**

**13.38 Placera plaststyrningen för cylinderns axel enligt bilden**

**13.44 Skjut låsplattan bakåt med en skruvmejsel**

**14.3 Ta försiktigt loss listen mellan dörren och rutan**

**14.4 Lossa skruvarna till fönsterrutans fästklämmor (vid pilarna)**

**14.6 Lossa plaststyrningen från dörren**

dörrens bakre kant och skjut hållplattan försiktigt bakåt tills fästklämman "klickar" på plats. Sätt tillbaka gummigenomföringen.

### Bakre dörrens yttre handtag – hållare/aktiveringsvajer

**55** Om aktiveringsvajern har tagits loss, anslut den till hållaren.
**56** Sätt in hela enheten på plats och dra åt fästskruvarna ordentligt.
**57** Resten av monteringen sker i omvänd ordning mot demonteringen, men stäng **INTE** dörren förrän du är helt säker på att låset fungerar som det ska. Om dörren oavsiktligt stängs, kan det hända att det blir omöjligt att öppna dörren utan att skära i den yttre dörrpanelen.

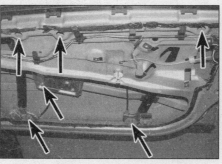

**14.7 Fönsterreglagets bultar (vid pilarna)**

**14.11 Lyft upp fönstrets inre tätningsremsa**

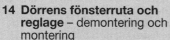

### 14 Dörrens fönsterruta och reglage – demontering och montering

### Demontering

#### Främre dörrens fönster

**1** Sänk ned fönstret så långt det går.
**2** Demontera dörrens inre klädselpanel och ljudisoleringspanelen enligt beskrivning i avsnitt 12.
**3** Sätt isoleringstejp längs den övre kanten av dörrens yttre panel för att skydda lacken. Använd sedan en spatel av trä eller plast och bänd försiktigt upp listen mellan dörren och fönsterrutan **(se bild)**.

**4** Lossa fönsterrutans klämskruvar, lyft upp den bakre änden av rutan och ta ut den från dörren **(se bild)**.

#### Främre dörrens fönsterreglage

**5** Höj fönsterrutan till helt stängt läge, lossa sedan rutan från reglagets klämmor, enligt beskrivning ovan. Man behöver inte ta bort rutan från dörren – det går bra att tejpa fast den eller kila fast den med gummikilar, så att den hålls kvar i det helt stängda läget.
**6** Koppla loss reglagets kontaktdon och lossa plaststyrningen **(se bild)**.
**7** Reglaget hålls fast av sex bultar. Ta bort de tre övre bultarna, men lossa bara på de tre nedre **(se bild)**. Ta ut reglaget från dörren. I skrivande stund verkar den elektriska motorn utgöra en del av reglaget och de måste alltså bytas ut som en komplett enhet. Kontakta en BMW-återförsäljare eller annan specialist.

#### Bakre dörrens fönster

**8** Sänk ned fönsterrutan så långt det går, koppla sedan loss batteriets minuskabel enligt beskrivning i kapitel 5A.
**9** Lägg isoleringstejp längs den övre kanten på dörrens yttre panel för att skydda lacken. Använd sedan en spatel av trä eller plast och bänd försiktigt upp listen mellan dörren och fönsterrutan **(se bild 14.3)**.
**10** Demontera dörrens inre klädselpanel och ljudisoleringspanel enligt beskrivning i avsnitt 12.
**11** Lyft upp fönstrets inre tätningsremsa med ett brett, flatbladigt verktyg **(se bild)**.
**12** Bänd försiktigt loss den fasta rutans täckpanel och ta bort den **(se bild)**.
**13** Ta ut gummistyrningen, skruva sedan loss de tre skruvarna och ta bort den fasta rutans styrning uppåt från dörren **(se bilder)**.

**14.12 Ta bort den fasta rutans täckpanel**

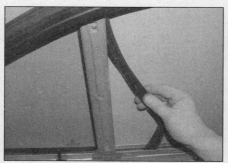

**14.13a Ta ut gummistyrningen . . .**

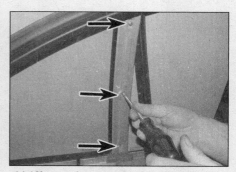

**14.13b . . . skruva sedan loss styrningens tre fästskruvar (vid pilarna)**

**14.14a Skruva loss skruven till fönstrets fästklämma (vid pilen) . . .**

**14.14b . . . och ta bort rutan från dörren**

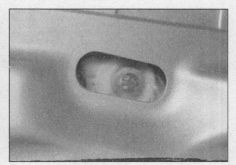

**14.17 Dra bort tätningsremsan och skruva loss reglagets övre fästskruv**

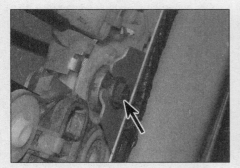

**14.18 Lossa reglagets nedre fästbult (vid pilen)**

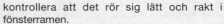

**14.20 Skruva loss de fyra fästskruvarna**

kontrollera att det rör sig lätt och rakt i fönsterramen.

### Främre dörrens fönsterreglage

**23** Montering sker i omvänd ordning mot demonteringen. Sätt tillbaka rutan och justera enligt tidigare beskrivning i det här avsnittet.

### Bakre dörrens fönster

**24** Montering sker i omvänd ordning mot demonteringen. Innan ljudisoleringspanelen sätts tillbaka, kontrollera att fönstret går upp och ned lätt och mjukt.

### Bakre dörrens fönsterreglage

**25** Montering sker i omvänd ordning mot demonteringen. Innan ljudisoleringspanelen sätts tillbaka, kontrollera att fönstret går upp och ned lätt och mjukt.

---

**14** Skruva loss och ta bort fästskruven och brickan, lyft sedan bort rutan från dörrren **(se bilder)**.

### Bakre dörrens fasta ruta

**15** Eftersom den bakre dörrens fasta ruta är limmad på plats, bör byte av rutan överlämnas till en BMW-verkstad eller en specialist på bilrutor.

### Bakre dörrens fönsterreglage

**16** Demontera den bakre fönsterrutan enligt beskrivningen ovan.
**17** Dra undan tätningsremsan och ta bort reglagets övre fästskruv **(se bild)**.
**18** Lossa bulten och lyft den nedre änden av reglaget från dörren **(se bild)**.
**19** Koppla loss den elektriska motorns kontaktdon.
**20** Skruva loss de fyra fästskruvarna och ta

bort reglaget och motorn från dörren **(se bild)**.
**21** I skrivande stund verkar den elektriska motorn utgöra en del av reglaget och de måste alltså bytas ut som en komplett enhet. Kontakta en BMW-återförsäljare eller annan specialist.

## Montering

### Främre dörrens fönster

**22** Montering sker i omvänd ordning mot demonteringen, men innan du drar åt bultarna till fönstrets fästklämmor, anslut brytaren och stäng rutan tills det är ett gap på 10 mm mellan rutans överkant och tätningsremsan **(se bild)**. Justera fönstrets position i klämmorna så att du får ett avstånd på 5,4 mm mellan rutans främre kant och tätningsremsan **(se bild)**. Dra sedan åt klämbultarna ordentligt. Aktivera fönstret och

**15 Bagage-/baklucka och stöttor** – demontering och montering

## Demontering

### Bagagelucka (sedan)

**1** Öppna bagageluckan, ta bort fästskruven till verktygslådans lock, bänd loss plastlocken och ta bort verktygslådans gångjärnsskruvar **(se bild)**. Ta bort verktygslådan från bagageutrymmets klädselpanel.
**2** Bänd upp mittstiften och ta bort expandernitarna (plast), ta sedan bort klädselpanelen från bagageluckan.

**14.22a Med ett 10 mm gap upptill . . .**

**14.22b . . . ska gapet i fönstrets främre kant vara 5,4 mm**

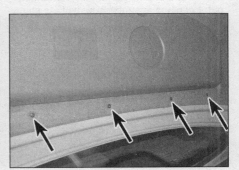

**15.1 Bänd loss locken och ta bort verktygslådans gångjärnsskruvar**

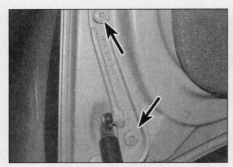

**15.4 Bultar till bagageluckans gångjärn (vid pilarna)**

**15.8 Ta bort den övre täckpanelen från bakluckans fönster**

**15.9 Ta bort antennförstärkarens täckkåpa**

**3** Koppla loss kontaktdonen från registreringsskyltens lampor, bagageutrymmesbelysningens kontakt och centrallåsets servo (efter tillämplighet) och knyt fast ett snöre i änden av kablaget. Notera exakt hur kablaget är draget, lossa gummigenomföringarna från bagageluckan och dra bort kablaget. När änden av kablaget kommer fram, knyt loss snöret och låt det sitta kvar i luckan så att det kan användas till att dra tillbaka kablaget vid monteringen.

**4** Rita runt varje gångjärnsplatta med en lämplig märkpenna, skruva sedan loss gångjärnens fästbultar och ta bort bagageluckan från bilen **(se bild)**.

**5** Undersök om gångjärnen är slitna eller skadade och byt ut dem vid behov; gångjärnen sitter fast i karossen med bultar.

## Bagageluckans stöttor

**6** Stötta bagageluckan i öppet läge. Med en liten spårskruvmejsel, lyft fjäderklämman och

dra loss stöttan från dess övre fäste. Upprepa på det nedre fästet och ta bort stöttan från bilen.

## Baklucka/bakruta (Touring)

**7** Öppna bakluckan och låt en medhjälpare hålla upp den.

**8** Ta loss den övre täckpanelen från bakluckans fönster **(se bild)**,

**9** Ta loss antennförstärkarens kåpa **(se bild)**.

**10** Skruva loss fästmuttern, dra ut förstärkaren och koppla loss kontakterna.

**11** Bänd ut gummigenomföringarna och frigör kablaget från fönsterramen, koppla sedan loss spolarslangen **(se bild)**.

**12** Gör inställningsmärken mellan fönstret och gångjärnen, skruva sedan loss muttrarna och ta bort fönstret **(se bild)**.

**13** För att demontera bakluckan, ta bort luckans inre klädselpanel enligt beskrivning i avsnitt 26. Notera exakt hur de olika

kontaktdonen sitter, koppla sedan loss dem från bakluckan.

**14** Öppna bakluckans fönster, ta sedan loss klädselpanelen längst upp på bakluckan **(se bild)**.

**15** Bänd ut de tre klämmorna på var sida, ta bort gummistoppen och ta bort vänster och höger klädselpaneler från bakluckan för att komma åt gångjärnsmuttrarna **(se bilder)**.

**16** Bänd ut gummigenomföringen och dra försiktigt bort kablaget från bakluckan.

**17** Gör inställningsmärken mellan bakluckan och gångjärnen, skruva sedan loss muttrarna och ta bort luckan **(se bild)**.

## Bakluckans/bakrutans stöttor

**Observera:** *I skrivande stund finns ingen information om det automatiska öppnings-/stängningssystemet för bakluckan. Kontakta en BMW-återförsäljare eller annan specialist för information.*

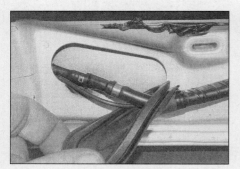

**15.11 Dra undan gummigenomföringen och koppla loss spolarmunstyckets slang**

**15.12 Bakrutans gångjärnsmuttrar**

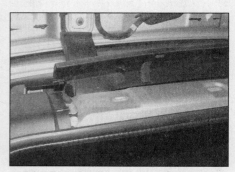

**15.14 Ta loss klädselpanelen längst upp på bakluckan**

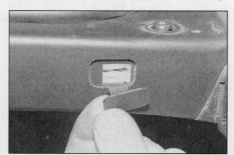

**15.15a Bänd ut de tre klämmorna på var sida . . .**

**15.15b . . . och ta bort gummistoppen**

**15.17 Skruva loss bakluckans gångjärnsmuttrar**

**18** För att man ska kunna ta bort bakluckans/bakrutans stöttor, måste man använda särskilda BMW-verktyg till att koppla loss stöttornas främre ändar från karossen. Av den anledningen rekommenderar vi att arbetet överlämnas till en BMW-verkstad eller annan lämpligt utrustad specialist.

## Montering

### Bagagelucka

**19** Montering sker i omvänd ordning mot demonteringen. Rikta in gångjärnen med de markeringar som gjordes innan demonteringen.
**20** Avslutningsvis, stäng bagageluckan och kontrollera att den sitter rätt i förhållande till omgivande karosspaneler. Om så behövs kan en liten justering göras genom att man lossar fästbultarna och placerar om luckan på gångjärnen. Om lacken runt gångjärnen har skadats, bättra på med lämplig färg för att förebygga korrosion.

### Bagageluckans stöttor

**21** Montering sker i omvänd ordning mot demonteringen. Se till att stöttan hålls fast ordentligt av fästklämmorna.

### Baklucka/bakre ruta

**22** Montering sker i omvänd ordning mot demonteringen. Rikta in de tidigare gjorda markeringarna.

## 16 Bak-/bagageluckans låskomponenter – demontering och montering

## Demontering

### Bagageluckans lås (sedan)

**1** Öppna bagageluckan och ta bort luckans nedre klädselpanel (se avsnitt 26). Panelen sitter fast med två expandernitar av plast (bänd ut mittstiftet och ta sedan ut hela niten), och en skruv i handtagets fördjupning bakom ett plastlock. När alla dessa fästen är borta, dra försiktigt loss panelen från de fyra fästclipsen.
**2** Koppla loss låsknappens aktiveringsstag.

**16.3 Skruva loss de tre bultarna (vid pilarna) och ta bort bagageluckans lås**

**3** Koppla loss låsets kontaktdon, skruva loss de tre bultarna och ta bort låset **(se bild)**.
**4** Om så behövs, lossa de två skruvarna och ta bort drivenheten från låset.

### Bagageluckans låscylinder

**5** Ta bort bagageluckans klädselpanel enligt beskrivning i avsnitt 26.
**6** Koppla loss aktiveringsstaget från låsknappen och koppla loss kontaktdonet.
**7** Skruva loss de två muttrarna och ta bort låscylinder **(se bild)**.
**8** Om så behövs, ta bort kåpan, dra ut klämman och ta bort mikroswitchen **(se bilder)**.
**9** Lossa de två klämmorna och ta bort den svarta plastkåpan från låsets utsida.
**10** Bänd av den lilla låsringen och ta bort kammen och armen **(se bild)**.
**11** Bänd ut den stora låsringen och ta bort

**16.8a Ta bort kåpan . . .**

**16.10 Bänd loss låsringen**

**16.11a Ta bort den stora låsringen . . .**

**16.7 Skruva loss de två muttrarna och ta bort låscylindern**

cylinderenheten **(se bilder)**. Ta vara på den stora fjädern.
**12** Dra av reglerhylsan, ta bort den lilla låsringen och ta sedan loss själva låscylindern med en nyckel.

### Bagageluckans öppningsknapp

**13** Ta bort bagageluckans klädselpanel enligt beskrivning i avsnitt 26.
**14** Koppla loss knappens kontaktdon.
**15** Bänd försiktigt ut den övre kanten av knappen och lyft ut den. Om så behövs, dra av klämman och ta bort mikroswitchen.

### Bakluckans lås (Touring)

**16** Demontera bakluckans klädselpanel enligt beskrivning i avsnitt 26.
**17** Lyft upp fästklämman och koppla loss aktiveringsstaget från låset.
**18** Gör inställningsmärken mellan låset och

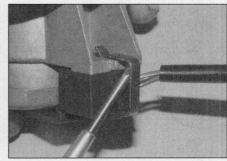
**16.8b . . . och dra ut mikroswitchens fästklämma**

**16.11b . . . och lyft ut cylinderenheten**

**16.18 Skruva loss låsets tre fästskruvar (vid pilarna)**

**16.19 Låsets aktiverare sitter fast med två skruvar**

**17.3 Lossa spärren och koppla loss kontaktdonen**

panelen med en märkpenna. Skruva loss de tre skruvarna och ta bort låset **(se bild)**. Koppla loss kontaktdonet när låset tas ut.

**19** Om så behövs, skruva loss de två fästskruvarna, driv ut pivåstiftet och ta bort låsets aktiverare från låset **(se bild)**.

### Montering

**20** Montering sker i omvänd ordning mot demonteringen. Tänk på följande:

a) Anslut alla kontaktdon och fäst kablaget med eventuella fästklämmor.
b) Rikta in eventuella markeringar som gjorts innan demonteringen.
c) Kontrollera funktionen hos låsen/cylindrarna innan klädselpanelerna sätts tillbaka.
d) Dra åt alla infästningar ordentligt.
e) Om så behövs kan positionen för bagageluckans låsgrepp justeras om man tar bort plastkåpan och lossar fästbultarna.

### Dörrlåsets aktiverare

**4** Demontera dörrlåset enligt beskrivning i avsnitt 13.
**5** Låsets aktiverare kan demonteras om man bänder ut låsklämman och drar loss aktiveraren från låset **(se bild 13.12)**.

### Bagageluckelåsets aktiverare (sedan)

**6** Demontera bagageluckans lås enligt beskrivning i avsnitt 16.
**7** Skruva loss de två skruvarna och ta bort aktiveraren från låset **(se bild)**.

### Bakluckelåsets aktiverare (Touring)

**8** Demontera bakluckans lås enligt beskrivning i avsnitt 16.
**9** Skruva loss de två fästskruvarna, lyft upp fästbygeln och ta bort aktiveraren från låset **(se bild 16.18)**.

### Montering

**10** Montering sker i omvänd ordning mot demonteringen. Kontrollera centrallåsets funktion noggrant innan några klädselpaneler sätts tillbaka.

### Elfönsterhissarnas brytare

**1** Se kapitel 12, avsnitt 4.

### Elfönsterhissarnas motorer

**2** I skrivande stund verkar det vara så att den elektriska motorn utgör en del av reglaget (se avsnitt 14), och de måste därför bytas ut som en enhet. Kontrollera med din BMW-återförsäljare eller annan specialist.

### Elektronisk styrenhet (ECU)

**3** Elfönsterhissarna styrs av den centrala karosselektronikens (ZKE III) styrenhet, som kallas grundmodul (GM III) och sitter bakom handskfacket på förarsidan. För att komma åt styrenheten, demontera handskfacket enligt beskrivning i avsnitt 26.
**4** Lossa fästklämmorna och sänk ned styrenheten från sin plats.
**5** Lossa fästklämman/dra ut låsdelen, koppla sedan loss kontaktdonet (-donen) och ta bort ECU från bilen **(se bild 17.3)**.

---

## 17 Centrallåsets delar – demontering och montering

*Observera: Centrallåssystemet är utrustat med en sofistikerad självdiagnosfunktion. Innan några av systemets komponenter demonteras, låt läsa av systemet hos en BMW-verkstad eller annan lämpligt utrustad specialist för att fastställa var felet ligger.*

### Demontering

#### Elektrisk styrenhet (ECU)

**1** Centrallåssystemet styrs av den centrala karosselektronikens (ZKE III) styrenhet, som kallas grundmodul (GM III) och sitter bakom handskfacket på förarsidan. För att komma åt styrenheten, demontera handskfacket enligt beskrivning i avsnitt 26.
**2** Lossa fästklämmorna och sänk ned styrenheten från sin plats.
**3** Lossa fästklämman, koppla sedan loss kontaktdonet (-donen) och ta bort ECU från bilen **(se bild)**. *Observera: Om styrenheten byts ut måste den programmeras innan den används. Överlämna denna åtgärd till en BMW-verkstad eller annan specialist.*

---

## 18 Elfönsterhissens delar – demontering och montering

*Observera: Elfönsterhissarna har ett sofistikerat självdiagnossystem. Om ett fel uppstår, låt kontrollera systemet hos en BMW-verkstad eller annan specialist innan några delar demonteras, för att fastställa var felet ligger*

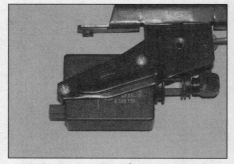

**17.7 Skruva loss de två skruvarna och ta bort aktiveraren**

---

## 19 Speglar och tillhörande komponenter – demontering och montering

### Yttre backspeglar

**1** Demontera dörrens inre klädselpanel enligt beskrivning i avsnitt 12.
**2** Lyft lite och dra bort plastkåpan från dörrens främre, inre kant **(se bild)**.
**3** Skruva loss den nedre Torxbulten och ta bort högtonshögtalaren från dörren, dra

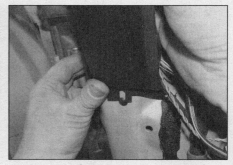

**19.2 Lyft kåpan och dra loss den från dörren**

sedan försiktigt undan gummitätningen i den främre kanten och skruva loss den främre Torxbulten **(se bilder)**.

**4** Skruva loss den kvarvarande Torxbulten och ta bort spegeln från dörren. Ta vara på gummitätningen som sitter mellan dörren och spegeln; om tätningen är skadad måste den bytas ut. Koppla loss eventuella kontaktdon när spegeln tas bort.

**5** Montering sker i omvänd ordning mot demonteringen, dra åt spegelns fästbultar till angivet moment.

### Yttre backspegelns glas

**Observera:** *Om spegelglaset tas bort när spegeln är kall, är risken stor att glasets fästclips går sönder.*

#### Utan automatisk avbländning (ingen plastram)

**6** Luta spegelglaset så mycket det går uppåt.
**7** Stick in ett brett, platt plast- eller träverktyg mellan spegelglasets nedre kant och spegelhuset och bänd försiktigt loss glaset från motorn **(se bild)**. Var mycket försiktig med glaset och ta inte i för hårt, det kan lätt gå sönder.
**8** Ta bort spegelglaset från spegeln och, där så behövs, koppla loss kontaktdonen från spegelns värmeelement.
**9** Vid monteringen, anslut kablaget till glaset och kläm fast glaset på motorn – var försiktig, det går lätt sönder.

#### Med automatisk avbländning (med plastram)

 **Varning:** *Om spegeln är trasig finns det risk för brännskador på grund av de frätande ämnen som används vid tillverkningen av spegeln. Använd skyddshandskar.*

**10** Skjut låsstiftet åt höger med en liten spårskruvmejsel och ta bort spegeln **(se bild)**. Koppla loss kontaktdonen när spegeln tas ut.
**11** Vid monteringen, anslut kontaktdonen och placera spegeln i fästet. Skjut låsstiftet åt vänster till vertikalläget.

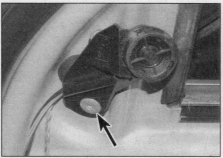

**19.3a  Skruva loss högtonshögtalarens bult (vid pilen) . . .**

**19.7  Bänd försiktigt ut spegelglaset så att det lossnar från motorn**

### Yttre backspegelns brytare

**12** Se kapitel 12.

### Yttre backspegelns kåpa

**13** Ta bort spegelglaset enligt tidigare beskrivning.
**14** Lossa de fyra fästclipsen och ta bort kåpan.
**15** Montering sker i omvänd ordning mot demonteringen.

### Yttre backspegelns motor

**16** Ta bort spegelglaset enligt tidigare beskrivning.
**17** Skruva loss de tre skruvarna och ta bort

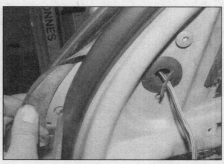

**19.3b  . . . vik sedan undan tätningen och skruva loss den främre bulten**

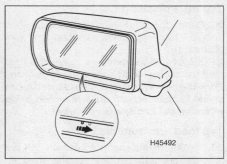

**19.10  Skjut låsstiftet (vid pilen) åt höger och ta bort spegelglaset**

motorn **(se bild)**. Notera att man måste kapa kablarna till spegelmotorn eftersom kontaktdonet är för stort för att passera genom kabelstyrningen **(se bild)**. Vid montering av motorn, splitsa in de nya kablarna till kontaktdonet.
**18** Montering sker i omvänd ordning mot demonteringen.

### Inre spegel

**19** Det finns i stort sett två olika typer av spegelarm och fäste. En typ har en plastkåpa över anslutningskontakten och den andra typen har en spegelarm som tas isär i två delar för att man ska komma åt kontaktdonet.

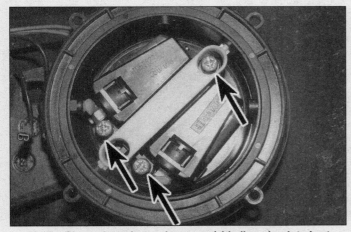

**19.17a  Skruva loss de tre skruvarna (vid pilarna) och ta bort motorn**

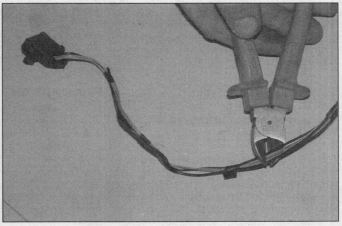

**19.17b  Kapa kablaget till motorn och splitsa de nya kablarna till kontaktdonet**

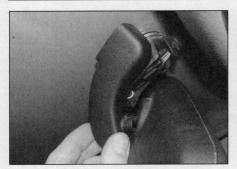

19.22a Dra isär de två delarna av kåpan

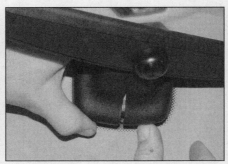

19.22b Tryck uppåt och dra isär de två delarna

19.27 Placera spegelarmen över fästplattan med 45° vinkel

## Typ med plastkåpa

**20** Bänd försiktigt loss plastkåpan och koppla loss spegelns kontaktdon (om tillämpligt).

**21** Slå den nedre delen av spegeln framåt med handflatan för att lossa armen från fästet. *Försiktighet: Vrid inte armen då detta kan skada fästclipset, och dra inte armen bakåt eftersom det kan skada vindrutan.*

## Typ med arm som tas isär

**22** Tryck armkåporna mot spegeln och dra isär de två delarna. På speglar med en regnsensor, tryck uppåt i den nedre änden av kåporna och dra isär de två delarna **(se bilder)**.

**23** Tryck den högra sidan av spegeln uppåt och framåt. Vrid den vänstra armkåpan åt vänster och lossa den från armens metalldel.

**24** Tryck den vänstra sidan av spegeln uppåt och framåt. Vrid den högra armkåpan åt höger och lossa den från armen.

**25** Koppla loss spegelns kontaktdon.

**26** Slå den nedre delen av spegeln framåt med handflatan för att lossa armen från fästet. *Försiktighet: Vrid inte armen då detta kan skada fästclipset, och dra inte armen bakåt eftersom det kan skada vindrutan.*

## Alla typer

**27** För att montera spegeln, placera spegelarmen över fästet så att den pekar mot förarplatsen med 45° lutning. Tryck armen till helt vertikal position och kontrollera att den har hakat i ordentligt **(se bild)**. Om så är tillämpligt, sätt tillbaka kåporna och anslut kontaktdonet.

## 20 Vindrutans och bakrutans/bakluckans glas – allmän information

**1** Dessa glasrutor är limmade med ett speciellt lim och sitter fast med hjälp av tätningsremsans mycket täta passning i karossöppningen. Demontering av de här fasta rutorna är en svår, kladdig och tidskrävande uppgift, som ligger utanför hemmamekanikerns normala arbetsområde. Om man inte har stor erfarenhet är det svårt att få till en säker, vattentät passning. Dessutom föreligger risken att rutan kan gå sönder, särskilt när det gäller den laminerade vindrutan. Med detta i åtanke rekommenderar vi att man överlämnar denna uppgift åt en specialist på området.

## 21 Soltak – allmän information, byte av motor och inställning

### Allmän information

**1** På grund av komplexiteten hos soltakets mekanism behövs omfattande expertis för lyckad reparation, byte eller justering av soltakets komponenter. För att man ska kunna demontera taket måste man först ta bort innertaket, vilket är en komplicerad och tidskrävande uppgift. Eventuella problem med soltaket (förutom byte av dess motor), bör därför överlämnas till en BMW-verkstad eller annan specialist.

**2** På modeller med ett elektriskt soltak, om motorn slutar att fungera, kontrollera först aktuell säkring. Om felet inte kan spåras och åtgärdas, kan soltaket öppnas och stängas manuellt om man vrider motorns spindel med en insexnyckel (en lämplig nyckel medföljer bilens verktygslåda). För att komma åt motorn, lossa kåpan från taket. Ta loss insexnyckeln från verktygslådan, ta bort täcklocket och sätt in insexnyckeln i motorns spindel. Koppla loss motorns kablage och vrid nyckeln för att flytta soltaket till önskad position.

### Byte av motor

**3** Bänd försiktigt loss kupélampan från innertaket mellan solskydden. Koppla loss kontaktdonet (-donen) när lampan dras ut.

**4** Dra försiktigt ned den främre kanten av motorpanelen och ta bort den tillsammans med brytaren. Koppla loss kontaktdonet när panelen tas bort.

**5** Skruva loss de tre fästskruvarna och ta bort motor. Koppla loss kontaktdonet när motor tas ut.

**6** Montering sker i omvänd ordning, men utför den inställning som beskrivs nedan.

### Inställning

**7** Med batteriet åter anslutet, och tändningen på, tryck soltakets brytare till läget för "lutning" och håll den där.

**8** När soltaket har nått full lutning, håll kvar brytaren i det läget i ungefär 20 sekunder. Inställningen är färdig när soltaket helt kort lyfts upp baktill igen.

**9** På bilar tillverkade efter 03/98, måste även följande "inlärningsprocedur" utföras.

**10** När inställningen har gjorts (punkt 7 och 8), släpp brytaren i ungefär 5 sekunder, tryck sedan in den och håll den i läget för lutning tills soltaket återgår till stängt läge efter det att en hel öppningscykel har fullföljts.

## 22 Karossens yttre detaljer – demontering och montering

### Hjulhusens innerskärmar och karossens undre paneler

**1** De olika plastkåporna som sitter på bilens undersida är fästa med en blandning av skruvar, muttrar och fästclips, och hur demonteringen ska gå till bör vara uppenbart vid en inspektion. Arbeta metodiskt runt panelen, skruva loss dess skruvar och lossa fästclipsen tills panelen är lös och kan tas bort från bilen. De flesta clips som används på bilen kan helt enkelt bändas loss. Andra lossas genom att man skruvar/bänder ut ett mittstift, varefter hela clipset kan tas bort.

22.1a Bänd isär metalldelen på stänkskyddets fästclips . . .

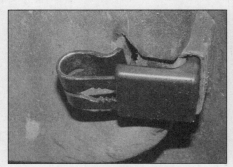

22.1b ... och dra ut den

23.2 Ta loss säkerhetsbältets ankarfäste från sätet

23.3 Dra ner spärren och dra ut stiftet (vid pilen)

Notera att de bakre stänkskydden sitter fast med två clips – använd en skruvmejsel till att sära på de två delarna av metalldelen, dra sedan ut metalldelen och ta bort clipset (se bilder).

2 Vid montering, byt ut fästclips som har gått sönder under demonteringen och se till att panelen/kåpan sitter ordentligt på plats med alla relevanta clips och skruvar

### Karossens dekorlister och märken

3 De olika listerna och märkena på karossen är limmade på plats med en speciell typ av tejp. För att detaljerna ska kunna tas bort måste de först värmas, så att limmet på tejpen mjukas upp, och därefter skär man bort listen/märket från karossen. Det föreligger stor risk för skador på lacken och vi rekommenderar därför att denna åtgärd överlämnas till en BMW-verkstad eller annan specialist.

### 23 Säten och justeringsmotorer – demontering och montering

### Främre säte

1 Skjut sätet framåt så långt det går och höj sittdynan helt.

2 Skruva loss bulten och koppla loss säkerhetsbältets ankarfäste från sätet (se bild).

3 Lossa fästklämmans spärr, ta sedan bort stiftet som håller säkerhetsbältets höjd-justeringsvajer (se bild).

4 Lyft den främre kanten på sätesskenans täcklist (om monterad), lossa sidorna och dra listen bakåt.

5 Skruva loss och ta bort bultarna och brickorna som håller de bakre ändarna av sätesskenorna till golvet.

6 Skjut sätet bakåt så långt det går och ta bort täcklocken (om monterade) från sätets främre fästbultar, skruva sedan loss och ta bort bultarna och brickorna.

7 Koppla loss batteriets negativa kabel. På grund av att pyrotekniska förspännare är monterade, är det viktigt att vänta i minst en minut innan arbetet fortsätter.

8 På modeller med manuellt reglerade säten, stick in handen under sätets framkant, koppla loss kontaktdonet (-donen) och lossa kabelhärvans buntband. På modeller med elektriskt reglerade säten, lås upp och fäll ner luckan under sätets främre del, koppla sedan loss kontaktdonen (se bild).

9 Lyft ut sätet från bilen.

10 Montering sker i omvänd ordning. Notera följande:

a) På manuellt reglerade säten, sätt i sätets fästbultar och dra åt dem för hand tills vidare. Skjut sätet framåt så långt det går och skjut det sedan bakåt två steg i spärrmekanismen. Försök att gunga sätet för att försäkra dig om att spärrmekanismen hakar i ordentligt, dra sedan åt fästbultarna ordentligt.

b) På elektriskt reglerade säten, se till att kablaget blir korrekt anslutet och draget, dra sedan åt sätets fästbultar ordentligt.

c) Dra åt säkerhetsbältets fästbult till angivet moment.

d) Dra åt sätets fästbultar till angivet moment i följande ordning: Främre inre, främre yttre, bakre inre och bakre yttre.

### Fällbart bakre säte

#### Saloon

11 Dra upp sittdynan i framkant för att lossa vänster och höger fästclips, dra loss dynan framåt och ta ut den ur bilen. Koppla loss sätesvärmens kontaktdon (om tillämpligt) när sätet dras ut.

12 Om så behövs, dra ned armstödet (om monterat) och skruva loss det från ryggstödet.

13 Skruva loss bultarna som håller de nedre bältesfästena till karossen.

14 Fäll ryggstöden framåt, skruva loss den mittre fästbulten och ta ut sätena.

15 Montering sker i omvänd ordning mot demonteringen. Se till att pivåstiften i ändarna av sätet går korrekt i ingrepp med mot-svarande hål i karossen. Dra åt säkerhets-bältenas nedre fästbultar till angivet moment.

#### Touring

16 Bänd försiktigt loss plastkåporna från fästbyglarna framtill på sätesdynan (en på vara sida). Skruva loss skruvarna och ta bort fästbyglarna (se bilder).

17 Lyft sätesdynan och skruva loss det mittre bältets nedre fästbult. Ta bort sätesdynan från bilen.

23.8 Koppla loss kontaktdonen och lossa kablagets buntband – manuellt säte

23.16a Ta loss plastkåpan från sätets fästbygel ...

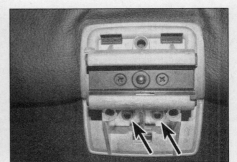

23.16b ... och skruva loss de två insexskruvarna (vid pilarna)

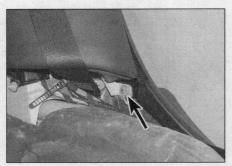

**23.18 Skruva loss bulten (vid pilen) längst ner på sidodynan**

**23.20a Skruva loss insexskruven (vid pilen) och ta bort det mittre gångjärnets kåpa . . .**

**23.20b . . . och därefter sidogångjärnens kåpor**

**18** Skruva loss bulten längst ner på sido-dynan, dra dynan framåt i överkant och dra sedan hela dynan uppåt för att lossa den **(se bild)**. Upprepa på den andra sidan.
**19** Lossa baksätets ryggstöd och fäll det framåt.
**20** Skruva loss insexskruven som håller fast kåpan över det mittre gångjärnet, samt skruvarna som håller kåporna till gångjärnen på sidorna **(se bilder)**. Ta bort ryggstödet från bilen.
**21** Montering sker i omvänd ordning mot demonteringen.

### Fast bakre säte

**22** Dra upp sätesdynan så att den lossnar från fästclipsen på sidorna och ta ut den ur bilen. Dra loss det mittre nackstödet.
**23** Skruva loss skruven på var sida i den nedre, yttre kanten av ryggstödet, lossa sedan ryggstödet i överkant och dra det uppåt så att de nedre fäststiften lossnar. Ta bort ryggstödet från bilen.
**24** Montering sker i omvänd ordning mot demonteringen. Se till att ryggstödets fäststift går in korrekt i motsvarande urtag i karossen, och att säkerhetsbältena matas genom korrekt öppningar.

### Framsätets inställningsmotor

**25** Demontera framsätet enligt tidigare beskrivning i det här avsnittet.
**26** Koppla loss kontaktdonet och ta bort det från fästbygeln.
**27** Skruva loss de två Torxskruvarna och ta bort motorn från justerväxeln.

**28** Montering sker i omvänd ordning mot demonteringen. Dra åt motorns fästskruvar ordentligt.

## 24 Främre säkerhetsbältets sträckarmekanism – allmän information

**1** De flesta modeller är utrustade med ett sträckarsystem för de främre säkerhets-bältena. Systemet är designat så att det ögonblickligen ska ta upp slack i bältet vid en frontalkollision, och på så sätt minska skaderisken för passagerarna i framsätena. Varje framsäte har ett eget system, där sträckaren sitter på bältesspännet på den inre sätesskenan.
**2** Bältessträckaren utlöses av en smäll framifrån som överstiger en förutbestämd kraft. Svagare kollisioner, inklusive bakifrån, utlöser inte systemet.
**3** När systemet utlöses dras en stor fjäder i ankarfästet in och låser bältet. Detta förhindrar att bältet rörs och passageraren hålls ner i sätet. När sträckaren en gång har utlösts kommer den att vara låst för alltid och den måste därför bytas ut.
**4** Det finns risk för skador om systemet utlöses oavsiktligt vid arbete på bilen. Om arbete ska utföras på sätet/säkerhetsbältet, avaktivera sträckaren genom att koppla ifrån batteriets negativa pol (se kapitel 5A), och vänta i minst en minut innan arbetet fortsätter.
**5** Observera också följande varningar innan du överväger några åtgärder på framsätena:

> ⚠ **Varning: Om bältessträckar-mekanismen tappas måste den bytas ut, även om den inte har fått några synliga skador.**
> • **Låt aldrig lösningsmedel komma i kontakt med sträckarmekanismen.**
> • **Utsätt inte sätet för några stötar, eftersom detta oavsiktligt kan utlösa bältessträckaren.**
> • **Undersök noga om bältessträckaren och/eller ankarfästena är på något sätt skadade eller deformerade. Byt ut delar som inte är i gott skick.**

## 25 Säkerhetsbältenas komponenter – demontering och montering

> ⚠ **Varning: Läs informationen i avsnitt 24 innan arbetet påbörjas.**

### Främre säkerhetsbälte

**1** Demontera framsätet enligt beskrivning i avsnitt 23.
**2** Koppla loss bältessträckarens kontaktdon och lossa buntbandet **(se bild)**.
**3** Skruva loss bulten och ta bort bältes-sträckaren.
**4** Ta bort B-stolpens klädselpanel enligt beskrivning i avsnitt 26.
**5** Skruva loss skruvarna och ta bort säker-hetsbältets styrning från stolpen.
**6** Skruva loss skruven som håller säkerhets-bältets övre fäste **(se bild)**.
**7** Skruva loss bältesrullens fästbult och ta bort bältet från dörrstolpen.
**8** Om så behövs, skruva loss fästbultarna och ta bort höjdjusteringsmekanismen från dörr-stolpen.
**9** Montering sker i omvänd ordning mot demonteringen. Se till att alla säkerhetsbältets fästbultar dras åt hårt samt att alla klädsel-paneler som har tagits loss fästs ordentligt på plats med relevanta fästclips.

### Vajer till automatisk höjdjustering

**10** På BMW 5-serien placeras höjdjusteraren automatisk om när sätets position justeras.

**25.2 Kapa buntbandet och koppla loss kontaktdonet (vid pilen)**

**25.6 Skruva loss säkerhetsbältets övre fästmutter**

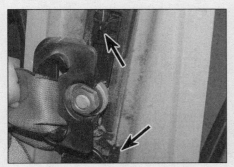

25.13 Koppla loss vajerns ändbeslag (vid
pilarna) från höjdjusteraren

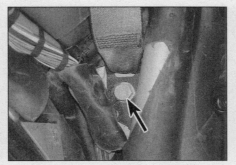

25.17a Bakre sidobältets nedre fästbult
(vid pilen)

25.17b Mittre bälte och spänne

Detta görs via en vajer som är ansluten till
sätets bas och höjdjusteraren i B-stolpen.
**11** Demontera aktuellt framsäte enligt
beskrivning i avsnitt 23.
**12** Ta bort B-stolpens klädsel enligt beskrivning i avsnitt 26.
**13** Koppla loss vajerns ändbeslag från
höjdjusteraren och från vajerrullen, lossa
vajern från fästklämmorna, notera hur vajern
är dragen och ta bort den från bilen **(se bild)**.
**14** Montering sker i omvänd ordning mot
demonteringen.

## Säkerhetsbälten i fast bakre säte

**15** Demontera baksätet enligt beskrivning i
avsnitt 23.
**16** Demontera hatthyllan enligt beskrivning i
avsnitt 26.
**17** Skruva loss och ta bort bultarna och
brickorna som håller de bakre säkerhetsbältena till karossen och ta bort det mittre
bältet och spännet **(se bilder)**.
**18** Skruva loss bältesrullens fästmutter och
ta bort bältet (bältena) **(se bild)**.
**19** Montering sker i omvänd ordning mot
demonteringen. Se till att alla bältenas
infästningar dras åt till angivet moment och att
alla klädselpaneler fästs ordentligt på plats
med clipsen.

## Säkerhetsbälten i fällbart bakre säte

### Sedan

**20** Ta bort den bakre hyllans klädselpanel
enligt beskrivning i avsnitt 26.

25.27 Skruva loss bältesrullens fästbult
(vid pilen)

**21** Skruva loss Torxbulten som håller den
nedre änden av bältet till karossen. Mata
bältet genom skåran i hyllans klädsel.
**22** Bältesrullen sitter fast med en Torxbult.
Skruva loss och ta bort bulten och brickan.
**23** Ta ut enheten ur fästbygeln och ta bort
den från bilen.
**24** Montering sker i omvänd ordning mot
demonteringen. Se till att bältesrullen fästs
ordentligt på plats och dra åt bältets fästbultar
till angivet moment.

### Touring

**25** Ta bort C-stolpens klädsel enligt beskrivning i avsnitt 26.
**26** Skruva loss skruven, dra sedan den
främre kanten av bältesrullens kåpa uppåt och
framåt för att ta bort den **(se bild)**.
**27** Skruva loss bulten som håller bältesrullen
**(se bild)**.

25.18 Bakre säkerhetsbältets rulle

25.31 Bänd försiktigt loss spärrens
täckkåpa

**28** Montering sker i omvänd ordning mot
demonteringen. Se till att bältesrullen fästs
ordentligt på plats och dra åt bältets fästbultar
till angivet moment.

## Bakre mittre bältesrulle

### Touring

**29** Demontering av den mittre bältesrullen
omfattar demontering av sätets klädsel. Detta
är en komplicerad åtgärd, som kräver ett visst
tålamod för att det ska kunna genomföras
med framgång.
**30** Demontera baksätets ryggstöd enligt
beskrivning i avsnitt 23, dra sedan loss
nackstöden.
**31** Ta försiktigt loss spärrens täckkåpa **(se
bild)**.
**32** Skruva loss de två skruvarna som håller
nackstödets täckkåpa **(se bild)**.

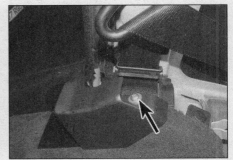

25.26 Skruva loss skruven (vid pilen) och
ta bort bältesrullens kåpa

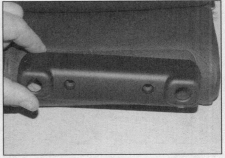

25.32 Skruva loss de två skruvarna och ta
bort nackstödets täckkåpa

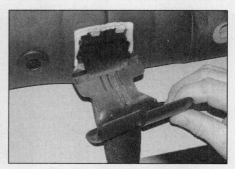

25.33 Ta bort täckpanelen runt ryggstödets låsspärr

25.34 Dra loss panelen från kardborrebanden

25.35 Ta bort bältets infattning

**33** Ta försiktigt bort täckpanelen runt ryggstödets låsspärr **(se bild)**.
**34** Fäll ner armstödet och dra loss klädselpanelen bakom det från dess kardborreband. Lossa klädseln i kanten av armstödets öppning **(se bild)**.
**35** Skruva loss de två skruvarna och ta bort infattningen runt säkerhetsbältet **(se bild)**.
**36** Med en liten skruvmejsel (eller liknande), arbeta försiktigt runt toppen och vänster sida av sätet och lossa tyget från skenorna **(se bild)**.
**37** Den bakre panelen sitter fast med tre clips längs den nedre kanten, två clips på vänster sida och två längs den övre kanten. För att lossa dessa clips, tryck ned panelen och använd ett verktyg till att bända loss clipsen bort från panelens mitt. När de yttre clipsen är lossade, tryck ned mitten av panelen och skjut

panelen mot den högra sidan av ryggstödet för att lossa de fyra mittre clipsen **(se bild)**.
**38** Skruva loss de två insexskruvarna som håller spärren till ryggstödet och dra ut spärren från sin plats.
**39** Dra vajern från fästbygeln och haka loss den från armen **(se bild)**.
**40** Skruva loss bältesrullens fästbult och ta bort hela enheten **(se bild)**.
**41** Montering sker i omvänd ordning mot demonteringen, men sätt tillbaka klädseltyget på ramen innan den bakre panelen sätts på plats.

## Bakre säkerhetsbältes fästspänne

**42** Demontera baksätets sittdyna enligt beskrivning i avsnitt 23.
**43** Skruva loss och ta bort bulten och brickan

och ta bort fästspännet från bilen.
**44** Montering sker i omvänd ordning mot demonteringen. Dra åt fästbulten till angivet moment.

## Bakre mittre säkerhetsbälte/spänne

### Sedanmodeller

**45** Demontera baksätets sittdyna enligt beskrivning i avsnitt 23.
**46** Skruva loss och ta bort bulten som håller det mittre bältet/spännet till karossen och ta bort det från bilen.
**47** Montering sker i omvänd ordning mot demonteringen. Dra åt fästbultarna till angivet moment.

## 26 Inre klädsel –
demontering och montering

## Inre klädselpaneler

**1** De inre klädselpanelerna sitter fast med skruvar eller olika typer av infästningar, vanligtvis nitar eller clips.
**2** Kontrollera så att den panel som ska demonteras inte överlappas av någon annan; de olika panelerna måste vanligtvis tas bort i en viss ordning, som bör vara uppenbar vid en närmare inspektion.
**3** Ta bort alla synliga infästningar, som skruvar. Om panelen inte lossnar när det har gjorts, hålls den även av dolda clips eller liknande. Dessa sitter vanligtvis runt kanten på panelen och kan bändas loss; notera dock att de också lätt kan ta skada, så se till att ha några reservclips till hands. Det bästa sättet att lossa sådana här clips, om man inte har korrekt verktyg, är att använda en stor spårskruvmejsel. Notera att vissa paneler är fästa med expandernitar av plast, där mittstiftet måste bändas ut innan niten kan tas bort. I många fall måste en tätningsremsa lyftas bort innan klädselpanelen kan tas loss.
**4** Ta inte i för hårt när en panel ska demonteras; kontrollera alltid noggrant att alla infästningar har lossats innan du försöker att dra loss den.
**5** Montering sker i omvänd ordning mot demonteringen; säkra infästningarna genom

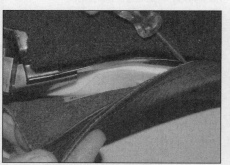

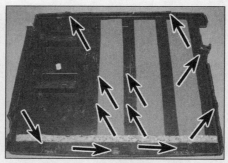

25.36 Lossa tyget från sätesramens skenor

25.37 Den bakre panelen hålls fast av 11 clips (vid pilarna)

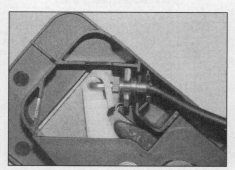

25.39 Dra loss vajern från fästbygeln och haka loss vajern från armen

25.40 Skruva loss bulten och ta bort bältesrullen

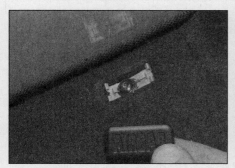

**26.7 Bänd ut emblemet och skruva loss Torxbulten**

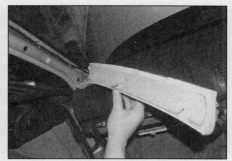

**26.8 Börja längst upp och dra loss klädselpanelen från stolpen**

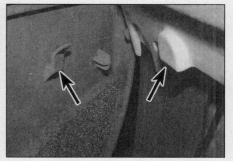

**26.12 Haken (vid pilen) på den nedre panelen passar in i urtaget (vid pilen) i den övre panelen**

att trycka in dem hårt på plats, och se till att sätta tillbaka alla delar som har lossats om du vill undvika vibrationsljud.

## A-stolpens klädsel

**6** Med tanke på att det finns en krockkudde monterad i närheten, koppla ifrån batteriet enligt beskrivning i kapitel 5A.
**7** Använd ett plattbladigt verktyg av plast eller trä, bänd loss emblemet (om monterat) från A-stolpens klädsel **(se bild)**. Skruva loss Torxbulten **Observera:** *Emblem och Torxbult finns inte på alla modeller.*
**8** Börja längst upp och dra loss klädsel-panelen från stolpen **(se bild)**.
**9** Montering sker i omvänd ordning mot demonteringen. Fäst clipsen genom att trycka dem på plats ordentligt. Se till att fästa alla delar som har rubbats ordentligt för att undvika vibrationsljud.

## B-stolpens klädsel

**10** Börja med att försiktigt bända upp framdörrens tröskelpanel med dess fästclips.
**11** Dra loss gummitätningsremsan från dörröppningarna intill B-stolpen.
**12** Dra den nedre kanten av den nedre klädseln inåt mot bilens mitt, dra sedan panelen nedåt för att lossa den från fästclipsen. Notera att den nedre delen av klädselpanelen hakar i den övre delen **(se bild)**.
**13** Skruva loss bulten som håller säkerhets-bältets ankarfäste till sätet.
**14** Dra den övre panelens övre och nedre kant inåt mot bilens mitt, dra sedan panelen uppåt för att lossa den från fästclipsen **(se bild)**
**15** Montering sker i omvänd ordning mot demonteringen; fäst clipsen genom att trycka dem ordentligt på plats. Se till att sätta tillbaka alla delar som har rubbats och fästa dem ordentligt för att undvika vibrationsljud.

## C-stolpens klädsel – sedan

**16** Bänd ut den yttre kanten av lampan och ta bort den från klädselpanelen. Koppla loss kontaktdonet när det blir åtkomligt.
**17** Dra loss tätningsremsan från området intill klädselpanelen. Dra loss den övre kanten av

panelen så att de två fästclipsen lossas, lyft sedan bort panelen **(se bild)**.
**18** Montering sker i omvänd ordning mot demonteringen. Fäst clipsen genom att trycka dem på plats ordentligt. Se till att fästa alla delar som har rubbats ordentligt för att undvika vibrationsljud.

## C-stolpens klädsel – Touring

**19** Demontera baksätets sittdyna enligt beskrivning i avsnitt 23.
**20** Skruva loss fästskruven i den nedre kanten av sätets sidodyna **(se bild 23.18)**.
**21** Dra den övre kanten av sätets sidodyna framåt och lyft den uppåt. Notera hur den går i ingrepp med fästclipsen.
**22** Dra den övre kanten av klädselpanelen in mot kupén för att lossa det övre clipset.
**23** När den övre änden är lös, dra upp den nedre kanten av panelen och ta bort den.

**26.14 B-stolpens klädsel tas bort**

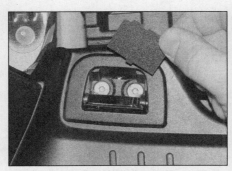

**26.27 Skruva loss insexskruvarna och ta bort surrningsfästena**

**24** Om så behövs, skruva loss bulten från säkerhetsbältets ankarfäste och mata bältet genom öppningen i panelen.
**25** Montering sker i omvänd ordning mot demonteringen.

## D-stolpens klädsel – Touring

**26** Öppna bakluckan och ta bort golvpanelen i bagageutrymmet.
**27** Bänd upp plastkåporna och skruva loss de två insexskruvarna på var sida som håller surrningsfästena för bagaget till golvet **(se bild)**.
**28** Bänd upp täcklocken på var sida om bakluckans låsgrepp och ta bort de fyra (två på var sida) Torxbultarna som håller fast tröskelpanelen **(se bild)**.
**29** Öppna locken till förvaringsfacken på sidorna i bagageutrymmet och ta bort locken.
**30** Ta bort de två expandernitarna, dra

**26.17 Dra loss den övre kanten av C-stolpens panel för att lossa den från clipsen**

**26.28 Skruva loss Torxbultarna på var sida om låsgreppet**

**26.30 Ta bort de två expandernitarna (vid pilarna)**

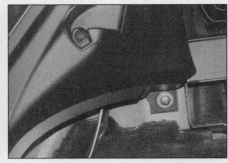

**26.31 Fästskruvar för D-stolpens klädsel**

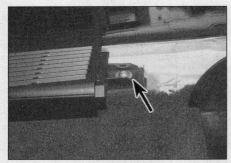

**26.37a Fönsterpanelens främre skruv (vid pilen) . . .**

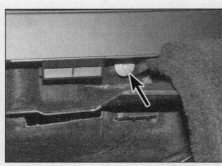

**26.37b . . . och bakre skruv (vid pilen)**

tröskelpanelen uppåt och ta bort den **(se bild)**.

**31** Klädselpanelen sitter fast med två skruvar i mitten samt tre clips som trycks fast **(se bild)**. Skruva loss skruvarna, dra bort bakluckans gummitätningsremsa från öppningen, dra sedan loss panelen från stolpen.

**32** Montering sker i omvänd ordning.

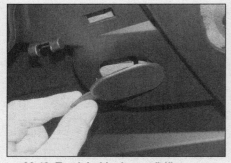

**26.43 Tryck bakluckans nödöppnare genom hålet i panelen**

**26.44 Ta bort verktygslådan tillsammans med gångjärnen**

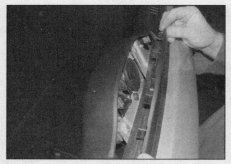

**26.45 Dra upp panelen runt torkararmens drivmekanism**

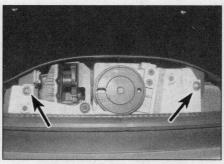

**26.46 Skruva loss de två skruvarna (vid pilarna)**

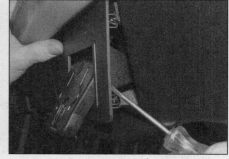

**26.47 Ta loss panelen runt låset**

## Bagageutrymmets klädselpaneler – Touring

**33** Lossa spärren och lyft ut bagage-utrymmets golvpanel.

**34** Demontera baksätet enligt beskrivning i avsnitt 23.

**35** Demontera C-stolpens och D-stolpens klädselpaneler enligt tidigare beskrivning.

**36** Skruva loss skruven och dra den främre änden av bältesrullens täckkåpa uppåt, dra sedan kåpan framåt för att lossa den.

**37** Panelen för det bakre sidofönstrets fördjupning sitter fast med en skruv framtill och en skruv baktill **(se bilder)**. Skruva loss skruvarna och ta bort panelen uppåt.

**38** Bänd ut plastskåporna, skruva loss de två insexskruvarna på var sida och ta bort de två främre surrningsfästena. Skruva loss den mittre bulten och lyft ut den främre delen av golvpanelen.

**39** Lirka upp mittstiften och bänd ut expandernitarna av plast – två i den främre kanten och en i den bakre, nedre kanten av lastutrymmets klädselpanel. Ta bort panelen från bilen.

**40** Montering sker i omvänd ordning.

## Bakluckans klädselpanel

**41** Öppna bakluckan och bänd försiktigt loss lastutrymmeslampan från luckans klädsel-panel. Koppla loss kontaktdonet när lampan tas ut.

**42** Lossa det roterande fästet och öppna verktygslådan.

**43** Bänd loss täcklocket från bakluckans nödöppnare och tryck in nödöppnaren genom hålet i panelen **(se bild)**.

**44** Lossa verktygslådans fästband och lyft loss lådan från bakluckan, tillsammans med gångjärnen **(se bild)**.

**45** Öppna bakluckans fönster och dra upp täckpanelen för torkararmens drivmekanism i mitten av fönsteröppningen **(se bild)**.

**46** Skruva loss de två skruvarna som nu blir synliga **(se bild)**.

**47** Ta försiktigt loss panelen runt bakluckans lås **(se bild)**.

**48** Bakluckans klädselpanel sitter nu fast med tre skruvar i mitten, och sex längs den nedre kanten. Skruva loss skruvarna, lossa

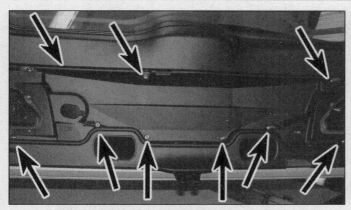

26.48 Skruvar till bakluckans klädselpanel (vid pilarna)

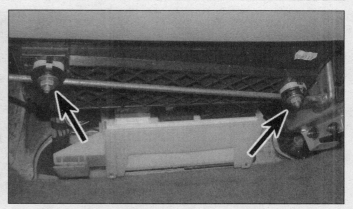

26.51 Skruva loss de två fästmuttrarna som håller handskfacket

panelen från var sida om fönstret och dra panelen nedåt för att lossa den (se bild).

49 Montering sker i omvänd ordning. Byt ut clips som eventuellt har gått sönder under demonteringen.

## Handskfack

50 Dra klädselpanelen under handskfacket bakåt och ta loss den.

51 Skruva loss de två fästmuttrarna under handskfacket (se bild).

52 Öppna handskfacket, bänd loss clipsen som håller stötdämparbenet och luckans stopp, dra sedan handskfacket bakåt (se bild). Koppla loss kontaktdonet till handskfackets lampa när det blir åtkomligt.

## Handskfackets lås

53 Öppna luckan, skruva loss de två fästskruvarna och ta bort låset (se bild).

## Mattor

54 Passagerarutrymmets matta är i ett stycke, fäst i kanterna med skruvar eller clips; vanligtvis samma infästningar som används på de olika intilliggande klädselpanelerna.

55 Demontering och montering av mattan är relativt enkelt men mycket tidskrävande, eftersom alla intilliggande paneler måste tas bort först, såväl som säten, mittkonsol och säkerhetsbältenas nedre förankringar.

## Takklädsel

56 Takklädseln sitter fast i taket med clips och kan dras ned när alla delar som kurvhandtag, solskydd, soltak (om monterat), vindruta, bakre småfönster och därtill hörande paneler har demonterats, och tätningsremsorna i dörrarnas, bakluckans och soltakets öppningar har lossats.

57 Demontering av takklädseln kräver att man har omfattande kunskaper och erfarenhet om arbetet ska kunna utföras utan risk för skador, och det är därför bäst att överlämna uppgiften åt en expert.

## Mugghållare

### Främre mugghållare

58 Öppna båda mugghållarna lite och ta bort de två fästskruvarna (se bild). Ta bort båda mugghållarna.

59 Montering sker i omvänd ordning.

### Bakre mugghållare

60 Använd ett platt plast- eller träverktyg och bänd försiktigt loss den bakre mugghållaren från mittkonsolen. Var försiktig så att du inte skadar mittkonsolens klädselpanel – lägg en bit kartong eller liknande mellan verktyget och panelen.

61 Vid montering trycks mugghållaren helt enkelt på plats.

## Bakre nackstöd

62 Dra loss nackstöden med ett kraftigt ryck.

26.52 Tryck in clipset och dra bort det från spåret i stiftet

63 Montering sker i omvänd ordning.

## Hatthylla – sedan

64 Ta bort båda C-stolparnas klädselpaneler och nackstöden enligt tidigare beskrivning.

65 Demontera baksätet enligt beskrivning i avsnitt 23.

66 Skruva loss bultarna och ta bort alla nedre bältesinfästningar (inte fästspännena) – se avsnitt 25.

67 På modeller med fällbart bakre säte, demontera sidodynan. Dynan sitter fast med en skruv längst ned; dra sedan dynan uppåt för att lossa clipset, lyft dynan uppåt och ta bort den (se bild 23.18).

68 Lossa de fyra clipsen i den främre kanten, lyft sedan den främre kanten och dra grillarna från hatthyllan (se bild).

26.53 Skruva loss de två skruvarna och ta bort låset

26.58 Skruva loss mugghållarnas skruvar

26.68 Bänd upp grillarnas främre kant

26.69 Skruva loss de fyra bultarna som håller nackstödets fästbygel

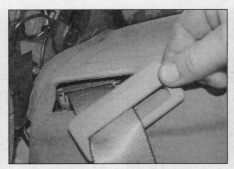

26.70 Bänd loss säkerhetsbältenas infattningar

26.71 Ta ut mittstiftet och bänd ut hela expanderniten

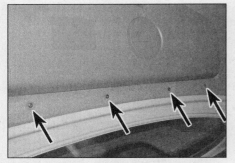

26.76 Ta loss plastlocken, skruva loss skruvarna och ta bort verktygslådan

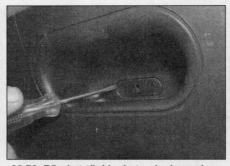

26.79 Bänd ut täcklocket och skruva loss skruven

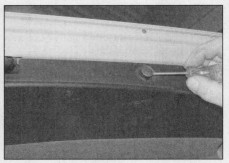

26.80 Ta bort expandernitarna av plast

## Modeller med fast bakre säte

**69** Skruva loss de fyra bultarna som håller det mittre nackstödets fäste och ta bort det **(se bild)**.
**70** Bänd försiktigt loss säkerhetsbältenas infattningar från hatthyllan **(se bild)**.
**71** Dra ut mittstiften och bänd ut plastnitarna. Ta ut hyllan framåt **(se bild)**. Koppla loss eventuella kontaktdon när hyllan dras ut. Notera hur hatthyllans stift hakar i styrningarna baktill.

## Modeller med fällbart bakre säte

**72** Dra ut mittstiften och bänd loss plastnitarna, ta sedan bort plastlisten från hatthyllans främre kant.
**73** Bänd försiktigt ut säkerhetsbältenas infattningar från hatthyllan.
**74** Ta bort hatthyllan framåt och koppla loss

eventuella kontaktdon när de blir åtkomliga. Notera hur hatthyllans stift ska sitta i styrningarna baktill.

## Alla modeller

**75** Montering sker i omvänd ordning mot demonteringen.

## Bagageluckans klädselpanel

**76** Ta loss plastlocken och skruva loss verktygslådans fyra fästskruvar **(se bild)**.
**77** Öppna verktygslådans lock, lossa stoppremsan och lyft ut verktygslådan från bagageluckan.
**78** Bänd loss bagageluckans lampa och koppla loss kontaktdonet.
**79** Bänd ut plastlocket och skruva loss fästskruven i handtagets urtag **(se bild)**.
**80** Ta ut mittstiften och bänd upp de två plastnitarna **(se bild)**.

**81** Lossa försiktigt de fyra clipsen och ta bort plastpanelen från den nedre delen av bagageluckan **(se bild)**.
**82** Lossa försiktigt de tre clipsen på var sida med ett flatbladigt verktyg och ta bort klädselpanelen från bagageluckan **(se bild)**.
**83** Montering sker i omvänd ordning.

## 27 Mittkonsol – demontering och montering

### Demontering

**1** Demontera de bakre mugghållarna enligt beskrivning i avsnitt 26. På modeller utan mugghållare, bänd försiktigt ut förvaringsfacket ur mittkonsolen **(se bild)**.
**2** Dra luftventilerna i mittkonsolens bakre

26.81 Dra loss den nedre panelen från fästclipsen

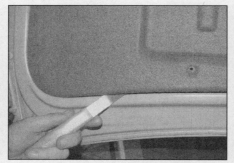

26.82 Lossa klädselpanelens fästclips med ett flatbladigt verktyg

27.1 Bänd försiktigt ut förvaringsfacket från mittkonsolen

27.2 Dra luftventilerna nedåt och ut från mittkonsolen

27.3 Två skruvar (vid pilarna) håller armstödet, medan två muttrar (vid pilarna) håller förvaringsfacket

27.4a Dra loss växelspaksknoppen rakt upp . . .

ände nedåt ungefär 30-40 mm och dra sedan ut dem från konsolen (se bild).

**3** Skruva loss de två skruvarna som håller armstödets gångjärn, och de två muttrarna som håller förvaringsfacket (se bild). Dra loss armstödet tillsammans med förvaringsfacket.

**4** Dra växelspakens knopp hårt rakt upp och ta bort den, ta därefter bort damasken (om monterad). Lossa kontaktdonet från fästbygeln (se bilder).

**5** Skruva loss de två skruvarna framtill i växelspakens öppning, bänd loss varningsblinkersbrytaren och skruva loss skruven under den (se bild).

**6** Skruva loss de två skruvarna i den bakre änden av panelen och bänd försiktigt loss den (se bild). Koppla loss kontaktdonen när panelen tas bort.

**7** Bänd upp den bakre kanten av handbromsens damask och lossa damasken från mittkonsolen (se bild).

**8** Skruva loss de tre skruvarna och ta bort handbromsspakens infattning (se bild).

**9** Demontera värmereglagepanelen enligt beskrivning i kapitel 3.

**10** Ta bort brytarna för antispinn, uppvärmda säten, elektronisk stötdämparkontroll och bakre rullgardiner (efter tillämplighet) från mittkonsolen, enligt beskrivning i kapitel 12.

**11** Skruva loss den skruv på var sida som håller fast den mattklädda panelen framtill på mittkonsolen, dra sedan loss panelen från clipsen (se bild).

**12** Skruva loss de två skruvarna på var sida som håller fast mittkonsolen framtill (se bild)

27.4b . . . och ta loss damasken från panelen

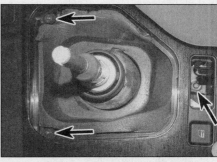

27.5 Två skruvar framtill (vid pilarna) och en baktill (vid pilen), under varningsblinkersbrytaren

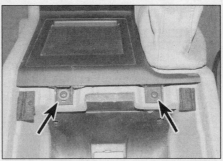

27.6 Skruva loss de två skruvarna (vid pilarna) i förvaringsfackets öppning

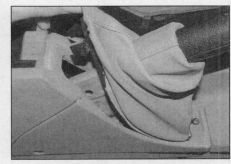

27.7 Lossa handbromsdamaskens clips . . .

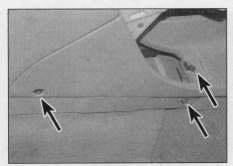

27.8 . . . skruva sedan loss de tre skruvarna och (vid pilarna) och ta bort handbromsspakens infattning

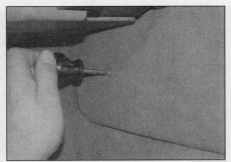

27.11 Skruva loss de mattklädda panelerna

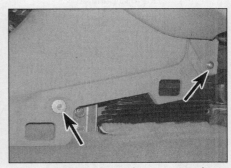

27.12 Skruva loss de två skruvarna på var sida (vid pilarna)

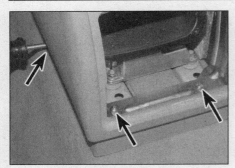

**27.13 Mittkonsolen sitter fast med två skruvar i den bakre änden (vid pilarna) och en på var sida (vänster skruv vid pilen)**

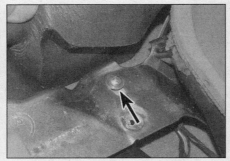

**27.14 Skruva loss skruven bakom växelspaken (vid pilen)**

**27.16 Lyft upp mittkonsolens bakre ände och ta ut den ur bilen**

**13** Den bakre änden av konsolen hålls av en skruv på var sida och två baktill **(se bild)**. Skruva loss skruvarna.

**14** Skruva loss skruven baktill i växelspakens öppning **(se bild)**.

**15** Lyft den bakre änden av mittkonsolen och koppla loss cigarettändarens kontaktdon (om tillämpligt).

**16** Med båda framsätena och ryggstöden skjutna så långt bakåt som det går, lyft upp mittkonsolens bakre ände och manövrera ut den, över växelspak och handbromsspak, på passagerarsidan **(se bild)**. Notera hur eventuella kontaktdon sitter och koppla loss dem när de blir åtkomliga.

## Montering

**17** Montering sker i omvänd ordning. Se till att dra åt alla infästningar ordentligt.

## 28 Instrumentbräda – demontering och montering

**HAYNES TIPS** *Märk varje kontaktdon med en etikett eller liknande när det kopplas loss från relevant komponent. Detta kommer att underlätta arbetet vid monteringen, när kablar ska dras och matas genom öppningarna i instrumentbrädan.*

## Demontering

### Instrumentbrädas nedre del

**1** Koppla loss batteriets negativa pol enligt beskrivning i kapitel 5A.

**2** Demontera mittkonsolen enligt beskrivning i avsnitt 27.

**3** På förarsidan, skruva loss skruvarna, vrid fästena moturs och ta loss den nedre panelen ovanför pedalerna **(se bild)**.

**4** Demontera instrumentpanelen och ljudanläggningen enligt beskrivning i kapitel 12.

**5** Demontera handskfacket enligt beskrivning i avsnitt 26.

**6** Med ett verktyg av trä eller plast, bänd försiktigt loss täcklisten på passagerarsidan, skruva sedan loss de fem skruvarna som blir synliga **(se bilder)**.

**7** Bänd ut täcklocket och skruva loss skruven i passagerarsidans ände av instrumentbrädan **(se bild)**.

**8** Skruva loss de fem skruvarna i handskfackets öppning och ta bort listen **(se bilder)**.

**9** Skruva loss fästskruven på förarens sida om MID/on-board datorns öppning **(se bild)**.

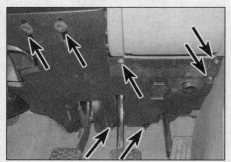

**28.3 Ta loss skruvarna och fästena och dra loss panelen**

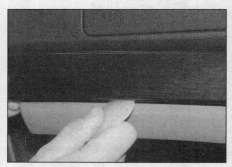

**28.6a Bänd försiktigt loss täcklisten . . .**

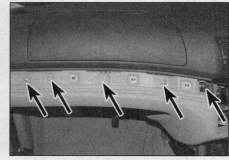

**28.6b . . . och skruva loss de fem skruvarna**

**28.7 Bänd loss täcklocket och skruva loss skruven**

**28.8 Skruva loss de fem skruvarna (vid pilarna)**

**28.9 Skruva loss skruven på förarsidan (vid pilen)**

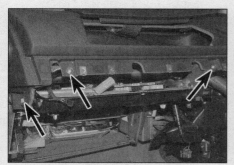

**28.14 Övre panelens skruvar (vid pilarna) – passagerarsidan**

**28.15 Koppla loss temperaturreglagens ventilationsvajer från förarens sida av huset**

**28.16 Skruva loss plastbulten på var sida (höger sida visad) och ta bort rattstångens damask från instrumentbrädan**

**10** Lyft ut instrumentbrädans nedre del ur bilen.

### Instrumentbrädans övre panel

**11** Demontera den nedre panelen enligt tidigare beskrivning.
**12** Ta bort båda A-stolparnas klädselpaneler enligt beskrivning i avsnitt 26.
**13** Demontera passagerarsidans krockkudde enligt beskrivning i kapitel 12.
**14** Skruva loss de tre skruvarna som håller fast den övre instrumentbrädespanelen på passagerarsidan **(se bild)**.
**15** Notera exakt hur temperaturreglagens ventilationsvajer sitter, koppla sedan loss den **(se bild)**.
**16** Skruva loss plastbulten på var sida och lossa rattstångens gummmidamask från instrumentbrädan **(se bild)**.
**17** Skruva loss de tre fästskruvarna på förarsidan, dra ut instrumentbrädan lite och lyft ut den genom passagerardörrens öppning **(se bilder)**.

### Montering

**18** Montering sker i omvänd ordning mot demonteringen. Notera följande:

a) *Lyft in instrumentbrädan i bilen och sätt den på plats. Med hjälp av etiketterna som sattes fast vid demonteringen, se till att dra kablarna korrekt och fäst dem ordentligt i instrumentbrädans clips.*

b) *Sätt fast instrumentbrädan i clipsen. Kontrollera att den mittre fästklacken i framkanten hakar i som den ska, och att alla kontaktdon matas genom sina respektive öppningar. Sätt tillbaka alla skruvar/bultar och dra åt dem ordentligt.*

c) *Anslut batteriet och kontrollera att alla elektroniska komponenter och brytare/reglage fungerar som de ska.*

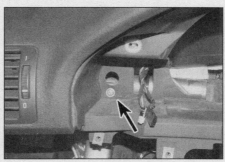

**28.17a Skruva loss skruven i hörnet av instrumentpanelens öppning (vid pilen) . . .**

**28.17b . . . och de två skruvarna i förarsidans ände**

# Kapitel 12
# Karossens elsystem

## Innehåll

## Svårighetsgrader

| | | | | |
|---|---|---|---|---|
| **Enkelt,** passar novisen med lite erfarenhet  | **Ganska enkelt,** passar nybörjaren med viss erfarenhet  | **Ganska svårt,** passar kompetent hemmamekaniker  | **Svårt,** passar hemmamekaniker med erfarenhet  | **Mycket svårt,** för professionell mekaniker |

## Specifikationer

| | |
|---|---|
| **Systemtyp** . . . . . . . . . . . . . . . . . . . . . . . . . . . . . . . . . . . . . . . . . . | 12 volt negativ jord |
| **Säkringar** . . . . . . . . . . . . . . . . . . . . . . . . . . . . . . . . . . . . . . . . . . | Se insidan av säkringsdosan |

| **Glödlampor** | **Watt** |
|---|---|
| **Yttre lysen** | |
| Sidoblinkers . . . . . . . . . . . . . . . . . . . . . . . . . . . . . . . . . . . . . . . . | 5 |
| Blinkers . . . . . . . . . . . . . . . . . . . . . . . . . . . . . . . . . . . . . . . . . . . . | 21 |
| Främre dimljus: | |
| Modeller fram till 09/2000 . . . . . . . . . . . . . . . . . . . . . . . . . . . . . | 55 (H7 type) |
| Modeller fr.o.m. 09/2000 . . . . . . . . . . . . . . . . . . . . . . . . . . . . . | 55 (H8 type) |
| M-Sport Aerodynamic modeller . . . . . . . . . . . . . . . . . . . . . . . . | 55 (HB4 type) |
| Strålkastare: | |
| Halvljus: | |
| Modeller fram till 09/2000 . . . . . . . . . . . . . . . . . . . . . . . . . . | 55 (HB4 type) |
| Modeller fr.o.m. 09/2000 . . . . . . . . . . . . . . . . . . . . . . . . . . . | 55 (H7 type) |
| Helljus: | |
| Modeller fram till 09/2000 . . . . . . . . . . . . . . . . . . . . . . . . . . | 60 (HB3 type) |
| Modeller fr.o.m. 09/2000 . . . . . . . . . . . . . . . . . . . . . . . . . . . | 55 (H7 type) |
| Högt monterat bromsljus . . . . . . . . . . . . . . . . . . . . . . . . . . . . . . | 21 |
| Registreringsskyltsbelysning . . . . . . . . . . . . . . . . . . . . . . . . . . . | 5 |
| Bakre dimljus . . . . . . . . . . . . . . . . . . . . . . . . . . . . . . . . . . . . . . . | 21 |
| Backljus . . . . . . . . . . . . . . . . . . . . . . . . . . . . . . . . . . . . . . . . . . . | 21 |
| Parkeringsljus: | |
| Modeller fram till 09/2000 . . . . . . . . . . . . . . . . . . . . . . . . . . . | 5 |
| Modeller fr.o.m. 09/2000 . . . . . . . . . . . . . . . . . . . . . . . . . . . . | 10 |
| Bromsljus . . . . . . . . . . . . . . . . . . . . . . . . . . . . . . . . . . . . . . . . . . | 21 |
| Bakljus . . . . . . . . . . . . . . . . . . . . . . . . . . . . . . . . . . . . . . . . . . . . | 5 |

## Glödlampor (forts)

### Inre belysning

| | Watt |
|---|---|
| Främre kupébelysning | 10 |
| Handskfacksbelysning | 5 |
| Instrumentpanel: | |
|   Belysningsglödlampor | 3 |
|   Varningslampornas glödlampor | 1,5 |
| Bagageutrymmesbelysning | 10 |
| Bakre kupébelysning | 5 |

## Komponenters placering

| | |
|---|---|
| Luftkonditioneringens fläktrelä | Bakom handskfacket på passagerarsidan |
| Krockkuddarnas styrmodul | Under mittkonsolen |
| Krockkuddarnas krocksensor | Framsätets tvärbalk under mattan |
| Larmets styrmodul | Under instrumentbrädan på förarsidan |
| Automatväxellådans styrmodul | E-boxen i motorrummet |
| Motorstyrningens ECM | E-boxen i motorrummet |
| Motorstyrningens huvudrelä | E-boxen i motorrummet |
| Bränsleinsprutningsrelä | Bakom förvaringsfack, höger sida i bagageutrymmet |
| Bränslepumpsrelä | Bakom handskfacket på passagerarsidan |
| Grundmodul (GM III) | Bakom handskfacket på passagerarsidan |
| Relä för uppvärmd bakruta | Höger sida i bagageutrymmet |
| Signalhornets relä | Bakom handskfacket på passagerarsidan |
| Tändningsrelä | E-boxen i motorrummet |
| Instrumentpanelens styrenhet | Instrumentpanelen |
| Belysningens styrenhet | Bakom fotbrunnens sparkpanel på förarsidan |
| Parkeringsdistanskontrollens styrenhet | Höger sida i bagageutrymmet |
| Sätenas styrenhet | I sätesdynans bas |
| Däcktryckskontrollens styrenhet | Bakom handskfacket på passagerarsidan |
| Vindrutetorkarnas relä | E-boxen i motorrummet |

Observera att inte alla modeller är utrustade med alla komponenter i listan.

## Åtdragningsmoment

| | Nm |
|---|---|
| Krockkuddarnas infästningar: | |
|   Krockkudde i dörren, fästskruvar | 8 |
|   Förarens krockkudde, fästskruvar | 8 |
|   Kollisionsgivarens fästbultar | 10 |
|   Passagerarsidans krockkudde, skruvar till kåpans band | 8 |
|   Passagerarsidans krockkudde, fästskruvar | 10 |
| Däcktryckskontrollens sändare, Torxskruv | 3,5 |
| Torkararm till spindel, mutter: | |
|   Passagerarsidan | 25 |
|   Förarsidan | 40 |
|   Bakrutetorkare | 30 |

## 1 Allmän information och föreskrifter

⚠ **Varning: Innan du utför något arbete på elsystemet, läs igenom föreskrifterna i avsnittet "Säkerheten främst!" i början av boken, samt i kapitel 5A.**

Elsystemet är av typen 12 volt med negativ jord. Ström till lysen och alla elektriska tillbehör kommer från ett blysyrabatteri som laddas av generatorn.

Det här kapitlet tar upp reparationer och serviceåtgärder för de olika elektriska komponenterna som inte är direkt relaterade till motorn. Information om batteriet, generatorn och startmotorn finns i kapitel 5A.

Kom ihåg att alltid koppla ifrån batteriets negativa pol innan något arbete utförs på någon av elsystemets komponenter. Detta för att förebygga risken för elektriska kort-slutningar och/eller brand (se kapitel 5A).

## 2 Elektrisk felsökning – allmän information

**Observera:** Läs föreskrifterna i avsnittet "Säkerheten främst!" i början av boken och föregående avsnitt i det här kapitlet innan arbetet påbörjas. Följande test gäller test av huvudkretsarna, och ska inte användas på ömtåliga elektriska kretsar (som ABS-systemet), särskilt inte där elektriska styrenheter/-moduler (ECU/ECM) används.

*Försiktighet: BMW 5-seriens elektriska system är extremt komplext. Många av styrmodulerna är anslutna via ett "Databuss"-system, där de kan dela information från de olika givarna/sensorerna, och kommunicera med varandra. Till exempel, när automat-växellådan närmar sig en växlingspunkt, skickar den en signal till motorstyrnings-systemets ECM via Databussen. När växlingen utförs av växellådans ECM, backar motorstyrningens ECM tändningen, vilket tillfälligt minskar motorns effekt, för att ge en mjukare övergång från ett utväxlingsförhållande till nästa. På grund av Databussystemets utformning, rekommenderas det inte att man testar någon ECM med en multimeter på traditionellt sätt. Istället är de elektriska systemen utrustade med ett sofistikerat självdiagnossystem, som kan fråga ut de olika modulerna/enheterna för att hitta lagrade felkoder och hjälpa till att fastställa fel. Det krävs särskild testutrustning (felkodsläsare/scanner) för att man ska komma åt självdiagnossystemet.*

## Allmänt

**1** En typisk elektrisk krets består av en elektrisk komponent och brytare, reläer, motorer, säkringar, smältsäkringar eller kretsbrytare relaterade till denna komponent, samt kablage och kontaktdon som kopplar komponenten till batteriet och karossen. För att underlätta felsökningen av de elektriska kretsarna, finns kopplingsscheman i slutet av det här kapitlet.

**2** Innan försök görs att diagnostisera ett elektriskt fel, titta först på relevant kopplingsschema för att få en förståelse för vilka komponenter som omfattas av kretsen. De möjliga källorna till ett fel kan begränsas om man kontrollerar om andra komponenter relaterade till kretsen fungerar korrekt. Om flera komponenter eller kretsar fallerar samtidigt, är det troligt att felet ligger i en delad säkring eller jordanslutning.

**3** Elektriska problem har ofta enkla orsaker, som lösa eller korroderade anslutningar, en defekt jordanslutning, en trasig säkring, en smält smältsäkring eller ett defekt relä (se avsnitt 3 för information om hur man testar ett relä). Granska ingående alla säkringar, kablar och anslutningar i aktuell krets innan komponenterna testas. Använd kopplings-schemat för att avgöra vilka anslutningar som måste kontrolleras för att felet ska kunna ringas in.

**4** Den grundläggande verktygsuppsättningen som behövs för elektrisk felsökning inkluderar en kretstestare eller voltmeter (en 12 volts glödlampa med testkablar kan också användas för vissa test); en testlampa (kallas ibland en kontinuitetstestare); en ohmmeter (för att mäta motstånd); ett batteri och en uppsättning testkablar; och en förbindnings-kabel, helst med en kretsbrytare eller säkring, som kan användas till att koppla förbi misstänkta ledningar eller komponenter. Innan testinstrumenten börjar användas, studera kopplingsschemana för att avgöra var anslutningarna ska göras.

**5** För att hitta källan till ett intermittent fel (vanligtvis orsakat av en dålig eller smutsig anslutning, eller trasig isolering), kan ett "vicktest" göras på kablarna. Detta innebär helt enkelt att man vickar lite på kablarna för att se om felet uppstår när de rubbas. Man bör på så sätt kunna ringa in källan till felet till en särskild sektion av kablaget. Den här testmetoden kan användas tillsammans med någon av de andra testen som beskrivs i följande underavsnitt.

**6** Bortsett från problemen med dåliga anslutningar kan två grundfel uppstå i en elektrisk krets – kretsbrott och kortslutning.

**7** Kretsbrottsfel kan uppstå på grund av ett brott någonstans i kretsen, som hindrar strömflödet. Ett kretsbrott gör att en komponent slutar att fungera, men resulterar inte i en trasig säkring.

**8** En kortslutning innebär att strömmen som flödar i kretsen söker sig en alternativ väg, vanligtvis till jord. Kortslutningar orsakas ofta av trasig isolering, vilket gör att en ledning kommer i kontakt med en annan, eller en jordad del, som karossen. En kortslutning leder vanligtvis till att kretsens säkring går sönder.

## Att hitta ett kretsbrott

**9** För att hitta ett kretsbrott, anslut en ledning från en kretstestare eller voltmeter till antingen batteriets negativa pol eller en känd god jord.

**10** Anslut den andra ledningen till en kontakt i den krets som ska testas, helst den närmast batteriet eller säkringen.

**11** Slå på kretsen, och kom ihåg att vissa kretsar bara är strömförande när startnyckeln är i ett särskilt läge.

**12** Om spänning finns (indikeras av att testlampan tänds eller av en voltmeter-avläsning, beroende på metod), betyder det att den sektionen av kretsen mellan aktuell kontakt och batteriet är felfri.

**13** Fortsätt att kontrollera resten av kretsen på samma sätt.

**14** När du når en punkt där ingen spänning finns, måste problemet ligga mellan den punkten och föregående testpunkt där det fanns spänning. De flesta problemen visar sig bero på korroderade eller lösa anslutningar.

## Att hitta en kortslutning

**15** För att leta efter en kortslutning, koppla först bort strömförbrukarna från kretsen (strömförbrukarna är de komponenter som drar ström från kretsen, som glödlampor, motorer, värmeelement etc.).

**16** Ta bort relevant säkring från kretsen och anslut en kretstestare eller voltmeter till säkringens anslutningar.

**17** Slå på kretsen, och kom ihåg att vissa kretsar bara är strömförande när startnyckeln är i ett särskilt läge.

**18** Om spänning finns (indikeras av att testlampan tänds eller av en voltmeter-avläsning, beroende på metod), betyder det att du har en kortslutning.

**19** Om ingen spänning finns, men säkringen ändå går när strömförbrukarna är anslutna, tyder detta på ett internt fel i någon av strömförbrukarna.

## Att hitta ett jordfel

**20** Batteriets negativa pol är ansluten till "jord" – metallen på motorn/växellådan eller karossen – och de flesta system är så kopplade att de endast tar emot en positiv matning, och strömmen går tillbaka genom metallen i bilens kaross **(se bilder)**. Detta betyder att komponentfästet och karossen utgör en del av kretsen. Lösa eller korroderade fästen kan därför orsaka en rad elektriska fel, allt från totalt haveri i en krets till mystiska små fel. Lampor kan till exempel lysa svagt (särskilt när en annan krets som delar samma jord är igång), motorer (t.ex. torkarmotorer eller kylarfläktens motor) kan gå långsamt, och aktivering av en krets kan ha en till synes orelaterad inverkan på en annan. På många bilar används jordflätor mellan vissa komponenter, som motorn/växellådan och karossen, vanligtvis där det inte finns någon metall-till-metall kontakt på grund av gummifästen etc.

**21** För att kontrollera om en komponent är ordentligt jordad, koppla ifrån batteriet och koppla en ledning från en ohmmeter till en känt god jordpunkt. Anslut den andra ledningen till den kabel eller jordanslutning som testas. Motståndet ska vara noll; om inte, kontrollera anslutningen enligt följande.

**22** Om en jordanslutning misstänks vara defekt, ta isär anslutningen och rengör både karossytan och kontakten eller jord-anslutningens kontaktyta tills ren metall erhålls. Ta bort all smuts och korrosion, använd sedan en kniv och ta bort eventuell färg, så att du får en ren anslutning mellan metall och metall. Vid hopsättningen, dra åt infästningarna ordentligt; om en kabel-anslutning monteras, använd räfflade brickor mellan kabelsko och kaross, för att garantera en ren och säker anslutning. När anslutningen

**2.20a** En jordfläta (vid pilen) sitter fastskruvad mellan karossen och höger motorfäste . . .

**2.20b** . . . och mellan karossen och batteriets negativa pol

**3.2 Skruva loss de två fästena (vid pilarna), och sänk ned säkringsdosans kåpa**

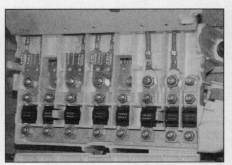

**3.3 Smältsäkringar med högt amperetal**

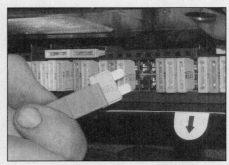

**3.4 Använd medföljande pincett till att dra ut säkringarna**

har fästs på plats igen, förebygg framtida korrosionsbildning genom att lägga på lite vaselin eller silikonbaserat fett, eller genom att spraya på (med regelbundna intervall) ett lämpligt vattenavvisande smörjmedel.

## 3 Säkringar och reläer – allmän information

### Huvudsäkringar

**1** Majoriteten av säkringarna sitter bakom handskfacket på passagerarsidan, medan vissa andra finns i "E-boxen" som sitter på vänster sida i motorrummet, och bakom höger förvaringsfack i bagageutrymmet.
**2** För att ta bort huvudsäkringsdosans kåpa, öppna handskfacket, vrid de två snabb-fästena och dra ner kåpan **(se bild)**. Säkringarna i E-boxen kommer man åt när kåpans fästskruvar har tagits bort.
**3** En lista över vilka kretsar de olika säkringarna skyddar finns på en etikett på insidan av kåpan. I säkringsdosan finns också en pincett med vilken man kan ta ut säkringarna. Observera att de vertikala säkringarna är aktiva, och de horisontella är reservsäkringar. Smältsäkringar med högt amperetal sitter intill batteriet i bagage-utrymmet och under mattan under förarsätet **(se bild)**.
**4** Om en säkring ska tas ut, slå först av aktuell krets (eller tändningen), dra sedan ut

säkringen från uttaget med hjälp av pincetten som sitter på insidan av säkringsdosans kåpa **(se bild)**. Tråden i säkringen ska vara synlig; om säkringen är trasig är tråden av eller smält.
**5** Byt alltid ut en säkring mot en med samma klassning; använd aldrig en säkring av annan klassning än originalet (eller byt ut säkringen mot något annat). Byt aldrig ut en säkring mer än en gång utan att spåra källan till problemet. Säkringens klassning står på säkringen, och säkringarna är också färgkodade så att de lätt ska kännas igen.
**6** Om en ny säkring går på en gång, leta reda på orsaken innan du byter ut den igen; en kortslutning till jord som en följd av trasig isolering är den mest troliga orsaken. Om en säkring skyddar mer än en krets, försök att isolera problemet genom att slå på varje krets i tur och ordning (om möjligt) tills säkringen går igen. Ha alltid en uppsättning reserv-säkringar av relevant klassning i bilen; en reserv av varje klassning ska sitta fast längst ner i säkringsdosan.

### Reläer

**7** Majoriteten av reläerna sitter bakom handskfacket på passagerarsidan, medan andra reläer sitter ovanför batteriet i bagageutrymmet **(se bild)** och i E-boxen i motorrummets vänstra hörn.
**8** Om en krets eller ett system som styrs av ett relä utvecklar ett fel och du misstänker reläet, aktivera systemet; om reläet fungerar ska man kunna höra det klicka när det strömförs. Om detta är fallet ligger felet i

komponenten eller i kablaget. Om reläet inte strömförs, får det antingen ingen huvud-matning eller omkopplingsspänning, eller så är själva reläet defekt. Testa reläet genom att byta ut det mot ett som du vet fungerar, men var försiktig; medan vissa reläer är identiska till utseende och funktion, finns det andra som ser likadana ut men har olika funktioner.
**9** Om ett relä ska bytas ut, se först till att tändningen är avslagen. Reläet kan sedan helt enkelt dras ut från uttaget och det nya reläet tryckas på plats.

## 4 Brytare/kontakter – demontering och montering

**Observera:** *Koppla ifrån batteriets negativa pol (se kapitel 5A) innan någon brytare eller kontakt tas bort, och anslut kabeln efter det att brytaren/kontakten har satts tillbaka.*

### Tändningslås/rattlås

**1** Se kapitel 10.

### Rattstångens brytare

**2** Dra ut rattstången så långt det går och ställ den i den lägsta positionen. Demontera sedan den nedre instrumentbrädespanelen på förarsidan enligt beskrivning i kapitel 11.
**3** Skruva loss skruven och bänd ut niten som håller den övre rattstångkåpan, tryck ihop sidorna och lyft kåpan uppåt, haka loss krokarna framtill **(se bilder)**.

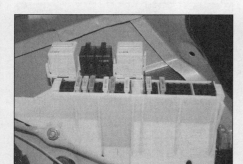

**3.7 Reläer som sitter ovanför batteriet i bagageutrymmet**

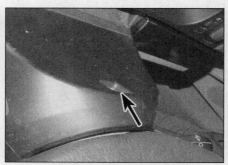

**4.3a Skruva loss kåpans fästskruv (vid pilen)**

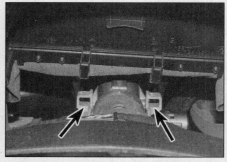

**4.3b Notera hur hakarna framtill på kåpan hakar i urtagen (vid pilarna)**

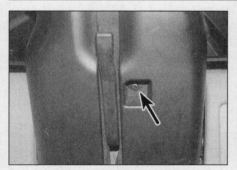

**4.4 Skruva loss skruven (vid pilen) och ta bort rattstångens nedre kåpa**

**4.5 Tryck ihop fästclipsen och dra loss brytaren från hållaren**

**4.6 Skruva loss de två Torxskruvarna (vid pilarna) och dra loss brytarens hållare från rattstången**

**4** Skruva loss skruven, bänd ut plastniten och ta bort den nedre rattstångskåpan **(se bild)**.

**5** Koppla loss aktuell brytares kontaktdon, tryck sedan ihop fästclipsen och dra loss brytaren från hållaren **(se bild)**.

**6** Om brytarens hållare också måste tas bort, demontera ratten (kapitel 10), skruva loss de två Torxskruvarna, lossa buntbanden och de övre fästclipsen och dra loss hållaren från rattstången **(se bild)**.

**7** Montering sker i omvänd ordning, se till att kablaget dras korrekt.

### Strålkastarnas brytare och dimljusbrytare

**8** Med ett verktyg av plast eller trä, bänd försiktigt loss täckpanelen på var sida om rattstången **(se bild)**. Var försiktig så att inte instrumentbrädans paneler skadas.

**9** Skruva loss skruvarna och ta bort instrumentpanelens kåpa **(se bild 9.4a och 9.4b)**.

**10** Dra försiktigt loss knoppen i mitten av brytaren **(se bild)**.

**11** Skruva loss fästmuttern och lirka ut brytaren från infattningen. Koppla loss kontaktdonet när brytaren dras ut **(se bild)**.

**12** Montering sker i omvänd ordning mot demonteringen.

### Varningsblinkersbrytare centrallåsbrytare

**13** På modeller med manuell växellåda, lossa försiktigt växelspakens damask från mittkonsolen och vik upp den över spaken.

**14** På modeller med automatväxellåda, bänd

försiktigt upp växelväljarens damask tillsammans med den omgivande plastinfattningen.

**15** Tryck loss brytaren (brytarna). Koppla loss kontaktdonen när brytarna tas ut **(se bild)**.

**16** Montering sker i omvänd ordning mot demonteringen.

### Elfönsterhissarnas och de yttre speglarnas brytare

**17** Bänd försiktigt loss brytarpanelen från armstödet med en spårskruvmejsel **(se bild)**. Använd en bit kartong eller liknande till att skydda klädseln.

**18** Koppla loss kontaktdonet och ta bort brytaren.

**19** Montering sker i omvänd ordning mot demonteringen.

### Farthållarens kontakt på kopplingspedalen

**20** Skruva loss fästskruvarna till instrumentbrädans nedre panel på förarsidan och ta bort panelen. Notera hur kontaktdonen sitter och koppla sedan loss dem när panelen lyfts ut.

**21** Koppla loss kontaktdonet från kontakten.

**22** Tryck ned kopplingspedalen och dra ut kontaktens kolv så långt det går.

**23** Tryck in fästclipsen och dra loss kontakten.

**24** Montering sker i omvänd ordning mot demonteringen. Med kontakten på plats, och kolven helt utdragen, låt pedalen sakta återgå till sitt viloläge.

**4.8 Bänd försiktigt loss täckpanelen på var sida om rattstången**

**4.10 Dra loss knoppen från strålkastarnas brytare**

**4.11 Skruva loss muttern och ta bort brytaren från infattningen**

**4.15 Ta bort varningsblinkersbrytaren från mittkonsolen**

**4.17 Ta försiktigt loss brytarna från armstödet**

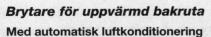

**4.32 Bänd ut brytaren från mittkonsolen**

**4.36 Handbromskontaktens fästskruv (vid pilen)**

**4.42 Fästskruv till rattens brytarpanel (vid pilen)**

## Brytare för uppvärmd bakruta

### Med automatisk luftkonditionering

**25** På de här modellerna utgör brytaren en del av styrenheten och kan inte bytas ut separat. Om brytaren inte fungerar, kontakta en BMW-verkstad.

### Utan automatisk luftkonditionering

**26** På dessa modeller utgör brytaren en del av värmereglagepanelens kretskort.
**27** Demontera värmereglagepanelen enligt beskrivning i kapitel 3.
**28** Koppla loss brytarens kontaktdon, lossa fästclipsen och dra loss brytaren från panelen.
**29** Montering sker i omvänd ordning mot demonteringen. Kontrollera brytarens funktion innan reglagepanelen sätts tillbaka på instrumentbrädan.

## Värmefläktsmotorns brytare

**30** Brytaren utgör den del av styrenheten och kan inte bytas ut. Om brytaren är defekt, rådfråga en BMW-verkstad.

## Luftkonditioneringens brytare

**31** Brytaren utgör en del av styrenheten och kan inte bytas ut. Om brytaren är defekt, rådfråga en BMW-verkstad

## Brytare för uppvärmda säten, bakre rullgardin, elektronisk stötdämparkontroll och antispinnsystem

**32** Med ett flatbladigt trä- eller plastverktyg, bänd försiktigt loss brytaren från mittkonsolen **(se bild)**. Lägg en bit kartong (eller liknande) under verktyget för att skydda klädsel-panelerna.
**33** Koppla loss kontaktdonet när brytaren dras ut.
**34** Montering sker i omvänd ordning mot demonteringen.

## Handbromsens varningskontakt

**35** Demontera mittkonsolen enligt beskrivning i kapitel 11 för att komma åt handbroms-spaken.
**36** Koppla loss kontaktdonet från varnings-lampans kontakt, skruva sedan loss skruven och ta bort kontakten **(se bild)**.

**37** Montering sker i omvänd ordning. Kontrollera att kontakten fungerar innan mittkonsolen sätts tillbaka. Varningslampan ska tändas mellan första och andra klicket från handbromsens spärrmekanism.

## Bromsljuskontakt

**38** Se kapitel 9.

## Innerbelysningens kontakter

**39** De här kontakternas funktion är inbyggd i låseheterna för dörrar/baklucka/bagagelucka. För demontering av aktuellt lås, se kapitel 11.

## Brytare på ratten

**40** Det finns två olika typer av ratt monterade på modellerna i 5-serien – antingen en multifunktionsratt eller en sportratt. För att demontera brytarena, demontera först rattens krockkudde enligt beskrivning i avsnitt 25 och fortsätt sedan enligt relevant beskrivning nedan.

### Multifunktionsratt

**41** Bänd försiktigt loss brytaren från ratten och koppla loss kontaktdonet. Observera att signalhornets brytare sitter ihop med krock-kudden.

### Sportratt

**42** Skruva loss de fyra fästskruvarna (två håller den övre delen och två den nedre), och ta loss brytarpanelen från ratten **(se bild)**. Koppla loss kontaktdonet när panelen dras ut.

## Brytare för elektrisk soltak

**43** Tryck in clipset baktill på brytaren och dra ut brytaren från panelen.
**44** Koppla loss kontaktdonet och ta bort brytaren.
**45** Montering sker i omvänd ordning mot demonteringen.

## Brytare för strålkastarjustering och instrumentbelysning

**46** Med en trä- eller plastspatel, bänd försiktigt loss täckpanelen på var sida om rattstången **(se bild 4.8)**. Var försiktig så att inte instrumentbrädans paneler skadas.
**47** Skruva loss skruvarna och ta bort instrumentpanelens kåpa **(se bild 9.4a och 9.4b)**.

**48** Koppla loss brytarens kontaktdon och tryck försiktigt ut brytaren från panelen.
**49** Montering sker i omvänd ordning mot demonteringen.

## 5 Glödlampor (yttre lysen) – byte

## Allmänt

**1** När en glödlampa byts ut, notera följande.
  a) *Kom ihåg att om lampan nyss har varit på, kan glödlampan vara mycket varm.*
  b) *Undersök alltid glödlampans kontakter och hållare, se till att det alltid finns ren metallkontakt mellan glödlampan och dess strömförande ledning och jord. Ta bort eventuell korrosion och smuts innan en ny glödlampa sätts på plats.*
  c) *Om glödlampor med bajonettfattning används, se till att de strömförande kontaktstiften sitter fast ordentligt mot glödlampans kontakt.*
  d) *Kontrollera alltid att en ny glödlampa är av rätt klassning och att den här helt ren innan den sätts in; detta gäller särskilt strålkastar-/dimljusglödlampor (se nedan).*

## Halogen strålkastarlampor

### Modeller fram till 09/2000

**2** Koppla loss kontaktdonet från lamphållaren **(se bild)**.

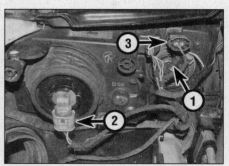

**5.2 Helljuslampans kontaktdon (1), halvljus (2), och parkeringsljus (3) – modeller fram till 09/2000**

5.3  Vrid lamphållaren moturs och ta bort den

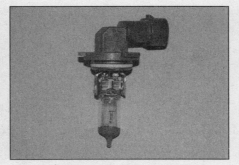

5.4  Strålkastarens glödlampa sitter ihop med lamphållaren

5.7  Helljuslampans kontaktdon (1), halvljus (2), och parkeringsljus (3) – modeller fr.o.m. 09/2000

**3** Vrid glödlampshållaren moturs och ta bort den från baksidan av strålkastaren **(se bild)**. För att förbättra åtkomligheten till vänster strålkastare, demontera luftrenarhuset enligt beskrivning i kapitel 4A. Helljuslampan är den inre av de två glödlamporna.
**4** Glödlampan sitter ihop med lamphållaren och de levereras som en enhet **(se bild)**.
**5** När du handskas med en ny glödlampa, använd en näsduk eller en ren trasa för att undvika att vidröra glaset med fingrarna; fukt och fett från huden kan orsaka svärtning och snabbt haveri hos en sådan här lampa. Om glaset oavsiktligt vidrörs, torka av det med denaturerad sprit.
**6** Sätt tillbaka lamphållaren på strålkastarens baksida och vrid den medurs tills fästclipsen låser den på plats. Anslut kontaktdonet.

### Modeller fr.o.m. 09/2000

**7** Koppla loss kontaktdonet från lamphållaren **(se bild)**.
**8** Vrid lamphållaren moturs och ta bort den från strålkastaren **(se bild)**.
**9** Dra försiktigt ut glödlampan från lamphållaren **(se bild)**.
**10** När du handskas med en ny glödlampa, använd en näsduk eller en ren trasa för att undvika att vidröra glaset med fingrarna; fukt och fett från huden kan orsaka svärtning och snabbt haveri hos en sådan här lampa. Om glaset oavsiktligt vidrörs, torka av det med denaturerad sprit.
**11** Sätt glödlampan i lamphållaren, sätt sedan tillbaka lamphållaren i strålkastaren och

5.8  Vrid  lamphållaren moturs och ta bort den

5.9  Dra ut glödlampan ur lamphållaren

vrid den medurs tills fästclipsen låser den på plats. Anslut kontaktdonet.

### Xenon strålkastarlampor

**12** På modeller som har Xenon högintensiva halvljusglödlampor handskas man med mycket hög spänning, koppla därför loss batteriets negativa kabel enligt beskrivning i kapitel 5A innan arbetet påbörjas. För att förbättra åtkomligheten till vänster strålkastare, demontera luftrenarhuset enligt beskrivning i kapitel 4A.

### Modeller fram till 09/2000

**13** Skruva loss de tre skruvarna och ta loss tändaren från glödlampan.
**14** Dra loss glödlampan från strålkastaren. Notera hur klackarna på glödlampan går i

ingrepp med motsvarande urtag i glödlampshållaren.
**15** Placera den  nya glödlampan i strålkastaren, sätt tillbaka tändaren och dra åt fästskruvarna ordentligt.

### Modeller fr.o.m. 09/2000

**16** Rotera glödlampans tändare bak på glödlampan moturs och ta loss den.
**17** Ta loss plastkåpan som sitter på strålkastarens baksida.
**18** Vrid glödlampans fästring moturs och ta bort den, tillsammans med glödlampan, från strålkastaren.
**19** Sätt den nya glödlampan i strålkastaren och fäst den på plats med fästringen.
**20** Sätt tillbaka tändaren bak på glödlampan och vrid den medurs för att fästa den. Sätt tillbaka plastkåpan på strålkastarens baksida.
**21** Om så behövs, montera luftrenarhuset.
**22** Anslut batteriets negativa kabel enligt beskrivning i kapitel 5A.

### Parkeringsljus

**23** För att förbättra åtkomligheten till vänster strålkastare, demontera luftrenarhuset enligt beskrivning i kapitel 4A.

### Modeller fram till 09/2000

**24** Vrid glödlampshållaren moturs och dra ut den från strålkastaren. Glödlampan har glassockel och trycks in i/dras ut ur lamphållaren **(se bilder)**.

5.24a  Vrid parkeringsljusets glödlampshållare moturs . . .

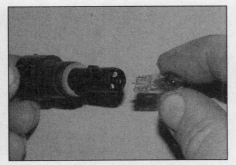

5.24b  . . . och dra ut glödlampan ur hållaren – modeller fram till 09/2000

**5.25 Vrid lamphållaren moturs för att ta bort den – modeller fr.o.m. 09/2000**

**5.27 Dra loss gummiringen från clipmekanismen**

**5.28 Tryck ihop fästclipsen och dra loss lamphållaren från strålkastaren**

## Modeller fr.o.m. 09/2000

**25** Vrid glödlampshållaren moturs och dra ut den från strålkastaren. Glödlampan sitter ihop med lamphållaren **(se bild)**.
**26** Montering sker i omvänd ordning mot demonteringen.

### Främre blinkers

**27** Koppla loss kontaktdonet och dra loss gummiringen från clipmekanismen **(se bild)**.
**28** Tryck ihop fästclipsen och dra ut glödlampshållaren från strålkastaren **(se bild)**.
**29** Glödlampan har bajonettfattning i hållaren. Tryck in glödlampan en aning, vrid den sedan moturs och dra loss den från hållaren.
**30** Montering sker i omvänd ordning mot demonteringen.

### Sidoblinkers

**31** Tryck blinkersglaset försiktigt framåt med fingrarna, lyft ut den bakre kanten och ta loss glaset från skärmen **(se bild)**.
**32** Vrid glödlampshållaren moturs och dra ut den från lampglaset, dra därefter ut glödlampan (som har glassockel) från hållaren **(se bild)**.
**33** Montering sker i omvänd ordning mot demonteringen.

### Främre dimljus

#### Standardmodeller

**34** Skruva loss skruvarna och ta bort den främre, nedre sektionen av det främre hjulhusets innerskärm. Man behöver inte koppla loss lufttemperaturgivaren som sitter i

förarsidans panel, men var försiktig så att inte kablaget belastas.
**35** Koppla loss kontaktdonet och lossa kåpans fästclips **(se bild)**.
**36** Koppla loss kablaget från glödlampan, tryck ihop ändarna av fästclipset och ta bort glödlampan **(se bilder)**.
**37** När du handskas med en ny glödlampa, använd en näsduk eller en ren trasa för att undvika att vidröra glaset med fingrarna; fukt och fett från huden kan orsaka svärtning och snabbt haveri hos en sådan här lampa. Om glaset oavsiktligt vidrörs, torka av det med denaturerad sprit.
**38** Montering sker i omvänd ordning. Justera riktningen av lampan genom att vrida justerskruven intill linsen.

#### M Sport Aerodynamic modeller

**39** Demontera dimljuslampan enligt beskrivning i avsnitt 7.
**40** Vrid glödlampshållaren moturs och ta bort den från lyktan. Glödlampan sitter ihop med lamphållaren.
**41** Montering sker i omvänd ordning mot demonteringen.

### Bakljus – sedan

**42** Öppna förvaringsfacket på aktuell sida i bagageutrymmet.

#### Modeller fram till 09/2000

**43** Vrid fästet 90° moturs och ta bort glödlampshållaren **(se bild)**.
**44** Tryck in relevant glödlampa något, vrid den moturs och ta bort den från lamphållaren

**5.31 Tryck blinkersglaset framåt och dra ut den bakre kanten**

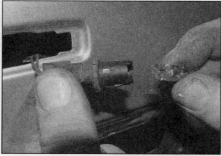

**5.32 Sidoblinkersens glödlampa har glassockel och dras rakt ut**

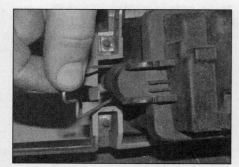

**5.35 Lossa clipset till dimljusets kåpa**

**5.36a Tryck ihop ändarna av fästclipset . . .**

**5.36b . . . ta sedan ut glödlampan**

**5.43 Vrid fästet (vid pilen) moturs och ta bort glödlampshållaren – modeller fram till 09/2000**

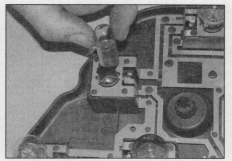

**5.44 Tryck in glödlampan lite, vrid den moturs och ta bort den**

**5.45 Vrid lamphållaren moturs och ta bort den – modeller fr.o.m. 09/2000**

**(se bild). Observera:** *Om du byter ut broms-/bakljusets glödlampa med två glödtrådar, är stiften på bajonettfattningen placerade så att lampan bara kan monteras åt ett håll.*

### Modeller fr.o.m. 09/2000

**45** Vrid relevant glödlampshållare moturs och ta bort den från baklyktan **(se bild)**.
**46** Tryck in glödlampan en aning, vrid den moturs och ta bort den från lamphållaren
**Observera:** *Om du byter ut broms-/bakljusets glödlampa med dubbla element, är stiften på bajonettfattningen placerade så att lampan bara kan monteras åt ett håll.*

### Alla modeller

**47** Montering sker i omvänd ordning mot demonteringen.

### *Bakljus – Touring*

#### Bakljus monterade på karossen

**48** Tryck in klämman och ta bort aktuellt förvaringsfack från hörnet i bagageutrymmet. Vrid fästet moturs och ta bort kåpan.
**49** Vrid fästet moturs och ta bort glödlampshållaren **(se bild)**.
**50** Tryck in aktuell glödlampa en aning, vrid den moturs och ta bort den från lamphållaren.
**51** Montering sker i omvänd ordning mot demonteringen.

#### Bakljus monterade på bakluckan

**52** Lossa de två vridfästena och öppna verktygslådan.

**53** Vrid fästet moturs och ta bort glödlampshållaren **(se bild)**.
**54** Tryck in glödlampan en aning, vrid den moturs och ta bort den från lamphållaren.
**55** Montering sker i omvänd ordning mot demonteringen.

### *Högt monterat bromsljus*

#### Sedanmodeller

**56** I bagageutrymmet, bänd upp plastkåpan under lyktan **(se bild)**.
**57** Vrid glödlampshållaren moturs och ta bort den från lyktan **(se bild)**.
**58** Glödlampan har bajonettfattning. Tryck in lampan lite, vrid den moturs och ta bort den från lamphållaren.
**59** Montering sker i omvänd ordning mot demonteringen.

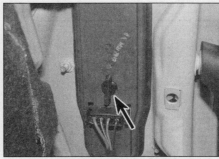

**5.49 Vrid fästet (vid pilen) moturs**

#### Touringmodeller

**60** Touringmodellerna har LED-lampor i det högt monterade bromsljuset. Om någon lampa går sönder måste hela enheten bytas ut.

### *Registreringsskyltsbelysning*

**61** Stick in en skruvmejsel i spåret i ena änden och tryck försiktigt lampenheten åt sidan för att trycka ihop fästfjädern, bänd sedan ut lampan **(se bild)**.
**62** Glödlampan är av typen "spollampa", och kan helt enkelt försiktigt bändas ut från kontakterna.
**63** Montering sker i omvänd ordning. Se till att glödlampan hålls ordentligt på plats av kontakterna.

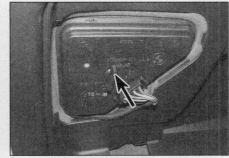

**5.53 Vrid fästet (vid pilen) moturs**

**5.56 Lossa det höga bromsljusets täckkåpa (vid pilen)**

**5.57 Vrid lamphållaren moturs och dra ut den från bromsljuset**

**5.61 Stick in en skruvmejsel i spåret och tryck lampenheten i motsatt riktning, lyft sedan ut enheten**

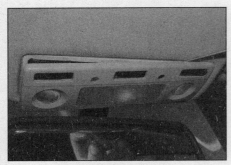

6.2 Bänd loss linsen

6.3 Ta ut aktuell glödlampa från enheten

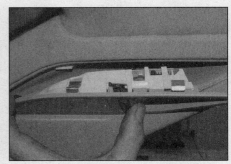

6.4 Börja i den övre kanten, bänd loss hela lampenheten

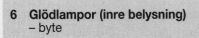

## 6 Glödlampor (inre belysning) – byte

### Allmänt

1 Se avsnitt 5, punkt 1.

### Belysning mitt i taket

2 Bänd försiktigt loss linsen från lampan med en spårskruvmejsel (se bild).
3 Ta ut aktuell glödlampa från enheten (se bild).

### Belysning på sidorna

4 Bänd loss lampenheten med en liten spårskruvmejsel, börja i den övre kanten (se bild). Koppla loss kontaktdonet när enheten tas ut.

### Sedanmodeller

5 Tryck in fästclipset och ta bort basplattan från panelen (se bild).
6 Ta bort aktuell glödlampa från lamphållaren (se bild).
7 Tryck in den nya glödlampan i lamphållaren och sätt tillbaka basplattan på panelen. Sätt tillbaka hela enheten.

### Touringmodeller

8 Tryck in de två fästclipsen och ta bort linsen.
9 Ta bort aktuell glödlampa från lamphållaren.
10 Tryck in den nya glödlampan i lamphållaren och sätt tillbaka enheten.

### Fotbrunnsbelysning

11 Bänd försiktigt loss linsen från panelen i fotbrunnen.

12 Ta loss glödlampan (spollampa) från kontakterna (se bild).
13 Sätt den nya glödlampan på plats och sätt tillbaka linsen i fotbrunnen.

### Bagageutrymmesbelysning

14 Bänd försiktigt loss lampan från panelen. Koppla loss kontaktdonet när lampan tas ut.
15 Ta bort metallskyddet från lampan och ta ut glödlampan (spollampa). Observera att sedanmodeller har ett metallskydd som man måste dra/skjuta loss, och på Touring-modellerna öppnar man istället skyddet för att komma åt glödlampan (se bilder).

### Instrumentbelysning/ varningslampor

16 Instrumentbelysningen består av inbyggda LED-lampor. Om ett fel uppstår måste man eventuellt byta ut hela instrument-panelen. Rådfråga en BMW-återförsäljare.

### Handskfacksbelysning

17 Öppna handskfacket. Bänd försiktigt loss lampan med en liten spårskruvmejsel och ta ut den. Ta loss glödlampan från kontakterna.
18 Sätt in en ny glödlampa, se till att den hålls fast ordentligt av kontakterna. Sätt sedan tillbaka lampenheten i handskfacket.

### Värmereglagens belysning

#### Med automatisk luftkonditionering

19 Värmereglagepanelen är belyst av LED-lampor som inte kan servas. Om ett fel uppstår, låt kontrollera systemet hos en BMW-verkstad eller annan specialist.

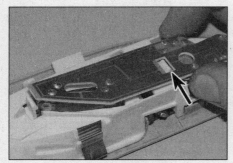

6.5 Lossa clipset (vid pilen) och ta loss basplattan . . .

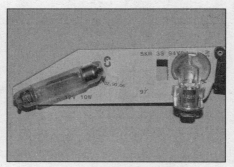

6.6 . . . ta sedan bort aktuell glödlampa

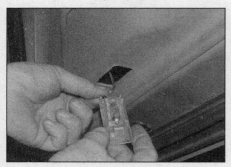

6.12 Ta loss spollampan från kontakterna

6.15a På Touringmodeller måste metallskyddet öppnas . . .

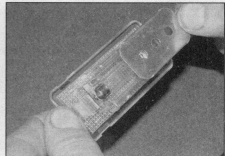

6.15b . . . medan man på sedanmodeller drar skyddet åt sidan

**7.2a  Tryck in clipset och lossa den inre änden av listen . . .**

**7.2b  . . . bänd sedan ner listen i mitten för att lossa den från clipsen under strålkastaren . . .**

**7.2c  . . . och haka loss den yttre änden**

**7.3a  Strålkastarens fästskruvar (vid pilarna) – modeller före 09/2000 . . .**

**7.3b  . . . och efter 09/2000**

## Utan automatisk luftkonditionering

**20** Dra av värmereglagets knoppar, skruva sedan loss fästskruvarna och ta bort frontplatan från reglagen.
**21** Vrid glödlampshållaren moturs med en spetstång och ta loss den. På vissa modeller belyses panelen av LED-lampor, vilka inte kan bytas ut individuellt.
**22** Montering sker i omvänd ordning.

## Brytarnas belysning

**23** Alla brytare har belysningsglödlampor/LED; vissa har också en glödlampa/LED som visar när kretsen i fråga är aktiv. På alla brytare utgör dessa glödlampor/LED en del av själva brytaren och kan inte bytas ut separat. Byte av glödlampa/LED innebär alltså byte av hela brytaren.

## 7  Yttre lyktor – demontering och montering

### Strålkastare

**1** Koppla loss kontaktdonen på strålkastarens baksida **(se bild 5.2 eller 5.7)**.
**2** Tryck in clipset och dra den inre änden av listen under strålkastaren framåt, bänd sedan försiktigt ned mitten av listen för att lossa den

från klackarna under strålkastaren och haka till sist loss den från den främre kanten av skärmen **(se bilder)**.
**3** Varje strålkastare hålls fast av fyra skruvar. Skruva loss fästskruvarna **(se bilder)**.
**4** Ta bort strålkastarlyktan från bilen. Om så behövs, lossa clipsen och ta bort linsen från lyktan **(se bild)**.
**5** Montering sker i omvänd ordning. Dra åt fästskruvarna lätt och kontrollera strålkastarens position i förhållande till stötfångaren och motorhuven. När lyktan sitter där den ska, dra åt fästskruvarna ordentligt och kontrollera strålkastarinställningen med hjälp av informationen i avsnitt 8.

**7.4  Lossa clipsen för att ta bort strålkastarlinsen**

## Xenon strålkastare, styrenhet

### Modeller fram till 09/2000

**6** Demontera aktuell strålkastare enligt tidigare beskrivning.
**7** Skruva loss de två fästskruvarna, dra styrenheten bakåt och ta bort den från strålkastaren.
**8** Om så behövs kan man skruva loss de två fästskruvarna och ta loss styrenheten från fästbygeln.
**9** Montering sker i omvänd ordning mot demonteringen.

### Modeller fr.o.m. 09/2000

**10** Demontera aktuell strålkastare enligt tidigare beskrivning.
**11** Koppla loss kontaktdonet, skruva loss klämskruven och ta bort styrenheten.

## Främre blinkers

**12** Blinkerslampan sitter ihop med strålkastaren.

## Sidoblinkers

**13** Använd endast fingrarna och skjut linsen försiktigt framåt. Dra ut den bakre kanten av linsen och dra ut den från skärmen **(se bild 5.31)**. Koppla loss kontaktdonet när det blir åtkomligt.

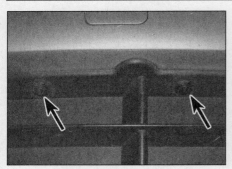

7.15 Bänd upp mittstiften och ta ut plastnitarna (vid pilarna)

7.16 Skruva loss de två fästbultarna (vid pilarna) och ta bort dimljuset

7.17 För att justera dimljusets inställning, vrid på justerskruven (vid pilen)

**14** Montering sker i omvänd ordning mot demonteringen.

## Främre dimljus

### Standardmodeller

**15** Bänd upp mittstiften, ta ut plastnitarna och ta sedan bort panelen intill dimljuset (se bild).
**16** Skruva loss de två fästbultarna och ta ut dimljuset. Koppla loss kontaktdonet när det blir åtkomligt (se bild).
**17** Montering sker i omvänd ordning mot demonteringen. Om så behövs kan dimljusets inställning justeras genom att man vrider justerskruven intill dimljuslampan (se bild).

### M-Sport Aerodynamic modeller

**18** Ta försiktigt ut dimljusets infattning med hjälp av ett flatbladigt plast- eller träverktyg (se bild).

7.18 Bänd försiktigt loss dimljulampans infattning

**19** Skruva loss fästskruven och manövrera ut dimljuslyktan (se bild). Koppla loss kontaktdonet när lampan lyfts ut.
**20** Montering sker i omvänd ordning mot demonteringen.

7.19 Skruva loss dimljuslampans fästskruv

## Baklykta – sedan

**21** Öppna förvaringsfacket i bagageutrymmet för att komma åt lyktans baksida.
**22** På modeller fram till 09/2000, vrid fästet 90° moturs och ta bort glödlampshållaren (se bild 5.43).
**23** På modeller fr.o.m. 09/2000, koppla loss baklyktans kontaktdon.
**24** På alla modeller, skruva loss fästmuttrarna och ta bort lyktan från skärmen (se bilder).
**25** Montering sker i omvänd ordning mot demonteringen.

## Baklykta – Touring

### Lykta monterad i karossen

**26** Vik undan luckan i bagageutrymmet för att komma åt glödlampshållarens kåpa. Vrid fästet moturs och ta bort kåpan.
**27** Vrid fästet moturs och ta bort glödlampshållaren (se bild 5.49).
**28** Skruva loss de tre fästmuttrarna och ta bort lyktan (se bild).
**29** Montering sker i omvänd ordning mot demonteringen.

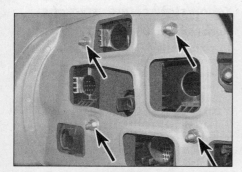

7.24a Baklyktans fästmuttrar (vid pilarna) – modeller fram till 09/2000 . . .

7.24b . . . och modeller fr.o.m. 09/2000

### Lykta monterad i bakluckan

**30** Ta loss bakluckans klädselpanel enligt beskrivning i avsnitt 26 i kapitel 11.
**31** Vrid fästet moturs och ta bort glödlampshållaren från lyktans baksida.
**32** Skruva loss de tre muttrarna och ta bort lyktan (se bild).
**33** Montering sker i omvänd ordning mot demonteringen.

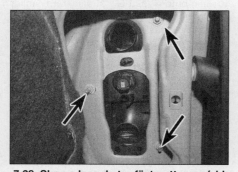

7.28 Skruva loss de tre fästmuttrarna (vid pilarna) och ta bort lyktan

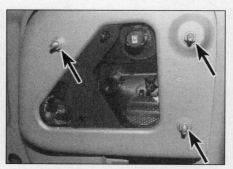

7.32 Lyktan monterad i bakluckan sitter fast med tre muttrar (vid pilarna)

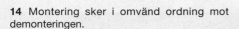

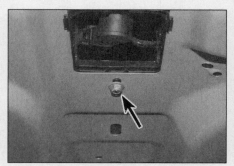

7.41 Skruva loss fästbulten för det högt monterade bromsljuset – sedanmodeller

## Registreringsskyltsbelysning
### Sedanmodeller
**34** Stick in en skruvmejsel i spåret, tryck försiktigt lampan åt sidan för att trycka ihop fästfjädern och lyft ut enheten **(se bild 5.61)**. Koppla loss kontaktdonet när lampan lyfts ut.
**35** Montering sker i omvänd ordning mot demonteringen.

### Touringmodeller
**36** Ta loss bakluckans nedre klädselpanel enligt beskrivning i avsnitt 26 i kapitel 11.
**37** Koppla loss kontaktdonet, skruva loss de fyra muttrarna och ta bort registrerings-skyltens belysningspanel från bakluckan. Själva lamporna sitter ihop med panelen.
**38** Montering sker i omvänd ordning mot demonteringen.

## Strålkastarnas justermotorer
**39** I skrivande stund verkar man inte kunna köpa motorerna separat. Om de går sönder måste man byta ut hela strålkastaren. Fråga din BMW-återförsäljare om råd.

## Högt monterat bromsljus
### Sedanmodeller
**40** Demontera den bakre hatthyllan enligt beskrivning i avsnitt 26 i kapitel 11.
**41** I bagageutrymmet, skruva loss fästbulten och ta bort bromsljusenheten. Koppla loss kontaktdonet när detta blir åtkomligt **(se bild)**.
**42** Montering sker i omvänd ordning mot demonteringen.

### Touringmodeller
**43** Öppna bakluckans fönster, ta bort

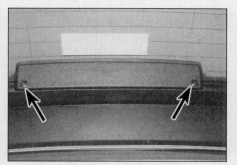

7.43 Skruva loss skruvarna (vid pilarna) och ta bort bromsljuset – Touringmodeller

täcklocken och skruva loss de två fäst-skruvarna **(se bild)**.
**44** Dra försiktigt loss fönstrets övre klädsel-panel, som sitter fast med fem fästclips.
**45** Bänd ut gummigenomföringen i bak-luckan och koppla loss bromsljusets kontakt-don.
**46** Ta loss bromsljuset.
**47** Montering sker i omvänd ordning mot demonteringen.

## Ljuskontrollmodul (LCM)
**48** Ljuskontrollmodulen styr och övervakar alla yttre lysen, så väl som knappar/brytare och instrumentbelysningens och kupé-belysningens dimmerfunktion. Om ett fel skulle uppstå med någon av dessa komponenter/glödlampor, tänder LCM en varningslampa i instrumentpanelen och lagrar i vissa fall en felkod som kan avläsas senare. LCM kommunicerar hela tiden med bilens övriga styrmoduler via BMW:s databuss-system. Genom att övervaka informationen från olika givare ansvarar LCM för tändning av instrumentpanelens varningslampor, och strålkastarnas inställning. LCM övervakar givarna för oljetemperatur/-nivå, broms-vätskenivå, kylvätskenivå och vindrutespolar-vätskans nivå.
**49** LCM sitter bakom sparkpanelen i förarens fotbrunn. Skruva loss skruven till motorhuvens öppningshandtag och ta bort handtaget. Lossa fästclipsen och ta bort panelen **(se bild)**.
**50** Skruva loss de två fästskruvarna och flytta motorhuvens öppningsmekanism åt sidan.
**51** Skruva loss fästbulten, lossa LCM från

7.49 Skruva loss skruven till motorhuvens öppningshandtag

fästclipsen och koppla loss kontaktdonet när panelen dras ut **(se bild)**.
**52** Montering sker i omvänd ordning mot demonteringen. **Observera:** *Om LCM har bytts ut måste den programmeras innan den kan användas. Detta kan endast utföras av en BMW-verkstad eller annan lämpligt utrustad specialist.*

## 8 Strålkastarnas inställning – allmän information

**1** Exakt inställning av strålkastarna kan endast göras med särskilda optiska instrument, varför åtgärden måste utföras av en BMW-verkstad eller annan lämpligt utrustad verkstad.
**2** Strålkastarna justeras med hjälp av juster-skruvarna längst upp på strålkastarlyktorna, **(se bild)**. Den yttre justerskruven ändrar positionen i horisontalled och den inre ändrar ljusstrålens vertikala inriktning.
**3** Vissa modeller har ett elektriskt reglerat system för strålkastarinställning, som styrs via en brytare i instrumentbrädan. På de här modellerna, se till att brytaren är ställd i "av"-läget innan strålkastarna justeras.
**4** På alla modeller är det möjligt att ställa in strålkastarna för körning på höger eller vänster sida av vägen, med hjälp av en spak inne i strålkastarhuset. Ta bort plastkåpan genom att vrida den moturs och flytta spaken till den mittre positionen för körning på vänster sida, och flytta spaken till den yttre positionen för körning på höger sida **(se bild)**.

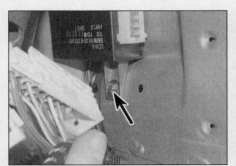

7.51 Skruva loss bulten (vid pilen) som håller LCM (ljuskontrollmodulen)

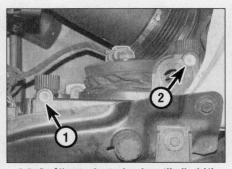

8.2 Strålkastarjustering i vertikalled (1) och i horisontalled (2)

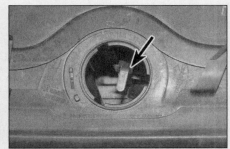

8.4 Genom att flytta spaken (vid pilen) kan man ställa in strålkastarna för körning på höger eller vänster sida av vägen

**9.4a Skruva loss de tre skruvarna i den nedre kanten av instrumentpanelens kåpa (vid pilarna) . . .**

**9.4b . . . och de tre övre skruvarna (vid pilarna)**

**9.5a Skruva loss instrumentpanelens två övre fästskruvar (vid pilarna)**

## 9 Instrumentpanel –
### demontering och montering

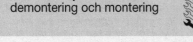

### Demontering

**1** Koppla loss batteriets negativa pol (se kapitel 5A).
**2** Sänk ned rattstången så långt det går och dra ut den helt.
**3** Ta försiktigt loss täckpanelerna på var sida om rattstången under instrumentpanelen.
**4** Skruva loss de tre Torxskruvarna upptill på instrumentpanelens kåpa, och de tre skruvarna nedtill, dra sedan försiktigt loss kåpan från panelen **(se bilder)**. Notera hur kontaktdonen sitter och koppla loss dem när kåpan dras ut.
**5** Skruva loss de två skruvarna upptill på instrumentpanelen, dra ut den övre kanten av panelen och lossa den från instrument-brädan. Lyft upp fästclipsen, koppla loss kontaktdonen och ta bort instrumentpanelen från bilen **(se bilder)**.

### Montering

**6** Montering sker i omvänd ordning mot demonteringen. Se till att instrumentpanelens kablage ansluts korrekt och fästs ordentligt med eventuella fästclips. Återanslut batteriet och kontrollera att instrumentpanelens varningslampor fungerar som de ska. **Observera:** *Om instrumentpanelen har bytts ut måste enheten kodas för att matcha bilen.*

## 10 Instrumentpanel –
### demontering och montering av komponenter

På grund av instrumentpanelens anslutningar, via "databuss"-nätverk med de flesta systemen och givarna/sensorerna i bilen, utgör panelen ett kontroll- och informationscentrum för modellerna i 5-serien. "K-bussen" är ansluten till SRS-systemet (krockkuddar etc.), yttre och inre lampor, regnsensor, värme/luftkonditionering och det centrala karosselsystemet. "CAN-bussen" (Controlled Area Network) är ansluten till motorstyrningssystemet, växellådsstyrningen och systemen för ABS/antispinn/dynamisk stabilitet. "D-bussen" är ansluten till diagnoskontakten och EOBD (European On-Board Diagnostics) kontakten (om tillämpligt).

Hastighetsmätaren visar bilens hastighet med hjälp av information från ABS-systemets ECM, genererad från den vänstra, bakre hjul-hastighetsgivaren.

I skrivande stund finns inga individuella komponenter tillgängliga för instrumentpanelen och den måste därför behandlas som en förseglad enhet. Om ett fel uppstår med ett av instrumenten, demontera instrumentpanelen enligt beskrivning i avsnitt 9 och ta den till din BMW-återförsäljare eller en annan specialist för kontroll. De har tillgång till en särskild diagnostisk testare med vilken de kan fastställa *Detta kan endast utföras av en BMW-verkstad eller annan lämpligt utrustad specialist.*

felet och sedan ge dig råd angående vad som måste göras.

## 11 Regn-/ljussensor –
### demontering och montering

### Modeller fram till 09/2001

**1** Regnsensorn är inbyggd i den inre backspegelns fäste. Demontera spegeln enligt beskrivning i kapitel 11.
**2** Tryck ihop sidorna på sensorns kåpa och dra kåpan uppåt och bakåt **(se bild)**.
**3** Ta loss kabelkåpan och koppla loss kontaktdonet.
**4** Dra ut sensorns två fästclips och dra sensorn bakåt **(se bild)**.
**5** Montering sker i omvänd ordning mot demonteringen. **Observera:** *Om regnsensorn har bytts ut måste den nya enheten ställas in. Detta kan endast utföras av en BMW-verkstad eller annan lämpligt utrustad specialist.*

### Modeller fr.o.m. 09/2001

**6** På modeller fr.o.m. 09/2001, innehåller regnsensorn också en ljussensor för automatisk strålkastaraktivering.
**7** Sensorn sitter i den främre delen av spegelns fäste. Tryck uppåt på den nedre änden av fästets kåpa och tryck isär de två halvorna av kåpan längst ner, och lossa fästclipset.
**8** När kåpan är borttagen, koppla loss kontaktdonet.
**9** Tryck in låshakarna och ta bort sensorn.

**9.5b Lyft upp fästclipsen och koppla loss instrumentpanelens kontaktdon**

**11.2 Tryck isär kåpans två halvor**

**11.4 Dra ut clipset på var sida (vid pilen) och ta bort sensorn**

**12.3  Koppla loss höjdsensorns kontaktdon (vid pilen)**

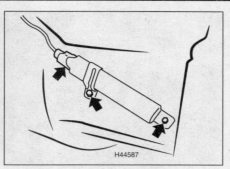

**13.8  Koppla loss kontaktdonet, skruva loss skruvarna och ta bort mottagaren**

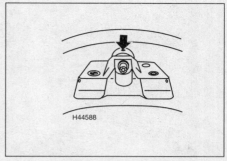

**13.14  Se till att hålet i fästkragen (vid pilen) är vänt utåt**

**10** Montering sker i omvänd ordning mot demonteringen. **Observera:** *Om regnsensorn har bytts ut måste den nya enheten ställas in. Detta kan endast utföras av en BMW-verkstad eller annan lämpligt utrustad specialist.*

## 12  Fjädringens höjdsensorer – demontering och montering

### Demontering

**1** Bilar som har Xenon strålkastare eller luftfjädring är också utrustade med höjd-sensorer för fjädringen. De här sensorerna, som sitter både fram och bak, ger information om fjädringens höjd, medan strålkastarnas inställningsmotorer ändrar vinkeln på strål-kastarens ljusstråle efter behov (Xenon strålkastare), eller fjädringens styrenhet bibehåller fjädringshöjden. Sensorerna sitter mellan fram-/bakvagnsramen och länk-armarna. För att komma åt sensorerna, lyft upp aktuell ände av bilen och stöd den på pallbockar (se *Lyftning och stödpunkter*). Där så är tillämpligt, ta bort kåpan under motorn, eller den trekantiga panelen framför den bakre nedre länkarmen.
**2** Skruva loss muttern som håller regler-stången till sensorarmen och koppla loss stången.
**3** Skruva loss de två fästmuttrarna och ta bort sensorn. Koppla loss kontaktdonet när sensorn dras ut **(se bild)**.

### Montering

**4** Montering sker i omvänd ordning mot demonteringen. Se till att alla kontaktdon ansluts korrekt och säkert.

## 13  Däcktryckskontroll – information och byte av komponenter

### Information

**1** Ett system för däcktryckskontroll finns som tillval på de flesta av modellerna i 5-serien. Systemet består av en sändare i varje hjul, placerad i botten av luftventilen, en mottagare

bakom hjulhusets innerskärm intill varje hjul, och en styrenhet bakom handskfacket i passagerarutrymmet. En varninglampa i instrumentpanelen varnar föraren om däcktrycket avviker från det förinställda. Observera att på grund av vikten hos en hjulmonterad sändare, är det mycket viktigt att nya däck balanceras korrekt innan de tas i bruk.

### Komponentbyte

#### Styrenhet

**2** Koppla loss batteriets negativa kabel enligt beskrivning i kapitel 5A.
**3** Demontera handskfacket på passagerar-sidan enligt beskrivning i avsnitt 26 i kapitel 11.
**4** Öppna kontaktdonets spärr och koppla loss kontaktdonet. Tryck in fästclipset och dra loss styrenheten från hållaren.
**5** Montering sker i omvänd ordning mot demonteringen. Programmera om inställ-ningen för systemets referenstryck enligt beskrivningen i bilens ägarhandbok.

#### Mottagare

**6** Lyft upp bilen på aktuell sida och stöd den säkert på pallbockar (se *Lyftning och stödpunkter*).
**7** Lossa fästclipsen/skruvarna och ta bort hjulhusets innerskärm.
**8** Koppla loss mottagarens kontaktdon, skruva loss de två fästmuttrarna och ta bort mottagaren **(se bild)**. Observera att mottagaren på höger sida fram, och de bakre mottagarna, är monterade på insidan av den främre delen av hjulhusets innerskärm.
**9** Montering sker i omvänd ordning mot demonteringen.

#### Sändare

**10** Det sitter en sändare längst ner på varje hjuls ventil. Låt en lämpligt utrustad fackman ta loss aktuellt däck.
**11** Skruva loss Torxskruven och dra loss sändaren från ventilen. Notera följande försiktighetsåtgärder:
  a) *Rengör inte sändaren med tryckluft.*
  b) *Rengör inte fälgen (däcket demonterat) med högtrycks tvättutrustning.*
  c) *Använd inget lösningsmedel vid rengöring av sändaren.*

  d) *Om tätningsvätska för däcket har använts, måste sändaren och ventilen bytas ut.*
  e) *Det går inte att använda ventilen utan sändaren.*
**12** Stick in ett stag i hålet i ventilhusets fästkrage, skruva loss huset och ta bort ventilen.
**13** Montera ett nytt ventilhus (med krage) i sändaren, dra bara åt Torxskruven med fingrarna tills vidare.
**14** Sätt in hela enheten i hålet i hjulet, se till att hålet i ventilhusets fästkrage är vänt utåt. Dra åt ventilhusets mutter, med ett stag i hålet i kragen för att hålla emot **(se bild)**.
**15** Dra åt sändarens Torxskruv till angivet moment.
**16** Låt montera däcket.

## 14  Signalhorn – demontering och montering

### Demontering

**1** Signalhornet (-hornen) sitter bakom den vänstra änden av den främre stötdämparen.
**2** För att komma åt signalhornet (-hornen) underifrån, dra åt handbromsen, lyft upp framvagnen och stöd den på pallbockar (se *Lyftning och stödpunkter*). Ta bort hjulet.
**3** Skruva loss fästskruvarna och ta bort den nedre, främre sektionen av hjulhusets inner-skärm.
**4** Skruva loss fästmuttrarna och ta bort signalhornen. Koppla loss deras kontaktdon när dessa blir åtkomliga **(se bild)**.

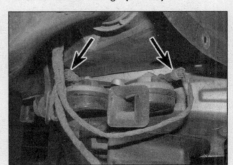

**14.4  Koppla loss signalhornens kontaktdon (vid pilarna)**

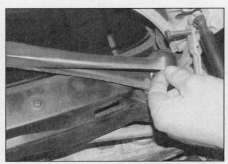

15.3a Bänd loss täckkåpan för att komma åt torkararmens mutter

15.3c Gör inställningsmärken på förarsidans arm för att försäkra att den sätts tillbaka i rätt vinkel i förhållande till rutan

## Montering
5 Montering sker i omvänd ordning mot demonteringen.

## 15 Torkararm – demontering och montering

## Demontering
### Främre torkararm
1 Aktivera torkarmotorn, slå sedan av den så att torkararmen återgår till sitt "viloläge". Öppna motorhuven.
2 Sätt en remsa maskeringstejp längs kanten på torkarbladet för att underlätta åter-monteringen.
3 Ta loss täckkåpan som sitter över muttern

till torkararmens spindel och skruva loss muttern. Lyft bladet från glasrutan och dra loss torkararmen från spindeln. Om så behövs kan armen bändas loss från spindeln med en lämplig spårskruvmejsel eller avdragare **(se bilder)**. **Observera:** *På förarsidans torkararm är det möjligt att justera vinkeln på bladet i förhållande till vindrutan, men åtgärden kräver ett särskilt verktyg från BMW. För att kunna sätta tillbaka armen i rätt läge, märk spindelns mitt i förhållande till armen* **(se bild)**.

### Bakre torkararm
4 Skruva loss Torxskruven på undersidan av spindelns hus, bänd sedan loss den yttre kåpan **(se bild)**.
5 Öppna det bakre fönstret, placera torkararmen vertikalt (i linje med spolar-munstycket), bänd sedan loss gummiskyddet,

skruva loss muttern och ta loss armen **(se bild)**.

## Montering
6 Se till att torkararmens och spindelns splines är rena och torra och montera armen på spindeln. Rikta in torkarbladet med hjälp av tejpen som placerades på rutan innan demonteringen. Sätt tillbaka spindelns mutter, dra åt den till angivet moment och sätt tillbaka täckkåpan över muttern.

## 16 Vindrutetorkarnas motor och länksystem – demontering och montering

## Demontering
### Vindrutans torkarmotor
1 Demontera torkararmarna enligt tidigare beskrivning, använd sedan en avdragare till att ta bort den räfflade distansen från spindeln på förarsidan **(se bild)**.
2 Demontera ventilpanelen framför vindrutan enligt följande **(se bilder)**:
a) Dra upp gummitätningsremsan från torpedens skiljevägg.
b) Lossa clipsen och ta bort pollenfiltrens kåpor.
c) Lossa clipsen och ta bort luftkanalerna från pollenfilterhusen.
d) Lossa clipsen och ta bort pollenfilterhusen.
e) Ta bort skruvarna, bänd upp nitarna och ta bort ventilpanelen.

15.4 Skruva loss Torxskruven på undersidan av spindelns hus

15.5 Bänd loss gummiskyddet för att komma åt muttern

16.1 Använd en avdragare till att ta bort den räfflade brickan

16.2a Bänd ut nitarna som håller fast ventilpanelen

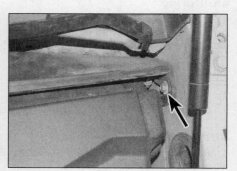

16.2b Skruva loss bulten (vid pilen) och ta bort regnavvisaren

15.3b Om så behövs, använd en avdragare till att ta loss torkararmen från spindeln

**16.4 Koppla loss torkarmotorns kontaktdon**

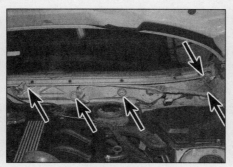

**16.5 Skruva loss skruvarna (vid pilarna) och ta ut motorn/länksystemet från bilen**

**16.6 Bänd loss länksystemet från motorveven**

*f) Skruva loss skruven och ta bort regnavvisaren från den bakre delen av elboxen i det vänstra hörnet i motorrummet.*

**3** Vrid de fyra fästena 90° moturs och ta bort kabelkåpan i mitten av motorrummets torped-vägg.
**4** Koppla loss torkarmotorns kontaktdon (se bild).
**5** Skruva loss skruvarna som fäster motorn/länksystemet och manövrera ut enheten från bilen (se bild).
**6** Om så behövs, märk upp motoraxeln och veven i förhållande till varandra, bänd sedan loss länksystemet från motorns kulled. Skruva loss fästmuttern och frigör veven från motorns axel. Skruva loss motorns fästbultar och ta isär motorn och länksystemet (se bild).

**Bakrutans torkarmotor**

**7** Demontera bakluckans nedre klädselpanel enligt beskrivning i avsnitt 26 i kapitel 11.
**8** Koppla loss motorns kontaktdon.
**9** Gör inställningsmärken där motorn och fästbygeln är i kontakt med bakluckan för att underlätta monteringen. Skruva loss skruvarna och ta bort torkarmotorn (se bild).

**Bakre torkararmens spindel och hus**

**10** Demontera den bakre torkararmen enligt beskrivning i föregående avsnitt.
**11** På utsidan av rutan, skruva loss och ta bort muttern till torkararmens spindel. Ta bort eventuella brickor (se bild).
**12** Öppna bakluckans fönster, bänd loss

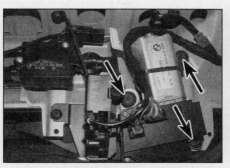

**16.9 Skruva loss skruvarna (vid pilarna) och ta bort den bakre torkarmotorn**

plastskydden, skruva loss de två skruvarna och ta bort kåpan (se bild).
**13** Gör inställningsmärken mellan låsmuttern till spärren på bakluckan och spindelhuset för att underlätta monteringen, lossa sedan lås-muttern och skruva loss spärren (se bild). Räkna antalet varv som behövs för att skruva loss spärren, så att den kan sättas tillbaka i samma position.
**14** Märk spindelhusets position i förhållande till bakluckan för att underlätta åter-monteringen, skruva sedan loss Torxbulten och ta bort huset (se bild). Vid montering av huset är det viktigt att mitten av torkararmens drivhjul är exakt i linje med mitten av spindeln.

**Montering**

**15** Montering sker i omvänd ordning mot demonteringen. Avsluta med att montera torkararmarna enligt beskrivning i avsnitt 15.

**16.11 Skruva loss och ta bort spindelns mutter**

**17 Vindrute-/strålkastarspolare** – demontering och montering av komponenter

**Spolarsystemets vätskebehållare**

**1** Vindrutans spolarvätskebehållare sitter i motorrummet. På modeller med strålkastar-spolare förser den här behållaren även strålkastarnas munstycken med vätska via en extra pump.
**2** Töm ut innehållet i behållaren, eller var beredd på spill.
**3** Lyft upp bilens framvagn och stöd den säkert på pallbockar (se *Lyftning och stödpunkter*). Ta bort höger framhjul.
**4** Skruva loss skruvarna och ta bort hjul-husets innerskärm.
**5** Koppla loss kontaktdonet (-donen) från

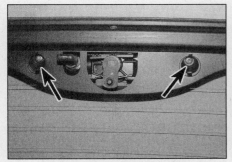

**16.12 Bänd loss plastskydden och skruva loss de två skruvarna (vid pilarna)**

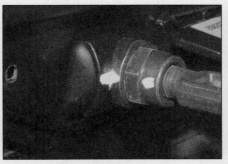

**16.13 Gör inställningsmärken mellan spärrens låsmutter och spindelns hus**

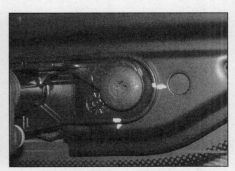

**16.14 Gör inställningsmärken mellan spindelhuset och bakluckan**

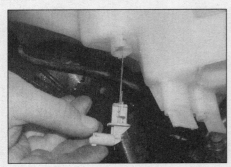

**17.12 Vrid nivåkontakten moturs och ta bort den från behållaren**

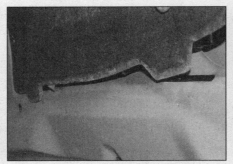

**17.14 Ta loss ljudisoleringspanelen från motorhuven**

**17.15 Koppla loss slangen och kontaktdonet från munstycket**

behållarens nivåkontakt, notera sedan noga hur de olika slangarna sitter och koppla loss dessa från behållaren.

**6** Skruva loss och ta bort behållarens fästmuttrar och lyft behållaren uppåt och bort från dess plats. Tvätta bort spilld vätska med kallt vatten.

**7** Montering sker i omvänd ordning mot demonteringen. Se till att fäststiften längst ned på behållaren går korrekt i ingrepp med motsvarande urtag i innerskärmen. Fyll på behållaren och kontrollera om det förekommer något läckage.

## Spolarpumpar

**8** Demontera innerskärmen i det främre, högra hjulhuset enligt beskrivning i punkt 3 och 4.

**9** Koppla loss kontaktdonet (-donen) och slangen (slangarna) från spolarpumpenn (pumparna). Vrid försiktigt pumpen medurs och dra upp den ur behållaren. Var beredd på vätskespill. Undersök om pumpens tätningsmuff är skadad eller sliten och byt ut den om den är i dåligt skick. **Observera:** *Var försiktig när du ta bort pumpen/pumparna, så att du inte rubbar silen i pumpens inlopp. Om silen faller ned i behållaren måste man demontera behållaren för att få tag i silen.*

**10** Montering sker i omvänd ordning. Använd en ny tätningsmuff om den gamla var i dåligt skick. Fyll på behållaren och kontrollera om tätningsmuffen läcker.

## Spolarbehållarens nivåkontakt

**11** Demontera spolarbehållaren enligt tidigare beskrivning.

**12** Vrid nivåkontakten moturs och ta bort den från behållaren **(se bild)**.

**13** Montering sker i omvänd ordning. Använd en ny tätningsmuff om den gamla är i dåligt skick. Fyll på behållaren med vätska och kontrollera om det förekommer läckage.

## Vindrutans spolarmunstycken

**14** Öppna motorhuven och ta loss ljudisoleringspanelen längst ner på motorhuven **(se bild)**.

**15** Koppla loss spolarslangen (-slangarna) från munstycket. Om så behövs, koppla också loss kontaktdonet från munstycket **(se bild)**.

**16** Tryck in clipset längst upp på munstycket och ta ut det från motorhuven.

**17** Vid monteringen, tryck tillbaka munstycket på plats i motorhuven och anslut munstycket till slangen. Om så är tillämpligt, anslut också kontaktdonet. Om så behövs kan munstyckena justeras med en nål. Rikta en stråle mot en punkt något ovanför mitten av torkararmens svepyta, och den andra något nedanför mitten av ytan, så att du garanterat får spolning över hela ytan.

## Strålkastarnas spolarmunstycken

**18** Demontera den främre stötfångaren enligt beskrivning i kapitel 11.

**19** Lossa fästclipset och koppla loss slangen från munstycket.

**20** Om så är tillämpligt, koppla loss kontaktdonet till munstyckets uppvärmning.

**21** Tryck ihop de två clipsen och dra loss munstycket uppåt.

**22** Montering sker i omvänd ordning mot

demonteringen. För justering av munstyckena behövs ett särskilt verktyg.

## Spolarnas/torkarnas styrmodul

**23** Spolar-/torkarsystemet styrs av den centrala karosselektronikens (ZKE III) styrmodul, kallad grundmodul (GM III), som sitter bakom handskfacket. För att komma åt modulen, demontera handskfacket enligt beskrivning i kapitel 11, avsnitt 26.

**24** Koppla loss modulens kontaktdon. Vissa kontaktdon har en låsarm, och andra har låselement som ska skjutas åt sidan.

**25** Lossa fästclipsen och ta bort styrmodulen från bilen **(se bild)**.

**26** Montering sker i omvänd ordning.

## Bakrutans spolarmunstycke

**27** Spolarmunstycket trycks på plats i änden av spolarslangens beslag. Bänd försiktigt loss munstycket från gummibeslaget i rutans övre kant med ett verktyg av trä eller plast.

**28** Montering sker i omvänd ordning mot demonteringen. Rikta in strålen mot en punkt 10 cm nedanför den övre kanten och 32 cm från sidokanten.

## Behållare för intensivspolning

**29** Behållaren för intensivspolning sitter på höger innerskärm i motorrummet **(se bild)**. För att ta bort behållaren, koppla loss spolarslangen och kontaktdonet från pumpen.

**30** Skruva loss plastmuttern, lossa clipset och ta bort behållaren. Om så behövs, frigör pumpen från dess fästclips och lyft försiktigt ut pumpen ur tätningsmuffen.

**31** Montering sker i omvänd ordning.

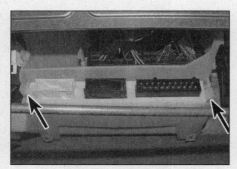

**17.25 Losa clipsen (vid pilarna) och dra styrmodulen bakåt**

**17.29 Behållare för intensivspolning**

## 18 Ljudanläggning – demontering och montering

**Observera:** *Följande åtgärder gäller de radio/kassettspelare/CD-spelare som BMW monterar som standard. Demontering och montering av andra anläggningar kan variera.*

## Demontering

### IRIS enhet

**1** Dra loss volymkontrollens knopp från spindeln, stick in en skruvmejsel i spåret till höger om spindeln och vrid för att lossa spärrmekanismen, dra sedan ut enheten **(se bild)**. Koppla loss kontaktdonen när enheten dras ut.

### MID enhet

**2** Dra loss volymkontrollens knopp från spindeln. Stick in en insexnyckel i skruven under volymkontrollens spindel, vrid nyckeln 90° moturs och dra loss enheten från instrumentbrädan **(se bild)**. Koppla loss kontaktdonen när enheten dras ut.

### Enhet monterad upptill i instrumentbrädan

**3** Demontera IRIS- eller MID-enheten enligt tidigare beskrivning. Lossa sedan på de två insexskruvarna så mycket att du kan frigöra fästklackarna och ta bort kassett-/CD-spelaren **(se bilder)**.
**4** Notera hur kontaktdonen sitter och koppla sedan loss dem från enhetens baksida (dra ut låselementet på huvudkontakten) **(se bild)**.

### CD-växlare

**5** Öppna förvaringsfacket på sidan i bagage-utrymmet.
**6** Skruva loss de tre skruvarna som håller fästbygeln till karossen **(se bild)**.

**18.1** Stick in en spårskruvmejsel i spåret och vrid den för att lossa spärrmekanismen

**18.2** Stick in en insexnyckel i hålet och vrid den 90° moturs för att lossa MID-enheten

**7** Lossa på de fyra fästskruvarna och lyft ut enheten **(se bild)**. Koppla loss kontaktdonen när enheten dras ut.

### Förstärkare

**8** Förstärkaren (om monterad) sitter bakom den vänstra sidans klädselpanel i bagage-utrymmet. Tryck på knappen och ta bort första hjälpen-kitets täckpanel.
**9** Ta bort förvarings-/verktygsfacket.
**10** Koppla loss förstärkarens kontaktdon, skruva loss fästbultarna och ta bort enheten.

### Montering

**11** Montering sker i omvänd ordning.

### 19  Högtalare – demontering och montering

### Huvudhögtalare i dörren

**1** Demontera dörrens inre klädselpanel enligt beskrivning i kapitel 11.

**18.3a** För att ta bort kassett-/CD-spelaren, lossa insexskruvarna i den nedre kanten (vid pilarna)

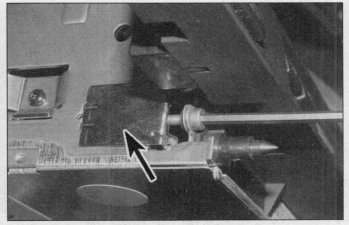

**18.3b** När insexskruvarna lossas dras metallspärrarna in (vid pilen) – visas med enheten demonterad

**18.4** Dra ut låselementet och koppla loss huvudkontakten

**18.6** Skruva loss de tre skruvarna som håller CD-växlaren till karossen

**18.7** Fästbygeln sitter fast i CD-växlaren med två skruvar i var ände

**19.2 Skruva loss de tre skruvarna (vid pilarna) och ta bort högtalaren**

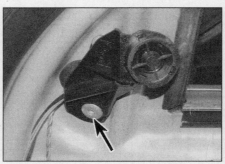

**19.7 Den övre högtalaren sitter fast med en skruv (vid pilen)**

**19.9 Lossa högtalargrillen**

2 Koppla loss kontaktdonen, skruva sedan loss de tre skruvarna och ta bort högtalaren från dörren (se bild).

3 Om så är tillämpligt, skruva loss den stora fästkragen och ta bort den lilla högtalaren från klädselpanelen.

4 Montering sker i omvänd ordning mot demonteringen.

### Övre högtalare i dörren

5 Demontera dörrens inre klädselpanel enligt beskrivning i kapitel 11.

6 Lyft lite på plastlisten och dra bort den från dörrens främre, inre kant.

7 Skruva loss den nedre Torxskruven och ta bort högtalaren från dörren (se bild). Koppla loss kontaktdonet när högtalaren dras ut.

8 Montering sker i omvänd ordning mot demonteringen.

### Högtalare i bagageutrymmet

#### Touring

9 Lossa clipsen på sidorna av högtalargrillen och dra loss grillen (se bild).

10 Skruva loss fästskruvarna och ta bort högtalaren, koppla loss dess kontaktdon när de blir åtkomliga (se bild).

11 Montering sker i omvänd ordning. Sätt stålclipsen på plats i infattningen innan grillen sätts tillbaka (se bild).

### Bakre högtalare

#### Sedanmodeller

12 Demontera hatthyllan enligt beskrivning i kapitel 11, avsnitt 26.

13 Skruva loss de två fästskruvarna, lyft upp den främre kanten av den bakre högtalaren

och haka loss den från haken baktill (se bild). Koppla loss kontaktdonet när högtalaren dras ut.

14 Montering sker i omvänd ordning mot demonteringen.

## 20 Radioantenn – allmän information

Radioantennen är inbyggd i bakrutan. För att förbättra mottagningen har man monterat en förstärkare som stärker signalen till radion/kassett-/CD-spelaren.

### Sedanmodeller

1 Demontera den vänstra C-stolpens klädselpanel enligt beskrivning i avsnitt 26 i kapitel 11.

2 Skruva loss fästmuttrarna/-skruvarna och ta bort förstärkaren (se bild). Koppla loss kontaktdonet när enheten tas ut.

3 Montering sker i omvänd ordning mot demonteringen.

### Touringmodeller

4 Öppna bakluckan och dra försiktigt loss luckans övre klädselpanel från fästclipsen (se bild).

5 Ta loss kåpan som sitter över förstärkaren, skruva loss fästmuttrarna och lyft ut

**19.10 Skruva loss högtalarens fyra skruvar**

**19.11 Sätt fast stålclipsen innan grillen sätts tillbaka**

**19.13 Skruva loss högtalarens två fästskruvar (vid pilarna)**

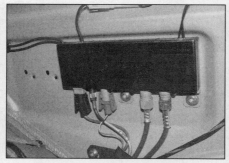

**20.2 Radiosignalens förstärkare (sedanmodeller)**

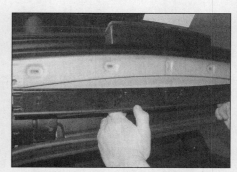

**20.4 Ta bort bakluckans övre panel**

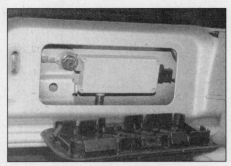

**20.5 Ta loss kåpan för att komma åt förstärkaren**

förstärkaren **(se bild)**. Koppla loss kontaktdonen när förstärkaren dras ut.

6 Montering sker i omvänd ordning.

### 21 Farthållare/antispinnsystem – information och byte av komponenter

#### Information

1 Farthållarens funktion är inkluderad i motorstyrningssystemets ECM. De enda yttre komponenterna som kan bytas ut är kontakten på kopplingspedalen och gasspjällets aktiverare (endast M52 motor). Antispinnsystemet inkluderar delar av ABS-systemet (se kapitel 9), så väl som motorns effektreduceringssystem.

#### Komponentbyte

#### Kontakt på kopplingspedalen

2 Se avsnitt 4.

#### Farthållarens gasspjällsaktiverare

3 Aktiveraren sitter på innerskärmen på vänster sida. Se till att tändningen är av, koppla loss kontaktdonet, skruva loss muttrarna och ta bort aktiveraren. Tryck ihop sidorna på genomföringen och ta loss gasvajern från kvadranten på undersidan av det inre gasspjällhuset **(se bild)**.

#### Antispinnsystemets gasspjällsaktiverare

4 Aktiveraren sitter på innerskärmen på vänster sida i motorrummet. Se till att

tändningen är avslagen, koppla loss kontaktdonet, skruva loss muttern/bulten och ta bort aktiveraren från skärmen. Tryck ihop sidorna på genomföringen och ta loss gasvajern från gasspjällarmen **(se bilder)**.

### 22 Stöldskyddssystem – allmän information

Modellerna i 5-serien är utrustade med ett sofistikerat system med larm och immobiliser. Om ett fel skulle uppstå måste systemets självdiagnosfunktion läsas av med särskild testutrustning. Kontakta en BMW-verkstad eller annan lämpligt utrustad specialist.

### 23 Uppvärmda framsäten – demontering och montering av komponenter

#### Värmedynor

På modeller som har uppvärmda framsäten finns det en värmedyna både i sittdynan och i ryggstödet. Byte av en värmedyna innebär att man tar loss klädseln, tar bort den gamla värmedynan, sätter en ny värmedyna på plats och sätter tillbaka klädseln. Demontering och montering av klädseln kräver dock stor kunskap och erfarenhet om åtgärden ska utföras med framgång, varför det är bäst att överlåta detta arbete till en BMW-verkstad eller annan specialist. I praktiken är det mycket svårt för hemmamekanikern att utföra jobbet utan att förstöra klädseln.

#### Brytare

Se avsnitt 4.

### 24 Krockkuddar – allmän information och föreskrifter

Modellerna som behandlas i den här boken är utrustade med en krockkudde på förarsidan, monterad i mitten av ratten, en krockkudde på

passagerarsidan bakom instrumentbrädan, en krockkudde i vardera A-stolpen/takklädseln, en krockkudde i vardera framdörrens klädsel och, på vissa modeller, en i vardera bakdörrens klädsel. Krockkuddesystemet består av krockkuddarna (med gasgeneratorer), kollisionsgivare, en styrenhet och en varningslampa i instrumentpanelen.

Systemet utlöses vid en kollision, framifrån eller från sidan, som överstiger en förutbestämd kraftnivå; beroende på kollisionspunkten. Krockkuddarna blåses upp inom millisekunder och utgör en skyddsbarriär mellan passagerarna och insidan av kupén. Risken för allvarliga personskador minskas därmed avsevärt. Krockkuddarna töms nästan omedelbart.

Varje gång tändningen slås på utför krockkuddarnas styrenhet ett självtest. Detta test tar ungefär två till sex sekunder och under denna tid lyser en varningslampa på instrumentpanelen. När självtestet är över ska lampan slockna. Om varningslampan inte tänds, förblir tänd efter testperioden eller tänds under körning, tyder det på ett fel i systemet. Bilen bör då tas till en BMW-verkstad för kontroll vid första möjliga tillfälle.

⚠️ *Varning: Innan några åtgärder utförs på krockkuddesystemet, koppla loss batteriets negativa kabel och vänta i minst en minut. Detta gör att kondensatorerna i systemet får tid att ladda ur. När arbetet är slutfört, försäkra dig om att ingen befinner sig i bilen när batteriet återansluts.*

• *Krockkuddarna får inte utsättas för temperaturer över 90°C. När en krockkudde har demonterats, se till att förvara den med rätt sida vänd uppåt för att förhindra att den oavsiktligt blåses upp (den stoppade sidan ska vara vänd uppåt).*

• *Låt aldrig lösningsmedel eller rengöringsmedel komma i kontakt med krockkuddarna. De får bara torkas av med en fuktig trasa.*

• *Både krockkuddarna och styrenheten är känsliga för stötar. Om någon av dem tappas eller skadas på annat sätt måste de bytas ut.*

• *Koppla loss kontaktdonet till krockkuddesystemets styrenhet innan bågsvetsning utförs på bilen.*

**21.3 Farthållarens gasspjällsaktiverare**

**21.4a Haka loss vajern från gasspjällarmen**

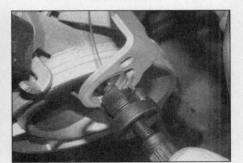

**21.4b Tryck ihop sidorna på genomföringen och dra loss den från fästbygeln**

**25.2 Två Torxskruvar håller krockkudden till ratten – modeller fram till 03/2002**

**25.3a Stick in en skruvmejsel genom ett av hålen bakom ratten . . .**

**25.3b . . . och lossa krockkuddens fästclips (vid pilen)**

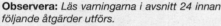

## 25 Krockkuddar – demontering och montering av komponenter

**Observera:** *Läs varningarna i avsnitt 24 innan följande åtgärder utförs.*

1 Koppla loss kabeln från batteriets negativa pol (se kapitel 5A), fortsätt sedan enligt beskrivning under relevant rubrik.

### Förarens krockkudde

#### Modeller fram till 03/2002

2 Skruva loss krockkuddens två fästskruvar (Torx T30) bakom ratten. Vrid på ratten efter behov för att komma åt skruvarna **(se bild)**.

#### Modeller fr.o.m. 03/2002

3 Stick in en spårskruvmejsel i hålet bakom ratten och lossa krockkuddens fästclips. Vrid

ratten ett halvt varv och lossa clipset på andra sidan **(se bilder)**.

4 Om så behövs, demontera ratten och rattstångskåporna (kapitel 10), koppla loss kontaktenhetens kontaktdon, skruva loss de fyra Torxskruvarna och ta bort kontaktenheten **(se bild)**.

### Alla modeller

5 Vrid tillbaka ratten till läget rakt fram, lyft sedan försiktigt ut krockkudden från ratten. Notera exakt hur kontaktdonen sitter och koppla sedan loss dem från krockkudden **(se bilder)**. Krockkudden får inte utsättas för slag eller tappas, och den måste förvaras med den stoppade sidan vänd uppåt.

6 Vid montering, anslut kontaktdonen och placera krockkudden i ratten. Kontrollera att inte kablarna hamnar i kläm. På modeller fram

till 03/2002, sätt i fästskruvarna och dra åt dem till angivet moment. På modeller fr.o.m. 03/2002, tryck in krockkudden i ratten så att fästclipsen hakar i. Anslut batteriet.

### Passagerarsidans krockkudde

7 Stick in ett flatbladigt verktyg av trä eller plast på var sida av krockkuddens täckkåpa och bänd försiktigt loss kåpan **(se bild)**.

8 Skruva loss de fyra fästmuttrarna och lyft ut krockkudden. Notera hur eventuella brickor sitter – de måste sättas tillbaka på sina ursprungliga platser. Koppla loss krockkuddens kontaktdon när kudden dras ut **(se bilder)**.

9 Montering sker i omvänd ordning. Dra åt krockkuddens fästskruvar till angivet moment och anslut batteriets negativa pol.

**25.4 Skruva loss de fyra skruvarna (vid pilarna) och ta bort krockkuddens kontaktenhet**

**25.5a Kontaktdon till förarens krockkudde – modeller fram till 03/2002**

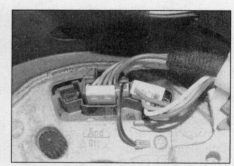

**25.5b Kontaktdon till förarens krockkudde – modeller fr.o.m. 03/2002**

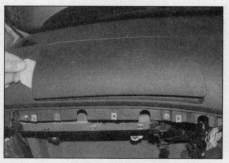

**25.7 Bänd försiktigt loss täckkåpan från passagerarsidans krockkudde**

**25.8a Krockkudden sitter fast med två muttrar i var ände**

**25.8b Koppla loss krockkuddens kontaktdon när den dras ut**

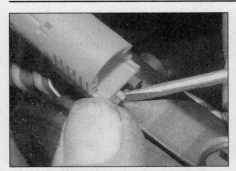
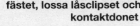

**25.11 När kontaktdonet är lossat från fästet, lossa låsclipset och koppla loss kontaktdonet**

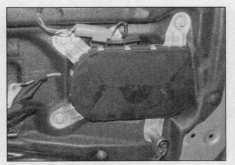

**25.12 Skruva loss de fyra skruvarna och ta bort krockkudden från dörren**

**25.17 Skruva loss muttrarna och ta bort krockkuddarnas styrenhet**

## Krockkudde i dörren

**10** Demontera dörrens inre klädselpanel enligt beskrivning i kapitel 11.
**11** Ta loss krockkuddens kontaktdon från fästbygeln, lossa sedan låsclipset och koppla loss kontaktdonet **(se bild)**.
**12** Skruva loss fästskruvarna och lyft ut krockkudden **(se bild)**.
**13** Montering sker i omvänd ordning. Dra åt krockkuddens fästskruvar till angivet moment och anslut batteriet.

## Huvudkrockkuddar

**14** På båda sidor i passagerarutrymmet sitter huvudkrockkuddar (HPS – Head Protection Airbag). Krockkudden går från den nedre delen av vindrutans stolpe till ovanför bakdörren och, på vissa modeller, ner till den bakre hatthyllan. Krockkudden är ungefär 1,5 meter lång och 130 mm i diameter när den är uppblåst. För att krockkudden ska kunna demonteras måste man demontera hela instrumentbrädan och takklädseln. Detta ligger utanför vad hemmamekanikern normalt klarar av och vi rekommenderar därför att arbetet överlämnas till en BMW-verkstad eller annan specialist.

## Krockkuddarnas styrenhet

**15** Demontera mittkonsolen enligt beskrivnig i kapitel 11.
**16** Bänd ut plastnitarna och ta bort den bakre, mittre luftkanalen.

**17** Skruva loss fästmuttrarna och lyft ut modulen. Koppla oss kontaktdonet när enheten tas ut **(se bild)**.
**18** Montering sker i omvänd ordning. Notera att styrenheten måste monteras så att pilen pekar mot bilens front, och jordflätan ska sitta under en av enhetens fästmuttrar.

## Kollisionsgivare

**19** Det finns två kollisionsgivare, en på var sida om passagerarutrymmet. Demontera sätena enligt beskrivning i kapitel 11.
**20** Ta loss dörrens tröskelpanel och vik undan mattan från sidan. Om så behövs kan åtkomligheten förbättras genom att golvets värmeluftskanal demonteras.
**21** Skruva loss de två fästskruvarna och ta bort givaren. Koppla loss kontaktdonet när givaren tas ut.
**22** Montering sker i omvänd ordning. Pilen på givaren måste peka mot tröskeln **(se bild)**.

## 26 Parkeringsdistanskontroll (PDC) – information och byte av komponenter

### Allmän information

**1** För att underlätta vid parkering kan alla modeller i 5-serien utrustas med ett system som informerar föraren om avståndet mellan bilens bakre ände och bakomvarande

fordon/objekt vid backning. Systemet består av flera ultraljudssensorer monterade i den bakre stötfångaren, som mäter avståndet mellan sig själva och närmaste objekt. Avståndet indikeras av en ljudsignal inne i kupén. Ju närmare objektet man kommer, desto tätare blir signalfrekvensen tills man är 30 cm från objektet, då signalen blir oavbruten.

### PDC elektronisk styrenhet

#### Demontering

**2** Lossa clipset och ta bort förvaringsfacket på höger sida i bagageutrymmet, lossa sedan det roterande fästet och lyft ut batterikåpan.
**3** Bänd ut de två plastnitarna och ta bort klädselpanelen på höger sida i bagage-utrymmet. Mata tanklockets nödöppnings-vajer genom panelen när den tas bort **(se bild)**.
**4** Notera noga hur styrenhetens kontaktdon sitter och koppla sedan loss dem. Skruva loss fästskruvarna och ta bort styrenheten **(se bild)**.

#### Montering

**5** Montering sker i omvänd ordning mot demonteringen.

### Ultraljudssensorer

#### Demontering

**6** Demontera den bakre stötfångaren enligt beskrivning i kapitel 11.
**7** Koppla loss sensorernas kontaktdon, lossa

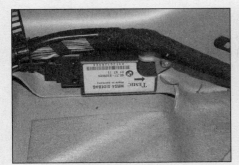

**25.22 Kollisionsgivaren måste monteras så att pilen pekar mot tröskeln**

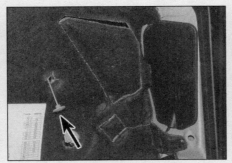

**26.3 Mata tanklockets nödöppingsvajer (vid pilen) genom panelen när denna tas bort**

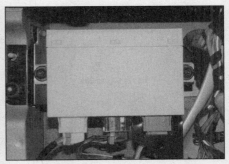

**26.4 Koppla loss PDC styrenhetens kontaktdon**

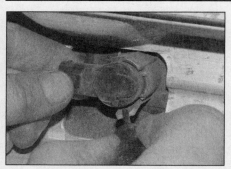

**26.7 Lossa clipsen och dra loss sensorn från stötdämparen**

fästclipsen och ta bort sensorerna från stöt-fångaren **(se bild)**.

**Montering**

**8** Montering sker i omvänd ordning mot demonteringen.

## 27 Kopplingsscheman – allmän information

**1** Kopplingsschemana på följande sidor täcker en begränsad del av elsystemen på modellerna i BMW:s 5-serie.

**2** På grund av den enorma mängd elektriska kretsar som är relevanta för 5-serien, är det inte möjligt att ha med kopplingsscheman så att man fullständigt täcker bilens alla system.

**3** Kom ihåg att även om kopplingsscheman utgör ett användbart hjälpmedel för att snabbt hitta i bilens elektriska system, är det fullt möjligt att spåra fel, och kontrollera tillförsel och jord, med en enkel multimeter. Läs informationen om allmän felsökning i avsnitt två i det här kapitlet (och ignorera hänvisningarna till kopplingsscheman om ett sådant inte finns för det aktuella systemet).

## BMW 5-serien kopplingsscheman

**Kopplingsschema 1**

### Förklaringar till symboler

Glödlampa

Blinkande glödlampa

Brytare/kontakt

Flerlägesbrytare/ -kontakt (kopplad)

Säkring/smältsäkring  F5

Motstånd

Variabelt motstånd

Variabelt motstånd

Kabelsplits, ospecificerat kontaktdon eller lödd skarv

Intern anslutning

Kabelfärg (grön med gul markör)

Skärmad kabel

Komponent nr  **2**

Enhastighets pump/motor

Tvåhastighets motor

Mätare

Jordpunkt

Diod

Lysdiod (LED)

Solenoidaktivering

Värmeelement

Anslutning kontakt och uttag

Gn/Ge

Streckad linje anger del av en större komponent, som i det här fallet innehåller en elektronisk eller halvledarkomponent.
30   DIN standardanslutning
b/1   kontakt B, stift 1

### Säkringsdosa i bagageutrymmet (typexempel)

| Säkring | Klassning | Skyddad krets |
|---|---|---|
| F46 | 15A | Oberoende ventilation/värme |
| F47 | 15A | Oberoende värme |
| F48 | 5A | Larm |
| F49 | 30A | Luftfjädring |
| F50 | 7.5A | Luftfjädring |
| F51 | - | Ej monterad |
| F52 | 30A | Cigarettändare |
| F53 | 7.5A | Centrallås |
| F54 | 15A | Bränslepump |
| F55 | 20A | Bakrutespolare/-torkare |
| F56 | 30A | Bakrutespolare/-torkare, CD-växlare, navigationssystem, kontrolldisplay, radio |
| F57 | 10A | Telefon |
| F58 | 10A | Navigationssystem, kontrolldisplay, radio, telefon |
| F59 | - | Ej monterad |
| F60 | 15A | Elektronisk dämpningskontroll |
| F61 | - | Ej monterad |
| F62 | - | Ej monterad |
| F63 | - | Ej monterad |
| F64 | - | Ej monterad |
| F65 | - | Ej monterad |
| F66 | 40A | Uppvärmd bakruta |

46 47 48 49 50 51 52 53 54 55  56 57 58 59 60 61 62 63 64 65  66

### Säkringsdosa i passagerarutrymmet (typexempel)

| Säkring | Klassning | Skyddad krets |
|---|---|---|
| F1 | 30A | Vindrutetorkare |
| F2 | 30A | Vindrutespolare, strålkastarspolare |
| F3 | 15A | Signalhorn |
| F4 | 20A | Passagerarutrymmets belysning, bagageutrymmets belysning, vindrutespolare |
| F5 | 20A | Soltak |
| F6 | 30A | Elfönsterhissar, centrallås, elstyrda speglar |
| F7 | 20A | Motorns kylfläkt |
| F8 | 25A | Automatisk stabilitetsstyrning |
| F9 | 15A | Luftkonditionering, uppvärmda spolarmunstycken |
| F10 | 30A | Passagerarsätets justering |
| F11 | 7.5A | Steptronic |
| F12 | 5A | Immobiliser |
| F13 | 30A | Rattstångsjustering, förarsätets justering |
| F14 | 5A | Motorstyrning |
| F15 | 7.5A | Motorstyrning, diagnosuttag |
| F16 | 5A | Belysningsmodul |
| F17 | 10A | Bränslepump, ABS, automatisk stabilitetskontroll |
| F18 | 5A | Instrumentpanel |
| F19 | - | Ej monterad |
| F20 | 7.5A | Uppvärmd bakruta, värme, luftkonditionering, motorkylfläkt, däcktrycksindikator |
| F21 | 5A | Bländfri inre backspegel, förarsätets justering, garageportsöppnare, termogivare, parkeringsdistanskontroll |
| F22 | 30A | Motorns kylfläkt |
| F23 | 10A | Värmeenhet, oberoende värmeenhet |
| F24 | 5A | Instrumentpanel, växelväljarbelysning, däcktrycksindikator |
| F25 | 7.5A | Radio, informationsdisplay |
| F26 | 5A | Vindrutetorkare |
| F27 | 30A | Centrallås, elfönsterhissar |
| F28 | 30A | Luftkonditionering, värmefläkt |
| F29 | 30A | Elstyrda speglar, elfönsterhissar, centrallås |
| F30 | 25A | ABS |
| F31 | 10A | ABS, automatisk stabilitetskontroll, bränslepump |
| F32 | 15A | Uppvärmda säten |
| F33 | - | Ej monterad |
| F34 | 10A | Uppvärmd ratt |
| F35 | - | Ej monterad |
| F36 | - | Ej monterad |
| F37 | 5A | Immobiliser |
| F38 | 5A | Signalhorn, växelväljarbelysning, diagnosuttag |
| F39 | 7.5A | Laddningsuttag, sminkspegelsbelysning |
| F40 | 5A | Krockkudde, instrumentpanel |
| F41 | 5A | Bromsljus, belysningsmodul, hastighetskontroll |
| F42 | 5A | Krockkudde |
| F43 | 5A | Radio, telefon, kontrolldisplay |
| F44 | 5A | Flerfunktionsratt, informationsdisplay, radio, telefon |
| F45 | 7.5A | Rullgardin |
| F75 | 50A | Motorns kylfläkt |
| F76 | 40A | Värmefläkt |

1 2 3 4 5 6 7 8 9 10 11 12 13 14 15 16 17 18 19 20   75 76
21 22 23 24 25 26 27 28 29 30 31 32 33 34 35 36 37 38 39 40 41 42 43 44 45

H33236

## Färgkoder

| Bl | Blå | Vi | Lila |
|---|---|---|---|
| Br | Brun | Ws | Vit |
| Ge | Gul | Or | Orange |
| Gr | Grå | Rt | Röd |
| Gn | Grön | Sw | Svart |

## Komponentförteckning

1 Batteri
2 Tändningslås
3 Startmotor
4 Generator
5 Säkringsdosa i passagerarutrymmet
6 Steg 1 relä till motorns kylfläkt
7 Steg 2 relä till motorns kylfläkt
8 Steg 3 relä till motorns kylfläkt
9 Kylfläktsmotor
10 Temperaturkontakt
11 Smältsäkring
12 Signalhornsrelä
13 Vänster signalhorn
14 Höger signalhorn
15 Signalhornskontakt
16 Rattens klockfjäder
17 Värmefläktsrelä
18 Effektförstärkare
19 Värmefläktsmotor

**Kopplingsschema 2**

H33237

**Typisk start och laddning**

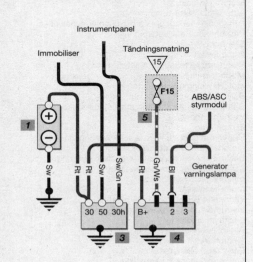

**Typisk motorkylfläkt**

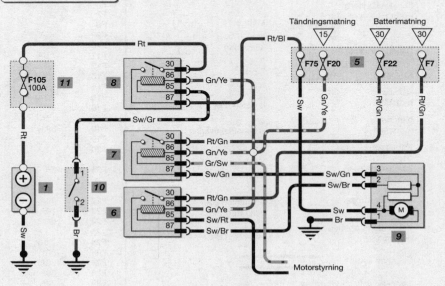

**Typiskt signalhorn**

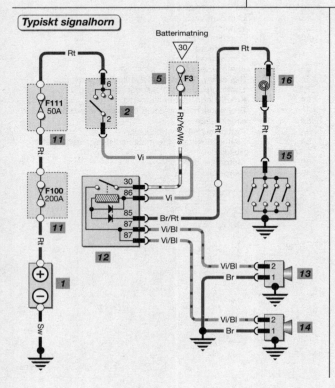

**Typisk värmefläkt**

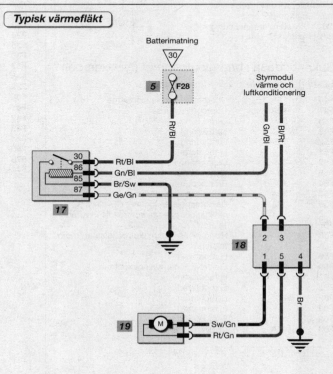

## Färgkoder

| Bl | Blå | Vi | Lila |
|----|-----|----|------|
| Br | Brun | Ws | Vit |
| Ge | Gul | Or | Orange |
| Gr | Grå | Rt | Röd |
| Gn | Grön | Sw | Svart |

## Komponentförteckning

1  Batteri
2  Tändningslås
5  Säkringsdosa i passagerarutrymmet
11  Smältsäkring
22  Strålkastarspolarmodul
23  Strålkastarspolarpump
24  Uppvärmning vindrutespolarmunstycken
25  Säkringsdosa i bagageutrymmet
26  Främre cigarettändare
27  Laddningsuttag

28  Cigarettändarrelä
29  Allmän styrmodul
30  Torkarrelä 1
31  Torkarrelä 2
32  Främre torkarmotor
33  Torkar-/spolarbrytare
34  Spolarpump

**Kopplingsschema 3**

H33238

### Typiska strålkastarspolare och uppvärmda spolarmunstycken

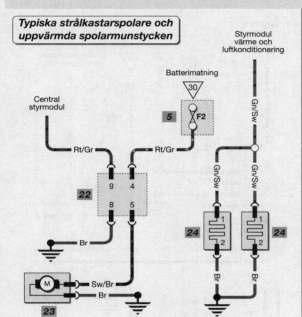

### Typisk cigarettändare och laddningsuttag

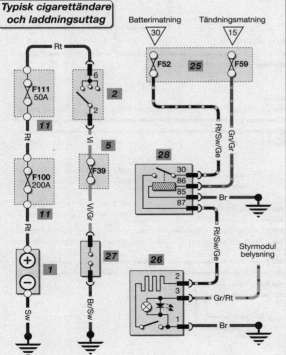

### Typisk främre spolare/torkare

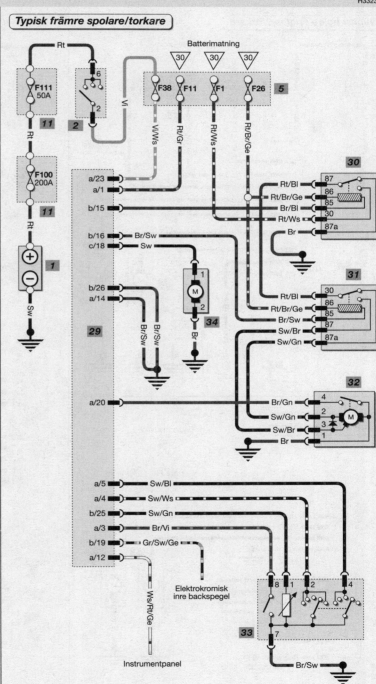

## Färgkoder

| Bl | Blå | Vi | Lila |
|----|-----|----|------|
| Br | Brun | Ws | Vit |
| Ge | Gul | Or | Orange |
| Gr | Grå | Rt | Röd |
| Gn | Grön | Sw | Svart |

## Komponentförteckning

1 Batteri
2 Tändningslås
5 Säkringsdosa i passagerarutrymmet
11 Smältsäkring
25 Säkringsdosa i bagageutrymmet
33 Spolar-/torkarbrytare
38 Styrmodul bakre spolare/torkare
39 Kontakt öppen baklucka
40 Bakre spolarpump
41 Strålkastarspolarmodul
42 Strålkastarspolarpump
43 Intensivspolning pump
44 Frånkopplingsrelä
45 Antennmodul
46 CD-växlare
47 Ljudanläggning
48 Vä främre högtonshögtalare
49 Vä främre högtalare
50 Vä bakre högtalare
51 Hö främre högtonshögtalare
52 Hö främre högtalare
53 Hö bakre högtalare

## Kopplingsschema 4

H33239

### Typisk bakre spolare/torkare

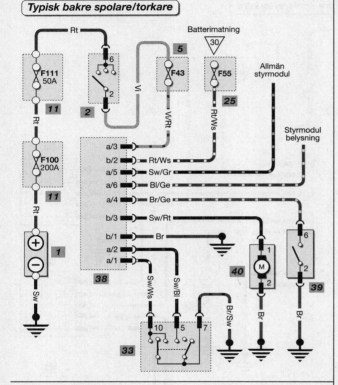

### Strålkastarspolare och intensivspolning

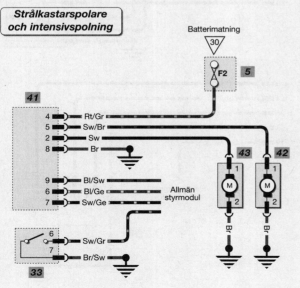

### Typisk ljudanläggning

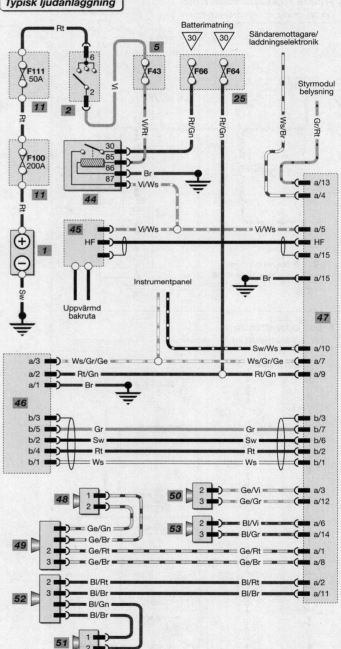

## Färgkoder

| Bl | Blå | Vi | Lila |
|---|---|---|---|
| Br | Brun | Ws | Vit |
| Ge | Gul | Or | Orange |
| Gr | Grå | Rt | Röd |
| Gn | Grön | Sw | Svart |

## Komponentförteckning

1 Batteri
2 Tändningslås
5 Säkringsdosa i passagerarutrymmet
11 Smältsäkring
29 Allmän styrmodul
45 Antennmodul
57 Relä uppvärmd bakruta
58 FM-förstärkare isoleringskrets
59 Uppvärmd bakruta
60 Förarsidans backspegel

61 Passagerarsidans backspegel
62 Förardörrens styrmodul
63 Förarsidans fönsterhissmotor
64 Säkerhetskontakt förarsidans fönsterhiss
65 Passagerardörrens styrmodul
66 Passagerarsidans fönsterhissmotor
67 Säkerhetskontakt passagerarsidans fönsterhiss
68 Passagerardörrens fönsterhissbrytare

69 Vä bakre fönsterhissmotor
70 Säkerhetskontakt vä bakre fönsterhiss
71 Vä bakdörr fönsterhissbrytare
72 Hö bakre fönsterhissmotor
73 Säkerhetskontakt hö bakre fönsterhiss
74 Hö bakdörr fönsterhissbrytare

## Kopplingsschema 5

H33240

**Typisk uppvärmd bakruta**

**Typiska elstyrda backspeglar**

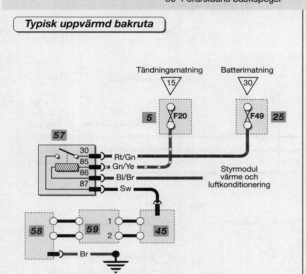
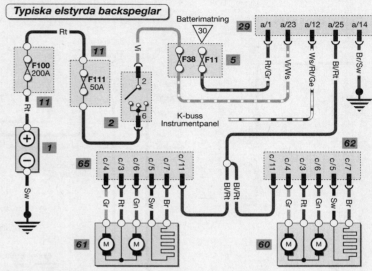

**Typiska elfönsterhissar**

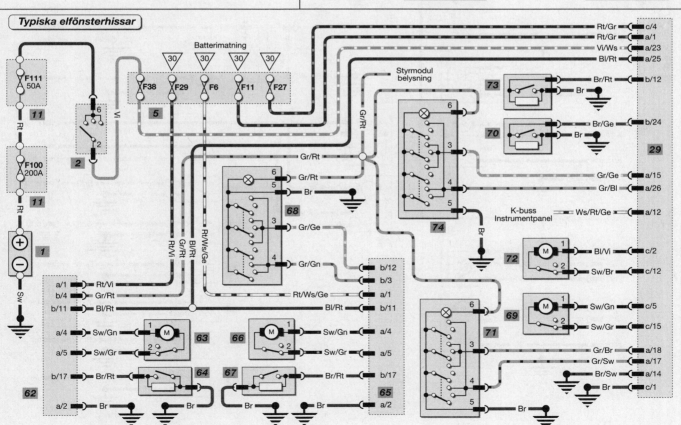

## Färgkoder

| | | | |
|---|---|---|---|
| Bl | Blå | Vi | Lila |
| Br | Brun | Ws | Vit |
| Ge | Gul | Or | Orange |
| Gr | Grå | Rt | Röd |
| Gn | Grön | Sw | Svart |

## Komponentförteckning

1  Batteri
2  Tändningslås
5  Säkringsdosa i passagerarutrymmet
11 Smältsäkring
25 Säkringsdosa i bagageutrymmet
29 Allmän styrmodul
62 Förardörrens styrmodul
65 Passagerardörrens styrmodul
78 Förardörrens låskontakt
79 Förardörrens låsmotor

80 Passagerardörrens låskontakt
81 Passagerardörrens låsmotor
82 Bak-/bagageluckans öppningsbrytare
83 Vä bakdörrens lås
84 Hö bakdörrens lås
85 Centrallåsets huvudkontakt
86 Bak-/bagageluckans låsmotor
87 Tankluckans låsmotor
88 Bak-/bagageluckans låsbrytare
89 Förardörrens kontaktbrytare

90 Passagerardörrens kontaktbrytare
91 Vä bakdörrs kontaktbrytare
92 Hö bakdörrs kontaktbrytare
93 Bak-/bagageluckans kontaktbrytare
94 Tröghetsbrytare

## Kopplingsschema 6

H33241

### Typiskt centrallås

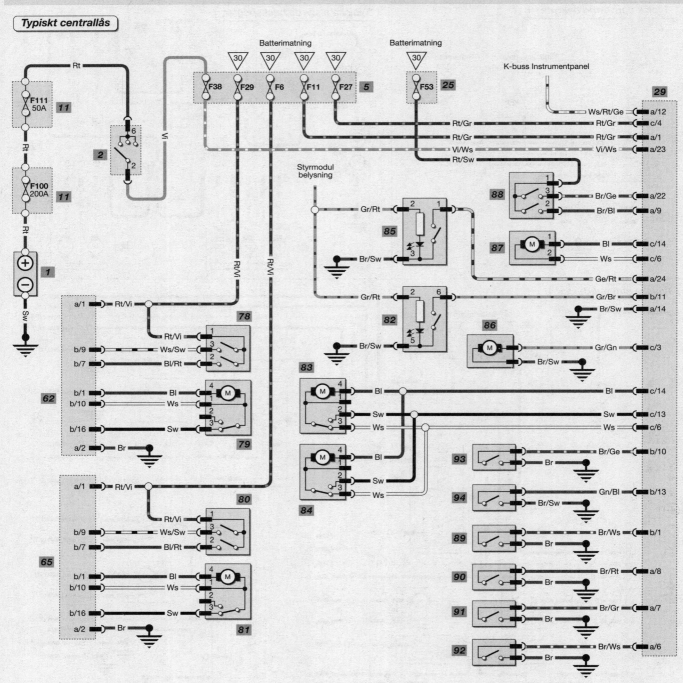

## Färgkoder

| | | | |
|---|---|---|---|
| **Bl** | Blå | **Vi** | Lila |
| **Br** | Brun | **Ws** | Vit |
| **Ge** | Gul | **Or** | Orange |
| **Gr** | Grå | **Rt** | Röd |
| **Gn** | Grön | **Sw** | Svart |

## Komponentförteckning

1 Batteri
2 Tändningslås
5 Säkringsdosa i passagerarutrymmet
11 Smältsäkring
96 Bromsljuskontakt
97 Styrmodul belysning
98 Vä bromsljus
99 Hö bromsljus
100 Högt monterat bromsljus
101 Vä backljus

102 Hö backljus
103 Backljuskontakt
104 Ljusbrytare
  a = parkeringsljus/strålkastare
  b = blink/omställare
105 Hö strålkastare helljus
106 Hö strålkastare halvljus
107 Hö parkeringsljus
108 Vä strålkastare helljus
109 Vä strålkastare halvljus

## Kopplingsschema 7

110 Vä parkeringsljus
111 Hö reg.skyltsbelysning
112 Vä reg.skyltsbelysning
113 Vä backljus
114 Vä backljus på baklucka
115 Hö backljus
116 Hö backljus på baklucka

H33242

### Typiska bromsljus

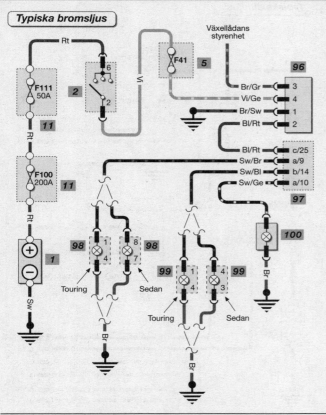

### Typiska backljus

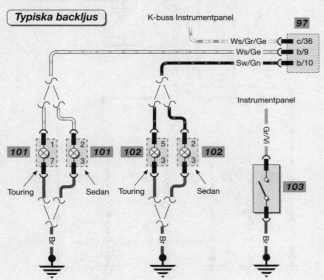

### Typiska strålkastare, parkerings- & bakljus & registreringsskyltsbelysning

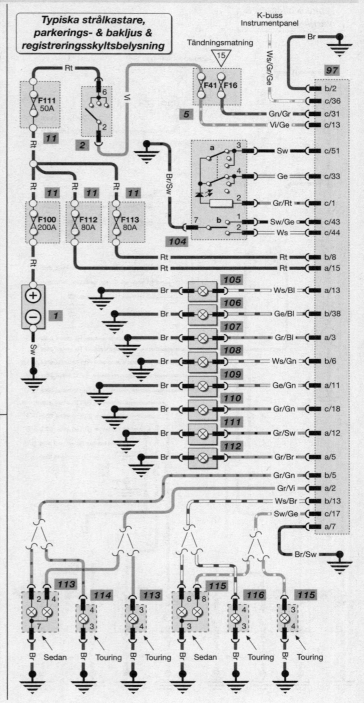

## Färgkoder

| | | | |
|---|---|---|---|
| **Bl** | Blå | **Vi** | Lila |
| **Br** | Brun | **Ws** | Vit |
| **Ge** | Gul | **Or** | Orange |
| **Gr** | Grå | **Rt** | Röd |
| **Gn** | Grön | **Sw** | Svart |

## Komponentförteckning

1  Batteri
2  Tändningslås
5  Säkringsdosa i passagerarutrymmet
11  Smältsäkring
97  Styrmodul belysning
104  Ljusbrytare
    c = blinkersbrytare
120  Vä främre blinkers
121  Vä sidoblinkers
122  Vä bakre blinkers
123  Hö främre blinkers
124  Hö sidoblinkers
125  Hö bakre blinkers
126  Varningsblinkersbrytare
127  Dimljusbrytare
128  Vä främre dimljus
129  Hö främre dimljus
130  Vä bakre dimljus
131  Vä bakre dimljus på baklucka
132  Hö bakre dimljus
133  Hö bakre dimljus på baklucka

## Kopplingsschema 8

H33243

**Typiska blinkers & varningsblinkers**

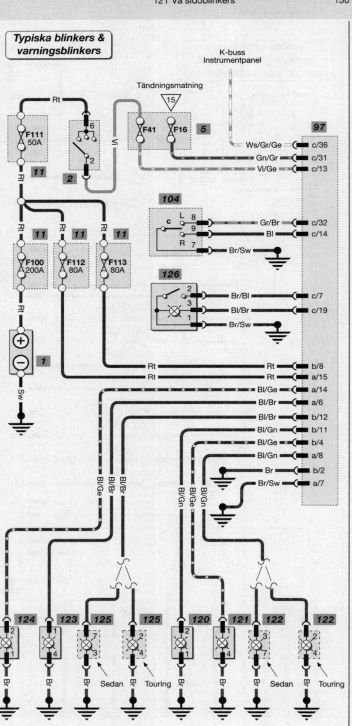

**Typiska dimljus**

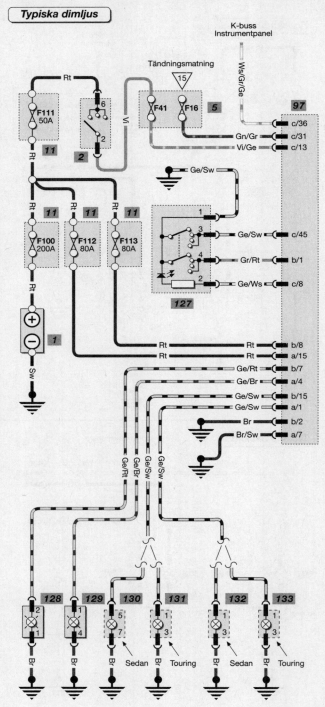

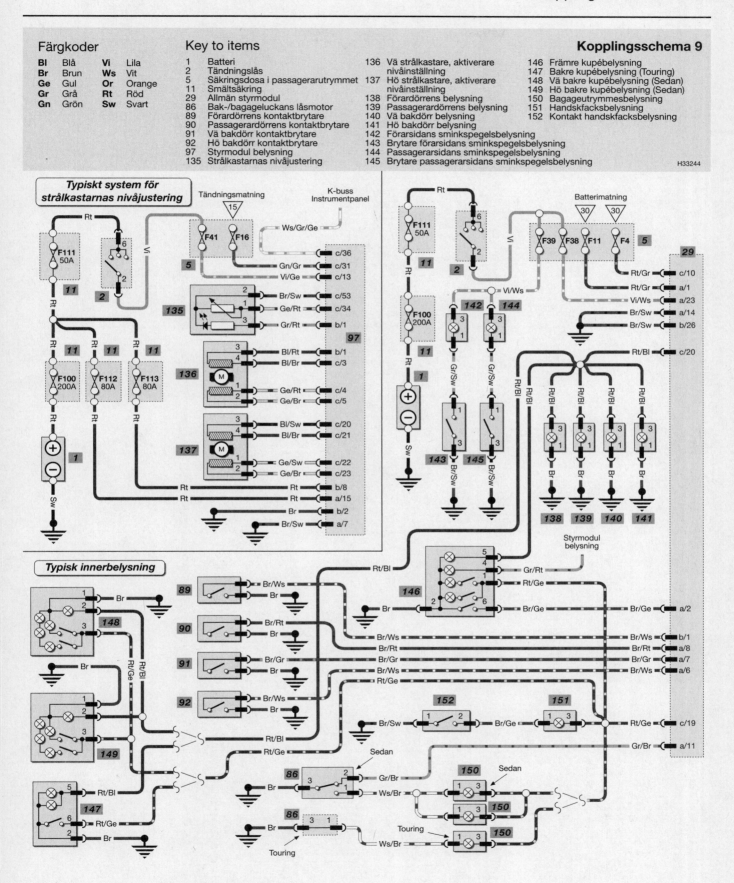

## Färgkoder

| Bl | Blå | Vi | Lila |
|----|-----|-----|------|
| Br | Brun | Ws | Vit |
| Ge | Gul | Or | Orange |
| Gr | Grå | Rt | Röd |
| Gn | Grön | Sw | Svart |

## Key to items

1 Batteri
2 Tändningslås
5 Säkringsdosa i passagerarutrymmet
11 Smältsäkring
29 Allmän styrmodul
86 Bak-/bagageluckans låsmotor
89 Förardörrens kontaktbrytare
90 Passagerardörrens kontaktbrytare
91 Vä bakdörr kontaktbrytare
92 Hö bakdörr kontaktbrytare
97 Styrmodul belysning
135 Strålkastarnas nivåjustering
136 Vä strålkastare, aktiverare nivåinställning
137 Hö strålkastare, aktiverare nivåinställning
138 Förardörrens belysning
139 Passagerardörrens belysning
140 Vä bakdörr belysning
141 Hö bakdörr belysning
142 Förarsidans sminkspegelsbelysning
143 Brytare förarsidans sminkspegelsbelysning
144 Passagerarsidans sminkspegelsbelysning
145 Brytare passagerarsidans sminkspegelsbelysning
146 Främre kupébelysning
147 Bakre kupébelysning (Touring)
148 Vä bakre kupébelysning (Sedan)
149 Hö bakre kupébelysning (Sedan)
150 Bagageutrymmesbelysning
151 Handskfacksbelysning
152 Kontakt handskfacksbelysning

## Kopplingsschema 9

# Anteckningar

# Mått och vikter

**Observera:** *Alla siffror är ungefärliga, och kan variera beroende på modell. Se tillverkarens information för exakta mått/vikter.*

## Mått

Total längd:
   Sedan . . . . . . . . . . . . . . . . . . . . . . . . . . . . . . . . . . 4775 mm
   Touring . . . . . . . . . . . . . . . . . . . . . . . . . . . . . . . . . 4805 mm
Total bredd* . . . . . . . . . . . . . . . . . . . . . . . . . . . . . . . 1800 mm
Total höjd (olastad):
   Sedan . . . . . . . . . . . . . . . . . . . . . . . . . . . . . . . . . . 1435 mm
   Touring . . . . . . . . . . . . . . . . . . . . . . . . . . . . . . . . . 1440 to 1445 mm
Hjulbas . . . . . . . . . . . . . . . . . . . . . . . . . . . . . . . . . . 2830 mm
*Exklusive backspeglar*

## Vikter

Tjänstevikt*:
   Sedan . . . . . . . . . . . . . . . . . . . . . . . . . . . . . . . . . . 1570 till 1730 kg
   Touring . . . . . . . . . . . . . . . . . . . . . . . . . . . . . . . . . 1670 till 1785 kg
Max bruttovikt*:
   Sedan . . . . . . . . . . . . . . . . . . . . . . . . . . . . . . . . . . 1945 till 2085 kg
   Touring . . . . . . . . . . . . . . . . . . . . . . . . . . . . . . . . . 1905 till 2300 kg
   Max last på takräcke . . . . . . . . . . . . . . . . . . . . . . 100 kg
Max släpvagnsvikt**:
   Obromsad släpvagn . . . . . . . . . . . . . . . . . . . . . . . 740 till 750 kg
   Bromsad släpvagn . . . . . . . . . . . . . . . . . . . . . . . . 1500 till 2000 kg
*Beroende på modell och specifikation*
** *Kontakta BMW-återförsäljare för exakt rekommendation*

# Inköp av reservdelar

Reservdelar finns att köpa från ett antal olika ställen, till exempel BMW-verkstäder, tillbehörsbutiker och grossister. Bilens olika identifikationsnummer måste uppges för att man garanterat ska få rätt delar. Ta om möjligt med den gamla delen för säker identifiering. Många delar, t.ex. startmotor och generator, finns att få som fabriksrenoverade utbytesdelar – delar som returneras ska naturligtvis alltid vara rena.

Våra råd när det gäller reservdelar är följande:

## Auktoriserade verkstäder

Detta är det bästa inköpsstället för delar som är specifika för just din bil och inte allmänt tillgängliga (märken, klädsel etc.). Det är också det enda stället där man bör köpa reservdelar om bilen fortfarande täcks av en garanti.

## Tillbehörsbutiker

Dessa är ofta bra ställen för inköp av underhållsmaterial (olje-, luft och bränslefilter, glödlampor, drivremmar, fett, bromsklossar, bättringslack etc.). Tillbehör av detta slag som säljs av välkända butiker håller ofta samma standard som de som används av biltillverkaren.

Förutom reservdelar säljer dessa butiker också verktyg och allmänna tillbehör, de har ofta bra öppettider, tar mindre betalt och ligger ofta på bekvämt avstånd. Vissa tillbehörsbutiker säljer reservdelar rakt över disk

## Grossister

Bra grossister lagerhåller alla viktigare komponenter som kan slitas ut relativt snabbt. De kan också ibland tillhandahålla enskilda komponenter som behövs för renovering av en större enhet (t.ex. bromstätningar och hydrauliska delar, lagerskålar, kolvar, ventiler). I vissa fall kan de ta hand om större arbeten som omborrning av motorblocket, omslipning av vevaxlar etc.

## Specialister på däck och avgassystem

Dessa kan vara oberoende återförsäljare eller ingå i större kedjor. De erbjuder ofta konkurrenskraftiga priser jämfört med märkesverkstäder, men det lönar sig att undersöka priser hos flera försäljare. Kontrollera även vad som ingår vid priskontrollen – ofta ingår t.ex. inte ventiler och balansering vid köp av ett nytt däck.

## Andra källor

Var mycket försiktig när det gäller delar som säljs på loppmarknader och liknande. De är inte alltid av usel kvalitet, men det är mycket svårt att reklamera köpet om delarna visar sig vara otillfredsställande. För säkerhetskritiska delar som bromsklossar finns det inte bara ekonomiska risker, utan även olycksrisker att ta hänsyn till. Begagnade delar eller delar från en bilskrot kan ibland vara prisvärda, men sådana inköp bör endast göras av mycket erfarna hemmamekaniker.

# Bilens identifikationsnummer

Inom biltillverkningen sker modifieringar av modeller fortlöpande, men det är endast de större modelländringarna som publiceras. Reservdelskataloger och listor sammanställs på numerisk bas och bilens identifikationsnummer är mycket viktiga för att man ska få tag i rätt reservdelar.

Lämna alltid så mycket information som möjligt vid beställning av reservdelar. Ange bilmodell, tillverkningsår och när bilen registrerades, chassi- och motornummer efter tillämplighet.

Bilens *identifikationsnummer (VIN-nummer)* är instansat på höger fjäderbenstorn i det främre hörnet i motorrummet, på en plåt på vänster sida i motorrummet, och på senare modeller kan man även se det genom vindrutan på passagerarsidan **(se bilder)**.

*Motornumret* är instansat på den vänstra sidan av motorblocket, nära oljemätstickans nedre ände.

VIN-numret är instansat på höger fjäderbenstorn i motorrummet

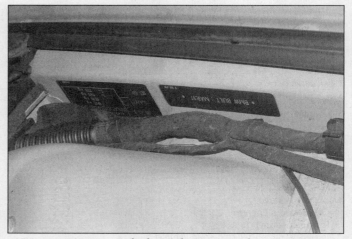

VIN-numret finns också på en plåt fastnitad på karosspanelen i den vänstra, främre delen av motorrummet

När service, reparationer och renoveringar utförs på en bil eller bildel bör följande beskrivningar och instruktioner följjas. Detta för att reparationen ska utföras så effektivt och fackmannamässigt som möjligt.

## Tätningsytor och packningar

Vid isärtagande av delar vid deras tätningsytor ska dessa aldrig bändas isär med skruvmejsel eller liknande. Detta kan orsaka allvarliga skador som resulterar i oljeläckage, kylvätskeläckage etc. efter montering. Delarna tas vanligen isär genom att man knackar längs fogen med en mjuk klubba. Lägg dock märke till att denna metod kanske inte är lämplig i de fall styrstift används för exakt placering av delar.

Där en packning används mellan två ytor måste den bytas vid ihopsättning. Såvida inte annat anges i den aktuella arbetsbeskrivningen ska den monteras torr. Se till att tätningsytorna är rena och torra och att alla spår av den gamla packningen är borttagna. Vid rengöring av en tätningsyta ska sådana verktyg användas som inte skadar den. Små grader och repor tas bort med bryne eller en finskuren fil.

Rensa gängade hål med piprensare och håll dem fria från tätningsmedel då sådant används, såvida inte annat direkt specificeras.

Se till att alla öppningar, hål och kanaler är rena och blås ur dem, helst med tryckluft.

## Oljetätningar

Oljetätningar kan tas ut genom att de bänds ut med en bred spårskruvmejsel eller liknande. Alternativt kan ett antal självgängande skruvar dras in i tätningen och användas som dragpunkter för en tång, så att den kan dras rakt ut.

När en oljetätning tas bort från sin plats, ensam eller som en del av en enhet, ska den alltid kasseras och bytas ut mot en ny.

Tätningsläpparna är tunna och skadas lätt och de tätar inte annat än om kontaktytan är fullständigt ren och oskadad. Om den ursprungliga tätningsytan på delen inte kan återställas till perfekt skick och tillverkaren inte gett utrymme för en viss omplacering av tätningen på kontaktytan, måste delen i fråga bytas ut. Tätningarna bör alltid bytas ut när de har demonterats.

Skydda tätningsläpparna från ytor som kan skada dem under monteringen. Använd tejp eller konisk hylsa där så är möjligt. Smörj läpparna med olja innan monteringen. Om oljetätningen har dubbla läppar ska utrymmet mellan dessa fyllas med fett.

Såvida inte annat anges ska oljetätningar monteras med tätningsläpparna mot det smörjmedel som de ska täta för.

Använd en rörformad dorn eller en träbit i lämplig storlek till att knacka tätningarna på plats. Om sätet är försedd med skuldra, driv tätningen mot den. Om sätet saknar skuldra bör tätningen monteras så att den går jäms med sätets yta (såvida inte annat uttryckligen anges).

## Skruvgängor och infästningar

Muttrar, bultar och skruvar som kärvar är ett vanligt förekommande problem när en komponent har börjat rosta. Bruk av rostupplösningsolja och andra krypsmörjmedel löser ofta detta om man dränker in delen som kärvar en stund innan man försöker lossa den. Slagskruvmejsel kan ibland lossa envist fastsittande infästningar när de används tillsammans med rätt mejselhuvud eller hylsa. Om inget av detta fungerar kan försiktig värmning eller i värsta fall bågfil eller muttersprackare användas.

Pinnbultar tas vanligen ut genom att två muttrar låses vid varandra på den gängade delen och att en blocknyckel sedan vrider den undre muttern så att pinnbulten kan skruvas ut. Bultar som brutits av under fästytan kan ibland avlägsnas med en lämplig bultutdragare. Se alltid till att gängade bottenhål är helt fria från olja, fett, vatten eller andra vätskor innan bulten monteras. Underlåtenhet att göra detta kan spräcka den del som skruven dras in i, tack vare det hydrauliska tryck som uppstår när en bult dras in i ett vätskefyllt hål

Vid åtdragning av en kronmutter där en saxsprint ska monteras ska muttern dras till specificerat moment om sådant anges, och därefter dras till nästa sprinthål. Lossa inte muttern för att passa in saxsprinten, såvida inte detta förfarande särskilt anges i anvisningarna.

Vid kontroll eller omdragning av mutter eller bult till ett specificerat åtdragningsmoment, ska muttern eller bulten lossas ett kvarts varv och sedan dras åt till angivet moment. Detta ska dock inte göras när vinkelåtdragning använts.

För vissa gängade infästningar, speciellt topplocksbultar/muttrar anges inte åtdragningsmoment för de sista stegen. Istället anges en vinkel för åtdragning. Vanligtvis anges ett relativt lågt åtdragningsmoment för bultar/muttrar som dras i specificerad turordning. Detta följs sedan av ett eller flera steg åtdragning med specificerade vinklar.

## Låsmuttrar, låsbleck och brickor

Varje infästning som kommer att rotera mot en komponent eller en kåpa under åtdragningen ska alltid ha en bricka mellan åtdragningsdelen och kontaktytan.

Fjäderbrickor ska alltid bytas ut när de använts till att låsa viktiga delar som exempelvis lageröverfall. Låsbleck som viks över för att låsa bult eller mutter ska alltid bytas ut vid ihopsättning.

Självlåsande muttrar kan återanvändas på mindre viktiga detaljer, under förutsättning att motstånd känns vid dragning över gängen. Kom dock ihåg att självlåsande muttrar förlorar låseffekt med tiden och därför alltid bör bytas ut som en rutinåtgärd.

Saxsprintar ska alltid bytas mot nya i rätt storlek för hålet.

När gänglåsmedel påträffas på gängor på en komponent som ska återanvändas bör man göra ren den med en stålborste och lösningsmedel. Applicera nytt gänglåsningsmedel vid montering.

## Specialverktyg

Vissa arbeten i denna handbok förutsätter användning av specialverktyg som pressar, avdragare, fjäderkompressorer med mera. Där så är möjligt beskrivs lämpliga lättillgängliga alternativ till tillverkarens specialverktyg och hur dessa används. I vissa fall, där inga alternativ finns, har det varit nödvändigt att använda tillverkarens specialverktyg. Detta har gjorts av säkerhetsskäl, likväl som för att reparationerna ska utföras så effektivt och bra som möjligt. Såvida du inte är mycket kunnig och har stora kunskaper om det arbetsmoment som beskrivs, ska du aldrig försöka använda annat än specialverktyg när sådana anges i anvisningarna. Det föreligger inte bara stor risk för personskador, utan kostbara skador kan också uppstå på komponenterna.

## Miljöhänsyn

Vid sluthantering av förbrukad motorolja, bromsvätska, frostskydd etc. ska all vederbörlig hänsyn tas för att skydda miljön. Ingen av ovan nämnda vätskor får hällas ut i avloppet eller direkt på marken. Kommunernas avfallshantering har kapacitet för hantering av miljöfarligt avfall liksom vissa verkstäder. Om inga av dessa finns tillgängliga i din närhet, fråga hälsoskyddskontoret i din kommun om råd.

I och med de allt strängare miljöskyddslagarna beträffande utsläpp av miljöfarliga ämnen från motorfordon har alltfler bilar numera justersäkringar monterade på de mest avgörande justeringspunkterna för bränslesystemet. Dessa är i första hand avsedda att förhindra okvalificerade personer från att justera bränsle/luftblandningen och därmed riskerar en ökning av giftiga utsläpp. Om sådana justersäkringar påträffas under service eller reparationsarbete ska de, närhelst möjligt, bytas eller sättas tillbaka i enlighet med tillverkarens rekommendationer eller aktuell lagstiftning.

Domkraften som följer med bilens verktygs-
låda bör endast användas vid hjulbyte i en
nödsituation – se *Hjulbyte* i början av boken.
Vid alla andra arbeten ska bilen lyftas med en
hydraulisk domkraft (eller en garagedomkraft),
som alltid ska åtföljas av pallbockar placerade
under bilens stödpunkter.

När du använder garagedomkraft eller
pallbockar, placera alltid domkraftshuvudet
eller pallbockshuvudet under relevant gummi-
lyftblock. Dessa gummiblock sitter under de
placeringshål i tröskeln som är avsedda för
bilens domkraft **(se bild)**.

Domkraften som följer med bilen passar in i
hålen som finns i tröskeln. Se till att
domkraftshuvudet hakar i korrekt i hålet innan
du börjar att höja bilen.

**Arbeta aldrig** under eller i närheten av en
lyft bil om den inte är säkert och korrekt
stöttad på minst två punkter.

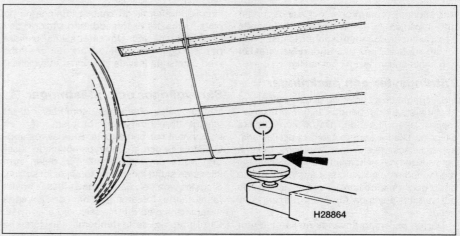

**När bilen lyfts, placera domkraften/ramparmen under gummilyftblocket (vid pilen) under
tröskeln på avsedd lyftpunkt (lyftpunkterna står utmärkta i ägarhandboken)**

# Ljudanläggningens stöldskyddssystem

Ljudanläggningen som monteras som
standard av BMW har en inbyggd säker-
hetskod för att avskräcka tjuvar. Om
strömförsörjningen till anläggningen bryts,
aktiveras stöldskyddssystemet. Även om
strömkällan omedelbart ansluts igen, kommer
anläggningen inte att fungera förrän rätt
säkerhetskod har knappats in. Därför, om du
inte känner till säkerhetskoden till anlägg-
ningen, **koppla inte** bort batteriets negativa
kabel eller ta ut anläggningen ur bilen innan
du har införskaffat rätt information.

Hur man programmerar om en anläggning
som har kopplats bort från sin strömkälla
varierar från modell till modell – titta i
handboken som följer med anläggningen för
närmare information, eller kontakta en BMW-
återförsäljare.

## Inledning

En uppsättning bra verktyg är ett grundläggande krav för var och en som överväger att underhålla och reparera ett motorfordon. För de ägare som saknar sådana kan inköpet av dessa bli en märkbar utgift, som dock uppvägs till en viss del av de besparingar som görs i och med det egna arbetet. Om de anskaffade verktygen uppfyller grundläggande säkerhets- och kvalitetskrav kommer de att hålla i många år och visa sig vara en värdefull investering.

För att hjälpa bilägaren att avgöra vilka verktyg som behövs för att utföra de arbeten som beskrivs i denna handbok har vi sammanställt tre listor med följande rubriker: *Underhåll och mindre reparationer, Reparation och renovering* samt *Specialverktyg*. Nybörjaren bör starta med det första sortimentet och begränsa sig till enklare arbeten på fordonet. Allt eftersom erfarenhet och självförtroende växer kan man sedan prova svårare uppgifter och köpa fler verktyg när och om det behövs. På detta sätt kan den grundläggande verktygssatsen med tiden utvidgas till en reparations- och renoveringssats utan några större enskilda kontantutlägg. Den erfarne hemmamekanikern har redan en verktygssats som räcker till de flesta reparationer och renoveringar och kommer att välja verktyg från specialkategorin när han känner att utgiften är berättigad för den användning verktyget kan ha.

## Underhåll och mindre reparationer

Verktygen i den här listan ska betraktas som ett minimum av vad som behövs för rutinmässigt underhåll, service och mindre reparationsarbeten. Vi rekommenderar att man köper blocknycklar (ring i ena änden och öppen i den andra), även om de är dyrare än de med öppen ände, eftersom man får båda sorternas fördelar.

☐ Blocknycklar - 8, 9, 10, 11, 12, 13, 14, 15, 17 och 19 mm
☐ Skiftnyckel - 35 mm gap (ca.)
☐ Tändstiftsnyckel (med gummifoder)
☐ Verktyg för justering av tändstiftens elektrodavstånd

☐ Sats med bladmått
☐ Nyckel för avluftning av bromsar
☐ Skruvmejslar:
    Spårmejsel - 100 mm lång x 6 mm diameter
    Stjärnmejsel - 100 mm lång x 6 mm diameter
☐ Kombinationstång
☐ Bågfil (liten)
☐ Däckpump
☐ Däcktrycksmätare
☐ Oljekanna
☐ Verktyg för demontering av oljefilter
☐ Fin slipduk
☐ Stålborste (liten)
☐ Tratt (medelstor)

## Reparation och renovering

Dessa verktyg är ovärderliga för alla som utför större reparationer på ett motorfordon och tillkommer till de som angivits för *Underhåll och mindre reparationer*. I denna lista ingår en grundläggande sats hylsor. Även om dessa är dyra, är de de oumbärliga i och med sin mångsidighet - speciellt om satsen innehåller olika typer av drivenheter. Vi rekommenderar 1/2-tums fattning på hylsorna eftersom de flesta momentnycklar har denna fattning.

Verktygen i denna lista kan ibland behöva kompletteras med verktyg från listan för *Specialverktyg*.

☐ Hylsor, dimensioner enligt föregående lista **(se bild)**
☐ Spärrskaft med vändbar riktning (för användning med hylsor) **(se bild)**

☐ Förlängare, 250 mm (för användning med hylsor)
☐ Universalknut (för användning med hylsor)
☐ Momentnyckel (för användning med hylsor)
☐ Självlåsande tänger
☐ Kulhammare
☐ Mjuk klubba (plast/aluminium eller gummi)
☐ Skruvmejslar:
    Spårmejsel - en lång och kraftig, en kort (knubbig) och en smal (elektrikertyp)
    Stjärnmejsel - en lång och kraftig och en kort (knubbig)
☐ Tänger:
    Spetsnostång/plattång
    Sidavbitare (elektrikertyp)
    Låsringstång (inre och yttre)
☐ Huggmejsel - 25 mm
☐ Ritspets
☐ Skrapa
☐ Körnare
☐ Purr
☐ Bågfil
☐ Bromsslangklämma
☐ Avluftningssats för bromsar/koppling
☐ Urval av borrar
☐ Stållinjal
☐ Insexnycklar (inkl Torxtyp/med splines) **(se bild)**
☐ Sats med filar
☐ Stor stålborste
☐ Pallbockar
☐ Domkraft (garagedomkraft eller en stabil pelarmodell)
☐ Arbetslampa med förlängningssladd

Ventilfjäderkompressor (ventilbåge)

Hylsor och spärrskaft

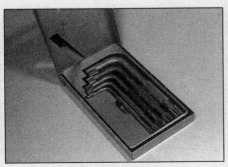

Nycklar med splines

Kolvringskompressor

Centreringsverktyg för koppling

## Specialverktyg

Verktygen i denna lista är de som inte används regelbundet, är dyra i inköp eller som måste användas enligt tillverkarens anvisningar. Det är bara om du relativt ofta kommer att utföra tämligen svåra jobb som många av dessa verktyg är lönsamma att köpa. Du kan också överväga att gå samman med någon vän (eller gå med i en motorklubb) och göra ett gemensamt inköp, hyra eller låna verktyg om så är möjligt.

Följande lista upptar endast verktyg och instrument som är allmänt tillgängliga och inte sådana som framställs av biltillverkaren speciellt för auktoriserade verkstäder. Ibland nämns dock sådana verktyg i texten. I allmänhet anges en alternativ metod att utföra arbetet utan specialverktyg. Ibland finns emellertid inget alternativ till tillverkarens specialverktyg. När så är fallet och relevant verktyg inte kan köpas, hyras eller lånas har du inget annat val än att lämna bilen till en auktoriserad verkstad.

- ☐ Ventilfjäderkompressor (se bild)
- ☐ Ventilslipningsverktyg
- ☐ Kolvringskompressor (se bild)
- ☐ Verktyg för demontering/montering av kolvringar
- ☐ Honingsverktyg
- ☐ Kulledsavdragare
- ☐ Spiralfjäderkompressor (där tillämplig)
- ☐ Nav/lageravdragare, två/tre ben
- ☐ Slagskruvmejsel
- ☐ Mikrometer och/eller skjutmått (se bild)
- ☐ Indikatorklocka (se bild)
- ☐ Stroboskoplampa (se bild)
- ☐ Kamvinkelmätare/varvräknare
- ☐ Multimeter
- ☐ Kompressionsmätare (se bild)
- ☐ Handmanövrerad vakuumpump och mätare
- ☐ Centreringsverktyg för koppling (se bild)
- ☐ Verktyg för demontering av bromsbackarnas fjäderskålar
- ☐ Sats för montering/demontering av bussningar och lager
- ☐ Bultutdragare (se bild)
- ☐ Gängningssats
- ☐ Lyftblock
- ☐ Garagedomkraft

## Inköp av verktyg

När det gäller inköp av verktyg är det i regel bättre att vända sig till en specialist som har ett större sortiment än t ex tillbehörsbutiker och bensinmackar. Tillbehörsbutiker och andra försöljningsställen kan dock erbjuda utmärkta verktyg till låga priser, så det kan löna sig att söka.

Det finns gott om bra verktyg till låga priser, men se till att verktygen uppfyller grundläggande krav på funktion och säkerhet. Fråga gärna någon kunnig person om råd före inköpet.

## Vård och underhåll av verktyg

Efter inköp av ett antal verktyg är det nödvändigt att hålla verktygen rena och i fullgott skick. Efter användning, rengör alltid verktygen innan de läggs undan. Låt dem inte ligga framme sedan de använts. En enkel upphängningsanordning på väggen för t ex skruvmejslar och tänger är en bra idé. Nycklar och hylsor bör förvaras i metalllådor. Mätinstrument av skilda slag ska förvaras på platser där de inte kan komma till skada eller börja rosta.

Lägg ner lite omsorg på de verktyg som används. Hammarhuvuden får märken och skruvmejslar slits i spetsen med tiden. Lite polering med slippapper eller en fil återställer snabbt sådana verktyg till gott skick igen.

## Arbetsutrymmen

När man diskuterar verktyg får man inte glömma själva arbetsplatsen. Om mer än rutinunderhåll ska utföras bör man skaffa en lämplig arbetsplats.

Vi är medvetna om att många bilägare/hemmamekaniker av omständigheterna tvingas att lyfta ur motor eller liknande utan tillgång till garage eller verkstad. Men när detta är gjort ska fortsättningen av arbetet göras inomhus.

Närhelst möjligt ska isärtagning ske på en ren, plan arbetsbänk eller ett bord med passande arbetshöjd.

En arbetsbänk behöver ett skruvstycke. En käftöppning om 100 mm räcker väl till för de flesta arbeten. Som tidigare sagts, ett rent och torrt förvaringsutrymme krävs för verktyg liksom för smörjmedel, rengöringsmedel, bättringslack (som också måste förvaras frostfritt) och liknande.

Ett annat verktyg som kan behövas och som har en mycket bred användning är en elektrisk borrmaskin med en chuckstorlek om minst 8 mm. Denna, tillsammans med en sats spiralborrar, är i praktiken oumbärlig för montering av tillbehör.

Sist, men inte minst, ha alltid ett förråd med gamla tidningar och rena luddfria trasor tillgängliga och håll arbetsplatsen så ren som möjligt.

Mikrometerset

Indikatorklocka med magnetstativ

Stroboskoplampa

Kompressionsmätare

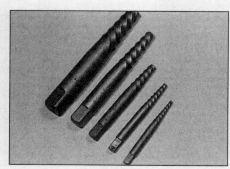

Bultutdragare

# Kontroller inför bilbesiktningen REF•7

Det här avsnittet är till för att hjälpa dig att klara bilbesiktningen. Det är naturligtvis inte möjligt att undersöka ditt fordon lika grundligt som en professionell besiktare, men genom att göra följande kontroller kan du identifiera problemområden och ha en möjlighet att korrigera eventuella fel innan du lämnar bilen till besiktning. Om bilen underhålls och servas regelbundet borde besiktningen inte innebära några större problem.

I besiktningsprogrammet ingår kontroll av nio huvudsystem – stommen, hjulsystemet, drivsystemet, bromssystemet, styrsystemet, karosseriet, kommunikationssystemet, instrumentering och slutligen övriga anordningar (släpvagnskoppling etc).

Kontrollerna som här beskrivs har baserats på Svensk Bilprovnings krav aktuella vid tiden för tryckning. Kraven ändras dock kontinuerligt och särskilt miljöbestämmelserna blir allt strängare.

**Kontrollerna har delats in under följande fem rubriker:**

*1 Kontroller som utförs från förarsätet*
*2 Kontroller som utförs med bilen på marken*
*3 Kontroller som utförs med bilen upphissad och med fria hjul*
*4 Kontroller på bilens avgassystem*
*5 Körtest*

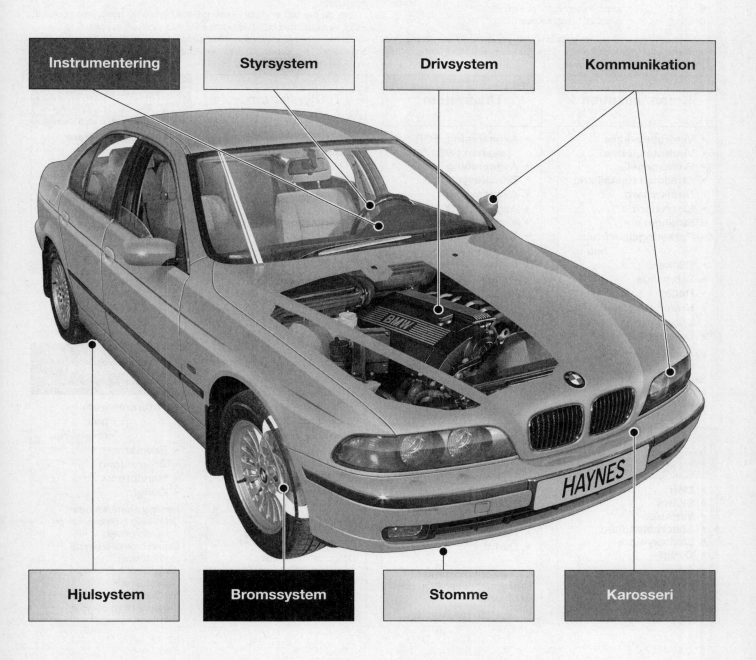

Instrumentering · Styrsystem · Drivsystem · Kommunikation · Hjulsystem · Bromssystem · Stomme · Karosseri

# Besiktningsprogrammet

Vanliga personbilar kontrollbesiktigas första gången efter tre år, andra gången två år senare och därefter varje år. Åldern på bilen räknas från det att den tas i bruk, oberoende av årsmodell, och den måste genomgå besiktning inom fem månader.

Tiden på året då fordonet kallas till besiktning bestäms av sista siffran i registreringsnumret, enligt tabellen nedan.

| Slutsiffra | Besiktningsperiod |
|---|---|
| 1 | *november t.o.m. mars* |
| 2 | *december t.o.m. april* |
| 3 | *januari t.o.m. maj* |
| 4 | *februari t.o.m. juni* |
| 5 | *maj t.o.m. september* |
| 6 | *juni t.o.m. oktober* |
| 7 | *juli t.o.m. november* |
| 8 | *augusti t.o.m. december* |
| 9 | *september t.o.m. januari* |
| 0 | *oktober t.o.m. februari* |

Om fordonet har ändrats, byggts om eller om särskild utrustning har monterats eller demonterats, måste du som fordonsägare göra en registreringsbesiktning inom en månad. I vissa fall räcker det med en begränsad registreringsbesiktning, t.ex. för draganordning, taklucka, taxiutrustning etc.

## Efter besiktningen

Nedan visas de system och komponenter som kontrolleras och bedöms av besiktaren på Svensk Bilprovning. Efter besiktningen erhåller du ett protokoll där eventuella anmärkningar noteras.

Har du fått en 2x i protokollet (man kan ha max 3 st 2x) behöver du inte ombesiktiga bilen, men är skyldig att själv åtgärda felet snarast möjligt. Om du inte åtgärdar felen utan återkommer till Svensk Bilprovning året därpå med samma fel, blir dessa automatiskt 2:or som då måste ombesiktigas. Har du en eller flera 2x som ej är åtgärdade och du blir intagen i en flygande besiktning av polisen, blir dessa automatiskt 2:or som måste ombesiktigas. I detta läge får du även böta.

Om du har fått en tvåa i protokollet är fordonet alltså inte godkänt. Felet ska åtgärdas och bilen ombesiktigas inom en månad.

En trea innebär att fordonet har så stora brister att det anses mycket trafikfarligt. Körförbud inträder omedelbart.

## Kommunikation

- Vindrutetorkare
- Vindrutespolare
- Backspegel
- Strålkastarinställning
- Strålkastare
- Signalhorn
- Sidoblinkers
- Parkeringsljus fram
                    bak
- Blinkers
- Bromsljus
- Reflex
- Nummerplåts-
  belysning
- Övrigt

*Vanliga anmärkningar:*
*Felaktig ljusbild*
*Skadad strålkastare*
*Ej fungerande parkeringsljus*
*Ej fungerande bromsljus*

## Drivsystem

- Avgasrening, EGR-
  system (-88)
- Avgasrening
- Bränslesystem
- Avgassystem
- Avgaser (CO, HC)
- Kraftöverföring
- Drivknut
- Elförsörjning
- Batteri
- Övrigt

*Vanliga anmärkningar:*
*Höga halter av CO*
*Höga halter av HC*
*Läckage i avgassystemet*
*Ej fungerande EGR-ventil*
*Skadade drivknutsdamasker*
*Löst batteri*

## Styrsystem

- Styrled
- Styrväxel
- Hjälpstyrarm
- Övrigt

*Vanliga anmärkningar:*
*Glapp i styrleder*
*Skadade styrväxeldamasker*

## Instrumentering

- Hastighetsmätare
- Taxameter
- Varningslampor
- Övrigt

## Hjulsystem

- Däck
- Stötdämpare
- Hjullager
- Spindelleder
- Länkarm fram
                bak
- Fjäder
- Fjädersäte
- Övrigt

*Vanliga anmärkningar:*
*Glapp i spindelleder*
*Utslitna däck*
*Dåliga stötdämpare*
*Rostskadade fjädersäten*
*Brustna fjädrar*
*Rostskadade länkarms-*
  *infästningar*

## Bromssystem

- Fotbroms fram
                bak
                rörelseres.
- Bromsrör
- Bromsslang
- Handbroms
- Övrigt

*Vanliga anmärkningar:*
*Otillräcklig bromsverkan på*
  *handbromsen*
*Ojämn bromsverkan på*
  *fotbromsen*
*Anliggande bromsar på*
  *fotbromsen*
*Rostskadade bromsrör*
*Skadade bromsslangar*

## Karosseri

- Dörr
- Skärm
- Vindruta
- Säkerhetsbälten
- Lastutrymme
- Övrigt

*Vanliga anmärkningar:*
*Skadad vindruta*
*Vassa kanter*
*Glappa gångjärn*

## Stomme

- Sidobalk
- Tvärbalk
- Golv
- Hjulhus
- Övrigt

*Vanliga anmärkningar:*
*Rostskador i sidobalkar, golv*
*och hjulhus*

## 1 Kontroller som utförs från förarsätet

### Handbroms

☐ Kontrollera att handbromsen fungerar ordentligt utan för stort spel i spaken. För stort spel tyder på att bromsen eller bromsvajern är felaktigt justerad.

☐ Kontrollera att handbromsen inte kan läggas ur genom att spaken förs åt sidan. Kontrollera även att handbromsspaken är ordentligt monterad.

### Fotbroms

☐ Tryck ner bromspedalen och håll den nedtryckt i ca 30 sek. Kontrollera att den inte sjunker ner mot golvet, vilket tyder på fel på huvudcylindern. Släpp pedalen, vänta ett par sekunder och tryck sedan ner den igen. Om pedalen tar långt ner måste broms-arna justeras eller repareras. Om pedalens rörelse känns "svampig" finns det luft i bromssystemet som då måste luftas.

☐ Kontrollera att bromspedalen sitter fast ordentligt och att den är i bra skick. Kontroll-era även om det finns tecken på oljeläckage på bromspedalen, golvet eller mattan eftersom det kan betyda att packningen i huvud-cylindern är trasig.

☐ Om bilen har bromsservo kontrolleras denna genom att man upprepade gånger trycker ner bromspedalen och sedan startar motorn med pedalen nertryckt. När motorn startar skall pedalen sjunka något. Om inte kan vakuumslangen eller själva servoenheten vara trasig.

### Ratt och rattstäng

☐ Känn efter att ratten sitter fast. Undersök om det finns några sprickor i ratten eller om några delar på den sitter löst.

☐ Rör på ratten uppåt, nedåt och i sidled. Fortsätt att röra på ratten samtidigt som du vrider lite på den från vänster till höger.

☐ Kontrollera att ratten sitter fast ordentligt på rattstången, vilket annars kan tyda på slitage eller att fästmuttern sitter löst. Om ratten går att röra onaturligt kan det tyda på att rattstångens bärlager eller kopplingar är slitna.

### Rutor och backspeglar

☐ Vindrutan måste vara fri från sprickor och andra skador som kan vara irriterande eller hindra sikten i förarens synfält. Sikten får inte heller hindras av t.ex. ett färgat eller reflekterande skikt. Samma regler gäller även för de främre sidorutorna.

☐ Backspeglarna måste sitta fast ordentligt och vara hela och ställbara.

### Säkerhetsbälten och säten

**Observera:** *Kom ihåg att alla säkerhetsbälten måste kontrolleras - både fram och bak.*

☐ Kontrollera att säkerhetsbältena inte är slitna, fransiga eller trasiga i väven och att alla låsmekanismer och rullmekanismer fungerar obehindrat. Se även till att alla infästningar till säkerhetsbältena sitter säkert.

☐ Framsätena måste vara ordentligt fastsatta och om de är fällbara måste de vara låsbara i uppfällt läge.

### Dörrar

☐ Framdörrarna måste gå att öppna och stänga från både ut- och insidan och de måste gå ordentligt i lås när de är stängda. Gångjärnen ska sitta säkert och inte glappa eller kärva onormalt.

## 2 Kontroller som utförs med bilen på marken

### Registreringsskyltar

☐ Registreringsskyltarna måste vara väl synliga och lätta att läsa av, d v s om bilen är mycket smutsig kan det ge en anmärkning.

### Elektrisk utrustning

☐ Slå på tändningen och kontrollera att signalhornet fungerar och att det avger en jämn ton.

☐ Kontrollera vindrutetorkarna och vindrute-spolningen. Svephastigheten får inte vara extremt låg, svepytan får inte vara för liten och torkarnas viloläge ska inte vara inom förarens synfält. Byt ut gamla och skadade torkarblad.

☐ Kontrollera att strålkastarna fungerar och att de är rätt inställda. Reflektorerna får inte vara skadade, lampglasen måste vara hela och lamporna måste vara ordentligt fastsatta. Kontrollera även att bromsljusen fungerar och att det inte krävs högt pedaltryck för att tända dem. (Om du inte har någon medhjälpare kan du kontrollera bromsljusen genom att backa upp bilen mot en garageport, vägg eller liknande reflekterande yta.)

☐ Kontrollera att blinkers och varnings-blinkers fungerar och att de blinkar i normal hastighet. Parkeringsljus och bromsljus får inte påverkas av blinkers. Om de påverkas beror detta oftast på jordfel. Se också till att alla övriga lampor på bilen är hela och fungerar som de ska och att t.ex. extraljus inte är placerade så att de skymmer föreskriven belysning.

☐ Se även till att batteri, elledningar, reläer och liknande sitter fast ordentligt och att det inte föreligger någon risk för kortslutning

### Fotbroms

☐ Undersök huvudbromscylindern, broms-rören och servoenheten. Leta efter läckage, rost och andra skador.

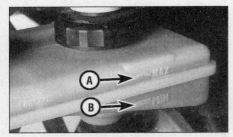

☐ Bromsvätskebehållaren måste sitta fast ordentligt och vätskenivån skall vara mellan max- (A) och min- (B) markeringarna.

☐ Undersök båda främre bromsslangarna efter sprickor och förslitningar. Vrid på ratten till fullt rattutslag och se till att broms-slangarna inte tar i någon del av styrningen eller upphängningen. Tryck sedan ner broms-pedalen och se till att det inte finns några läckor eller blåsor på slangarna under tryck.

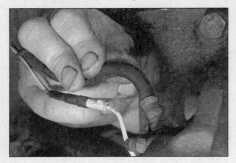

### Styrning

☐ Be någon vrida på ratten så att hjulen vrids något. Kontrollera att det inte är för stort spel mellan rattutslaget och styrväxeln vilket kan tyda på att rattstångslederna, kopplingen mellan rattstången och styrväxeln eller själva styrväxeln är sliten eller glappar.

☐ Vrid sedan ratten kraftfullt åt båda hållen så att hjulen vrids något. Undersök då alla damasker, styrleder, länksystem, rörkopp-lingar och anslutningar/fästen. Byt ut alla delar som verkar utslitna eller skadade. På bilar med servostyrning skall servopumpen, driv-remmen och slangarna kontrolleras.

### Stötdämpare

☐ Tryck ned hörnen på bilen i tur och ordning och släpp upp. Bilen skall gunga upp och sedan gå tillbaka till ursprungsläget. Om bilen

fortsätter att gunga är stötdämparna dåliga. Stötdämpare som kärvar påtagligt gör också att bilen inte klarar besiktningen. (Observera att stötdämpare kan saknas på vissa fjäder-system.)

☐ Kontrollera också att bilen står rakt och ungefär i rätt höjd.

### Avgassystem

☐ Starta motorn medan någon håller en trasa över avgasröret och kontrollera sedan att avgassystemet inte läcker. Reparera eller byt ut de delar som läcker.

### Kaross

☐ Skador eller korrosion/rost som utgörs av vassa eller i övrigt farliga kanter med risk för personskada medför vanligtvis att bilen måste repareras och ombesiktas. Det får inte heller finnas delar som sitter påtagligt löst.

☐ Det är inte tillåtet att ha utskjutande detaljer och anordningar med olämplig utformning eller placering (prydnadsföremål, antenn-fästen, viltfångare och liknande).

☐ Kontrollera att huvlås och säkerhetsspärr fungerar och att gångjärnen inte sitter löst eller på något vis är skadade.

☐ Se också till att stänkskydden täcker hela däckets bredd.

### 3 Kontroller som utförs med bilen upphissad och med fria hjul

*Lyft upp både fram- och bakvagnen och ställ bilen på pallbockar. Placera pall-bockarna så att de inte tar i fjäder-upphängningen. Se till att hjulen inte tar i marken och att de går att vrida till fullt rattutslag. Om du har begränsad utrust-ning går det naturligtvis bra att lyfta upp en ände i taget.*

### Styrsystem

☐ Be någon vrida på ratten till fullt rattutslag. Kontrollera att alla delar i styrningen går mjukt och att ingen del av styrsystemet tar i någonstans.

☐ Undersök kuggstångsdamaskerna så att de inte är skadade eller att metallklämmorna glappar. Om bilen är utrustad med servo-styrning ska slangar, rör och kopplingar kontrolleras så att de inte är skadade eller

läcker. Kontrollera också att styrningen inte är onormalt trög eller kärvar. Undersök länk-armar, krängningshämmare, styrstag och styrleder och leta efter glapp och rost.

☐ Se även till att ingen saxpinne eller liknande låsmekanism saknas och att det inte finns gravrost i närheten av någon av styrmeka-nismens fästpunkter.

### Upphängning och hjullager

☐ Börja vid höger framhjul. Ta tag på sidorna av hjulet och skaka det kraftigt. Se till att det inte glappar vid hjullager, spindelleder eller vid upphängningens infästningar och leder.

☐ Ta nu tag upptill och nedtill på hjulet och upprepa ovanstående. Snurra på hjulet och undersök hjullagret angående missljud och glapp.

☐ Om du misstänker att det är för stort spel vid en komponents led kan man kontrollera detta genom att använda en stor skruvmejsel eller liknande och bända mellan infästningen och komponentens fäste. Detta visar om det är bussningen, fästskruven eller själva infäst-ningen som är sliten (bulthålen kan ofta bli uttänjda).

☐ Kontrollera alla fyra hjulen.

## Fjädrar och stötdämpare

☐ Undersök fjäderbenen (där så är tillämpligt) angående större läckor, korrosion eller skador i godset. Kontrollera också att fästena sitter säkert.

☐ Om bilen har spiralfjädrar, kontrollera att dessa sitter korrekt i fjädersätena och att de inte är utmattade, rostiga, spruckna eller av.

☐ Om bilen har bladfjädrar, kontrollera att alla bladen är hela, att axeln är ordentligt fastsatt mot fjädrarna och att fjäderöglorna, bussningarna och upphängningarna inte är slitna.

☐ Liknande kontroll utförs på bilar som har annan typ av upphängning såsom torsionfjädrar, hydraulisk fjädring etc. Se till att alla infästningar och anslutningar är säkra och inte utslitna, rostiga eller skadade och att den hydrauliska fjädringen inte läcker olja eller på annat sätt är skadad.

☐ Kontrollera att stötdämparna inte läcker och att de är hela och oskadade i övrigt samt se till att bussningar och fästen inte är utslitna.

## Drivning

☐ Snurra på varje hjul i tur och ordning. Kontrollera att driv-/kardanknutar inte är lösa, glappa, spruckna eller skadade. Kontrollera också att skyddsbälgarna är intakta och att driv-/kardanaxlar är ordentligt fastsatta, raka och oskadade. Se även till att inga andra detaljer i kraftöverföringen är glappa, lösa, skadade eller slitna.

## Bromssystem

☐ Om det är möjligt utan isärtagning, kontrollera hur bromsklossar och bromsskivor ser ut. Se till att friktionsmaterialet på bromsbeläggen (A) inte är slitet under 2 mm och att bromsskivorna (B) inte är spruckna, gropiga, repiga eller utslitna.

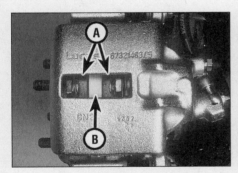

☐ Undersök alla bromsrör under bilen och bromsslangarna bak. Leta efter rost, skavning och övriga skador på ledningarna och efter tecken på blåsor under tryck, skavning, sprickor och förslitning på slangarna. (Det kan vara enklare att upptäcka eventuella sprickor på en slang om den böjs något.)

☐ Leta efter tecken på läckage vid bromsoken och på bromssköldarna. Reparera eller byt ut delar som läcker.

☐ Snurra sakta på varje hjul medan någon trycker ned och släpper upp bromspedalen. Se till att bromsen fungerar och inte ligger an när pedalen inte är nedtryckt.

☐ Undersök handbromsmekanismen och kontrollera att vajern inte har fransat sig, är av eller väldigt rostig eller att länksystemet är utslitet eller glappar. Se till att handbromsen fungerar på båda hjulen och inte ligger an när den läggs ur.

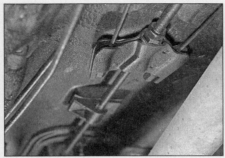

☐ Det är inte möjligt att prova bromsverkan utan specialutrustning, men man kan göra ett körtest och prova att bilen inte drar åt något håll vid en kraftig inbromsning.

## Bränsle- och avgassystem

☐ Undersök bränsletanken (inklusive tanklock och påfyllningshals), fastsättning, bränsleledningar, slangar och anslutningar. Alla delar måste sitta fast ordentligt och får inte läcka.

☐ Granska avgassystemet i hela dess längd beträffande skadade, avbrutna eller saknade upphängningar. Kontrollera systemets skick beträffande rost och se till att rörklämmorna är säkert monterade. Svarta sotavlagringar på avgassystemet tyder på ett annalkande läckage.

## Hjul och däck

☐ Undersök i tur och ordning däcksidorna och slitbanorna på alla däcken. Kontrollera att det inte finns några skärskador, revor eller bulor och att korden inte syns p g a utslitning eller skador. Kontrollera att däcket är korrekt monterat på fälgen och att hjulet inte är deformerat eller skadat.

☐ Se till att det är rätt storlek på däcken för bilen, att det är samma storlek och däcktyp på samma axel och att det är rätt lufttryck i däcken. Se också till att inte ha dubbade och odubbade däck blandat. (Dubbade däck får användas under vinterhalvåret, från 1 oktober till första måndagen efter påsk.)

☐ Kontrollera mönsterdjupet på däcken – minsta tillåtna mönsterdjup är 1,6 mm. Onormalt däckslitage kan tyda på felaktig framhjulsinställning.

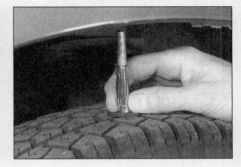

## Korrosion

☐ Undersök alla bilens bärande delar efter rost. (Bärande delar innefattar underrede, tröskellådor, tvärbalkar, stolpar och all upphängning, styrsystemet, bromssystemet samt bältesinfästningarna.) Rost som avsevärt har reducerat tjockleken på en bärande yta medför troligtvis en tvåa i besiktningsprotokollet. Sådana skador kan ofta vara svåra att reparera själv.

☐ Var extra noga med att kontrollera att inte rost har gjort det möjligt för avgaser att tränga in i kupén. Om så är fallet kommer fordonet ovillkorligen inte att klara besiktningen och dessutom utgör det en stor trafik- och hälsofara för dig och dina passagerare.

## 4  Kontroller som utförs på bilens avgassystem

### Bensindrivna modeller

☐ Starta motorn och låt den bli varm. Se till att tändningen är rätt inställd, att luftfiltret är rent och att motorn går bra i övrigt.

☐ Varva först upp motorn till ca 2500 varv/min och håll den där i ca 20 sekunder. Låt den sedan gå ner till tomgång och iaktta avgasutsläppen från avgasröret. Om tomgången är onaturligt hög eller om tät blå eller klart synlig svart rök kommer ut med avgaserna i mer än 5 sekunder så kommer bilen antagligen inte att klara besiktningen. I regel tyder blå rök på att motorn är sliten och förbränner olja medan svart rök tyder på att motorn inte förbränner bränslet ordentligt (smutsigt luftfilter eller annat förgasar- eller bränslesystemfel).

☐ Vad som då behövs är ett instrument som kan mäta koloxid (CO) och kolväten (HC). Om du inte har möjlighet att låna eller hyra ett dylikt instrument kan du få hjälp med det på en verkstad för en mindre kostnad.

## CO- och HC-utsläpp

☐ För närvarande är högsta tillåtna gränsvärde för CO- och HC-utsläpp för bilar av årsmodell 1989 och senare (d v s bilar med katalysator enligt lag) 0,5% CO och 100 ppm HC.

På tidigare årsmodeller testas endast COhalten och följande gränsvärden gäller:

| | |
|---|---|
| årsmodell 1985-88 | 3,5% CO |
| årsmodell 1971-84 | 4,5% CO |
| årsmodell -1970 | 5,5% CO. |

Bilar av årsmodell 1987-88 med frivilligt monterad katalysator bedöms enligt 1989 års komponentkrav men 1985 års utsläppskrav.

☐ Om CO-halten inte kan reduceras tillräckligt för att klara besiktningen (och bränsle- och

tändningssystemet är i bra skick i övrigt) ligger problemet antagligen hos förgasaren/bränsleinsprutningsystemet eller katalysatorn (om monterad).

☐ Höga halter av HC kan orsakas av att motorn förbränner olja men troligare är att motorn inte förbränner bränslet ordentligt.

## Dieseldrivna modeller

☐ Det enda testet för avgasutsläpp på dieseldrivna bilar är att man mäter röktätheten. Testet innebär att man varvar motorn kraftigt upprepade gånger.

**Observera:** *Det är oerhört viktigt att motorn är rätt inställd innan provet genomförs.*

☐ Mycket rök kan orsakas av ett smutsigt luftfilter. Om luftfiltret inte är smutsigt men bilen ändå avger mycket rök kan det vara nödvändigt att söka experthjälp för att hitta orsaken.

## 5 Körtest

☐ Slutligen, provkör bilen. Var extra uppmärksam på eventuella missljud, vibrationer och liknande.

☐ Om bilen har automatväxellåda, kontrollera att den endast går att starta i lägena P och N. Om bilen går att starta i andra växellägen måste växelväljarmekanismen justeras.

☐ Kontrollera också att hastighetsmätaren fungerar och inte är missvisande.

☐ Se till att ingen extrautrustning i kupén, t ex biltelefon och liknande, är placerad så att den vid en eventuell kollision innebär ökad risk för personskada.

☐ Bilen får inte dra åt något håll vid normal körning. Gör också en hastig inbromsning och kontrollera att bilen inte då drar åt något håll. Om kraftiga vibrationer känns vid inbromsning kan det tyda på att bromsskivorna är skeva och bör bytas eller fräsas om. (Inte att förväxlas med de låsningsfria bromsarnas karakteristiska vibrationer.)

☐ Om vibrationer känns vid acceleration, hastighetsminskning, vid vissa hastigheter eller hela tiden, kan det tyda på att drivknutar eller drivaxlar är slitna eller defekta, att hjulen eller däcken är felaktiga eller skadade, att hjulen är obalanserade eller att styrleder, upphängningens leder, bussningar eller andra komponenter är slitna.

## Motor

- [ ] Motorn går inte runt vid startförsök
- [ ] Motorn går runt men startar inte
- [ ] Motorn är svårstartad när den är kall
- [ ] Motorn är svårstartad när den är varm
- [ ] Startmotorn lever om eller går ojämnt
- [ ] Startmotorn drar runt motorn långsamt
- [ ] Motorn startar men stannar omedelbart
- [ ] Ojämn tomgång
- [ ] Motorn misständer på tomgång
- [ ] Motorn misständer vid alla hastigheter
- [ ] Motorstopp
- [ ] Motorn saknar kraft
- [ ] Motorn baktänder
- [ ] Oljetryckslampan tänds när motorn går
- [ ] Motorn glödtänder
- [ ] Oljud från motorn

## Kylsystem

- [ ] Överhettning
- [ ] Överkylning
- [ ] Yttre kylvätskeläckage
- [ ] Inre kylvätskeläckage
- [ ] Korrosion

## Bränsle- och avgassystem

- [ ] Ovanligt hög bränsleförbrukning
- [ ] Bränsleläckage och/eller bränslelukt
- [ ] Överdrivet oljud eller ovanligt mycket rök från avgassystemet

## Koppling

- [ ] Pedalen går ända till golvet – inget eller väldigt litet motstånd
- [ ] Kopplingen frikopplar inte (det går inte att lägga i växlar)
- [ ] Kopplingen slirar (motorns hastighet ökar men inte bilens)
- [ ] Vibrationer när kopplingen är inkopplad
- [ ] Oljud när pedalen trycks ned och släpps upp

## Manuell växellåda

- [ ] Oljud i friläge när motorn går
- [ ] Oljud i en särskild växel
- [ ] Svårt att lägga i växlar
- [ ] Växel hoppar ur
- [ ] Vibration
- [ ] Smörjmedelsläckage

## Automatväxellåda

- [ ] Oljeläckage
- [ ] Växellådsoljan är brun eller luktar bränt
- [ ] Allmänna problem med att växla
- [ ] Växellådan växlar inte ner (kickdown) när gaspedalen är helt nedtryckt
- [ ] Motorn startar inte i någon växel, eller startar i andra växlar än Park eller Neutral
- [ ] Växellådan slirar, växlar ojämnt, låter illa eller är utan drift i framåtväxlar eller back

## Differential och kardanaxel

- [ ] Vibrationer vid acceleration eller inbromsning
- [ ] Lågtonigt vinande, som ökar med bilens hastighet

## Bromssystem

- [ ] Bilen drar åt sidan vid inbromsning
- [ ] Oljud (slipljud eller högt gnisslande) vid inbromsning
- [ ] Överdrivet lång pedalväg
- [ ] Bromspedalens rörelse känns "svampig" när den trampas ned
- [ ] Överdriven pedalkraft behövs för att stanna bilen
- [ ] Skakningar i bromspedal eller ratt vid inbromsning
- [ ] Bromsarna kärvar

## Fjädring och styrning

- [ ] Bilen drar åt ena hållet
- [ ] Hjulen vinglar och vibrerar
- [ ] Överdriven krängning och eller/nigning vid kurvtagning eller inbromsning
- [ ] Bilen "vandrar" eller känns allmänt instabil
- [ ] Överdrivet trög styrning
- [ ] Stort spel i styrningen
- [ ] Bristande servoeffekt
- [ ] Kraftigt däckslitage

## Elsystem

- [ ] Batteret laddar ur på bara några dagar
- [ ] Laddningslampan fortsätter att lysa när motorn går
- [ ] Laddningslampan tänds inte
- [ ] Lysen fungerar inte
- [ ] Instrumentavläsningarna är missvisande eller ryckiga
- [ ] Signalhornet fungerar dåligt eller inte alls
- [ ] Vindrutetorkarna fungerar dåligt eller inte alls
- [ ] Vindrutespolarna fungerar dåligt eller inte alls
- [ ] Elfönsterhissarna fungerar dåligt eller inte alls
- [ ] Centrallåssystemet fungerar dåligt eller inte alls

# Inledning

De bilägare som underhåller sin bil enligt det rekommenderade schemat kommer inte att behöva använda den här delen av boken särskilt ofta. Moderna komponenter är mycket pålitliga och om de delar som utsätts för slitage undersöks eller byts ut vid specificerade intervall, inträffar plötsliga haverier mycket sällan. Fel uppstår i regel inte plötsligt, utan utvecklas under en längre tid. Större mekaniska haverier föregås ofta av tydliga symptom under hundratals eller rentav tusentals kilometer. De komponenter som då och då går sönder är ofta små och lätta att ha med i bilen.

All felsökning måste börja med att man avgör var sökandet ska inledas. Ibland är detta självklart, men andra gånger krävs lite detektivarbete. En bilägare som gör ett halvdussin slumpmässiga justeringar eller komponentbyten kanske lyckas åtgärda felet (eller undanröja symptomen). Men om problemet uppstår igen vet han/hon ändå inte var felet sitter och måste spendera mer tid och pengar än vad som är nödvändigt för att åtgärda det. Ett lugnt och metodiskt tillvägagångssätt är bättre i det långa loppet. Ta alltid hänsyn till alla varningstecken och sådant som har verkat onormalt före haveriet, som kraftförlust, höga/låga mätaravläsningar eller ovanliga lukter – och kom ihåg att trasiga säkringar och tändstift kanske bara är symptom på ett underliggande fel.

Följande sidor fungerar som en enkel guide till de vanligaste problemen som kan uppstå med bilen. Problemen och deras möjliga orsaker grupperas under rubriker för olika system, som Motor, Kylsystem etc. Det kapitel som behandlar problemet visas inom parentes; se relevant del av det kapitlet för systemspecifik information. Oavsett fel finns vissa grundläggande principer. Dessa är:

*Bekräfta felet*. Detta innebär helt enkelt att se till att symptomen är kända innan arbetet påbörjas. Detta är särskilt viktigt om felet undersöks för någon annans räkning. Har han/hon beskrivit felet korrekt?

*Förbise inte det självklara*. Om bilen t.ex. inte startar, finns det verkligen bränsle i tanken? (Ta inte någon annans ord för givet och lita inte heller på bränslemätaren!) Om ett elektriskt fel indikeras, leta efter lösa eller trasiga ledningar innan testutrustningen tas fram.

*Åtgärda felet, undanröj inte bara symptomen*. Att byta ett urladdat batteri mot ett fulladdat tar dig från vägkanten, men om orsaken inte åtgärdas kommer även det nya batteriet snart att vara urladdat. Om nedoljade tändstift byts ut mot nya rullar bilen vidare, men orsaken till nedsmutsningen måste fortfarande fastställas och åtgärdas (om det inte helt enkelt berodde på att tändstiften hade fel värmetal).

*Ta ingenting för givet*. Glöm inte att även nya delar kan vara defekta (särskilt om de har skakat runt i bagageutrymmet i flera månader). Utelämna inga komponenter vid en felsökning bara för att de är nya eller nymonterade. När du slutligen påträffar ett svårhittat fel kommer du troligen att inse att många ledtrådar fanns där redan från början.

# Motor

### Motorn går inte runt vid startförsök

☐ Batteripolernas anslutningar lösa eller korroderade (*Veckokontroller*)
☐ Batteriet urladdat eller defekt (kapitel 5A)
☐ Trasiga, glappa eller lösa kablar i startkretsen (kapitel 5A)
☐ Defekt startsolenoid eller tändningslås (kapitel 5A)
☐ Defekt startmotor (kapitel 5A)
☐ Kuggarna på startmotordrevet eller svänghjulets krondrev lösa eller trasiga (kapitel 2 eller 5A)
☐ Motorns jordfläta trasig eller losskopplad (kapitel 5A)

### Motorn går runt men startar inte

☐ Bränsletanken är tom
☐ Batteriet urladdat (motorn går runt sakta) (kapitel 5A)
☐ Batteripolernas anslutningar lösa eller korroderade (*Veckokontroller*)
☐ Luftfiltret smutsigt eller igensatt (kapitel 1)
☐ Låg cylinderkompression (kapitel 2)
☐ Större mekaniskt fel (t.ex. trasig kamkedja (kapitel 2)
☐ Tändsystemets komponenter fuktiga eller skadade (kapitel 5B)
☐ Fel i bränsleinsprutningssystemet (kapitel 4)
☐ Slitna eller defekta tändstift, eller fel elektrodavstånd (kapitel 1)
☐ Trasiga, glappa eller lösa kablar i tändningskretsen (kapitel 5B)

### Motorn är svårstartad när den är kall

☐ Batteriet är urladdat (kapitel 5A)
☐ Batteripolernas anslutningar lösa eller korroderade (*Veckokontroller*)
☐ Luftfiltret smutsigt eller igensatt (kapitel 1)
☐ Slitna eller defekta tändstift, eller fel elektrodavstånd (kapitel 1)
☐ Låg cylinderkompression (kapitel 2)

☐ Fel i bränsleinsprutningssystemet (kapitel 4)
☐ Fel i tändsystemet (kapitel 5B)

### Motorn är svårstartad när den är varm

☐ Batteriet urladdat (kapitel 5A)
☐ Batteripolernas anslutningar lösa eller korroderade (*Veckokontroller*).
☐ Luftfiltret smutsigt eller igensatt (kapitel 1)
☐ Fel i bränsleinsprutningssystemet (kapitel 4)

### Startmotorn lever om eller går ojämnt

☐ Kuggarna på startmotordrevet eller svänghjulets krondrev lösa eller trasiga (kapitel 2 eller 5A).
☐ Startmotorns fästbultar lösa eller saknas (kapitel 5A)
☐ Startmotorns inre delar slitna eller skadade (kapitel 5A)

### Startmotorn drar runt motorn långsamt

☐ Batteriet urladdat (kapitel 5A)
☐ Batteripolernas anslutningar lösa eller korroderade (*Veckokontroller*).
☐ Jordfläta trasig eller losskopplad (kapitel 5A)
☐ Startmotorns kablage löst (kapitel 5A)
☐ Internt fel i startmotorn (kapitel 5A)

### Motorn startar men stannar omedelbart

☐ Löst kablage i tändsystemet (kapitel 5B)
☐ Smuts i bränslesystemet (kapitel 4)
☐ Defekt bränslespridare (kapitel 4)
☐ Bränslepump eller tryckregulator defekt (kapitel 4)
☐ Vakuumläckage vid gasspjällhuset, insugsgrenröret eller slangarna (kapitel 2 och 4)

# Motor (forts.)

## Ojämn tomgång

☐ Luftfiltret igensatt (kapitel 1)
☐ Luft i bränslesystemet (kapitel 4)
☐ Slitna eller defekta tändstift, eller fel elektrodavstånd (kapitel 1)
☐ Vakuumläckage vid gasspjällhuset, insugsgrenröret eller slangarna (kapitel 2 och 4)
☐ Ojämn eller låg cylinderkompression (kapitel 2)
☐ Kamkedjan felaktigt monterad eller spänd (kapitel 2)
☐ Kamaxelnockarna slitna (kapitel 2)
☐ Defekt(a) bränslespridare (kapitel 4)

## Motorn misständer på tomgång

☐ Defekt(a) bränslespridare (kapitel 4)
☐ Ojämn eller låg cylinderkompression (kapitel 2)
☐ Lösa, läckande eller föråldrade vevhusventilationsslangar (kapitel 4)
☐ Vakuumläckage vid gasspjällhuset, insugsgrenröret eller slangarna (kapitel 2 och 4)

## Motorn misständer vid alla hastigheter

☐ Bränslefiltret igensatt (kapitel 1)
☐ Bränslepumpen defekt, eller tillförseltrycket lågt (kapitel 4)
☐ Bränsletankens ventilation igensatt, eller bränslerören blockerade (kapitel 4)
☐ Ojämn eller låg cylinderkompression (kapitel 2)
☐ Slitna eller defekta tändstift, eller fel elektrodavstånd (kapitel 1)
☐ Defekta tändspolar (kapitel 5B)

## Motorstopp

☐ Bränslefiltret igensatt (kapitel 1)
☐ Blockerad bränslespridare/fel i bränsleinsprutningssystemet (kapitel 4)
☐ Bränslepumpen defekt eller tillförseltrycket lågt (kapitel 4)
☐ Vakuumläckage vid gasspjällhuset, insugsgrenröret eller slangarna (kapitel 2 och 4)
☐ Bränsletankens ventilation igensatt, eller bränslerören blockerade (kapitel 4)

## Motorn saknar kraft

☐ Bränslefiltret igensatt (kapitel 1)
☐ Kamkedjan felaktigt monterad eller spänd (kapitel 2)
☐ Bränslepumpen defekt eller tillförseltrycket lågt (kapitel 4)
☐ Slitna eller defekta tändstift, eller fel elektrodavstånd (kapitel 1)
☐ Vakuumläckage vid gasspjällhuset, insugsgrenröret eller slangarna (kapitel 2 och 4)
☐ Ojämn eller låg cylinderkompression (kapitel 2)
☐ Bromsarna kärvar (kapitel 1 och 9)
☐ Kopplingen slirar (kapitel 6)
☐ Blockerad bränslespridare/fel i bränsleinsprutningssystemet (kapitel 4)

## Motorn baktänder

☐ Kamkedjan felaktigt monterad (kapitel 2)
☐ Defekt bränslespridare/fel i bränsleinsprutningssystemet (kapitel 4)

## Oljetryckslampan tänds när motorn går

☐ Låg oljenivå eller fel typ av olja (*Veckokontroller*)
☐ Defekt oljetrycksgivare (kapitel 2)
☐ Slitna oljelager och/eller sliten oljepump (kapitel 2)
☐ Extremt höga motortemperaturer (kapitel 3)
☐ Oljetrycksventilen defekt (kapitel 2)
☐ Oljepick-up rörets sil igensatt (kapitel 2)

**Observera:** *Lågt oljetryck vid tomgång i en motor som har gått många mil behöver inte vara en anledning till oro. Plötslig tryckförlust vid hög hastighet är betydligt mer oroväckande. Kontrollera alltid mätaren och mätarens givare innan motorn döms ut.*

## Motorn glödtänder

☐ Kraftiga sotavlagringar i motorn (kapitel 2)
☐ Extremt höga motortemperaturer (kapitel 3)

## Oljud från motorn

### Förtändning (spikning) eller knackning under acceleration eller under belastning

☐ Kraftiga sotavlagringar i motorn (kapitel 2)
☐ Defekt bränslespridare (kapitel 4)
☐ Fel i tändsystemet (kapitel 5B)

### Visslande eller väsande ljud

☐ Läckande avgasgrenrörspackning (kapitel 4)
☐ Läckande vakuumslang (kapitel 4 eller 9)
☐ Trasig topplockspackning (kapitel 2)

### Lätt knackande eller skramlande ljud

☐ Slitna ventilkomponenter eller sliten vevaxel (kapitel 2)
☐ Defekt hjälpaggregat (kylvätskepump, generator etc) (kapitel 3, 5, etc)

### Knackande eller dunsande ljud

☐ Slitna vevstakslager (regelbundet, tungt knackande, eventuellt mindre under belastning) (kapitel 2)
☐ Slitna ramlager (muller och knackningar, eventuellt värre vid belastning) (kapitel 2)
☐ Kolvslammer (mest märkbart när motorn är kall (kapitel 2)
☐ Defekt hjälpaggregat (kylvätskepump, generator etc.) (kapitel 3, 5, etc.)

# Kylsystem

### Överhettning

- [ ] Otillräcklig mängd kylvätska i systemet (*Veckokontroller*)
- [ ] Termostaten defekt (kapitel 3)
- [ ] Igensatt kylare eller grill (kapitel 3)
- [ ] Kylfläkt eller viskoskoppling defekt (kapitel 3)
- [ ] Temperaturmätarens givare defekt (kapitel 3)
- [ ] Luftlås i kylsystemet (kapitel 3)
- [ ] Expansionskärlets trycklock defekt (kapitel 3)

### Överkylning

- [ ] Termostaten defekt  (kapitel 3)
- [ ] Temperaturmätarens givare defekt (kapitel 3)
- [ ] Viskoskopplingen defekt (kapitel 3)

### Yttre kylvätskeläckage

- [ ] Åldrade eller skadade slangar eller slangklämmor (kapitel 1)
- [ ] Läckage i kylare eller värmepaket (kapitel 3)
- [ ] Expansionskärlets trycklock defekt (kapitel 3)
- [ ] Kylvätskepumpens inre tätning läcker (kapitel 3)
- [ ] Tätning mellan kylvätskepump och motorblock läcker (kapitel 3)
- [ ] Motorn kokar på grund av överhettning (kapitel 3)
- [ ] Frostplugg läcker (kapitel 2)

### Inre kylvätskeläckage

- [ ] Läckande topplockspackning (kapitel 2)
- [ ] Sprucket topplock eller motorblock (kapitel 2)

### Korrosion

- [ ] Bristfällig avtappning och spolning (kapitel 1)
- [ ] Fel kylvätskeblandning eller fel typ av vätska (kapitel 1)

# Bränsle- och avgassystem

### Ovanligt hög bränsleförbrukning

- [ ] Luftfiltret smutsigt eller igensatt (kapitel 1)
- [ ] Fel i bränsleinsprutningssystemet (kapitel 4)
- [ ] Inkorrekt tändinställning/fel i tändsystemet (kapitel 1 och 5)
- [ ] För lågt däcktryck (*Veckokontroller*)

### Bränsleläckage och/eller bränslelukt

- [ ] Skadad(e) eller korroderad(e) bränsletank, rör eller anslutningar (kapitel 4)

### Överdrivet oljud eller ovanligt mycket rök från avgassystemet

- [ ] Läckande avgassystems- eller grenrörsanslutningar (kapitel 1 och 4)
- [ ] Läckande, korroderade eller skadade ljuddämpare eller rör (kapitel 1 och 4)
- [ ] Skadade fästen som orsakar kontakt mellan avgassystemet och karossen eller fjädringen (kapitel 1)

# Koppling

### Pedalen går ända till golvet – inget motstånd

- [ ] Låg kopplingsvätskenivå/luft i systemet (kapitel 6)
- [ ] Defekt urtrampningslager/-gaffel (kapitel 6)
- [ ] Trasig tallriksfjäder i tryckplatta (kapitel 6)

### Kopplingen frikopplar inte (det går inte att lägga i växlar

- [ ] Lamellen har fastnat på växellådans ingående axel (kapitel 6)
- [ ] Lamellen har fastnat på svänghjul eller tryckplatta  (kapitel 6)
- [ ] Defekt tryckplatta (kapitel 6)
- [ ] Urtrampningsmekanismen sliten eller felaktigt hopsatt (kapitel 6)

### Kopplingen slirar (motorns hastighet ökar men inte bilens)

- [ ] Lamellbeläggen mycket slitna (kapitel 6)
- [ ] Lamellbeläggen förorenade med olja eller fett (kapitel 6)
- [ ] Defekt tryckplatta eller svag tallriksfjäder (kapitel 6)

### Vibrationer när kopplingen är inkopplad

- [ ] Lamellbeläggen förorenade med olja eller fett (kapitel 6)
- [ ] Lamellbeläggen mycket slitna (kapitel 6)
- [ ] Defekt eller skev tryckplatta eller tallriksfjäder (kapitel 6)
- [ ] Slitna eller lösa motor-/växellådsfästen (kapitel 2A eller 2B)
- [ ] Splines i lamellnav eller på växellådans ingående axel slitna (kapitel 6)

### Oljud när pedalen trycks ned eller släpps upp

- [ ] Slitet urtrampningslager (kapitel 6)
- [ ] Slitna eller torra pedalbussningar (kapitel 6)
- [ ] Defekt tryckplatta (kapitel 6)
- [ ] Tryckplattans tallriksfjäder trasig (kapitel 6)
- [ ] Lamellens dämpfjädrar trasiga (kapitel 6)

# Manuell växellåda

## Oljud i friläge när motorn går

- ☐ Slitage i den ingående axelns lager (oljud med pedalen uppsläppt men inte nedtryckt) (kapitel 7A)*
- ☐ Slitet urtrampningslager (oljud med nedtryckt pedal som eventuellt minskar när den släpps upp) (kapitel 6)

## Oljud i en särskild växel

- ☐ Slitna eller skadade kuggar på dreven (kapitel 7A)*

## Svårt att lägga i växlar

- ☐ Defekt koppling (kapitel 6)
- ☐ Slitet eller skadat växellänksystem (kapitel 7A)
- ☐ Felaktigt justerat växellänksystem (kapitel 7A)
- ☐ Slitna synkroniseringsenheter (kapitel 7A)*

## Växel hoppar ur

- ☐ Slitet eller skadat växellänksystem (kapitel 7A)
- ☐ Slitna synkroniseringsenheter (kapitel 7A)*
- ☐ Slitna väljargafflar (kapitel 7A)*

## Vibration

- ☐ För lite olja (kapitel 1)
- ☐ Slitna lager (kapitel 7A)*

## Smörjmedelsläckage

- ☐ Läckage i differentialens utgående oljetätning (kapitel 7A)
- ☐ Läckande husfog (kapitel 7A)*
- ☐ Läckage i ingående axelns tätning (kapitel 7A)*

*Nödvändiga åtgärder för beskrivna symptom är svårare än vad en hemmamekaniker normalt klarar av, men informationen ovan kan vara till hjälp att spåra felkällan, så att den tydligt kan beskrivas för en yrkesmekaniker.

# Automatväxellåda

**Observera:** På grund av automatväxellådans komplicerade sammansättning är det svårt för hemmamekanikern att ställa riktiga diagnoser och serva enheten. Om andra problem än de som beskrivs nedan uppstår, ska bilen tas till en verkstad eller en specialist på växellådor. Ha inte för bråttom med att ta ut växellådan ur bilen om du misstänker att något är fel med den – de flesta tester utförs med växellådan monterad.

## Oljeläckage

- ☐ Automatväxellådans olja är mörk till färgen. Oljeläckage får inte blandas ihop med motorolja, som lätt kan stänka upp på växellådan av luftflödet.
- ☐ För att hitta läckan, börja med att rengöra växellådshuset och områdena runt om med avfettningsmedel eller ångtvätt för att få bort smuts och avlagringar. Kör bilen långsamt så att inte luftflödet blåser iväg oljan från källan. Lyft upp bilen och ställ den på pallbockar, och leta reda på varifrån läckan kommer. Läckor uppstår ofta i följande områden:
  - a) Oljetråget (kapitel 1 och 7B).
  - b) Mätstickans rör (kapitel 1 och 7B)
  - c) Rör/anslutningar mellan växellådan och oljekylaren (kapitel 7B).

## Växellådsoljan är brun eller luktar bränt

- ☐ För låg oljenivå, eller oljan behöver bytas (kapitel 1)

## Allmänna problem med att växla

- ☐ I kapitel 7B behandlas kontroll och justering av automatväxellådans väljarvajer. I följande punkter anges vanliga problem som kan orsakas av att vajern är dåligt justerad:

a) Motorn startar i andra växellägen än Park och Neutral.
b) Indikatorn anger en annan växel än den som faktiskt används.
c) Bilen rör sig när växlarna Park eller Neutral ligger i.
d) Dålig växlingskvalitet eller ojämn utväxling.
- ☐ Se kapitel 7B för justering av växelväljarvajern.

## Växellådan växlar inte ned (kickdown) när gaspedalen är helt nedtryckt

- ☐ Låg oljenivå i växellådan (kapitel 1)
- ☐ Felaktig justering av växelväljarvajern (kapitel 7B)
- ☐ Fel på gasspjällägesgivaren (kapitel 4)

## Motorn startar inte i någon växel, eller startar i andra växlar än Park eller Neutral

- ☐ Felaktig justering av växelväljarvajern (kapitel 7B)

## Växellådan slirar, växlar ojämnt, låter illa eller är utan drift i framåtväxlar eller back

- ☐ Det finns flera olika troliga orsaker till ovanstående problem, men hemmamekanikern behöver endast bekymra sig om en av felkällorna – oljenivån. Kontrollera oljenivån och oljans skick enligt beskrivningen i kapitel 1 innan bilen lämnas in till en verkstad. Justera oljenivån eller byt olja och filter om så behövs. Om problemet kvarstår behövs professionell hjälp.

# Differential och kardanaxel

## Vibrationer vid acceleration eller inbromsning

- ☐ Sliten universalknut (kapitel 8)
- ☐ Böjd eller skev kardanaxel (kapitel 8)

## Lågtonigt vinande, som ökar med bilens hastighet

- ☐ Sliten differential (kapitel 8)

# Bromssystem

**Observera:** *Innan bromsarna antas vara defekta, kontrollera först däckens skick och lufttryck, framhjulsinställningen samt att bilen inte är ojämnt lastad. Alla problem med och åtgärder av ABS-systemet, förutom kontroll av rör- och slanganslutningar, ska överlåtas till en BMW-verkstad eller annan specialist.*

### Bilen drar åt sidan vid inbromsning

- ☐ Slitna, defekta, skadade eller förorenade bromsklossar på en sida (kapitel 1 eller 9)
- ☐ Bromsok kärvar eller har skurit (kapitel 1 och 9)
- ☐ Olika sorters bromsklossar/friktionsmaterial på sidorna (kapitel 1 eller 9)
- ☐ Bromsokets fästbultar lösa (kapitel 9)
- ☐ Slitna eller skadade komponenter i fjädring eller styrning (kapitel 1 eller 10)

### Oljud (slipljud eller högt gnisslande) vid inbromsning

- ☐ Bromsklossarnas friktionsmaterial nedslitet till metallplattan (kapitel 1 eller 9)
- ☐ Kraftig korrosion på bromsskiva. (Kan uppstå om bilen har stått stilla under en längre tid (kapitel 1 och 9)
- ☐ Främmande föremål (grus etc.) klämt mellan bromsskiva och sköld (kapitel 1 eller 9)

### Överdrivet lång pedalväg

- ☐ Defekt huvudcylinder (kapitel 9)
- ☐ Luft i bromssystemet (kapitel 1 eller 9)
- ☐ Defekt vakuumservo (kapitel 9)

### Bromspedalens rörelse känns "svampig" när den trampas ned

- ☐ Luft i bromssystemet (kapitel 1 och 9)
- ☐ Försämrade bromsslangar (kapitel 1 och 9)
- ☐ Huvudcylinderns fästmuttrar lösa (kapitel 9)
- ☐ Defekt huvudcylinder (kapitel 9)

### Överdriven pedalkraft behövs för att stanna bilen

- ☐ Defekt vakuumservo (kapitel 9)
- ☐ Bromsservons vakuumslang skadad, glapp eller lös (kapitel 9)
- ☐ Defekt primär- eller sekundärkrets (kapitel 9)
- ☐ Bromsok har skurit (kapitel 9)
- ☐ Bromsklossar felaktigt monterade (kapitel 1 och 9)
- ☐ Fel typ av bromsklossar monterade (kapitel 1 och 9)
- ☐ Bromsklossarna förorenade (kapitel 1 och 9)

### Skakningar i bromspedal eller ratt vid inbromsning

- ☐ Bromsskivorna mycket skeva (kapitel 9)
- ☐ Bromsklossarna nedslitna (kapitel 1och 9)
- ☐ Bromsokets fästbultar lösa (kapitel 9)
- ☐ Slitage i fjädringens eller styrningens komponenter eller fästen (kapitel 1 och 10)

### Bromsarna kärvar

- ☐ Bromsok har skurit (kapitel 9)
- ☐ Felaktigt justerad handbromsmekanism (kapitel 9)
- ☐ Defekt huvudcylinder (kapitel 9)

# Fjädring och styrning

**Observera:** *Innan fjädringen eller styrningen antas vara defekt, kontrollera att problemet inte beror på fel lufttryck i däcken, blandade däcktyper eller kärvande bromsar.*

### Bilen drar åt ena hållet

- ☐ Defekt däck (*Veckokontroller*)
- ☐ Kraftigt slitage i fjädringens eller styrningens komponenter (kapitel och 10)
- ☐ Felaktig hjulinställning (kapitel 10)
- ☐ Krockskador på fjädringens eller styrningens komponenter (kapitel 1)

### Hjulen vinglar och vibrerar

- ☐ Framhjulen obalanserade (vibrationerna känns huvudsakligen i ratten) (kapitel 1 och 10)
- ☐ Bakhjulen obalanserade (vibrationerna känns genom hela bilen) (kapitel 1 och 10)
- ☐ Hjulen skadade eller skeva (kapitel 1 och 10)
- ☐ Defekt eller skadat däck (*Veckokontroller*)
- ☐ Slitage i styrningens eller fjädringens komponenter, leder eller bussningar (kapitel 1 och 10)
- ☐ Hjulbultarna är lösa (kapitel 1 och 10)

### Överdriven krängning och/eller nigning vid kurvtagning eller inbromsning

- ☐ Defekta stötdämpare (kapitel 1 och 10)
- ☐ Trasig eller svag fjäder och/eller fjädringskomponent (kapitel 1 och 10)
- ☐ Krängningshämmarens fästen slitna eller skadade (kapitel 10)

### Bilen "vandrar" eller känns allmänt instabil

- ☐ Felaktig hjulinställning (kapitel 10)
- ☐ Slitage i styrningens eller fjädringens komponenter, leder eller bussningar (kapitel 1 och 10)
- ☐ Hjulen obalanserade (kapitel 1 och 10)
- ☐ Defekt eller skadat däck (*Veckokontroller*)
- ☐ Hjulbultarna är lösa (kapitel 1 och 10)
- ☐ Defekta stötdämpare (kapitel 1 och 10)
- ☐ Fel i systemet för dynamisk stabilitetskontroll (DSC) (kapitel 10)

### Överdrivet trög styrning

- ☐ Brist på smörjmedel i styrväxeln (kapitel 10)
- ☐ Kärvande spindelled i styrstagsänden eller fjädringen (kapitel 1 och 10)
- ☐ Trasig eller felaktigt justerad drivrem – servostyrning (kapitel 1)
- ☐ Inkorrekt framhjulsinställning (kapitel 10)
- ☐ Styrväxeln eller rattstången böjd eller skadad (kapitel 10)

### Stort spel i styrningen

- ☐ Sliten universalknut i rattstångens mellanaxel (kapitel 10)
- ☐ Slitna styrleder (kapitel 1 och 10)
- ☐ Sliten styrväxel (kapitel 10)
- ☐ Slitage i styrningens eller fjädringens komponenter, leder eller bussningar (kapitel 1 och 10)

# Fjädring och styrning (forts.)

## *Bristande servoeffekt*

- [ ] Trasig eller felaktigt justerad drivrem (kapitel 1)
- [ ] Servostyrningsvätskans nivå inkorrekt (*Veckokontroller*)
- [ ] Blockering i servostyrningsvätskans slangar (kapitel 1)
- [ ] Defekt servostyrningspump (kapitel 10)
- [ ] Defekt styrväxel (kapitel 10)

## *Kraftigt däckslitage*

### Däcken slitna på inner- eller ytterkanten

- [ ] För lågt däcktryck (slitage på båda sidorna) (*Veckokontroller*)
- [ ] Felaktiga camber- eller castervinklar (slitage på en sida) (kapitel 10)
- [ ] Slitage i styrningens eller fjädringens komponenter, leder eller bussningar (kapitel 1 och 10)

- [ ] Hård kurvtagning
- [ ] Krockskador

### Däckmönstret har fransiga kanter

- [ ] Inkorrekt toe-inställning (kapitel 10)

### Slitage i mitten av däckmönstret

- [ ] För högt däcktryck (*Veckokontroller*)

### Däcken slitna på inner- och ytterkanten

- [ ] För lågt däcktryck (*Veckokontroller*)

### Ojämnt däckslitage

- [ ] Hjulen/däcken obalanserade (kapitel 1)
- [ ] Mycket skeva däck/hjul (kapitel 1)
- [ ] Slitna stötdämpare (kapitel 1 och 10)
- [ ] Defekt däck (*Veckokontroller*)

# Elsystem

**Observera:** *Vid problem med startsystemet, se felen under rubriken Motor tidigare i detta avsnitt.*

## *Batteriet laddar ur efter bara några dagar*

- [ ] Batteriet defekt invändigt (kapitel 5A)
- [ ] Batteripolernas anslutningar lösa eller korroderade (*Veckokontroller*)
- [ ] Drivrem sliten eller felaktigt justerad (kapitel 1)
- [ ] Generatorn laddar inte vid rätt effekt (kapitel 5A)
- [ ] Generator eller spänningsregulator defekt (kapitel 5A)
- [ ] Kortslutning orsakar kontinuerlig urladdning av batteriet (kapitel 5A och 12)

## *Laddningslampan fortsätter att lysa när motorn går*

- [ ] Drivrem trasig, sliten eller felaktigt justerad (kapitel 1)
- [ ] Generatorborstar slitna eller smutsiga, eller har fastnat (kapitel 5A)
- [ ] Generatorborstarnas fjädrar trasiga eller svaga (kapitel 5A)
- [ ] Internt fel i generator eller spänningsregulator (kapitel 5A)
- [ ] Trasigt, glappt eller löst kablage i laddningskretsen (kapitel 5A)

## *Laddningslampan tänds inte*

- [ ] Glödlampan trasig (kapitel 12)
- [ ] Trasigt, glappt eller löst kablage i varningslampans krets (kapitel 12)
- [ ] Generatorn defekt (kapitel 5A)

## *Lysen fungerar inte*

- [ ] Trasig glödlampa (kapitel 12)
- [ ] Korrosion på glödlampans eller lamphållarens kontakter (kapitel 12)
- [ ] Trasig säkring (kapitel 12)
- [ ] Defekt relä (kapitel 12)
- [ ] Trasigt, glappt eller löst kablage (kapitel 12)
- [ ] Defekt brytare/kontakt (kapitel 12)

## *Instrumentavläsningarna är missvisande eller ryckiga*

### Instrumentavläsningarna ökar med motorns hastighet

- [ ] Defekt spänningsregulator (kapitel 12)

### Bränsle- eller temperaturmätare ger inga avläsningar

- [ ] Defekt givare (kapitel 3 och 4)
- [ ] Kretsbrott (kapitel 12)
- [ ] Defekt mätare (kapitel 12)

### Bränsle- eller temperaturmätare ger konstant maximalt utslag

- [ ] Defekt givare (kapitel 3 och 4)
- [ ] Kretsbrott (kapitel 12)
- [ ] Defekt mätare (kapitel 12)

## *Signalhornet fungerar dåligt eller inte alls*

### Signalhornet ljuder hela tiden

- [ ] Signalhornsknappen jordad eller har fastnat (kapitel 12)
- [ ] Kabel mellan signalhorn och signalhornsknapp jordad (kapitel 12)

### Signalhornet fungerar inte alls

- [ ] Trasig säkring (kapitel 12)
- [ ] Kabel eller kabelanslutning glapp, trasig eller frånkopplad (kapitel 12)
- [ ] Defekt signalhorn (kapitel 12)

### Signalhornet avger ryckigt eller otillfredsställande ljud

- [ ] Kabelanslutningar lösa (kapitel 12)
- [ ] Signalhornets fästen lösa (kapitel 12)
- [ ] Defekt signalhorn (kapitel 12)

## *Vindrutetorkarna fungerar dåligt eller inte alls*

### Torkarna fungerar inte, eller mycket långsamt

- [ ] Torkarbladet fastnar på rutan, eller länksystemet kärvar eller har skurit (kapitel 1 och 12)
- [ ] Trasig säkring (kapitel 12)
- [ ] Kabel eller kabelanslutning glapp, trasig eller frånkopplad (kapitel 12)
- [ ] Defekt torkarmotor (kapitel 12)

### Torkarbladen sveper för stor eller för liten del av rutan

- [ ] Torkararmarna felplacerade på spindlarna (kapitel 1)
- [ ] Kraftigt slitage i torkarnas länksystem (kapitel 12)
- [ ] Torkarmotorns eller länksystemets fästen lösa (kapitel 12)

### Torkarbladen rengör inte rutan effektivt

- [ ] Torkarbladen slitna (*Veckokontroller*)
- [ ] Torkararmens spännfjäder trasig, eller armens pivå kärvar (kapitel 12)
- [ ] För lite rengöringsmedel i spolarvätskan (*Veckokontroller*)

# Elsystem (forts.)

## Vindrutespolarna fungerar dåligt eller inte alls

### Ett eller fler spolarmunstycken fungerar inte

- [ ] Igensatt spolarmunstycke (kapitel 1)
- [ ] Losskopplad, veckad eller igensatt spolarslang (kapitel 12)
- [ ] För lite spolarvätska i behållaren (*Veckokontroller*)

### Spolarpumpen fungerar inte

- [ ] Trasiga eller lösa anslutningar eller kablar (kapitel 12)
- [ ] Trasig säkring (kapitel 12)
- [ ] Defekt spolarbrytare (kapitel 12)
- [ ] Defekt spolarpump (kapitel 12)

### Spolarpumpen går ett tag innan det kommer någon vätska

- [ ] Defekt envägsventil i vätsketillförselslangen (kapitel 12)

## Elfönsterhissarna fungerar dåligt eller inte alls

### Fönsterrutan rör sig bara i en riktning

- [ ] Defekt brytare (kapitel 12)

### Fönsterrutan rör sig långsamt

- [ ] Reglaget kärvar eller är skadat, eller behöver smörjas (kapitel 11)
- [ ] Komponenter inne i dörren, eller klädseln, hindrar reglaget (kapitel 11)
- [ ] Defekt motor (kapitel 11)

### Fönsterrutan rör sig inte

- [ ] Trasig säkring (kapitel 12)
- [ ] Defekt relä (kapitel 12)
- [ ] Trasiga eller lösa anslutningar eller kablar (kapitel 12)
- [ ] Defekt motor (kapitel 11)

## Centrallåssystemet fungerar dåligt eller inte alls

### Totalt systemhaveri

- [ ] Trasig säkring (kapitel 12)
- [ ] Defekt styrenhet (kapitel 12)
- [ ] Trasiga eller lösa anslutningar eller kablar (kapitel 12)
- [ ] Defekt motor (kapitel 11)

### Regel låser men låser inte upp, eller låser upp men låser inte

- [ ] Defekt huvudbrytare (kapitel 12)
- [ ] Trasigt, kärvande eller losskopplat länkstag (kapitel 11)
- [ ] Defekt styrenhet (kapitel 12)
- [ ] Defekt motor (kapitel 11)

### En solenoid/motor fungerar inte

- [ ] Trasiga eller lösa anslutningar eller kablar (kapitel 12)
- [ ] Defekt solenoid/motor (kapitel 11)
- [ ] Trasigt, kärvande eller losskopplat länkstag (kapitel 11)
- [ ] Defekt dörregel (kapitel 11)

**Observera:** *Hänvisningarna i registret ges i formen "kapitelnummer"•"sidnummer"*

# Register REF•23

REF•30 Anteckningar